D1718855

Erschienen im
Jubiläumsjahr 2002
bei Klett-Cotta

Gerhardt Nissen

Seelische Störungen bei Kindern und Jugendlichen

Alters- und entwicklungs-
abhängige Symptomatik
und ihre Behandlung

Klett-Cotta

Wichtiger Hinweis

Die Wiedergabe von Gebrauchsnamen, Handelsnamen oder Warenbezeichnungen in diesem Werk berechtigt auch ohne besondere Kennzeichnung nicht zu der Annahme, daß solche Namen im Sinne der Warenzeichen- und Markenschutz-Gesetzgebung als frei zu betrachten wären und daher von jedermann benutzt werden dürften. Die Nennung von Medikamenten erfolgt in subjektiver Auswahl des Autors.

Klett-Cotta
© J. G. Cotta'sche Buchhandlung Nachfolger GmbH, gegr. 1659,
Stuttgart 2002
Alle Rechte vorbehalten
Fotomechanische Wiedergabe nur mit Genehmigung des Verlags
Printed in Germany
Umschlaggestaltung: Klett-Cotta-Design
Gesetzt aus der Adobe Garamond von Dörlemann Satz, Lemförde
Auf säure- und holzfreiem Werkdruckpapier gedruckt und gebunden von Kösel, Kempten
ISBN 3-608-94364-1

Die Deutsche Bibliothek – CIP-Einheitsaufnahme
Ein Titeldatensatz für diese Publikation ist bei
Der Deutschen Bibliothek erhältlich.

Inhalt

Vorwort

Die seelische Entwicklung des Kindes und die alters- und entwicklungsabhängigen Metamorphosen psychischer Störungen des Kindes- und Jugendalters sind erst seit Beginn des vorigen Jahrhunderts Gegenstand der wissenschaftlichen Forschung. »Die Seele der Kinder unterscheidet sich sozusagen in nichts von der Seele der Tiere«, meinte Aristoteles. Spinoza bezeichnete das Kindsein als ein Unglück, und Pascal nahm an, das menschliche Leben beginne erst, wenn der Verstand entwickelt sei, etwa im Alter von 20 Jahren. Auch im 18. Jahrhundert wurden Kinder überwiegend von speziellen Kennern des Seelenlebens von Kindern, von Rousseau und Pestalozzi abgesehen, als auf dem Wege zum eigentlichen Menschen befindliche Wesen, als unfertige kleine Erwachsene betrachtet. Erkennung und Behandlung der seelischen Störungen des Kindes- und Jugendalters standen dementsprechend im 19. Jahrhundert noch ganz unter dem Einfluß der Pädagogik und später zunehmend der Erwachsenenpsychiatrie. Das bedeutete, daß die Psychopathologie des Kindes- und Jugendalters sich zunächst nicht originell und damit authentisch entwickelte, sondern deduktiv und approximativ angelegt war. Ähnlich wie Kinder auf den Gemälden früherer Jahrhunderte überwiegend unkind lich-steif und gravitätisch, »erwachsenenhaft«, dargestellt wurden, hat man in der Diagnostik erwachsenenspezifische psychische Merkmale auf Kinder transponiert. Bedeutsame Ansätze zu einer eigen-

ständigen Psychopathologie dieses Lebensabschnittes finden sich im 19. Jahrhundert zwar bereits bei dem Psychiater W. Griesinger in seinem Lehrbuch »Pathologie und Therapie der Psychischen Krankheiten« (1845), aber erst mit der 1887 erschienenen Monographie von Hermann Emminghaus »Die psychischen Störungen des Kindesalters« bahnte sich ein Paradigmenwandel an.

Das vorliegende Buch ist nach einer kurzen Darstellung der normalen Entwicklung und ihrer leichten Abweichungen in erster Linie ausgerichtet auf die Erkennung, die Ursachen und die Behandlung von seelischen Störungen bei Kindern und Jugendlichen, in deren Mittelpunkt die emotionalen Störungen (Psychoneurosen) stehen. Dazu gehören ebenso die frühen Bindungs-, Sozial-, Pubertäts- und Sexualstörungen, Suizidversuche und Suizide und auch die autistischen und die Persönlichkeitsentwicklungsstörungen. In der Behandlung werden neben psychodynamischen und verhaltenstherapeutischen Verfahren auch psychopharmakologische Maßnahmen kritisch berücksichtigt. Es handelt sich hier nicht um ein »Lehrbuch der Psychiatrie des Kindes- und Jugendalters«, obgleich alle hier abgehandelten Kapitel auch Bestandteile dieses Fachgebietes sind. Nicht berücksichtigt werden jedoch psychische Störungen bei somatischen Entwicklungsstörungen und chronischen Erkrankungen, bei leichten oder schweren Hirnfunktionsstörungen, bei Anfallskrankheiten, bei Intelligenzstörungen, bei emotionalen Störungen mit vorwiegend somatischer Symptomatik, bei substanzenabhängigem Suchtverhalten und bei psychotischen Erkrankungen. Die vorliegenden deutschsprachigen und internationalen Lehrbücher der Kinder- und Jugendpsychiatrie, die vom Index, Umfang und von ihrer didaktischen Aufbereitung den aktuellen Wissenstand hervorragend vermitteln, räumen neben den biologischen und lernpsychologischen den psychodynamischen Entwicklungsursachen und Behandlungsmaßnahmen jedoch ganz überwiegend nur eine randständige Bedeutung ein.

Mit der ICD-10 wurde der Begriff »Störung«, den die deutsche Psychiatrie im vergangenen Jahrhundert durch »Erkrankung« ersetzte, reaktiviert. Es wurde außerdem die traditionelle Unterscheidung zwischen Neurose und Psychose nicht beibehalten. Dies ist zu einer Zeit der Vorherrschaft der biologischen Psychiatrie, die ihren Niederschlag in den international gültigen Klassifikationen ICD-10 und DSM-IV findet, verständlich, denn die gezielte psychopharmakologische und verhaltenstherapeutische Behandlung von Symptomen kann manchmal sehr effektiv sein. Sie trägt aber ungewollt nicht selten dazu bei, die Suche nach den der Symptomatik zugrundeliegenden Ursachen und einer sich daraus ergebenden kausal orientierten Therapie zu vernachlässigen.

Tatsächlich bewegt sich die Seelenheilkunde seit der Antike permanent zwischen geisteswissenschaftlichen (philosophischen und psychologischen) und na-

turwissenschaftlichen (genetischen und hirnorganischen) Erklärungsmodellen. Es findet seitdem, wie die historischen Nosographien belegen, ein ständiger Wechsel zwischen symptomorientierten, systematischen, rationalen, humanitären, pragmatischen, physiopathologischen und anti-nosologischen Deskriptionen statt. Ein Abschluß dieser klassifikatorischen Pendelschläge ist auch für die Zukunft nicht zu erwarten. Die Entwicklung des Menschen kann indes weder auf seinen Hirnstoffwechsel reduziert noch allein auf psychosoziale Bedingungsfaktoren zurückgeführt werden. Im vorigen Jahrhundert haben Kraepelin und Freud als Vertreter absolut konträrer Krankheitsmodelle sich unabhängig voneinander intensiv mit den psychischen Störungen des Kindes- und Jugendalters befaßt. Beide haben sich, wiederum mit sehr unterschiedlichen Hypothesen, übereinstimmend für kausal ausgerichtete Klassifikationen ausgesprochen. Auch wenn sich die meisten Krankheitsbilder nicht ätiologisch abklären ließen, haben sie die Idee der Krankheitseinheit und die einer kausalen Behandlung nicht aufgegeben. In den USA mehren sich in der letzten Zeit Zeichen, daß die Psychiatrie beginnt, sich in Übereinstimmung mit dem auch von ihr akzeptierten bio- und psychosozialen Krankheitsmodell nach der »decade of the brain« auf die psychologischen und sozialen Wurzeln psychischer Störungen und damit auf eine verloren geglaubte Psychotherapie zurückzubesinnen.

In dem vorliegenden Buch werden seelische Störungsbilder von Kindern und Jugendlichen so dargestellt, wie sie sich in der Familie, im Kindergarten oder in der Schule präsentieren. Eine Schulverweigerung, ein Waschzwang oder ein Suizidversuch ist keine Diagnose, sondern nur ein Symptom, dessen tieferliegende Störung erst ermittelt werden muß. In Einzelfällen kann die erfolgreiche medikamentöse Behandlung eines Symptoms manchmal den Weg für eine Therapie der Ursachen ermöglichen; sie kann aber auch schaden, wenn über das Symptom die zugrundeliegende Störung nicht erkannt und behandelt wird. Generell spielen in der Kinder- und Jugendpsychiatrie Zielsymptome keine vergleichbare Rolle mit der in der Psychiatrie des Erwachsenenalters. Das hat verschiedene Gründe. Im wesentlichen hängt es damit zusammen, daß Medikamente viel seltener als bei Erwachsenen verordnet werden und daß der Patient, das Kind, regelmäßig nicht allein, sondern immer mit seiner Familie vorgestellt und diese regelmäßig in die Behandlung einbezogen wird.

Neben Ärzten für Kinder- und Jugendpsychiatrie und Psychotherapie und ärztlichen und psychologischen Psychotherapeuten, Ärzten für Kinder- und Jugendmedizin richtet sich das Buch an Kinder- und Jugendlichenpsychotherapeuten, an Sonderschulpädagogen, Heilpädagogen und Sozialpädagogen, aber auch an Logopäden, Musiktherapeuten, Beschäftigungstherapeuten und an die in entsprechenden Institutionen tätigen Erzieher, Schwestern und Pfleger. Diesem Personenkreis begegnen in erster Linie Kinder und Jugendliche mit beginnenden oder bereits fortgeschrittenen seelischen Störungen. Dieses Buch soll dazu beitragen, sie frühzeitig, im Säuglings- oder Kleinkindalter, im Kindergarten oder in der Schule, zu erkennen und zu behandeln oder einer entsprechenden Behandlung zuzuführen. Für die sorgfältige Durchsicht der Manuskripte möchte ich besonders Herrn Dr. F. Badura und meiner Frau herzlich danken.

Winter 2001/2002   *Gerhardt Nissen*

1. Die normale Entwicklung und leichte Abweichungen

Die normale psychische Entwicklung ist ein Prozeß, der ein an das Lebensalter gebundenes, nicht wiederholbares Voranschreiten beinhaltet und deren Abweichungen nicht oder nur sehr beschränkt reversibel sind. Die allgemeinen Anpassungsschwierigkeiten erklären sich einerseits aus der etappenweisen Reifung der Hirn- und Sinnesfunktionen und anderen biologischen Gesetzmäßigkeiten und stehen andererseits in engem Zusammenhang mit der Entfaltung der Triebe und Antriebe des Kindes im Wechselspiel mit fördernden und hemmenden Impulsen aus seiner Umgebung. Auch im günstigen Falle kann während des kontinuierlichen Phasen- oder Stadienwechsels in der Kindheit und am Abschluß der Reifung nur eine latente seelische Harmonie und nur eine vorläufige Ich-Identität erzielt werden. Der alters- und entwicklungsabhängige ständige Wechsel im Differenzierungsprozeß erzeugt im Kinde Spannungen und Ambivalenzen, die an der Verursachung von Anpassungsschwierigkeiten und von psychischen und psychosomatischen Störungen wesentlich mitbeteiligt sind.

Der Begriff Entwicklung war in den letzten Jahrzehnten selbst einem stürmischen und sich immer weiter auffächernden Entwicklungsprozeß unterworfen. Eine exakte und allgemein anerkannte *Definition* dieses Begriffs ist kaum noch möglich und findet sich auch nicht in den Hand- und Lehrbüchern der Entwicklungspsychologie. Neue Theorien werden erstellt, weil die alten nicht befriedigen. Aber auch neue Theorien können nicht alles berücksichtigen, denn jede Theorie hat ihre speziellen Vorteile, aber auch Nachteile. Flammer (1999) plädiert aus praktischen Erwägungen für die Theorieansätze von Erikson, Piaget, Kohlberg und für die systemische und Selbstkontroll-Theorie. Für den klinisch orientierten Arzt, Psychologen und für Angehörige beratender und betreuender Berufe ist eine deskriptiv-normative Sicht der Entwicklung nach wie vor zweckmäßig.

Die *Erziehung* ist darauf ausgerichtet, Kinder auf das Leben vorzubereiten. Konflikte zwischen dem Leben und dem Alltag mit seinen Pflichten und Aufgaben sind dadurch für alle, Eltern und Kinder, vorprogrammiert. Denn die Kindheit und die Jugendzeit waren zu keiner Zeit »verlorene Paradiese«, weil sie immer auch

Abb. 1.1 B. Metlinger verfaßte eines der ersten deutschen Lehrbücher (1497) überhaupt, das von der Entwicklung und Erziehung der Kinder (»Wie man sie halten und erziehen soll …«) handelte.

in der Realität angesiedelt waren. Deshalb benötigen Kinder nicht nur Eltern, die sie beschützen, sondern auch Eltern, die sich mit ihnen auseinandersetzen. Erwünschte pädagogische Effekte sind aus der Sicht vieler Eltern solche, die sie als Erwachsene für vorteilhaft halten, vor allem alles, was sozial anerkannt und erfolgs- und glücksorientiert ist. Unerwünschte Effekte sind dementsprechend solche, die für die soziale Anerkennung und für den Erfolg nachteilig sind. Aber eine Erziehung, die nur erwünschte und keine unerwünschten Effekte zeitigt, gibt es nicht, weil es weder ideale Eltern noch ideale Kinder gibt. Nietzsche artikulierte provozierend die These »Erziehung kann nur erreichen, über Vererbung zu täuschen.« Aber auch Psychoanalytiker sprechen, wie Freud, von »konstitutionellen Faktoren«, und H. Hartmann definierte »autonome Ich-Instanzen«, die angeboren sind und sich der Fremdbestimmung entziehen. Letztlich wissen alle, die sich mit Kindern beschäftigen, daß schon bei Säuglingen und Kleinkindern »individuelle Differenzen« existieren. Pestalozzi erkannte, daß man einem Kind nicht geben könne, was es nicht in sich trage. Erziehung habe die Aufgabe, verdeckte Fähigkeiten »aus seinen inneren Kräften herauszuholen«, sie zu »wecken«. Gegenwärtig ist eine Tendenz zu beobachten, den seit 100–200 Jahren sozial sanktionierten »Schonraum Kindheit« zunehmend in Frage zu stellen mit Thesen vom »Verschwinden der Kindheit« oder der Definition der Familie als einem »sozialen Heimathafen« oder einer »Interessengemeinschaft«, deren Mitglieder sich zunehmend nach außen ori-

entieren. Ariès (1975) weist hingegen darauf hin, daß es in früheren Jahrhunderten keine Idee der Kindheit gegeben habe. Kinder trugen die gleichen Kleider wie Erwachsene und wurden wie sie zur Verantwortung gezogen, sogar gefoltert und gehenkt. Es spricht manches dafür, daß infolge einer veränderten Einstellung der Eltern und der Kinder zur Familie und durch eine veränderte Familienstruktur bestimmte kollektive Verhaltensänderungen von Kindern und Jugendlichen maßgeblich darauf zurückzuführen sind.

Allgemeine Kenntnisse in der Entwicklungspsychologie und -physiologie sind erforderlich, um umweltreaktiv bedingte Abweichungen und »primäre Differenzen« gegeneinander abzugrenzen. Die *Entwicklungspsychologie* bildet die Grundlage der zu einer eigenen Disziplin aufgestiegenen *Entwicklungspsychopathologie*. Für die Entwicklungspsychopathologie sind Kenntnis und Verständnis der normalen Entwicklungsstadien und der Schutz- und Risikofaktoren unumgänglich. Neben der psychologischen und psychopathologischen Diagnostik sind reifungsbiologische, neurologische, neurophysiologische und andere somatische Untersuchungen eine wichtige Voraussetzung für die Diagnostik und Therapie. Das gilt ohne Einschränkungen auch beim Vorliegen scheinbar eindeutig psychischer, genetischer oder hirnorganischer Störungen. Nur durch »beidäugige«, psycho- und somatogen ausgerichtete Untersuchungsmethoden können peristatische, genetische und somatische Befunde in das meist multikonditionale Bedingungsgefüge eingeordnet und nach ihrer pathogenetischen Bedeutung geordnet werden. Sie verhindern einseitig orientierte Diagnosen, die nur zu oft Fehldiagnosen sind, und einseitig ausgerichtete Therapieansätze, die nicht selten zu therapeutischen Mißerfolgen führen.

Nicht erst seit Freud sein psychoanalytisches Konzept der infantilen Libidoentwicklung aufstellte, das Erikson aus epistemiologischer Sicht erweiterte, sondern lange vorher hat es Ansätze und Theoriebildungen zu einer allgemeingültigen Entwicklungspsychologie gegeben. Aristoteles meinte mit »Entelechie«, die Seele gestalte von sich aus die Entwicklung. Comenius (1592–1670) erkannte, daß *Erziehung* und Unterricht für die *Entwicklung* notwendig seien. Rousseau sieht die Entwicklung als eine »von innen« programmierte Stufenfolge an; der Mensch sei primär »gut«, Erziehung könne nur verderben, wenn sie nicht altersangepaßt sei. Diese Gedanken fanden weite Verbreitung. Sie haben besonders Pädagogen wie Pestalozzi (1746–1826), Fröbel (1782 bis 1852) und noch Montessori (1870 bis 1952) nachhaltig beeinflußt. Die von verschiedenen Standorten ausgehenden Hypothesen verfolgten im 20. Jahrhundert Gesichtspunkte der Stufenlehre und des Gestaltwandels, der spiraligen Entwicklung in Intervallen, der Differenzierung und Strukturierung, der Schichtung oder des Signalsystems. Sie bedeuten mit ihren Ergänzungen aus psychologischer, pädagogischer, biologischer, phylogenetischer und physiologischer Sicht eine wesentliche Bereicherung unserer Kenntnisse. Sie eignen sich indes besser für die theoretische Betrachtung und die Erfassung der

Phänomene als zur praktischen Ortung der Entstehung und Entwicklung normalpsychologischer und entwicklungspsychopathologischer Erscheinungen und ihrer Behandlung.

In den letzten Jahrzehnten hat sich die *Entwicklungspsychologie* zu einer komplexen und die ganze Lebensspanne übergreifenden Wissenschaft unter Einbeziehung genetischer, biologischer, familiärer, neurophysiologischer, sozialer, motivationaler, moralischer und anderer Modelle und einer Annäherung an entwicklungspsychopathologische Konzepte entwickelt. Montada (1998) unterscheidet vereinfachend endogenistische (»Reifung«), exogenistische (»Prägung«), konstruktivistische (»Selbstkonstruktion«) und interaktionistische (»Mensch-Umwelt«) Entwicklungstheorien. Flammer (1999) weist aus psychologischer Sicht neben den klassischen Extrempositionen der Anlage- und Umwelteinflüsse besonders auf die tiefenpsychologische (Freud, Erikson), die strukturgenetische (Piaget, Fischer, Case) und die konzeptualistische (Bronfenbrenner u.a.) Tradition hin. Resch (1999) geht in seiner Entwicklungspsychopathologie einleitend auf die Entwicklung der basalen psychischen Funktionen, der Denkformen, des kindlichen Weltbildes und der kindlichen Persönlichkeit aus der Sicht der Kinder- und Jugendpsychiatrie ein, während sich Spreen et al. (1995) eingehend mit den neuropsychologischen Aspekten der Entwicklung auseinandergesetzt haben.

Die *biologischen Entwicklungstheorien* gehen von genetisch kodierten Sequenzen aus, die allein oder in Wechselwirkung von Umwelt und Anlage Wachstum und

Reifung bestimmen, die durch Konstitution und Disposition vorgegeben sind. Moderne biologische Entwicklungstheorien berücksichtigen, daß »periolabile« Merkmale erst durch bestimmte Umwelteinflüsse »periostabil« werden, d. h. daß auch »endogene« Persönlichkeits- und Wesenszüge nicht absolut dominierend sind. Die Entwicklung wird dennoch vorwiegend als ein spontaner, induktiver Prozeß gesehen, der allerdings durch günstige oder ungünstige Umweltvariablen verändert werden kann.

Aus biologischer Sicht bedeutet Entwicklung Änderung des Phänotyps mit der Zeit. Die Frage, ob und welche interindividuellen somatischen und psychischen Differenzen erb- oder umweltbedingt sind, läßt sich beim Menschen aus ethischen Gründen nicht durch geplante Experimente beantworten. Es gibt jedoch wissenschaftlich nutzbare »Naturexperimente«: Zwillinge und Familien. Die *Zwillingsforschung*, das vergleichende Studium der eineiigen (EZ) und der zweieiigen Zwillinge (ZZ) hat sich als besonders besonders ergiebig erwiesen. EZ sind sich nicht nur physisch sehr ähnlich, sondern sie verhalten sich auch in gleichen Situationen sehr ähnlich. Diese physische

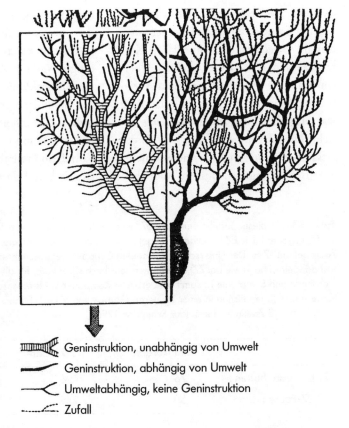

Abb. 1.2 Hypothetisches Modell (Akert 1979) von biologischen und psychosozialen Faktoren an der Differenzierung der Nervenzelle. Die »Grobstruktur« ist genetisch bedingt, ein wesentlicher Anteil hängt jedoch von peristatischen Einflüssen ab. Ob und in welchem Umfang zufällige Differenzierungen eine und welche Rolle spielen, ist noch ungeklärt; sie werden in diesem Schema jedoch als gegeben mit berücksichtigt.

Geninstruktion, unabhängig von Umwelt
Geninstruktion, abhängig von Umwelt
Umweltabhängig, keine Geninstruktion
Zufall

und psychische Ähnlichkeit bleibt auch dann erhalten, wenn sie früh getrennt wurden und in völlig unterschiedlichen Umwelten aufwuchsen. ZZ verhalten sich dagegen in gleicher und unterschiedlicher Umwelt so unterschiedlich wie normale Geschwister, mit einigen Ausnahmen.

Für die quantitative anthropologische Forschung wurden die Begriffe *Merkmal* und *Variation* eingeführt. Ein Merkmal bezeichnet eine direkt meßbare Eigenschaft (Körpergröße, Blutdruck, Intelligenz). Bestimmte Merkmale, die Individuen einer bestimmten Population aufweisen, auch Verhaltensmerkmale in unterschiedlicher Ausprägung, nennt man Variationen. Zusammenhänge, die zwischen zwei oder mehreren Variablen innerhalb einer Population bestehen, werden als *Korrelation* bezeichnet. Eine Korrelation von +1 bedeutet, daß die Übereinstimmung zwischen mehreren Variablen vollständig ist; eine Korrelation 0 sagt aus, daß kein Zusammenhang besteht. Die Klärung der Frage, was an der Gesamtvariation genetisch und was nichtgenetisch bedingt sei, ist beim Menschen

wiederum aus ethischen Gründen schwierig. Deshalb spielt der Begriff *Heritabilität* eine wichtige Rolle. Heritabilität bezieht sich stets auf ein bestimmtes meßbares Merkmal (hier z. B. den IQ) und auf Variationen (Differenzen) zwischen einem solchen Merkmal innerhalb einer bestimmten Population. Unter diesen Voraussetzungen kann ermittelt werden, welcher Anteil einer Variation genetisch bedingt ist. Die ermittelten Werte für Körpergröße z. B. bestätigten die allgemeine Erfahrung, daß diese überwiegend »erblich« ist, nicht so sehr dagegen das Körpergewicht, Blutdruck u. a. Im Hinblick auf die Heritabilität des Intelligenzquotienten (IQ) ergab sich, daß sie unter den derzeitigen Umweltbedingungen in der westeuropäisch-nordamerikanischen Population zu etwa 80 % auf eine genbedingte Varianz zurückzuführen ist. Für die Entwicklung der *Intelligenz* ist dabei von besonderer Bedeutung, daß der Umwelt dafür offenbar keine maßgebliche Rolle zukommt. Eine Kovarianz, eine Korrelation zwischen genetischen und peristatischen Faktoren, spielt hierbei an-

Tab. 1.1 In dieser Tabelle wurden 657 neurotische Symptome von 50 Zwillingspaaren (21 EZ, 29 ZZ) registriert. Die EZ (eineiige Zwillinge) zeigten eine Konkordanzrate um 33 %, die ZZ (zweieiige Zwillinge) um 17 %. Der Unterschied der beiden Gruppen bezüglich ihrer Konkordanzraten (bei EZ fast doppelt so hoch wie bei ZZ) ist statistisch sehr hoch signifikant; für die Manifestation psychischer Störungen und Symptome ist somit eine erbliche Komponente als erwiesen anzusehen. Sie liegt bei Kindern und Jugendlichen in einer kleineren Gruppe sogar noch höher: EZ:ZZ 47,6 %:16,3 % Konkordanz bei 18 Zwillingspaaren (aus Schepank 1996).

	konkordant	diskordant	Konkordanzrate
21 EZ-Paare hatten	76	156	32,76 %
29 ZZ-Paare hatten	50	249	16,72 %

scheinend keine Rolle. Intelligente und weniger intelligente Eltern fördern wohl die Intelligenzentwicklung ihrer Kinder in gleicher Weise.

Abgesehen von der Entwicklung der Intelligenz gibt es jedoch auch einige Hinweise darauf, daß für die gesamte psychische Entwicklung genetischen Faktoren eine stärkere Bedeutung zugemessen werden muß, als oft angenommen wird. Es ist allgemein bekannt, daß die Erbsubstanz DNS Entwicklungsprogramme enthält, die die Entwicklungsvorgänge der Lebewesen weitgehend vorausbestimmen. Dieses Programm ist in der Reihenfolge der Basenbausteine der DNS ähnlich festgelegt, wie etwa die Reihenfolge von Buchstaben einen Text ergibt. Eine einzige Körperzelle enthält Erbinformationen, die ein Buch mit 1 Million Seiten füllen würden. Das Zusammenspiel dieser Gene ergibt den sinnvollen Aufbau des Organismus und bestimmt seine Architektur. Es ist jedoch die Frage, inwieweit ein psychisches Geschehen, das durch Vorgänge in der Umwelt ausgelöst und unterhalten wird, nicht seinerseits in diese Abfolge eingreifen kann oder nicht.

In den letzten Jahren sind einige prospektive *Langzeitstudien* von kritischen Autoren veröffentlicht worden, die zu einer gewissen Verfestigung der genetischen Dominanztheorie auch der psychischen Entwicklung beitrugen. So haben Thomas u. Chess (1984) in einer New Yorker Longitudinalstudie die Entwicklung von Säuglingen und Kleinkindern bis in das frühe Erwachsenenalter verfolgt. Danach verfügen Kinder über eine große Kapazität an *Flexibilität* und über Fähigkeiten

zur *Anpassung* und zur Beherrschung schwieriger Lebenssituationen. Ihre früheren Vorstellungen über die Bedeutung der Umwelt für die kindliche Entwicklung seien optimistischer geworden, führen Thomas u. Chess aus, weil eine emotionale Schädigung im Kindesalter kein Fatum darstelle und pädagogische Fehler der Eltern nicht zwangsläufig irreversible Schäden hervorriefen. Sie warnen nachdrücklich davor, aus der biographischen Anamnese eines Kindes prognostische Folgerungen abzuleiten. Kohlberg et al. (1996), die in einer Monographie mehrere Längsschnittstudien im Hinblick auf die kognitive, emotionale, psychosexuelle und soziale Entwicklung analysierten, gelangten zu der lapidaren Feststellung, daß der weitverbreitete Glaube, die Erfahrungen der ersten Lebensjahre seien für die Entwicklung der Persönlichkeit absolut bestimmend, sich als Mythe herausgestellt habe. Zu ähnlichen Ergebnissen gelangten im Rahmen einer Realzeit-Längsschnittstudie frühdeprivierter Kinder Ernst und von Luckner (1985), in der einzig eine spätere Anfälligkeit für *Depressionen* und *Suizidalität* in der negativ ausgewiesenen Kontrollgruppe deutlich wurde.

Kritisch ist festzustellen, daß zwar kein Anlaß besteht, von der »Ermordung einer schönen Hypothese durch eine häßliche Tatsache« zu sprechen, wenn man eine biologische Dominanz als »häßlich« einstufen würde, weil aufgrund der bisherigen Forschungsergebnisse kein Grund zu einer Verabsolutierung gegeben ist. Es besteht jedoch kaum ein Zweifel daran, daß biologische Faktoren in ähnlicher Weise an der normalen psychischen Entwicklung des Menschen beteiligt sind, wie dies für die Entstehung von psychischen Störungen allgemein anerkannt ist.

Mit der *Theorie des Interaktionismus* wird eine Synthese verschiedener Entwicklungstheorien versucht. Einer ihrer Hauptvertreter, Piaget (1972), orientiert sich vorwiegend an der kognitiven und moralischen Entwicklung des Kindes. Er geht davon aus, daß jedes Kind mit einer Tendenz zur Adaptation und zur Organisation zur Welt kommt. Die Adaptationstendenz umschließt die komplementären Faktoren der Assimilation und Akkom-

modation. Assimilation bezeichnet die Tendenz, die Umgebung zu verändern, um sie an sich anzupassen. Akkommodation ist ein Vorgang, durch den sich der Organismus selbst verändert, um sich an die Umgebung anzupassen. Als Organisation wird eine angeborene Tendenz des Organismus beschrieben, eigene Prozesse zu zusammenhängenden Systemen zu integrieren. Piaget teilt die kognitive Entwicklung des Kindes ein in 1. ein sensomotorisches Stadium (0–18 Monate), 2. ein präoperationales Stadium (etwa 18 Monate bis 7 Jahre), 3. ein konkret-

Tab. 1.2   Freud, Erikson, Piaget und Kohlberg haben Theorien über die Veränderungen der emotionalen, psychosozialen, kognitiven und moralischen Entwicklung bei Neugeborenen und Säuglingen *(Stadium der Kontaktaufnahme)*, bei Kleinkindern *(Stadium der motorischen Integration)*, bei Vorschulkindern *(Stadium der kritischen Realitätsprüfung)*, bei Schulkindern *(Stadium der sozialen Einordnung)* und im Jugendalter *(Stadium der Neuorientierung)* entwickelt.

Lebensalter	Psycho-analytische Phasen (Freud)	Psychosoziale Phasen (Krisen) (Erikson)	Kognitive Stufen (Piaget)	Moralische Stufen (Kohlberg)
0 bis 1;6 Jahre »Stadium der Kontaktaufnahme«	orale	Urvertrauen vs. Urmißtrauen	senso-motorische	prämoralische Stufe, Stufe 0
1;6 bis 3 Jahre »Stadium der motorischen Integration«	anale	Autonomie vs. Scham und Zweifel	präopera-tionale	Gehorsam und Strafe, Stufe 1
3 bis 5 Jahre »Stadium der kritischen Realitätsprüfung«	phallisch-ödipale	Initiative vs. Schuldgefühl	intuitive	Wechsel-beziehung, Stufe 2
6 bis 11 Jahre »Stadium der sozialen Einordnung«	Latenzzeit	Leistung vs. Minderwertigkeit	konkret-operationale	»Gutes Kind«, Stufe 3
12 bis 18 Jahre »Stadium der sozialen Neuorientierung«	genitale	Identität vs. Rollendiffusion	hypothetisch-deduktive	Gesetz und Ordnung, Stufe 4

operationales Stadium (7–11 Jahre), 4. ein formal-operationales Stadium (ab 11 Jahre). Diese Stadien wurden durch Aufgaben und Experimente ermittelt, die die organismische Auffassung von Piaget bestätigten.

Dem Modell Piagets liegen Gedanken Rousseaus zugrunde, wonach *Reifung* durch »innerorganismische« Kräfte bestimmt wird, die von außen eher ungünstig als günstig beeinflußt werden können. Er verwendete dabei relativ einfache Meßinstrumente, mit denen seine erkenntnisfördernden »Operationen« vorgenommen wurden. Das Kind verfügt über angeborene »Funktionen«, die es ihm ermöglichen, bestimmte Handlungen auszuführen. Aus den Handlungen ergeben sich »Strukturen«, die gemeinsam mit bestimmten »Regeln«, die sich aus seiner Wahrnehmung ergeben, ein Überwechseln von einem Entwicklungsstadium in das nächste ermöglichen. Er geht davon aus, daß die »Stadien« bei allen Kindern in derselben Reihenfolge, wenn auch in unterschiedlicher qualitativer und quantitativer Ausprägung auftreten. *Kognitive Entwicklung* erscheint danach als vorwiegend genetisch bestimmt und vom Milieu nur bedingt veränderbar. Im Gegensatz zum Entwicklungspostulat von Freud, daß vorwiegend das Milieu den Menschen formt, könnte man mit Piaget davon sprechen, daß das Kind sich trotz der Widerstände der Umwelt auf seine Identität hin entwickelt.

Die traditionellen *Milieutheorien*, die alten Lern- und Sozialisationstheorien, stellten die Dominanz des Milieus in den Mittelpunkt der Entwicklung des Kindes.

Diese streng behavioristischen Formen der Lerntheorien vertraten übereinstimmend die Ansicht, daß Entwicklung durch Zunahme des Lernpotentials entsteht, unabhängig von organischen Reifungs- oder Strukturveränderungen. Die moderne *Lerntheorie*, Grundlage der heutigen Verhaltenstherapie, bezieht mit ihrer »kognitiven Wende« onto- und phylogenetische ebenso wie psychodynamische Gesichtspunkte in ihr Modell ein, weil sie erkannt hat, daß ohne Hypothesen über anlage- und umweltbedingte Prozesse ein Verhalten wohl beschrieben, aber nicht interpretiert werden kann. Es zeigte sich, daß komplexes menschliches Lernen sich durch einfache Konditionierungsprozesse nicht ableiten ließ. Im wesentlichen wurde die Erweiterung des Behaviorismus durch Erkenntnisse beim Modellernen, über den Motivations- und Informationscharakter der Verstärkung und durch die Gedächtnisforschung, aber auch durch sprachtheoretische Modelle bewirkt. Grundlagen der Lerntheorie sind weiterhin die klassische und die operante *Konditionierung* und das Modell des *sozialen Lernens*. Das Modell der *klassischen Konditionierung* besagt, daß Reaktionen nicht nur durch spezifische, sondern auch durch unspezifische Reize (Pavlov 1926) ausgelöst werden können. Dieses Modell *respondenten Verhaltens* gilt als Erklärung für die Entstehung zahlreicher Verhaltensstörungen (z.B. Phobien, Ängste). Das Modell der *operanten Konditionierung* will Phänomene der positiven und negativen Verstärkung durch bestimmte Verhaltensweisen erklären. Dabei spielt das Verhältnis zwischen der Reaktion und der Verstärkung, die *Kontingenz*, wahrscheinlich eine besonders bedeutsame Rolle, weil durch eine Manipulation dieses Verhältnisses die Auftretenswahrscheinlichkeit eines bestimmten Verhaltens manipuliert werden kann. Erwünschte Konsequenzen führen zu einer gesteigerten Häufigkeit, unerwünschte Konsequenzen verringern das Auftreten bestimmter Verhaltensweisen. Durch eine positive oder negative Verstärkung bzw. Belohnung oder Bestrafung können bestimmte Verhaltensweisen positiv oder negativ beeinflußt, verstärkt oder gelöscht werden. Wenn Reize keine neuen Informationsinhalte bieten, tritt *Habituation* (Gewöhnung) ein, bisher auftretende Reaktionen verringern sich oder werden gelöscht. Wenn nach der Habituation die Reizsituation sich ändert, erfolgt Dishabituation (Entwöhnung), es tritt eine neuartige Reaktion auf. Das Lernen als Entwicklungsprinzip wird schließlich auch im *sozialen* Bereich angetroffen. Vorbild und Nachahmung, Symbole und Traditionen, aber auch autonome (selbstinduzierte) Einflüsse können zu positiven oder negativen Konsequenzen führen. Insgesamt ist festzustellen, daß die Lerntheorie mit ihren verschiedenen Modellen einen bedeutsamen Beitrag für das Verständnis normaler und abnormer Verhaltensweisen geleistet hat. Es ist ihr jedoch nicht gelungen, ein in sich geschlossenes, homogenes Modell der menschlichen Entwicklung darzustellen. Die eigentliche Bedeutung der Lerntheorie liegt darin, daß sie die Matrix der *Verhaltenstherapie* bildet, deren Domäne die Behandlung umschriebener psychischer Störungen ist.

Das *psychoanalytische Modell* (Freud) geht davon aus, daß jedes Kind mit einer biologischen Energie (Libido) ausgestattet ist, mit der bestimmte Entwicklungsqualitäten gesteuert werden und die seine Beziehungen zur Umwelt bestimmen. Das Neugeborene verfügt über ein amorphes »Es«, das kollektive und individuelle Elemente enthält und Triebbefriedigung (»Lustprinzip«) fordert. Im Laufe der Entwicklung stellt sich mit den bewußt erlebten täglichen Erfahrungen das »Realitätsprinzip« dem »Lustprinzip« entgegen, das die Entwicklung des »Ich« fördert. In den Begegnungen mit den Eltern und der Umwelt konstituiert sich ein ethisch-moralisches »Über-Ich«, das die Bestrebungen des »Ich« und die Wünsche des »Es« zu kontrollieren sucht. Die Kindheitsentwicklung wird in Phasen eingeteilt, die sich an den erogenen Zonen des Mundes (oral), des Anus (anal) und der Genitalien (genital) orientiert. Die »Latenzphase« währt bis zur Pubertät. Bestimmten Phasen werden spezielle seelische Störungen (psychische, dissoziative, somatoforme Störungen) zugeordnet. Erikson (1999) hat dieses Konzept durch neue pädagogische, soziologische und transkulturelle Erkenntnisse erweitert. Das oral-sensorische Stadium (Säuglingsalter) ist durch »fundamentales Vertrauen gegenüber fundamentalem Mißtrauen« ausgezeichnet. Im anal-muskulären Stadium (Kleinkindalter) dominiert »Autonomie gegen Scham und Zweifel«. Im lokomotorisch-genitalen Stadium (Kindergartenalter) überwiegt die »Initiative gegenüber Schuldgefühlen«. Das Latenzstadium (Schulalter) wird durch »Fleiß und Einsatz gegenüber Minderwertigkeit« bestimmt. In der Jugendperiode gewinnt die Identität gegenüber Identitätsunsicherheit an Boden.

Für das *Verständnis* der normalen wie der psychopathologischen Entwicklung, etwa für die Ausformung eines bestimmten Symptoms und für die pathogenetische Zuordnung einer psychischen Störung zu einem bestimmten Lebensabschnitt haben sich *psychodynamische Positionen* und Behandlungsgrundsätze besonders bewährt. Durch den Zuwachs an Erkenntnissen der biologischen Forschung, durch Direktbeobachtungen von Säuglingen und Kleinkindern, durch ethologische und ethnologische und schließlich durch soziologische Untersuchungen über die Familienstruktur und aktuelle Wandlungen der Gesellschaft kann aber nicht mehr unverrückt an allen Positionen psychoanalytischer und anderer psychodynamischer Theorien festgehalten werden. Der Kinder- und Jugendpsychiater, an den in erster Linie Forderungen nach Besserung und Heilung einer psychischen Störung gerichtet sind, darf deshalb nicht einer speziellen Entwicklungstheorie einseitig und absolut verhaftet sein. Die Art, die Herkunft und die Schwere einer psychischen Störung des Kindes oder des Jugendlichen, nicht eine allgemeingültige Theorie, müssen das therapeutische Vorgehen bestimmen. Das schließt nicht aus, daß er sich prinzipiell einem bestimmten therapeutischen Konzept stärker als einem anderen zuwendet.

Für das *Erkennen* und die Behandlung psychischer Störungen und Erkrankungen stehen dem Arzt sowohl biologische (neurologische, biochemische, neurophysiologische, reifungsbiologische, human-

genetische) als auch psychologische (entwicklungs- und tiefenpsychologische, test- und lernpsychologische) *Untersuchungsmethoden* zur Verfügung. Der Kinder- und Jugendpsychiater, der wie der Kinderpsychologe und der Kinderpsychotherapeut täglich psychische Störungen bei Kindern und Jugendlichen sieht, verfügt über Möglichkeiten zur Klärung der Entstehung ihrer Krankheit, die sich dem Psychiater oder Psychotherapeuten Erwachsener meist nur einseitig darstellen oder endgültig verschüttet sind. Beim Kind und auch noch beim Jugendlichen kann die Entstehung einer abweichenden Entwicklung durch die direkte Analyse des Familienmilieus, durch Einzelgespräche mit den Eltern und nahen Beziehungspersonen, die auch die Möglichkeit zur Feststellung etwa vorliegender psychischer Störungen bei ihnen selbst gibt, und durch die Beobachtung des Kindes im Umgang mit seinen Eltern, in der Familie, in der Schule, im Heim, in der Klinik viel deutlicher und überzeugender als im späteren Lebensalter geklärt und eine gezielte Behandlung unter Einbeziehung möglichst aller krankmachenden Faktoren durchgeführt werden.

1.1 Stadien der normalen psychischen Entwicklung

Ein Teil der normalen Entwicklungsschwierigkeiten und der psychischen Störungen steht in direktem Zusammenhang mit mißglückten Lösungsversuchen entwicklungsspezifischer biologischer, pädagogischer, kultureller oder sozialer Aufgaben. Der nachstehenden überwiegend psychodynamisch orientierten Darstellung der normalen psychischen Entwicklung seien thesenhaft drei weitverbreitete Mißverständnisse der Psychoanalyse (Freud, Erikson) vorangestellt, die sich für ihr Verständnis als ebenso belastend wie unzutreffend erwiesen haben.

1. Das Mißverständnis über die Rolle und die Bedeutung der *kindlichen Sexualität*: Es löst sich auf, wenn man sich daran erinnert, daß die Psychoanalyse alle sinnlichen Begierden wie körperliche Nähe und Wärme, Zärtlichkeit und Geborgenheit und Bindungs- und Kontaktwünsche dem Bereich der sinnlichen Erfahrungen, der infantilen Sexualität, zurechnet; auch deshalb, weil man kausalgenetisch bestimmte psychische Störungen auf bestimmte psychosexuelle Organisationsstufen zurückführen kann. Die Sexualität des Kindes umschließt aus psychoanalytischer Sicht somit auch die prägenitalen (oral, anal) Phasen. Die infantile Sexualität im engeren Sinne darf nicht mit der genitalen Sexualität verwechselt werden.

2. Das Mißverständnis über die *Ausschließlichkeit* der Bedeutung von Umweltfaktoren für die Entstehung von psychischen Störungen: Freud wies immer erneut auf die große Bedeutung *erblicher Faktoren* für die Entstehung von psychischen Störungen, etwa in seiner »Ergänzungsreihe« hin. Sie wurde von nachfolgenden Autoren weiter präzisiert. Zahlreiche Untersuchungen sprechen dafür, daß an der Entstehung psychischer Störungen neben milieureaktiven regelmäßig auch

biologische Faktoren beteiligt sind. Die Gewichtsverteilung aber läßt sich nicht generell festlegen; der konstitutionelle und peristatische Anteil muß vielmehr in jedem Einzelfall ermittelt werden, er läßt sich meistens nur abschätzen.

3. Das Mißverständnis über scharf begrenzte *libidinöse Phasen* in der normalen infantilen Entwicklung: Die körperliche und die psychische Entwicklung stellen ein dynamisches Kontinuum dar, das jedoch phasenspezifische Verdichtungen und Verknotungen aufweist, die besonders an psychopathologischen Entwicklungen beobachtet und studiert werden können. Das gilt auch für die ödipale Situation des Kleinkindes, die sich zwar im Verlauf der soziologischen Umstrukturierung der Familie verändert hat, aber nach wie vor von großer Bedeutung ist.

Die folgende Darstellung der kindlichen Entwicklung soll eine Grundlage für das Verständnis der Entstehung psychischer Störungen abgeben. Sie ist vorrangig auf die Bedürfnisse der kinderpsychiatrischen Praxis abgestellt und dadurch zwangsläufig unvollständig; sie kann das Studium entwicklungspsychologischer Literatur nicht ersetzen. Neben psychodynamischen Positionen werden einige für das Verständnis wesentliche biologische, neuropädiatrische und soziologische Erkenntnisse mit berücksichtigt. Um einer Verfälschung der jeweiligen biologischen, entwicklungspsychologischen oder psychodynamischen Modelle durch jargonhafte Verwendung von Fachausdrücken ebenso zu entgehen wie einer für das mehrdimensionale kinderpsychiatrische Kausaldenken unzulässigen Vereinseitigung, teilen wir die kindliche Entwicklung im Hinblick auf altersspezifische biologische und psychische Entwicklungsziele in Stadien ein.

1.1.1 Stadium der Kontaktaufnahme (1. Lebensjahr)

- sensomotorisch (J. Piaget)
- oral-respiratorisch-sensorisch-kinästhetisch (E. Erikson)
- oral (S. Freud)
- intentional (H. Schultz-Hencke)

Die Frage, ob es ein »Seelenleben vor der Geburt« gibt oder nicht, ist eine Scheinfrage. Soma und Psyche entwickeln sich in gegenseitiger Abhängigkeit von der Befruchtung bis zur Geburt. »Schwangere Frauen müssen für ihren Körper Sorge tragen, ihr Gemüt aber sollten sie frei von Sorge halten«, meinte schon Aristoteles (384–322 v. Chr.), »denn das werdende Kind nimmt vieles von der Mutter an, wie die Pflanze von dem Erdreich, in dem sie wurzelt.« Einem *Neugeborenen* wird nach lernpsychologischen Studien hohe psychische Kompetenz zugesprochen, die damit auch zumindest unmittelbar vor der Geburt in einem vergleichbaren Maße bestehen muß. Mit ihren Armen und Beinen machen Föten schon intrauterin durch Berührungen der Gebärmutterwand erste Erfahrungen mit ihrem Tastsinn (Reissland 1988). Ob Keimlinge durch diese oder andere Sinnesreize bereits im Mutterleib entwicklungsbestimmende Erfahrungen machen, ob sich bereits vor der Geburt ein »Ich« entwickelt und ob gar Erwachsene durch konzentrative Selbstentspannung Erinnerungen an die vorgeburtliche Zeit wachrufen kön-

nen, ist umstritten, jedenfalls kann man zuverlässige wissenschaftliche Beweise dafür schwer beibringen. Kein Zweifel besteht darüber, daß das Neugeborene kein unbeschriebenes Blatt ist, sondern ein »Mensch mit einer individuellen, intrauterinen Vergangenheit«. Aber es gibt keine gesicherten Erkenntnisse darüber, daß individuelle Erfahrungen und Erinnerungen im Mutterleib dem Kind zugänglich oder entwicklungsbestimmend sind. Mehrere epidemiologische Untersuchungen weisen jedoch darauf hin, daß Kinder, deren Mütter während der Schwangerschaft seelisch leiden, etwa das ungeborene Kind ablehnen, mit einem höheren Risikofaktor für frühkindliche Regulations- und Bindungsstörungen zur Welt kommen.

Das Neugeborene kommt weinend und schreiend mit allen Zeichen der Unlust zur Welt. Nach dem gleichförmigen Intrauterindasein wird es abrupt von heftigen und kontrastierenden Reizen, von Dunkel und Licht, Stille und Lärm, von Wärme und Kälte, Hunger und Durst überflutet. Es befindet sich gleichsam noch im Embryonalzustand und würde als physiologische Frühgeburt (Portmann 2000) nach dem Stand seiner Gehirnentwicklung noch ein volles intrauterines Jahr benötigen, um den Reifezustand neugeborener Säugetiere zu erreichen.

Aber das Neugeborene und der Säugling sind fähig und motiviert, *äußere Reize* aufzunehmen, zu integrieren und zu speichern. Ihre aktive Aufmerksamkeit zu erringen ist allerdings schwierig. Babys sind zwar sehr kompetente Wesen, aber wenn man ihre Tauglichkeiten prüfen will, zeigen sie sich meist nicht sehr kooperativ. Im Gegensatz zu Behauptungen der Philosophen, z. B. von Kant, und selbst von Ärzten um die Wende vom 19. zum 20. Jahrhundert, die den Neugeborenen eine weitreichende Untüchtigkeit der Sinnesorgane attestierten, haben Mütter die psychischen Äußerungen ihrer Säuglinge immer sehr ernst genommen. Ein Neugeborenes kann bereits feststellen, ob sich eine Schallquelle vorn, rechts oder links befindet, sie aber wohl nicht genau lokalisieren. Es kann aber schon in den ersten Tagen störende Reizfaktoren, etwa an der Nase mit der Hand, am Bein mit dem anderen Fuß, entfernen. Das Blick-Abwenden eines Säuglings ist oft als gezielte Verweigerung zu deuten, als Abwehr von Sinneseindrücken, die verwirren oder ablenken, die »zuviel« sind. Solche physiognomischen und gestischen Äußerungen haben durch die *Bindungsforschung* neue und zusätzliche Bedeutungen erfahren.

Durch spezielle Konditionierungsmethoden wurde es möglich, die *Lernfähigkeit* Neugeborener zu überprüfen. Unter dem Einfluß Piagets wurden besonders die Prozesse der inneren Bearbeitung Gegenstand wissenschaftlicher Untersuchungen. Es wurde nachgewiesen, daß bereits Neugeborene und Säuglinge fähig sind, die Umwelt differenziert wahrzunehmen und zu lernen. Die wichtigsten Lernfunktionen spielen sich während der sozialen Interaktion mit einer Bezugsperson ab. Das Vorliegen einer inneren *Motivation* zeigt sich durch Freude am Erfolg. Bereits in den ersten drei Monaten kommt es zu einer raschen Entwicklung der Lernfähigkeit, nicht nur infolge

von Hirnreifungsprozessen, sondern auch durch den Einfluß der Umwelt. Der Säugling zieht den Bildern fremder Frauen sehr früh das der eigenen Mutter vor. Schon in der zweiten Lebenswoche ist er in der Lage, die Stimme der Mutter von der fremder Personen zu unterscheiden. Es steigert seinen Saugrhythmus, wenn die Stimme der Mutter anstelle einer fremden Stimme ertönt. Als besonders komplex und bedeutungsvoll erweisen sich Modifikationen der Sprechweise der Betreuer im Zwiegespräch mit dem Säugling, bei der nicht die Wörter, sondern die Sprechmelodien die Hauptrolle (M. Papousek 1994) spielen. Durch die elterliche Fürsorge, die überwiegend intuitiv und unbewußt erfolgt, werden spezifische Signale des Säuglings ausgelöst.

Es liegen keine gesicherten Erkenntnisse vor, daß in der ersten Lebensphase eine *Prägung* im »endogenistischen Sinne« (Flammer 1999) möglich ist oder daß es absolut prägende »sensible« und »kritische Perioden« gibt. Aber alle Entwicklungsmodelle stimmen darin überein, daß die Qualität und die Konstanz der frühen Bindung des Säuglings an die Mutter von kritischer Bedeutung für seine weitere emotionale Entwicklung sind. Nicht nur in der Kommunikation zwischen nicht-menschlichen Primaten sind soziale Signale (Bewegungen, Haltungen, Töne, Düfte und Berührungen; Ploog 1980) von richtungweisender Bedeutung. Sie spielen auch für das Menschenkind in der Rangfolge: Hautsinn, Gesichtssinn, Gehör, Geschmack, Geruch eine vergleichbare Rolle. Die spontane Fähigkeit der Eltern, nicht nur der

Mütter, während einer intensiven Kontaktaufnahme den Säugling in einen Abstand von 20 cm zu halten, der recht genau seiner optimalen Fixationsfähigkeit entspricht, dürfte erblich koordiniert sein. Menschliche Beobachter erkennen aber auch mimische und psychomotorische Ausdrucksbewegungen bei Affen und können sie zutreffend interpretieren. Das erste *Lächeln* eines menschlichen Säuglings, das erst später, mit der Aufnahme des *Blickkontakts*, zum sozialen Lächeln wird, beobachtet man bereits im ersten Lebensmonat. Daß auch beim Menschen das Lächeln und andere mimische und emotionale Äußerungen zu seiner erbkoordinativen Ausstattung gehören, ließ sich durch experimentelle Untersuchungen an kongenital blinden und taubblinden Kindern nachweisen. Ihre Lachmotorik entspricht in allen Einzelheiten der gesunder Kinder, und ihre Blickfixation ist kaum von der eines sehenden Kindes zu unterscheiden. Die Entwicklung des *Mimikerkennens* kann man mit Attrappenversuchen verdeutlichen. Lächeln (Ploog 1980) wird schon sehr früh durch augengroße Punkte auf einem ausgeschnittenen Kopfumriß ausgelöst. Mit 3 Monaten erhält die untere Gesichtshälfte eine mitwirkende Auslöserfunktion, während Handbewegungen mit 4 Monaten wirksam werden, aber erst im 6. Monat durch ein Breitziehen des Mundes ihren stärksten Bedeutungscharakter erhalten. Im 8. Monat erhält das lachende Erwachsenengesicht eine starke Auslöserqualität; in dieser Zeit beginnt sich ein eigenes Ausdrucksverhalten beim Säugling herauszubilden. Transkulturelle

Studien bestätigen, daß mimische Ausdrucksbewegungen angeborenen Auslösermechanismen (Tinbergen 1952) entsprechen. Jeder mimische Ausdruck ist, jedenfalls primär, das Resultat einer emotionalen Gestimmtheit. Erst später lernt das Kind, ihn durch bewußte Auslösung zu verfälschen. *Vokale Signale* und das Erkennen solcher Signale beim Menschen weisen vergleichbare Ausdrucksvarianten auf. Säuglinge schreien, wenn sie Hunger haben, aber auch, wenn sie Zuwendung wünschen oder unter körperlichen Mißempfindungen leiden. Viele Mütter berichten, daß sie vom Ausdruckscharakter des Schreiens auf Wünsche und Absichten ihres Kindes Rückschlüsse ziehen können. Das Plappern, Gurren, Lallen und schließlich die Lallmonologe, die bei Säuglingen im Alter von 4–8 Wochen beginnen, allmählich sprachähnlichen Charakter annehmen und von Pausen unterbrochen sind, in denen sie auf Antworten warten, sind ebenfalls erbbiologisch fundiert.

Nach Piaget (1967) übt der Säugling im 1. Monat seine angeborenen *Reflexe*, die damit wirkungsvoller werden. In der Zeit vom 1. bis zum 4. Monat kommt es zu einer Verknüpfung von Reflexen und Reaktionen. Der Säugling greift gezielt nach Dingen und führt sie zum Munde. In der Zeit vom 4. bis zum 8. Monat beginnt er zu krabbeln und mit Gegenständen zu hantieren, er schaut Menschen und Gegenständen nach, die bislang seinem Blickfeld einfach entschwanden. Im Alter von 8–12 Monaten lernt er, Handlungen durchzuführen, um bestimmte Ziele zu erreichen und durch aktives Ausprobieren und Suchen nach neuen Erlebnissen Abwechslung zu gewinnen. Während dieser Zeit muß die Umwelt für den hilflosen menschlichen Nesthocker vollwertigen und zuverlässigen Ersatz für den Verlust der »Urhöhle«, der uterinen Wärme, Nahrung und Geborgenheit bieten, wenn nicht psychische und somatische Störungen auftreten sollen. Die Mutter muß ihn ernähren, säubern, wärmen, seinen wachsenden Reizhunger stillen und den ansteigenden Antriebsüberschuß kanalisieren. Die liebende Fürsorge der Mutter, die mit dem Säugling nach der physischen Abnabelung weiterhin eine Dualunion »Mutter-Säugling« bildet, kann Wohlbehagen, Sicherheit und Geborgenheit erhalten und neu entwickeln, woraus ein zunächst unartikuliertes naives »Urvertrauen« (Erikson 1950, 1999) erwächst, das als erste soziale Leistung des Kindes angesehen werden muß.

In der *Lernpsychologie* werden von H. Papousek (1965) fünf Stufen von *Lernprozessen* im Sinne einer aufsteigenden Entwicklung genannt: Habituation, bedingte Reaktion, latentes Lernen, Prägungslernen und einsichtiges Lernen. In seinen ersten Lebensmonaten wiederholt der Säugling phylogenetische Lernprozesse. Über operantes und assoziatives Konditionieren kommt es zur Ausbildung von Reaktionsketten in Form nonverbaler Konzepte und Regeln und schließlich mit der Entwicklung der Sprache zunehmend zu Möglichkeiten des Abstrahierens. Diesen Lernbedingungen müssen sich die *Bezugspersonen* des Säuglings anpassen, was vorwiegend intuitiv erfolgt und nur bedingt durch rationales Verhalten zu ersetzen ist. Beziehungsstörungen können dadurch entstehen, daß die Bezugsperson sich für das Kind unverständlich verhält, wie es etwa Seligman (1983) mit seinem Konzept der erlernten Hilflosigkeit dargestellt hat.

Aus *psychodynamischer Sicht* hat sich in dieser vorwiegend durch Lust und Unlust gekennzeichneten *oralen Phase* eine erste Verschiebung von der autoerotischen Bedürfnisbefriedigung zur liebenden (heteroerotischen) Kontaktaufnahme mit der Umwelt, meist mit der Mutter, vollzogen.

In der oralen Phase erlebt das Kind, daß es nicht auf jede Unlustäußerung hin tatsächlich oder emotional »gestillt« wird. Es spürt seine Abhängigkeit von der Mutter und gelangt damit zu einer ersten Unterscheidung von Subjekt und Objekt. Die libidinöse Leitzone, die Mundschleimhaut und die Haut, bringt das Kind in stimulierende Berührung mit der Mutter, mit der es zunächst noch eine Dualunion bildet. Während dieser Zeit muß eine enge Mutter-Kind-Beziehung vollwertigen Ersatz für den Verlust der uterinen »Urhöhle« bieten. Nur eine liebende Mutter kann Wohlbehagen, Sicherheit und Geborgenheit garantieren.

Bei den nicht-menschlichen Primaten ist die Entwicklung der Mutter-Kind-Beziehung besonders bei Rhesusaffen ausgiebig untersucht worden. Harlow und Harlow (1966) haben sie in drei Stadien eingeteilt. Das erste Stadium ist durch die körperliche Orientierung (Such- und Saugverhalten) des Kindes und durch die Protektion der Mutter gekennzeichnet, durch das die Mutter-Kind-Beziehung begründet und gefestigt wird. Das zweite

Stadium ist durch zunehmende soziale Aktivitäten des Kindes charakterisiert, die sich sowohl auf die Mutter als auch auf die Gruppe, und hier besonders auf »Tanten« (Hinde, Spencer-Booth 1971) richten. Gerät das Kind in Bedrängnis, sucht es bei der Mutter oder bei diesen »Tanten« Zuflucht. Im dritten Stadium findet eine Lockerung und schließlich eine Trennung des Kindes von der Mutter als Resultat einer mütterlichen Zurückweisung statt. Die endgültige Ablösung des Kindes wird durch neue Geburten beschleunigt und verstärkt; dennoch bleibt eine besonders enge Beziehung des Kindes zur Mutter erhalten.

Die *Mutter*, die in der undifferenzierten Phase der ersten Lebensmonate in »sensibler Adaptation« (Winnicott 1953) als Bestandteil einer amorphen Einheit erlebt wird, erhält gegen Ende des ersten Lebenshalbjahres schärfere Konturen. Es beginnt ein Dialog zwischen Mutter und Kind, der mit Lächeln und Gegenlächeln einsetzt und sich zu einem Zyklus »Aktion–Reaktion–Aktion« ausweitet, der bald alle Entwicklungsbereiche des Kindes umfaßt. Dieser Funktionskreis ist jedoch außerordentlich leicht störbar, weil er entscheidend von der Anwesenheit und der affektiven Einstellung der Mutter zum Kind abhängig ist. Schon früh zeigen sich einige geschlechtsspezifische Differenzen. Männliche Säuglinge sprechen früher und besser auf visuelle, Mädchen dagegen auf auditive Reize an. Einjährige Mädchen halten im Gegensatz zu Jungen Blickkontakt zur Mutter, weinen eher, auch wenn sie scherzhaft gescholten werden, und flüchten schneller auf den Schoß der Mutter zurück. In der Grobmotorik zeigen sich die Jungen, in der Feinmotorik die Mädchen überlegen. Ebenso lernen Mädchen früher und leichter sprechen und lesen.

Psychische und psychosomatische Störungen können entstehen, wenn die *Dualunion* von Kind und Mutter bzw. Ersatzmutter nicht zustande kommt (Bindungsstörungen) oder vorzeitig und für längere Zeit ohne Ersatz (Deprivation) unterbrochen wurde, das Kind von der Mutter bewußt oder unbewußt abgelehnt wurde oder die Mutter infolge eigener Schwierigkeiten, wie Unsicherheit in der Erziehung, mit übertriebener Besorgnis, Ängstlichkeit und anderem für die Pflege und die Erziehung nicht oder nur bedingt geeignet war.

1.1.2 Stadium der motorischen Integration (2. und 3. Lebensjahr)

- voroperatorisch-magisch-symbolisch (J. Piaget)
- anal-urethral, muskulär (E. Erikson)
- anal (S. Freud)

Ein *Kleinkind* ist aktiv, differenziert und beziehungsfähig, aber es ist auf eine optimale Kommunikation mit einer oder mehreren Bezugspersonen angewiesen. Das wichtigste Ziel der statomotorischen Entwicklung, der koordinierte *aufrechte Gang*, wird erst am Ende einer langen Periode motorischer Probierbewegungen und Mißerfolge erlernt. Krabbeln, Kriechen und Rutschen werden abgelöst vom freien Gang mit Hilfe der Mutter, von deren Hand sich das Kind oft auch dann nicht lösen mag, wenn es schon längst laufen gelernt hat. Erst allmählich setzt sich das Vertrauen auf die eigene Leistung gegenüber der Selbstunsicherheit, die »Autonomie gegen Scham und Zweifel« (Erikson 1950, 1999) durch.

Das gilt ganz besonders für die muskuläre Beherrschung der analen und urethralen Schließmuskulatur. Die *Sauberkeitserziehung*, der Wunsch der Mutter nach willkürlicher Innervation des analen und des urethralen Muskelsystems, stellt die erste Forderung der Mutter an das Kind dar, die konsequent und unausgesetzt an es herangetragen wird und mit Lob, Tadel und Strafe verbunden ist. Das Kind erlebt, daß das Zurückhalten und Loslassen von Urin und Kot jeweils die Einstellung der Umwelt zu ihm zu ändern vermag und sowohl zu verstärkter Liebeszuwendung als auch zu Konflikten mit der Mutter führen kann. Konkurrierend mit dem Wunsch, der Mutter und sich selbst zuliebe gehorsam und sauber zu sein, tritt damit die Möglichkeit analen Lustgewinns durch Retention oder unzeitgerechter Ausscheidung von Darminhalt hinzu, die Ambivalenzkonflikte und aggressive, sadistische und masochistische Verhaltensweisen erzeugen kann.

Die zunehmende Beherrschung der *Motorik* und das neugewonnene Gefühl der Macht, Objekte im freien Zugriff in Besitz zu bringen und zu beherrschen, geben ebenso wie die Erfahrung, daß durch das Sphinkterspiel die Umgebung zufriedengestellt und beschenkt oder gereizt und gekränkt werden kann, dem Kind das Gefühl einer magischen Hybris, die das natürliche Selbstbewußtsein zum naiven *Allmachtsgefühl* ausweiten kann. Vorgänge

und Erlebnisse, die dieses Gefühl nicht bestätigen oder das Kind kränken, werden mit Aggressionen, mit Wutausbrüchen oder passiver Resistenz bedacht, die in der sogenannten Trotzphase ihre Kulmination erreichen. Das Kind benötigt in dieser Phase eine nachsichtige und dennoch feste und Sicherheit gebende Lenkung und Erziehung.

Die reifenden Hirnfunktionen und damit auch die wachsende Fähigkeit, Lautsymbole differenzierter zu dechiffrieren und nachzuahmen, die Entwicklung der *Sprachfähigkeit*, aber auch die kritische Einsicht in die eigene Unvollkommenheit helfen dem Kind, Vorstellungen über die magische Omnipotenz zu überwinden, und leiten in das Stadium der denkenden Weltorientierung über.

1.1.3 Stadium der kritischen Realitätsprüfung (4. und 5. Lebensjahr)

- voroperatorisch-anschaulich (J. Piaget)
- infantil-genital, lokomotorisch (E. Erikson)
- phallisch, ödipal (S. Freud)

Die Fähigkeit zur motorischen Expansion, zur Intensivierung des Denkvermögens und zum Erwerb der Sprachfähigkeit ermöglichen dem Kind nun eine erste kritische Bestandsaufnahme und Wertung der Umwelt.

Das Gefühl der Allmacht hält der neugewonnenen Fähigkeit zum anschaulich-analytischen Denken nicht mehr stand und tritt zugunsten einer kritischen und sachlichen Beurteilung zurück, wenngleich magisch-phantastische Denkvollzüge auch weiterhin im kindlichen Spiel und als Ersatzbefriedigung für Enttäuschungen und Erlebnisse eigener Unzulänglichkeiten eine Rolle spielen. Der *Junge* ist Löwe und Jäger, er braucht als Räuber und Mörder Waffen, mit denen er Geschwister oder andere Kindern bedroht oder symbolisch oder real sich gewalttätig verhält. Diese und andere aggressive und destruktive Akte, etwa das Zerlegen oder Zertrümmern von Spielzeug, Mißhandlung von Tieren und kleineren Kindern sind zunächst jedoch weniger unter dem Aspekt des Sadismus, sondern als Ausdruck eines wißbegierigen infantilen Forscherdrangs, von Neugier, Abenteuerlust und Entdeckerfreude des Kindes zu sehen.

Messen, Wägen und Zählen, das Vergleichen der Körpergrößen und bewältigter Nahrungsmengen, die Zunahme an Gewicht und an Körperkraft, der rivalisierende körperliche und intellektuelle Kampf mit gleichaltrigen und älteren Kindern stehen ebenso wie die Entdeckung von Organfunktionen des eigenen Körpers im Zusammenhang mit der beginnenden Entwicklung eines Selbstwertgefühls beim Kind.

Jungen und Mädchen stellen fest, daß ihre Genitalien denen des Vaters oder der Mutter gleichen. Größen- und Funktionsvergleiche der Jungen und Mädchen untereinander oder gegenseitig gehören in den natürlichen Rahmen der gesteigerten *infantilen Wißbegierde*, ebenso wie die Entdeckung des Lustgewinns durch genitale Manipulationen eine Begleiterscheinung der kindlichen Sexualforschung sein kann. Die Jungen messen sich gelegentlich im gezielten Urinieren als Ausdruck

einer naiven Funktionslust. Sie entwickeln im Umgang mit den Mädchen ein großsprecherisch-wichtigtuerisches Imponiergehabe. Die sprachliche und die Lernintelligenz und die Ausdauer der Mädchen sind in diesem Alter oft wesentlich besser als bei den Jungen entwickelt. Erikson hat auf geschlechtsspezifische Eigenschaften der phallisch-eindringenden Verhaltensweisen der Jungen im Gegensatz zu den mehr auf Bekommen und Empfangen eingestellten Verhaltensweisen der Mädchen, und zwar entweder in Form des aggressiven Wegnehmens oder der abgemilderten Form des Schmeichelns und des Einschmeichelns, hingewiesen.

In diesem Entwicklungsstadium kommt es oft zu ersten Auseinandersetzungen mit den Eltern, zum Akzeptieren oder Ablehnen der eigenen *Geschlechtsrolle* und zur Identifikation mit dem Vater oder mit der Mutter. In dieser manchmal spannungsgeladenen Dreieckskonstellation von Mutter-Vater-Kind, der *ödipalen Phase*, kann es zu Haß- und Eifersuchtsreaktionen gegenüber dem Vater oder der Mutter kommen. Im allgemeinen wird sich der Junge aber davon überzeugen können, daß vom Vater keine Gefahr droht, wenn er sich mehr der Mutter zuwendet, und die Mädchen werden immer erneut erfahren, daß sie von der Mutter genauso geliebt werden wie die Jungen. Das Mädchen erlebt, wenn überhaupt, nicht nur die dominante oder subdominante Stellung des Vaters, sondern auch die überlegene Anziehungskraft der Mutter auf den Bruder und den Vater, von denen die Mutter gleichermaßen geliebt wird und mit der es sich identifizieren kann. Das alles schließt keineswegs die pathogene Bedeutung dieses Entwicklungsstadiums aus. Seine richtunggebende Funktion offenbart sich aber vor allem in den Analysen Erwachsener mit psychischen Störungen. Die kinderpsychiatrischen Beobachtungen haben bis heute keine allgemeingültigen Hinweise dafür erbringen können, daß in dieser Periode regelhaft genitale Wunschvorstellungen oder objektgerichtete Phantasien der Jungen auf die Mutter und des Mädchens auf den Vater vorkommen und deswegen von Haß und Feindschaft auf den gleichgeschlechtlichen Elternteil begleitet sind. Das Auftreten schwerer ödipaler Verstrickungen, wie sie in der patriarchalischen Gesellschaft zu Beginn des 20. Jahrhunderts offenbar gehäuft vorkamen, ist durch den Rückgang des androzentrischen Denkens und die Emanzipation der Mädchen- und Frauenrolle vielleicht seltener geworden. Der »vollständige Ödipuskomplex« mit seinen positiven und negativen Einstellungen bietet jedoch weiterhin vielfältige Möglichkeiten zum Verständnis hysterischer, zwanghafter, narzißtischer, sadistischer und masochistischer Störungen.

Die Anpassungsschwierigkeiten und Konflikte dieser Periode der »kleinen Pubertät« ergeben sich einerseits aus der gesteigerten *Aggressivität*, die regelmäßig zu Auseinandersetzungen mit den Eltern führt und sich zur krisenhaften Zuspitzung in einer verlängerten »Trotzphase« steigern kann, zum andern aus der Entfaltung subjektiver Denkvollzüge und Handlungen, die im Widerspruch zu den introjizierten Elternimagines stehen und das Kind von nun an und unwiderruflich in

Auseinandersetzungen mit dem eigenen Gewissen und damit zu Erlebnissen von Ambivalenz und Schuld stürzen.

1.1.4 Stadium der sozialen Einordnung (6.–11. Lebensjahr)

- konkret-operatorisch (J. Piaget)
- Latenz (E. Erikson)
- Latenzzeit (S. Freud)

Mit der weiteren Konsolidierung der statomotorischen und sprachlichen Fertigkeiten, dem Erwerb kritischer Denkansätze und der Konstituierung einer stetigen intellektuellen und körperlichen Leistungsbereitschaft unter Einschluß einer ausreichenden Befähigung zur *Affektregulierung* hat das Kind ein Stadium erreicht, das eine intensivere Expansion in außerfamiliäre Gruppen zuläßt und selbsttätiges Einordnen in leistungsorientierte Institutionen ermöglicht.

Dem allmählichen Übergang von der körperlich-rundlichen Kleinkind- zur gestreckten Schulkindgestalt entsprechen bestimmte psychologische und leistungspsychologisch objektivierbare Veränderungen. In diesem Lebens- und Entwicklungsalter schwindet übrigens die bis dahin im Hirnstrombild vorherrschende träge Dysrhythmie und macht rhythmisch angeordneten frequenteren Graphoelementen Platz, die eine Vorstufe für die spätere Individualisierung der bioelektrischen Abläufe darstellen. Psychologisch tritt einerseits ein höheres Maß an Anpassungsbereitschaft und Einordnungsfähigkeit, an *Autonomie*, in Erscheinung, andererseits wird die bis dahin noch dominierende magische Weltbetrachtung mit ihren anthropomorphisierenden Phantasien und kleinkindlichen Vorstellungen von Zauberei und Allmacht zugunsten konkreter und abstrakter Realitäten abgebaut. Auf dieser Entwicklungsstufe ist das Kind befähigt, einer seinem Alter gemäßen Tätigkeit nachzugehen. Es ist schulreif geworden.

Schulreife ist ein Begriff, der nicht allein am Grad der Intelligenzentwicklung ausgerichtet ist. Sie setzt neben dem vollzogenen Konstitutionswandel im wesentlichen leistungspsychologische und affektive Bedingungen voraus: Leistungsbereitschaft und eine gewisse Freude an der Aufgabenbewältigung, altersadäquate Sprachentwicklung, Beherrschung der motorischen Körperfunktionen mit der Fähigkeit, längere Zeit aufmerksam und ruhig auszuharren; ferner Ausdauer und Konzentrationsfähigkeit und ein gewisses Maß an Kontaktbereitschaft und Vertrauen.

Auch bei Erfüllung dieser Voraussetzungen ist die Einschulung in vielfacher Hinsicht ein Prüfstein für das Kind und seine Erziehung und somit für die Eltern. Die Einordnung in die Gemeinschaft der Gleichaltrigen und die Anpassung an den Lehrer, der allmähliche Fortfall der spielerischen Beschäftigung und die zunehmende Auseinandersetzung mit den täglichen Pflichten und Aufgaben und ihre Abgrenzung von Spiel und Sonderinteressen geben Anlaß zu ersten Kollisionen zwischen Pflicht und Neigung, die lebenslang bestehen bleiben können. Anders als in der Säuglingszeit, in der das Kind die Umwelt nach seinen Bedürfnissen mit gestaltete, auch in der Kleinkindzeit, in der die elter-

liche Liebe trotz Tadel und Strafe unbedingte und gleichbleibende Gewißheit war, tritt das Kind nun in eine nach Beliebtheit, Begabung und Leistung abgestufte Hierarchie ein und sieht sich vor vielseitige Belastungen in den Beziehungen zu Mitschülern, Lehrern und auch zu den Eltern gestellt, die diese ersten Schritte gespannt und kritisch verfolgen.

Findet ein Kind durch Schwächen seiner Intelligenz, durch partielle Intelligenzmängel, infolge seiner primär gestörten psychischen Entwicklung oder durch emotionale Verunsicherung infolge häuslicher Konflikte nicht die von ihm selbst oder den Eltern gewünschte Position in der Klasse und zum Lehrer, so steigt die psychische Störanfälligkeit in dem Maße zusätzlich an, wie die Eltern die Unzulänglichkeiten und das Versagen des Kindes zum Anlaß von Liebesentzug und Bestrafung nehmen, es damit auf die in der frühen Kindheit erlittenen Frustrationen und Demütigungen verweisen, das Selbstgefühl weiter schwächen und es endlich mit seinen Schwierigkeiten und Leiden alleinlassen. Diese emotionelle Streßsituation liefert die Spannungs- und Belastungsfaktoren, die zu Rückfällen überwundener Störungen, zu psychischen Störungen und zu psychiatrischen Erkrankungen führen können.

1.1.5 Stadium der sozialen Neuorientierung (12.–18. Lebensjahr)

- hypothetisch-deduktive Phase der formalen Operationen (J. Piaget)
- oral-respiratorisch-sensorisch (E. Erikson)
- genitale Sexualität (S. Freud)

Mit der sexuellen *Reifung*, dem damit verbundenen Wachstumsschub und der Ausbildung der sekundären Geschlechtsmerkmale beginnt eine allmähliche, manchmal abrupte Ablösung von den Eltern und von Leitbildern vergangener Jahre. Die erwünschte Autonomie und die Ich-Identität sind davon abhängig, inwieweit der Prozeß der *Individuation*, deren Beginn bis in die frühe Kindheit zurückreicht, gelungen ist. Sie führt zu einem Wechsel der Idole und zu einem Überwechseln in neue Gruppen und Institutionen in Schule und Beruf. Mit dem Beginn und der Bewältigung dieser Neuorientierung endet die eigentliche Kindheit.

Das *Körperwachstum* und die damit einhergehenden körperlichen Veränderungen erfordern die Akzeptanz eines neuen Körperschemas und gehen oft mit massiven seelischen Spannungen und Konflikten einher. Der Wunsch nach erotischer und geschlechtlicher *Intimität* stellt das eben erst gewonnene labile Gleichgewicht der späten Kindheit in Frage. Die physische, psychische und sexuelle Revolution, bedingt durch einen »Überfall der Hormone«, verunsichert nicht selten das Selbstbewußtsein und erzeugt eine seelische Disharmonie. Das Ich des Jugendlichen ist weniger als zuvor Herr im eigenen Haus gegenüber den übermächtigen Ansprüchen des Es und den zweifelhaft gewordenen Normen und Werten des Über-Ichs. Sie werden verstärkt durch die säkulare körperliche Akzeleration, die im Gegensatz zu der relativ verlangsamten emotionalen Entwicklung steht und zusätzliche Probleme verursacht. Im Jugendalter sind alle Variationen der seelischen und körperlichen Entwicklung von einer infantilen Retardierung bis zur vorgereiften Akzeleration und damit keine allgemeingültigen Verhaltensmuster anzutreffen. Zusätzlich bestehen geschlechtsspezifische Differenzen des Entwicklungstempos. Der Wachstumsschub bei Jungen setzt später als bei Mädchen ein, was sich nachteilig auf die Beziehungen innerhalb der Peer-Gruppe auswirken kann. Hinzu kommt, daß bei Mädchen das individuelle Entwicklungstempo außerordentlich unterschiedlich ist. Die zeitliche Variationsbreite des Auftretens der sekundären Geschlechtsmerkmale, insbesondere der Menarche und der Beginn der Brustknospung streuen erheblich. Diese allgemeinen und individuellen Differenzen wirken sich besonders für Früh- und für Spätentwickelte oft nachteilig aus, weil die soziale Einschätzung von seiten der Gleichaltrigen und Erwachsenen sich stark am Entwicklungsstand orientiert. Mädchen mit früh einsetzendem Wachstumsschub und früher Menarche nehmen zwar vorübergehend eine herausgehobene Sonderstellung unter Altersgleichen ein, andererseits aber kommt es wesentlich früher zu gegengeschlechtlichen Intimitäten, auf die sie noch nicht vorbereitet sind. Normal- oder spät entwickelte Altersgenossinnen und -genossen befinden sich in einem längeren Wartestand. Dementsprechend ergaben mehrere Studien, daß sowohl frühentwickelte Mädchen als auch spätentwickelte Jungen häufiger psychische Störungen aufwiesen als normal entwickelte alters- und geschlechtsgleiche Jugendliche.

Die schwer zu beherrschenden Wünsche nach *erotischen und sexuellen Kontakten*, oft begleitet von Schuld und Scham, können zu Selbstzweifeln und einer erheblichen Beeinträchtigung der inneren Autonomie führen. In dieser Zeit des triebdeterminierten Moratoriums wird die Masturbation bei Jugendlichen als angemessenes Äquivalent in allen Kulturen und Sozialschichten zwar verworfen, überwiegend aber geduldet. Sie ist bei Jungen etwas häufiger als bei Mädchen. Die Einhaltung der sexuellen Karenz in der Adoleszenz bereitet dort weniger Schwierigkeiten, wo eine positive Identifikation des/der Jugendlichen mit der Geschlechtsrolle des Vaters oder der Mutter vollzogen werden kann und das gegenseitige Vertrauen durch eine seit der Kleinkindzeit kontinuierlich erfolgte sexuelle Aufklärung (»so viel wie nötig, nicht mehr als nötig«) bestehen bleiben kann und in der Kindheit Entbehrungen an Zärtlichkeit und Liebe nicht ertragen werden mußten. Männliche Jugendliche, die erotische und sexuelle Regungen konsequenter als junge Mädchen und Frauen trennen, entwickeln in dieser Karenzzeit manchmal konträre Phantasievorstellungen von »Madonnen-« und »Dirnentypen«, die als »reine« Mutter-Schwester-Ideale verehrt oder als stereotype Bilder »niederer« physischer Sexualität benutzt werden. Die schädlichen Auswirkungen sexueller Delikte und Verführung in der Kindheit und in der Pubertät sind für die Entwicklung des späteren individuellen Intimverhaltens schwer abzuschätzen.

Die Erringung der *Identität* und *Autonomie* steht in direktem Zusammenhang mit der Konstitution, mit dem kulturellen und sozialen Umfeld und ist dementsprechend entscheidend geprägt von der individuellen Lebensgeschichte des Kindes. In der Adoleszenz führt der Weg zur Herstellung einer neuen seelischen Harmonie meistens über *Ablehnungs- und Protestreaktionen* in Form passiver Resistenz bis zu radikalen Forderungen nach »Umwertung aller Werte« in Familie und Gesellschaft schließlich zur Neuorientierung und Neuanpassung in allen Bereichen. Im Idealfall werden gelockerte oder durchtrennte Familienbande in gegenseitigem Respekt neu geknüpft, die Integration der genitalen Sexualität wird ohne Diskriminierung möglich, und daraus resultiert eine weitgehende Übereinstimmung mit den Werten der Gesellschaft. Manche Jugendliche befinden sich aber auf Jahre hinaus in Rollen- und Identitätskonflikten. Aus psychodynamischer Sicht kommt es in diesem Stadium häufig zur Wiederbelebung primärer kindlicher Konflikte und zu emotionalen und psychosomatischen Störungen. Das ist besonders dort der Fall, wo die normalen Phasen der Kindheitsentwicklung infolge anhaltender Störungen in der Familie nicht etappengerecht durchlaufen und absolviert wurden.

Das *körperliche Wachstum* allein reicht nicht aus, um als Erwachsener anerkannt zu werden. Von den Eltern und Lehrern werden Jugendliche ihrer intellektuellen und emotionalen Entwicklung gemäß zunächst weiterhin als Kinder behandelt; sie werden weiterhin erzogen. Von anderen Erwachsenen werden sie, manchmal abhängig von deren eigener Interessenlage, entweder als Kinder, als Fast-Erwachsene oder als Erwachsene behandelt. In ihrer Rolle als Erwachsene werden sie oft überschätzt und besonders in der Lehre und im Beruf körperlich und psychisch überfordert. Die jungen Mädchen werden wegen ihrer Geschlechtsrolle umworben, verwöhnt und manchmal sexuell ausgenutzt. Auch Fragen der *Berufswahl* und der Berufsausbildung bei Schulabgängern und Probleme der Einengung und der Abhängigkeit von den Eltern bei älteren Schülern und Studierenden können die Findung der eigenen Identität erschweren und nicht nur zu normativen, sondern auch zu pathologischen Identitäts- und Autoritätskrisen (s. dort) führen.

1.2 Leichte Abweichungen der psychischen Entwicklung

Die aus gestörten Kind-Umwelt-Beziehungen entspringenden »Kinderfehler« und anhaltenden »Erziehungsschwierigkeiten« sind unter bestimmten Bedingungen als überwiegend passagere Varianten der Entwicklung einzustufen. Aus kinderpsychiatrischer Sicht ist dabei nicht zu übersehen, daß der Grad der Störbarkeit und das Ausmaß der psychischen Reaktion aber nicht allein vom Schweregrad und von der Einwirkungsdauer peristatischer Noxen bestimmt wird. Vielmehr besteht eine enge Verwobenheit mit der individuellen Konstitution und mit etwaigen genetisch oder somatisch bedingten psychischen Aberrationen.

1.2.1 Daumenlutschen (ICD-10 F98.8)
Symptomatik
Das Daumenlutschen ist eine frühe Manifestationsform stereotyper kindlicher Manipulationen am eigenen Körper. Es liegen gesicherte Beobachtungen über daumenlutschende Föten, Neugeborene und Säuglinge vor. Im Prinzip können alle Finger, manchmal auch die ganze Hand, auch die Zehen und die Zunge zum Lutschen und Saugen benutzt werden. Der Daumen bietet sich wegen seiner optimalen Abduktions- und Oppositionsstellung dazu besonders an. Das Daumenlutschen wird besonders in der Zeit vor dem Einschlafen beobachtet, aber mit Vorliebe auch in unlustgetönten Situationen (Hunger, Langeweile, Angst) und bei Änderung der äußeren Lebensumstände (Trennung von der Mutter, Einschulung).

Genese, Ätiologie, soziale Bedeutung
In der frühen Kindheit ist der Mund das wichtigste Abfuhrorgan für lust- und unlustgetönte Spannungen. Unmittelbar nach der Geburt kann durch Reizung jeder beliebigen Körperstelle der Saugreflex ausgelöst werden. Wenn der Hunger bei Säuglingen, aber auch bei Welpen und Affen nicht rasch genug gestillt werden kann, saugen sie an allen erreichbaren Teilen des eigenen Körpers. Bei der Nahrungsaufnahme des Säuglings kann man zwei Funktionen unterscheiden: die Nahrungsaufnahme selbst und die Spannungsabfuhr durch den Saugakt. Zwischen frühem Abstillen und Daumenlutschen bestehen Zusammenhänge. Kinder, die nicht gestillt werden, lutschten länger

am Daumen, länger gestillte Säuglinge sehr selten.

Die große Häufigkeit des Daumenlutschens erklärt sich nicht allein aus dem angeborenen »Saugreflex«, der manchmal bei Demenzzuständen im späteren Lebensalter wieder seine frühere Dominanz erlangt.

Für die *Persistenz* des Daumenlutschens bei Kindern sind folgende Gesichtspunkte (s. Bindungsstörungen) zu diskutieren:

a) Ein starkes Bedürfnis des Kindes nach Zärtlichkeit, das nicht ausreichend befriedigt wird. Dem wird in einigen Kulturkreisen dadurch Rechnung getragen, daß ständiger Körperkontakt mit Kleinkindern, etwa durch Herumtragen der Kinder auf dem Rücken und den damit verbundenen Körperkontakt mit der Mutter, aufrechterhalten wird.

b) Ein objektiver seelischer Mangelzustand des Kindes, etwa durch ständige oder häufige Abwesenheit der Mutter oder ihre bewußt oder unbewußt feindselige Einstellung zum Kind und

c) Persistenz eines frühkindlich erworbenen Reaktionsschemas oraler Ersatzbefriedigung bzw. eine Regression auf die orale Organisationsstufe durch milieubedingte Störungen.

Eine gewisse soziale Bedeutung erlangt das Daumenlutschen erst, wenn es über das 2. und 3. Lebensjahr anhält. Eine therapeutische Relevanz entsteht jedoch erst bei Persistieren der Gewohnheit bis ins Schulalter. Manche Eltern müssen sich für eine Behandlung weniger aus psychologischen als aus kieferorthopädischen Gesichtspunkten entscheiden.

Therapie und Prognose

Durch pädagogische Maßnahmen wie Strafe und Belohnung, durch Drohungen und Prämien ist kein nachhaltiger Erfolg zu erwarten. Das Kind möchte sich selbst meist nur allzugern von der Gewohnheit befreien, wenn dem nicht die intensive Bedürfnisspannung und die unterschwellig ablaufende Bedürfnisbefriedigung entgegenstünden. Die besonders aus kieferorthopädischer Sicht unternommenen Versuche, das Daumenlutschen durch mechanische Fixierungen (Handschuhe, Muff, modifizierte Zwangsjacken) oder durch Bestreichen der Finger mit übelriechenden Substanzen zu unterbinden, brachten keinen nennenswerten Erfolg und sind inzwischen wieder aufgegeben worden. Diese Methoden sind auch nicht zu empfehlen, weil entweder nur eine einfache Verlagerung des Daumen- und Fingerlutschens zum Zungen- und Gaumenlutschen stattfindet oder eine tieferreichende Symptomverschiebung erfolgt, die zu anderen psychischen Manifestationen führt. Durch die therapeutischen Bemühungen und den schließlich resultierenden Mißerfolg kann sogar der gegenteilige Effekt einer Symptomverfestigung bewirkt werden.

Bei älteren Kindern ist das Daumenlutschen oft nur ein besonders auffälliges Symptom und mit weiteren psychischen Verhaltensauffälligkeiten kombiniert. Hier wie bei allen anderen Formen der stereotypen Manipulationen im Kindesalter steht die Aufdeckung der auslösenden, erhaltenden oder begünstigenden Milieusituation und die sich daraus ergebende Notwendigkeit einer Beratung der Eltern im Vordergrund der Therapie. In schwierigen Fällen ist eine zusätzliche ambulante Behandlung des Kindes in Gruppen- oder Einzeltherapie durch ausgebildete Kindertherapeuten und in Beratungsstellen nicht zu umgehen.

Die Prognose im Hinblick auf das Schwinden des Symptoms ist im allgemeinen auch ohne besondere therapeutische Maßnahmen günstig. Eine besondere Disposition dieser oralen Störung für die spätere Entwicklung von Magen-Darm-Erkrankungen bei Kindern wurde bisher nicht festgestellt.

1.2.2 Nägelbeißen (Pica) (ICD-10 F98.8/ICD-10 F98.3)

Symptomatik

Das Beißen, Benagen und Kauen der Fingernägel (Onychophagie) ist die verbreitetste Form kindlicher Körpermanipulationen. Der Häufigkeitsgipfel liegt zwischen dem 8. und 11. Lebensjahr, aber es wird auch bei Jugendlichen und selbst bei Erwachsenen noch angetroffen.

Die Fingernägel, manchmal auch nur von bestimmten »Beißfingern« werden abgeknabbert, zerkaut und ausgespuckt oder geschluckt. Manchmal werden die Nägel bis weit ins Nagelbett abgenagt, oder/und die Haut der Fingerkuppen wird abgebissen. Die Nägel werden ständig auf gleichmäßige Benagung kontrolliert und durch Nachknabbern reguliert. Diese Beschäftigung kann einen beträchtlichen Teil des Tages in Anspruch nehmen. Zu verstärkter Zunahme der Aktivität kommt es in Druck- und in Spannungssituationen, bei Strafangst, bei Lösung schwieriger Aufgaben und in Konfliktsituationen überhaupt. Es bestehen dabei enge Zusammenhänge mit der pädagogischen Haltung der Eltern und der Lehrer.

Fallbeispiel: Ein zweijähriger Junge, in seiner Gesamtentwicklung leicht retardiert, knabberte abends und nachts an Textilien aller Art, schluckte Fäden und Fusseln von Strümpfen und einer Jacke herunter, die zu

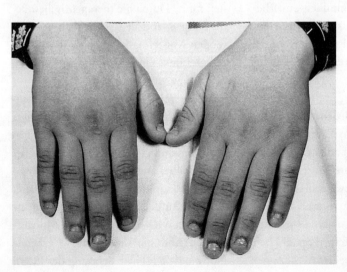

Abb. 1.3 Neunjähriger zwanghafter Junge, der seit dem 4. Lebensjahr zu Hause (besonders intensiv vor dem Fernseher und vor dem Einschlafen) und während des Schulunterrichts ständig mit dem Benagen der Fingernägel beschäftigt ist und an seinen Fußnägeln kaut.

einer chronischen Obstipation führten. Die Mutter befindet sich seit seiner Geburt im Gefängnis, Vater unbekannt. In den zwei Jahren seines Lebens wechselte das Kind sechsmal seine nächsten Beziehungspersonen.

Das Bekauen von Bleistiften und Federhaltern und das Zähneknirschen sind dem Nägelbeißen nahe verwandt, ebenfalls bestimmte Formen des »Pica-Syndroms«. Diese Kinder benagen Tapeten und Möbel, zerreißen und kauen mit den Zähnen Papier, Pappe und Kleidungsstücke und verschlucken diese Substanzen (Abb. 1.3). Im Gegensatz zu den Kindern, die Nägel beißen, sind Kinder mit einem Pica-Syndrom jedoch häufig intelligenzgemindert und lassen an primitive Leerlaufhandlungen denken.

Genese, Ätiologie, soziale Bedeutung
Das Nägelbeißen tritt im allgemeinen nicht vor dem 4.–5. Lebensjahr auf. Es erreicht seinen ersten Gipfel nach der Einschulung, etwa im 7. Lebensjahr, und seine absolute Häufigkeit in der Präpubertät, etwa im 11. Lebensjahr. In dieser Zeit werden von dem Kind die *Anpassungsleistungen* im Kindergarten und in der Schule, an die Peer-Gruppe und Lehrer und die Eingliederung in die Leistungshierarchie der Schule mit ihren zahlreichen zusätzlichen Belastungen gefordert. Wie zahlreiche andere psychische Störungen manifestiert sich das Nägelbeißen ebenfalls in einer Zeit wachsender sozialer, kognitiver und emotionaler Anforderungen, die von Spannungen und Konflikten begleitet ist.

Die tiefenpsychologischen Untersu-

chungen haben einen Typ »des« Nägelbeißers nicht festlegen können, wohl aber gewisse Übereinstimmungen und Bedingungsfaktoren, die entweder allein, meist jedoch in individuellen Legierungen diese Symptomatik hervorrufen. Sie sind mit anderen psychischen Symptomen häufig verschwistert. Erfahrungsgemäß bieten sich vor allem zwei Entstehungsmodi an:

a) Konstitutionell impulsive und hyperaktive Kinder, die während ihrer Entwicklung in einem manchmal relativ unauffälligen, meist aber mehr oder weniger gestörten Milieu motorische Einengungen und emotionale Frustrationen erfahren,

b) Kinder mit überängstlichen, mit bewußt oder unbewußt feindseligen oder mit seelisch oder körperlich kranken oder sozial selbst eingeengten Müttern oder anderen Beziehungspersonen (Großmütter), die den Aktionskreis und die Selbstentfaltung der primär syntonen Kinder unmäßig beschneiden und behindern, nicht selten mit zusätzlichen oralen Einengungen.

Wie beim Daumenlutschen liegen auch für das Nägelbeißen vergleichende Verhaltensbeobachtungen bei Tieren vor, die bei Triebkonflikten, wie beispielsweise in der Konkurrenzsituation zwischen Drang zur Flucht und zum Angriff, ersatzweise stereotype *»Übersprungshandlungen«* (Lorenz 1963) zeigen. Bei Vögeln kommt es zum Scheinfressen oder Scheinnisten, bei Affen zu mechanischen Kratzbewegungen oder zu masturbatorischen Handlungen, die an die Stelle einer verhinderten Affektabfuhr treten. Die phänomenologische Ähnlichkeit solcher Übersprungshandlungen durch affektive Frustrationen, etwa durch eine *Bindungsstörung* oder eine chronischen Deprivation von Kleinkindern (z.B. genitale Spielereien, rhythmische Schaukelbewegungen, motorische Stereotypien) wurde bereits erwähnt. Ambivalenzkonflikte oder abgebremstes Appetenzverlangen stellen bei solchen Kindern eine mögliche Ursache für die Entstehung kindlicher Stereotypien dar. Aus dieser Sicht ist Nägelkauen möglich als Ersatzbefriedigung für verbotene oder nicht gewagte Aggressionen, als Selbstbestrafung bei starken Schuld- und Angstgefühlen (etwa bei Spiel- und Lernstörungen) oder als Ausdruck gegen sich selbst gerichteter sadomasochistischer Tendenzen.

Therapie und Prognose

Die Behandlung des Nägelbeißens stößt auf ähnliche Schwierigkeiten wie bei anderen stereotyp-automatisiert ablaufenden und lustgetönten Manipulationen. Die Kinder selbst sind allein schon wegen der daraus erwachsenden Schwierigkeiten (Verbergen der Finger, lästiges Fragen der Umgebung, Enttäuschung der Eltern) zur Mitarbeit bereit. Sie können sich jedoch von den Gewohnheitshandlungen meist nur sehr schwer lösen. Was über mechanische Hilfsmittel beim Daumenlutschen gesagt wurde, gilt sinngemäß. Lediglich bei älteren Schulkindern und bei Jugendlichen, die wegen des negativen kosmetischen Effekts besonders nachhaltig eine Symptomheilung wün-

schen, kann der Versuch selbst durchgeführter regelmäßiger Bepinselungen mit übelschmeckenden Substanzen gemacht werden. Auch durch Aussetzen einer Prämie, Schenken eines Nageletuis und durch gemeinsame Nagelpflege der Familie kann gelegentlich eine Symptomheilung erzielt werden.

Die kausale Behandlung liegt in der Beseitigung der Umstände, die zum Auftreten des Symptoms führten. Nicht selten ist das Nägelbeißen nur eine Begleiterscheinung einer psychischen Störung, die dann je nach dem Lebensalter des Kindes durch Beratung der Eltern allein oder mit einer zusätzlichen Spiel- oder Psychotherapie behandelt werden muß.

Bei der weit überwiegenden Mehrzahl der Fälle ist die Prognose auch ohne Behandlung günstig. Nach der Pubertät wird das Nägelbeißen nur noch relativ selten angetroffen.

1.2.3 Haarausreißen (Trichotillomanie) (ICD-10 F63.3)

Symptomatik

Das Drehen, Ziehen, Zupfen und Ausreißen der Haare (»Rapunzel-Syndrom«) ist ein relativ seltenes Symptom, das vorwiegend bei Mädchen beobachtet wird und zur lokalisierten, manchmal zu totaler Kahlköpfigkeit führen kann.

Es wird meist als Zeichen einer schweren psychischen Störung angesehen und geht oft mit einer dysthym-depressiven Grundstimmung einher. Außerdem ist es häufig mit anderen stereotypen körperlichen Manipulationen wie Daumenlutschen, Nägelbeißen oder genitalen Manipulationen vergesellschaftet. Dabei

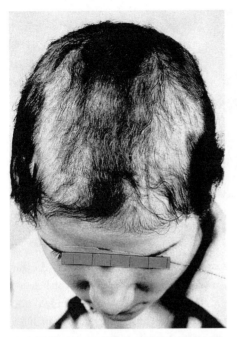

Abb. 1.4 Achtjähriger Junge mit einer depressiven Störung, der seit seinem 4. Lebensjahr ständig Kopf- und Augenbrauenhaare auszupft.

bilden sich manchmal reihenfolgemäßig festgelegte, fast ritualisierte Handlungsabläufe heraus.

Fallbeispiel: So lutschte ein normalintelligenter siebenjähriger Junge regelmäßig auf dem linken Daumen, während er sich mit der rechten Hand einzelne Haare auszupfte und durch Drehen und Wedeln damit den Naseneingang kitzelte.

Einige dieser häufig intelligenzgeminderten Kinder stecken die Haare in den Mund und schlucken sie hinunter. Die im Magen geformten, verbackenen Haarknäuel, die über 2 kg schwer werden und deren Ausläufer bis in den Dünndarm rei-

chen können und durch die mechanische Behinderung erhebliche Beschwerden verursachen können, müssen manchmal operativ entfernt werden.

Fallbeispiel: Bei einem 5 Jahre alten Mädchen mit Down-Syndrom eigener Beobachtung führte ein über 100 g schwerer, den Magenausgang verstellender Haarballen über einen Magendurchbruch zum Tode.

Genese, Ätiologie, soziale Bedeutung, Risikofaktoren

Das Haarausreißen imponiert noch stärker als das Nägelbeißen als ein aggressiver Gewaltakt, als eine sadomasochistische »Wendung gegen die eigene Person«. Beobachtungen und Befragungen der Kinder haben ergeben, daß das Haarausreißen lustvoll und schmerzhaft zugleich erlebt wird. Kommt es zu suchtähnlichen Fixierungen, werden auch die sinnentleerten Handlungsschablonen automatisiert und verfestigt.

Schon früh wurde auf spezielle *milieureaktive Zusammenhänge* hingewiesen. Die Kinder fügen sich mit dem Haarausreißen selbst einen körperlichen Schmerz zu, nachdem sie einen seelischen Schmerz erleiden mußten. Die bei diesen Kindern oft anzutreffende dysthyme Grundstimmung ist ebenso wie das Symptom selbst auf emotionale Bindungsstörungen in der frühen Kindheit zurückzuführen, die wie bei der psychischen Inanition des Hospitalismus oder einer Deprivation mit einer erworbenen Frustrationsintoleranz und verstärkter Regressionsbereitschaft einhergehen.

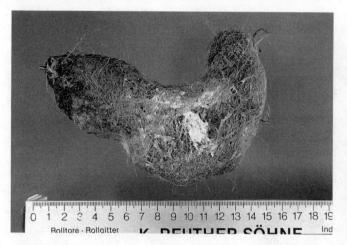

Abb. 1.5 Bei einem 12jährigen Mädchen mit rezidivierenden Bauchschmerzen mußte ein Trichobezoar (Knäuel aus verschluckten, unverdauten Haaren), der den Magen vollständig ausgefüllte und dessen Ausläufer bis in den Dünndarm reichten (Deeg 1999), operativ entfernt werden.

Man hat dementsprechend auf die auffällige Koppelung von verdrängten Wut- und Aggressionsimpulsen einerseits und auf ein sehr intensives Zärtlichkeits- und Anlehnungsbedürfnis andererseits als wesentliche Voraussetzungen der Symptomgenese hingewiesen. Es bestehen offenbar Zusammenhänge mit einem durch affektive Frustrationen mangelhaft entwickelten Körperschema: Erst der Schmerzreiz verschafft sozusagen die Gewißheit der eigenen Existenz.

Die Kinder befinden sich in einer unlösbaren *Ambivalenzsituation*, die von einem als hoffnungslos erlebten, übersteigerten Verlangen nach Zärtlichkeit und Zuwendung von der Umwelt und von einer ohnmächtigen Wut und einer chronischen Ressentimenthaltung gegenüber der Mutter oder gegenüber scheinbar oder tatsächlich bevorzugten Geschwistern geprägt ist. Die einander entgegenstehenden zärtlichen und aggressiven Impulse werden jedoch nicht zugelassen und verdrängt. Das entmutigte und kontaktschwache Kind praktiziert mit dem Haar-

ausreißen damit eine Handlung, die für ausweglose Situationen sprichwörtlich ist.

Bei schweren Lernbehinderungen und bei geistigen Behinderungen, aber auch bei zerebralen Schädigungen ist das Ausreißen und Schlucken der Haare ebenso wie bei anderen Leerlaufmechanismen vorwiegend als primitiv-reflektorische Handlungsstereotypie anzusehen, wenngleich psychodynamische Gesichtspunkte auch hier durchaus berücksichtigt werden müssen.

Therapie und Prognose, Prävention
Die Behandlung des Haarausreißens ist wegen der zugrundeliegenden schweren emotionalen Fehlentwicklung fast immer schwierig und langwierig – besonders dort, wo das Symptom bereits seit längerer Zeit besteht und der Handlungsablauf eingerastet, automatisiert und durch falsches pädagogisches Verhalten überdeterminiert wurde.

Die Elternberatung sollte darauf abgestellt werden, daß eine Heilung durch Belohnung oder Bestrafung wenig Aussicht auf Erfolg hat. Meistens ist eine grundlegende Veränderung der emotionalen Einstellung und der pädagogischen Haltung der Eltern zum Kind erforderlich. Fast immer ist zusätzlich zur Beratung der Eltern eine psychotherapeutische bzw. heilpädagogische Behandlung des Kindes notwendig, wenn nicht nur eine Symptomheilung erzielt werden soll. Spontan tritt diese meist in oder nach der Pubertät ein, während die zugrundeliegende psychische Fehlentwicklung weiterhin zur Entstehung anderer Symptome prädestiniert.

Bei Kindern mit hirnorganischen Störungen ist ein Behandlungsversuch mit Neuroleptika, bei depressiven Verstimmungen mit Thymoleptika, angezeigt. Auch beim psychogenen Haarausreißen ist ein medikamentöser Behandlungsversuch in solchen Fällen erlaubt, in denen aus äußeren Gründen eine kinderpsychotherapeutische Behandlung nicht durchgeführt werden kann.

Bei Kindern mit einer schweren geistigen Behinderung ist mit einer Kontinuitätsdurchtrennung der stereotypen Abläufe durch Kahlscheren des Kopfes häufig ein ausgezeichneter Erfolg ohne Nachfolgesymptomatik zu erzielen.

1.2.4 Spiel- und Lernstörungen (ICD-10 F81)

Symptomatik

Spiel- und Lernstörungen äußern sich in Hemmungen und Beeinträchtigungen der altersspezifischen produktiven und reproduktiven Fähigkeiten. Kleinkinder können nicht, nicht allein oder nicht altersgemäß spielen. Schulkinder zeigen Störungen der Aufmerksamkeit und der Konzentrationsfähigkeit, sie verhalten sich leistungsindifferent, wirken verträumt und abwesend oder unruhig und aggressiv; sie bieten »Schulschwierigkeiten«. Die Spiel- und Lernstörungen stellen häufig eine Vorstufe der zahlreichen *Leistungs- und Arbeitsstörungen* im Erwachsenenalter dar und sind fast immer auf Störungen in der frühkindlichen Entwicklung zurückzuführen.

Diese Leistungshemmungen sind nicht das Ergebnis von kognitiven Störungen oder Störungen der geistigen Entwicklung. Vielmehr handelt es sich um Beeinträchtigungen der »Vorbedingungen der Intelligenz«, zu denen nach Jaspers (1973) Motivation, Merkfähigkeit, Gedächtnis und Ausdauer gezählt werden, zu denen aber auch emotionale, psychomotorische, soziale und andere Störungen gerechnet werden müssen, die direkt oder indirekt zu einer Änderung des Spiel- und Lernverhaltens führen. Ferner gehören dazu so komplexe Funktionen wie die Merkfähigkeit und das Gedächtnis, Ausdauer und Konzentrationsfähigkeit und bestimmte emotionale Bedingungsfaktoren, durch die Spiel und Arbeit in ihrer leistungsorientierten Bindung, der Freude an der Wiederholung, an der Vertiefung und Ausgestaltung des Spiels und des Lernstoffs überhaupt erst möglich und zu einem festen Bestandteil der Persönlichkeit werden.

Die moderne *Lernforschung* hat durch Tierexperimente und Direktbeobachtungen an menschlichen Neugeborenen und Säuglingen nachgewiesen, daß diese frühe Lebensphase für die Entwicklung der Lernfähigkeit und damit für die Entstehung von Lernstörungen bereits sehr bedeutsam ist. Schon das Neugeborene kann im Sinne von Habituation und Koordinierung lernen und höhere Leistungen vollbringen, als bei Tieren experimentell objektiviert werden konnte. Lernversuche an Neugeborenen zeigten im Ablauf der Lernprozesse, in der Geschwindigkeit und Form der Lernkurve, in den Latenzzeiten und in der Intensität bereits deutliche individuelle Unterschiede (H. Papousek 1965).

Spielstörungen bei Kleinkindern als unmittelbares Symptom einer *milieureaktiven Fehlentwicklung* werden in annähernd gleicher Verbreitung wie Lernstörungen bei Schulkindern angetroffen. Sie finden jedoch bei Eltern und Ärzten nur selten die ihnen zukommende Beachtung. Während die Lernstörung sich schließlich eindeutig und unmißverständlich im Schulzeugnis ausdrückt, erfordert das Erkennen einer Spielstörung einige Kenntnisse über das alters- und entwicklungstypische Spielverhalten des Kindes. Die Spielhemmung des Kleinkindes wird für den Erwachsenen meist erst dann zum Problem, wenn zusätzliche erzieherische Schwierigkeiten auftreten. Manchmal wird erst rückblickend aus einer manifesten Lern- oder Arbeitshemmung eine Spielstörung in der Kindheit diagnostiziert, die damit die Kontinuität einer bis in die frühe Kindheit zurückreichenden milieureaktiven Leistungshemmung herstellt.

Spiel- und Lernstörungen können vorübergehend echte Intelligenzdefizite vortäuschen. Eine sogenannte *Pseudodebilität* wird in unserem Kulturkreis jedoch nur bei primär bereits schwachbegabten Kindern

beobachtet und kommt insgesamt bei normalbegabten Kindern nur selten vor. Meistens handelt es sich dann um Folgeerscheinungen von schweren und anhaltenden Bindungsstörungen und Deprivationen in den ersten Lebensabschnitten. Der besondere Effekt der Pseudodebilität bei schwachbegabten Kindern erklärt sich aus der Addition einer primären kognitiven Schwäche und einer sekundären Lern- und Leistungsbeeinträchtigung. Bei durchschnittlich oder überdurchschnittlich begabten Kindern entfällt eine kumulierende Wirkung; sie geraten dadurch nur selten in die Grenzzone zur Lernbehinderung.

Bei den Spiel- und Lernstörungen kann man mehrere Symptomenkomplexe zusammenfassen, die ursächlich auf frühkindliche Entwicklungsstadien zurückweisen und im Einzelfall in individueller Vielfalt und in wechselnder Zusammensetzung mit unterschiedlicher Gewichtsverteilung vorkommen. Sie sind von beträchtlicher prognostischer und therapeutischer Bedeutung.

Es handelt sich um *Beeinträchtigungen* und Störungen:

a) *des emotionalen Bereiches.* Die Kinder weisen Kontaktschwierigkeiten in der Spiel- und Schulgemeinschaft auf. Sie sind meistens kontaktschwach, manchmal aber geradezu kontaktsüchtig. Das Resultat ist in beiden Fällen gleich: Sie finden zu Kindern und Erwachsenen kein dem Entwicklungsstadium angemessenes Vertrauensverhältnis und zeigen Mißtrauen, Zurückhaltung und oberflächliche Scheinkontakte anstelle von Vertrauen. Diese Kinder geraten leicht in Außenseiterpositionen, ertragen nur schwer narzißtische Kränkungen und Versagungssituationen; sie sind frustrationsintolerant. In Leistungssituationen zeigen sie eine mangelnde Ausdauer und neigen zum vorzeitigen Aufgeben; das Lernziel liegt zu weit entfernt, und die Erlangung der Erfolgsprämie ist zu unsicher.

b) *der motorischen Integration.* Die Beherrschung der Körpermotorik ist eine der wesentlichen Voraussetzungen für die Schulreife. Eine erhebliche motorische Unruhe, wie sie Kinder mit einem hyperkinetischen Syndrom zeigen, beeinträchtigt die Lern- und Arbeitsfähigkeit auch der Mitschüler und gibt Veranlassung zu Auseinandersetzungen mit diesen und mit dem Lehrer (»Klassenstörer«). Das gilt mit Abwandlungen auch für motorische Stereotypien (Clown- und Faxensyndrom, Tic-Erscheinungen), auch für die Gruppe der Sprachentwicklungsstörungen und den bei Kindern seltenen psychogenen Schreibkrampf.

c) *des Selbstvertrauens.* Die Konzentrationsstörung, die als Störung der Verfügung über das eigene Verhalten erlebt und ebenso wie die Störung der Merkfähigkeit und des Gedächtnisses als Beeinträchtigung des Selbstvertrauens empfunden wird, stellt das häufigste Symptom der Lernstörung überhaupt dar. Mit einer Hemmung der spielerischen Weltbewältigung und einem Verharren in innerer Unschlüssigkeit und Ambivalenz kann eine schwerwiegende Trennung von Spiel und Arbeit erfolgen, weil das »ernsthafte Spiel« nicht probiert und ein »spielerischer Ernst« bei der Überwindung von Schwierigkeiten nicht gewagt wurde.

d) *der sozialen Anpassung.* Mit der Eingliederung in den Kindergarten und mit der Einschulung, die eine tägliche Trennung von der Mutter bedeuten, wird dem Kind die Übernahme mehrerer sozialer Rollen abgefordert. Es soll eine vertrauensvolle Einstellung zum Lehrer entwikkeln, durch optimale Leistungen einen optimalen Platz in der Klassenhierarchie erringen und Beliebtheit und Anerkennung in der Kindergemeinschaft finden. Zu Schwierigkeiten kommt es, wenn a) die Leistungen hinter den eigenen oder den Erwartungen der Eltern zurückbleiben, b) das Kind sich nicht mit seiner Rolle unter den Mitschülern abfinden kann und c) der Lehrer vom Schüler nicht akzeptiert wird oder umgekehrt, oft gegenseitig. Daraus erwachsende Schwierigkeiten in den Beziehungen der Eltern zum Lehrer, der Eltern zum Kind und des Kindes zum Lehrer und daraus resultierende Einbußen an Zuwendung in der Familie und in der Schule stellen weitere Belastungen dar, die die Lernfähigkeit beeinträchtigen.

e) *der sexuellen Integration.* Bei Kindern in der Vorpubertät, im »Schwatz- und Zappelalter« des Schulkindes und in der Pubertät gehen die Schulleistungen vorübergehend durchschnittlich um 10 % zurück, und die Verhaltens- und Kontaktstörungen nehmen erheblich zu. Bei Studenten, bei denen Lern- und Arbeitsstörungen mit 85 % der Fälle das häufigste psychische Symptom überhaupt darstellen, finden sich häufig sexuelle Konfliktsituationen. Im einzelnen werden für die Entstehung und Unterhaltung der Leistungsstörungen angeführt: Grübelzwang mit Energieverarmung des Ichs, verdrängte Sexualängste, mißlungene Sublimierung und autistische Abkapselung, sexuelle Miterregung bei geistiger Anspannung, Sexualisierung intellektueller Leistungen und Probleme der sexuellen Identität.

Bei bereits manifesten emotionalen Störungen ist die Lern- und Leistungsfähigkeit fast regelmäßig zusätzlich beeinträchtigt.

a) *Lernstörungen bei überängstlichen und phobischen Kindern und Jugendlichen* (s. S. 163 ff. Angststörungen) entstehen dadurch, daß psychische Energien für die Angstabwehr dem Ich entzogen werden. Die Leistungsfähigkeit dieser scheuen, selbstunsicheren und psychisch wenig belastbaren Kinder und Jugendlichen ist besonders dann beeinträchtigt, wenn Leistungsanforderungen mit Prüfungscharakter (Klassenarbeiten) gestellt werden. Die verschiedenen Formen der Schulverweigerung (s. S. 170 ff.) als Ausdruck verdrängter Ängste finden sich besonders im frühen Schulalter, manchmal bereits im Vorschulalter.

b) *Kinder und Jugendliche mit depressiven Verstimmungen* (s. S. 186 ff.) sind regelmäßig in ihrer Lernleistung beeinträchtigt. Während depressiv-gehemmte Kinder zu demütiger Unterordnung neigen und auch Überbelastungen bis zur psychischen Erschöpfung, teilweise mit psychosomatischer Symptomatik (Migräne, Magengeschwüre, Suizidversuche) akzeptieren, weisen die depressiv-aggressiven Kinder Überbelastungen entweder nachdrücklich zurück oder setzen sich mit ih-

ren lebendigen Über-Ich-Autoritäten, den Erziehern und Eltern, aggressiv auseinander. Depressive Kinder wirken oft faul, gelangweilt und bequem, sind aber tatsächlich durch innere Auseinandersetzungen leistungsinsuffizient.

c) *Zwanghafte, überkorrekte und überordentliche Kinder und Jugendliche* (s. S. 215 ff.) verhalten sich auch in der Schul- und Lernsituation übergewissenhaft, pedantisch und oft extrem ehrgeizig. Die exakte Ausführung geistiger und körperlicher Leistungen nötigt ihnen manchmal die letzten Reserven ab. Ihre Lernstörung ist neben den zwanghaften Denk- und Handlungsvollzügen auch durch umständliche, weitschweifige und eigenwillige Lösungsansätze verursacht.

d) *Kinder und Jugendliche mit hysterischer Symptomatik und somatischen Störungen* (s. S. 237 ff.), die, geltungssüchtig und verwöhnt, von allen geliebt, respektiert und anerkannt werden wollen, reagieren auf Leistungsanforderungen entweder überhaupt nicht oder neigen zu großzügigen Lösungen. Sie »delegieren« gern Arbeiten an andere oder verlassen sich auf ihr »Glück« oder schreiben ab. Sie haben oft kreative Ideen, vermeiden aber die Anstrengung detaillierter Arbeit, ohne dadurch an Selbstbewußtsein zu verlieren. Es liegt ihnen im Grunde nur an der Bewunderung durch Kinder und Erwachsene, die ihnen eine Vorzugsstellung eingeräumt haben.

Die manifeste Leistungsstörung als Symptom einer emotionalen Störung kann ihrerseits in einer Reaktionskette von Enttäuschungen und Entmutigungen, von Liebesentzug und Versagungen einmünden und zu Überforderungen mit erneuten Mißerfolgen und Enttäuschungen oder zu Kompensationsversuchen und zu Ersatzbefriedigungen führen, die eine gestörte Charakterentwicklung begünstigen können.

Die Versuche der Eltern und des Kindes, das Wissensdefizit durch angestrengtes Pauken und Büffeln auszugleichen, die in Lerntorturen ausarten können, führen meistens nicht zum Ziel, weil damit noch vorhandene Leistungsreserven erschöpft und durch die willkürliche psychische Daueranspannung die Lernfähigkeit nicht gesteigert, sondern weiter gehemmt wird. Kinder, die sich passiv dieser erbarmungslosen Prozedur unterwerfen, zeigen damit bereits an, daß sie unter einer psychischen Störung leiden, denn ein gesundes Kind läßt sich, wie schon Charcot anführte, nicht überbürden. Das psychisch gestörte Kind verstärkt durch diese Enttäuschungen und Mißerfolge nur seine frühinfantilen Bindungen an die Eltern und wird durch das Wechselspiel von Liebesentzug und erneuten Liebeszuwendungen endgültig an diese fixiert.

In ursächlichem Zusammenhang mit der zugrundeliegenden psychischen Fehlentwicklung entwickeln sich mit der Leistungsstörung nicht selten zusätzliche psychische und psychosomatische Symptome. Abgelegte und überwundene »Kinderfehler« kehren wieder, Einnässen, Einkoten, Weglaufen treten erneut auf. Schulängste und Schulphobien treten in Erscheinung, und zwanghafte Fehlentwicklungen nehmen hier ihren eigentlichen Anfang.

e) *Kinder mit einer Neuropathie oder mit erheblichen vegetativen Störungen* reagieren infolge ihrer primär herabgesetzten Reizschwelle vorzeitiger und nachhaltiger auf Belastungen als vegetativ gesunde Kinder. Diese nervösen und aufgeregten Kinder sind nicht psychisch krank, sie zeigen jedoch zahlreiche körperliche und seelische Abweichungen und eine Fülle von psychischen, vegetativen und psychosomatischen Stigmen: Allgemeinsymptome wie rasche Ermüdbarkeit, Schlafstörungen, Konzentrationsschwäche und Leistungsstörungen ebenso wie organspezifische Symptome, etwa rezidivierende Leibschmerzen, Übelkeit, Erbrechen oder Kopfschmerzen, Schwindel, Ohnmachtsneigung, aber auch Herzklopfen, Herzstiche und Herzbeklemmungen, manchmal auch Hyperventilationssyndrome und Atembeklemmungen. Die emotionale und intellektuelle, aber auch die körperliche Belastbarkeit ist manchmal deutlich herabgesetzt, weil die vegetative Regulation und Gegenregulation gestört sind. Bei diesen zarten und schwächlichen Kindern wird häufig übersehen, daß sie über einen harten »sthenischen« Kern verfügen, der sie besonders bei guter kognitiver Ausstattung sogar zu überdurchschnittlichen Leistungen befähigen kann. Manche dieser ehrgeizigen Kinder und Jugendlichen agieren am Rande der Erschöpfung, aber sie geraten kaum einmal in den eigentlichen Zustand einer Dekompensation, wie er bei Erwachsenen als »Erschöpfungs- und Versagenszustand« bekannt ist.

Genese, Ätiologie, soziale Bedeutung, Risikofaktoren

Die Genese in ihrer Beziehung zu den frühkindlichen Stadien und zu phasenspezifischen Fehlentwicklungen wurde bereits in der Aufgliederung nach Symptomgruppen (siehe »Symptomatik«) berücksichtigt. Die Symptomatik der Spiel- und Lernstörungen macht dabei jedoch nur einen Teil der umfassend gestörten Persönlichkeitsentwicklung deutlich. Die in den einzelnen Gruppen aufgeführten Symptome sind meistens mehrfach determiniert und nur selten allein für die jeweilige Gruppe spezifisch. Das Symptom einer allgemeinen *motorischen Unruhe* beispielsweise ist genetisch vieldeutig und kann praktisch auf Beeinträchtigungen und Retardierungen in allen Entwicklungsphasen zurückgeführt werden.

Dem aktuellen Familienmilieu kommt nicht nur die Bedeutung eines die Störung unterhaltenden Faktors zu. Das ist verständlich, wenn bedacht wird, daß das frühkindliche Milieu im allgemeinen von denselben Erwachsenen gestaltet wurde, die für die aktuelle Umwelt des Kindes bei der Manifestation der Störung verantwortlich sind. Von therapeutischer Bedeutung im Hinblick auf das Symptom sind: die Verfügbarkeit der Mutter oder einer mütterlichen Ersatzperson, eine leidlich harmonische *Familienatmosphäre* und ausreichende räumliche und soziale Verhältnisse.

Zahlreiche Untersuchungen über das Thema Schulerfolg und Familie haben ergeben, daß direkte Beziehungen zwischen den Schulleistungen des Kindes und der Verfügbarkeit oder Abwesenheit der Mutter bestehen. Häusliche Disharmonien, insbesondere anhaltende Auseinandersetzungen und gegenseitige Nichtbeachtung der Eltern in Gegenwart der Kinder vertiefen und erweitern bereits vorhandene psychische Störungen im Sinne einer zusätzlichen emotionalen Verunsicherung.

Fallbeispiel: Ein vierjähriger Junge wurde vorgestellt, der nicht allein spielen konnte. Er hielt sich ständig in Rufweite der Mutter auf, die sich durch sein aggressives Verhalten gequält und gekränkt fühlte. Sie will von ihm, dem »Sadisten«, schon in der Schwangerschaft »gezielte Tritte gegen die Leber« erhalten haben. Die Anamnese ergab, daß der Junge ungewünscht geboren und die Mutter dadurch in den Haushalt verbannt wurde. Sie konnte nicht mehr als Chefin im gemeinsamen Geschäft tätig sein und mußte dem untreuen und unfähigen Ehemann die Leitung und die Aufsicht über zahlreiche weibliche Angestellte überlassen. Die Mutter übertrug ihre komplexe Ambivalenzsituation gegenüber dem Ehemann auf den Sohn; sie liebte ihn, wagte ihn aber nicht alleinzulassen, litt unter seiner Abwehr- und Protesthaltung und machte ihm Vorwürfe wegen seiner Spielunfähigkeit.

Ausreichende räumliche Verhältnisse haben eine gewisse Bedeutung für das häusliche Arbeitsklima. Die *Lärmabschirmung* spielt besonders in kinderreichen Familien und in Geschäftshaushalten mit ständigem Publikumsverkehr oder dort eine Rolle, wo Fernsehen und Radio essentielle und permanente Bestandteile der Erziehung und der häuslichen Atmosphäre sind.

Das *Schulmilieu* wird vom Schulsystem, von der sozialen Differenzierung der Schüler und vom Lehrer geprägt. Besonders in den ersten Schuljahren und während der Pubertät wird unter dem Einfluß

der Übertragungs- und Identifikations-
mechanismen mehr aus emotionalen als
auch sachlichen Gründen gelernt. Die Erfahrung lehrt, daß die Einstellung des
Lehrers zu den Schülern von diesen übernommen wird. Das Lehrerverhalten sollte
eine möglichst ausgeglichene Mischung
von dominativen und integrativen Ver-
haltenstendenzen darstellen. Die Entstehung von Lernstörungen wird gefördert
durch vorzeitige Einschulung bei mangelnder emotionaler, motorischer und
kognitiver Reife, ferner durch unzweck-
mäßiges pädagogisches Vorgehen, durch
didaktische Mängel der Unterrichts-
gestaltung und Nichtbeachtung des individuellen Arbeitstempos des Kindes und
seiner Frustrationstoleranz. Schließlich
sind extreme schulische Sonderinteressen
des Kindes für bestimmte Fächer zu beachten und zu hohe Klassenfrequenzen
ohne ausreichende Möglichkeiten zur
individualisierenden Einwirkung zu meiden.

Die soziale Bedeutung der Leistungsstörungen liegt einmal in dem daraus resultierenden schulischen Mißerfolg, zum
andern in ihren schädlichen Ausstrahlungen in den emotionalen Bereich und die
dadurch bedingten Gefahren für die Charakterentwicklung des Kindes.

Spiel- und Lernstörungen bei Kindern
kommen ungemein häufig vor. Es gibt
kaum ein Kind, das infolge vorübergehender Konflikte im Zusammenhang
mit häuslichen Belastungen, Problemen
der Erziehung oder speziellen Fragen der
eigenen Entwicklung nicht zeitwilig unter Lern- und Leistungsstörungen gelitten
hätte. In der Bundesrepublik erreichen
25 % aller Volksschüler nicht das Ziel der
Abgangsklasse. Nur 40–60 % der zehn-
bis zwölfjährigen Kinder in entsprechenden weiterbildenden Schulen legen das
Abitur und nur 50 % der Studenten das
Abschlußexamen ab. Diese Zahlen stehen
in keiner diskutierbaren Korrelation zu
der Zahl der ermittelten lernbehinderten
(8–10 %) und der geistig behinderten
(3–5 %) Kinder.

Die Häufigkeitszunahme der Lernstörungen und Lernschwächen in den letzten Jahrzehnten erklärt sich auch daraus,
daß

a) die absolute Zahl der Kinder, die wei-
terführende Schulen besuchen, im Vergleich zu früher erheblich angestiegen
ist. Dadurch werden bei vielen Kindern früher latent gebliebene Lernstörungen und Lernschwächen manifest;

b) wegen der Zugangschwierigkeiten an
den Universitäten und des Mangels an
Ausbildungsplätzen von seiten der Eltern gesteigerte Leistungserwartungen
an das Kind gerichtet werden, aber
auch von den Kindern selbst;

c) durch häufige Wechsel der Lerninhalte
der Erziehungsauftrag oft hinter den
Lehrauftrag der Lehrer zurückgetreten
ist, die sich dadurch in die Rolle von
»Multiplikatoren« versetzt sehen;

d) viele Eltern Lernstörungen ihrer Kinder heute nicht mehr wie früher resi-
gniert und fatalistisch hinnehmen. Sie
fordern vielmehr kinderpsychiatrische
und psychologische Behandlung,
manchmal auch dort, wo es sich um
schwer korrigierbare oder irreversible
Lerndefizite handelt.

Diagnose und Differentialdiagnose

Die Diagnose einer Spiel- und Lernstörung ergibt sich dort, wo eine normale Intelligenz im Gegensatz zu einem altersinadäquaten Spielverhalten oder zu einem manifesten Schulversagen steht und eine Leistungsschwäche anderer Genese ausgeschlossen wurde.

Nicht jede Spielunfähigkeit und jedes Schulversagen sind das Ergebnis emotionaler Leistungsstörungen. Die Diagnose Pseudodebilität sollte erst gestellt werden, wenn eine unterdurchschnittliche Begabung oder eine Lernbehinderung sicher ausgeschlossen wurden. Psychische Störungen können tieferliegende Defizite manchmal so stark überlagern, daß nur kombinierte neuropsychiatrische und psychologische Untersuchungen eine differentialdiagnostische Klärung herbeiführen können. Da praktisch jede zerebralorganische und zahlreiche *somatische Erkrankungen* (Endokrinopathien, Enzephalopathien, Stoffwechselleiden) mit Störungen der Auffassung und de Merkfähigkeit mit vorzeitiger Ermüdbarkeit und anderen charakteristischen Symptomen einer allgemeinen *psychischen Leistungsschwäche* einhergehen können, ist eine gründliche diagnostische Klärung in allen Zweifelsfällen von großer Bedeutung.

In zahlreichen anderen Fällen liegen jedoch die Ursachen des Schulversagens klar auf der Hand, wenngleich sie sich auch hier in verschiedenen Bereichen überschneiden, ergänzen und addieren können:

Lernstörungen und Lernschwächen können verursacht sein:

a) durch passagere zerebrale Funktionsstörungen (Hirnreifungsverzögerung) oder durch irreversible zerebrale Funktionsschwächen (Begabungsmängel), durch organisch bedingte Hirnfunktionsschwächen (»minimale zerebrale Dysfunktion«) oder durch irreversible zerebrale Hirnfunktionsschwächen (hirntraumatischer Lerndefekt);

Tab. 1.3 Partielle Lernbehinderungen sind bedingt durch primäre (genetisch kodierte), durch sekundäre (hirnorganische) oder durch tertiäre (Informations- und Motivationsdefizite infolge Mangel- oder Fehlerziehung) Störungen. Die diagnostische Abklärung ist für die Therapie und die Prognose von großer Bedeutung.

Primäre (anlagebedingte) Lernschwäche	1.	passagere Funktionsschwäche ⟨Reifungsverzögerung⟩
	2.	permanente Funktionsschwäche ⟨Begabungsmangel⟩
Sekundäre (zerebralbedingte) Lernschwäche	1.	kompensierbare Hirnfunktionsschwäche ⟨reversible Lernschwäche⟩
	2.	irreparable Hirnfunktionsschwäche ⟨irreversibler Lerndefekt⟩
Tertiäre (milieubedingte) Lernstörung	1.	chronische psychische Frustration ⟨soziokulturelles Informationsdefizit⟩
	2.	neurotische Fehlentwicklung ⟨psychogene Lernhemmung⟩

b) durch milieureaktive emotionale Lernstörungen infolge frühkindlicher Bindungsstörungen und Deprivationen und dadurch bedingte, teilweise aufholbare psychosoziale Informationsdefizite und durch psychische Fehlentwicklungen, die bei den unterschiedlichen emotionalen Störungen verschiedene Formen der Lernhemmung aufweisen; und, allerdings wesentlich seltener,

c) durch beginnende oder blande verlaufende kindliche Psychosen. Neben der kindlichen Schizophrenie insbesondere die seltenen endogen-phasischen Depressionen des Kindesalters;

d) beginnende Demenzprozesse bei Stoffwechselerkrankungen des ZNS und bei hirnorganischen Prozessen verschiedener Ursache, auch bei nicht erkannten zerebralen Anfallsleiden.

Fallbeispiel: Bei einem achtjährigen Jungen mit Schulschwierigkeiten, die zunächst mit Erbrechen, dann mit Schulangst beantwortet wurden, fanden sich im EEG generalisierte 3 Hz/Spike-Wave-Gruppen. Die manifeste Absenzenepilepsie war von Ärzten und Psychologen nicht erkannt und das Kind von Eltern und Lehrern pädagogisch und psychotherapeutisch behandelt worden.

Therapie und Prognose, Prävention

Die Therapie der Spiel- und Lernstörungen beginnt wie bei jeder psychischen Manifestation mit einer Analyse der inneren Lebensgeschichte und der äußeren Ereignisse während der frühen Kindheit. Sie hat die gegenwärtige Situation des Kindes in der *Familie* ebenso einzubeziehen wie die *Schulanamnese* mit ihren Lehrer- und Schulwechseln, speziellen Schwierigkeiten in bestimmten Fächern und mit bestimmten Lehrern und die Zahl und die Dauer von Erkrankungen und Schulversäumnissen und von Schwierigkeiten in der Klassengemeinschaft.

Lerngestörte Kinder und Jugendliche dürfen unter den Anforderungen des Tages nie an der Fürsorge und Liebe ihrer Eltern zweifeln. Insbesondere emotional labile oder psychisch gestörte Kinder befinden sich, wie Schauspieler auf der Bühne, in einer permanenten Prüfungssituation. Schüler, die einen Tadel oder eine schlechte Note erhalten, werden nicht nur einmal, sondern vielfach bestraft. Sie müssen zunächst ihre eigene Enttäuschung über einen Mißerfolg bewältigen, sich dann vor den betrübten oder gar zornigen Reaktionen der Eltern fürchten, ihre Reaktionen und Sanktionen hinnehmen, durchstehen und schließlich verstärkte Leistungsanstrengungen unternehmen und damit auf Freizeit und Erholung verzichten.

In Beratungen mit den Eltern sind pädagogische Fehlhaltungen wie übermäßige Leistungsanforderungen, ständige Drohungen und Bestrafungen, aber auch spezielle emotionale Probleme der Familie zu klären und zu korrigieren. Die Eltern sind auf schädliche Folgen kognitiver Überforderungen genauso hinzuweisen wie auf negative Suggestionen durch kategorische Feststellungen wie: »Du bist dumm« oder »Aus dir wird nichts werden«. Auszuschließen sind Ehe- oder Kind-Eltern-Konflikte, durch die psychische Potenzen des Kindes gebunden werden. Damit wird die Entwicklung einer leistungsorientierten Vollzugsfreude verhindert und seine intellektuelle Expansion gehemmt.

Erhebliche Wissens- und Kenntnislücken bei ausreichender Intelligenz erfordern eine vermehrte und verbesserte Zufuhr von Informationen durch Nachhilfeunterricht. Gleichzeitig müssen jedoch leistungsinadäquate Lebensgewohnheiten und ineffektive Arbeitsmethoden aufgedeckt werden, damit die individuelle Lerntechnik geändert werden kann. Diese problemreiche Beratung umfaßt etwa eine einfühlsame verbesserte Lernkontrolle durch die Eltern oder den Lehrer, die Einteilung und Abwechslung unterschiedlicher Lernstoffe und einen ökonomischen Einbau von Lernpausen und von Freizeit zur Vermeidung von Überforderungen. Schul- oder Lehrerwechsel werden bei emotionalen Voreingenommenheiten von Eltern oder Lehrern manchmal von beiden Seiten als Entlastung empfunden. Bei erheblichen Wissenslücken kann eine Rückversetzung oder eine Wiederholung der Klasse dem Kind große Erleichterung bringen. Bei einer intellektuellen Minderbegabung, bei partiellen Werkzeugstörungen oder erheblichen Verhaltensstörungen ist die Umschulung in eine dafür geeignete Sonderschule geboten.

Eine *Prognose* kann man generell nicht stellen. Sie ist abhängig von der Art, der Schwere und der Dauer der vorliegenden Störung, ferner von der Bereitschaft der Eltern und des Kindes zur Mitarbeit und von der Möglichkeit einer psychotherapeutischen Behandlung.

Literatur

Akert K (1979) Probleme der Hirnreifung. In: Lempp R (Hrsg) Teilleistungsstörungen im Kindesalter. Bern/Stuttgart/Wien: Huber, S. 12–32

Ariès P (1975) Geschichte der Kindheit. München: Hanser

Ayres AJ (1998) Bausteine der kindlichen Entwicklung. Berlin: Springer

Balint M (1997) Die Urformen der Liebe und die Technik der Psychoanalyse. 2. Aufl., Stuttgart: Klett-Cotta

Bischof-Köhler D (1998) Zusammenhänge zwischen kognitiver, motivationaler und emotionaler Entwicklung in der frühen Kindheit und im Vorschulalter. In: Entwicklungspsychologie, 319–376, Bern: Huber

Bohleber W (1996) Adoleszenz und Identität. Stuttgart: Klett-Cotta

Ciompi L (1982) Affektlogik über die Struktur der Psyche und ihre Entwicklung. Stuttgart: Klett-Cotta

Deeg KH (1999) Das Rapunzel-Syndrom. Klin. Pädiat. 211: 420ff.

DSM IV (1994) Diagnostische Kriterien und Differentialdiagnose. Deutsch: Weinheim/Basel: Beltz

Erikson EH (1950, 1999) Kindheit und Gesellschaft. 13. Aufl., Stuttgart: Klett-Cotta

Ernst C, Luckner N von (1985) Stellt die Frühkindheit die Weichen? Eine Kritik an der Lehre von der schicksalhaften Bedeutung erster Erlebnisse. Stuttgart: Enke

Flammer A (1999) Entwicklungstheorien. Bern: Huber

Freud A (1994) Wege und Irrwege in der Kinderentwicklung. 6. Aufl., Stuttgart: Klett-Cotta

Freud S (1961) Gesammelte Werke. Frankfurt: Fischer

Gesell A (1971) Das Kind von fünf bis zehn. 6. Aufl., Bad Nauheim: ChristianVerlag

Harlow HF, Harlow MK (1966) Social deprivation in monkeys. Sci Am 207: 244

Hartmann H (1970) Ich-Psychologie. Stuttgart: Klett-Cotta

Hinde RA, Spencer-Booth Y (1971) Effects of brief separation from mother on rhesus monkeys, Science 173: 111–118

Holle B (1992) Die motorische und perzeptuelle Entwicklung des Kindes. Ein praktisches Lehrbuch für die Arbeit mit normalen und retardierten Kindern. 2. Aufl., Weinheim: Psychologie Verlags Union

ICD 10 Internationale Klassifikation psychischer Störungen (1991) Bern/Göttingen/Toronto: Huber

Jaspers K (1973) Allgemeine Psychopathologie. Berlin/Göttingen/Heidelberg: Springer

Kagan J (1984) The Nature of the Child. New York: Basic Books

Kapfhammer HP (1995) Entwicklung der Emotionalität. Stuttgart: Kohlhammer

Klein M (1997) Das Seelenleben des Kleinkindes und andere Beiträge zur Psychoanalyse. 6. Aufl., Stuttgart: Klett-Cotta

Kohlberg L, Lacrosse J, Ricks D (1972) The predictability of adult mental health from childhood behavior. In: Wolman B (Hrsg) Manual of child psychopathology. New York: McGraw Hill

Kohlberg L, Levine C, Hewer A (1996, 1999) Moral stages: a current formulation and a response to critics. 6. Aufl., Basel: Karger

Lorenz K (1968) Das sogenannte Böse. Wien: Borotha-Schoeler

Montada L (1998) Fragen, Konzepte, Perspektiven. In: Oerter R, Montada L (Hrsg) Entwicklungspsychologie. Weinheim: Beltz

Nelson CA, Bloom FE (1997) Child development and neuroscience. Child Dev 68: 670–987

Nissen G (1980) Biologische und soziale Aspekte der Entwicklung und Erziehung des Kindes. Würzburg: Naumann

Nissen G (1982) Psychiatrie des Säuglings- und frühen Kleinkindalters. Bern: Huber

Nissen G (1983) Psychiatrie des frühen Kleinkind- und Vorschulalters. Bern: Huber

Nissen G (1988) Grundlagen der Bildungsfähigkeit und ihre Störungen In: Böhm W, Lindauer M (Hrsg) Nicht Vielwissen sättigt die Seele. Stuttgart: Klett-Cotta

Oerter R, Montada L (1998) Entwicklungspsychologie. 4. Aufl., Weinheim: Psychologie Verlagsunion

Oerter R, Hagen C von, Röper G, Noam G (1999) Klinische Entwicklungspsychologie. Weinheim: Psychologie Verlagsunion

Papousek H (1965) Die Entwicklung früher Lernprozesse im Säuglingsalter. Kinderarzt 10: 11 f.

Papousek M (1994) Vom ersten Schrei zum ersten Wort. Bern: Huber

Pavlow IP (1926) Conditioned reflex. London: Oxford Press

Piaget J (1967) Biologie und Erkenntnis. Über die Beziehungen zwischen organischen Regulationen und kognitiven Prozessen. Frankfurt: Fischer

Piaget J (1972) Psychologie der Intelligenz. Stuttgart: Klett-Cotta, 10. Aufl. 2000

Piaget J (1974) Der Aufbau der Wirklichkeit beim Kinde. Stuttgart: Klett; jetzt Klett-Cotta, 2. Aufl. 1998

Piaget J (1975) Die Entwicklung des Erkennens, Bd I–III. Stuttgart: Klett; jetzt Klett-Cotta

Ploog D (1980) Soziobiologie der Primaten. In: Kisker KP, Meyer JE, Müller C, Strömgren E (Hrsg) Grundlagen und Methoden der Psychiatrie 11. Berlin/Heidelberg/New York: Springer, S. 279–544

Portmann A (1960) Neue Wege in der Biologie. München: Piper

Portmann A (2000) Biologie und Geist. 3. Aufl., Göttingen: Burgdorf

Putnam FW (1997) Dissociation in Children and Adolescents. A Developemental Perspective. New York: Guilford

Reissland N (1988) Neonatal imitation in the first hour of life. Developmental Psychology 24 (4): 464–469

Remschmidt H, Walter R (1990) Psychische Auffälligkeiten bei Schulkindern. Göttingen: Hogrefe

Remschmidt H, Fombonne E (1999) Entwicklungspsychopathologie. Grundlagenwissenschaft für die Kinder- und Jugendpsychiatrie und Psychiatrie. Nervenarzt 70: 577–586

Resch F (1999) Entwicklungspsychopathologie des Kindes- und Jugendalters. 2. Aufl., Weinheim: Beltz

Rogers CR (1998) Entwicklung der Persönlichkeit. 12. Aufl., Stuttgart: Klett-Cotta

Schepank H (1996) Zwillingsschicksale. Gesundheit und psychische Erkrankungen im Verlauf von drei Jahrzehnten. Stuttgart: Enke

Schmidt MH (1977) Verhaltensstörungen bei Kindern mit sehr hoher Intelligenz. Bern/Stuttgart: Huber

Schöneich, Ch. von (1779) Leben, Thaten, Reisen und Tod eines sehr klugen und sehr artigen Kindes Christian Heinrich Heineken aus Lübeck. 2. Aufl., Göttingen: Vandenhoeck

Schultz-Hencke H (1951) Lehrbuch der analytischen Psychotherapie. Stuttgart: Thieme

Seligman MEP (1983) Erlernte Hilflosigkeit. München: Urban & Schwarzenberg

Spreen O, Risser AT, Edgell D (1995) Developmental Neuropsychology. New York/Oxford: Oxford University Press

Svedo SE, Rapoport JL (1991) Annotation: Trichotillomania. J Child Psychol Psychiat 3: 401–409

Thomas A, Chess S (1984) Genesis and evolution of behavioural disorders from infancy to early adult life. Am J Psychiat 141: 1–9

Tinbergen N (1952) Instinktlehre. Berlin/Hamburg: Parey

Winnicott, DW (1951). Übergangsobjekte und Übergangsphänomene. In Winnicott DW Vom Spiel zur Kreativität. Stuttgart: Klett-Cotta, 9. Aufl. 1997, S. 10–36

2. Frühe Bindungsstörungen und Deprivationen

Das menschliche *Neugeborene* ist völlig von seiner Umwelt abhängig und nicht allein existenzfähig. Säuglinge und Kleinkinder bedürfen zur Erfüllung ihrer elementaren Bedürfnisse eines menschlichen Wesens, einer Mutter, eines Vaters oder einer Ersatzperson, besser einer Familie. Das gilt nicht nur für die Befriedigung ihrer materiellen Grundbedürfnisse (Nahrung, Wärme, Hygiene). Vielmehr braucht jedes Kind für seine ungestörte Entwicklung eine enge *emotionale Bindung* zu einer konstanten und liebenden Bezugsperson. Die Überzeugung, daß Kinder nur gedeihen können, wenn sie eine gute Mutter haben, gehört zum überlieferten Wissensgut der Menschen. Soweit dies Säuglinge betrifft, stimmte sie weitgehend mit den Erfahrungen über die Ernährung an der Mutterbrust überein. So ist es verständlich, daß die Rolle der natürlichen Mutter eine mythische Überhöhung erfuhr. Dieser Einstellung entsprechen die Legenden über Experimente mit neugeborenen Kindern, wie sie einem ägyptischen Pharao oder Kaiser Friedrich II. zugeschrieben wurden. Danach wurden Neugeborene Ammen mit der Auflage übergeben, sie nicht zu liebkosen und nicht mit ihnen zu sprechen. Eine vermutete »Ursprache« sollte ergründet werden. Sie starben jedoch alle, »weil sie nicht ohne den Beifall und die freundlichen Mienen und Liebkosungen ihrer Ammen leben konnten«.

Die Bedeutung enger *Bindungspersonen* für die Entwicklung des Menschen ist von alters her in allen menschlichen Kulturen unumstritten. Zu Beginn des 20. Jahrhunderts gab es noch zahlreiche kinderreiche Familien. Die Vermutung, daß die meisten Mütter wegen der damals hohen Säuglingssterblichkeit eine zu enge emotionale Bindung an ihre Kinder vermieden hätten, ist nicht zwingend. Es ist ebenso wahrscheinlich, daß in vielen Familien verstärkte Anstrengungen unternommen wurden, das Leben eines Kindes zu erhalten. Im Hinblick auf die Bindung an eine einzige Beziehungsperson und auf die Erziehung durch mehrere Pflegepersonen (»multiple mothering«) ist bekannt, daß die Erziehung von Kindern in der *Großfamilie* nicht allein bei der Mutter lag, sondern bei der Gesamtfamilie. In gehobenen Sozialschichten waren dafür Ammen und Kindermädchen zuständig, zu denen die Kinder dann oft eine besondere und lebenslange Beziehung entwickelten. Eine dramatische Wende in der Einstellung zum Kind wurde durch die Senkung der Säuglingssterblichkeit bewirkt. Durch die moderne Geburtenregelung und Liberalisierung der Abtreibung ist es heute im Prinzip möglich, daß nur noch *erwünschte Kinder* zur Welt kommen. Seitdem erst besteht eine hohe Wahrscheinlichkeit, daß ein Säugling das Erwachsenenalter erreicht. Dies wären eigentlich optimale Voraussetzungen dafür, daß Kindern mehr als früher konstant Liebe und Fürsorge entgegengebracht werden; dies ist jedoch aus unterschiedlichen Gründen leider nicht immer der Fall.

Seit Jahrhunderten liegen übereinstimmende Berichte über die Bedeutung der *Erziehung* in den ersten Kinderjahren vor, etwa von Comenius (1592–1670) oder von Fröbel (1782–1852). Schon Montaigne (1533–1592) konstatierte: »Ich finde, daß unsere großen Laster schon in der zartesten Kindheit ihren Knoten in unsere Seele legen und daß unsere vornehmlichste Erziehung in den Händen der Säugammen liegt.« Beginnend mit dem 14. Jahrhundert erweckten ausgesetzte »wilde Kinder« (Abb. 2.1) oder »Wolfskinder«, die anscheinend in extremer Einsamkeit aufgewachsen waren, nicht nur

Abb. 2.1   Seit dem 14. Jahrhundert wurde mehrfach über »wilde Kinder« oder »Wolfskinder«, die anscheinend in extremer Einsamkeit aufgewachsen waren, berichtet. Bei Aveyron wurde 1799 ein »Wildkind« aufgefunden, das der Psychiater Pinel als schwer intelligenzgemindert beurteilte, Itard (1774–1838) jedoch als erziehungsfähig ansah. Der Junge wurde als »Victor« in ganz Europa bekannt. Itard entwickelte ein Verfahren zur Erweckung der »Sensibilität seiner Nerven durch stärkste Stimulantien«, über das er ausführlich berichtete und zur Gründung einer auf Sinnesschulung beruhenden berühmt gewordenen Institution führte.

das Interesse der Ärzte. Besonders Victor, der »Wilde von Aveyron«, der schließlich 1799 von Itard pädagogisch behandelt wurde, fand das Interesse der Öffentlichkeit. Ebenso aber auch der hochgradig deprivierte Kaspar Hauser, der 1828 entdeckt wurde und dessen Herkunft und Entwicklung bis zum 16. Lebensjahr gänzlich unbekannt blieb.

Noch zu Beginn des ersten Jahrtausends wurden *unerwünschte Kinder* ausgesetzt oder getötet. Im Mittelalter starben sie in Findelhäusern. Damit sie dort anonym abgegeben werden konnten, wurden »Drehladen« (Abb. 2.2) eingerichtet. Im Jahre 1818 wurden in Pariser Findelhäusern etwa 5000 Kinder eingeliefert, von denen in den ersten drei Monaten bereits die Hälfte starb. Selbst Jean-Jacques Rousseau (1712–1778), der mit seinem »Emile« die Pädagogik revolutionierte, brachte seine eigenen fünf Kinder nach ihrer Geburt dennoch in ein Findelhaus. 1858 hatte die Prager Findelanstalt bei über 2000 Zugängen 103 % Sterbefälle: Einige Kinder, die das Vorjahr überlebt hatten, starben ebenfalls in diesem Jahr. In der Berliner Charité verstarben noch in den Jahren 1890/91 von 196 Kindern 164 an einer »Debilitas vitae«.

Die Kinder, die noch in den vergangenen Jahrzehnten in nicht ausreichend ausgestatteten Säuglings- und Kleinkinderheime eingewiesen wurden, waren zwar nicht vom Tod, aber von einem *Deprivationssyndrom* mit seelischen und körperlichen Schäden bedroht. Damals wie heute wurde neben den institutionell bedingten

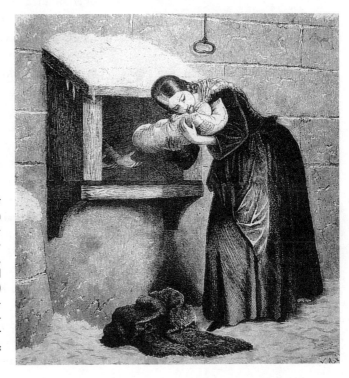

Abb. 2.2 Mutter mit Kind vor dem geöffneten Findelkasten. Da es in Paris immer mehr Waisen- und Findelkinder gab, wurde um 1800 die Zahl der Findelhäuser um 300 erhöht. In einigen deutschen Großstädten wurden inzwischen wieder solche »Kinderklappen« eingerichtet.

Deprivationsschäden auf familiär verursachte Bindungsschwächen (Privationen) bei Kindern hingewiesen, deren leibliche Mütter »instinktschwach« waren und die ihre Kinder »unmütterlich« behandelten. Solche Kinder zeigen zunächst kaum Symptome. So berichtete eine Mutter, die ihre beiden Kinder nur »zur Kontrolle« und um ihr Gewissen zu beruhigen vorstellte, daß sie sich nie Kinder gewünscht habe, sie zwar »überkorrekt« versorge, aber ablehne, ja hasse und eifersüchtig sei, weil sie das Zusammenleben mit dem von ihr sehr geliebten Mann (»wir brauchen nicht miteinander zu sprechen, wir verstehen uns immer«) beeinträchtigten. Sie habe die Kinder nur ihrem Mann zuliebe empfangen und geboren.

2.1 Erscheinungsformen

Das seit den Publikationen von Spitz (1946), Goldfarb (1943), Bowlby (1951, 1969, 1973) und Ainsworth (1969, 1985) rapide angestiegene Interesse an Bindungs- und Beziehungsstörungen führte zur Begründung einer Säuglingspsychiatrie (Rexford et al. 1976). Sie ist, ebenso wie die Kinder und Jugendpsychiatrie, pragmatisch orientiert. Neben pädiatrischen, ethologischen und psychoanalytischen wurden entwicklungs- und lernpsychologische Aspekte in die Forschung einbezogen. Wird dieses *polyätiologische* Konzept auf die Erforschung der frühen Mutter-Kind-Beziehungen angewendet, lassen sich historisch drei Entwicklungsstadien unterscheiden:

1) *Das pädiatrische Stadium*, die »empirische Periode«, in der die Kombination von Mutterentbehrung und Infektionen als Ursache für das katastrophale Massensterben und die Deprivationssyndrome in Heimen und Anstalten erkannt wurde; sie dauerte bis in die dreißiger Jahre des 20. Jahrhunderts.

2) *Das psychoanalytische Stadium*, die »alarmierende Periode«, in der besonders von der »Wiener Schule« neben dem akuten Trennungsschock und der anaklitischen Depression vor allem chronische Entwicklungsstörungen und das spätere Auftreten psychiatrischer Erkrankungen erörtert wurden.

3) *Das säuglings- und kinderpsychiatrische Stadium*, die »kritische Periode«, in der zunächst die vorliegenden Erkenntnisse übernommen, aber unter dem Einfluß von Langzeitstudien und neuer entwicklungspsychologischer, biologischer und psychoanalytischer Erkenntnisse einer kritischen Revision und Erweiterung unterzogen wurden; sie ist noch nicht abgeschlossen.

Der Weg zur Erkennung und Behandlung früher Bindungsstörungen und zur Formulierung von *Bindungstheorien* läßt sich nur nachvollziehen, wenn die Forschungsergebnisse, ausgehend vom psychischen Hospitalismus und der Deprivation, den Regulations- und Bindungsstörungen zugrunde gelegt werden.

Bei Säuglingen, Kleinkindern und Kindern kann man sechs Erscheinungsformen unterscheiden:

1. Regulationsstörungen
2. Bindungsstörungen

3. Separationsschock
4. Anaklitische Depression
5. Deprivationssyndrom
6. Psychischer Hospitalismus

2.1.1 Regulationsstörungen im Säuglingsalter (ICD-10 F98.2)

Den Begriff »regulatory disorder« (Greenspan, Wieder 1993) hat man als entwicklungspsychopathologisches Syndrom in die Säuglingspsychiatrie eingeführt, um bestimmte frühkindliche Verhaltensstörungen zu umschreiben. Als Kernsymptome gelten Schrei-, Schlaf- und Fütterungsprobleme, chronische Unruhe, exzessives Klammern und abnormes Trotzverhalten. Anhaltendes Schreien sowie Schlaf- und Fütterstörungen und Unruhezustände werden in der kinderärztlichen Ambulanz bei bis zu einem Viertel (M. Papousek 2000) aller sonst gesunden Säuglinge angetroffen. Früher wurden dafür ausschließlich Verdauungsstörungen, wie »Blähungen«, »Dreimonatskoliken«, beginnende fieberhafte Infekte und andere organische Störungen verantwortlich gemacht. Heute weiß man, daß dafür zwar nur selten allein Störungen der *Eltern-Kind-Beziehung* verantwortlich sind, daß diese aber oft dazu beitragen, die Regulationsstörungen aufrechtzuerhalten. Dafür spricht, daß sie in den meisten Fällen durch einfache Interventionen, die Mutter und Kind einschließen, zu beeinflussen sind. Die angeborene frühkindliche *Selbstregulation* des Säuglings ist auf ein darauf abgestimmtes Entgegenkommen der primären Bezugspersonen angewiesen. Die bei den Eltern vorliegende intuitive Resonanzbereitschaft ermöglicht es ihnen, frühe Störungen wahrzunehmen

und erkannte Bedürfnisse zu befriedigen. Die Annahme, daß Regulationsstörungen Vorformen später sich manifestierender psychischer Störungen sind, ließ sich bislang nicht bestätigen.

Relativ häufig kommen vor:

a) *Das exzessive Schreien*, das anfallsweise auftritt, über Stunden anhält, nicht gestillt werden kann und während mehrerer Tage oder Wochen immer erneut über längere Phasen auftritt, ohne daß körperliche Ursachen festgestellt werden können, hat seinen Höhepunkt oft im 2. und 3. Lebensmonat, danach erfolgt in der Regel ein allmählicher Rückgang. Nur in Ausnahmefällen bestehen Zusammenhänge mit Verdauungsstörungen. An seiner Entstehung ist eine »unreife Schlaf-Wach-Regulation« (M. Papousek 1994) maßgeblich beteiligt. Sehr häufig tritt es

Tab. 2.1 Die Prävalenz von Regulations- und frühen Bindungsstörungen im Säuglings- und Kleinkindalter. Vergleich ICD-10 und DSM-IV

Fütter- und Eßstörungen (ICD-10 F 98.2) werden bei etwa 50 % der Säuglinge festgestellt, die wegen einer nicht angemessenen Gewichtszunahme in Kliniken (DSM-IV-307.59) aufgenommen werden. Psychische Störungen mit Trennungsangst (ICD-10 F 93.0) sind nach der DSM-IV (313.23), ohne Zahlenangaben, relativ weit verbreitet. Reaktive Bindungsstörungen im Säuglings- und im frühen Kindesalter (ICD-10 F94.1) sind nach der DSM (IV 313.89) zahlenmäßig selten, zuverlässige epidemiologische Daten fehlen jedoch auch hier. Es lassen sich Bindungsstörungen mit Enthemmung (ICD-10 F94.2) von anderen sozialen Bindungsstörungen (ICD-10 F 94.8) unterscheiden.

gemeinsam mit Fütter- und Schlafstörungen auf.

b) *Fütterstörungen* mit und ohne Gedeihstörungen in Form von Kau- und Schluckproblemen, mit Nahrungsverweigerung, Erbrechen und Rumination (wiederholtes Heraufwürgen und Wiederkäuen von Nahrung ohne Übelkeit). Die Nahrungsaufnahme zieht sich extrem lange hin; extrem wählerisches Eßverhalten bei altersangepaßtem Nahrungsangebot durch eine gewohnte Betreuungsperson. Die Kinder nehmen die mütterliche Brust oder die Flasche nicht an, wenden den Kopf ab, weinen oder schreien; sie lassen sich manchmal durch äußere Reize ablenken, um danach aber wieder in ihr gestörtes Verhalten zurückzufallen. Nach »Aufstoßen« manchmal vorübergehende Besserung. Begleitend kann Rumination vorhanden sein.

c) *Schlafstörungen* im Säuglings- und Kleinkindalter zeigen sich als Ein- oder Durchschlafstörungen mit wiederholten nächtlichen Aufwachperioden von längerer Dauer und Unruheerscheinungen, oft begleitet von anhaltendem Weinen und Schreien, das nur durch Aufnehmen und andere elterlichen Hilfen (Umhergehen, Spielen, Verbringen ins Elternschlafzimmer) unterbrochen oder abgestellt werden kann.

Die oft gemeinsam auftretenden Regulationsstörungen sind manchmal nur schwer voneinander abzugrenzen. Fast immer ist der Schlaf-Wach-Rhythmus beeinträchtigt. Die Schrei- und Unruhezustände gehen meistens ohne besondere therapeutische Interventionen zurück. Im frühen Kindesalter werden Störungen des Eßverhaltens häufig beobachtet. Eine Regulationsstörung sollte nur dann diagnostiziert werden, wenn es sich um eine anhaltende Anomalie des Eßverhaltens handelt oder eine Nahrungsverweigerung vorliegt bzw. wenn das Kind innerhalb eines Monats 1 kg an Gewicht verliert. Von Bedeutung ist, ob das Kind problemlos von anderen als den nächsten Beziehungspersonen Nahrung annimmt. Bei persistierenden Störungen ist unbedingt eine weitergehende kinderpsychiatrische oder pädiatrische und neurologische (Kindesvernachlässigung, hirnorganische Schädigung, Allergien, gastroösophagealer Reflux u. a.) Abklärung erforderlich.

2.1.2 Bindungsstörungen bei Säuglingen und Kleinkindern (ICD-10 F94.1, ICD-10 F94.2)

Die Bindungstheorien liefern verschiedene Konzepte, um die allgemeinmenschliche Neigung zu erklären, schon früh emotionale Beziehungen zu suchen und zu unterhalten. Bowlby (1969, 1973) maß als erster dem angeborenen Bedürfnis des Säuglings, enge und sichere Beziehungen einzugehen, eine zentrale Rolle für seine weitere Entwicklung bei. Der Säugling habe das Bedürfnis nach einer ungebrochenen und dauerhaften Bindung zur Mutter. Wenn diese nicht gewährleistet sei, würden sich übermäßige Bedürfnisse nach Liebe und ständiger Anwesenheit der Mutter entwickeln und entsprechende negative Reaktionen, wenn dies nicht der Fall sei. Es ist ein besonderes Verdienst von Bowlby, daß er ausdrücklich auf die prospektive Bedeutung des Bindungsverhaltens für die weitere Entwicklung des Kindes und sich daraus ergebende Konsequenzen hingewiesen hat.

Nach Spangler und Zimmermann (1999) kann man vier *Bindungsmodelle* unterscheiden:

1. Die Bindungsorganisation in der frühen Kindheit ist stabil, bleibt bestehen und beeinflußt die spätere Entwicklung (deterministisches Modell).
2. Die Bindungsorganisation ist bis zum Jugendalter umweltlabil, mit abnehmender Sensitivität (Entwicklungsmodell).
3. Die Bindungsorganisation ist eine Entwicklungsthematik der frühen Kindheit und beeinflußt den Kompetenzaufbau späterer Entwicklungsstufen (Thematik der Kompetenzentwicklung).
4. Die Bindungsorganisation nimmt eine Schutzfunktion gegenüber Risikofaktoren ein (Bindung als Schutzfaktor).

Werden Neugeborene oder Säuglinge für längere Zeit von ihrer Bindungsperson getrennt, können unterschiedliche psychische Störungen auftreten. Es ist das Verdienst von Bowlby und später von Ainsworth, Theorien der Bindung und der Bindungsstörungen aufgestellt, und von Spitz, auf mögliche Folgen von Deprivationen hingewiesen zu haben. In den letzten Jahrzehnten wurde deutlicher, daß neben der Deprivation innerhalb einer äußerlich intakten Familie andere, unterschiedlich definierte Bindungsstörungen (»psychische Subdeprivationen«, Matejcek 1997) auftreten können.

Fast alle Entwicklungstheorien sprechen der vorsprachlichen Phase des Säuglingsalters eine besondere Bedeutung für die Entwicklung eines spezifischen Bindungsverhaltens zu. Nach der Geburt sendet das Kind seine Signale ungerichtet an

Tab. 2.2 Definition von Bindungsstörungen im Kindesalter nach der ICD-10

F94.1
Reaktive Bindungsstörung des Kindesalters

Diese tritt in den ersten fünf Lebensjahren auf und ist durch anhaltende Auffälligkeiten im sozialen Beziehungsmuster des Kindes charakterisiert. Diese sind von einer emotionalen Störung begleitet und reagieren auf Wechsel in den Milieuverhältnissen. Die Symptome bestehen aus Furchtsamkeit und Übervorsichtigkeit, eingeschränkten sozialen Interaktionen mit Gleichaltrigen, gegen sich selbst oder andere gerichteten Aggressionen, Unglücklichsein und in einigen Fällen Wachstumsverzögerung. Das Syndrom tritt wahrscheinlich als direkte Folge schwerer elterlicher Vernachlässigung, Mißbrauch oder schwerer Mißhandlung auf.

F94.2
Bindungsstörung des Kindesalters mit Enthemmung

Ein spezifisches abnormes soziales Funktionsmuster, das während der ersten fünf Lebensjahre auftritt mit einer Tendenz, trotz deutlicher Änderungen in den Milieubedingungen zu persistieren. Dieses kann z.B. in diffusem, nicht-selektivem Bindungsverhalten bestehen, in aufmerksamkeitsuchendem und wahllos-freundlichem Verhalten und kaum modulierten Interaktionen mit Gleichaltrigen; je nach den Umständen kommen auch emotionale und Verhaltensstörungen vor. Dazugehörig: Gefühlsarme Psychopathie, Hospitalismus die Umwelt. Das Bindungsverhalten trägt dazu bei, daß die Mutter ihre Fürsorge für den hilflosen Säugling aufrechterhält. Biologisch ist bedeutsam, daß es bei Trennungen zu einer Beschleunigung der Herzfrequenz kommt; bei einer unzureichenden Bindungsqualität ist sogar eine Zunahme der Kortisolausscheidung beobachtet worden. Während der ersten Lebensmonate bildet das Kind unterschiedlich starke Beziehungen zu bestimmten Personen aus. Im Alter von etwa drei Monaten ist eine personenunterscheidende Ansprechbarkeit zu beobachten. Von einer eigentlichen Bindung kann man erst sprechen, wenn sich das Kind im Alter von sieben bis acht Monaten aktiv in die Nähe seiner Bezugsperson zu bringen versucht und sie bei Abwesenheit vermißt. Eine weitere Etappe wird erst wird erst im 3.–4. Lebensjahr erreicht und als »zielkorrigierte Partnerschaft« (Ainsworth 1969) bezeichnet.

Bowlby und Ainsworth unterscheiden Kinder mit *sicheren* und *unsicheren Bindungen*. Die Qualität der Beziehung zu einer bestimmten Person findet im Beziehungsverhalten ihren sichtbaren Ausdruck. Eine Trennung von der primären Bindungsperson kann zu mehr oder weniger starken emotionalen Störungen führen. Die Beziehungsqualität läßt sich im 1. und 2. Lebensjahr relativ zuverlässig mit dem »Fremden-Situationstest« ermitteln. Kind und Mutter werden in eine fremde, aber überschaubare Umgebung versetzt. Nach einer Anpassungszeit verläßt die Mutter den Raum, das Kind wird mit einem Fremden alleingelassen. Nach erneuter Anwesenheit verläßt sie nochmals den Raum, das Kind wird jetzt ganz

alleingelassen, bis sie zurückkehrt. Das Bindungsverhalten der Kinder läßt sich mit vier Bindungstypen (Tab. 2.3) beschreiben. Nach mehreren internationalen Untersuchungen über die Häufigkeit der Bindungsmuster ergaben sich 60 % sichere Bindungen (Typ B), 20 % unsicher-vermeidende (Typ A), 12 % unsicher-ambivalente (Typ C) und 15–35 % desorganisierte-desorientierte (Typ D) Bindungen, von denen die sichere Bindung anscheinend einen Schutzfaktor für die weitere Entwicklung darstellt.

Abb. 2.3 Zeichnung eines achtjährigen, knapp durchschnittlich intelligenten Jungen, der seit seiner Geburt in einer weit abgelegenen, einsamen Gegend ohne Kontakt mit der Außenwelt aufwuchs. Er hatte keinen Kindergarten besucht, seine Einschulung wurde zwei Jahre durch die Mutter verhindert, er verließ die Wohnung nur selten und ausschließlich in Begleitung der Mutter. In längeren Abständen kam ein »Onkel« zu Besuch, den er Papa nannte.

In einer ausführlicheren Typologie (Brisch 1999) wird das Verhalten bindungsgestörter Kinder wie folgt differenziert:

a) Keine Anzeichen von Bindungsverhalten: keine bevorzugte Bezugsperson, undifferenzierte Reaktionen auf Trennungen, »autistisches« Verhalten.

b) Undifferenziertes Bindungsverhalten: allgemein freundliches Verhalten, sowohl gegen bekannte als auch gegen fremde Personen, fehlendes Distanzverhalten, als Variante ausgeprägte »Unfall-Risiko-Typen«.

c) Übersteigertes Bindungsverhalten: exzessives Klammern an Bezugspersonen, in unvertrauter Umgebung überängstlich, angespannt und mißtrauisch, auch bei kurzen Trennungen panikartige Erregungszustände.

d) Gehemmtes Bindungsverhalten: nur geringer Protest bei Trennungen. Die Kinder wirken gehemmt gegenüber der Bindungsperson und fallen durch übermäßige Anpassung auf.

e) Aggressives Bindungsverhalten: Bindungsbeziehungen werden überwiegend durch verbale oder körperliche Aggressivität zum Ausdruck gebracht.

f) Bindungsverhalten mit Rollenumkehr: Umkehr der Eltern-Kind-Beziehung: Kinder überfürsorglich, kontrollierend und hilfsbereit gegenüber der Bindungsperson, insbesondere bei realer Angst vor dem Verlust.

g) Psychosomatische Symptomatik infolge von Vernachlässigung: Verwahrlosung, Deprivation, Wachstumsretardierungen.

Tab. 2.3 Es lassen sich vier unterschiedliche Bindungstypen unterscheiden: sichere Bindung (Typ B), unsicher-vermeidende Bindung (Typ A), ambivalent-unsichere Bindung (Typ C) und desorganisierte Bindung (Typ D); sie werden durch spezielle Untersuchungsverfahren (Ainsworth et al. 1978) ermittelt.

Kinder mit sicherer Bindung (Typ B)

suchen und wahren bei und nach Belastung Nähe und Kontakt zur Mutter. Sie haben es gelernt, ihre Bedürfnisse nicht allzu nachdrücklich zu äußern. Werden sie alleingelassen, vertrauen sie auf die baldige Rückkehr der Mutter und freuen sich darauf.

Kinder mit unsicher-vermeidender Bindung (Typ A)

zeigen kaum Kummer über das Weggehen der Mutter und behandeln sie und Fremde fast gleich. Kehrt sie zurück, »begrüßen« sie sie nur beiläufig oder wenden sich sogar ab. Das äußere Desinteresse ist jedoch mit erhöhter innerer Spannung verbunden.

Kinder mit unsicher-ambivalenter Bindung (Typ C)

sind besonders anhänglich und zeigen, wenn sie alleingelassen werden, ihren Kummer deutlich und lautstark. Kehrt die Mutter zurück, verhalten sie sich ambivalent, einerseits suchen sie sofortigen Kontakt, andererseits widerstreben sie Kontaktversuchen.

Kinder mit desorganisiert-desorientierter Bindung (Typ D)

zeigen ein widersprüchliches, wechselndes Bindungsverhalten. Einerseits überfreundlich und die Nähe der Mutter suchend, andererseits bei ihrer Rückkehr gegensätzliche Impulse zwischen Annäherung und Ablehnung, verbunden mit unbewegtem, starrem Gesichtsausdruck.

Aber auch eine extrem enge Bindung im Sinne einer »overprotection«, mit Verhinderung eines selbstbestimmten Verhaltens und Ausschluß aus der Peer-Gruppe kann die Entwicklung eines Kindes in erheblichem Umfang ungünstig beeinflussen.

Im Kleinkind- und Vorschulalter werden psychische Störungen sichtbar, die in vier Symptomgruppen (Nissen 1973) eingeteilt wurden:

a) relativ fröhliche, aber oberflächliche und zu keiner tiefen Bindung fähige Kinder, die auf der Stufe des aktiven Kontaktsuchens stehengeblieben sind,

b) resignierende, passive Kinder, bei denen noch die Fähigkeit zu aggressiven Protestreaktionen erhalten ist,

c) ängstlich-abweisende Kinder, die auch nach längerem affektiven Entzug mit einem verstärkten Liebesbedürfnis reagieren,

d) Kinder mit einem chronisch-passiven Zustandsbild, die emotional völlig unbeteiligt scheinen, aber massiv auf neue traumatische Situationen reagieren.

Brisch und Mitarbeiter (1999) haben zur Behandlung von Kindern und Jugendlichen Leitlinien eines bindungsorientierten therapeutischen Vorgehens formuliert, die Ergebnisse der Psychotherapieforschung einbeziehen und anhand von Fallbeispielen deren Anwendung in der Praxis verdeutlichen.

2.1.3 Separationsschock (ICD-10 F93.0)

Bowlby (1951) beschrieb einen im frühen Kindesalter bei einer plötzlichen Trennung von Mutter, Säugling oder Kleinkind (Einweisung des Kindes in eine Klinik oder Kinderheim, Tod oder Krankheit der Mutter) verursachten Trennungsschock mit drei zeitlich aufeinanderfolgenden Phasen:

a) *Protestphase*, die Stunden bis maximal einige Tage andauert. Sie ist gekennzeichnet durch verbale Aggressionen bis zu explosionsartigen Ausbrüchen mit Schreien und Toben, mit denen das Kind die Rückkehr der Mutter erzwingen will.

b) Phase der *Verzweiflung*, in der das psychisch erschöpfte Kind eine passiv-ablehnende Haltung einnimmt und in bereits überwundene, frühinfantile Verhaltensweisen regrediert.

c) Phase der *Ablehnung*. Das Kind nimmt oberflächliche Scheinkontakte auf, bleibt aber innerlich reserviert und egozentrisch und zeigt manchmal autistische Verhaltensweisen.

Während die ersten beiden Phasen in Abhängigkeit vom Alter und vom Grad der Mutterbindung unvermeidbare Heimwehreaktionen darstellen, hängt die Ausgestaltung der dritten Phase weitgehend von dem Verhalten der Umwelt und besonders davon ab, inwieweit es gelingt, einen Ersatz für die Mutter zu finden.

2.1.4 Anaklitische Depression (ICD-10 F32,F43)

Als anaklitische Depression beschrieb Spitz (1967) ein Syndrom, das sich aus-

Tab. 2.4 Je nach Qualität, Intensität und Dauer von Bindungsstörungen und Deprivationen lassen sich unterschiedliche Formen von Regulations-, Bindungs- und Trennungsstörungen unterscheiden. Die schwersten Formen als Folge eines Verlusts oder einer langen Trennung von einer konstanten Beziehungsperson wurden schon im 19. Jahrhundert als »psychischer Hospitalismus« (von Pfaundler 1925) und mildere Formen später als »Deprivationssyndrom« (Goldfarb 1943) beschrieben.

Regulationsstörungen (Greenspan & Wieder 1993)

Unstillbares Schreien, Fütterstörungen.
Schlaf-Wach-Rhythmusstörungen.
Exzessives Klammern. Motorische Unruhe.

Frühe Bindungsstörungen (Ainsworth 1969)

Sichere Bindung (Typ B)
Unsicher-vermeidende Bindung (Typ A)
Unsicher-ambivalente Bindung (Typ C)
Desorganisierte Bindung (Typ D)

Separationsschock (Bowlby 1951)

Protest – Verzweiflung – Ablehnung

Anaklitische Depression (Spitz 1946)

Apathie – Resignation – Retardierung

Deprivationssyndrom (Goldfarb 1943)

Psychische und physische Retardierungen
Psychosomatische Störungen

Psychischer Hospitalismus (von Pfaundler 1925)

Psychische und physische Schäden
Vitale Bedrohung – Tod

---

schließlich bei Säuglingen in der zweiten Hälfte des 1. Lebensjahres entwickelte und nur bei solchen Kindern beobachtet wurde, die zwischen dem 6. und dem 8. Monat von der Mutter getrennt wurden, zu der vorher eine ungetrübte Mutter-Kind-Beziehung bestand. Die Säuglinge hatten sich bislang völlig normal entwickelt, begannen nun aber unaufhörlich zu weinen und zu schreien und nahmen keinen Anteil mehr an den Vorgängen in der Außenwelt. Sie zeigten einen traurig-resignierten Gesichtsausdruck; der Blick war leer und ausdrucksarm. Die vorher lebhafte Motorik verlangsamte sich. Es stellten sich psychosomatische Störungen ein. Einige litten an Schlaflosigkeit, bei anderen traten Gewichtsverluste auf, alle zeigten eine erhöhte Infektanfälligkeit.

Dieses Zustandsbild hielt etwa 3–5 Monate nach der *Trennung* an, danach veränderte sich das Krankheitsbild und machte einer stilleren Symptomatik Platz. Die Weinerlichkeit hörte auf, die Kinder zeigten jetzt einen unverändert starren, gefrorenen (»frozen«) Gesichtsausdruck. Sie verhielten sich abweisend, und der vorher

Abb. 2.4 Zeichnung eines siebenjährigen kontaktschwachen, zeitweilig mutistischen, knapp durchschnittlich intelligenten Mädchens, das sich seit der Geburt in einem personell unzureichend ausgestatteten Säuglingsheim und danach in mehreren anderen Heimen beand. Den Eltern war bald nach der Geburt des Kindes das Sorgerecht wegen »grober Vernachlässigung« entzogen worden.

stagnierende Entwicklungsquotient sank rapide ab. Wurde ein Kind im Laufe der ersten drei bis fünf Monate nach der Trennung (»partieller Entzug der affektiven Zufuhr«) wieder mit der Mutter vereint, trat eine rasche und offenbar vollständige Genesung ein. Dauerte die Trennung länger, trat eine weitere Verschlechterung ein, die schließlich in einen »Hospitalismus« im engeren Sinne überleitete. Von den von Spitz im Findelhaus beobachteten 91 Kindern starben im Verlauf der ersten beiden Lebensjahre 34 Kinder als Folge des »totalen Entzugs affektiver Zufuhr«.

2.1.5 Deprivationssyndrom (ICD-10 F43)
Der Begriff *Deprivation* (engl.: Beraubung, Entbehrung) wurde von Goldfarb (1943) im Sinne einer »institutional deprivation« eingeführt, später als »Mangel an persönlicher Beziehung« definiert. Als Deprivationssyndrome werden sehr unterschiedlich ausgeprägte klinische Folgezustände nach Deprivation bezeichnet. Bei älteren Säuglingen und bei Kleinkindern konnte nach langdauernden oder

häufigen kürzeren Trennungen von der Mutter ohne »Mutterersatz« häufig eine allgemeine körperliche und seelische *Entwicklungsverzögerung* festgestellt werden.

Eine *motorische* Entwicklungsverlangsamung zeigte sich oft bereits im ersten Lebensjahr. Die Kinder erlernten das Sitzen, Stehen und Laufen erst mit erheblicher Verzögerung. Sie verweilten lange beim Eß- und Kauvorgang und erhielten deshalb meist flüssige oder breiförmige Nahrung. Ein großer Teil erlernte erst spät die Beherrschung der Schließmuskelfunktionen.

Viele Kinder begannen erst im 2. oder 3. Lebensjahr zu *sprechen*, manche noch später. Lallmonologe und kleinkindhafter Agrammatismus persistierten. Auch später blieb der Wortschatz dürftig, die Sprechweise stammelnd und schwer verständlich, das Wortverständnis war nur mangelhaft ausgebildet. Mit zunehmendem Lebensalter wurde die Hemmung der intellektuellen Entwicklung, eine »exogene intellektuelle Verkümmerung« deutlicher. Zu den allgemeinen Entwicklungsstörungen traten fast regelmäßig emotionale und somatische Erscheinungen hinzu. In erster Linie waren dies Enuresis, Enkopresis, Jaktationen, ferner eine allgemeine motorische Unruhe und genitale Manipulationen.

Bei vielen deprivierten *Kleinkindern* findet man eine extreme Kontaktsucht: Sie bestürmen und bedrängen Pflegepersonen und fremde Besucher. Besonders eindrucksvoll sind bei jüngeren Kleinkindern häufig anzutreffende stereotype Schüttel-, Schleuder- und Drehbewegungen des Kopfes und des Rumpfes und mit vertrackten Greif- und mit Streckbewegungen der Hände und Füße, die an das »Weben« der Wildtiere in Gefangenschaft erinnern, das von Zoologen auf eine Behinderung des normalen Affektablaufs zurückgeführt wird.

Im *Schulalter* zeigen deprivierte Kinder neben Störungen der emotionalen Kommunikation deutliche Beeinträchtigungen im Leistungsvollzug: einerseits Apathie und Indifferenz, Langsamkeit und Schwerfälligkeit, andererseits leichte Ablenkbarkeit, Abwehr gegen Leistungsforderungen, Mutlosigkeit und Schüchternheit, überstarke Abhängigkeit von Bestätigung, Gespanntheit und Ängste, Fehler zu machen.

2.1.6 Psychischer Hospitalismus (ICD-10 F43.28)

Die Bezeichnung »psychischer Hospitalismus« läßt sich zur Kategorisierung schwerster und lebensbedrohlicher Deprivationsformen verwenden, die infolge einer sich entwickelnden Immunschwäche mit häufig auftretenden Infektionen verbunden waren. Er kommt in dieser Ausprägung nur noch in einigen unterversorgten europäischen Ländern, aber weiterhin häufig in Entwicklungsländern vor.

Der Kinderarzt M. von Pfaundler beschrieb 1925 die Ursachen und Auswirkungen der Hospitalismusschädigungen knapp und überzeugend: »Der durch die widernatürliche Säuglingspflege verursachte Schaden muß sich aber nicht darauf beschränken, daß das Kind zeitweise schreit; er kann nicht allein das seelische Gleichgewicht des Kindes, sondern auch

Tab. 2.5 Die früher hohe Sterblichkeit der Kinder in Findel- und Waisenhäusern erklärt sich aus der Kombination von emotionaler Deprivation und bakteriellen Infektionen, die damals nicht effektiv bekämpft werden konnten.

Von den in Findelhäusern aufgenommenen Kindern starben			
Paris 1780	60 %	Dublin 1701–1797	98 %
Wien 1811	72 %	Petersburg 1772–1784	85 %
Paris 1817	67 %	Petersburg 1785–1797	76 %
Brüssel 1811	79 %	Petersburg 1830–1833	50,5 %
Brüssel 1817	56 %	Moskau 1822–1831	66 %
Gent 1823–1833	62 %	Dijon 1838–1845	61 %
Bordeaux 1850–1861	18 %	Prag 1865	19,6 %

dessen Gesundheit stören, ja das Leben bedrohen. Wo die Mutter oder eine nächste Anverwandte oder sonst eine für das Kind empfindende Person sich der Pflege ganz hingibt, wird ja schwerer Schaden solcher Art zumeist nicht eintreten. Wohl aber sieht man ihn bei Kostkindern und insbesondere in Anstalten für gesunde und kranke Säuglinge, die unzureichendes Pflegepersonal haben. Hier verfallen die Kinder oft einem als *Hospitalismus* bezeichneten Übel. Die Reaktion der Unruhe auf das Sich-Selbst-Überlassensein hört da nach Tagen bis Wochen allmählich auf, und dann setzt ein langsam fortschreitender Verfall ein, dessen Zeichen fast die ganze Pathologie des 1. Lebensjahres einschließen kann. Insbesondere sind es aber die sog. Verdauungsstörungen, die den Verfall begleiten. Man glaubte vormals, es wäre die Anhäufung der Säuglinge, die als solche diesen Schaden verursacht; auch die Bakterien wurden natürlich verantwortlich gemacht. Wo aber gleich viele Säuglinge zusammengedrängt ohne jeden besonderen Aufwand an sogenannter medizinischer Asepsis, also unter sonst ungünstigen äußeren Verhältnissen von ihren Müttern und damit individualisierend gepflegt werden, wie in gewissen Findelanstalten Österreichs und Frankreichs, da spielt der Hospitalismus keine annähernd ebensolche Rolle.«

2.2 Genese, Ätiologie und soziale Bedeutung

2.2.1 Theoretische Erklärungsansätze
Die Anzahl konkurrierender Theoriekonzepte, die die Entstehung und die Auswirkungen von frühen Bindungsstörungen zu erklären versuchen, ist kaum noch zu überschauen Sie reichen von ererbten Sequenzen über Konzepte der Prägung bis zu sozialen Lern- und Entwicklungsmodellen und psychoanalytischen Erfahrungen. Sie alle haben die Vorstellungen von der *Kompetenz* Neugeborener und Säuglinge grundlegend verändert. Sie können aber immer nur Teilaspekte vertreten, denn die Fakten für den Anspruch auf eine monothetische Theorie reichen nicht aus.

Die normale und die gestörte psychische Entwicklung des Menschen wird hauptsächlich mit
a) biologischen (genetischen),
b) entwicklungs- und
c) verhaltenspsychologischen sowie mit
d) psychoanalytischen Erklärungsmodellen beschrieben.

Die neueren Beziehungs- und Bindungstheorien knüpfen an die klinischen Erfahrungen mit den Ursachen und Folgen der Deprivationssyndrome und des Hospitalismus an. Die überwiegend im familiären Raum angesiedelten Bindungsstörungen sind erst im Laufe der letzten Jahrzehnte deutlicher in den Vordergrund des Interesses getreten. Die aktuelle Bindungsforschung beschäftigt sich mit der Entstehung, der Qualität und den möglichen Folgen für eine gesunde oder gestörte Entwicklung. Sie bietet damit auch Grundlagen für eine im Entstehen begriffene Entwicklungspsychopathologie.

2.2.2 Ethologische Grundlagen
Angeboren sind Instinkthandlungen wie Klammerreflex und Augenschluß, aber

auch komplexe instinktive Handlungen, wie das Finden der Mutterbrust bei Hungergefühl (orales Suchverhalten). Auch die Fähigkeit der Eltern zu einer »*basalen Säuglingspflege*« gilt als Bestandteil ihrer genetischen Ausstattung. Die frühere Annahme, daß bei Säuglingen eine angeborene Tendenz zur Herstellung von Beziehungen zu einer einzigen Person (»Monotropie«) bestehe, erwies sich als nicht zutreffend. Aber im Laufe der weiteren Entwicklung kommt es zu einer hierarchischen Anordnung geliebter Beziehungspersonen. Neuere Forschungen, etwa zur Sprachentwicklung des Kindes (M. Papousek 1994), lassen vermuten, daß nicht nur von seiten der Mutter individuell unterschiedliche Bindungsbereitschaften vorgegeben sind, sondern präpartal auch beim Säugling. Wenn der Säugling von der Mutter ernährt wird, sieht er ihr zunehmend vertrauteres Gesicht, erfährt Zärtlichkeit und begütigende Beschwichtigungen und erlebt damit Sicherheit und Geborgenheit. Auch in Heimen und Kliniken favorisieren Säuglinge und Kleinkinder Erwachsene, mit denen sie in Dauerbeziehungen treten möchten. Dabei handelt es sich nicht immer um solche Personen, welche die meiste Zeit mit ihnen verbringen. Qualität und Intensität einer Interaktion sind für die Festigung einer Bindung offenbar wichtiger als ihre Dauer. Für die meisten Kinder bilden die gleichbleibende Anwesenheit einer oder mehrerer bevorzugter Bezugspersonen und die damit verbundene Konstanz der Zuwendung eine entscheidende Voraussetzung für eine harmonische Entwicklung und die

Ausbildung des »*Urvertrauens*« (Erikson 1950).

2.2.3 Entwicklungspsychologische Aspekte

Aus entwicklungspsychologischer Sicht haben sich besonders in den letzten Jahrzehnten Ärzte und Psychologen mit speziellen Modellen der *Bindungstheorie* unter Berücksichtigung konkurrierender Forschungsrichtungen auseinandergesetzt. Schulenübergreifend wurde erkannt, daß der vorsprachlichen Kommunikation eine zentrale Rolle nicht nur für die Bindungsfähigkeit, sondern für die gesamte Entwicklung zukommt. Der Bindungstheorie liegt der Gedanke zugrunde, daß frühe Objektbeziehungen in ihren normalen oder pathologischen Abläufen als Struktur internalisiert werden. Die Bindungsforscher beziehen sich auf Bowlby und Ainsworth und berücksichtigen sowohl ethologische (»Prägung«) als auch psychoanalytische (»intentionale Phase«) Gedanken. Forschungsmethoden der experimentellen Psychologie werden jedoch favorisiert. Ergebnisse unterschiedlicher Bindungsformen zeigen sich danach im Alter von 12 Monaten, die sich bis zum 6. Lebensjahr verfestigen. Einige wichtige Leitbegriffe dieser Bindungstheorie sind u. a.: die Mutter als »externer Organisator« und »sichere Basis« des Säuglings, die in »fremden Situationen« auch experimentell überprüfbar ist, und die »mütterliche Feinfühligkeit« als Qualitätsmerkmal. Aber die Beurteilung der Stabilität des Bindungsverhaltens ist schwierig, weil die verbindlichen Meßparadigmata nur bis zum 20. Lebensmonat reichen; für spätere Messungen müßten neue Meßschablonen entwickelt werden. Dennoch stellt das Konzept der Bindungsforschung zweifellos eine Bereicherung der Säuglingsforschung dar. Es verdankt seine Attraktivität vor allem der Tatsache, daß es komplizierte Zusammenhänge einfach und übersichtlich darzustellen vermag. Die Annahme, daß die emotionale Entwicklung des Menschen eng mit früh erworbenen und überdauernden inneren Strukturen zusammenhängt, ist schulenübergreifend. Dennoch wird die Bindungstheorie in nicht-psychologischen Lehrbüchern kaum berücksichtigt. Das erklärt sich vor allem daraus, daß ihre trotz Einbeziehung benachbarter Denkmodelle einseitige Sicht hochkomplexer Vorgänge als universales Erklärungsmodell nicht allgemein zu überzeugen vermag. Die Hypothese, daß früh erworbene Bindungsstörungen die Persönlichkeitsstruktur schicksalhaft bestimmen, konnte bislang nicht belegt werden, obgleich Zusammenhänge zwischen unterschiedlichen Bindungsqualitäten und späteren emotionalen Störungen bei Erwachsenen nicht auszuschließen sind. Es liegen hier ähnlich widersprüchliche Ergebnisse vor wie bei den zahlreichen pro- und retrospektiven Longitudinalstudien primär schwer geschädigter deprivierter Kleinkinder und Kinder.

2.2.4 Lernpsychologische Beiträge

Aus lernpsychologischer Sicht ist die Lernfähigkeit Neugeborener wesentlich stärker entwickelt als früher angenommen. Besonders das *Imitationslernen* im ständigen Austausch mit der nächsten Beziehungsperson ist schon früh entwickelt. Die Beurteilung solcher Lernprozesse bei Neugeborenen ist jedoch schwierig, weil sie nur in den kurzen, 5–6 Minuten dauernden Wachperioden möglich ist. Im Verlaufe der ersten Lebensmonate verändert sich dieser Zustand der scheinbaren, teilweise aber nur relativen Nichtdifferenziertheit, in dem Sinneseindruck und Affekt sozusagen noch eins sind, ständig. Einfallende Sinnesreize erhalten zunehmend den Charakter von Signalen und Auslösern, die gespeichert werden und gestalthafte *emotionale Erinnerungsbilder* als Vorstufen einer beginnenden Orientierung entstehen lassen. Das erste Lebensjahr spielt eine sehr bedeutsame Rolle für die Entwicklung der Habituation (Gewöhnung an einen Reiz mit Abgewöhnung der Reaktion), für einsichtiges Lernen (Erfassung abstrakter Aspekte) und kognitive Lernprozesse (höhere Lernfähigkeit). Die Mutter hat in diesem Stadium die Rolle einer Beschützerin vor Störungen und Gefahren aus der Umgebung und als Helferin in der Bewältigung von leiblichen Unlustgefühlen (Füttern–Säubern–Wärmen). Nach den Erfahrungen der »Münchner Sprechstunden für Schreibabys« (M. Papousek 2000) kann man davon ausgehen, daß bei zwei Dritteln aller Schreibabys die Schwangerschaften durch abnorme Ängstlichkeit der Mütter und chronischen Streß gekennzeichnet waren. Wird die mütterliche Brust in der »Dyade« von Mutter und Kind zunächst als Bestandteil einer amorphen Einheit erlebt, so ist der Überleitungsprozeß von der körperlichen Mutter-Kind-Einheit zur konstanten optischen Wahrnehmung des mütterlichen Antlitzes (Kaila 1935) der Beginn einer *Objektbeziehung.* Dieser »Dialog« zwischen Mutter und Kind, der sich in einem Zyklus Aktion–Reaktion–Aktion abspielt, ist für die Entfaltung der affektiven und kognitiven Potenzen und damit für die gesamte psychische Entwicklung des Kindes von großer Bedeutung. Der Dialog ist zugleich jedoch außerordentlich leicht störbar, weil er von der Präsenz und Kompetenz der Beziehungsperson abhängig ist.

2.2.5 Psychoanalytische Aspekte

Die Psychoanalyse kann in übergreifendem Sinne als eine Theorie der menschlichen Beziehungen in den verschiedenen Entwicklungsphasen des Kindes und den sich daraus ergebenden Störungen gesehen werden. Das Neugeborene befindet sich noch in einer »undifferenzierten« bzw. »intentionalen Phase« und ist nur bedingt imstande, affektive Beziehungen zu seiner Umwelt anzuknüpfen. Auf frustrationsbedingte »intentionale Lücken« in der frühen Kindheit hat bereits Schultz-Hencke (1947) hingewiesen. Im frühen Anteil der oralen Phase nimmt der Säugling über sein autonomes Nervensystem Körpersensationen wie Muskelspannungen, Körperlage, Klangfarbe der Sprache wahr; er benötigt Ruhe, Hautkontakt, Zufriedenheit und Behagen, Wärme und Nähe. Schon Freud wies darauf hin, daß den »ersten Libidoregungen eine Intensität eigen ist«, die »allen späteren überlegen« bleibe. Umstritten bleibt jedoch, ob der Säugling sich im Zustand des »primä-

ren Narzißmus« befindet oder ob nicht schon sehr früh heftige innere Impulse auftreten können (M. Klein 1962). Die Wiener psychoanalytische Schule, bereichert durch die von Balint und die Londoner Modelle von Melanie Klein, kommen zu teilweise konträren Ergebnissen. Balint vertritt die Ansicht, daß vor der oralen eine Phase der Objektbeziehung durchlaufen wird, die nicht an irgendeine erogene Zone gebunden ist. Sie sei eine unvermeidlich notwendige Stufe der psychischen Entwicklung. Die angeborene biologische Basis der Aufeinanderbezogenheit von Mutter und Kind und die Fähigkeit des Neugeborenen zu primären Objektbeziehungen werde durch unsere Kultur allerdings oft zu früh unterbrochen. Das Kind habe zu dieser Zeit zwar keine Kenntnis von der Außenwelt, aber seine Bedürfnisse würden durch ein triebhaftes Verlangen danach erfüllt. Aus dieser Sicht ist das Weinen und Schreien der Säuglinge, das aufhört, wenn sie von der Mutter aufgenommen werden, nur die Bestätigung des Wunsches nach »primärer Liebe« und nach Zuwendung. Das »Übergangsobjekt« (Winnicott 1958) ist der erste Versuch des Säuglings, einen Teil der Bindung an die Mutter auf ein anderes Objekt (Bettdeckenzipfel, Puppe, Teddybär) zu verlagern, das als erster Besitz zum Fetisch werden kann.

2.3 Störungen der Kind-Eltern-Beziehung

Die durch eine *Bindungsstörung* auftretenden Symptome sind nach Form und Inhalt von zahlreichen, oft nur schwer zu fassenden, immer aber komplexen Ursachen abhängig. Diese liegen sowohl in der individuellen Persönlichkeitsstruktur der Eltern und ihren individuellen Erfahrungen während ihrer eigenen Kindheit begründet als auch in den primären Besonderheiten des Säuglings und in der sozialen Situation des Kindes in der Familie. In einer prospektiven Kohortenstudie (M. H. Schmidt 1990) wurden 15 % der 3 Monate alten Säuglinge als von den Eltern »abgelehnt« oder »vernachlässigt« eingestuft.

Störungsmöglichkeiten für Neugeborene und Säuglinge können nach Spitz (1967) neben Trennung von oder dem Verlust der Mutter in einer bewußten oder unbewußten feindseligen Einstellung der Mutter gegenüber ihrem Kind liegen. Spitz ermittelte eine Reihe von schädigenden Einstellungen der Mutter, die zu seelischen Störungen beim Säugling führen können. Eine »primär überängstliche Mutter« könne z. B. beim Säugling zu Dreimonatskoliken führen, ihre »Feindseligkeit in Form von Ängstlichkeit« eine Neurodermitis begünstigen, ein »Pendeln zwischen Verwöhnung und Feindseligkeit« zur Hypermotilität disponieren oder eine »bewußt kompensierte Feindseligkeit« eine aggressive Hyperthymie erzeugen. Die teilweise spekulativen Thesen, die durch Nachuntersuchungen nicht konkret bestätigt werden konnten, haben einen gemeinsamen Nenner in der in ihrer normalen Bindungsfähigkeit gestörten Mutter.

Als weitere Störungen des Bindungsverhaltens gelten:

- Störungen innerhalb der Familie
- Störungen bei vorübergehender Trennung von der Familie
- Störungen bei lange dauernder Trennung von der Familie
- Störungen bei Scheidung oder Trennung der Eltern
- Störungen bei Berufstätigkeit beider Eltern

2.3.1 Störungen innerhalb der Familie

Kinder mit Bindungsstörungen stammen häufig aus disharmonischen, vernachlässigenden, »kulturarmen« Familien. Kindesvernachlässigung ist eine besonders häufige Form der Kindesmißhandlung, obgleich sie ein strafbarer Tatbestand (§§ 270 d, 223 b StGB) ist. Sie geht manchmal mit frühkindlichen Gedeihstörungen einher, die in schweren Fällen zu einem psychosozialen Minderwuchs (Gewicht des Säuglings oder Kleinkindes unter der dritten Perzentile) führen kann. Kinder mit einem *psychosozialen Minderwuchs*, begleitet von einer hochgradigen kognitiven und emotionalen Retardierung, sind relativ häufig in Entwicklungsländern, nur selten noch in Europa anzutreffen. Nach einer Klinikeinweisung nehmen sie rasch an Gewicht zu und zeigen sich als extrem kontaktbedürftig und anhänglich. Bei Besuchen ihrer Eltern verhalten sie sich abwehrend und zurückhaltend und weigern sich manchmal, nach Hause zurückzukehren. Als Ursachen kommen in Betracht

a) psychische Störungen der Eltern (Intelligenzdefizite, Dissozialität, Alkohol- und Drogenmißbrauch, Psychosen),

b) ein chronisch-disharmonisch-gereiztes oder gleichgültig-vernachlässigendes Familienklima,

c) eine primäre Ablehnung (Kind bereits vor der Geburt unerwünscht) oder sekundäre Ablehnung (Kind nicht als Mädchen oder Junge erwünscht bzw. aus einer gescheiterten Beziehung stammend).

Auf *bindungsschädliche Einstellungen*, wie sie in manchen äußerlich unauffälligen Familien bestehen, in denen die Eltern von ihrer Liebe zum Kind überzeugt sind, wies Schwidder schon 1962 hin und zählte an Fehlhaltungen auf: a) vertrautheits- oder geborgenheitsfeindliche, b) besitzergreifende, c) überfordernde, d) überbescheidene, e) überfürsorgliche, sich aufopfernde, f) übersparsame, sich zurückhaltende, g) feindselig-aggressive, h) herrschsüchtige, i) unterwürfige, j) zärtlichkeitsbedürftige, k) zärtlichkeitsarme, l) sexualitätsfeindliche Einstellungen, mit denen das Kind zum »Objekt der Befriedigung des Erwachsenen« gemacht werden könne. In seinem »Konzept der Bindungsrepräsentation« unterscheidet Brisch (1999) Eltern mit einer a) wertschätzenden Einstellung zur Bindung, b) abwertenden Einstellung zur Bindung und c) mit eigenen ungelösten Traumen, extremen Verlusten und erlittenen Mißhandlungen und Mißbrauch.

Eine psychoanalytische Studie (Schepank 1987) ergab, daß psychische Störungen häufiger auftraten, wenn das Kind unehelich geboren war, der Vater ein höheres Lebensalter hatte, die Beziehungen der Eltern zueinander belastet waren, Ge-

schwister bevorzugt wurden, wenn vor dem 6. Lebensjahr eine Stiefmutter oder weitere Erwachsene in die Familie kamen und wenn die Kinder in einer gespannten familiären Atmosphäre aufgewachsen waren.

2.3.2 Störungen bei vorübergehender Trennung von der Familie

Die pathogene Bedeutung vorübergehender Trennungen von der Mutter wurde besonders von Bowlby (1951, 1960, 1969, 1980) herausgestellt. Mit dem »Separationsschock« (s. S. 62) wurden drei zeitlich aufeinanderfolgende Phasen beschrieben. In der dritten Phase, der Phase der Verleugnung, scheint das Kind wieder mehr Interesse für die Umgebung zu zeigen. Daraus wird leicht der Trugschluß gezogen, daß es jetzt »wieder glücklich« sei. Die Ausgestaltung dieser Phase hängt weitgehend vom Verhalten der Umwelt ab, insbesondere davon, ob es gelingt, eine Ersatzmutter zu finden. Kinder, die sich nur 5 Tage in einer Klinik befanden (Vaughan 1957) und dort in der »üblichen Weise« behandelt wurden, wiesen noch 6 Monate nach der Entlassung in über 50 % der Fälle Störungen auf, während in einer Vergleichsgruppe, die psychotherapeutisch betreut wurde, nach 6 Monaten nur noch bei 15 % psychische Störungen vorlagen. Robertson (1961) stellte in Kliniken zwei Hauptgefahren fest: 1. die traumatische Erfahrung der Trennung von der Mutter und Ängste vor diagnostischen Maßnahmen; 2. das Erlebnis des plötzlichen Liebesentzuges könne zu einer »dauernden Persönlichkeitsverarmung« führen. Weitere Untersuchungen ergaben, daß akuter Distreß am häufigsten im Alter von 6 Monaten bis 4 Jahren auftritt, danach deutlich seltener.

Tierexperimentell konnte Hinde (1970, 1971, 1972) analoge Befunde an Rhesusaffen erheben. Distreß hing ab 1. von der Qualität der Mutter-Kind-Beziehung vor der Trennung, 2. von der Interaktion der Mutter nach der Wiedervereinigung, und schließlich 3. zeigten Affenjunge, die während einer Trennung von der Mutter in der gewohnten Gruppe bleiben konnten, weniger Distreß als andere, die nicht »zu Hause« bleiben konnten.

2.3.3 Störungen bei Tod oder Verlust eines Elternteils

Der Tod eines Elternteiles, besonders der Mutter, gehört für die meisten Kinder zu den einschneidensten Lebensereignissen überhaupt. Die Trauerreaktion ist wie bei Erwachsenen von der Qualität der vorher bestehenden Bindung abhängig. Ob und in welcher Ausprägung ein »Trennungsschock« auftritt, hängt auch davon ab, ob der Tod plötzlich oder nach einer längeren Erkrankung erfolgte. Das gilt auch für die Intensität und die Dauer der »Trauerarbeit«. Sie ist unterschiedlich in den verschiedenen Altersgruppen ausgeprägt. Es besteht keine Einigkeit darüber, ab welcher Alters- und Entwicklungsstufe ein Kind fähig ist, wirklich Trauer zu empfinden und zu begreifen, was der Tod allgemein und speziell der Tod der Mutter oder des Vaters für es bedeutet. Noch im frühen Schulalter können Kinder etwa an ihrem Geburtstag fragen, warum sie nichts von der Mutter geschenkt bekom-men, obgleich sie am Begräbnis teilgenommen haben. Eine erkennbare Trauerreaktion wird sich beim Neugeborenen oder einem jungen Säugling kaum feststellen lassen. Die Trauer eines älteren Säuglings oder jungen Kleinkindes wird der einer Trennungsreaktion entsprechen. Deren Stärke und Dauer sind jedoch wesentlich auch von der Qualität der nachfolgenden Fürsorge und von der Möglichkeit einer raschen Neubindung abhängig. Häufige Symptome, die nach dem Tod eines Elternteils auftreten, sind Enuresis, Enkopresis, Stottern, Schulschwierigkeiten und depressive Syndrome. Mehrere repräsentative Bereavement-Studien kamen im Hinblick auf spätere psychiatrische Erkrankungen zu differenten Ergebnissen. Im Hinblick auf später sich manifestierende Depressionen gibt es Hinweise darauf, daß Kinder, die ihre Eltern durch Tod oder Trennung frühzeitig verloren, vermehrt depressive Störungen im Erwachsenenalter aufweisen.

2.3.4 Störungen bei Scheidung oder Trennung der Eltern

Die Scheidung einer Ehe oder die Beendigung einer eheähnlichen Beziehung stellen für viele Kinder ein einschneidendes Ereignis dar. Für Säuglinge und Kleinkinder bedeuten sie meistens, daß sie bei der Mutter bleiben und ihre Väter entweder gar nicht mehr oder nur in größeren Abständen sehen. Der Verlust des Vaters, dessen Bedeutung für die Entwicklung des Kindes in letzter Zeit wieder stärker betont wurde, wirkt sich besonders auf die Persönlichkeitsentwicklung ungünstig aus. Im Hinblick auf die Über-Ich- und

Gewissensbildung besonders der Jungen stellt der *Vaterverlust* ein erhöhtes Risiko für dissoziale und delinquente Entwicklungen dar. Dennoch wäre es falsch, Ehescheidung schlechthin mit einem erhöhtem Risiko für die Entwicklung psychischer Störungen bei Kindern gleichzusetzen, schon deshalb, weil dadurch die schädlichen Auswirkungen von Streitehen beendet werden. Andererseits ist es schwierig, den Verlust der Mutter oder des Vaters ohne Berücksichtigung der oft drastischen sozialen Veränderungen zu sehen. Säuglinge und Kleinkinder werden nach der Trennung der Eltern sehr häufig in Säuglingskrippen oder Kindergärten gegeben. Ihre berufstätigen Mütter haben für sie infolge der Doppelbelastung weniger Zeit. Außerdem treten häufig Probleme mit dem abwesenden Elternteil oder einem neuen Partner auf, die als »Onkelväter« oder »Tantenmütter« negativ oder positiv auf die Kinder einwirken. Hinzu kommen psychische Belastungen durch Besuche und Aufenthalte bei den getrennt lebenden, geliebten oder ungeliebten Elternteilen und ihren neuen Partnern.

2.3.5 Störungen bei Berufstätigkeit beider Eltern

Neugeborene und Säuglinge sollten nicht ohne zwingenden Grund in Krippen oder Heimen, sondern von ihren Müttern oder anderen verantwortungsvoll handelnden Beziehungspersonen versorgt werden. Auf die hohe Rate der Schlaf- und Appetitstörungen, von sozialen Auffälligkeiten und Entwicklungsstörungen und auf die besonders in Kinderkrippen bestehende erhöhte Bereitschaft zu Infektionen (Schmidt-Kolmer 1980) wurde mehrfach hingewiesen. Die meisten Autoren vertreten jedoch den Standpunkt, daß eine zeitlich befristete, aber auch eine ganztägige Berufstätigkeit der Mütter auf Klein- und Schulkinder ohne nachhaltige ungünstige Einflüsse bleiben kann, wenn während ihrer Abwesenheit eine vollwertige Betreuung durch eine vom Kind akzeptierte Beziehungsperson gewährleistet ist. Dies wurde durch mehrere neue Studien, u. a. durch die umfassende Untersuchung der amerikanischen NICHD-Gruppe (1998) bestätigt. Danach bestehen keine nachweisbaren Zusammenhänge zwischen einer Fremdbetreuung während des 1. Lebensjahres und einem späteren gehäuften Auftreten *emotionaler Störungen*. Von großer Bedeutung ist, ob die Mutter oder der Vater bereit und fähig ist, das Kind vor und nach der täglichen Trennung intensiv und liebevoll zu betreuen. Zu einer angemessenen Betreuung ihres Kindes ist eine zufriedene berufstätige Mutter oft besser in der Lage als eine vielleicht ständig präsente, aber unausgefüllte und unzufriedene Mutter.

Die soziale Bedeutung der Bindungsstörungen und der Deprivationssyndrome liegt darin, daß die gesamte psychische und bei anhaltenden seelischen und materiellen Mangelsituationen auch die körperliche Entwicklung des Kindes nachteilig beeinflußt werden kann. Besonders Deprivationen und anhaltende und schwere Privationen wirken sich oft sehr nachteilig auf die kindliche Entwicklung aus. Sie finden sich ausgesprochen häufig als Verursacher oder als Mitverur-

Tab. 2.6 Das »Life event inventory« von Monoghan et al. (1979) gibt eine Übersicht über längere bzw. lange Zeit wirksame Lebensereignisse, die für die weitere psychische Entwicklung bedeutsam sein können. Die Punktzahlen (1–100) stammen von Kinderärzten, Lehrern und Sozialarbeitern.

Tod eines Elternteils	95
Trennung von den Eltern	86
Scheidung der Eltern	81
Sexueller Mißbrauch	80
Körperliche Mißbildung	78
Tod eines Geschwisters	78
Langdauernder Gefängnisaufenthalt eines Elternteils	74
Krankenhausaufenthalt des Kindes	74
Entdeckung, adoptiert zu sein,	71
Entdeckung, Stiefvater oder Stiefmutter zu haben	70
Krankenhausaufenthalte eines Elternteils	67
Sitzenbleiben in der Schule	61
Verlust der Beliebtheit bei Freunden	61
Tod eines engen Freundes oder Verwandten	60
Einschulung	59
Streitigkeiten zwischen den Eltern	55
Verweis von der Schule	51
Ständige Auseinandersetzungen mit den Eltern	51
Geburt eines Geschwisters	50
Tod von Großmutter oder Großvater	50
Kurzer Gefängnisaufenthalt eines Elternteils	50
Schulwechsel	45
Ein geliebtes Geschwister verläßt das Zuhause	45
Mutter beginnt eine Ganztagsarbeit	43
Aufnahme eines neuen Erwachsenen in die Familie	42
Arbeitslosigkeit eines Elternteils	41
Krankenhausaufenthalt eines Geschwisters	40
sehr gute persönliche Leistungen	39
Streitigkeiten mit Geschwistern	39
Veränderung der finanziellen Lage der Familie	32
Umzug	32

Abb. 2.5 Tuschemalerei eines sechsjährigen Mädchens, das mit zwei kleineren Geschwistern vom Jugendamt in einer völlig vernachlässigten und verschmutzten Wohnung aufgefunden wurde, deren Fußböden mit Kot und Glasscherben bedeckt waren. Die Kinder wiesen am Körper dicke Schmutzkrusten auf, die Haare waren verfilzt und verklebt, an den Füßen fanden sich dreckverkrustete Wunden. Die drei Kinder waren hochgradig ängstlich und kontaktgehemmt. In einer Pflegefamilie holten sie den körperlichen Entwicklungsrückstand relativ rasch auf; sie verhielten sich jedoch über Monate extrem ängstlich mit aggressiven Durchbrüchen.

sacher von Störungen des Sozialverhaltens (Dissozialität, Delinquenz und Kriminalität) und der Entwicklung von emotionalen Störungen.

Durch *Risikofaktoren* besonders gefährdet sind Kinder, die schon vor der Geburt abgelehnt wurden, Kinder psychisch kranker Mütter, Kinder von Müttern mit »fehlenden mütterlichen Eigenschaften« und von vernachlässigenden oder verwahrlosenden Eltern. Das gilt z. B. auch für Kinder, die einem ungeliebten Partner ähneln, als Folge einer Vergewaltigung zur Welt kamen, oder für Kinder, die wegen einer körperlichen Mißbildung nicht geliebt werden.

Protektive Faktoren von seiten des Kindes sind:

a) primär stabile Konstitution, z. B. günstige Temperamentseigenschaften und mindestens durchschnittliche Intelligenz;

b) Mädchen gelten als weniger anfällig;

c) gute Beziehungen wenigstens zu einem Elternteil;

d) Erlernen von Bewältigungsstrategien;

e) Bestätigungen außerhalb der Familie (Kindergarten, Schule, Freunde);

f) gutes Ersatzmilieu nach frühkindlicher Mutterentbehrung.

Spätere Risiken werden gemindert, wenn die familiäre Situation sich bald nach der frühen Kindheit entscheidend verbessert.

Die Prognose früher kurzer oder langer Mutter-Kind-Trennungen oder früher Bindungsstörungen unterschiedlicher Mutter-Kind-Konstellationen ist unvermindert Gegenstand kontroverser Diskussionen (Kempe und Groß 1980, Nissen 1988). Die sehr pessimistische Prognose der Deprivationsforschung, die besagt, daß bereits 3–5 Monate nach der Separation eines Säuglings von der Mutter irreversible Dauerschäden auftreten, wurde insbesondere durch die Ergebnisse von Langzeitstudien immer erneut bestritten. Auch die anscheinend definitive Erkenntnis, daß frühe Bindungsstörungen regelmäßig zu akuten oder chronischen Entwicklungsstörungen führen, gilt nicht als unumstritten. Mehrere Untersuchungen haben ergeben, daß das Bindungsverhalten im frühen Kleinkindalter eine bemerkenswerte Stabilität zeigte, die bis in das Vorschulalter hineinreichte und eine unsichere Bindung sich als Risikofaktor erwies. Andererseits ergaben langfristig angelegte Deprivationsstudien, daß Kinder mit einer hohen primären Vitalität und starken protektiven Potenzen sich in Einzelfällen trotz hochgradiger Bin-

dungsdefizite als relativ resistent erwiesen und sich später normal entwickelten. In einer Längsschnittstudie führten Ernst und von Luckner (1985) Nachuntersuchungen an frühdeprivierten Kindern durch, die bei der Erstuntersuchung zweieinhalb Monate bis sieben Jahre alt waren und einen signifikant niedrigeren Entwicklungsquotienten aufwiesen. Die Nachuntersuchung erfolgte zehn bis zwölf Jahre später. Dabei ergab sich, daß die körperliche Entwicklung und der Intelligenzquotient der Kinder denen vergleichbarer Gruppen entsprachen und sich die untersuchten Kinder auch nicht hinsichtlich der Häufigkeit von Verhaltensstörungen unterschieden. Es wurde nur höhere Anfälligkeit für Depressionen und Suizidalität im Vergleich zur Kontrollgruppe bestätigt. Die Autoren vertreten die Ansicht, daß die Existenz »psychotoxischer Mütter« durch die Forschung widerlegt sei. Dies deckt sich allerdings weder mit den Ergebnissen der psychodynamischen noch mit denen der verhaltenstherapeutischen Forschung.

2.4 Diagnose und Differentialdiagnose

Die Diagnose stützt sich beim Vorliegen einer entsprechenden Symptomatik auf die genaue Kenntnis und die Zeitdauer früher Bindungsstörungen und emotional frustrierender Ereignisse. Die Vorgeschichte kann durch Einholen aller erreichbaren Unterlagen über das Kind (Geburts- und Klinikberichte, Heim- und Fürsorgeakten) und über die Herkunftsfamilie ergänzt werden und ist gegebenenfalls durch Auskünfte über das pflegerische Milieu in Pflege- und Adoptivfamilien oder früheren Heimbetreuungen zu vervollständigen.

Affektive Defizite und Defekte mit Störungen der Kontakt- und Bindungsfähigkeit finden sich auch bei Kindern mit zerebralorganischen Schädigungen, bei Lern- und geistigen Behinderungen, beim kindlichen Autismus und bei Schädigungen der Sinnesorgane (Schwerhörigkeit und Taubheit). In seltenen Fällen finden sich frustrationsbedingte pseudodebile Verhaltensweisen auf primäre Schwachbegabungen aufgepfropft; deshalb kann bei diesen Kindern das tatsächliche Ausmaß des irreparablen psychischen Defekts erst nach Abbau der deprivationsbedingten Überlagerung festgestellt werden.

Fallbeispiel: Wie schwierig gelegentlich die Differential- und wie verhängnisvoll eine Fehldiagnose und damit eine Fehlprognose sein kann, ließ sich an einem 12 Jahre alten Jungen aufzeigen. Er wurde gleich nach der Geburt von der Mutter getrennt und durchlief bis zu seinem 4. Lebensjahr mehrere Heime. Er hatte keinen Kontakt zu den Pflegepersonen, zeigte keine Anteilnahme und sonderte sich völlig von der Gruppe ab. Er bekam nie Besuch. Er riß sich die Haare aus und aß nur aufgeweichtes Brot. »Für das Kind scheinen erwachsene Menschen nicht zu existieren, er lacht nie.« In einer kinderpsychiatrischen Klinik wurde nach achtmonatiger Beobachtung ein »Schwachsinn schwersten Grades« festgestellt. Das Jugendamt strich das Kind wegen »negativer Anlage« aus den Adoptionslisten. Acht Jahre später wurde der Junge im Alter von 12 Jahren nach-untersucht. Er war im 5. Lebensjahr von der Mutter nach Hause geholt und gut versorgt worden. Er besuchte jetzt die 5. Klasse einer Normalschule. Die psychologische Untersuchung ergab einen IQ von 102 und damit eine durchschnittliche Intelligenz. Auffallend war lediglich eine erhöhte Fehlerzahl beim Bilderfassen.

2.5 Therapie und Prognose, Prävention

Bei Neugeborenen und Säuglingen mit Schrei- und Weinkrämpfen, Schlafstörungen und bei Fütter- und Appetitstörungen und anderen psychischen und motorischen Stereotypien ist eine Eltern-Kleinkind-Beratung oder -Therapie erforderlich und aussichtsreich. Dazu ist eine ausführliche Darlegung der jeweils aktuellen und familiären Situation, eine allgemeine Aufklärung und eine *symptomorientierte Beratung* der Eltern notwendig. Die Therapie besteht in erster Linie darin, von hektischen Aktivitäten abzuraten, um einem Teufelskreis von Schreien, Aufnehmen, Herumwandern, Umbetten von vornherein entgegenzutreten. Die Mütter sind überfordert und erschöpft, sie überstimulieren ihre Kinder, weil sie deren Abwehrsignale nicht erkennen oder falsch interpretieren und sich deshalb nicht entsprechend verhalten können. Das gilt sinngemäß auch für Fütterstörungen, bei denen die Nahrungsaufnahme nicht übermäßig ausgedehnt werden sollte. Bei Klein- und Vorschulkindern sollten permanente Kontrollen der Gewichtszunahme, der Körperlänge und eine ständige Überprüfung ihrer Lernfähigkeit unterbleiben.

Bei bindungsgestörten Kleinkindern sind manchmal Erfolge bereits durch eine mehrmonatige Betreuung in kleinen Gruppen, kombiniert mit Elterngesprächen, zu erzielen. Bei älteren Kindern und Jugendlichen mit einer manifesten Symptomatik auf dem Boden früherer Bindungsstörungen ist eine psychotherapeutische Behandlung über längere Zeiträume erforderlich. Brisch (1999) hat auf der Grundlage von Bowlbys Überlegungen und der Ergebnisse der aktuellen Psychotherapieforschung differenzierte technische Ansätze für die Behandlung bindungsgestörter Kinder und Jugendlicher entwickelt und mit Fallbeispielen belegt.

Die Indikation zur *Klinikeinweisung* ist bei Kindern besonders streng zu stellen. Seelische Auffälligkeiten bei Kindern kann man überwiegend ambulant oder in Tageskliniken behandeln. Der Behandlungserfolg gestaltet sich manchmal sogar günstiger, weil der »Glashauseffekt« der Klinik entfällt. Bei kleineren und mittleren chirurgischen Eingriffen haben sich kurzfristige Aufnahmen mit ambulanter Nachbetreuung bewährt. Nachdrücklich gewarnt werden muß andererseits jedoch vor Beratern, die Eltern mit dem Hinweis auf drohende Bindungsstörungen von einer dringend notwendigen Einweisung abraten. Die Kliniken sollten versuchen, die Trennungssituation zu mildern, den stationären Aufenthalt möglichst kurz anzusetzen und gute Kontaktmöglichkeiten zu den Eltern zu ermöglichen. Das Kind sollte seinem psychischen Entwicklungsstand entsprechend erfahren, warum es aufgenommen wird. Es muß mit der Gewißheit in das Krankenhaus gehen, daß

man es weiterhin liebt, daß die Klinikeinweisung keine Strafe bedeutet und daß es ihm nach der Entlassung besser gehen wird. Man sollte ihm nicht versprechen, daß es bald wieder entlassen wird, wenn dies nicht sicher ist. Bei Einweisung für begrenzte Zeiträume in Kliniken und Heime ist darauf zu achten, daß Säuglingen und Kleinkindern ein Stück vertrauter Umgebung belassen wird: Schnuller, Stofftiere, Lieblingsspielzeuge. Den Eltern sollte, wenn immer möglich (erhöhte Infektionsgefahr), erlaubt werden, das Zimmer der Kinder zu betreten.

Bei *Heimkindern* muß man versuchen, die Anzahl der Verlegungen in andere Heime und innerhalb des gleichen Heimes zu verringern und diese nach Möglichkeit überhaupt zu verhindern. Eine Vermittlung aller vermittlungsfähigen Kinder zur Adoption und in Pflegestellen und Schaffung von Pflegenestern und Gestaltung familienähnlicher Heimgruppen ist anzustreben. Ferner: Individualisierung der Besuchsmöglichkeiten in Kliniken und Heimen, kindgerechte Ausgestaltung der Räume, Trennung der Schlaf- und Aufenthaltsräume, Einstellung von heilpädagogisch ausgebildeten Kräften für Spiel und Beschäftigung; fortlaufende Schulung des Personals. Eine »Miteinweisung« (Rooming-in) der Mütter in die Klinik wird bereits in zahlreichen Krankenhäusern praktiziert. Präventive Maßnahmen in Heimen und Kliniken betreffen in erster Linie eine weitere Verbesserung des Pflegeschlüssels der Kleinkinder für Schwestern und Erzieher, ferner eine Verbesserung ihrer Aus- und Fortbildung und Aufnahme des Themas in die Lehrpläne der sozialpädagogischen Berufe. Durch die Verkürzung der Arbeitszeit hat es sich zwangsläufig ergeben, daß immer mehr Kinder von immer mehr wechselnden Erziehungspersonen betreut werden. Da der Dienst auf Kinderstationen ebenso anstrengend ist wie auf Intensivstationen, müssen neue Lösungsmodelle (längere Arbeitszeit, kürzere Urlaube, dafür mehrmonatige »Urlaubsblöcke« in mehrjährigen Abständen, vorzeitiger Ruhestand) diskutiert werden.

Die wirksamste Bekämpfung früher Beziehungs- und Bindungsstörungen und ihrer möglichen Folgen liegt in der *Prävention*. Dazu ist eine breite Aufklärung der Eltern erforderlich, aber auch der behandelnden Ärzte, Psychologen, Sozialarbeiter und verwandter Berufe. Während es an Ratgebern über die körperliche Entwicklung von Säuglingen und Kleinkindern nicht mangelt, gilt das nur mit Einschränkungen für Informationen über ihre psychische Entwicklung. Es liegen jedoch einige vor, die sich entweder bevorzugt an Eltern (H. L. Schmidt 1992, Herbert 1996), und andere, die sich mehr an Ärzte und an Therapeuten (Bürgin 1998, Brisch 1999, M. Papousek 1994) wenden. Viele Mütter entwickeln schon in der Schwangerschaft Ängste, als Mutter zu versagen, ungeeignet zu sein, vieles falsch zu machen, keine »gute Mutter« zu werden. Grundsätzlich muß eine Einstimmung auf die Elternrolle bereits vor der Geburt erfolgen. Sie ist sehr wichtig für die Bewältigung der nach der Geburt völlig veränderten Familiensituation. In der traditionell orientierten Familie bestanden in dieser Hinsicht weniger Probleme als in modernen Ein- oder Zweikind-Familien, in denen die Rollen oft erst ausprobiert und geändert werden müssen.

In anderen prospektiven *Longitudinalstudien* (Thomas und Chess 1984, Kohlberg et al. 1984) wurde die These von der *gesetzmäßigen* Abhängigkeit der Entwicklung von *Umweltfaktoren* ebenso relativiert. Dabei ging es nicht um den Nachweis, daß Deprivationen irreversible Schäden verursachen können, sondern um die generelle Frage, ob psychologische Entwicklungstheorien überhaupt eine pathogenetische Bedeutung haben. Ein immer wiederkehrender Einwand ist, daß die individuellen Unterschiede von Müttern und Säuglingen bisher zu wenig berücksichtigt worden seien. Wiederholt wurde darüber berichtet (Papousek und Papousek 1985), daß sich Kinder ohne Eltern, in Einzelfällen sogar unter denkbar ungünstigsten Bedingungen, wie in Konzentrationslagern, psychisch normal entwickelten (A. Freud und Dann 1951), hingegen Kinder in »harmonischen Familien« in Krisensituationen mit schweren psychischen Störungen (McCall et al. 1977) reagierten.

Auch das Problem, ob es ebenso wie bei Primaten kritische oder sensible Perioden bei Kindern gibt, ist nicht hinlänglich geklärt. Bei Primaten zeichnen sich *sensible Perioden* durch eine optimale Lernfähigkeit, eine besondere Reizempfindlichkeit und eine Formierung primärer sozialer Bindungen (Ploog 1980) aus. Wenn solche sensiblen Perioden für den Menschen wenig wahrscheinlich sind oder sogar ausgeschlossen werden können, schränkt dies die Bedeutung der frühen Kindheit für

die Entwicklung sozialer, kognitiver und
emotionaler Fähigkeiten und Störungen
zwar grundlegend ein, aber dies besagt
keineswegs, daß damit die Umwelt für die
Entwicklung des Kindes bedeutungslos
ist. Es ist empirisch vielfach gesichert, daß
besonders gleichsinnige emotionale Erfahrungen nachhaltig auf Kinder einwirken, entscheidend seine Entwicklung bestimmen und damit maßgeblich zur Ausformung seiner Persönlichkeits- und
Charakterstruktur beitragen.

Im Hinblick auf frühe Bindungsstörungen im Kontext mit der speziellen *Bindungstheorie* vermochten Grossmann, Bek-
ker-Stoll et al. (1997) und ebenso Brisch
(1999) Zusammenhänge mit der späteren
Entwicklung zu belegen; sie wurden
durch mehrere andere prospektive Längsschnittstudien (Greenberg und Speltz
1988, Goldberg 1997, Crittenden 1995,
Brisch 1999) bestätigt; es wurden sogar
Auswirkungen früherer Bindungsstörungen bis ins Erwachsenenalter festgestellt.
Sicher gebundene Kleinkinder verhalten
sich im Kindergarten sozial angepaßter
und können entstandene Konflikte besser
lösen als unsicher gebundene Kinder. Die
Untersuchung von Kindern im Alter von
16 Jahren ergeben jedoch eindeutige Resultate (Dornes 2000). Kritisch ist dazu
anzumerken, daß die Bindungskonstella-
tion sich im Laufe der Entwicklung mehrfach, manchmal bereits im 2. Lebensjahr
(Rauh et al. 1995) ändern kann. Dies ergibt sich aus der Bewältigung entwicklungsspezifischer Aufgaben, etwa in der
analen oder ödipalen Phase, in denen
neue, dem Kind adäquater erscheinende
Beziehungspartner gewählt werden kön-

nen, und bei einschneidenden Lebensereignissen (Scheidung oder Verlust eines
Elternteils). Die bislang vorliegenden Ergebnisse über Zusammenhänge zwischen
der Art früher Bindungskonstellationen
(»sicher« oder »unsicher«) und speziellen
psychotischen, depressiven und anderen
Erkrankungen und spezifischen Persönlichkeitsstörungen im Erwachsenenalter
bedürfen aus verschiedenen Gründen,
aber auch deshalb, einer weiteren Klärung.

Die Akzeptanz einer frühkindlich angelegten spezifischen Bindungsqualität als
schicksalhaft für die Persönlichkeitsentwicklung verliert an Brisanz und gewinnt
an Bedeutung, wenn berücksichtigt wird,
daß die individuelle Bindungsfähigkeit
und die Bindungsbereitschaft der Eltern
in der Regel während der folgenden Entwicklungsphasen des Kindes sich nicht
verändern, gleichsinnig auf sie einwirken
und sie damit positiv oder negativ verstärken.

Die Folgen langfristiger *Deprivationen*
lassen sich in drei Gruppen darstellen; sie
wirken sich auf die weitere Entwicklung
entweder a) sicher ungünstig, b) nicht
oder nicht sicher ungünstig aus, oder sie
können c) additiv oder kumulativ bereits
bestehende psychische Abweichungen
verstärken.

a) Bestimmte Symptome wie allgemeine
Ängstlichkeit, Depressivität, Kontaktschwäche, Konzentrationsstörungen usw.,
aber auch dissoziales, delinquentes und
kriminelles Verhalten wurden später
überdurchschnittlich häufig beobachtet.
Es bestehen aber weiterhin kontroverse

Ansichten darüber, ob anhaltende Bindungsstörungen und Deprivationen ursächlich oder nur richtunggebend bestimmte Störungen bedingen, verstärken oder nur auslösen und ob mögliche Spätschäden ausnahmslos aufgeholt bzw. ausgeglichen werden können, wenn das Kind nach einer frühkindlichen Beziehungsstörung in einem geordneten und harmonischen Milieu aufwächst. Für eine mögliche weitgehende Restitution psychischer Störungen sprechen Einzelfallstudien über die weitere Entwicklung von Kindern nach extremer Deprivation und die Ergebnisse einiger Longitudinalstudien. Dagegen sprechen allgemeine kinder- und jugendpsychiatrische Erfahrungen, besonders im Hinblick auf Dissozialität und Kriminalität und auf Depressionen und Suizidalität. Physische und psychische Retardierungen, die durch ungünstige Heim- oder Familienbedingungen im Neugeborenen- und Säuglingsalter verursacht wurden, sind überwiegend einer gezielten psychotherapeutischen Behandlung zugänglich.

b) Nach langdauernder Frühdeprivation wurden Stagnationen und Defizite des EQ und IQ (»reaktiver Schwachsinn«, »Pseudodebilität«) beobachtet. Eine geistige oder eine Lernbehinderung als Folge einer Mutterentbehrung resultiert jedoch nur dann, wenn diese mit einer materiellen Unterernährung (Eiweißmangel), wie sie in Entwicklungsländern noch häufig vorkommt, einhergeht.

c) Deprivation als alleinige Ursache einer geistigen Behinderung, einer schweren psychischen Störung oder Persönlichkeitsstörung oder einer psychotischen Erkran-

kung ist nach dem aktuellen Wissensstand unwahrscheinlich. Das gilt auch für andere psychische Störungen und psychiatrische Erkrankungen, an deren Pathogenese in unterschiedlichem Ausmaß genetische, organische oder peristatische Faktoren beteiligt sind oder sein können.

Literatur

Ainsworth MD (1969) Object relations, dependency and attachment: A theoretical review of the infant-mother-relationship. Child Devel 40: 969–681

Ainsworth MD, Blehar MC, Waters E, Wall S (1978) Patterns of attachment. Hillsdale, NY: Erlbaum

Ainsworth MD (1985) Patterns of infant-mother attachment: Antecedents and effects on development. Bull New York Medicine, 61: 771–791

Balint M (1966) Die Urformen der Liebe und die Technik der Psychoanalyse (1. Aufl. 1937). Stuttgart: Huber

Bergman A (2001) Ich und Du. Die Individuations- und Separationstheorie in psychoanalytischer Forschung und Praxis. Stuttgart: Klett-Cotta

Bowlby J (1951) Maternal Care and Mental Health. Genf: WHO Monograph Series No 2

Bowlby J (1960) Separation Anxiety. Int. J. Psycho-Anal. 41: 89–113. Deutsch: Die Trennungsangst. Psyche 15 (1961): 411–427

Bowlby J (1969) Attachment and loss. Vol. 1, Attachment. London: Hogarth Press. Deutsch: Bindung. Eine Analyse der Mutter-Kind-Beziehung. München: Kindler 1975

Bowlby J (1973) Attachment and loss. Vol. 2, Separation, Anxiety and Anger. New York: Basic Books. Deutsch: Trennung. Psychische Schäden als Folge der Trennung von Mutter und Kind. München: Kindler 1976

Bowlby J (1980) Loss, sadness and depression. London: Hogarth Press. Deutsch: Das Glück und die Trauer. Herstellung und Lösung affektiver Bindungen. Stuttgart: Klett-Cotta 2001

Bowlby J (1988) Developmental psychiatry comes of age. Am. J. Psychiat. 145(1): 1–10

Brisch KH (1999) Bindungsstörungen. Stuttgart: Klett-Cotta

Brisch KH, Buchheim A, Kächele H (1999) Diagnostik von Bindungsstörungen. Prax. Kinderpsychol. Kinderpsychiatr. 48: 425–437

Buchheim A, Brisch KH, Kächele H (1999) Die klinische Bedeutung der Bindungsforschung für die Risikogruppe der Frühgeborenen: ein Überblick zum neuesten Forschungsstand. Z. Kinder-/Jugendpsychiat 27 (2): 125–138

Bürgin D (1998) Triangulierung. Der Übergang zur Elternschaft. Stuttgart: Schattauer

Cramon D von, Mai N, Ziegler W (1993) Neuropsychologische Diagnostik. Weinheim: CCH

Crittenden PM (1995) Attachment and psychopathology. In: Goldberg S, Muir R, Kerr J (Hrsg) Attachment theory: Social, developmental and clinical perspectives. Hillsdale, NY: The Analytic Press, S. 367–406

Czerny A (1909) Säugling, Arzt und Pflegerin. Festschrift zur Eröffnung des Kaiserin-Auguste-Viktoria-Hauses. Berlin, S. 57–72

Dornes M (1997) Die frühe Kindheit. Entwicklungspsychologie der ersten Lebensjahre. Frankfurt: Fischer

Dornes M (2000) Die emotionale Welt des Kindes. Frankfurt: Fischer

Eagle RS (1994) The separation experience of children in long-term care: Theory, research and implications for practice. Am J Orthopsychiat. 64(3): 412–433

Eggers C (1984) Bindungen und Besitzdenken beim Kleinkind. München: Urban & Schwarzenberg

Erikson EH (1950) Childhood and society. New York: Norton. – Deutsch: Kindheit und Gesellschaft (1968). Stuttgart: Klett; jetzt Klett-Cotta, 13., durchges. Aufl. 1999

Ernst C, Luckner N von (1985) Stellt die Frühkindheit die Weichen? Eine Kritik an der Lehre von der schicksalhaften Bedeutung erster Erlebnisse. Stuttgart: Enke

Freud S (1965) Gesammelte Werke. Frankfurt: Fischer

Freud A, Dann S (1951) An experiment in group upbringing. Psychoanal Stud Child 6: 127–168

Goldberg S (1997) Attachment and childhood behavior problems in normal, at-risk, and clinical samples. In: Atkinson L, Zucker KJ (Hrsg) Attachment and psychopathology. New York/London: The Guilford Press, S. 171–195

Goldfarb W (1943) The effects of early institutional care in adolescence personality. J Exp Educ 12: 106–129

Greenberg ST, Speltz ML (1988) Attachment and the ontogeny of conduct problems. In: Belsky J, Nezworski T (Hrsg) Clinical implications of attachment. New York: Lawrence Erlbaum: 177–218

Greenspan SI, Wieder S (1993) Regulatory disorders. In: Zeanah C (Hrsg) Handbook of infant mental health. New York: Guilford Press

Grossmann KE, Becker-Stoll F, Grossmann K, Kindler H, Schieche M, Spangler G, Wensauer M, Zimmermann P (1997), Persönlichkeitsstörungen. In: Keller H (Hrsg) Handbuch der Kleinkindforschung. Bern/Göttingen: Huber

Hamilton EB, Jones M, Hammen C (1993) Maternal interaction style in affective disordered, physically ill, and normal women. Fam Process 32: 329–340

Herbert M (1996) Bindung. Ursprung der Zuneigung zwischen Eltern und Kindern. Bern: Huber

Hinde RA (1972) Maternal deprivation in rhesus monkeys. J. Psychosom. Res. 16: 227–228

Hinde RA, Bateson P (1984) Discontinuities versus continuities in behavioural development and the neglect of process. Int. J. Behav. Dev. 7: 129–143

Hinde RA, Spencer-Booth Y (1970) Individual differences in the responses of rhesus monkeys to a period of separation from their mothers. J. Child Psychol. Psychiat. 11: 159–176

Hinde RA, Spencer-Booth Y (1971) Effects of brief separation from mother on rhesus monkeys. Science 173: 111

Kaila E (1935) Die Reaktion des Säuglings auf das menschliche Gesicht. Ann. Univ. Aboenses Ser. B 17: 114–127

Keller H (1997) Handbuch der Kleinkindforschung. Bern: Huber

Kempe P, Gross J (1980) Deprivationsforschung und Psychiatrie. In: Kisker KP, Meyer JE, Müller, C, Stromgren E (Hrsg) Grundlagen und Methoden der Psychiatrie. Berlin/Heidelberg/New York: Springer

Klein M (1962) Das Seelenleben des Kleinkindes. Stuttgart: Klett

Köhler L (1996) Entstehung von Beziehungen: Bindungstheorie. In: Uexküll T (Hrsg) Psychosomatische Medizin. München: Urban & Schwarzenberg, S. 222–230

Kohlberg L, Recks D, Snarey J (1984) Childhood development as a predictor of adaptation in adulthood. Genetic Psychology Monographs 110: 91–172

Kutter P (1999) Psychoanalyse der Psychosen und Persönlichkeitsstörungen. In: Loch W, Hinz H (Hrsg) Die Krankheitslehre der Psychoanalyse. 6. Aufl., Stuttgart/Leipzig: Hirzel

Laucht M, Esser G, Schmidt MH (1998) Risiko- und Schutzfaktoren der frühkindlichen Entwicklung. Empirische Befunde. Z. Kinder-/Jugendpsychiat 26: 6–20

Lebovici SC (1990) Der Säugling, die Mutter und der Psychoanalytiker. Stuttgart: Klett-Cotta, S. 200–353.

Matejcek Z (1997) Neue Ergebnisse der Prager Studien über psychische Deprivation und Subdeprivation. Z. Heilpäd. Nachbargeb. 2: 179–191

McCall RB, Eichhorn DH, Hogarthy PS (1977) Transitions in early mental development. Monogr. Soc. Res. Child Dev. 42: No 3: 1–108

Monoghan JH, Robinson JO, Dodge JA (1979) The children's life events inventory. J. Psychosom. Res. 23: 63

NICHD (1998) Early child care and self-control, compliance, and behavior problems at twenty-four and thirty-six months. Child Development 69: 1145–1170

Nissen G (1955) Über Auswirkungen von Milieuschäden auf schwachsinnige Kinder. Z. Kinderpsychiat. 22: 123–132

Nissen G (1973) Hospitalismus. Z. Kinder-/Jugendpsychiat 1: 5–17

Nissen G (1988) Frühe Deprivationssyndrome. In: Kisker KP, Lauter H, Meyer JE, Müller C, Strömgren E (Hrsg) Psychiatrie der Gegenwart, Band 7. Kinder- und Jugendpsychiatrie. Berlin/Heidelberg/New York: Springer, S. 29–57

Oerter R, Hagen C von, Röper G, Noam G (Hrsg) Klinische Entwicklungspsychologie. Weinheim: Beltz

Papousek H, Papousek M (1985) Der Beginn der sozialen Integration nach der Geburt. Krisen oder Kontinuitäten? Monatsschr. Kinderheilk. 133: 425–429

Papousek M (1994) Vom ersten Schrei zum ersten Wort. Bern: Huber

Papousek M (2000) Persistent crying, parenting and infant health. In: Ossofsky JD, Fitzgerald HE (Hrsg) WAIMH Handbook of Infant Mental Health. 4. Aufl., New York/Chichester/Weinheim/Singapur/Toronto: Wiley Inc., S. 415–453

Peiper A (1968) Das hilflose Neugeborene. Med. Welt 19: 307–314

Pfaundler M von (1925) Über Anstaltsschäden an Kindern. Monatsschr. Kinderheilk. 29: 611–619

Ploog D (1980) Soziobiologie der Primaten. In: Kisker KP, Meyer JE, Müller C, Strömgren E (Hrsg) Grundlagen und Methoden der Psychiatrie. II, Berlin/Heidelberg/New York: Springer, S. 279–544

Rauh H, Dillmann S, Müller B, Ziegenhain U (1995) Anfänge der Persönlichkeitsentwicklung in der frühen Kindheit. In: Kruse A, Schmitz-Scherzer R (Hrsg) Psychologie des Lebenslaufs. 4. Kapitel. Darmstadt: Steinkopf

Rexford E, Sander L, Shapiro T (1976) Infant Psychiatry: The new synthesis. Yale University, New Haven

Robertson J (1961) Children in Hospital. London: The Observer, S. 22–29

Schepank H (1987) Psychogene Erkrankungen der Stadtbevölkerung. Eine epidemiologisch-tiefenpsychologische Feldstudie in Mannheim. Berlin/Heidelberg/New York: Springer

Schmidt HL (1992) Kinder erleben das Krankenhaus. Eichstätt: Kaufmann

Schmidt MH (1990) Die Untersuchung abgelehnter und vernachlässigter Säuglinge. In: Martinius J, Reiner F (Hrsg) Vernachlässigung, Mißbrauch und Mißhandlung von Kindern. Bern: Huber, S. 25–32

Schmidt S, Strauß B (1996) Die Bindungstheorie und ihre Relevanz für die Psychotherapie. Psychotherapeut 41(3): 139–150

Schmidt-Kolmer E (1980) (Hrsg) Hygiene in Kinderkollektiven. Berlin: Volk und Gesundheit

Schultz-Hencke H (1947) Der gehemmte Mensch. 6. Aufl. 1982. Stuttgart: Thieme.

Schwidder W (1962) Die Bedeutung der frühen Kindheit für die Persönlichkeitsentwicklung. Göttingen: Vandenhoeck & Ruprecht

Spangler G, Zimmermann P (1999) Bindung und Anpassung im Lebenslauf: Erklärungsansätze und empirische Grundlagen für Entwicklungsprognosen. In: Oerter R, Hagen C von, Röper G, Noam G (1999) Klinische Entwicklungspsychologie. Weinheim: Psychologie Verlags Union, S. 170–194

Spitz R (1946) Hospitalism. Psychoanal. Stud. Child 1: 53–74

Spitz R (1967) Vom Säugling zum Kleinkind. Stuttgart: Klett; jetzt Klett-Cotta, 11. Aufl. 1996

Thomas A, Chess S (1984) Genesis and evolution of behavioural disorders: From infancy to early adult life. Am. J. Psychiat. 141: 1–9

Tress W (1986) Die positive Bezugsperson – Der Schutz vor psychogenen Erkrankungen. Psychother. med. Psycholog. 36: 51–57

Vaughan GF (1957) Children in hospital. Lancet June 1: 1117–1120

Winnicott DW (1958) Die emotionale Entwicklung im 1. Lebensjahr. Psyche 14: 25–37

Zimmermann P, Suess G, Scheuerer-Englisch H, Grossmann KE (1999) Bindung und Anpassung von der frühen Jugend bis zum Jugendalter. Kindheit und Entwicklung, 8: 36–48

3. Störungen der Sozialentwicklung und des Sozialverhaltens

Dissozialität, Delinquenz und Kriminalität werden bei Kindern und Jugendlichen aus soziologisch und biologisch intakten Familien, deren Norm- und Wertvorstellungen mit denen der Gesellschaft übereinstimmen, nur selten angetroffen. In diesen Fällen ist in erster Linie nach verdeckten erbgenetischen bzw. somatischen Dispositionen und außerfamiliären dissozialitätsfördernden Faktoren zu fahnden. In einigen Fällen lassen sich jedoch als Ursache der dissozialen Entwicklung persönlichkeitsimmanente unbewußte pädagogische Fehleinstellungen der Eltern nachweisen. Ebenso wie bei vielen anderen psychischen Störungen werden auch bei dissozialen Störungen motivierende Anlässe und Auslöser sehr häufig mit den ihnen zugrundeliegenden Ursachen verwechselt. Im Hinblick auf Delinquenz und Kriminalität bei Kindern und Jugendlichen heißt das, daß motivierende Anlässe nur insoweit für die Begehung einer Straftat bedeutsam sind, als eine »innere Bereitschaft« oder eine sich anbahnende oder bereits in Manifestation begriffene *Persönlichkeitsentwicklungsstörung* vorliegt.

Die Störungen der Sozialentwicklung,

insbesondere jedoch die Störungen des Sozialverhaltens, sind für die Gesellschaft aus verschiedenen Gründen von besonderer Bedeutung. Den behinderten oder psychisch kranken Kindern und Jugendlichen stehen die meisten Menschen, wenn auch nicht immer wohlwollend und hilfsbereit, so doch überwiegend neutral gegenüber. Sie akzeptieren es, wenn sie aus Mitteln der Solidargemeinschaft finanziell unterstützt, pädagogisch gefördert und behandelt werden. Dies trifft jedoch für Kinder, Jugendliche und Erwachsene, die permanent gegen Normen, Regeln und Gesetze, gegen die »öffentliche Ordnung« verstoßen, nicht in gleichem Maße zu. Es herrscht vielmehr ein weitreichender Konsens darüber, daß schon erste Anzeichen eines gemeinschaftswidrigen Verhaltens bekämpft werden müssen, weil sie Vorboten einer Dissozialität, von Delinquenz und Kriminalität oder einer dissozialen Persönlichkeitsstörung sein können. Während Störungen der kognitiven oder der emotionalen Entwicklung in erster Linie das Kind selbst und seine Familie betreffen, werden Störungen der Sozialentwicklung als ein Bedrohungspotential erlebt, das auf ein Versagen oder auf ein Verschulden der Familie zurückgeführt wird und Disziplinierung, Vergeltung und Bestrafung erfordert. Diese strenge Einstellung beruht nicht nur auf Vorurteilen, sondern auch auf realen Erfahrungen. Jeder Mensch erinnert sich an seine eigene soziale Entwicklung, an sozialwidrige Wünsche, die er hatte oder noch hat, und an delinquente Handlungen, die er unterdrückt oder begangen hat.

Aber soziale Entwicklungsstörungen gefährden nicht nur die soziale Integration des Kindes. Sie sind aus entwicklungspsychopathologischer Sicht oft von schwerwiegender Bedeutung für seine Persönlichkeitsentwicklung. Soziale Abweichungen im Kindes- und Jugendalter haben deshalb viele pädagogische und soziale, kriminologische und juristische Aspekte, die hier nur teilweise berücksichtigt werden können. Eine isolierte Betrachtung der normalen und gestörten Sozialentwicklung und der Störungen des Sozialverhaltens ist deshalb nur aus didaktischen Gründen vertretbar.

Kinder, Jugendliche und Erwachsene haben unterschiedliche Rollen in der Familie, in der Schule und im Beruf inne, aber sie haben auch unterschiedliche Aufgaben zu erfüllen. Dafür gibt es Normen und Regeln, die eingehalten werden müssen. *Sozialisation* ist Lernen mit und am jeweiligen Partner, das eine Versagung egoistischer Wünsche und Ansprüche fordert und zur Ausbildung von moralischer Hemmung führen muß. Eine wichtige Voraussetzung dazu ist die Introjektion moralisch gesunder *Elternimagines* für die Gewissensfunktionen des Über-Ichs. Sie beginnt bereits im Säuglings- und Kleinkindalter mit der Entwicklung einer möglichst guten Bindung an die Mutter, einer angemessenen Regulierung der vegetativen Funktionen (Schlaf-Wach-Rhythmus, Nahrungsaufnahme, Sauberkeitsgewöhnung) und einer normalen psychischen Entwicklung. Ihre Zuverlässigkeit wächst mit der Entwicklung einer kognitiven und emotionalen Kontingenz und der Dominanz eines moralischen »Realitätsprinzips«, das gegenüber inakzeptablen Wünschen und Handlungen dem Verführungspotential des »Lustprinzips« Einhalt gebieten kann. Dazu gehört die Einhaltung notwendiger sozialer Regeln im Umgang mit den Eltern und den Geschwistern. Für die Verfestigung moralischer Grundsätze sind Lob, Anerkennung und Belohnungen besonders geeignet. Auch im Kindergarten und in der Schule ist, wenn man den gestellten Aufgaben gerecht werden soll, ein bestimmtes Maß an Einordnung und Disziplin erforderlich: durch Vorbilder und Identifikationen, besonders aber durch fördernde Impulse in der Familie, in den Peer-Gruppen, im Kindergarten und in der Schule. Sie stellen die »externen« sozialen Instanzen dar, die vom Kindanerkannt und aufgenommen, »internalisiert« werden müssen, damit sich ein autonomes Gewissen ausbilden kann.

Das Schema von Kohlberg et al. (1983) über die »Stadien der moralischen Entwicklung« gibt unabhängig von theoretischen Präokkupationen eine einfache Orientierung über die ethische Entwicklung des Menschen von Belohnung und Bestrafung bis zum kategorischen Imperativ, der »Idee der Gerechtigkeit«. Die Frage, inwieweit konstitutionelle »innere Strukturen«, oder »a priori«, wie einige Pädagogen und Philosophen (Pestalozzi, Kant) postulieren, vorhanden sind, wird weiterhin unterschiedlich beurteilt. Viele drei- oder vierjährige Kinder verstehen schon überraschend gut, daß moralische Regeln allgemeine Gültigkeit haben, aber diese werden dennoch oft ohne erkennbare Schuldgefühle übertreten. Daraus, daß sozialisationsgestörte Schulkinder sich lange nur an Gehorsam und Strafe ausrichten oder Jugendliche sich nur an kon-

Tab. 3.1 Stadien der moralischen Entwicklung nach Kohlberg, die von einfacher Orientierung an Gehorsam und Strafe bis zur »Idee der Gerechtigkeit« reichen

---

I. Prämoralisches Stadium (Präkonventionelles Stadium)

1. Stufe: Orientierung an Gehorsam und Strafe

2. Stufe: Naive egoistische Orientierung
(richtig ist, was die eigenen Bedürfnisse befriedigt)

II. Stadium der konventionellen Rollenkonformität

3. Stufe: »Good boy-Orientierung«, man tut, was erwartet wird (Rollenerwartung)

4. Stufe: Autoritätsorientierung

III. Stadium selbst akzeptierter moralischer Prinzipien
(Definition moralischer Werte unabhängig von Rollen und Autorität)

5. Stufe: »Vertragsartige gesetzliche Orientierung«

6. Stufe: Prinzipien-Orientierung mit dem Anspruch auf Universalität
(»Idee der Gerechtigkeit«)

---

kret vorhandenen Autoritäten orientieren, lassen sich keine verbindlichen Rückschlüsse auf den Entwicklungsstand der Moral ziehen. Die Empirie zeigt, daß praktisch jede *emotionale Entwicklungsstörung* mit sozialen Störungen einhergehen kann. Das gilt auch für soziale Störungen, die ebenso die emotionale und kognitive Entwicklung beeinflussen können. So bildet eine Legasthenie nicht selten den Hintergrund für aggressives Verhalten, ein depressives Syndrom die Ursache für autoaggressives Handeln oder eine permanente emotionale Frustration die Matrix für Zündeln, Lügen oder Weglaufen. Deshalb sind Intelligenzminderungen, umschriebene oder kombinierte Entwicklungsstörungen, hyperkinetische Störungen, hirnorganische Schäden oder emotionale Störungen als Ursachen oder Mitursachen einer gestörten Sozialentwicklung zu berücksichtigen.

Das Modell der *psychischen Instanzen* (Freud) eignet sich besonders gut für das Verständnis der Entwicklung der Gewissensfunktionen, etwa bei den vier »klassischen Neurosen«: das schwache Ich und das starke Es des ängstlichen Kindes, das schwache Ich und das starke Über-Ich des zwanghaften Kindes, das schwache Ich und das fordernde, »sadistische« Gewissen des depressiven Kindes und ein starkes Es und/oder Ich verbunden mit dem schwachen Über-Ich des histrionischen Kindes oder Jugendlichen. Damit sind Steuerung und Kontrolle der Triebansprüche unvollkommen. Bei schweren Störungen des Sozialverhaltens, der Kriminalität, findet man häufig ein starkes Ich mit fehlender Gewissensentwick-

lung oder einem Gangster- (»Al-Capone«) Idol.

Die Störungen der Sozialentwicklung und des Sozialverhaltens im Kindes- und Jugendalter werden in drei nachstehenden Kapiteln abgehandelt.

Störungen der Sozialentwicklung
(DSM-IV, 312.8).
Kleinkinder und junge Schulkinder mit isolierten, oft wechselnden sozialen Störungen und passageren sozialen Abweichungen haben eine überwiegend gute Prognose. Unabhängig davon bereiten sie jedoch in der Familie, im Kindergarten und in der Schule oft erhebliche Probleme und spielen deshalb in der ärztlichen und psychologischen Praxis und in Beratungsstellen eine zahlenmäßig bedeutsame Rolle. Pädagogisch verunsicherten Eltern sollte der Anspruch des Kindes auf eine liebevolle und tolerante Erziehung zwar bestätigt werden, bei der jedoch im Hinblick auf die Sozialisation die Einhaltung konsequenter und konsistenter Regeln notwendig ist. Das ethische Prinzip, daß Lügen und Diebstähle grundsätzlich indiskutabel sind, darf nicht relativiert und erschüttert werden.

Früh einsetzende, passagere oder
persistierende Störungen der
Sozialisation (DSM-IV, 312.8).
Bei früh einsetzenden Sozialstörungen mit einer instabilen, manchmal aber chronifizierenden Tendenz sollten notwendige Interventionen bei sozialwidrigen Handlungen frühzeitig und unmittelbar erfolgen und nicht mit dem Vorwand aufgeschoben werden, daß sich das abnorme

Verhalten mit zunehmendem Alter des Kindes »auswachsen« werde. Dabei darf nicht übersehen werden, daß gerade ein sozialisationsgestörtes Kind neben der elterlichen Fürsorge ständige Kontrolle braucht, um eine Stärkung und Stabilisierung seiner gesunden Anteile zu erreichen, vor allem liebevolle Zuwendung; körperliche Bestrafungen sind in der Regel erfolglos und kontraindiziert. Wenn sich die Störungen des Sozialverhaltens in der Zeit vor der Pubertät verstärken und verfestigen, wird die Prognose eher ungünstig.

Störungen des Sozialverhaltens (DSM-IV, 312.8).

Die ersten Zeichen einer später ungünstig verlaufenden Störung des Sozialverhaltens (Dissozialität, Delinquenz, dissoziale Persönlichkeitsstörung) setzen oft vor dem 10. Lebensjahr ein. Sie kommen besonders bei Jungen mit einem oppositionellen Trotzverhalten und häufigen körperlichen Aggressionen, meist auch gestörten Beziehungen zu Gleichaltrigen vor. Bei Jugendlichen, die sich in der Peer-Gruppe gut einfügen, vor dem 10. Lebensjahr keine sozialen Störungen zeigten und erstmals in der Adoleszenz Störungen des Sozialverhaltens aufwiesen, besteht nur eine geringe Tendenz für bleibende Störungen. Robins (1970) stellte in vier Kohortenstudien fest, daß beinahe alle Erwachsenen mit der Diagnose einer antisozialen Persönlichkeitsstörung bereits in der Kindheit dissoziale Symptome zeigten, daß andererseits aber die meisten Kinder mit ausgeprägter dissozialer Symptomatik als Erwachsene keine auffällige Symptomatik mehr aufwiesen.

3.1 Störungen der Sozialentwicklung

3.1.1 Lügen
Symptomatik
Die *Definition* der Lüge als einer »bewußt falschen Aussage, die dazu dient, durch die Täuschung anderer bestimmte Ziele zu erreichen«, trifft bei Kindern nicht für alle Unwahrhaftigkeiten zu. Sie gilt nicht für die spielerischen Lügen der Kleinkinder, für Märchen, für ausgedachte Geschichten und für weite Bereiche des kindlichen Spiels.

Während Spiele und Märchen wegen ihrer großen Bedeutung für die kindliche Entwicklung und auch für die Therapie mit Recht hohes Ansehen genießen, wird absichtliches Lügen von der Gesellschaft aus naheliegenden Gründen pauschal strikt abgelehnt. Es ist verpönt und wird mit strengen Strafen bedroht. Aber nicht nur Jugendliche und Erwachsene, sondern auch Kinder kennen schon die *praktische Brauchbarkeit* der Lüge und setzen sich damit auseinander. Die meisten Menschen haben ein ambivalentes Verhältnis zur Lüge. Vollständige Einigkeit besteht zwischen der Gesellschaft und dem Individuum jedoch nur in der unbedingten Ablehnung der Lüge bei anderen, somit des Lügners und insbesondere des lügenden Kindes.

Bei Kindern kommt es aus verschiedenen Gründen leicht zu falschen Aussagen, die zu Fehlinterpretationen der Erwachsenen führen, weil nicht immer ein ausreichendes Verständnis dafür besteht, was als Lüge zu bezeichnen ist. Die praktischen Erfahrungen beweisen, daß viele falsche

Aussagen im Kindesalter nicht als Lügen bezeichnet werden können, weil die *Motivation* andere Ursachen erkennen läßt.

Jede Lüge und jede Bereitschaft zum Lügen haben eine individuelle Vorgeschichte, die sich einer systematisierenden Gliederung entzieht. Für unsere Zwecke sollen lediglich einige praktisch wichtige Lügenmuster im Zusammenhang mit Milieuradikalen rubriziert werden. Falsche Aussagen bei Kindern lassen sich einteilen in spielerische Lügen und bewußte Lügen, die streng voneinander getrennt werden müssen.

Der erzieherische Affekt sollte sich ausschließlich gegen die bewußte Lüge wenden, in die jedoch irrtümlich häufig die spielerischen Lügen mit einbezogen werden, weil beide nur der Vermeidung von Unlust oder dem Erwerb von egoistischen Vorteilen oder der Abwehr von Nachteilen zu dienen scheinen.

Spielerische Lügen finden sich

a) *als Wunschvorstellung*. Kleinkinder, die noch dem magischen Denken und der »Allmacht der Gedanken« verhaftet sind, versuchen mit bewußt falschen Aussagen eine Wandlung der Wirklichkeit zu erzielen. Ein kleines Kind, das ein Sauberkeitsbedürfnis anmeldet, ohne es zu verspüren, wünscht genauso Kontakt mit der Mutter wie ein älteres, das nach dem Zubettgehen dringend um ein Glas Wasser bittet, ohne wirklich Durst zu haben. Das Kind bedient sich einer scheinbaren Lüge, um sich einen starken Wunsch nach Zuwendung zu erfüllen.

b) *im Spiel*. Im Spiel agiert das Kind in einer von den Eltern erlaubten und von ihnen manipulierten Spielwelt. In der spielerischen Lüge wird die Wirklichkeit durch eigene Phantasieproduktionen um- und neu gestaltet. Es erzählt eigene Märchen über sich selbst und seine angebliche Bedeutung und über das, was es vorgeblich erlebt hat. Wie im Spiel ist das Kind dieser ausgedachten Wunschwirklichkeit scheinbar ganz verhaftet. Es glaubt daran so fest wie an die Wirklichkeit und Unwirklichkeit der Märchen und an die Echt- und Unechtheit seiner Rollen im Spiel. Die spielerische Falschaussage ist wahr und unwirklich zugleich, ihre Grenzen sind verschwommen.

c) *als Irrtum*. Wo der Erwachsene die entgleitende Wirklichkeit unter dem Druck der »Zeitkur« durch Gedanken- und Erinnerungskorrekturen und -kosmetik unbewußt zurechtrückt, lügt das Kind »wie gedruckt«, d. h. es bedient sich dort, wo es reale Ereignisse nicht begreifen und erfassen kann, grober Vereinfachungen oder naiver Konfabulationen.

d) *als Experiment*. Das Kind hat ständig Gelegenheit, die Erwachsenen und Geschwister beim Lügen zu beobachten. Not-, Entschuldigungs- und Konventionslügen lassen sich nur schwer verheimlichen. Das Kind schweigt wie bei den meisten Feststellungen seiner infantilen Forschungen. Aber es probiert spielerisch solche Möglichkeiten des Lügens aus.

e) *als Nachahmung*. Wo Lügen ein anerkanntes und erlaubtes Kommunikationsmittel ist, wird das Kind diese wie jede andere Verhaltensweise der Erzieher nachahmen. Echte Hemmungsvorstellungen fehlen, weil die polaren Gewissensfunktionen nicht angelegt wurden. Die nachahmende Falschaussage des Kindes ist eine Folge der negativen Induktionen aus der Umgebung.

Bewußte Lügen finden wir

a) *aus Angst vor Strafe.* Bei Kindern, deren Eltern auch leichte Verfehlungen hart bestrafen, kann das Leugnen einer mit Strafe bedrohten Handlung die Bedeutung einer Gewinnchance erlangen. Die Eltern erziehen das Kind durch ihr überstrenges und moralisierendes Verhalten zum Lügen.

b) *aus Angst vor Liebesentzug.* Bei kontaktgestörten und bei ängstlichen, unsicheren und empfindsamen Kindern, die aufgrund früherer Erfahrungen als Reaktion auf eine geringe Verfehlung einen Entzug von Liebe und Zuwendung befürchten. Diese Kinder lügen aus einer Doppelmotivation: aus dem aus Erfahrung entstandenen Mißtrauen und aus ihrer Angst, leichte Einbußen an Liebe hinnehmen zu müssen.

c) *aus Angst vor Kränkungen.* Bei Kindern, die zwar über eine relativ gute emotionale Beziehung zu den Eltern verfügen, die jedoch partielle Mängel aufweist, etwa infolge übermäßigen Ehrgeizes der Eltern oder durch eine überstrenge, moralisierende Einstellung, die auf die Kinder übertragen wurde. Diese Kinder entwickeln Schuldgefühle und haben den Wunsch, Nachlässigkeiten und Verstöße ungeschehen zu machen oder durch Leugnen ihre Schuld zu tilgen. Sie verschweigen oder lügen aus Liebe zu den Eltern und um sie nicht zu kränken.

d) *als Ersatzbefriedigung.* Bei Kindern, die keine festen und konstanten emotionalen Beziehungen zu den Eltern haben und zusätzlich von ihrer Umgebung nicht ausreichend anerkannt werden, können Lügen den Rang einer Ersatzbefriedigung oder Kompensation erhalten. Durch Angeben, Aufschneiden und Renommieren versuchen sie, wie Tagträumer durch irreale Phantasien, durch Prahl- und Geltungssucht das zu erlangen, was die Realität ihnen versagt. Diese Kinder lügen, weil ein Anerkennungs- und Liebesdefizit vorliegt und weil sie deshalb unglücklich sind.

e) *als beginnende Pseudologie.* Als Pseudologie wird ein zunächst spielerisches, bald mehr oder weniger selbst geglaubtes Schwindeln und Betrügen bezeichnet, mit dem Bewunderung hervorgerufen oder Mitleid erregt werden soll. Manchmal liegt aber auch einfach eine zweckfreie Lust am Fabulieren vor, wodurch zunächst keine persönlichen Vor- oder Nachteile entstehen. Dieses triebhafte Lügen ist abzugrenzen von zielorientierten renommierenden Übertreibungen und Aufschneidereien und von zweckgerichteten Falschaussagen, in denen der Lügner jederzeit Wahrheit und Unwahrheit unterscheiden kann, aber auch von überwertigen Ideen und Wahnvorstellungen, die mit einer absoluten subjektiven Gewißheit identisch sind. Delbrück (1891), der die *Pseudologia phantastica* als erster beschrieb, spricht von einem »Doppelbewußtsein«. Der Lügner weiß, daß er sich selbst belügt, ist aber zugleich vom Wahrheitsgehalt seiner Lüge, die meistens mit seinen Wünschen identisch ist, überzeugt. Er wird darin durch die oft erlebte Zustimmung, die seine Berichte und

Handlungen bei anderen finden, bestärkt. Schließlich fälschen sich seine Erzählungen in wirkliche Erlebnisse um und sind zu Bestandteilen seiner Persönlichkeit geworden. Erste Ansätze zu systematisierten Lügengeschichten werden schon bei Kindern, häufiger aber erst nach der Pubertät beobachtet. Meistens handelt es sich um in ihrem Sozialverhalten gestörte männliche Jugendliche im Zusammenhang mit kriminellen Delikten oder, bei Mädchen und weiblichen Jugendlichen, um sexuelle Falschbezichtigungen.

Genese, Ätiologie, soziale Bedeutung

Festigkeit und Tragfähigkeit menschlicher Beziehungen sind abhängig vom Vertrauen und von der Qualität einer Beziehung, wie sie zwischen Kindern und Eltern bestehen. Einer harmonischen Beziehung zuliebe werden egoistische oder antisoziale Bedürfnisse und Spannungen unterdrückt, wenn dafür Liebe eingetauscht und erhalten werden kann. So unterläßt der Säugling der Mutter zuliebe sein Schreien, wenn er darauf vertrauen kann, in Kürze Nahrung und liebende Zuwendung zu erhalten. Er hat damit einen ersten *Triebverzicht* geleistet. Bei Kleinkindern stehen noch zwei Erlebnisweisen nebeneinander, die gemeinsame Realität, die es mit seinen Bezugspersonen teilt, und die Welt in seiner Phantasie. Es kann diese nicht immer sicher unterscheiden. Beide sind für das Kind gleichwertig real, weswegen man auch von Nebenrealitäten (Lempp 1973) sprechen kann. Deswegen sind unwahre Schilderungen in diesem Alter noch keine Lügen und können ihm nicht vorgeworfen werden. Die Unterscheidungsfähigkeit entwickelt sich erst allmählich.

Wenn im Laufe der psychischen Entwicklung eines Kindes die Versuche zu einer positiven Bindung und Kontaktaufnahme mit der Mutter *negativ* endeten, regiert primäres Mißtrauen anstelle von Vertrauen. Das Kind verfügt dann über keine ausreichenden Abwehr- und Hemmungsinstanzen gegenüber moralischen Versuchungen. Wenn schließlich durch sich ständig wiederholende Enttäuschungen im Bindungs- und Kontaktstreben eine resignierende Zurückhaltung eingetreten ist, verliert auch die Umwelt an Ausstrahlung und an normativer Kraft. »Die Lügen der Kinder sind das Werk der Eltern« (Pestalozzi). Da die Charaktere der Eltern und ihre Reaktionen sich nicht durchgreifend ändern, erleben die Kinder mit großer Monotonie immer wieder die gleichen Enttäuschungen. Ihre negativen Erwartungen werden bestätigt, ihr Mißtrauen vertieft und gefestigt. Die nächsten Bezugspersonen werden als Wesen erlebt, denen das mit falschen Angaben abgefordert und abgetrotzt werden muß, was dem Kind an Liebe und Zuwendung vorenthalten wurde. Die an die Eltern gerichteten Forderungen übersteigen schließlich jedes vernünftige Maß, weil ihnen Erfahrungen über angemessene Liebes- und Zuwendungsbefriedigungen fehlen. Dadurch und durch fast regelmäßig anzutreffende partielle, überwiegend materielle Verwöhnung als Ausdruck von Schuldgefühlen der Eltern oder zur bequemen Bedürfnisabsättigung der Kinder entwickelt sich schließlich eine maßlose Anspruchshaltung, die dann nur noch durch den Einsatz unerlaubter Mitteln befriedigt werden kann.

Neben diesen psychogenen Mechanismen spielen *konstitutionelle und genetische Faktoren* eine manchmal vernachlässigte, aber nicht minder bedeutsame Rolle für die Entstehung von sozialen Störungen. Denn nicht bei jedem Kind führen fehlerhafte Erziehung oder länger anhaltende emotionale Frustration zu dissozialen Verhaltensweisen oder psychischen Fehlentwicklungen. Es ist, besonders auch im Hinblick auf die Eltern, immer zu berücksichtigen, daß es milieuunabhängige Erziehungsschwierigkeiten gibt, die anderen Gesetzmäßigkeiten unterliegen und von primären »autonomen Ich-Anteilen« gesteuert werden.

Die soziale Bedeutung ergibt sich aus dem Interesse der Gemeinschaft an der Einhaltung zweckmäßiger Sozialnormen, die ein Mindestmaß an Vertrauen der Mitglieder zueinander voraussetzt. Sie reagiert empfindlich auf Vertrauensbrüche, weil sich ihre Existenz grundsätzlich auf Einhaltung dieser Sozialregeln gründet. Im inquisitorischen Eifer können dabei die Motive für scheinbar antisoziale Verhaltensweisen von Kindern verkannt und unangemessen hart bestraft werden.

Diagnose und Differentialdiagnose

Die Diagnose ist soziologisch orientiert, also abhängig von den Verhaltensnormen der Gruppe und der Gesellschaft. Sorgfältig abzugrenzen von der Lüge und von anderen dissozialen Verhaltensweisen (Diebstahl, Aggressionen) sind phasenspezifische physiologische und psychodynamisch oder lernpsychologisch ab-

leitbare Fehlverhaltensweisen ohne eigentlichen antisozialen Charakter und Fehlverhaltensweisen aus medizinischer Ursache.

Vom Lügen als Ausdruck normaler Erziehungsschwierigkeiten oder einer psychischen Fehlhaltung sind abzugrenzen: Störungen der *Kritik- und Urteilsfähigkeit* bei intelligenzgeminderten oder psychisch gestörten Kindern und beginnenden Persönlichkeitsänderungen, aber auch bei organischen Hirnschädigungen.

Bei den bei Kindern seltenen Psychosen, insbesondere in leichten manischen Phasen oder am Beginn schizophrener Erkrankungen, können Wahnideen vorübergehend vielleicht einmal mit Lügen verwechselt werden; meistens werden allerdings die affektiven Begleitsymptome vor einer Fehldiagnose schützen.

Therapie und Prognose

Die Therapie des bewußten Lügens ist ein Bestandteil der Behandlung der ihr zugrundeliegenden psychischen Gesamtstörung, bei der das Lügen nur ein Symptom ist. Eine besondere Therapie der kindlichen Unwahrhaftigkeit wird im allgemeinen nur dann erforderlich sein, wenn mit den Eltern Einvernehmen darüber besteht, daß das Symptom abnorm gehäuft auftritt, eine sich anbahnende schwere Störung der Sozialentwicklung besteht oder Hinweise vorliegen, daß es sich um ein pseudologes Lügen handelt. Danach ist zu klären, ob allein oder überwiegend psychoreaktive Faktoren ursächlich beteiligt sind, ob es sich um phasen- und entwicklungsspezifisch verstärkte Schwierigkeiten handelt oder ob andere soziologische oder somatische Faktoren einen wesentlichen Anteil an ihrem Zustandekommen haben.

Wenn es sich um eine fehlerhafte *antisoziale Erziehung* handelt (»Lügen- und Diebsmilieu«, Zulliger 1956), sind sozialpädagogische, verhaltens- und familientherapeutische Maßnahmen indiziert. Handelt es sich um vorwiegend milieureaktive Symptome bei einer allgemeinen Erziehungsschwierigkeit, ist eine gründliche Analyse der häuslichen Situation mit Klärung der Erziehungsabsichten und der dazu verwendeten Erziehungsmittel erforderlich. Neben einer möglichst gründlichen Erhellung der Entwicklungssituation des Kindes in der frühen Kindheit und erkennbarer emotionaler Defizite ist besonders darauf zu achten, daß die vorhandenen Defizite nicht durch eine monotone Wiederholung von Versagung oder Verwöhnung oder durch einen beständigen Wechsel von Verwöhnung und Versagung zu einer Verfestigung der Störungen bei der sozialen Einordnung führen.

Für Kinder, die innerhalb der Familie fortgesetzt lügen, hat die Lüge eine pervertierte soziale Bedeutung erlangt. Durch eine geschickte Lügentechnik können sie sich bei guter Intelligenz rasch eine herausragende Stellung erringen und ohne große Mühe viele Vorteile und Geld erschwindeln. Diese schwerer sozialgestörten Kinder weisen immer zusätzliche dissoziale Symptome auf. Sie lügen, um eine rasche Bedürfnisbefriedigung zu erreichen, und geraten mit ihrer selbstgewählten sozialen Wertskala nicht in Konflikte.

3.1.2 Wegnehmen, Stehlen
Symptomatik

Stehlen im Kindesalter galt früher ausschließlich als moralisches, nicht als psychopathologisches Problem. Noch zu Beginn des 20. Jahrhunderts wurde Stehlen mit der Kleptomanie »erklärt« – so wie das Weglaufen mit der Poriomanie oder die Brandstiftung mit der Pyromanie. Nicht Überlegungen zu einer geeigneten Behandlung standen im Vordergrund, sondern zur zweckmäßigsten Bestrafung. Die Symptomatik spielte dabei eher eine untergeordnete Rolle.

Das Entwenden von Gegenständen ist wie die kindliche Falschaussage ein Problem, mit dem alle Eltern irgendwann konfrontiert werden. Genauso sicher ist, daß es sich eher selten bei der Entwendung um einen eigentlichen Diebstahl einer »fremden beweglichen Sache in der Absicht, sie sich rechtswidrig anzueignen« (§ 242 StGB) handelt. Voraussetzung dazu ist die Erreichung eines bestimmten Entwicklungsalters und ein bestimmtes Maß an kognitiver Differenziertheit mit einer ausreichenden Reifung der *Gewissensfunktionen* und der Fähigkeit zu rationalisierenden Denkoperationen. Sie wird frühestens nach Überwindung der magisch-diffusen Phase erreicht. Von Stehlen kann frühestens erst nach dem 7.–8. Lebensjahr gesprochen werden.

Für praktische Zwecke und für eine bessere Verständigung erscheint eine Unterscheidung in Entwendung (Vergreifen und Wegnehmen) und eigentlichem Stehlen mit seinen verschiedenen Ursachen zweckmäßig. Dazu einige Beispiele:

a) *Im Greiflingsalter*, in dem das Kind noch nicht Mein und Dein unterscheiden kann, ergreift es alles, was ihm gefällt, und kann sich dabei leicht »vergreifen«. Das erfährt es aber erst, wenn die Gewissensbildung unter dem Einfluß der Erziehung so weit fortgeschritten ist, daß fremdes Eigentum erkannt werden kann. Das Kleinkind lebt in einer anarchischen Welt des kollektiven Eigentums, an dem es sich »vergreift«.

b) *Im Spielalter* treten einige Besitzschranken bereits deutlicher hervor. Das Kind weiß, was ihm gehört, es verfügt aber noch über keine Wertbegriffe. In diesem Alter nimmt es anderen Kindern Gegenstände weg, so wie es seine eigenen liegenläßt und vergißt. Andererseits finden sich im Wegnehmen bereits aggressive Züge, oder es dient infantilen Machtgelüsten. Das Wegnehmen geschieht entweder ohne gezielte Absicht, oder es hat aggressive Hintergründe.

c) *Aus unbewußten Motiven*. Bei Symboldiebstählen wird weggenommen, wo ungesättigte Wünsche und Triebansprüche nicht direkt befriedigt werden. Ein Kind, das nicht genug Liebe erhält, wird sein orales Defizit dort befriedigen, wo es entstanden ist. Es wird der frustrierenden Mutter heimlich Naschereien und Süßigkeiten entwenden oder Geld, um sie sich zu besorgen. Das Wegnehmen dient hier als Liebesersatz.

d) *Aus Abenteuerlust* kommt es unter bestimmten, im Einzelfall sehr unterschiedlichen Voraussetzungen zu Diebstählen, mit denen etwa manuelle Geschicklichkeit bewiesen und Machtgefühle (Motorrad- und Autodiebstahl)

erlebt werden. Gleichzeitig werden dadurch überhöhtes Prestige und Ansehen erworben und Beachtung und Liebe gefordert. Auch hier liegen Ansätze zur Ersatzbefriedigung und Kompensation vor.

e) *Aus Nachahmung* stehlen Kinder, die im Diebsmilieu aufwachsen, sie »stehlen wie die Rabeneltern«. Konträre Gewissensfunktionen haben sich nicht entwickelt. Die introjizierten Eltern-Imagines stimmen mit dem eigenen Verhalten und Handeln überein. Das Trachten der Kinder ist darauf ausgerichtet, nicht gefaßt und bestraft zu werden. Das Stehlen gehört zu den durch Übung und Anstrengung zu bewältigenden Aufgaben.

f) *In delinquenten Gruppen*, in Banden und in kriminellen Familien herrscht meist keine Anomie. Die soziale Desintegration betrifft nur ihre Beziehung zur allgemeinen Gesellschaft. Die Gruppenmoral nach innen baut sich auf konsequente Disziplin und gegenseitiges Vertrauen auf. Unter den delinquenten Jugendlichen gibt es weniger psychische Störungen als unter nichtdelinquenten (Glueck und Glueck 1963). Diebstähle delinquenter Jugendlicher untereinander unterliegen einer besonderen Moral.

Genese, Ätiologie, soziale Bedeutung

Die Pathogenese einfacher Entwendungen und kindlicher Diebstähle wurde teilweise in den Symptombeispielen skizziert. Sie läßt sich nicht erschöpfend darstellen. Wie bei den anderen speziellen Verhaltensstörungen spielen neben den dominierenden psychodynamischen und lernpsychologischen Gesichtspunkten *ent-*

wicklungs- und konstitutionsbiologische Faktoren eine im Einzelfall unterschiedliche, aber unbestrittene Rolle. Wenn es nach unserer wissenschaftlichen Überzeugung »geborene« Lügner oder »Stehler« nicht zu geben scheint, so sollten doch Feststellungen eines so kritischen Kinderanalytikers wie Zulliger (1956) ernst genommen werden. Er beobachtete mehrere Kinder »diebischer Eltern«, die gleich nach der Geburt in ein »ehrliches Milieu« adoptiert und später dennoch wie die Eltern kriminell wurden, während andere mit einer ähnlichen Belastung ohne Einschränkung »ehrlich blieben«.

Innerhalb einer *Peer-Gruppe* wird Stehlen manchmal als eine Mutprobe oder als Sport angesehen, das der Erlangung eines sozialen Gruppenstatus dient und zur Überwindung von Langeweile und einer inneren Leere beitragen soll. Die durch die Medienwerbung hervorgerufene frühe Fixierung auf Markenartikel führt besonders bei Kindern benachteiligter Gesellschaftsschichten zum Abzocken, zum Wegnehmen von Luxusartikeln.

Das *triebhafte* Stehlen als Symptom einer gestörten psychischen Entwicklung deckt sich weitgehend mit Symptomen anderer kindlicher Verhaltensstörungen. Die innere Lebensgeschichte der gewohnheitsmäßig stehlenden Kinder zeigt mit großer Regelmäßigkeit in der frühen Kindheit häufige Wechsel von Versagung und extremer Verwöhnung. Aus ihnen entspringen einerseits *Kontaktschwierigkeiten* mit mangelnder sozialer Einordnungsfähigkeit und andererseits maßlose Wünsche nach unaufschiebbarer Befriedigung von »Riesenansprüchen«. Dabei

entstehen dabei mehr oder weniger spannungsgeladene Konflikte zwischen den Triebansprüchen und den Gewissensfunktionen, die infolge der Stärke der Ansprüche und der Schwäche der Hemmungsfunktionen meist zugunsten der raschen Bedürfnisbefriedigung ausgehen. In den Familien dieser Kinder herrschen bemerkenswert oft unordentliche und gefühlsarme menschliche Beziehungen; die Eltern üben auf die Kinder nur geringe Anziehungskraft aus. Dadurch und infolge des Mißtrauens und der Kontaktschwäche der Kinder und Jugendlichen gehen sie zusätzlich ihrer Rolle als Steuerungsfaktor verlustig. Der Jugendliche weicht schließlich vorübergehend oder dauernd in deviante Verhaltensweisen aus und ordnet sich einer delinquenten Subkultur unter, wo er Anerkennung und Prestigegewinn erfährt.

Diagnose und Differentialdiagnose
Die Diagnose ist zunächst altersorientiert. Vor dem 7.–8. Lebensjahr fehlen die intrapsychischen Voraussetzungen für eine delinquente Handlung. Bis zu diesem Alter sollte wertungsneutraler von »Entwendungen« gesprochen werden.

Erst wenn das Stadium der sozialen Einordnung einsetzt, das Realitätsprinzip die Oberhand gewinnt und magische Denkabläufe zurückgedrängt wurden, ereignen sich reflektierte Entwendungen, die als Diebstähle bezeichnet werden. Bei Kindern aber haben auch diese häufig eine vorgeschobene oder unbewußte Bedeutung, die zu kennen für Therapie und Prognose wichtig ist.

In erster Linie muß man diese Symptomatik gegen die durch zerebralorganische Schädigungen bedingten Veränderungen der *Trieb- und Antriebslage* abgrenzen. Schwäche der Kritik- und Urteilsfähigkeit, erhöhte Verführbarkeit und Suggestibilität finden sich nicht nur bei leicht oder schwerer intelligenzgeminderten, sondern auch bei hyperkinetischen Kindern. Sie können durch Störungen ihrer Impulskontrolle antisoziale Handlungen begehen.

Das gleiche gilt auch für symptomarm beginnende schizophrene Erkrankungen und für die seltenen manischen und hypomanischen Äquivalente oder Episoden des Kindesalters, in denen durch wahnhafte Handlungen oder auf der Basis einer gesteigerten Antriebslage Eigentumsdelikte infolge Verkennung der Realität begangen werden können.

Therapie und Prognose

Das bei *Kleinkindern* normale Nehmen und Benutzen fremder Sachen bedarf keiner besonderen Therapie. Mit fortschreitender Gewissensbildung unter dem Einfluß der Eltern und belehrt durch die täglichen Erfahrungen, bildet sich allmählich ein sicheres Gefühl für fremdes Eigentum heraus. Im Laufe der Zeit lernt das Kind auch unlustgetönte Bedürfnisspannungen aufzuschieben und zu beherrschen. Mit der Entwicklung der Liebesfähigkeit kann es schließlich auf spontane Triebregungen zugunsten der geliebten Person verzichten.

Für die Behandlung der *Kinder*, die gehäuft entwenden oder gewohnheitsmäßig stehlen, gibt es keine allgemeingültigen oder speziellen Therapiemethoden. Für

sie wie für alle Verhaltensschwierigkeiten gilt das »Helfen statt Strafen«, das zunächst in geduldigem und liebevollem Abwarten ohne Verwöhnungstendenzen besteht. Die Erfahrung, daß körperliche Züchtigungen und demütigende Strafen nichts nützen, haben die meisten Eltern bereits gemacht. Sie müssen davon überzeugt werden, daß sie damit nur Schaden anrichten. Es gilt, ihr Verständnis für die Ursachen und das Bestehen des Fehlverhaltens zu wecken und sie trotz aller Vorbehalte zur Liebe zu ihren Kindern zu ermutigen. Keine Rache, nicht Vergeltung und Abschreckung, aber *Wiedergutmachung* des angerichteten Schadens (»Wiedergutmachungsstrafe«) und Verhindern von Wiederholungen und Rückfällen sind geeignete Erziehungsmaßnahmen.

Gleichzeitig sollten die individuellen Beweggründe und die hintergründigen Triebfedern der Eigentumsdelikte so weit wie möglich zurückverfolgt werden, damit etwaige Unterlassungen und Fehler durch die Eltern abgestellt werden können. In der Symptomatologie des kindlichen Stehlens hat man versucht, eine Übersicht über die wichtigsten Manifestationsformen des Entwendens und des Diebstahls zu geben.

Bei *älteren Kindern und Jugendlichen* ist eine reguläre Psychotherapie nicht zu umgehen, wenn eine kausal orientierte Behandlung durchgeführt werden soll. Auch hier bleibt jedoch die *Beratung der Eltern* ein wesentlicher Bestandteil der Therapie des Kindes. Oft genug sieht der Therapeut sich genötigt, psychogene Störungen der Erzieher selbst und ihre Auswirkungen auf die Kinder zu berücksichtigen und den Rat zu geben, selbst eine Behandlung zu beginnen. In den meisten Fällen ist gleichermaßen vor übertriebenen Hoffnungen auf eine Umerziehung der Erzieher wie vor allzu großer Resignation angesichts verfestigter Elterncharaktere zu warnen. Eine heilpädagogische Behandlung in einem Heim unter Mithilfe des Jugendamtes sollte möglichst nicht erst nach dem Scheitern aller ambulanten Maßnahmen eingeleitet werden.

Die Prognose ist abhängig vom Lebensalter, vom Ausmaß der zugrunde-

Tab. 3.2 In den aufsteigenden Entwicklungsstufen findet ein alters- und entwicklungsabhängiger Wandel der aggressiven und delinquenten Symptomatik statt.

Kleinkinder und Vorschulkinder

Wein- und Schreikrämpfe, Bock- und Trotzreaktionen, Beißen und Kratzen, Wutanfälle, Schlagen, Einnässen, Obstipation, Haarausreißen, Daumenlutschen, Pica, Jactationen, Hinwerfen, Affektkrämpfe.

---

jüngere Schulkinder

Einkoten, Toben und Balgen, oppositionelles Verhalten, Nörgeln und Stänkern, Petzen und Lügen, Kratzen, Schlagen, Tierquälereien, destruktive Handlungen, Zündeln und Brandlegungen, kleine Diebstähle, autoaggressive Handlungen.

ältere Schulkinder und Jugendliche

Sadomasochistische Handlungen, Fettsucht, Magersucht, Alkohol und Drogen, Ritzen, Suizidalität, Delinquenz, Kriminalität, Automutilatio, psychosomatische Krankheiten, Hetero- und Autoaggressivität, dissoziale Persönlichkeitsstörung.

---

liegenden Fehlentwicklung, von der Mitarbeit der Erzieher und von den Möglichkeiten, das häusliche Milieu zu verändern oder das Kind in ein anderes Milieu zu verbringen.

3.2 Früh einsetzende, passagere oder persistierende Störungen der Sozialisation

3.2.1 Zündeln, Kokeln, Brandstiftung
Epidemiologie

Im Jahr 1999 waren nach der polizeilichen Kriminalstatistik (Bundeskriminalamt) von insgesamt 14798 »tatverdächtigen Brandstiftern« 24,4 % Kinder (unter 14 Jahre), 12,8 % Jugendliche (14–18 Jahre) und 6,6 % junge Heranwachsende (18–21 Jahre). Brandlegungen gehören danach weiterhin zu den Delikten mit dem höchsten Kinderanteil. Fast jeder vierte Tatverdächtige war unter 14 Jahre alt. In den letzten Jahren wurden im Gegensatz zu früher in der Statistik Brandstiftungen von Kindern unter 6 Jahren nicht gesondert aufgeführt (1985 waren es 9 %; von diesen wurden immerhin 6 % als vorsätzliche Brandstiftungen eingestuft). Bezogen auf ihren Bevölkerungsanteil wurden im Jahr 1999 bei der vorsätzlichen Brandstiftung Kinder, Jugendliche und Heranwachsende am häufigsten (49,5 %) und bei der fahrlässigen Brandstiftung (33,8 %) als Tatverdächtige ermittelt. Städte und Gemeinden unter 20000 Einwohnern waren bei den fahrlässigen und Großstädte ab 50000 Einwohnern bei den vorsätzlichen Brandstiftungen überrepräsentiert.

Tab. 3.3 Bezogen auf ihren Bevölkerungsanteil wurden bei der vorsätzlichen und fahrlässigen Brandstiftung männliche Jugendliche zwischen 14 und 18 Jahren am häufigsten als Tatverdächtige ermittelt. Bei den fahrlässigen sind Kinder untern 14 Jahren ebenfalls häufig vertreten (Polizeiliche Kriminalstatistik 1999).

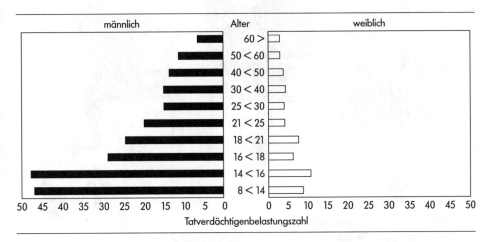

Symptomatik

Das Spiel mit Feuer übt auf alle Kinder eine elementare und starke Faszination aus, das zum Zündeln oder Kokeln, zur unbeabsichtigten Brandlegung oder zur bewußten Brandstiftung führen kann.

Betrachten und Schüren des offenen Feuers, Empfindungen von angenehmer Wärme bis schmerzhafter Hitze stellen auch für gesunde Kinder und Erwachsene einen starken Reiz dar, der zugleich als lustvoll und zerstörerisch, als aggressiv und gefährlich erlebt und für Kinder durch entsprechende Vorschriften noch gesteigert wird. Während Kinder mit einer normalen psychischen Entwicklung solche Gebote (Kinderreim: »Messer, Gabel, Schere, Licht …«) vorwiegend aus Liebe zu den Eltern, aber auch aus Furcht vor erzieherischen Maßnahmen einhalten werden, sind Kinder mit psychischen Störungen oder geistigen Behinderungen nicht immer dazu fähig.

Das lustbetonte Spiel mit dem Feuer kann zu einem gewohnheitsmäßigen, drang-, manchmal fast zwanghaften Hantieren mit offenem Feuer führen, das früher zeitweilig als *Pyromanie* (im Gegensatz zur »Pyrophobie« ängstlicher bzw. geistig behinderter Kinder) bezeichnet wurde. Gewohnheitsmäßig zündelnde oder kokelnde Kinder tragen ständig Streichhölzer oder ein Feuerzeug bei sich, um Feuer machen zu können: in Abwesenheit der Eltern häufiger in Wasch- oder Toilettenbecken, aber auch auf dem Hof, auf Spielplätzen oder im Wald. Dabei kann es zu Zimmerbränden, größeren Schadensfeuern und Waldbränden kommen, die oft zu Unrecht als Brandstiftung bezeichnet werden.

Zur Beurteilung der *Einsichtsfähigkeit* im Sinne des § 828 BGB muß man zunächst die geistig-sittlichen Reife der Kinder und Jugendlichen (Hommers 1999) sorgfältig prüfen und kann sich nicht auf

Abb. 3.1   Ein neunjähriger Junge legte Feuer in einer Scheune, bezeichnet sich selbst als »Feuerteufel«. Seit dem 2. Lebensjahr lebt er in einem Heim. Dort zeigt er aggressives (Wutanfälle, Entweichungen) und delinquentes Verhalten (Diebstähle). Nach Verhaltenstherapie trat vorübergehende Besserung ein. Klinikeinweisung wegen starker motorischer Unruhe.

eine Untersuchung der kognitiven Funktionen beschränken. Tatsächlich halten »Brandstiftungen« von Kindern und Jugendlichen sehr oft einer eingehenden Nachprüfung nicht stand. Es handelt sich häufig einfach um ein unvorsichtiges Hantieren mit der Flamme, deren Ausbreitung von Angstlust begleitet ist, dann jedoch wie die Fahrerflucht mit kopflosem Weglaufen endet.

Fallbeispiel: Vier Jungen im Alter von 8–12 Jahren entwichen aus einer Klinik und drangen in eine Kindertagesstätte ein, um dort zu übernachten. Weil es kalt war, entfachten sie ein offenes Feuer, das sie nicht kontrollieren konnten und das sich nach ihrer Flucht und wegen der dabei offengebliebenen Türen zu einem Schadensbrand von 1 Million DM ausweitete.

Kleinkinder und jüngere Schulkinder sind über unbeabsichtigte Brände meistens entsetzt und reagieren mit panischem Weglaufen, auch dort, wo sie das Feuer durchaus noch selbst bekämpfen und eindämmen könnten. Bei älteren Kindern und *Jugendlichen* kann man die Grenze zwischen Zündeln, unbeabsichtigter

Brandlegung und bewußter Brandstiftung oft nur schwer und manchmal gar nicht abschätzen, weil beim Anzünden eines Feuers die kritische Beurteilung des Risikos durch unbewußte Rache- oder Vergeltungswünsche mitunter beeinträchtigt ist. Eine Brandlegung hat bei Kindern nicht selten die Bedeutung eines verzweifelten *Hilferufs* bzw. eines Signals, ähnlich wie der demonstrative Suizidversuch ein Appell an die Umwelt ist, sich ihnen helfend zuzuwenden. Oft erreichen solche Kinder durch eine Brandlegung, daß sie aus der verhaßten Umgebung herausgenommen und in ein Heim gebracht werden. Es wurde ermittelt, daß fast die Hälfte der Kinder Bettnässer, zwei Drittel hyperaktiv bzw. hyperkinetisch mit aggressiven Potentialen sind und daß zündelnde Kinder sehr häufig psychisch auffällige Eltern haben. Bei den anderen Kindern und Jugendlichen konnten keine Ansätze zu typischen Persönlichkeitsstörungen festgestellt werden; das Zündeln war bei allen jedoch nur eines unter zahlreichen anderen Symptomen.

Daß gesellschaftliche und soziale Bedingungen eine Mitursache darstellen können, ergibt sich z.B. daraus, daß Brandstiftung in der Fremde, ein früher neben der Kindstötung typisches Heimwehverbrechen junger Mädchen, die sich in einer tatsächlichen oder eingebildeten Notsituation befanden, heute praktisch nicht mehr vorkommt, weil sich die Arbeits- und die Reise- und Verkehrsbedingungen entscheidend gebessert haben.

Genese, Ätiologie, soziale Bedeutung
Eindeutige Zusammenhänge zwischen Feuerlegen und Sexualität (»Feuertrieb«) etwa in dem Sinne, daß gewohnheitsmäßiges Feuerlegen regelmäßig eine sexualsymbolische Handlung darstelle, waren nicht nachzuweisen, wenn auch sexuelle Miterregungen beim Zündeln häufiger sein mögen, als man ermitteln kann.

Abb. 3.2 Ein 6jähriger Junge, dessen Elternhaus beim Spiel mit dem Feuerzeug bis auf die Grundmauern abgebrannt war, wird erneut wegen ständigen Zündelns (verbrennt seine Bücher, Toilettenpapier, trockenes Laub; mehrfach Brandlöcher in Teppichen und Gardinen) erneut vorgestellt. Primäre Enuresis nocturna. Starke Aggressivität gegenüber Eltern und Lehrern. Schwierige Elternehe; das Kind war wegen deren Berufstätigkeit bis zu seinem 3. Lebensjahr in 6 Pflegestellen.

Fallbeispiel: Ein achtjähriger, hyperkinetischer Junge mit Verdacht auf eine minimale zerebrale Dysfunktion beschäftigt sich seit seinem 4. Lebensjahr mit Kokeln und Feuerlegen im Rahmen sadomasochistischer Tendenzen. Er prügelt kleinere Kinder, schlägt sich selbst und tritt mit bloßen Füßen auf scharfe, harte Gegenstände. Er kneift und schlägt sich ins Genitale und auf den Damm, bindet sich Holzstücke ans Glied u. a. und berichtet spontan über eine genitale Miterregung beim Kokeln. In Tuschzeichnungen verwendet er ausschließlich rote und gelbe Farben. Er war von seiner Mutter als Mädchen gewünscht, wurde als Junge von ihr abgelehnt.

Bei Schulkindern und Jugendlichen mit manifesten Störungen des Sozialverhaltens wird Zündeln und Kokeln gehäuft angetroffen. Sehr oft handelt es sich dabei um unterdurchschnittlich intelligente oder schwachsinnige Kinder und Jugendliche, weiter um Kinder mit frühkindlichen Hirnschädigungen, ferner um Kinder und Jugendliche mit zerebralen Anfallsleiden (Dämmerzustände) oder mit beginnenden oder manifesten Psychosen. Kinder und Jugendliche mit psychopathologischen Syndromen, die mit überstarker Impulsivität, Antriebsüberschüssigkeit und Kritiklosigkeit bzw. mit Wahnvorstellungen einhergehen, haben manchmal eine hohe Affinität zu Feuer und zu Brandstiftungen. In solchen Fällen ist eine einfühlende psychologische Motivsuche oft schwierig und erfolglos.

Fallbeispiel: Ein 14jähriges Mädchen mit starken Stimmungsschwankungen (»Sie ist einmal himmelhoch-jauchzend, dann wieder zu Tode betrübt«), das wegen schwieriger sozialer Verhältnisse (Vater Trinker, mehrere Suizidversuche; Mutter häufig wechselnde Männerbekanntschaften) in ein Heim eingewiesen wurde, findet bei einem Besuch ihre Mutter mit zwei Männern in einer eindeutigen Intimsituation. Sie läuft ins Heim zurück, äußert »Jetzt müßte das Haus brennen« und steckt es in Brand.

Die soziale Bedeutung liegt darin, daß gewohnheitsmäßiges Hantieren mit offenem Feuer bei Kindern und Jugendlichen als Symptom einer gestörten psychischen Entwicklung erkannt werden sollte, damit nicht ausschließlich pädagogische Maßnahmen, sondern eine psychiatrische Diagnostik und eine entsprechende Behandlung folgen. Immer mehr Kinder und Jugendliche werden im Hinblick auf ihre Verantwortlichkeit nach § 828 (2) BGB zivilrechtlich begutachtet.

Therapie und Prognose
Die Behandlung ist nur bedingt symptomzentriert, vielmehr in erster Linie an Ätiopathogenese der sozialen Störung bzw. einer hirnorganischen Wesensänderung des feuerlegenden Kindes orientiert. Drang- und zwanghaftes Zündeln, Kokeln oder Brandstiften treten nur selten isoliert auf, es ist fast immer mit anderen psychopathologischen Symptomen verknüpft oder Bestandteil einer dissozialen Entwicklung bzw. einer antisozialen Persönlichkeitsstörung. In Betracht kommen heilpädagogische, psychotherapeutische, besonders aber auch verhaltenstherapeutische Maßnahmen.

Die Prognose im Hinblick auf das Symptom ist eher ungünstig. Brandstiftungen durch unvorsichtiges Hantieren mit dem Feuer sind als »Unglücksfälle« zu bewerten und bleiben ohne Rückfälle. Klosinski (1999) wies auf eine hohe Rückfallquote hin, wenn keine Therapie erfolgte, und zitiert Bumpass et al. (1985), der über zündelnde Kinder berichtete, die in den nachfolgenden 1 bis 3 Jahren in über 30 % der Fälle neue Brände legten.

3.2.2 Aggressivität (ICD-10 F91, ICD-10 F92)

Aggressivität, ob erblich angelegt oder früh erworben, ist ein ambivalenter Aspekt in der menschlichen Existenz, denn sie ist sowohl ein essentieller und dynamischer Bestandteil der gesunden Entwicklung eines Kindes als auch ein manifester Bestandteil fast aller psychischen Störungen und Erkrankungen. Begibt man sich auf der Suche, tritt sie einem überall offen oder maskiert entgegen. Die Unterscheidung zwischen einer normalen, lebenserhaltenden und einer dissozialen, destruktiven Aggressivität gelingt nur im Blick auf ihre Extreme und auf die Zwischenstufen eines Kontinuums. Ausmaß und Schwere sind maßgeblich von primären, persönlichkeitseigenen und sekundären, milieureaktiven Faktoren bestimmt. Ein ausgewogenes Aggressionspotential ist Bestandteil normaler *Bewältigungsstrategien*; es trägt zur Erhaltung der Selbstachtung und damit zur seelischen Homöostase bei. Dieses »Fließgleichgewicht« bleibt erhalten, solange auch starke aggressive Potentiale kanalisiert und sublimiert werden können. Sowohl eine Verstärkung als auch eine Schwächung der Aggressionskontrolle können auto- oder heterodestruktive Störungen verursachen. So können autoritäre ethische oder pseudomoralische psychische Instanzen zu aggressiven Gehemmtheiten und Deviationen führen oder an der Entstehung autodestruktiver psychosomatischer Krankheiten beteiligt sein. Bei aggressiv-gehemmten Jugendlichen kann es bei einem Verlust der Aggressionskontrolle manchmal zu überraschenden und zu unmotiviert erscheinenden Gewaltakten kommen.

Symptomatik

Bei *Kleinkindern* sind ungehemmt-aggressive Verhaltensweisen noch weitgehend die Regel und die Norm. Gerichtete oder ungerichtete *Wutausbrüche* und elementare Tobsuchtsanfälle mit Schreien, Schlagen und Hinwerfen ereignen sich täglich. Im Trotzalter werden bisher erziehungsleichte Kinder im Rahmen dieser stadienspezifischen Umstellung manchmal erziehungsschwierig; sie verhalten sich oppositionell, störrisch und eigenwillig. Sie fangen aus nichtigen Anlässen Streit an und sorgen für Unruhe, sie zertrümmern Spielsachen, zerreißen Bilderbücher, beschädigen Möbel und Türen und beschmieren Tische und Wände. Indirekte Aggressionen finden sich in stummen Bock- und Trotzreaktionen. Abgeforderte kleine Pflichten werden verweigert und bereits akzeptierte Regeln und Gebote übertreten und erneut verworfen. Das Kind in der aggressiven Trotzhaltung erlebt im Widerstreit von Liebe und Ablehnung der Eltern seinen ersten Ambivalenzkonflikt.

Abb. 3.3 12jähriger, durchschnittlich begabter Junge mit aggressiven Durchbrüchen: tobt, schreit, wirft mit Gegenständen, bedroht Kinder und Erwachsene (»ich würg dich jetzt«), Diebstähle, Schulverweis (obszönes sexuelles Vokabular, greift Mädchen in die Bluse). – Mit zwei Jahren Scheidung der Eltern, danach wechselnd bei der Mutter und dem Vater, mit zehn Jahren zu Pflegeeltern.

Bei *Schulkindern* und *Jugendlichen* lassen sich aggressive Verhaltensstörungen einteilen in direkte (offene) und indirekte (verdeckte) Aggressionen, in aggressive Gehemmtheiten und in den Körperbereich verdrängte Aggressionen.

a) *Direkte Aggressionen* finden sich bei Klein- und Schulkindern außer in alltäglichen Balgereien und Schlägereien bereits in sadistisch getönter Mißhandlung anderer Kinder und in quälerischen und destruktiven Akten gegenüber Tieren und Sachen. Für die zuverlässige Erprobung aggressiver Triebüberschüsse findet sich in jeder Jungengruppe ein Prügelknabe. Das bei Kleinkindern oft zu beobachtende experimentierende *Quälen von Tieren* ist ebenso wie das untersuchende Zerstören von Spielsachen und anderen Gegenständen Teil des infantilen Forschungs- und Erkenntnisdrangs und für die weitere Entwicklung ohne nachteilige Bedeutung. Bei größeren Kindern gilt Tierquälen dort als prognostisch ungünstig, wo andere dissoziale oder delinquente Symptome bereits vorhanden sind oder hinzutreten.

Bei *delinquenten Jugendlichen* sind frei flottierende oder gezielte aggressive Tendenzen an fast allen Delikten beteiligt, bei Körperverletzung, Gruppenvergewaltigungen, bei Straßenunfällen, beim Totschlag und beim Mord. Motorräder und Autos üben durch provozierenden Motorenlärm und den Nervenkitzel der Geschwindigkeit eine zusätzliche aggressive Faszination durch die Beherrschung ungebändigter Kräfte aus. In den USA, wo destruktive Bandendelikte mit sinn- und zwecklosem Vernichten und Verderben (»vandalism«) eine größere Rolle spielen, widmen sich hyperaggressive Jugendliche unter anderem besonderen Autospielen wie »chicken«: Auto mit höchster Geschwindigkeit steuerlos fahren lassen oder »sport«: Kupplung, Gas, Bremsen von verschiedenen Jugendlichen bedienen lassen; in beiden Fällen fatalistisches Abwarten, was passiert. Bei vielen dieser Jugendlichen wurde völlige Erziehungsunfähigkeit der Eltern festgestellt.

b) *Indirekte Aggressionen* werden versteckt oder mehr hintergründig gehandhabt. Sie setzen ein bestimmtes Maß an *intellektueller Differenziertheit* voraus, weil sie sprachgebunden sind und eine gewisse Qualität der emotionalen Nuancierungsfähigkeit erfordern. Bei Kindern gehören je nach der Altersgruppe dazu aggressives Petzen und Lügen, krittelndes und anhaltendes Lamentieren, ständiges Opponieren und hinterhältiges Quälen, unausgesetztes, boshaftes Benörgeln von Beschlüssen, feindseliges Sich-Absondern und Stänkern, aggressive Schadenfreude bei Versagen anderer, Spott, Ironie und Zynismus. Aber auch trotziges Schweigen oder feindseliges Verschweigen bestimmter Vorkommnisse gehören dazu. So gibt es Kinder, die ihre Mitschüler absichtlich zu Übertretungen verleiten oder sie bei der Abfassung von Klassenarbeiten behindern oder gegen die Gruppenmoral der Schüler verstoßen, indem sie in aggressiver Absicht Anordnungen der Lehrer überkorrekt befolgen und damit ihre Mitschüler ins Unrecht setzen. Zahlreichen kindlichen Fehlhaltungen wie Fortlaufen, Brandstiftungen, Schulschwänzen, Diebstählen und Lügen liegen larvierte aggressive Impulse zugrunde oder werden durch sie mitbedingt. Indirekte aggressive Tendenzen zeigen sich auch in der Putz- und Gefallsucht mancher Mädchen, die eine deutliche lustbetonte Befriedigung durch das Machtgefühl der erotischen Ausstrahlung und des sexuellen Begehrtwerdens

und den darin liegenden Möglichkeiten des Gewährens und Versagens erfahren.

c) *Das aggressiv gehemmte Kind* verhält sich brav, demütig und bescheiden: es ist überangepaßt. Wie das aggressiv ungehemmte Kind ist es im vollen Besitz seiner autochthonen aggressiven Regungen. Es kann jedoch über seine »primäre Aggressivität« nicht frei verfügen, weil sie durch schädliche Einflüsse der Erziehung verboten, verfemt und unterdrückt wurde. Gleichzeitig entstanden schwere und teilweise irreparable Artefakte bei der Entwicklung der naiven Aggressionsfreude und bei der Fähigkeit zur naiv-spielerischen und konstruktiv-leistungsbetonten Bewältigung altersspezifischer emotionaler und intellektueller Aufgaben. Diese »intentionalen Lücken« bewirken Störungen des *Selbstvertrauens* und des Selbstverständnisses. Das aggressiv gehemmte Kind verfügt über keine ausreichenden Erfahrungen oder Vorstellungen über den Grad seiner eigenen Leistungsfähigkeit. Es neigt zum vorzeitigen und voreiligen Aufgeben. Es »sichert« in Erwartung latenter Gefahren ständig und ist dadurch unfähig, sich der Freude am Spiel und an der Leistung hinzugeben, es kann sich nicht »konzentrieren«. Bei anhaltendem Affektstau kommt es nach dem Überlaufprinzip aus unwesentlichen Anlässen zu scheinbar unmotivierten aggressiven Durchbrüchen. Dieser »Jähzorn« steht in völligem Gegensatz zur sonstigen »Ausgeglichenheit«.

d) *Elternmißhandlung* ist ein altes und ebenso wie die Kindesmißhandlung ein lange verdrängtes Kapitel von Gewalt innerhalb der Familie. Vor einigen Jahren wurden zunächst vereinzelt, dann gehäuft (Nissen 1993) aggressive Handlungen von Kindern gegenüber ihren Eltern registriert. Die Dunkelziffer ist hoch, weil diese Vorkommnisse als Schande für die Familie gelten. Es handelte sich einerseits um indirekte aggressive Aktionen wie Beschimpfungen und Denunziationen und um fortgesetzte Kränkungen (Defäkation ins Bett der Mutter, Anschuldigungen gegen die Eltern in der Nachbarschaft) und andererseits um heimliche Sachbeschädigung (Zerreißen von Geldscheinen, Demolieren von Wohnungseinrichtungen usw.). Die Urheber bleiben oft lange unentdeckt, weil man ihnen so »bösartige« Taten nicht zutraut. Die Täter werden eher zufällig entdeckt oder wenn auffällt, daß solche Vorkommnisse unterbleiben, wenn sie nicht zu Hause sind.

Fallbeispiel: Ein sechsjähriges Mädchen begann einige Monate nach der Trennung von der Familie bei den Pflegeeltern nachts Wäschestücke, Bettbezüge und Stoffe zu zerreißen; es zerschnitt das Abendkleid der Pflegemutter, zerschlug Geschirr und Gläser, riß Blätter und Blüten von Zimmerpflanzen ab. Die Pflegeeltern standen vor einem Rätsel, bis sie das Kind bei einer nächtlichen Kontrolle dabei ertappten. Da bereits eine Anzeige bei der Polizei erstattet worden war, folgte eine Vernehmung, bei der das Kind, das sich »in einem Erschöpfungszustand« befand, als Motiv angab, daß »ich von hier weg, wieder zu meinen Eltern will«.

Direkte Gewalt gegenüber den Eltern (»battered parents-syndrome«), besonders gegenüber alleinstehenden Müttern, wird überwiegend von größeren Jungen und männlichen Jugendlichen angewendet. Die Mißhandlungen reichen von physischen Bedrohungen und gelegentlichem Schlagen bis zu massiver Gewaltanwendung mit schweren und schwersten Verletzungen bis zum Mutter-, Vater- oder Elternmord. Um nach außen die Illusion einer »harmonischen Familie« aufrechtzuerhalten, ertragen die Opfer die Mißhandlungen oft über lange Zeit ohne Gegenwehr.

Fallbeispiel: Ein 16jähriger Jugendlicher bedrohte seine Mutter mit dem Messer oder drückte ihre Hand auf die heiße Herdplatte, wenn sie ihm »nicht folgte«. Seit dem 12. Lebensjahr schlug und drangsalierte er sie. Er zwang sie, seine »Dienerin« zu sein, seine Lieblingsgerichte zu kochen, warf andere Gerichte in den Mülleimer, demolierte das Mobiliar, schlug sie mit der Hand, später auch mit Gegenständen. Nach der Scheidung der Mutter, als der Sohn 4 Jahre alt war, habe sich »alles um das Kind gedreht«. Zunächst habe sie alles, was das Kleinkind anordnete, befolgt, weil es so »putzig« war.

Die Ursachen der Elternmißhandlung liegen überwiegend in einer gestörten, desorganisierten *Familienstruktur*. Meistens fehlt eine auf Zustimmung beruhende familiäre Hierarchie, oder es gibt keine verbindlichen Regeln und Zuständigkeiten. Diese unfreiwillig gleichberechtigten Kinder und Jugendlichen müssen selbständig Entscheidungen treffen, denen sie nicht gewachsen sind. Als Klein- und Schulkinder schon »kleine Tyrannen«, unternehmen sie später ungeeignete Versuche (Drohung, Erpressung, Gewalt), um z. B. die zerrüttete Ehe ihrer Eltern dadurch zu retten, daß sie sich zu Familiendespoten aufwerfen. Wenn sie den Eltern körperlich überlegen sind, ist die Versuchung groß, die Mutter oder den Vater zu bedrohen oder zu überwältigen. Letzten Anlaß zu solchen Attacken bilden elterliche Forderungen oder Verbote, die erfahrungsgemäß nach einer solchen »Intervention« zurückgenommen werden.

Genese, Ätiologie, soziale Bedeutung
Der Begriff Aggressivität ist doppeldeutig. Etymologisch wird darunter sowohl »herangehen«, »sich nähern«, »jemanden zu gewinnen suchen« verstanden als auch »angreifen«, »anfallen«, »überfallen«. Aggressivität als normale Aktivität. Lebenserhaltender Durchsetzungs- und Bemächtigungswille (engl. »aggressiveness«) ist ein Bestandteil der Vitalität. Die feindselige Aggression (engl. »aggressivity«) ist mit demütigenden und destruktiven Handlungen gegenüber Artgenossen und anderen Objekten (Heteroaggressivität) oder gegen sich selbst (Autoaggressivität) verbunden.

Die Aggression als wesentlicher Bestandteil des lebenserhaltenden Antriebsüberschusses gehört als Mit- und Gegenspieler der Libido zu den primären *Selbsterhaltungstrieben*, die sich im Laufe der kindlichen Entwicklung unter dem Druck des »Formierungszwanges« durch Milieu und Erziehung normalerweise nach soziologischen und ökonomischen Gesichtspunkten ausrichten und einordnen. Soziale Anpassung ist aus dieser Sicht weitgehend identisch mit Aggressionsverzicht und Affektkultivierung.

Als *Aggressionstrieb* bezeichnet Adler

(1908) ein »alle Triebe verbindendes psychisches Feld, in das Erregung einströmt, sobald einem Primärtrieb die Befriedigung versagt bleibt«, d. h. zur Abwehr einer Frustration. Freud hat den Aggressionstrieb nie ganz, meist nur im Zusammenhang mit seinem Todestriebkonzept akzeptiert, ihn aber als dessen Hauptvertreter angeführt. Aus seiner Sicht ist der Aggressionstrieb der »Abkömmling und Hauptvertreter des Todestriebes, den wir neben dem Eros gefunden haben, der sich mit ihm die Weltherrschaft teilt«. Dem Todestrieb, der »destrudo«, komme dabei die Aufgabe zu, »das Lebende in den anorganischen Zustand zu überführen«. Wird Aggressivität in ihrer Expansion gehemmt oder gebremst, wird sie verinnerlicht und gegen das eigene Ich gewandt. In der Verhaltensforschung wird die Aggression als »dynamisches Instinktkonzept« angesehen. Lorenz (1968) leitet sowohl ihre triebhafte Grundlage als auch ihre arterhaltende Funktion von einer eigenen endogenen Erregungsproduktion und einem entsprechenden Appetenzverhalten ab.

Aggressive Impulse und Tendenzen lassen sich in allen Stadien einer normalen kindlichen Entwicklung nachweisen. »Orale« Beißtendenzen gegen die Mutter während des Stillens, »analer« Widerstand gegen das Sauberkeitsgebot durch trotziges Verweigern oder unzeitige Hergabe des Kotes, »phallischer« Bemächtigungs-, Schau- und Demonstrationstrieb sind ebenso wie Äußerungen indirekter Aggressivität im späteren Lebensalter Beispiele für die entwicklungsspezifische Ausformung und Ausdifferenzierung des Aggressionspotentials.

Die *Frustrations-Aggressions-Hypothese* faßt nach Dollard et al. (1939) die Aggression als Reaktion auf erlittene Frustrationen auf. Aggression ist ein Verhalten, dessen Ziel die Verletzung der Person ist, gegen welche sich das Verhalten richtet. Auch nach dieser Theorie kommt es zur Autoaggression dann, wenn das Ausleben aggressiver Verhaltensweisen gebremst wird. Aggressives und autoaggressives Verhalten als scheinbar paradoxe Angstreaktion sehen wir besonders bei aggressiv-gehemmten und ängstlichen Kindern, manchmal aber auch bei autistischen, anankastischen und bei hyperaktiven Kindern. Solche Kinder, sogenannte »Angstbeißer«, neigen zu präventiv-aggressivem Verhalten. Wenn sie sich in einem Zustand erhöhter Alarmbereitschaft befinden, reagieren sie auf nichtige Anlässe mit massiven Durchbrüchen. Zu autoaggressiven Handlungen kann es bei diesen Kindern kommen, wenn das Ausleben aggressiver Verhaltensweisen gehemmt wird.

Fallbeispiel: Ein neunjähriger, hochgradig aggressiver Junge äußerte mehrfach, daß er lieber ein Mädchen sein möchte: »Die läßt man ja in Ruhe, weil sie sich nicht wehren können. Ich haue bloß deshalb die anderen, damit sie mich in Ruhe lassen.«

Störungen der Aggressionsentfaltung, die partielle *Triebretardierungen* einschließen können, sind in allen Entwicklungsstadien möglich und ergeben bereits theoretisch eine Vielzahl von Kombinationen und Legierungen. Bei formelhafter Vereinfachung komplizierter Vorgänge finden sich mit großer Regelmäßigkeit Be-

ziehungen zwischen aggressiven Kindern und autoritären Verhaltensmustern in der Umgebung. Die dadurch bewirkten Frustrationen spielen im Pendelschlag mit Verwöhnung ebenso wie bei anderen Verhaltensschwierigkeiten eine bedeutsame Rolle für fehlgeleitete direkte oder indirekte Aggressionen.

Dabei lassen sich theoretisch zwei prägende und stilbildende pathogenetische Phänomene trennen, die sich praktisch jedoch häufig als untrennbar erweisen. Die »Identifikation mit dem Aggressor« erzeugt als *Abwehrvorgang* aggressive Reaktionen des Attackierten, die mit entsprechenden Gegenaktionen unterdrückt werden und über die Kette Aktion-Reaktion-Aktion zur aggressiven Dauerhaltung führen können. Die Nachahmung anerkannter und geliebter Vorbilder wird durch die gesteigerte Suggestibilität des Kindes unterstützt. Auch sie kann zu aggressiven Einstellungen hinführen. Das Kind kann somit durch Haß oder durch Liebe, durch Abwehr oder durch Induktion zu aggressiven Fehlhaltungen gelangen. Dabei ist jedoch die pathogenetische Skala aggressiver Verhaltensstörungen keineswegs erschöpft. Eine ständig gespannte und feindselige Atmosphäre in der Familie hat ebenso wie eine intellektuelle »Erziehung durch Nadelstiche« und dort, wo dem Kindertrotz ein permanenter Elterntrotz gegenübersteht, eine aggressionsfördernde Komponente. Im aggressiven Necken und in demütigenden Beschimpfungen finden sich Analogien zum »Scharfmachen« von Hunden durch Hinhalten und Wegziehen begehrter Objekte. Auch unter der Einwirkung einer erzieherischen Toleranz ohne Maß und Ziel und in extremen Verwöhnungssituationen werden aggressive Entwicklungen zu schweren antisozialen aggressiven Syndromen beobachtet.

Aus der Pathogenese aggressiver Verhaltensstörungen lassen sich einige weitere Symptome ableiten und erklären. Unter dem Druck einer Erziehung, die nur auf Befehl und Gehorsam abgestellt ist, können aggressiv gehemmte, abnorm gefügige und unterwürfige Kinder schwere innere Spannungs- und Erregungszustände entwickeln, die nach verbotener Abfuhr drängen. Neben aggressiven Durchbrüchen entwickeln sich *neurotische Reaktionen*, indirekte Aggressionen gegen sich selbst oder auf dem Weg des geringsten Widerstandes in Form von direkten oder indirekten Reaktionen nach der »Radfahrermanier« (buckeln nach oben und treten nach unten): auf kleinere Geschwister, Tiere, Gegenstände. Am Ende steht als abnorme Übersteigerung der Entwicklungsstörung die »anale Charakterstruktur«, die in ihren negativen und positiven Aspekten hier nicht beschrieben werden soll.

Die soziale Bedeutung liegt in den extrem egoistischen und antisozialen aggressiven Handlungen. Die menschliche Gesellschaft fordert Eindämmung der Aggressionen und damit für jedes Individuum einen Anteil aggressiver Gehemmtheit.

Diagnose und Differentialdiagnose

Die Diagnose einer aggressiven Störung ist in Abhängigkeit vom Lebensalter des Kindes, von der Bewältigung oder Nicht-

bewältigung frühkindlicher Entwicklungsstadien, von zeittypischen Einflüssen und von der derzeitigen individuellen und sozialen Situation zu stellen. Von den Kindern mit leichten, entwicklungsabhängigen aggressiven Verhaltensstörungen sind solche abzugrenzen, die über ein hohes autochthones Aggressivitätspotential verfügen. Ihre Aggressivität kann zusätzlich unter dem Einfluß des von ihnen mit »gestimmten« Milieus im Sinne eines Rückkoppelungseffekts weiter verstärkt werden.

Differentialdiagnostisch kommen zerebralorganische (epileptische) und endogen-psychotische Erkrankungen in Betracht, ferner aber auch alle anderen psychischen Störungen, die mit einer abgesenkten Reizschwelle und starker affektiver Labilität einhergehen oder mit Handlungen, die in existentiellen Notsituationen begangen werden. Einzeln lassen sich anführen: hyperkinetische Kinder, geistig behinderte Kinder mit erethischer Antriebslage, Kinder mit hirnorganischen Störungen oder mit epileptischen Dämmerzuständen und/oder explosiven Ausbrüchen als Ausdruck einer Pubertätskrise oder einer beginnenden Psychose.

Therapie und Prognose

Am Beginn und häufig auch noch am Ende der Therapie steht das schwer zu lösende Problem einer Unterbrechung des Aktions-Reaktions-Zirkels zwischen Kind und Erziehern, der aus unbedeutenden oder bedeutsamen Anlässen immer wieder neu in Gang kommt und regelmäßig zu gleichartigen Ergebnissen führt. Wie bei fast allen kindertherapeutischen Behandlungen hängt der Erfolg entscheidend von der Bereitwilligkeit der Umwelt des Kindes ab, gemeinsam gewonnene Einsichten zu verwirklichen. Neben und teilweise gemeinsam mit der psychotherapeutischen Einzel- oder Gruppentherapie des Kindes stehen Spiele, die Möglichkeiten zum Ausagieren und zu gestaltenden Aktionen bieten: Fingermalen, Spielen mit Wasser, Sand und Schmutz, ferner körperliche Anstrengungen und sportliche Übungen. Damit ist das Arsenal der therapeutischen Hilfsmittel nicht erschöpft. Der therapeutische Ansatz richtet sich wie alle heilpädagogischen und psychagogischen Maßnahmen nach der individuellen Begabung und der Aufnahmefähigkeit des Kindes.

Die *Familientherapie* ist besonders wirksam, wenn sie mit sozialpädagogischen und psychotherapeutischen Maßnahmen verbunden ist. Man bezieht die gesamte Familie mit ein, um kumulativ und additiv aggressionsfördernde Faktoren zu erfassen und dem Kind optimale Förderbedingungen zu gewähren. Vorrangig dafür sind eine Stärkung des Selbstbewußtseins der Kinder, Elternberatungen und Elternseminare, Interventionsangebote an die Schulleitung (Olweus 1994) und die Lehrer, aber auch präventive Ansätze in Kindergärten. Leitfäden und Manuale (Cierpka 1999) können dazu beitragen, die familiären und schulischen Hintergründe zu erkennen und bestehende Kommunikationsschwierigkeiten zu beheben. Bei direkter Aggressivität sollte man versuchen, durch Verstärkung erwünschter Verhaltensweisen, etwa mit

Belohnungen, eine Harmonisierung zu erzielen, erst in zweiter Linie kommen »Bestrafungen« (Time-out, Versagung von Privilegien, Schadensregulierung) in Betracht.

Durch diese und andere analysierende Informationen und praktische Anweisungen zur Vermeidung oder Reduktion aggressiver Ausbrüche lassen sich leider oft nur vorübergehende und oft keine anhaltenden Besserungen erzielen. Aber wenn es gelingt, aggressive Tendenzen zu binden, muß man sie in einem nächsten Schritt durch *soziale Integration* festigen. Bei Kindern heißt das Förderung von Spezialinteressen und Bindung an Gruppen und Gemeinschaften in jeder Form, etwa durch Eintritt in Sportvereine und Jugendgruppen.

Im Fall von *Elternmißhandlung* muß neben der spezifischen Einzel- und Familiendynamik auch der zeittypische Wandel der Familienstruktur (Emanzipation der Mütter, Kinder und Väter) berücksichtigt werden, mit der auch ihre hierarchische Struktur verändert wurde. Psychosen, Drogen- und Alkoholabhängigkeit werden bei den mißhandelnden Jugendlichen relativ selten angetroffen.

Der Wirkungsmechanismus der *Psychopharmaka* mit antiaggressiver Potenz ist ungeklärt. Niederpotente Neuroleptika werden in akuten Erregungszuständen eingesetzt, aber der sedierende Effekt gehört zu den unerwünschten Wirkungen. Bei aggressiven hyperkinetischen Kindern wirkt Methylphenidat (Ritalin) rasch und anhaltend; es wirkt nicht bei aggressiven nicht-hyperkinetischen Kindern. Betablocker, etwa Atenolol (Tenormin), wirken anscheinend besonders bei Kindern mit hirnorganischen Schäden. Antikonvulsiva können, wenn Epilepsien gehäuft in der Familie vorkommen, mit Aussicht auf Erfolg eingesetzt werden. Lithium gilt als wirksamste antiaggressive Substanz; es erwies sich in mehreren Doppelblind-Studien gegenüber Placebo als eindeutig wirksam, auch bei therapieresistenten Fällen.

Die Prognose ist abhängig vom Lebensalter bei Beginn der Behandlung, vom Ausmaß der aggressiven Störungen und von der Bereitschaft und der Fähigkeit des Kindes zur Mitarbeit und zur Realisierung gewonnener Einsichten. Sie ist nicht ungünstig, wenn man das *Milieu* und das Kind positiv beeinflussen kann. Sie ist ungünstig bei delinquenten Kindern und kriminellen Jugendlichen aus einem dissozialen und delinquenten Milieu und besonders bei solchen, die ihre Delinquenz und ihre aggressive Einstellung zur Welt ohne Einschränkungen bejahen.

3.2.3 Autoaggressivität (ICD-10 F68.1)
Symptomatik
Bei der *Autoaggressivität*, einem selbstverletzenden Verhalten (Automutilatio), handelt es sich um abgewehrte Fremdaggressionen, die eine Person gegen sich selbst richtet. Sie finden sich in ihrer offenen Form vorwiegend bei lern- und geistig behinderten, bei hirngeschädigten und bei psychotischen Kindern, manchmal aber auch isoliert als abnorme psychische Reaktionen in *Konflikt- und Verzweiflungssituationen*. Die Motivation ist unklar, es besteht aber nicht das bewußte Ziel, eine Krankenrolle einzunehmen, sondern um eine emotional oder kognitiv

bedingte Aggressionsumkehr gegen den eigenen Körper.

Fallbeispiele: Ein fünfjähriger Junge, der in einem Jahr seine Mutter und zwei Pflegemütter durch Tod verloren hatte, biß sich die Hände blutig und riß sich die Mundwinkel und Ohrläppchen ein.

Ein vierjähriges Mädchen verlor im zweiten Lebensjahr die Mutter. Der Vater konnte den Verlust nicht verwinden, er begann zu trinken und ging in jeder freien Minute mit dem Kind zum Friedhof. Als er wieder heiratete, reagierte das Mädchen mit Eifersuchtsanfällen, es setzte sich intensiv mit der Todesproblematik auseinander und begann sich durch Kratzen und mit scharfen Gegenständen tiefe Fleischwunden im Gesicht und an den Oberarmen beizubringen, die ärztliche Behandlung erforderten.

Ein zehnjähriges Mädchen, das bei Kriegsende die Tötung seiner Eltern miterlebte, rieb sich danach monatelang die Hände blutig und mußte mit ausgedehnten Entzündungen stationär behandelt werden.

Autoaggressionen sind insgesamt nicht häufig. Werden aber leichte, larvierte oder gedankliche »Wendungen gegen die eigene Person« in die Autoaggression einbezogen, handelt es sich auch bei Kindern und Jugendlichen um ein weitverbreitetes Phänomen. Stereotype Selbstverletzungen finden bei Jaktationen, beim Nägelbeißen oder Haarausreißen statt. Durch Verdrängung in tiefere Leibregionen können somatoforme Störungen und psychosomatische Erkrankungen wie Enkopresis, Enuresis, Stottern, Tic-Erscheinungen, aber auch Asthma, Magengeschwüre usw. bereits im Kindesalter in Erscheinung treten. Bei Jugendlichen erkennen wir indirekte Autoaggressionen etwa im Suchtverhalten der Nikotin-, Drogen- und Alkoholabhängigen, aber auch in der Mager- und in der Fettsucht.

Autoaggressionen treten bei Kindern und Jugendlichen vorwiegend auf als

1. passagere Entwicklungsstörungen (nächtliches Kopfschleudern; Beißen an Nägeln, Nagelhäuten oder in die Wangenschleimhaut; Haarausreißen, »Ritzen« der Körperhaut mit scharfen Gegenständen);
2. demonstrative Handlungen Jugendlicher in der Strafhaft als Ausweich- und Zweckreaktionen (Fremdkörperschlucken, Einbringen entzündungsfördernder Fremdstoffe in offene Wunden, selbst beigebrachte Verletzungen);
3. Primitivreaktionen in Verzweiflungs- und Erregungszuständen (sich selbst oder mit dem Kopf auf Gegenstände schlagen);

4. Symptom einer Borderline-Persönlichkeitsstörung;
5. zwanghafte Bewegungsstereotype mit Selbstverletzung im Verlauf endogener, besonders schizophrener Psychosen;
6. als Suizidäquivalente;
7. bei geistig behinderten Kindern.

Genese, Ätiologie, soziale Bedeutung

Die Wendung der Aggressivität gegen die eigene Person tritt bei intelligenzgeminderten oder psychisch kranken Kindern und Jugendlichen in bewußt oder nur vage wahrgenommenen *Krisensituationen* auf. Sie ist oft nur ein Symptom einer umfassenderen psychischen Störung. Autoaggressive Handlungen finden sich gelegentlich bei endogenen Psychosen, besonders häufig aber bei geistig behinderten oder hirnorganisch geschädigten Kindern und Jugendlichen. Autoaggressivität und Automutilatio sind prinzipiell überall möglich, wo Angst, Verzweiflung und Auswegslosigkeit herrschen. Das Ausreißen der Haare gehört zum

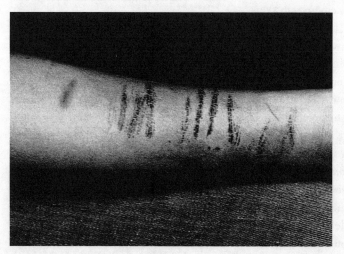

Abb. 3.4 13½jähriges, sehr ängstliches Mädchen, das wegen Selbstverletzungen mehrfach ambulant und stationär versorgt werden mußte. Die Mutter verließ nach der Geburt die Familie. Das Mädchen kam mit acht Monaten in ein Heim, danach in eine Pflegefamilie. Gewalttätiger Pflegevater. Nachdem die von der Patientin abgelehnte leibliche Mutter sie zu sich holen will, »Ritzen« und mehrfache Augenverletzungen.

Ausdruck der Trauer und zum Bestattungsritual einiger orientalischer Völker. Es wird gelegentlich auch bei depressiven Kindern und Jugendlichen beobachtet.

In der *Tierpsychologie* gibt es eine erstaunlich große Übereinstimmung autoaggressiver Verhaltensweisen, die hier überwiegend als Ersatzbefriedigungen oder Übersprungshandlungen gedeutet werden. Zootiere beißen sich in Situationen heftiger Angst häufig selbst. Gefangene und in Käfigen gehaltene Affen fügen sich durch Beiß- und Reißbewegungen am eigenen Körper Verletzungen zu. Hühner, die in engen Käfigen gehalten werden, rupfen sich die eigenen Federn aus. Pferde zerbeißen ihre Krippen, wenn man ihnen zwar genug Futter, aber nicht genügend Auslaufmöglichkeiten bietet. Affenbabys, denen die Mütter weggenommen wurden und die man isoliert aufzog, entwickelten fast regelmäßig Jaktationen. Mutterlos aufgewachsene Rhesusaffen beißen in eigene Körperteile, und das um so stärker, je größer die äußere Bedrohung ist.

In der *Anthropologie* konkurrieren geistes- und naturwissenschaftliche Hypothesen um Allgemeingültigkeit. Verhaltensforscher und Psychoanalytiker vertreten die These, daß es sich bei der Aggressivität und damit auch bei der Autoaggressivität um einen angeborenen Trieb handelt. Lern- und Verhaltenspsychologen sehen Aggression u. a. als eine Folge von Frustration, von Versagung und Angst, als ein negatives Lernprodukt von Erfahrungen an.

Im Tierexperiment wurden Affen haardünne Elektroden in die Hirnsubstanz eingeführt und durch Reizung umschriebener Zellgruppen aggressive Handlungen ausgelöst. Diese elektrisch induzierten Aggressionen wurden jedoch nicht ungezielt und wahllos abgeführt; zu Autoaggressionen kam es nicht. Es wurden vorwiegend Tiere angegriffen, zu denen disharmonische oder neutrale Beziehungen bestanden. Befreundete Tiere wurden nicht attackiert. Psychologisch und soziologisch festgelegte Einstellungen und Hierarchien wurden durch somatische Reize somit nicht durchbrochen. Es besteht offenbar ein individueller Entscheidungsspielraum bei der Verwirklichung imperativer aggressiver Zwänge.

Autoaggressive Handlungen müssen als umgeleitete aggressive Akte angesehen werden, als nicht zugelassene, nicht gewollte oder nicht gewagte Aggressionen. Der Automutilatio geistig behinderter Kinder und Jugendlicher kommt eine Sonderstellung zu. Bei ihnen ist nicht nur die intellektuelle Kapazität, sondern auch die *Körperfühlsphäre* beeinträchtigt. Teilfunktionen, wie die Erfassung des eigenen Körperschemas, sind gestört oder aufgehoben. Sie können Zusammenhänge zwischen Schmerz und Schmerzauslöser nicht oder nur unvollkommen erkennen. Viele sind nicht imstande, ihre Identität mit dem eigenen Spiegelbild zu erfassen. Ihnen bleibt nur eine primitive Begegnung mit dem eigenen Selbst auf einer vegetativ-animalischen Ebene, etwa einem Lust- und Unlustgefühl bei der Nahrungsaufnahme und Defäkation, in genitalen Manipulationen, wie überhaupt in der lustvollen oder schmerzhaften Begegnung mit dem eigenen Körper. Sie erleben Schmerz- und Gewaltanwendung gegen sich selbst vielleicht als eine Durchtrennung der einförmigen zeitlichen Kontinuität, indem sie sich durch den zugefügten Schmerz ihrer eigenen Existenz vergewissern und mit sich selbst korrespondieren. Selbstverletzungen bringen außerdem eine starke Zuwendung der Umgebung mit sich, so daß eine Überdetermination des Symptoms hinzutritt, die eine Tendenz zum gewohnheitsmäßigen Automatismus bewirken kann.

Eine gewisse soziale Bedeutung liegt darin, daß Kinder und Jugendliche, die sich selbst verletzen, allgemeine Anteilnahme, verstärkte Körperkontakte und materielle Zuwendungen (Süßigkeiten) erfahren, was manchmal zu einer verbesserten Pflegesituation führt, aber auch zu einer Verstärkung der Symptomatik führen kann.

Diagnose und Differentialdiagnose

Autoaggressives Verhalten ist keine eigene Diagnose. Sie ereignen sich im Kontext mit zugrundeliegenden Störungsmustern. Sie kann in vielen Fällen als eine Botschaft an die Umgebung aufgefaßt werden. Die häufigsten Formen sind motorische Stereotypien (Kopfschleudern, Kopfschlagen), Haarausreißen, Augenbohren, Kratzen und Beißen in die Finger und Hände, sich selbst mit spitzen und scharfen Gegenständen verletzen, sich selbst ins Gesicht schlagen oder Brandwunden zufügen.

Differentialdiagnostisch ist das seltene *Lesch-Nyhan-Syndrom* zu berücksichtigen. Neben der bestehenden schweren motorischen und geistigen Behinderung,

einer Choreoathetosis und Dysarthrie, finden sich schwere Autoaggressionen mit Selbstverstümmelungstendenzen an Zunge, Lippen, Fingern, Armen, Zehen. Es handelt sich um eine X-chromosomal-rezessiv vererbte, enzymopathisch bedingte Hirnstoffwechselstörung, die durch Harnsäure-Überproduktion zu schwerer geistiger Behinderung führt. Die Krankheit ist selten (1 : 380 000).

Nicht ganz selten werden sadomasochistische Wendungen gegen die eigene Person als frühe Zeichen einer Borderline-Störung angetroffen. Selbstverletzendes Verhalten bei Kindern und Jugendlichen wird auch bei psychomotorischen Anfallsleiden (»Dämmerattacken«, s. S. 208) beobachtet. Zum Ausschluß der oft uncharakteristischen Ausnahmezustände ist eine EEG-Untersuchung erforderlich. Durch eine gezielte antikonvulsive Therapie kann hier die autoaggressive Tendenz fast immer gebessert bzw. beseitigt werden.

Therapie und Prognose

Die Therapie autoaggressiver Kinder und Jugendlicher ist von der Ursache, von der Schwere und der Dauer der Symptome abhängig. Bei psychischen Störungen kommen in erster Linie psychotherapeutische Maßnahmen unter Einbeziehung der *gesamten Familie* in Betracht. Es sollte immer eruiert werden, ob am Beginn autoaggressiver Handlungen gehäufte körperliche Bestrafungen durch Familienmitglieder (z. B. alkoholabhängige Väter, geistig beeinträchtigte Mütter) standen.

Die Behandlung autoaggressiver Kinder erfordert den Aufbau eines dem Intelligenzgrad angemessenen intensiven heilpädagogischen bzw. psychotherapeutischen Einzelkontaktes. Bei schweren Selbstverletzungstendenzen lassen sich vorübergehend restriktive Maßnahmen (Manschetten, Anlegen von Verbänden) trotz Einsatzes von Medikamenten (Psychopharmaka) nicht immer umgehen.

Aus *verhaltenstherapeutischer* Sicht ist der Entzug positiver Verstärker (time out) für ca. 10–15 Minuten relativ leicht durchzuführen, am besten in Kombination mit einem »aufbauenden« Verfahren (Verhinderung von Autoaggressionen, differentielle Verstärkung inkompatibler Verhaltensweisen). Nur in schweren, absolut therapieresistenten Einzelfällen mit schweren und permanenten Eigenverletzungen sind »Strafmethoden« (elektroaversive Stimulation, Stromstärken bis 5 mA), die angeblich »große Chancen auf Erfolg« haben, allein oder in Kombination mit anderen Methoden zu diskutieren. Die ethische Problematik beim Einsatz solcher Methoden ist unbedingt zu berücksichtigen.

Bei schwer autoaggressiven Kindern und Jugendlichen kann eine *stationäre Aufnahme* notwendig werden. Im akuten Autoaggressionsparoxysmus kommen in erster Linie psychopharmakologische Maßnahmen in Betracht (Valium per os oder i. v., Haldol, Neurocil). Besonders bei kleineren Kindern haben sich längerdauernde Erwärmungsbäder (37–39°C) zur Entspannung bewährt, die während des Bades eine Kontaktaufnahme mit dem Kind erleichtern können. Für den Erfolg der weiteren Behandlung ist es entscheidend, daß eine möglichst enge emotionale Beziehung zu einer Pflegeperson oder einem Therapeuten hergestellt und aufrechterhalten werden kann.

3.3 Störungen des Sozialverhaltens

ICD-10 F91 Störungen des Sozialverhaltens
ICD-10 F92 Kombinierte Störungen des Sozialverhaltens und der Emotionen
ICD-10 F94 Störungen sozialer Funktionen mit Beginn in der Kindheit und Jugend

Als Störungen des Sozialverhaltens werden nach der *Definition* der ICD-10 F91 sich wiederholende und anhaltende Muster dissozialen, aggressiven und aufsässigen Verhaltens mit erheblichem Schweregrad charakterisiert, die in ihren extremen Auswirkungen gröbste Verletzungen altersentsprechender sozialer Erwartungen beinhalten. Eine entsprechende Diagnose sollte nur dann gestellt werden, wenn diese mindestens sechs Monate andauern. Einzelne dissoziale oder kriminelle Handlungen sind kein Grund für diese Diagnose. Als Beispiele werden genannt: ein »extremes Maß an Streiten oder Tyrannisieren, Grausamkeit gegenüber anderen Personen oder Tieren, erhebliche Destruktivität gegenüber Eigentum, Feuerlegen, Stehlen, häufiges Lügen, Schulschwänzen oder Weglaufen von zu Hause, ungewöhnlich häufige und schwere Wutausbrüche und Ungehorsam«.

Tab. 3.4 Störungen des Sozialverhaltens nach ICD-10 F91

Störungen des Sozialverhaltens sind durch ein sich wiederholendes und anhaltendes Muster dissozialen, aggressiven und aufsässigen Verhaltens charakterisiert. Dieses Verhalten übersteigt mit seinen gröberen Verletzungen die altersentsprechenden sozialen Erwartungen. Es ist also schwerwiegender als gewöhnlicher kindischer Unfug oder jugendliche Aufmüpfigkeit. Das anhaltende Verhaltensmuster muß mindestens sechs Monate oder länger bestanden haben. Störungen des Sozialverhaltens können auch bei anderen psychiatrischen Krankheiten auftreten, in diesen Fällen ist die zugrundeliegende Diagnose zu verwenden.

Beispiele für Verhaltensweisen, welche diese Diagnose begründen, umfassen ein extremes Maß an Streiten oder Tyrannisieren, Grausamkeit gegenüber anderen Personen oder Tieren, erhebliche Destruktivität gegenüber Eigentum, Feuerlegen, Stehlen, häufiges Lügen, Schulschwänzen oder Weglaufen von zu Hause, ungewöhnlich häufige und schwere Wutausbrüche und Ungehorsam. Jedes dieser Beispiele ist bei erheblicher Ausprägung ausreichend für die Diagnose, nicht aber nur isolierte dissoziale Handlungen.

3.3.1 Epidemiologie

Die Epidemiologie von Störungen des Sozialverhaltens wird durch eine erhebliches Dunkelfeld beeinträchtigt. Die in Beratungsstellen, Polikliniken und Schulen ermittelte Häufigkeit ist unterschiedlich. Verläßlichere Prävalenz- und Inzidenzangaben finden sich in repräsentativen Stichproben und Langzeituntersuchungen, die sich aber oft nur schwer miteinander vergleichen lassen. In kinderpsychiatrischen *Polikliniken* sind Störungen des Sozialverhaltens sehr häufig; nach Stein-

hausen (1996) und anderen Erhebungen (Nissen und Hoffmeyer 1988) handelt es sich hier um die zweit- oder dritthäufigste Diagnose. International wird (DSM-IV, 312.8, 1994) die Prävalenz der Störungen des Sozialverhaltens bei männlichen Personen unter 18 Jahren auf 6–16 %, bei weiblichen dieser Altersgruppe auf 2–9 % geschätzt; sie ist in Städten höher als auf dem Land.

Tab. 3.5 *Klein- und Schulkinder.* Direkte und indirekte Abweichungen von der sozialen Norm bei (Nissen 1989)

Direkte Störungen der Sozialentwicklung
Schreien, Toben, Hinwerfen, Kratzen, Beißen, Schlagen, oppositionelles und aggressives Verhalten, gerichtete oder ungerichtete Wutanfälle, destruktive Tendenzen (Spielsachen, Möbel), Zündeln, Mißhandeln anderer Kinder, Tierquälereien

---

Indirekte Störungen der Sozialentwicklung
Bock- und Trotzreaktionen, ständiges Nörgeln und Petzen, Widerspruch und Ungehorsam, Schulverweigerung, häufiges Lügen, Wegnehmen, kleine Diebstähle, Probleme mit Gleichaltrigen, mangelndes Unrechtsbewußtsein

---

Aggressiv-gehemmte Störungen der Sozialentwicklung
still, fügsam, brav, bescheiden, demütig, überangepaßt, verschlossen, gehorsam, offene oder heimliche Selbstbeschädigungen Nägelbeißen, Haarausreißen, Tendenz zu unmotivierten explosiblen Ausbrüchen

---

Die polizeilichen *Kriminalstatistiken* der letzten Jahrzehnte zeigen, daß in Deutschland die *Delinquenz* bei Kindern

Tab. 3.6 *Ältere Kinder, Jugendliche und junge Erwachsene.* Direkte, indirekte und gehemmte Störungen des Sozialverhaltens (Dissozialität, Delinquenz, Kriminalität)

Direkte Störungen des Sozialverhaltens
Verstöße gegen einfache soziale Regeln und gegen Gesetze, Kränkungen und Erpressungen in der Familie. in Schule und Beruf, offene verbale und physische Gewalt gegenüber Eltern und Lehrern, Mißhandlung, Beschädigung und Zerstörung von Sachen, Diebstähle, Einbrüche, Raubüberfälle, Brandstiftung, Totschlag und Mord, sexuelle Delikte

Indirekte Störungen des Sozialverhaltens
Ständige Konflikte mit den Eltern und Geschwistern, Weglaufen, Streunen, nächtliches Wegbleiben, Verweigerung von Schularbeiten und Mithilfe im Haushalt, Drogenmißbrauch, Promiskuität und Prostitution, Schwänzen und Bummeln in Schule und Beruf

Aggressive Gehemmtheit und Autoaggressivität
antinomisches und ambivalentes Verhalten, Wendung der Aggressivität gegen sich selbst, Überkompensation, Labilität, Rückzug, Neigung zur Askese, aggressive Durchbrüche aus nichtigen Anlässen mit und ohne Gewaltanwendung und Sachbeschädigung

und die Kriminalität bei Jugendlichen, bezogen auf 100 000 der Bevölkerungsgruppe, mit leichten Schwankungen kontinuierlich zunimmt. Die Tatverdächtigenbelastungszahl (TVBZ) betrug bei Kindern im Jahr 1995 5,5 %, 1998 6,6 % und 1999 6,7 %. Bei Jugendlichen waren es 1995 12 %, 1998 13 % und 1999 13,1 %. Da die Zahlen vom Anzeigeverhalten der Opfer abhängig sind, können in der Statistik nur Kinder und Jugendliche berücksichtigt werden, die bei der Polizei bekannt wurden. Die Zahl der ausländischen Kinder und Jugendlichen, die konstant höherals die der deutschen ist, wird seit einiger Zeit nicht mehr im TVBZ veröffentlicht, weil »die amtlichen Angaben über die nichtdeutsche Wohnbevölkerung zu unsicher und keine Zahlen von Ausländern vorliegen, die sich illegal hier aufhalten oder nicht der Meldepflicht unterliegen«.

3.3.2 Symptomatik

Bei der soziologisch determinierten Dissozialität handelt es sich um einen rein deskriptiven Begriff. Er bezeichnet das abweichende Sozialverhalten und Handeln eines Menschen in der *Gesellschaft*, ohne etwas über die Motive und die Persönlichkeit des Handelnden auszusagen. Dissozialität liegt vor, wenn einzelne oder gehäufte Verstöße gegen die von der Mehrheit anerkannten Gesetze oder die allgemein akzeptierte Moral erfolgen.

Der juristische Terminus *Delinquenz* (lat. »Verfehlung«, »vom Wege abweichen«) stammt aus dem angelsächsischen Schrifttum. Delinquenz umfaßt alle Verhaltensweisen undHandlungen von Kindern und Jugendlichen, mit denen die gesellschaftliche Ordnung gestört wird, unabhängig davon, ob sie einen Verstoß gegen die Strafgesetzgebung darstellen oder nicht. Er wird überwiegend nicht synonym mit Kriminalität gebraucht, manchmal aber nur für delinquentes Verhalten von Kindern verwendet. Das Strafrecht betrachtet den Menschen bis zu sei-

Tab. 3.7   Definitionen von Dissozialität, Delinquenz und antisozialer Persönlichkeitsstörung

---

Dissozialität ist ein deskriptiver juristischer Begriff. Er bezeichnet das abweichende Sozialverhalten und Handeln eines Menschen in der Gesellschaft, ohne etwas über die Motive und die Persönlichkeit des Handelnden auszusagen.

Delinquenz umfaßt alle Verhaltensweisen, mit denen Kinder und Jugendliche die gesellschaftliche Ordnung stören, unabhängig davon, ob sie einen Verstoß gegen die Strafgesetzgebung darstellen oder nicht.

Der Begriff der **antisozialen Persönlichkeitsstörung** ersetzt bzw. engt den früheren Begriff der Verwahrlosung (bzw. der »Verwahrlosungsstruktur«) ein, zielt aber weiterhin auf eine in ihrem Kern gestörte Persönlichkeitsstruktur, aus der sich das dissoziale und kriminelle Verhalten ableiten und erklären läßt.

---

nem 14. Lebensjahr als Kind und somit als schuldunfähig; dies wurde erstmals 1923 durch das Jugendgerichtsgesetz (JGG) festgelegt.

Der früher verwendete psychiatrische Begriff der *Verwahrlosung* (mhd. verwarelosen, »unachtsam behandeln«) zielte auf eine in ihrem Kern gestörte psychopathische Persönlichkeit ab, aus der sich das dissoziale Verhalten ableiten und erklären läßt. Verwahrlosung wurde definiert als ein »Zustand von Aufsichtslosigkeit und Erziehungsbedürftigkeit, der dadurch bedingt ist, daß das Kind nicht das Mindestmaß an Erziehung findet, das seiner Veranlagung entspricht«. Sie wurde auch als Charakterose, als Soziose oder »Milieuneurose« bezeichnet.

An die Stelle des statischen Begriffs Psychopathie ist der dynamischere der

Persönlichkeitsstörung getreten. Eine *dissoziale Persönlichkeitsstörung* (ICD-10 F60.2; dazugehörig amoralische, soziopathische, antisoziale) bzw. antisoziale Persönlichkeitsstörung (DSM-IV 301.7) liegt vor, wenn das permanente sozialwidrige Verhalten oder Handeln einer in ihrem Kern schwer und dauerhaft gestörten Persönlichkeit entspringt. Der Begriff ist vorrangig psychopathologisch ausgerichtet und nur bedingt an den Auswirkungen der Symptomatik auf die Gesellschaft orientiert. Eine antisoziale Persönlichkeitsstörung ist charakterisiert durch ein permanent unethisches und rücksichtsloses Verhalten im Hinblick auf die Einhaltung von normativen Regeln, Pflichten und Gesetzen ohne Reue und Schuldgefühle und einer Unfähigkeit zum Lernen aus Erfahrungen (»soziale Analphabeten«). Diese Menschen können sich charmant verhalten und rasche Beziehungen eingehen, sind aber unfähig, dauerhafte Beziehungen auch zu nahestehenden Menschen, die ihnen gewogen sind und oft genug und immer wieder geholfen haben, aufrechtzuerhalten. Es ist manchmal deprimierend zu erkennen, daß sie ihr Verhalten anscheinend nicht bedauern, daß sie sich deshalb nicht schämen oder nicht das Bedürfnis haben, etwas wiedergutzumachen. Auch eine drohende Bestrafung ist kein ernsthafter Hinderungsgrund, erneut antisoziale Handlungen zu begehen. Erste Anzeichen einer dissozialen Persönlichkeitsstörung treten häufig bereits in der Kindheit auf; stabile Symptome lassen sich aber erst im 16. bis 18. Lebensjahr erkennen. Die endgültigen Kriterien einer dissozialen Persönlichkeitsstörung mani-

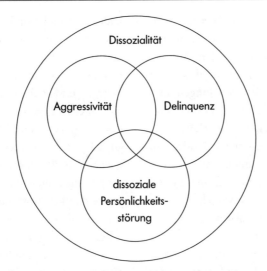

Abb. 3.5 Die Abb. veranschaulicht, wie sich Dissozialität, Delinquenz und Kriminalität zueinander verhalten. Aggressivität und Delinquenz sind Teilbereiche der Dissozialität; sie werden als überlappende Bereiche dargestellt (mod. nach Hartmann 1977). Die dissoziale Persönlichkeitsstörung umfaßt Dissozialität, Aggressivität, Delinquenz und Kriminalität.

festieren sich erst im Erwachsenenalter. Deshalb sollte diese Diagnose nicht vor dem 18. Lebensjahr gestellt werden. Nach DSM-IV beträgt die Gesamtprävalenz bei Männern ca. 3 % und bei Frauen 1 %.

Der Begriff *Dissozialität* ist aus dieser Sicht ein Oberbegriff, die juristisch determinierte Delinquenz ein Unterbegriff der Dissozialität. Gelegentliche psychosoziale Deviationen werden der Dissozialität zugerechnet. Für die Kategorisierung einer Delinquenz sind gehäufte deviante Handlungen erforderlich. Die psychopathologisch definierte dissoziale Persönlichkeitsstörung nimmt eine Sonderrolle ein.

Bezüglich der *Geschlechterverteilung* tritt die für psychische Störungen allgemein bekannte Relation von Jungen: Mädchen = 2:1 hier noch weit deutlicher in Erscheinung. Jungen und männliche Jugendliche werden etwa neunmal häufiger straffällig als Mädchen. Während der frühen Adoleszenz überwiegen die weiblichen Jugendlichen, in der Spätadoleszenz dagegen eindeutig die männlichen Jugendlichen. Am kontinuierlichen Anstieg der Jugendkriminalität in den letzten Jahrzehnten waren weibliche Jugendliche und Mädchen mit 10 % beteiligt. Als partieller Deutungsversuch der Geschlechtsunterschiede bietet sich die Erfahrung an, daß die Dissozialität und Delinquenz der Jungen eine überwiegend aggressive und lärmende Expansivität aufweisen, während die Mädchen eher zu nicht-aggressiven Verhaltensweisen neigen, die nicht registriert werden. Diese bei männlichen Jugendlichen festgestellten Symptomhäufigkeiten sind natürlich nicht repräsentativ für alle dissozialen oder delinquenten

Kinder und Jugendlichen. Aber die Symptomhäufigkeit ist auch vom Lebensalter abhängig. Bei einer statistischen Aufgliederung des ersten Auftretens dissozialer Symptome zeigen sich bei Jungen und Mädchen im Hinblick auf das Lebensalter verschiedene Spitzen in der Häufigkeit. Bei den Jungen ist ein erster Anstieg um das 6. Lebensjahr zu erkennen, dann um das 9., um das 11. und dann um das 14. Lebensjahr. Bei den Mädchen ist die Spitze in der Kleinkindzeit niedriger, also ohne größere Bedeutung. Die erste größere Spitze zeigt sich um das 11., dann um das 13. Lebensjahr und dann wieder um das 15. Lebensjahr. Die dissozialen Symptome erreichen bei männlichen und weiblichen Jugendlichen zwischen dem 18. und 20. Lebensjahr ihren Höhepunkt und gehen danach allmählich zurück. Bei Jungen wird etwa doppelt so häufig wie bei Mädchen während der Kindheit eine Fürsorgeerziehung angeordnet. Von den kriminellen Erwachsenen werden über 40 % als antisoziale Persönlichkeiten (Robins 1991) eingestuft.

Bei einer Aufgliederung nach den verschiedenen *Tatbereichen* sind Kinder und Jugendliche besonders bei Brandlegungen stark vertreten. Jede zweite bis dritte fahrlässige Feuerlegung mit Brandgefahr oder vorsätzliche Brandstiftungen erfolgten 1999 durch zündelnde Kinder, Jugendliche und Heranwachsende. Diese sind weiterhin stark vertreten bei Diebstahl ohne erschwerende Umstände und bei Sachbeschädigungen, sie sind aber gegen 1998 um 2–4 % zurückgegangen. Der Anteil der männlichen Jugendlichen ist vor allem überdurchschnittlich hoch bei Ladendiebstahl und Diebstahl unter erschwerenden Umständen, bei Raub und räuberischer Erpressung, Betrug und Leistungserschleichung, bei Sachbeschädigungen und bei Raubüberfällen, aber auch hier ist gegenüber 1998 ein leichter Rückgang zu verzeichnen. Bei Rauschgiftdelikten, Sachbeschädigung sowie schwerer und gefährlicher Körperverletzung ist die Zahl der Tatverdächtigen hingegen deutlich und bei Rauschgiftdelikten erheblich angestiegen.

Bei *Säuglingen und Kleinkindern* kommt es unter ungünstigen *Umweltbedingungen* (unerwünschtes Kind, fehlender Mutterinstinkt, chaotische Familie, ständig wechselnde Kontaktpersonen) und eine dadurch bedingte unangemessene emotionale Versorgung infolge von Kontaktmangel und Bindungsstörungen (s. S 53 ff.) zu umschriebenen oder allgemeinen Entwicklungsstörungen. Die statomotorische und sprachliche, aber auch die emotionale und die soziale Entwicklung stagnieren oder verlaufen verzögert. Gleichzeitig bilden sich häufig Übersprungmechanismen heraus wie Schrei- und Wutanfälle, Beißen, Kratzen und Schlagen und destruktive Handlungen. Die im frühen Kindesalter entstandenen Störungen des Bindungsverhaltens und einer Frustrationsintoleranz haben sich als besonders ungünstig auch für die weitere soziale Entwicklung erwiesen.

Im *Vorschul- und Schulalter* wurden als Symptome einer »Frühverwahrlosung« (s. auch Tab. 3.5 und 3.6: »Direkte, indirekte usw. Aggressivität«) ermittelt: oppositionelles und aggressives Verhalten, Widerspruch und Ungehorsam, häufiges Lügen, kleine Diebstähle, Faulheit, Schulschwänzen und Weglaufen, Integrationsprobleme im Kindergarten und in der Schule. Bezüglich der emotionalen Grundstimmung ließen sich zwei Gruppen (Nissen 1974) unterscheiden. Die eine Gruppe zeigte eine gesteigerte Expansivität, eine oberflächlich-heitere Stimmungslage, ein starkes Geltungsbedürfnis und Extrovertiertheit, in der anderen Gruppe überwog eine depressiv-dysphorische Grundstimmung mit Gehemmtheiten auf dem Gebiete des Zärtlichkeits- und Besitzstrebens. Für Kinder ist das Stehlen oft ein Sport, eine Mutprobe und dient in der Gruppe der Erlangung eines sozialen Status. Es soll einen von Langeweile, Leere und Sinnlosigkeit erfüllten Alltag beleben und dem Gefühl der Resignation durch »Action« entgegenwirken: »Alles, was Spaß macht, ist erlaubt.«

Fallbeispiel: Ein elfjähriger Junge, der von seinen Eltern »total vernachlässigt« worden war und deshalb mit zwei Jahren in ein Heim (Familiengruppe) kam, verhält sich aggressiv, läuft weg (hält sich wochenlang in Großstädten auf), entwendet Eis, Geld, Schmuck, Mofas, größere Geldbeträge u. a., schwänzt die Schule und verhält sich dort und im Heim »sadistisch« und provokativ. Kurz vor der Klinikaufnahme bedrohte er mit Schere und Messern seine Betreuerinnen und mißbrauchte ein jüngeres Kind sexuell (Fellatio). Bei dem leicht intelligenzgeminderten Jungen bestand eine Neurodermitis; mehrere Dysmorphiezeichen legten den Verdacht auf eine Schädigung während der Schwangerschaft durch Alkohol nahe. Seinen Eltern war die elterliche Sorge für ihre vier Kinder (unterernährt, verwahrlost) entzogen worden.

Für das *Jugendalter* haben Glueck und Glueck (1963) und K. Hartmann (1977, 1996) bei dissozialen, delinquenten und persönlichkeitsgestörten Jugendlichen weiterhin gültige typische *Symptomenkomplexe* im Vergleich zu einer Gruppe nicht delinquenter Jugendlicher ermittelt. 1. Labilität (Depressivität, mangelhafte Entmutigungs- und Versuchungstoleranz, mangelhafte Kontakt- und Arbeitsbindung), 2. Impulsivität (Bummeln, Weglaufen, Schulschwänzen, Abenteuer- und Sensationslust), 3. Aggressivität (jähzorniges und oppositionelles Verhalten, Aggressivität gegen Objekte und Personen), 4. Kriminalität (Eigentums-, Früh- und Wiederholungskriminalität). Hartmann (1977) stellte bei sozialisationsgestörten Jungen drei Gruppen heraus, die durch ein unterschiedliches passives bzw. aktives Sozialverhalten und soziales Bedrohungspotential charakterisiert sind: 1. Instabilität mit Kontaktschwäche, Depressivität und Weglaufen (insgesamt geringe Sozialgefährlichkeit), 2. Asozialität mit Schulschwänzen und Arbeitsverweigerung, Bummeln, Alkoholmißbrauch (insgesamt eher passives Verhalten, mittlere soziale Gefährdung), 3. Delinquenz und Kriminalität mit Bedrohungen und Mißhandlungen anderer, Sachbeschädigungen, nicht verhandelte Rechtsverletzungen (erhebliches aggressives Bedrohungspotential).

Sowohl bei Klein- und jungen Schulkindern (Tab. 3.5, s. Aggressivität) als auch bei älteren Kindern und Jugendlichen (Tab. 3.6) lassen sich im Hinblick auf das aggressive wie das dissoziale Verhalten im Zusammenhang mit den betroffenen Personen und Sachen direkte und indirekte Delikte und gegen sich selbst gerichtete Aktionen (Nissen 1991) unterscheiden.

Im Hinblick auf die Zielrichtung des *Delinquenzverhaltens* von Kindern und Jugendlichen unterscheidet Lösel (1999)

- direkt gegen das Opfer gerichtete Aggressionen (Belästigen, Schlagen, Treten, Tierquälereien sowie im späteren Alter Körperverletzungen, Vergewaltigungen und bewaffnete Angriffe),
- nicht direkt gegen das Opfer gerichtetes antisoziales Verhalten wie häufiges Lügen, Stehlen, Vandalismus, Feuerlegen und spätere Betrügereien oder Einbrüche,
- häufiger Ungehorsam wie Trotzen, Halsstarrigkeit, Wutausbrüche sowie später Streunen, unerlaubtes Wegbleiben über Nacht oder Schulschwänzen.

Als *Subtypen* gestörten Sozialverhaltens werden in der ICD-10 im Hinblick auf vorhandene soziale Bindungen beschrieben, die sich entweder vorwiegend in der Familie oder außerhalb der Familie manifestieren und jeweils mit bestimmtem dissozialen und delinquenten Verhalten einhergehen.

- Auf den *familiären Rahmen* beschränkte Störungen (ICD-10 F91.0). Das abnorme Verhalten ist fast völlig auf Mitglieder der Kernfamilie beschränkt. Destruktives Verhalten, Feuerlegen, Stehlen, Gewaltanwendung gegen Familienmitglieder können vorkommen. Es ist nicht sicher, ob

diese oft situationstypischen Störungen eine mit anderen Störungen des Sozialverhaltens vergleichbare ungünstige Prognose haben.

- Soziale Störungen *bei fehlenden sozialen Bindungen* (ICD-10 F91.1). Dissoziales oder aggressives Verhalten mit erheblicher Beeinträchtigung der Beziehungen des Kindes zu anderen, besonders in der Schule und in der Gruppe der Gleichaltrigen. Die Beziehungen zu Erwachsenen sind oft gekennzeichnet durch Feindseligkeit und Verärgerung; sie können manchmal von emotionalen Störungen begleitet sein. Typisch sind exzessives Streiten und Tyrannisieren, bei älteren Kindern Jähzorn, Widerstand und Erpressung, Diebstähle, Feuerlegen und Grausamkeiten gegenüber Tieren und anderen Kindern.
- Störungen des Sozialverhaltens bei *vorhandenen sozialen Bindungen* (ICD-10 F91.3). Anhaltendes dissoziales und aggressives Verhalten bei Kindern, die gut in der Gruppe der Gleichaltrigen eingebunden sind. Häufiger sind Freundschaften mit gleichaltrigen, oft dissozialen oder delinquenten Kindern und Jugendlichen. Das Kind kann aber auch nichtdelinquenten Gruppen angehören, und sein eigenes dissoziales Verhalten vollzieht sich außerhalb der Gruppe. Die Beziehungen zu Autoritätspersonen sind überwiegend schlecht. Häufig kommen gemeinsames Stehlen, Schulschwänzen und andere Übertretungen vor.
- Störungen des Sozialverhaltens mit *oppositionellem, aufsässigem Verhalten*

(ICD-10 F91.3). Sie sind typisch für Kinder unter 9–10 Jahren mit deutlich aufsässigem, ungehorsamem und trotzigem Verhalten; schwere aggressive oder delinquente Handlungen fehlen. Die Kinder mißachten Regeln und Forderungen Erwachsener, neigen zu Provokationen und Konfrontationen. Sie haben nur eine geringe Frustrationstoleranz. Die Diagnose sollte bei älteren Kindern mit Vorsicht gestellt werden. Im Gegensatz zu anderen Störungen des Sozialverhaltens kommen keine Verletzungen von Gesetzen und Grundrechten anderer vor: keine Destruktivität, keine Grausamkeiten, keine Diebstähle, kein Quälen und anderes.

Ferner werden in der ICD-10 unterschieden: sonstige Störungen des Sozialverhaltens (F91.8.) und nicht näher bezeichnete Störungen des Sozialverhaltens (F91.9) sowie Störungen des Sozialverhaltens mit depressiver Störung (F92.0) und sonstige kombinierte Störungen des Sozialverhaltens und der Emotionen (F92.8). Im DSM-IV 312.8 (1996) werden Störungen des Sozialverhaltens (conduct disorders) ähnlich klassifiziert, im Hinblick auf die Schwere der Störungen und für die Kindheit und Jugend werden jedoch einige zusätzliche diagnostische Akzente durch Subtypen und drei Schweregrade gesetzt. Die Diagnose einer antisozialen Persönlichkeitsstörung darf nicht bei Personen unter 18 Jahren gestellt werden.

Als *Kinderdelinquenz* wird ein sozial abweichendes Verhalten von Kindern vor dem 14. Lebensjahr bezeichnet. Nur bei einem Teil dieser sozialisationsgestörten Kinder besteht aber eine höhere Wahrscheinlichkeit für eine spätere dissoziale Weiterentwicklung. Kinder dieser Altersgruppe gelten seit dem Jugendgerichtsgesetz von 1923 als nicht schuldfähig und damit strafrechtlich als nicht kriminell. Nach den Ergebnissen der empirischen Kriminologie sind Delikte von Kindern in den meisten Fällen nicht der Beginn einer kriminellen Karriere. Kinderdelinquenz stellt danach zwar ein ernstzunehmendes Problem dar, aber sie generell als Einstieg in die Kriminalität zu bezeichnen ist nach bisherigem Kenntnisstand nicht zutreffend. In der Mannheimer Längsschnittstudie (Schmidt 1999) waren von den achtjährigen Jungen mit dissozialen Störungen mit 13 Jahren noch 90 % psychiatrisch auffällig und mit 18 bzw. 25 Jahren noch 55 %, überwiegend durch Störungen des Sozialverhaltens.

Die Anzahl der *Gruppendelikte* von Jugendlichen ist in den letzten Jahren stark gestiegen; Jugendstraftaten werden schätzungsweise zu 40 % in Gruppen begangen. Die Teilnahme an gemeinsamen Diebstählen, Kontakt zu anderen Delinquenten, Mitgliedschaft in Banden und häufiges Schulschwänzen wird auch als »sozialisierte Delinquenz« bezeichnet. Diese Kategorie läßt sich vor allem unter straffällig gewordenen Jugendlichen und in Großstädten nachweisen.

3.3.3 Genese, Ätiologie, Risiko- und protektive Faktoren

Das Problem sozialisationsgestörter Kinder und Jugendlicher ist nicht nur heute, sondern war zu allen Zeiten ein Brennpunkt philosophischer und pädagogischer Auseinandersetzungen, die sich am Anlage-Umwelt-Problem entzündeten oder von extremen Erziehungsstandpunkten (etwa Sokrates contra Rousseau) ausgingen.

Aus der empirischen Sicht des Kinder- und Jugendpsychiaters ist das *polyätiologische Konzept* (das psychopathologische, psychoanalytische, lerntheoretische, biologische und soziologische Theorien und Erfahrungen berücksichtigt) allen monokausalen Erklärungsversuchen überlegen. Aber selbst ein universalistischer Geltungsanspruch einiger medizinischer, besonders aber psychologischer und soziologischer Schulen fördert letztlich die multidimensionale Diagnostik der Dissozialität, weil zeitweise überbewertete ursächliche Faktoren schließlich regelmäßig einen ihrer realen Bedeutung entsprechenden pathogenetischen Stellenwert erhalten. Der praktizierende Sozialarbeiter, Psychologe oder Kinderpsychiater würde durch eine einseitige theoretische Ausrichtung rasch die Grenzen seiner therapeutischen Möglichkeiten erreichen. So wird der psychologischen Behandlung eines Kindes mit einem hirnorganischen Psychosyndrom nur ein begrenzter Erfolg beschieden sein; das gilt mehr oder weniger auch für einseitige medizinische, heilpädagogische, milieu- bzw. psychotherapeutische Behandlungsmaßnahmen. Diese facettierte, keineswegs aber neutrale Betrachtungsweise spielt auch für die Auswahl geeigneter heilpädagogischer oder therapeutischer Heime und ebenso für die forensische Begutachtung jugendlicher Straftäter und ihre sozialpädiatri-

Tab. 3.8 Fördernde genetische, hirnorganische, familiäre, kognitive, emotionale, soziale und psychiatrische, überwiegend multiple ätiopathogenetische Faktoren für die Entwicklung von Störungen des Sozialverhaltens bei Kindern und Jugendlichen.

Genetische Faktoren, hirnorganische Schäden
Entwicklungsstörungen, Intelligenzdefizite, emotionale Störungen
Familiäre Mängel, Bindungsstörungen, Erziehungsdefizite
Ablehnung durch die Peer-Gruppe, Anschluß an deviante Gruppen
Soziologische und kulturelle Faktoren, soziale Benachteiligung, Unterschicht, Medieneinflüsse
Psychiatrische Störungen, Sucht, Psychosen, Perversionen

sche oder psychotherapeutische Betreuung und Behandlung eine wichtige Rolle.

Die apodiktisch und überholt erscheinende Feststellung von Homburger (1926), daß »ein gut begabtes Kind ohne Charaktermängel in einwandfreier *Umgebung* verwahrlost, ist ausgeschlossen«, gilt mit einigen Einschränkungen unverändert. Die diagnostische Zuverlässigkeit in der Erkennung spezieller Störungen und Mängel der Begabungs- und Charakterstruktur eines Kindes ist zwar gewachsen, sie ist aber nicht absolut zuverlässig. Auch die Frage, ob ein Kind in einer wirklich »einwandfreien« Umgebung aufwächst, läßt sich weder theoretisch noch praktisch eindeutig definieren und klären. An der Dominanz des schlechten Milieus für die Entstehung dissozialer Entwicklungen haben übrigens auch Psychiater der »alten

Schule« kaum je gezweifelt. So Karl Bonhoeffer (1941): »Schlechte Erziehung, mangelhafter Schulbesuch, andauernde Entbehrung geistiger Anregungen, Einengung des Interesses auf Broterwerb und die Erhaltung des vegetativen Ichs, schlechte Ernährung, unregelmäßiges Leben sind ohne Zweifel Umstände, hochgradige Defekte des Urteils und des Wissens und eine im ganzen ausschließlich egoistische, moralisch bedenkliche Denkrichtung zu erzeugen.«

Das in jedem Einzelfall unterschiedlich gegliederte pathogenetische Mosaik aus regelmäßig oder unregelmäßig gestalteten, scharf oder schwach konturierten, blassen oder farbigen Mosaiksteinen fordert eine gründliche Analyse der Schwangerschaft und der Geburt, der frühen und späteren Kindheit, der Familie, des beruflichen und sozialen Status und der Form und des Inhalts des individuellen Syndroms. Für Diagnose, Prognose und Therapie ist das Erkennen der dominierenden Faktoren dabei sicher von großer Bedeutung, aber auch untergeordnete Merkmale dürfen nicht übersehen werden. Denn zweifellos fördert nicht jede zerebralorganische Schädigung und nicht jede Begabungsschwäche selbst in einem ungünstigen Milieu den Prozeß einer Dissozialität, weil z. B. daran sehr wesentlich auch die Intelligenz und emotionale Faktoren mitbeteiligt sind. Jeder einzelne Faktor kann jedoch in anders gelagerten Fällen durchaus den entscheidenden Stellenwert einnehmen, etwa dann, wenn ein hirnorganisch geschädigtes oder ein mißgebildetes Kind diskriminiert und abgeschoben wird und in eine Außenseiterposition gerät oder ein debiler Jugendlicher infolge seiner Kritikschwäche und gesteigerten Verführbarkeit in »schlechter Gesellschaft« zum handelnden Objekt der Gruppe wird.

Humangenetische Aspekte

Die erbgenetische Entstehung psychischer Krankheiten und die *Konstitutionsforschung* bestimmten früher in fast allen Ländern die nosologischen Vorstellungen über Psychosen, Psychopathien und abnorme Persönlichkeiten. Bestimmte Formen der Verwahrlosung galten als mit Psychopathie fast identisch. Später wurden sie nicht ohne weiteres mit »erblicher Anlage« gleichgesetzt, weil ausdrücklich exogene, intrauterine und frühkindliche Faktoren in den Konstitutionsbegriff mit einbezogen wurden. Dissoziale Verhaltensweisen finden sich danach bei »selbstunsicheren« oder »stimmungslabilen« ebenso wie bei »gemütslosen« oder »willenlosen« Persönlichkeitsstörungen. Das Fehlen bzw. der Verlust ethisch-moralischer Hemmungsvorstellungen der verstehenden Psychiatrie scheint mit ihrer »Zeigefinger-Mentalität« typisch für derartige Tendenzen an der Wende vom 19. zum 20. Jahrhundert zu sein. Andererseits ist aber nicht zu übersehen, daß sich hier bereits Elemente finden, die sich in anderer Sprachgestalt in den Denkvorstellungen der Gegenwart wiederfinden – besonders in einigen pädagogischen, aber auch in soziologischen und lernpsychologischen Denkmodellen.

Während in Deutschland nach 1945 aus naheliegenden Gründen die erbgenetische Diskussion psychischer Störungen fast zum Erliegen kam, rückten in anderen Ländern, in denen Delinquenz früher ausschließlich als »sozialer Defekt« eingestuft wurde, wie z. B. den USA, seit den fünfziger Jahren zunehmend humangenetische Kausalitätsfaktoren in den Vordergrund. So stellte Cattell (1957) in seinen Untersuchungen über psychische Eigenschaften bei Kriminellen einen »comention factor« fest, dessen psychologischer Gehalt sich am besten als eine »primäre Affinität zum Kollektiv«, mit dem es denkt und handelt, definieren und erklären läßt. Dieser *genetische Determinationsfaktor* soll für die Manifestation der Delinquenz viermal wichtiger als der Umweltfaktor sein. Kritiker dieser faktorenanalytisch gewonnenen »primären Persönlichkeitsfaktoren« äußerten jedoch Zweifel, daß diese einen günstigen und verläßlichen Ausgangspunkt für genetisch-psychologische Untersuchungen darstellen. Der Psychopathiebegriff bzw. der Begriff Persönlichkeitsstörung ist in der Psychopathologie der Gegenwart inzwischen so weit aufgelockert worden, daß er sich nicht mehr wesentlich von psychodynamischen Definitionen unterscheidet oder sie sogar einschließt, etwa in der »Kernneurose«, der »Charakterneurose« oder der Soziose. Die psychoanalytische Theorie über die Bedeutung »autonomer Ich-Kerne« näherte sich ihrerseits weitgehend humangenetischen Forschungsergebnissen und Denkmodellen. Die *Affekttheorie* geht davon aus, daß Wahrnehmung, Motorik und Intelligenz zu den maßgeblichen psychischen Instanzen gehören, die »von Anfang an« an der Konstituierung der Persönlichkeitsstruktur beteiligt sind.

So läßt sich Dissozialität zweifellos nicht regelmäßig und ausschließlich nur aus der Anlage, etwa als Auswirkungen eines oder mehrerer Kriminalitätsgene darstellen, wie dies von einigen Vertretern einer einseitig biologisch orientierten Richtung, aber nur von wenigen Verhaltensgenetikern vertreten wird. Kein Zweifel, genetische Faktoren haben im Einzelfall eine große, aber generell immer noch nicht ausreichend geklärte Bedeutung für die Entstehung von Störungen des Sozialverhaltens. Andererseits besteht jedoch eine starke Korrelation zwischen einem chronisch-disharmonischen bzw. chaotischen häuslichen *Milieu* und leichten oder schweren Sozialentwicklungsstörungen. Dabei ist jedoch zu berücksichtigen, daß das pathogene Milieu allerdings wiederum im Zusammenhang mit den Ursachen der eigenen gestörten Persönlichkeitsentwicklung vieler Eltern gesehen werden muß.

Fallbeispiel: Ein 16jähriger, verwahrloster Jugendlicher: Vater einschlägig wegen Diebstahl vorbestraft, Mutter Prostituierte, Elternehe geschieden. Die Stiefmutter stammt aus einer kriminellen Familie. Vater und Stiefmutter wurden zu 1$\frac{1}{2}$ Jahren Gefängnis wegen Mißhandlung dieses Kindes bestraft, das schon im Alter von 3 Jahren »Buddelkastenverbot« wegen aggressiv-sadistischer Handlungen (»Frühverwahrlosung«) erhielt. Bis zum 13. Lebensjahr sechs Heimwechsel, die Frequenz der Wechsel von Gruppen und Bezugspersonen ließ sich nicht feststellen. Kam mit 14 Jahren erneut zur verheirateten Mutter, die ihn mißhandelte und vernachlässigte, so daß er nach 4 Monaten mit 20 kg Gewichtsverlust zum Vater zurückkehrte.

Der Junge besuchte trotz gut durchschnittlicher Intelligenz (IQ 108) eine Sonderschule, schwänzte dort, bummelte und kam wegen verschiedener Delikte mehrfach vor den Jugendrichter; nach Schulentlassung verweigerte er die Arbeitsaufnahme.

Ob und inwieweit es eine ausschließlich oder doch überwiegend genetisch fundierte, eine »primäre Dissozialität« gibt, läßt sich weder einfach verneinen noch bejahen. Bei vorsichtiger Verwertung der vorliegenden humangenetischen Untersuchungsergebnisse besteht jedoch kein Zweifel daran, daß vererbbare psychische Eigenschaften in das pathogenetische Denkmodell der Dissozialität und Delinquenz mit einbezogen werden müssen. Der Psychoanalytiker Schepank (1974) gelangte bei der Durchsicht der *Zwillingsliteratur* der letzten 40 Jahre zu dem Ergebnis, daß die Beteiligung erblicher Faktoren für die Kriminalitätsmanifestation »statistisch sehr hoch signifikant« sei, bei EZ 66,2 %, bei ZZ hingegen nur 37,4 %. Daraus läßt sich natürlich nicht ableiten, daß jede Form von Dissozialität und antisozialer Persönlichkeitsstörung in gleich starker Weise erbdeterminiert ist. Der Genetiker Vogel (zit. bei Schepank) gelangt

aufgrund eigener Untersuchungen zu der pointierten und reichlich umstrittenen Feststellung:»Gelegenheit macht Diebe, aber keine Schwer- und Rückfallverbrecher; sie werden geboren.« Auch andere namhafte Psychiater, wie der Däne Strömgren (1967), vertraten schon früh den Standpunkt, daß für leichtere Kriminalitätsformen den Milieufaktoren die entscheidende Rolle zukomme, während genetische Faktoren eine weit größere Bedeutung für die Schwerkriminellen hätten. Bei aggressiven Jugendlichen und Erwachsenen wurden teilweise erniedrigte Serotoninwerte und erhöhte Testosteronspiegel festgestellt, aber diese Zusammenhänge sind noch nicht abschließend geklärt.

Dänische *Zwillings- und Adoptionsstudien*, die sich auf einen Vergleich von staatlichen Zwillings-Adoptions- und Strafregistern stützen, ergaben, daß von 650 männlichen EZ 15 % straffällig geworden waren. Die Konkordanz der eineiigen Zwillinge betrug mehr als das Doppelte (EZ 52 %, ZZ 22 %) der zweieiigen Zwillinge. In einer anderen Untersuchung von Hutchings und Mednick (1975) wurden Adoptivsöhne, von denen weder der leibliche noch der faktische Va-

Tab. 3.9 Kriminalitätsquote adoptierter Söhne als Funktion der Kriminalität

Konstellation	Zahl der Fälle	Prozentsatz der kriminellen Söhne
weder biologischer noch Adoptivvater polizeilich bekannt	333	10,4 %
Adoptivvater kriminell, biologischer Vater nicht	52	11,2 %
biologischer Vater kriminell, Adoptivvater nicht	219	21,0 %
beide Väter kriminell	58	36,2 %

ter straffällig geworden waren, später zu 10 % kriminell; Adoptivsöhne mit kriminellem Adoptivvater zu 11 %. Die Kriminalität von Adoptivsöhnen war jedoch doppelt so hoch (21 %), wenn der leibliche Vater kriminell war, und betrug 36 %, wenn beide Väter (leiblicher und faktischer Vater) kriminell waren. 64 % wurden trotz entsprechender Anlage und ungünstiger Umwelt nicht straffällig. Mit der Beschreibung der 47 XYY-Konstitution glaubte man zeitweilig das Beispiel einer chromosomal bedingten somatischen und psychischen Aberration in der Kombination von gesteigertem Längenwachstum mit Kriminalität erbracht zu haben, dies ließ sich jedoch nicht bestätigen.

Konstitutionelle Merkmale
Der psychiatrische Aspekt bei der Entwicklung einer Dissozialität oder Delinquenz tritt deutlich in Erscheinung, wenn umschriebene Entwicklungsstörungen oder früh erworbene Defizite vorliegen, etwa eine Intelligenzminderung, hirnorganisch bedingte oder umschriebene bzw. tiefgreifende Störungen oder beginnende oder fortgeschrittene schizophrene oder affektive Störungen. Komorbide psychische Störungen sind im Kontext mit Störungen des Sozialverhaltens diagnostisch immer zu berücksichtigen, aber nicht allein gemischte emotionale und dissoziale Störungen, sondern auch prä-, peri- und postnatal bedingte Hirnschädigungen und Drogen- und Alkoholmißbrauch, besonders aber das hyperkinetische Syndrom. Das hyperkinetische Syndrom mit Aufmerksamkeitsdefiziten wird im Zu-

sammenhang mit Störungen des Sozialverhaltens sehr häufig angetroffen; prognostisch besteht eine erhebliche Tendenz zur Entwicklung einer dissozialen Persönlichkeitsstörung.

Bei *stationär* behandelten delinquenten männlichen Jugendlichen ermittelte K. Hartmann (1977) einen durchschnittlichen IQ von 85, der damit deutlich unter dem mittleren IQ der Gesamtbevölkerung liegt. Andere Untersucher kamen zu ähnlichen Ergebnissen; es lassen sich aber auch abweichende Feststellungen zitieren. Die delinquenten Jugendlichen waren zu einem bedeutend höheren Prozentsatz unrealistische Denker, arm an »gesundem Menschenverstand« und unfähig zu einer methodischen Bewältigung geistiger Probleme. Bei aggressiven und gewalttätigen Jugendlichen ermittelten auch Moffitt und Henry (1991) deutliche *kognitive Defizite*. Daraus ergibt sich, daß viele erfaßte delinquente Jugendliche insgesamt offenbar über eine durchschnittlich niedrigere Intelligenz als die Gesamtbevölkerung verfügen. Das schließt nicht aus, daß zahlreiche sozialisationsgestörte Kinder und Jugendliche durchschnittlich und einzelne überdurchschnittlich intelligent sind.

Das *lern- und geistig behinderte Kind*, aber auch Kinder mit umschriebenen Entwicklungsstörungen und Sinnesstörungen erweisen sich oft als besonders gefährdet. Sie sind infolge ihrer schwachen Intelligenz, ihrer reduzierten Kritikfähigkeit und mangelhaft ausgebildeter Hemmungsvorstellungen oft einfach nicht imstande, Recht oder Unrecht und soziales oder dissoziales Verhalten voneinander abzugrenzen bzw. den Nutzen und die Folgen eines Verhaltens abzuschätzen, das ihnen rasche Befriedigung ihrer Wünsche verspricht. Frühere Annahmen, daß depressive Kinder und Jugendliche nicht oder nur in geringem Maße kriminell werden, sind durch neuere Untersuchungen widerlegt worden. Für die Gruppe der delinquenten Jugendlichen wurden häufig *depressive Verstimmungen* nachgewiesen. Sie treten sehr oft gemeinsam mit Rastlosigkeit, mangelhafter Entmutigungstoleranz und mangelhafter Kontaktbindung auf. Nissen (1974) stellte bei langjährigen Nachuntersuchungen primär depressiver Kinder (n= 105) nach durchschnittlich 9 Jahren in 8 % der Fälle dissoziale Entwicklungen bei anhaltender depressiver Grundstimmung fest.

Auf die Bedeutung der *umschriebenen Entwicklungsstörungen* (Teilleistungsstörung) am Beispiel der Lese- und Rechtschreibstörung (ICD-10, F91) für die Entwicklung von Dissozialität und Delinquenz hat besonders Weinschenk (1967) immer erneut und nachdrücklich hingewiesen. Er konnte bei Strafgefangenen eine *Legastheniehäufigkeit* von 33 % feststellen, während sie bei Kindern des zweiten Schuljahres auf etwa 4 % geschätzt wird. Er vertritt die bislang nicht systematisch widerlegte Ansicht, daß legasthenische Kinder und Jugendliche infolge ihrer Außenseiterposition Straftaten zur Kompensation sozialer Integrationsprobleme ausüben.

Für die bei Mädchen im Schulalter häufig mit dissozialen Symptomen einhergehenden extrem gehäuften und wahllosen sexuellen Beziehungen kommen sowohl die von Kinsey (1953) bestätigten hohen individuellen sexuellen Triebdifferenzen als auch konstitutionelle Abweichungen (Intelligenzminderung, emotionale Störungen) in Betracht, aber auch Identifikationsprozesse mit den Wertnormen der Umgebung.

Familiäre Aspekte

Die Familie stellt sowohl aus biologischer als auch aus psychodynamischer Sicht den stärksten Präventivfaktor und ebenso den stärksten Risikofaktor dar. Eine äußere (inkomplette Familie, fehlender Vater, defizitäre soziale Situation u. a.) oder innere (familiäre Disharmonie, psychiatrische Erkrankungen, Drogen- oder Alkoholabhängigkeit, Kriminalität usw.) »broken home«-Situation findet sich überdurchschnittlich häufig bei Kindern mit sozialen Entwicklungsstörungen und Störungen des Sozialverhaltens. Als Erklärung bietet sich an, daß Eltern, die selbst sozialisationsgestört sind oder in permanent ungünstigen Verhältnissen leben, soziale Abweichungen ihrer Kinder entweder nicht erkennen, sie nicht richtig einschätzen oder über therapeutische Möglichkeiten nicht informiert sind. Andererseits bestehen deutliche Zusammenhänge zwischen sozial kompetenten Eltern, die die Entwicklung leichter sozialer Abweichungen rechtzeitig erkennen und entsprechende Gegenmaßnahmen treffen, und einer guten Prognose.

Dem »broken home« wird als einem anscheinend relativ gut bestimmbaren Bedingungsfaktor in fast allen Untersuchungen über die Genese der Dissozialität und der Verwahrlosung eine besondere Bedeutung zugemessen. Tatsächlich aber wird dieser Faktor sehr unterschiedlich definiert, etwa als biologisch oder soziologisch unvollständige oder als äußerlich vollständige, aber innerlich dissoziierte Familie. Daraus ergibt sich bereits, daß dieses Merkmal bei den verschiedenen Untersuchungen nur einen bedingten Vergleichswert hat. So fand Hartmann (1977) bei 87 % seiner Probanden ein »broken home«, das er bei jeder Dissoziation der Eltern- und der Eltern-Kind-Gemeinschaft registrierte. Specht (1967) stellte fest, daß nur 3 % der Probanden nicht aus »gestörten Familien« stammten. In den untersuchten Gruppen bei Hartmann war der Vater bei 26 % tot oder verschollen, bei Specht kamen 28 % der männlichen und 20 % der weiblichen Probanden aus vaterlosen Halbfamilien. Stutte (1958) ermittelte, daß 20 % seiner Probanden zum Zeitpunkt der Erfassung Vollwaisen waren. Allerdings ist Elternverlust allein kein wichtiger prädisponierender Faktor für eine dissoziale Entwicklung. Entscheidend ist allein das »innere Milieu« der familiären Gruppe, unabhängig von seiner Zusammensetzung.

In der *Vorgeschichte* delinquenter Jugendlicher finden sich mit großer Regelmäßigkeit Angaben über inkonsequente Erziehungspraktiken, chronische Vernachlässigung und permanente fehlende Aufsicht in der frühen Kindheit, über ständige Wechsel der Beziehungspersonen infolge Krankheiten oder Berufstätigkeit beider Elternteile, häufige Heimaufenthalte und Verschickungen, chronische Erkrankungen oder Scheidung der

Eltern und ungünstige materielle Verhältnisse. Besonders gefährdet sind Kinder, die in Familien aufwachsen, in denen die Eltern selbst soziale Defizite aufweisen, zur Gewaltanwendung in der Familie tendieren oder einen inkonsistenten Erziehungsstil praktizieren, d. h. erhebliche Widersprüche zwischen ihrer theoretischen Überzeugung und dem praktizierten Verhalten bestehen. Das kann sich etwa in einer Erziehung mit materieller Verwöhnung bei emotionaler Unterstimulation ausdrücken. Durch die entstehenden »kognitiven Dissonanzen« wird dem Kind scheinbar die Wahl überlassen, ob es dem, was die Eltern glauben, oder dem, was sie tun, folgen soll; es liegt nahe, eher den leichteren und bequemeren Weg zu wählen.

Der Umgang der Kinder und Jugendlichen mit Gleichaltrigen, mit Freunden und Mitschülern innerhalb der *Peer-Gruppe* ist im Hinblick auf die Familie von vergleichbarer Bedeutung für einen gelungenen oder mißlungenen Sozialisationsprozeß. Die bevorzugten Beziehungen in außerfamiliären Gruppen ähneln manchmal dem Beziehungsstil der Familie, manchmal aber haben sie einen gleichsam kompensatorischen Charakter. Die Beziehungen zu Gleichaltrigen sind von besonderer Bedeutung für die Entwicklung der Kontingenz (der regelhaften Aufeinanderfolge von Interaktionen), für die Labilisierung oder Festigung des Selbstwertgefühles innerhalb der kritischen Gruppe und schließlich auch für die Entwicklung der Geschlechtsidentität und für das Verhalten zum anderen Geschlecht.

Die *Psychoanalyse* hat mit ihrer meta-psychologischen Theorie und Neurosenlehre auch zum genetischen und strukturellen Verständnis der milieubedingten Dissozialität und Verwahrlosung beigetragen. Die Etymologie der Verwahrlosung weist auf die aktive Rolle der Eltern als »Verwahrloser« hin. Diese Vorstellung trifft die aus tiefen- und entwicklungspsychologischer Sicht für die chronische emotionale Frustrationssituation des milieugeschädigten Säuglings und Kleinkindes (s. Bindungsstörungen S. 53 ff.) ebenso zu wie für die dissozialisationsfördernde Erziehung infolge vernachlässigender, verwöhnender oder inkonsequenter pädagogischer Haltungen der Eltern.

Eine *neurotische Dissozialität* kommt in reiner Form nur selten vor, weil Abwehrmechanismen bei der Neurose nach innen und nur selten nach außen gerichtet sind. Der grundsätzliche Unterschied zwischen psychischen oder psychosomatischen Störungen zum delinquenten Verhalten besteht darin, daß Auseinandersetzungen zwischen Trieb und Abwehr nicht internalisiert werden, sondern mit der Außenwelt ausgetragen werden. Neurotische Dissozialität kann als ein Defekt der *Selbststeuerung* angesehen werden, wie sich an dem Es/Ich/Über-Ich-Modell der psychischen Instanzen aufzeigen läßt. Das Ich, eine »Substruktur der Persönlichkeit«, ist die maßgebliche psychische Instanz, die Triebforderungen des Es mit den Erfordernissen und Möglichkeiten der Realität koordiniert. Wo das Vertrauen zur Umwelt und zu sich selbst in der frühen Kindheit nicht verwirklicht

werden konnte, entsteht regelmäßig eine absolute oder relative *Ich-Schwäche*. Anstelle der Ich-Steuerung als Resultat einer Abstimmung intra- und extrapsychischer Interessen tritt das Manövrieren ichfremder Instanzen. Als Folge einer Diktatur des Lustprinzips etablieren sich dissoziale (asoziale, anti- und unsoziale) Syndrome, weil die kontrollierenden und koordinierenden Funktionen im Ich, die Reizschutz und -speicherung, Selbstbehauptung und Anpassung, Selbstkritik und Aktivität gewährleisten, dem Ansturm der chthonischen Mächte des Es nicht gewachsen sind. Das Über-Ich, das enge Beziehungen zum Ich-Ideal und Ich-Idol unterhält und die ethischen Forderungen der Eltern vertritt, ist teilweise mit dem *Gewissen* identisch. Der Aufbau des Über-Ichs ist im wesentlichen mit der Kleinkindzeit abgeschlossen und ermöglicht eine entwicklungs- und altersadäquate Einordnung auch in außerfamiliäre Gemeinschaften. Entspricht das Familien-Über-Ich nicht dem der Gesellschaft, kommt es zu individuellen Über-Ich-Defekten (»Superego-Lücken« oder »-Lakunen«). Aus der Diskrepanz zwischen neurotischer Fehlentwicklung und soziologischem Normanspruch entstehen Konflikte, durch die das desintegrierte Kind in eine »Drop-out-Position« gedrängt wird.

Eine verhängnisvolle Rolle können *Eltern* mit latenten bzw. unbewußten dissozialen Impulsen spielen, deren Virulentwerden durch relativ intakte Ich- bzw. Über-Ich-Instanzen verhindert wird. Diese elterlichen Strukturanteile können eine dissoziale Entwicklung ihrer Kinder induzieren und unterhalten. Die Kinder agieren dann mit ihrem Verhalten unbewußte Wünsche und Ziele der Eltern aus, die diese als personifiziertes Über-Ich zwar mißbilligen und bestrafen, andererseits jedoch anerkennen und vielleicht sogar bewundern. Eine derartige *intrapsychische Doppelpolung* läßt sich gelegentlich direkt bei der Elternberatung nachweisen, z. B. bei einem inadäquaten Verhalten von Gesprächsinhalt und emotionaler Beteiligung.

Abb. 3.6 13½jähriger aggressiver, delinquenter und phantasiereicher Junge, der von »starken Männern« träumt; er malt Abenteurer und Helden, hier einen muskulösen Henker, den »Herrn über Leben und Tod«. Er weist damit auf seine eigenen starken Ängste (er wagt nicht ohne »Beschützer« auf den Schulhof zu gehen); auch dem Henker fehlt ein Arm, und seine Füße sind mißgestaltet.

Fallbeispiel: So erklärte die Mutter eines 12jährigen aggressiven und delinquenten Jungen wörtlich nach jedem geschilderten »Streich« lachend, daß er »sich nicht die Butter vom Brot« nehmen lasse. Sie gab auf Befragen an, daß sie auch in der pädagogischen Situation oft nicht wisse, ob sie lachen oder schimpfen solle. Sie finde die rechte, strafende Einstellung nicht. Er sei eben »ein richtiger Junge«, das ganze Gegenteil ihres Mannes, der passiv und bequem sei. Sie wisse schon, daß sie schimpfen müsse, »damit er später keine Schwierigkeiten hat«, andererseits billige und bewundere sie oft seinen »Mut zum Abenteuer«, auch wenn sie deshalb Scherereien mit Nachbarn, Lehrern und der Polizei habe.

Die Weichen für eine neurotische Dissozialität oder Delinquenz werden gestellt, wenn bereits im frühen Kindesalter dem Lust- vor dem *Realitätsprinzip* eine permanente Vorrangstellung eingeräumt wird. Kinder und Jugendliche, die Triebaufschub und Triebverzicht in der Kleinkind- und Kinderzeit nicht erlernt haben, entwickeln nicht selten eine triebbetontegozentrische Selbststeuerung, die frühzeitig zu Konflikten mit der Gesellschaft führt. Bei anderen delinquenten Jugendlichen, besonders bei solchen mit einer entsprechenden Persönlichkeitsstörung, findet sich ein sadistisches Über-Ich und ein masochistisches Ich in Kombination mit einem aufgeblähten Ich-Ideal von »herostratischer« Art.

Die Rolle der Doppelbindung (»double bind«, Bateson et al. 1969), der zeitweilig auch eine ursächliche Bedeutung für die Entstehung der Dissozialität beigemessen wurde, läßt sich schwer beweisen. Diskrepanzen zwischen verbalem Ausdruck und emotionalem Bedeutungsinhalt gehören auch in harmonischen Familien zum täglichen Umgang zwischen Eltern und Kindern. Eltern, die permanent latent oder manifest dissozialen Kindern oder Jugendlichen konträre Denk- und Gefühlseindrücke vermitteln, können dadurch Fehlentwicklungen begünstigen, fixieren oder verstärken.

Soziologische und kulturelle Aspekte

Bei den Folgen eines gestörten Sozialverhaltens handelt es sich nicht um primär psychiatrische, sondern um juristische und um soziologische Begriffe. Denn in erster Linie ist das soziale Umfeld davon betroffen. Erst in den letzten Jahrzehnten hat der Terminus *Verwahrlosung* eine Differenzierung erfahren, die es ermöglicht, isolierte und auch gehäufte dissoziale, delinquente und kriminelle Handlungen als Symptome psychopathologischer Störungen einzustufen. Dennoch werden Dissozialität, Delinquenz, Kriminalität und »Verwahrlosung« noch häufig synonym verwendet. Das hängt auch damit zusammen, daß ihre Abgrenzung oft schwierig ist und manchmal nicht zuverlässig vorgenommen werden kann.

Ausmaß und Ausprägung der Dissozialität sind aber auch von zeittypischen und politischen Faktoren abhängig. In soziologisch geschlossenen und strenger reglementierten Staaten wird ein »dropping out« rascher und unnachsichtiger als Verstoß gegen die Sozietät empfunden als in einer liberalen Gesellschaft, die eine wertneutralere und tolerantere Einstellung zur Selbstverwirklichung des Individuums

hat. Dissozialität kann in Zeiten allgemeiner Not (Epidemien, Katastrophen, Krieg) ein weitgehend allgemein anerkanntes Verhalten (»Organisieren« von Lebensmitteln und Heizmaterial) darstellen, während gerade in Zeiten der Prosperität und des allgemeinen Wohlstandes die Gesellschaft äußerst empfindlich auch auf geringe soziale Abweichungen reagiert.

Anders als die multifaktorielle medizinisch-psychiatrische Forschung, deren Bemühungen einer möglichst subtilen Entflechtung des individuell unterschiedlichen Ursachenbündels gelten, um dominante und subdominante pathogene Faktoren ausfindig und therapeutisch nutzbar zu machen, gehen einige *soziologische Arbeitshypothesen* davon aus, daß die Dissozialität der Kinder überwiegend auf erworbene psychische Deformierungen der Eltern (die diese wiederum durch ihre eigenen Eltern erworben haben) und auf die dadurch bedingte *kriminogene Familienstruktur* zurückzuführen ist. Bei Unter- und bei Mittelschichtskindern wurden die Formen der emotionalen Bindung zu den Eltern, die Wissensvermittlung durch die Eltern und die Einstellung der Eltern und der Kinder zum Eigentum untersucht und verglichen. Die vorwiegend negativen Ergebnisse bei den Kindern der sogenannten Unterschicht führen zu einem Vergeltungsverhalten, das sich in Aggressivität gegen die Normen der Mittelklasse ausdrücken kann. Für Kinder und Jugendliche der Unterschicht ist es weitaus schwieriger, sich an die sozialen Normen der Mittelklasse anzupassen, was dann manchmal zu abweichenden Lösungen in Form krimineller Handlungen führen kann. In der Wettbewerbsgesellschaft besteht ein starkes Gefälle von unterschiedlichen Aufstiegschancen. Mißerfolge werden von den Betroffenen als Kränkungen erlebt, die zu einem anomischen Verhalten führen. Innerhalb der kulturellen Substrukturen der Gruppe leben die Jugendlichen jedoch überwiegend nach besonders strengen ethischen Regeln der konventionellen Norm. *Soziologische Untersuchungen* haben die aus der Kriminalstatistik bekannte Tatsache relativiert, daß Delinquenz bei Kindern und Jugendlichen fast ausschließlich in der Unterschicht lokalisiert ist: sie kommt vielmehr in allen sozialen Schichten, von einigen deliktspezifischen Abweichungen (z. B. Eigentumsdelikten) abgesehen, vor. Dissozialität und Delinquenz von Kindern und Jugendlichen aus materiell benachteiligten Familien werden nach der Anomietheorie von Merton (1968) als eine konsequente Folge der sozialen Benachteiligung angesehen. Wenn in solchen Familien bestehende Wünsche nicht durch legitime Mittel erfüllt werden können, entstehe ein Druck, sich diese durch deviante Handlungen zu erfüllen.

Der *zeittypische Wandel* dissozialer Symptome steht in engem Zusammenhang mit zeitimmanenten Erziehungsstilen einerseits und mit soziologischen Umwandlungsprozessen andererseits. Unter den in den letzten Jahrzehnten phasenhaft aufeinanderfolgenden subkulturellen Gruppierungen oppositioneller und protestierender Jugendlicher, in der »skeptischen«, der »zornigen« jungen Generation, bei den Rockern, Gammlern, Hippies, Pro-

gressiven, Skinheads, Punks, Grufties und in der »fun morality«, der »Spaßmoral« der Gegenwart fanden und finden sich auch heute unter weitgehender Ausblendung von Schuldgefühlen auch dissoziale, aggressive und delinquente Jugendliche, die unter modischen und ideologischen Verbrämungen latenter oder manifesten persönlichkeitseigenen Tendenzen nachgehen.

Mit der Zunahme des Glücksspiels ist auch die Zahl der *pathologischen Spieler* gewachsen; zahlreiche illegale Handlungen stehen im Zusammenhang mit exzessivem Glücksspiel. Kontrollverlust und Abstinenzunfähigkeit und Versiegen von Finanzierungsquellen führen ebenfalls zu einer *Beschaffungskriminalität.* Ebenso bestätigen Erfahrungen mit dem Drogenkonsum, daß die Einnahme illegaler Drogen über einen längeren Zeitraum fast unweigerlich zur Delinquenz und Kriminalität hinführt, die als Beschaffungs- und Folgekriminalität besonders den Bereich der Eigentums- und Gewaltkriminalität betreffen.

Die vor einigen Jahrzehnten ernsthaft vertretene Ansicht, daß durch praktizierte Gewaltanwendung in Film und Fernsehen eine *Katharsis* bewirkt werde und dadurch die Anzahl der Gewaltdelikte und sexueller Fremdbestimmung dezimiert werden könne, hat sich nicht bestätigt. Es bestehen heute kaum noch Zweifel, daß gewalttätiges Verhalten zumindest bei Vorliegen einer entsprechenden inneren Bereitschaft eine Tendenz zur Nachahmung weckt, aber auch auf Kinder und Jugendliche mit einer normalen Sozialentwicklung nachteiligen Einfluß ausüben kann. Andererseits ist bekannt, daß Jugendliche mit hoher Delinquenzbelastung in ihrem Medienkonsumverhalten sich von denen, die sich eher gesellschaftskonform verhalten, deutlich unterscheiden. Sie konsumieren mehr Fernseh- und Videofilme und neigen wesentlich stärker zu Gewaltinhalten.

Risikofaktoren

Ungünstige Faktoren, die dissoziales Verhalten begünstigen, fördern oder verstärken können, sind instabile *Familienverhältnisse*, Gewaltanwendung innerhalb der Familie, ungünstige materielle Verhältnisse (Arbeitslosigkeit, soziale Unterschicht), Kriminalität, Drogen- und Alkoholabhängigkeit oder psychische Störungen der Eltern, verminderte Bindungen an religiöse oder ethische Werte vermittelnde Institutionen (Kirche, Vereine) sowie überwiegend materielle Interessen.

Jugendliche Straftäter hatten während ihrer Kindheit und Pubertät signifikant mehr *Krankenhausaufenthalte* als ihre nichtdelinquenten Altersgenossen. Sie waren als Kleinkinder häufiger mißhandelt worden, in Autounfälle verwickelt, hatten häufiger Verletzungen erlitten. Sie hatten häufiger Polikliniken, Notfallambulanzen, klinische Beratungsstellen und stationäre Behandlungen in Anspruch genommen als andere Kinder. Besonders auffällig waren diese Unterschiede im Säuglings- und Kleinkindesalter sowie zu Beginn der Pubertät. Es wurde postuliert, daß in »normalen« Familien die Eltern für die angemessene Beaufsichtigung des Kindes sorgen, die von Eltern jugendlicher Straftäter aufgrund ihrer eigenen Problematik oft nicht geleistet werden kann.

Protektive Faktoren

Ungeklärt bleibt aus dieser Sicht, weshalb eine große Anzahl von Kindern sich normal entwickelt, obgleich sie in sehr ungünstigen häuslichen Verhältnissen aufwuchsen. Als Schutzfaktoren haben sich eine sichere frühe und anhaltende Bindung an eine oder mehrere Bezugspersonen erwiesen, ferner überdurchschnittliche Intelligenz, konsistente Erziehung im Elternhaus und in der Schule und Kontakte zu nicht-delinquenten Gleichaltrigen. Nach Moffitt et al. (1996) haben Jugendliche, die sich nicht-delinquent ver-

Tab. 3.10 Tatverdächtige Kinder, Jugendliche und Heranwachsende (1999). Strafunmündige Kinder werden bei den tatverdächtigen (Polizeiliche Kriminalstatistik 1999) mitgezählt, weil es sich um eine polizeiliche und nicht um eine juristische Erfassung handelt. Jugendliche Heranwachsende weisen, bezogen auf ihren Bevölkerungsanteil, die stärkste statistische Delinquenzbelastung auf. Kinder, Jugendliche und Heranwachsende, die sich nur vorübergehend in Deutschland aufhalten, sind nicht in der offiziellen Bevölkerungszahl enthalten.

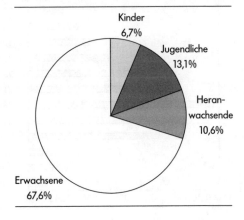

Kinder 6,7%

Jugendliche 13,1%

Heranwachsende 10,6%

Erwachsene 67,6%

halten, oft eine *verzögerte Pubertät* durchlaufen, haben bereits von Erwachsenen
anerkannte Rollen übernommen, leben
in einem sozial gesunden Umfeld und
verfügen über eine unauffällige Tempe-
ramentsausstattung. In einzelnen Fällen
finden sich aber auch gehäufte unsoziale
Handlungen bei einer nicht verwahrlosten Persönlichkeitsstruktur.

Zieht man zur Ermittlung der *Altersverteilung* (Tab. 3.10) die darauf bezogenen
Tatverdächtigenbelastungszahlen (TVBZ
= Verdachtsfälle pro 100 000 Einwohner
der gleichen Altersklasse, Polizeiliche Kriminalstatistik 1995, 1998) heran, ergibt
sich, daß sowohl bei Kindern (8–
14 Jahre) von 1995 (1,5) und 1998 (2,4),

als auch bei Jugendlichen (14–18 Jahre)
mit 4,5 (1995) zu 7,2 (1999) und besonders bei junge Erwachsenen (18–21 Jahre)
von 5,1 (1995) auf 7,2 (1999) ein deutlicher Anstieg zu verzeichnen ist. Zu
berücksichtigen ist bei diesen Zahlen jedoch, daß es sich bei vielen Delikten um
weniger gravierende strafbare Handlungen wie Ladendiebstähle, Wegnahme von
Fahrrädern oder um Sachbeschädigungen
handelt. Immerhin aber weisen Jugendliche, junge Erwachsene und Erwachsene,
bezogen auf ihren Bevölkerungsanteil, in
der Gesamtstatistik weiterhin die stärkste
Delinquenzbelastung auf.

Aus Tab. 3.11 ergibt sich ein deutlicher
Anstieg in der Gruppe der 16- bis 18jäh-

Tab. 3.11 Alters- und Geschlechtsstruktur tatverdächtiger Kinder, Jugendlicher und Heranwachsender (Polizeiliche Statistik 1999). Die Aufstellung zeigt, daß der Anteil der männlichen Tatverdächtigen in allen Altersgruppen den der weiblichen übersteigt. Ein Vergleich mit der Statistik der Jahre
seit 1992 zeigt, daß bei den 12–14jährigen Mädchen, besonders jedoch bei weiblichen Jugendlichen
und Heranwachsenden eine weitere Zunahme eingetreten ist. Statistisch dominieren die tatverdächtigen Jungen gegenüber den tatverdächtigen Mädchen im Alter bis zu 14 Jahren mit 70:30 % und
der männlichen tatverdächtigen Jugendlichen gegenüber den tatverdächtigen weiblichen Jugendlichen (bis zum 18. Lebensjahr) mit 75:25 % sowie der männlichen tatverdächtigen Heranwachsenden
gegenüber den tatverdächtigen weiblichen Heranwachsenden (bis zum 21. Lebensjahr) mit 82:18 %.

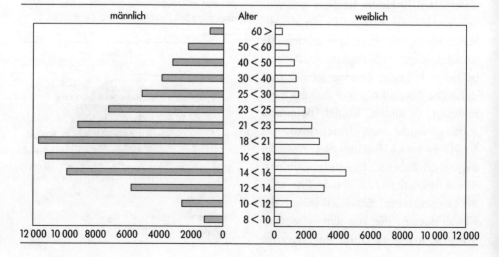

rigen, die bei den 18- bis 21jährigen ihren höchsten Stand erreicht und danach allmählich zurückgeht. Aus ihr läßt sich aber auch entnehmen, daß die Gesamtzahl der männlichen Tatverdächtigen die der weiblichen Tatverdächtigen um ein Mehrfaches übersteigt.

Die sich nur vorübergehend in Deutschland aufhaltenden *ausländischen Kinder,* Jugendlichen und junge Erwachsenen sind nicht in der offiziellen Bevölkerungszahl enthalten. Das ergibt sich aus daraus, daß die tatsächliche Belastung bestimmter Altersgruppen aus demographischen Gründen (hohe Zuwanderungsrate junger Menschen, große Fluktuation) nicht bekannt ist, daß viele Delikte in engem Zusammenhang mit der aktuellen sozialen Situation gesehen werden müssen und daß viele Delikte mit geringem Schweregrad begangen werden. Für die kinderpsychiatrische Versorgung ergibt sich daraus, daß der intensiven Betreuung ausländischer Familien und Kinder, ihrer Früherfassung, Prävention und Behandlung, besonders aber der Erforschung ihrer Ursachen ein noch höherer Stellenwert eingeräumt werden sollte, als dies bislang geschehen ist.

3.3.4 Diagnose und Differentialdiagnose

Dissozialität beschreibt ein deviantes Verhalten in der Gesellschaft; sie hat den Rang einer deskriptiven Diagnose. *Delinquenz* ist ein Sonderfall der Dissozialität; sie hat den Rang einer nosologischen Diagnose. Der Art der Symptomatik und ihrer Wandlung im Laufe der Entwicklung bei Kindern und Jugendlichen kommt eine wichtige diagnostische und prognostische Bedeutung zu.

Über einen langen Zeitraum anhaltende und sich wiederholende erhebliche Verstöße gegen die soziale Norm weisen sehr häufig auf eine zugrundeliegende dissoziale Persönlichkeitsstruktur hin. Die Diagnose sollte erst im späten Jugendalter, nicht vor dem 18. Lebensjahr gestellt werden.

Differentialdiagnostisch sollten die verschiedenen (medizinisch-somatischen, psychologischen, psychoanalytischen, konstitutionsbiologischen, lerntheoretischen, soziologischen) Fachdisziplinen die Erkenntnisse der jeweiligen Nachbarwissenschaften in ihre prognostischen und therapeutischen Überlegungen einbeziehen, um eine fehlerhafte Therapie und ungünstige Prognose zu vermeiden. Nicht ganz selten kann Dissozialität als prämonitorisches Zeichen bzw. ein erster blander und deshalb häufig nicht erkannter *schizophrener Schub* rückblickend erst aus der Längsschnittanalyse diagnostiziert werden.

Fallbeispiel: Ein 16jähriger Junge wurde nach einer relativ unauffälligen Kindheitsentwicklung wegen gehäufter »persönlichkeitsfremder« Delikte zu einer Jugendstrafe verurteilt. Wegen anhaltender aggressiver Widersetzlichkeiten kam er mehrfach in Einzelhaft, dort zerriß er seine Wolldecken in zentimetergroße Rechtecke, verweigerte die Nahrungsaufnahme und defäzierte in die Zelle. Bei der jugendpsychiatrischen Untersuchung wurden paranoide Denkinhalte und akustische Halluzinationen eruiert, die teilweise bereits vor Beginn der Straftaten einsetzten, aber von dem Jugendlichen dissimuliert worden waren.

3.3.5 Therapie und Prognose, Prävention

Über die vielfältigen Ursachen von Dissozialität, Delinquenz und Kriminalität bestehen geringere Differenzen als über Prävention und Therapie. Diese sind leider nicht besonders günstig. Der präventive Aspekt ist dadurch beeinträchtigt, daß schon leichte Störungen der Sozialentwicklung mit einem negativen Vorzeichen versehen sind, weil sie im Vorfeld zur Kriminalität gesehen werden. Rezente Versuche, abweichendes Verhalten als Resultat einer »kranken Gesellschaft« darzustellen, sind zum Scheitern verurteilt, weil Störungen des Sozialverhaltens polyätiologischen Ursprungs sind.

Aber Störungen des Sozialverhaltens sind nicht allein Probleme der Betroffenen und ihrer Familien, sondern auch der *Gesellschaft* und der Rechtsordnung. Wenn Familien ihren Erziehungsauftrag nicht erfüllen oder nicht erfüllen können, ist die Gemeinschaft aufgerufen, gestörte Sozialentwicklungen zu verhindern, weniger durch dirigistische Eingriffe zur Erhaltung von »Recht und Ordnung« als aus psychohygienischer Sicht, um antisoziale Störungen und Persönlichkeitsentwicklungen zu verhindern. Diese Erkenntnisse sind nicht neu. Notwendig ist jedoch die Konsequenz, mit der diese Erkenntnisse immer erneut als Forderungen an die Gesellschaft herangetragen werden müssen. Wollte man es positiv formulieren, könnte man sagen, daß Dissozialität insofern einen regulierenden Wirkungsfaktor für die Gesellschaft darstellt, als ihre Existenz indirekt zum Zusammenhalt der Gemeinschaft und zur Sozialisation der anderen Kinder und Erwachsenen in der Gesellschaft beiträgt.

In der Therapie manifester antisozialer Syndrome stehen ambulante und stationäre heilpädagogische und psychotherapeutische Behandlungsverfahren im Vordergrund, daneben begleitende Milieusanierung mit Beratung bzw. Einleitung einer psychologischen *Behandlung der Eltern*, Sondierung der schulischen Situation bzw. der Berufsausbildung, Förderung von Freizeitinteressen und Hobbys. Diese und andere Maßnahmen werden zweckmäßig mit dem zuständigen Sozialarbeiter bzw. dem Jugendamt gemeinsam besprochen und eingeleitet.

Die Bekämpfung der Dissozialität erfolgt nach vergleichbaren Grundsätzen wie in der somatischen Medizin: generelle Verhütung durch Beseitigung der Ursachen und individuelle Behandlung manifester Syndrome mit spezifischen Verfahren. Dies läßt sich nur sehr begrenzt verwirklichen. Der epidemiologische Aspekt für den Dissozialitäts- und Delinquenzbereich sollte durch eine wirksamere *Sozialprävention* verkörpert und die individuelle Behandlung durch vorwiegend sozialpädagogische, heilpädagogische und psychotherapeutische (milieu-, gruppen-, psychodynamische und kognitiv-behaviorale) und, soweit erfolgversprechend, psychopharmakologische Behandlungsverfahren ergänzt werden. Die Voraussetzungen dazu haben sich durch die Einführung eines modernen Jugendstrafrechts und der darin vorgesehenen therapeutischen Maßnahmen, durch das Bundessozialhilfegesetz (BSHG) und das Kinder- und Jugendhilfegesetz (KJHG) mit den dadurch gegebenen Förderungs- und Unterstützungsmöglichkeiten inzwischen wesentlich verbessert und werden sich durch bevorstehende Reformen weiter verbessern.

Dissoziale oder delinquente Kinder und Jugendliche haben überwiegend keinen oder doch nur situativen *Leidensdruck*. Sie kommen dementsprechend nicht von sich aus und werden auch nicht von den Eltern zur Behandlung vorgestellt, weil sie sich krank oder behandlungsbedürftig fühlen, sondern weil sie mit ihrer Familie, in der Schule oder und mit der Gesellschaft in Konflikt geraten sind. Die meisten Kinder treten, wenn ihnen eine Behandlung empfohlen wird, diese auch gar nicht an oder brechen sie bald ab. Deshalb sind immer vorbereitende *Familiengespräche* erforderlich mit dem Ziel, den Patienten oder jedenfalls seine Eltern für eine Behandlung zu motivieren. Die bei den Störungen des Sozialverhaltens auch bei Ärzten und anderen Therapeuten häufig anzutreffende therapeutische Resignation erklärt sich einerseits aus der empirischen Erfahrung, daß therapieresistente Manifestationsformen existieren oder frühzeitig dissoziale Persönlichkeitsstörungen vermutet werden, die mit den bekannten psychotherapeutischen Techniken nicht immer zu verändern sind. Daraus ergibt sich allzu leicht, daß prinzipiell behandlungs- und besserungsfähige Sozialisationsstörungen meistens zu spät in Therapie kommen, aber auch, daß manchmal eine spezielle Therapie nicht eingeleitet werden konnte, weil geeignete Therapeuten nicht in ausreichender Zahl zur Verfügung stehen. Im Hinblick auf

die Therapie und die Prognose einer dissozialen Störung hat es sich als zweckmäßig erwiesen, nicht allein auf die Erscheinungsform der Störung zu achten, sondern mehr als derzeit häufig üblich ätiopathogenetische Gesetzmäßigkeiten zu berücksichtigen, um die Indikationen und die Grenzen bestimmter sozialpädagogischer, psychotherapeutischer und anderer Behandlungsverfahren zuverlässiger zu erkennen und zu berücksichtigen.

Tab. 3.12 Ambulante, teilstationäre und stationäre Einrichtungen, die für Eltern- und Familienberatungen und Familienbehandlungen sowie für psychodynamische oder verhaltenstherapeutische Psychotherapien der Kinder und Jugendlichen zur Verfügung stehen.

Ambulante Maßnahmen
Jugendamt (KJHG)
Familien- und Erziehungshilfe
Erziehungsberatungsstellen
Drogenberatungsstellen
Kinder- und jugendpsychiatrische Polikliniken
Kinder- und jugendpsychiatrische Praxis
Kinder- und Jugendlichenpsychotherapie
Teilstationär
Kinder- und jugendpsychiatrische Tageskliniken
Stationär
Vollstationäre Maßnahmen der Erziehungshilfe
Kinder- und jugendpsychiatrische Klinik

An präventiven, beratenden und therapeutischen Institutionen stehen ambulante und stationäre Interventionen (Jugendamt, Beratungsstellen, Heim, Klinik) zur Verfügung, die nach Möglichkeit (vgl. Tab. 3.12) regelmäßig eng zusammenarbeiten sollten. Für die Therapie manifester dissozialer und delinquenter Störungen stehen sozialpädagogische, verhaltenstherapeutische und modifizierte psychodynamische *Behandlungsverfahren* im Vordergrund, regelmäßig begleitet von Elternberatungen oder Einleitung einer Behandlung der Eltern, ferner Milieusanierung, Sondierung der schulischen Situation bzw. der Berufsausbildung, Förderung von Freizeitinteressen und Hobbys.

An beratenden und sozialpädagogischen Maßnahmen kommen in Betracht:
- Erziehungsberatung bei auf die Familie beschränktem dissozialen Verhalten,
- sozialpädagogische Familienhilfe, besonders bei jüngeren Kindern,
- Erziehungsbeistandschaften bei älteren Kindern, teilstationäre Jugendhilfemaßnahmen bei Schulproblemen und mangelnder Fürsorge in der Familie,
- ständige außerfamiliäre Betreuung bei ausgeprägter Symptomatik oder chronischem Erziehungsversagen der Eltern.

Für die betroffenen Kinder und Jugendlichen kommen im wesentlichen in Betracht: Einzel- und Gruppen- sowie Familientherapien, die psychodynamisch (tiefenpsychologische, psychoanalytische) oder verhaltenstherapeutisch (kognitiv-behavioral) orientiert sind. Bei Störungen des Sozialverhaltens sind grundsätzlich therapieübergreifende Maßnahmen, weil effizienter, zu bevorzugen. Als Einzelmaßnahmen kommen, falls notwendig, Einleitung des Sorgerechtsentzugs der Eltern,

Einrichtung einer Erziehungsbeistandschaft, einer Freiwilligen Erziehungshilfe oder einer Fürsorgeerziehung in Betracht. Für die Auswahl geeigneter Interventionen kann die therapieorientierte Tab. 3.12, in der die wichtigsten und begleitenden Ursachen angeführt sind, behilflich sein.

Als Therapieverfahren für die unterschiedlichen Dissozialitäts- und Delinquenzformen kommen in Betracht: *Sozialpädagogische Betreuung* (Einzelhilfe, soziales Training, sozialpädagogische Wohngemeinschaften, deliktspezifische Programme) ist von großer Bedeutung und sollte nach Möglichkeit regelmäßig eingeleitet werden. Bei Störungen nach frühkindlicher und kindlicher Mangel- oder Fehlerziehung, bei Adoleszentenkrisen und neurotischer Komorbidität sind in erster Linie psychodynamische oder verhaltenstherapeutische Behandlungen nützlich. Sie können einzeln, in Gruppen oder als systemische Familientherapien durchgeführt werden; sie sollten immer von einer Beratung und Behandlung der Eltern begleitet werden. Bei psychiatrischen Störungen (Sucht, Sexualstörungen, Psychosen) sollten entsprechende Therapieangebote wahrgenommen werden. Psychotherapeutische Behandlungen haben auch hier manchmal eine wichtige Funktion, führen aber oft nur zu zeitlich befristeten Fortschritten. Für dissoziale Persönlichkeitsstörungen gilt, ebenso wie für die meisten anderen Persönlichkeitsstörungen, daß sie zwar nicht absolut stabil und sowohl für psychotherapeutische als auch für psychopharmakologische Behandlungen zugänglich sind, die Prognose für den weiteren Verlauf aber unsicher ist.

Jede *psychotherapeutische* Behandlung sollte fakten- und situationsorientiert durchgeführt werden und Ansätze zu einer direkten Hilfe vermitteln. Vorausgehen muß eine sorgfältige Erhebung der inneren Lebens- und Familiengeschichte. Kenntnisse über typische auslösende Situationen, über Tiefpunkte und Schwachstellen des Kindes, aber auch der Eltern müssen regelmäßig eingeholt werden. Gar nicht so selten lassen sich kaschierte, mühsam überwundene bzw. durch eine entsprechende Berufswahl sublimierte eigene dissoziale Anteile der Eltern, namentlich der Väter, erkennen, die durch die sozialen Konflikte ihres Kindes erneut aufleben und zu heftigen, oft überschießenden Reaktionen führen, ohne daß sie sich darüber Rechenschaft ablegen können.

Für die *psychodynamische Psychotherapie* der entwicklungs- und konfliktbedingten Dissozialitätssyndrome sind im Hinblick auf das Lebensalter spezielle psychoanalytische Techniken erarbeitet worden (Aichhorn 1957; Hart de Ruyter 1967; Künzel 1965), die hier ebenso wie die der Verhaltenstherapie wegen ihrer Komplexität im einzelnen nicht erörtert werden können. Aufgabe jeder psychodynamischen Therapie ist es jedoch, bei diesen in ihrer Es/Ich/Über-Ich-Struktur gestörten Kindern Gefühle des Vertrauens zu erwecken, die eine Nacherziehung und Nachreifung des Ichs, des Über-Ichs und des Ich-Ideals ermöglichen. Die meisten dieser Therapiemethoden haben sich, allein eingesetzt, oft als wenig wirkungsvoll erwiesen.

Die großen Hoffnungen, durch eine frühzeitige und konsequente *verhaltenstherapeutische Behandlung* langfristig bessere Erfolge als durch andere Therapiemethoden bei aggressiven und delinquenten Kindern zu erzielen, haben sich leider ebenfalls oft nicht bzw. nur sehr bedingt erfüllt. Aus verhaltenstherapeutischer Sicht wurden dazu praktisch sehr brauchbare Leitfäden und Manuale (Petermann und Petermann 1978, 1993; Cierpka 1999) entwickelt, die sowohl die familiären Hintergründe und die der Schule als auch die Eltern und die Lehrer konkret in die Therapie mit einbeziehen. Gemeinsam mit ihnen sollen bestehende Kommunikationsschwierigkeiten erkannt und nach Möglichkeit bewältigt werden.

Bei einer *Komorbidität* mit Lern- und geistiger Behinderung oder Teilleistungsstörungen, zerebralen Erkrankungen und anderen somatisch fundierten Störungen kommen zusätzliche sozial- und heilpädagogische Interventionen in Betracht, während dissoziales und delinquentes Verhalten bei einer beginnenden bzw. floriden Psychose vorwiegend einer psychiatrischen und psychopharmakologischen Intervention bedarf. Die praktischen Möglichkeiten psychologischer Behandlungsmethoden Jugendlicher finden auch hier leider ihre natürliche Beschränkung in der Fähigkeit und Bereitschaft der Kinder und Jugendlichen zur Mitarbeit.

Die *Indikation* zu einer verhaltenstherapeutischen oder psychodynamischen Behandlung, insbesondere die Anwendung spezieller Behandlungstechniken, richtet sich einmal nach dem jeweiligen Lebens- und Entwicklungsalter des Kindes und

Jugendlichen, zum anderen aber auch nach der Form und Struktur der vorliegenden Dissozialität oder Delinquenz. Eine gründliche neurologische und psychiatrische, reifungsbiologische und psychologische Untersuchung unter Einbeziehung aller erreichbaren Daten und Fakten (Geburtsanamnese, Kindergarten- und Schulberichte, Eigen- und Fremdanamnese) ist eine unbedingte Voraussetzung für die Einleitung einer jeden Behandlung. Da die Beratung bzw. die Behandlung der Eltern nicht nur für die Therapie des Kindes, sondern auch für ihr eigenes Wohlbefinden von entscheidender Bedeutung ist, gilt dies auch für ihre biographische Anamnese, ihre soziale, familiäre und berufliche Situation und für ihre Haltung zum Kind.

Psychopharmaka können kein durchgängiges dissoziales, delinquentes oder kriminelles Verhalten beeinflussen oder verändern. Sie können allenfalls zeitweise einige Symptome unterdrücken und aggressive Spannungs- und Erregungszustände beeinflussen. Im einzelnen wurden Antikonvulsiva untersucht, etwa Phenytoin und Carbamazepin, die jedoch keine belegte anhaltende antiaggressive Wirkung zeigten. Der Einsatz von Stimulantien ist sinnvoll, wenn ein Aufmerksamkeitsdefizit-/hyperkinetisches Syndrom vorliegt. Bei dissozialen Kindern und Jugendlichen mit depressiven Störungen wurden unter antidepressiver Therapie, insbesonder mit serotonergen Antidepressiva, teilweise befriedigende Resultate im Hinblick auf die Verstimmung erzielt. Für die Behandlung eines aggressiven Durchbruchs kommen niederpotente Neuroleptika wie Chlorprothixen (Truxal), Laevepromazin (Neurocil) oder Pipamperon (Dipiperon) in Betracht. Als besonders wirksam haben sich in sonst therapieresistenten Fällen (die z.B. zu einer behördlich verfügten Ausschulung oder Einweisung in geschlossene Heime führten) Lithiumsubstanzen erwiesen, die dann manchmal eine Entlassung nach Hause ermöglichten.

Von praktischer Bedeutung für die Behandlung straffälliger Jugendlicher ist der § 10 II des Jugendgerichtsgesetzes (JGG), der die Möglichkeit vorsieht, einem Delinquenten aufzuerlegen, »sich einer heilerzieherischen Behandlung durch einen Sachverständigen zu unterziehen«. Dieser Begriff ist nicht auf die eigentliche Heilpädagogik beschränkt, er umfaßt auch Gesprächstherapie, Verhaltenstherapie und analytische Psychotherapie. Als *Kostenträger* kommen in Betracht: die gesetzliche Krankenversicherung und das zuständige Jugendamt (nach § 81 bzw. § 6 JWG bzw. Bundessozialhilfegesetz nach §§ 37, 39, 72). Auch erfahrene Therapeuten, die die Brüchigkeit und geringe Tragfähigkeit und die fehlende oder schwache Übertragung ihrer Patienten, etwa eines Straftäters, erkennen, werden durch scheinbar plötzliche Rezidive, in denen sich die fehlende oder geringe Vertrauens- und Bindungsfähigkeit eines Jugendlichen offenbart, leider oft enttäuscht und entmutigt. Solche Situationen müssen, sofern sie nicht zum Abbruch der Behandlung führen, vom Therapeuten mit »abgestelltem Affekt« systematisch bearbeitet oder in einer Institution (Heim, Strafvollzugsanstalt) entweder »bestraft« (soziale Separation, Entzug von Privilegien, Schadensregulierung) oder durch positive Ansätze »verstärkt« (Chips, Münzen, Belohnungen) werden.

Für die *Prognose* fand K. Hartmann (1977) in einer Stichprobe von 100 delinquenten männlichen Jugendlichen zehn durch *Langzeituntersuchungen* gesicherte prognostisch ungünstige Merkmale: mangelhafte Arbeitsbindung, Weglaufen, häufiger Arbeitsplatzwechsel, Bummeln, mangelhafte Versuchungstoleranz, depressive Verstimmung, Schulschwänzen, Schwänzen der Arbeit, Alkoholmißbrauch und mangelhafte Kontaktbindung. Aus psychiatrischer Sicht ist bemerkenswert, daß 24 von insgesamt 500 10- bis 17jährigen Delinquenten, die 40 Jahre später (E. Hartmann et al. 1984) nachuntersucht wurden, eine Schizophrenie entwickelt hatten, etwa fünfmal häufiger, als nach durchschnittlicher Inzidenz zu erwarten gewesen wäre. Die prospektive Studie von Esser et al. (1992) zeigte, daß expansive Störungen bei dreijährigen Kindern bis zur Einschulung persistierten und bei über 50 % der Achtjährigen mit dissozialer Symptomatik bis ins Jugendalter hinein stabil blieben. In allen bekannten Studien wird darauf hingewiesen, daß das hyperkinetische Syndrom einen besonderen Risikofaktor darstellt. Nach Untersuchungen, in denen sich die Prognose nach der Art und der Dominanz der pathogenetischen Faktoren richtete, fanden Pongratz und Hübner (1959) eher günstige out-comes: sie stellten bei 73 % eine soziale, bei 68 % eine legale und eine Gesamtbewährung von 69 % bei männlichen Probanden fest, die sich in öffentlicher Erziehung befunden hatten. Schüpp (1979) führte nach stationärer *analytisch orientierter Behandlung* dissozialer Jugendlicher Katamnesen des Legalverhaltens durch und ermittelte ein Verhältnis von 73 % Bewährter zu 27 % Nichtbewährter. K. Hartmann (1977) überprüfte diese Befunde und kam zu dem Ergebnis, daß »negativ formuliert«, »Verwahrloste« nach der Entlassung aus »öffentlicher Erziehung« zu 66 % durch Straffälligkeit und zu 77 % durch Arbeitsschwierigkeiten auffielen. Robins (1970b) ermittelte anhand von 23 katamnestischen Studien, daß die Prognose um so schlechter ist, je früher soziale Störungen auftreten und je therapieresistenter sie sich verhalten. Deshalb müßten bereits leichtere Abweichungen im Hinblick auf die weitere Entwicklung sorgfältig beobachtet werden. Moffitt et al. (1996) kamen dagegen zu dem Ergebnis, daß nur etwa die Hälfte der Kinder mit schweren Verhaltensstörungen auch später eine ernsthafte Delinquenz entwickelten. Frühzeitig auftretende dissoziale Störungen bei hyperkinetischen Kindern und umschriebenen Entwicklungsstörungen (Teilleistungsschwächen) erwiesen sich als außerordentlich penetrant (Schmidt 1999), bei fast einem Drittel ließen sich bei Nachuntersuchungen dissoziale Störungen nachweisen.

In der Mannheimer *prospektiven Longitudinalstudie* (Esser, Ihle et al. 2000) bewegte sich die Prävalenzrate bei achtjährigen dissozial gestörten Kindern (n=216) von 1,8 % (männlich 4 %, weiblich 0 %), bei 13jährigen auf 8,4 % (männlich 9 %, weiblich 7 %), bei 18jährigen auf 5 %

(männlich 6%, weiblich 7%), und bei den 25jährigen (n=174) auf 4,6% (männlich 1%, weiblich 2%). Aus dieser Stichprobe ergibt sich, daß die Gesamtzahl der Störungen sich vom Kindes- bis in das junge Erwachsenenalter deutlich erhöht hat. Von besonderer Bedeutung ist jedoch, daß dissoziale Störungen bei Frauen (2%) wesentlich seltener als bei Männern (7%) angetroffen wurden. Es ist anzunehmen, daß sich darunter auch manifeste dissoziale Persönlichkeitsstörungen befinden. Ob sich das Zahlenverhältnis geändert hätte, wenn alle Probanden mit 25 Jahren hätten erfaßt werden können, bleibt offen.

Die *Sozialprävention* beruht auf dem psychohygienisch-epidemiologischen Konzept der Beseitigung aller Noxen, die eine gestörte Sozialentwicklung begünstigen, verursachen oder unterhalten. Ein universales Präventionsprogramm müßte alle pathogenetischen Faktoren und die sich daraus ergebenden Prognosen berücksichtigen, d. h. im wesentlichen psychologische, biologische und soziologische Erfahrungen und Erkenntnisse. Sozialprävention ist jedoch nicht nur ein entwicklungspsychologisches, humangenetisches oder soziologisches Projekt, sondern gleichzeitig eine eminent politische Aufgabe, die – kostenintensiv und personalaufwendig – über Generationen durchgeführt werden müßte. Dieses (vorläufig utopische) gesundheitspolitische Konzept müßte allen Kindern gleiche materielle, emotionale und intellektuelle Entwicklungsbedingungen bieten, soweit dies möglich ist. Über Erfolg oder Mißerfolg eines solchen Massenexperiments lassen

sich keine bindenden Prognosen aufstellen. Sicher ist nur, daß damit nicht alle Hoffnungen und einseitigen Erwartungen erfüllt würden. Es wäre unrealistisch zu glauben, daß Dissozialität und Delinquenz sich wie bakterielle Seuchen beseitigen ließen. Keime und Ansätze zu dissozialem Verhalten finden sich in jedem Menschen, weil niemand über ideale autonome Ich-Anteile verfügt, eine Erziehung ohne Fehler nicht möglich ist und keine Gesellschaftsform ideale Voraussetzungen zur Sozialisation bietet.

Praktische psychohygienische und prophylaktische Maßnahmen bestehen in einer Verbesserung der sozialen Situation der Eltern: wirtschaftlich gesicherte Erziehungsjahre für berufstätige Mütter, pädagogische Aufklärung und Schulung der Eltern, Elternberatung und psychiatrische Betreuung psychisch kranker Eltern. Für das Kind: verbesserte Pflege- und Erziehungsbedingungen in Säuglings- und Kleinkinderheimen, Einrichtung kleiner Gruppen und kleiner Klassen in der Vorschule und in der Schule, vermehrtes Angebot an Ganztagsschulen und Lehrlingsheimen. Für Kinder und Jugendliche: psychologische und psychiatrische Betreuung in allen Altersgruppen analog der schulärztlichen bzw. schulzahnärztlichen Untersuchung und Behandlung. Schließlich: Hebung des Interesses aller Bevölkerungsteile an der Erziehung elternloser Kinder, der Kinder mit erziehungsunfähigen Eltern, der Erziehung behinderter Kinder. Diese Aufgaben sollten nicht nur als Pflichtpensum des Staates, sondern als Probleme der Gesellschaft und damit des einzelnen anerkannt werden. Ferner: volle

Integration und Chancengleichheit für verhaltensgestörte bzw. sozial gestörte Kinder in der Gemeinschaft, Abbau von Diffamierungstendenzen gegenüber entwicklungsgestörten bzw. psychisch gestörten Kindern, Beseitigung einer abwertend-diffamierenden Nomenklatur für psychosoziale Artefakte, wie man sie gelegentlich noch in Heimakten findet, z. B. »Verkommenheit, Verlogenheit, Gemütskälte, Selbstgefälligkeit« usw., aber auch Beschränkung der Kritik an verbesserungsfähigen Institutionen, solange bessere Lösungen nicht angeboten oder realisiert werden können. Die Diffamierung der Heime verunsichert nicht nur die Erzieher, sondern auch die Heimzöglinge.

Literatur

Adler A (1908) Der Aggressionstrieb im Leben und in der Neurose. Fortschr. Med. 26: 755

Aichhorn A (1957) Verwahrloste Jugend, 4. Aufl., Bern: Huber

Angold A, Costello EJ (1996) Toward establishing an empirical basis for the diagnosis of oppositional defiant disorder. J. Am. Ac. Child Adolesc. Psychiat. 35: 1205–1212

Aster M von (1993) Geistige Behinderung. In: Steinhausen HC, von Aster M (Hrsg) Handbuch Verhaltenstherapie und Verhaltensmedizin bei Kindern und Jugendlichen. Weinheim: Beltz, S. 47–68

Bateson G, Jackson DD, Haley J, Weakland JW (1969) Auf dem Wege zu einer Schizophrenietheorie. In: Bateson G, Jackson DD, Laing RD, Lidz T, Wynne LC (Hrsg) Schizophrenie und Familie. Frankfurt: Suhrkamp, S. 943

Biederman J, Faraone SV, Milberger S, Garcia Jetton J, Chen L, Mick E, Green RW, Russell RL (1996) Is childhood oppositional defiant disorder a precursor to adolescent conduct disorder? Findings from a four-year follow-up study of children with ADHD. J. Am. Ac. Child Adolesc. Psychiat. 35: 1193–1204

Blos P (1961) Adolescents – psychoanalytic approach to problems and therapy. New York: Harper & Brothers. Deutsch: Adoleszenz. Eine psychoanalytische Interpretation. 7. Aufl., Stuttgart: Klett-Cotta 2001

Bonhoeffer K (1941) Nervenärztliche Erfahrungen und Eindrücke. Berlin: Springer, S. 47–57

Brezovsky P (1985) Diagnostik und Therapie selbstverletzenden Verhaltens. Stuttgart: Enke

Brown F (1961) Depression and childhood bereavement. Br J Psychiat 107: 754

Bürgin D (1998) Triangulierung. Der Übergang zur Elternschaft. Stuttgart, Schattauer

Buitelaar, JK (1993) Self-injurious behaviour in retarded children: clinical phenomena and biological mechanisms. Acta Paedopsychiatrica 56: 105–111

Bumpass ER, Brix RJ, Preston D (1985) Community-based Program for Juvenile Firesetters. Hospital and Community Psychiatry 36: 529–533

Bundeskriminalamt (1999) Polizeiliche Kriminalstatistik Bundesrepublik Deutschland. Berichtsjahr 1999. Wiesbaden: BKA

Cattell RB (1957) Personality and motivation. Structure and measurement. New York: Yonkers-on-Hudson

Christian RE, Frick PJ, Hill NL, Tyler L, Frazer DR (1997) Psychopathy and conduct problems in children: II. Implications for subtyping children with conduct problems. Journal of the American Academy of Child and Adolescence Psychiatry 36: 233–241

Cierpka M (Hrsg) (1999) Kinder mit aggressivem Verhalten. Göttingen: Hogrefe, Verlag für Psychologie, 1999

Cohen AK (1961) Kriminelle Jugend. Reinbek: Rowohlt

Delbrück A (1891) Die pathologische Lüge. Stuttgart: Enke

Dollard J, Doob LW, Mowrer OH, Sears R, Miller NE (1939) Frustration and aggression. New Haven: Univ. Press

Eberhard K, Kohlmetz G (1973) Verwahrlosung und Gesellschaft. Göttingen: Verlag für medizinische Psychologie

Esser G, Schmidt MH, Blanz B, Fätkenheuer B, Fritz A, Koppe T, Laucht T, Rensch B, Rotheberger W (1992) Prävalenz und Verlauf psychischer Störungen im Kindes- und Jugendalter. Z. Kinder- und Jugendpsychiat. 20: 232–240

Esser G, Ihle W, Schmidt MH, Blanz B (2000) Der Verlauf psychischer Störungen vom Kindes- zum Erwachsenenalter. Z. Klin. Psychol. Psychotherap. 29(4): 276–283

Favazza AR, Rosenthal, RJ (1993) Diagnostic issues of self-mutilation. Hospital and Community Psychiatry 44: 134–140

Glueck S, Glueck E (1963) Jugendliche Rechtsbrecher. Stuttgart: Enke

Gregor A, Voigtländer E (1918) Die Verwahrlosung, ihre klinisch-psychologische Bewertung und ihre Bekämpfung. Berlin: Karger

Gruble HW (1912) Die Ursachen der jugendlichen Verwahrlosung und Kriminalität. Berlin: Springer

Harbin HT, Madden DJ (1979) Battered parents: A new syndrom. Am. J. Psychiatry 136 (10): 1288–1291

Hart de Ruyter Th (1967) Zur Psychotherapie der Dissozialität im Jugendalter. In: Jahrbuch für Jugendpsychiatrie und ihre Grenzgebiete, Bd Vl, Bern: Huber, S. 79–108

Hartmann E, Milotski E, Vaillant G, Oldfield M, Falke R, Ducey C (1984) Vulnerability to schizophrenia. Prediction of an adult schizophrenia using childhood information. Arch. Gen. Psychiatry 41: 1050

Hartmann K (1977) Theoretische und empirische Beiträge zur Verwahrlosungsforschung. Berlin/Heidelberg/New York: Springer

Hartmann K (1996) Lebenswege nach Heimerziehung. Biographien sozialer Retardierung. Freiburg: Rombach

Herpertz S (1995) Self-injurious behavior. Psychopathological and nosological characteristics in subtypes of self-injures. Acta Psychiatrica Scandinavica 91: 57–68

Homburger A (1926) Psychopathologie des Kindesalters. Berlin: Springer

Hommers W (1999) Gutachten zur Deliktfähigkeit. In: Lempp R, Schütze G, Köhnken G (Hrsg) Forensische Psychiatrie und Psychologie des Kindes- und Jugendalters. Darmstadt: Steinkopf, S. 78–84

Hutchings B, Mednick SA (1975) Registered criminality in the adoptive and biological parents of registered male adoptive. Proc. Am. Psychopathol. Assoc. 63: 105–116

Karkut G (1965) Lassen sich ursächliche Beziehungen zu der Frage zwischen körperlichem Zustand, der allgemeinen Intelligenz und zu kriminellen Erscheinungsformen an Jugendlichen finden? Diss. Freie Universität Berlin

Kaufman L, Heims LW, Reise DE (1961) A reevaluation of the psychodynamics of firesetting. Am J Orthopsychiat 31: 123–137

Kazdin AE (1987) Treatment of antisocial behavior in children: current status and future directions. Psychol Bull 102: 187–203

Kazdin AE (1987) Conduct disorders in childhood and adolescence. Developmental Clinical Psychology and Psychiatry. Series 9. Beverly Hills, CA: Sade

Kazdin AE, Esveldt-Dawson K, French NH, Unis AS (1987) Problem-solving skills training and relationship therapy in the treatment of antisocial child behavior. Journal of Consulting and Clinical Psychology 55: 76–85

Kazdin AE (1997) Psychosocial treatments for conduct disorder in children. Journal of Child Psychology and Psychiatry 38: 161–178

Kinsey AC (1953) Das sexuelle Verhalten der Frau. Frankfurt: Fischer

Klosinski G (1999) Brandstiftung. In: Lempp R, Schütze G, Köhnken G (Hrsg) Forensische Psychiatrie und Psychologie des Kindes- und Jugendalters. Darmstadt: Steinkopf, S. 262–269

Kohlberg L, Levin C, Ewer A (1983) Moral stages: A current formulation and a response to critics. Basel: Karger

Kohlberg L, Recks D, Snarrey J (1984) Childhood development as a predictor of adaptation in adulthood. Genet. Psychol. Monogr. 110: 91–172

Künzel E (1965) Jugendkriminalität und Verwahrlosung. Göttingen: Verlag für Medizin und Psychologie

Lempp R (1973) Psychosen im Kindes- und Jugendalter – eine Realitätsbezugsstörung. Eine Theorie der Schizophrenie. Bern: Huber

Lempp R, Schütze G, Köhnken G (Hrsg) (1999) Forensische Psychiatrie und Psychologie des Kindes- und Jugendalters. Darmstadt: Steinkopf

Lewes DO, Sharnok SS (1977) Medical histories of delinquent and non-delinquent children: An epidemiological study. Am. J. Psychiat. 134: 1020

Loeber R (1990) Development and risk faktors of juvenile antsocial behavior and delinquency. Clin. Psychol. Rev. 10: 1–41

Lösel F (1999) Delinquenzentwicklung in der

Kindheit und Jugend. In: Lempp R, Schütze G, Köhnken G (Hrsg) Forensische Psychiatrie und Psychologie des Kindes- und Jugendalters. Darmstadt: Steinkopf

Lorenz K (1968) Das sogenannte Böse. Wien: Borotha-Schoeler

Madden DJ, Lion J (1976) Assault and other forms of violence. New York: Spectrum

Merton RK (1968) Sozialstruktur und Anomie. In: Sack F, König R (Hrsg) Kriminalsoziologie. Frankfurt: Akad Verlagsanstalt

Merz F, Stelzl I (1979) Einführung in die Erbpsychologie. Stuttgart: Kohlhammer

Moffitt TE (1993) Adolescence-limited and life-course-persistent antisocial behavior: A developmental taxonomy. Psychological Review 4: 674–701

Moffitt TE, Caspi A, Dickson N, Silva, P, Stanton W (1996) Childhood-onset versus adolescence-onset antisocial conduct problems in males: natural history from ages 3 to 18 years. Development and Psychopathology 8: 399–424

Moffitt TE, Henry B (1991) Neuropsychological studies of juvenile delinquency and violence. In: Milner JS (Hrsg) The Neuropsychology of aggression. Norwell, MA: Kuwer, S. 67–91

Mohr H (1979) Erbgut und Umwelt, aus der Sicht des Entwicklungsbiologen. Freiburger Vorlesungen zur Biologie des Menschen. Heidelberg: Quelle & Meyer

Monro A (1965) Childhood parent-loss in a psychiatrically normal population. Br. J. Prov. Med. 19: 69–79

Moser T (1970) Jugendkriminalität und Gesellschaftsstruktur. Frankfurt: Suhrkamp

Munro A (1964) Some aetiological factors in depression illness. MD Thesis, University of Glasgow

Nissen G (1974) Zur Klassifikation und Genese von Dissozialität und Verwahrlosung. Nervenarzt 45: 30–35

Nissen G (1975) Zur Genese und Therapie der Autoaggressivität. Z. Kinder-/Jugendpsychiat. l: 29–40

Nissen G (Hrsg) (1984) Psychiatrie des Schulalters. Bern: Huber

Nissen G (1986) Psychische Störungen im Kindes- und Jugendalter. Ein Grundriß der Kinder- und Jugendpsychiatrie. Berlin/Heidelberg/New York: Springer

Nissen G (Hrsg) (1987) Prognose psychischer Erkrankungen im Kindes- und Jugendalter. Bern: Huber

Nissen G (1991) Aggressivität und Autoaggressivität bei Kindern und Jugendlichen. In: Heinrich K et al. (Hrsg) Serotonin. Ein funktioneller Ansatz für die psychiatrische Diagnose und Therapie. Heidelberg: Springer, S. 155 bis 171

Nissen G (1993) Gewalt in der Familie: Kinder- und Elternmißhandlung. Münch. Med. Wschr. 42: 556–557

Nissen G, Hoffmeyer O (1988) – Diagnostik. In: Nissen G (Hrsg) Ein Dezennium Kinder- und Jugendpsychiatrie 1978–1988. Würzburg: Böhler

Nissen G, Schmitz H (Hrsg) (1973) Strafmündigkeit. Neuwied: Luchterhand

Olweus D (1994) Annotation: Bullying at School: Basic Facts and Effects of a School-based Intervention Program. J. of Child Psychol. and Psychiat. 35: 1171–1190

Olweus D, Mattson A, Schalling D, Löw H (1988) Circulating testosterone levels and aggression in adolescent males: a causal analysis. Psychosomatic Medicine 50: 261–272

Patterson G (1975) Soziales Lernen in der Familie. München: Pfeiffer

Petermann F, Petermann U (1978) Training mit aggressiven Kindern. München: Urban & Schwarzenberg

Petermann F, Petermann U (1993) Training mit Jugendlichen. Weinheim: Beltz

Pongratz L, Hübner HO (1959) Lebensbewährung nach öffentlicher Erziehung. Berlin: Luchterhand

Propping P (1989): Psychiatrische Genetik. Befunde und Konzepte. Berlin/Heidelberg/New York: Springer

Remschmidt H, Höhner G, Walter R (1984) Kinderdelinquenz und Frühkriminalität. In: Göppinger H, Vossen R (Hrsg) Kriminologische Gegenwartsfragen. Bd. 16. Stuttgart: Enke

Resch F, Karwautz, Schuch B, Lang, E (1993) Kann Selbstverletzung als süchtiges Verhalten bei Jugendlichen angesehen werden? Z. Kinder-/Jugendpsychiat. 21: 253–259

Robins LN (1970a) The adult development of the antisocial child. Semin. Psychiatry 2: 420–434

Robins LN (1970b) Deviant children grown up. Baltimore: Williams & Wilkins

Robins LN (1991) Conduct disorder. J. Child Psychol. 32: 193–212

Rutter M (1997) Psychosocial Disturbances in Young People: Challenges for Prevention, Cambridge: Cambridge University Press

Sachsse U (1994) Selbstverletzendes Verhalten. Psychodynamik-Psychotherapie. Göttingen: Vandenhoeck & Ruprecht

Saß H (1987) Psychopathie – Soziopathie – Dissozialität. Zur Differentialtypologie der Persönlichkeitsstörungen. Berlin: Springer

Schepank H (1974) Erb- und Umweltfaktoren bei Neurosen. Berlin/Heidelberg/New York: Springer

Schmidt ME (1999) Dissozialität und Aggressivität. Z. Kinder-/Jugendpsychiatr. Psychotherap. 26: 53–62

Schneider K (1959) Klinische Psychopathologie. Stuttgart: Thieme

Schüpp D (1979) Lebensbewährung »verwahrloster« Jugendlicher. Behandlungsergebnisse der therapeutisch-pädagogischen Heimerziehung im »Haus Sommerberg«. Theor. Prax. soz. Arbeit, S. 30

Schulz E (1995) Selbstverletzendes Verhalten im Rahmen des Autismus. In: Autismus und Familie. Bonn: Reha Verlag, S. 163–175

Sheldon W (1949) Varieties of delinquent youth. New York: Harper & Brothers

Simeon D, Stanley B, Frances A, Mann JJ, Winchel R, Stanley M (1992) Self-mutilation in personality disorders: psychological and biological correlates. Am. J. Psychiat. 149: 221 bis 226

Specht F (1967) Sozialpsychiatrische Gegenwartsprobleme der Jugendverwahrlosung. Stuttgart: Enke

Specht F (1991) Störungen sozialer Funktionen, emotionale Störungen und Störungen des Sozialverhaltens. In: Machleidt W et al. (Hrsg) Psychiatrie, Psychosomatik und Psychotherapie. Stuttgart: Thieme, S. 66–72

Steinhausen H-C (1996) Psychische Störungen bei Kindern und Jugendlichen. 3. Aufl., München: Urban & Schwarzenberg, S. 226

Steinmetz SK (1978) Battered parents. Society 15: 54 f.

Strömgren E (1967) Psychiatrische Genetik. In: Gruhle HW, Jung R, Meyer-Gross W, Müller M (Hrsg) Psychiatrie der Gegenwart, Bd I/1. Berlin/Heidelberg/New York: Springer, S. 1-69

Stutte H (1958) Grenzen der Sozialpädagogik. Neue Schriftenreihe des AFET 12

Stutte H (1964) Psychopathologische Bedingungen der Jugendkriminalität. Recht der Jugend 12: 33–38

Thomas A, Chess S (1984) Genesis and evolution of behavioural disorders: From infancy to early adult life. Am. J. Psychiat. 141: 1–9

Thorwirth V (1971) Autoaggression (Selbstschädigung) als Übersprunghandlung. Fortschr. Neurol. Psychiat. 39: 542

Tölle R (1986) Persönlichkeitsstörungen. In: Kisker et al. (Hrsg) Psychiatrie der Gegenwart. 3. Aufl., Band 1. Berlin: Springer, S. 151 bis 185

Trott GE, Friese HJ, Reitzle K, Wirth S, Nissen G (1993) Seelische und körperliche Elternmißhandlung. Münch. Med. Wschr. 135: 567–570

Vandersall TA, Wiener JM (1970) Children who set fires. Arch. Gen. Psychiatry 22: 63–71

Warnke A (1990) Legasthenie und Hirnfunktion. Bern: Huber

Warnke A, Trott GE, Remschmidt H (1997) Forensische Kinder- und Jugendpsychiatrie. Ein Handbuch für Klinik und Praxis. Bern: Huber

Weinschenk C (1967) Die erbliche Lese- und Rechtschreibeschwäche in ihrer Bedeutung für die Sozialpädagogik. Hannover: Wiss Informationsschr. AFET

Winchel RM, Stanley M (1991) Self-injurious behavior: a review of the behavior and biology of self-mutilation. Am. J. Psychiat. 148: 306–317

Zulliger H (1956) Helfen statt Strafen. Stuttgart: Klett

4. Emotionale Störungen

4.1 Forschung und Theorie

Im Laufe der normalen emotionalen Entwicklung treten bei allen Kindern und Jugendlichen unterschiedliche, manchmal wechselnde, überwiegend flüchtige und inkonstante, jedenfalls nicht festgelegte und chronische emotionale Störungen auf. Sie sind in ihrem Inhalt und ihrer Ausprägung phasen- bzw. stadienabhängig und stehen damit in engem Zusammenhang mit dem Lebens- und Entwicklungsalter. Das Trotzalter des Kleinkindes und das Schwatz- und Zappelalter des älteren Grundschulkindes sind Beispiele dafür. Solche Störungen können einen erheblichen Schweregrad aufweisen und therapeutische Konsultationen erfordern. Bei einer vorübergehenden schwereren Störung kann es sich um eine »akute Belastungsreaktion« handeln. Liegt eine zeitlich verzögerte Reaktion mit längerer Störungsdauer vor, kommt eine »posttraumatische Belastungsstörung« in Betracht, oder es handelt sich um länger anhaltende »Anpassungsstörungen« nach einschneidenden Veränderungen der Lebenssituation. Treten jedoch anhaltende und schwere Angstzustände auf, ist an eine beginnende generalisierte Angststörung oder eine Phobie zu denken. Diese Entwicklungsdiagnosen sind manchmal schwierig und verantwortungsvoll, und sie lassen sich nicht immer querschnittsmäßig stellen. Darüber hinaus läßt sich nicht ausschließen, daß emotionale Störungen auch prämonitorische Zeichen einer beginnenden ängstlichen Persönlichkeitsstörung sind, die wegen ihrer relativ ungünstigen Prognose frühzeitig behandelt werden sollte. Bei den hier dargestellten emotionalen Störungen mit vorwiegend psychischer Symptomatik, den Angst-, Depressions-, Zwangs- und histrionischen Störungen handelt es um Störungsmuster innerhalb dieses nosologischen Spektrums.

Als *Neurose* bezeichnete Cullen (1710–1790) eine chronische Nervenkrankheit, die er der akuten und entzündlichen Neuritis gegenüberstellte. Seitdem hat dieser Terminus einen mehrfachen Bedeutungswandel erfahren, im wesentlichen jedoch eine immer weitergehende Einengung. In der ersten Hälfte des 20. Jahrhunderts verständigten sich Psychiater und Psychoanalytiker darauf, daß es sich bei der Neurose um eine vorwiegend erworbene abnorme seelische Fehlentwicklung handele, die nicht organisch bedingt, im Einzelfall aber mehr oder weniger stark biologisch mitbedingt sein könne. Die Neurose stellte danach eine vorwiegend psychogene Erkrankung dar, und als neurotisch konnte jede überwiegend psychogene Störung bezeichnet werden. Später wurde eine Subtypisierung vorgenommen in *Psychoneurosen* (emotionale Störungen mit überwiegend psychischen Symptomen) und *Organ-*

neurosen (emotionale Störungen mit überwiegend somatischen Symptomen). Insgesamt entsprach die damalige Begriffsdefinition der Neurosen als psychopathologische Syndrome mit überwiegend psychischer oder somatischer Symptomatik und im Einzelfall unterschiedlicher Ätiopathogenese weitgehend den Überzeugungen und Ansichten auch solcher Ärzte, die den Gültigkeitsanspruch psychoanalytischer Konzepte über die Bedeutung der frühen Kindheit für die Entstehung und die Entwicklung von Neurosen nicht akzeptierten. Seitdem sind zahlreiche neue *psychotherapeutische Methoden*, überwiegend Abkömmlinge der Psychoanalyse, hinzugetreten. Neu begründet wurde die aus der Kritik an der Psychoanalyse entstandene, heute weit verbreitete Verhaltenstherapie, die sich aus der *Lerntheorie* (Eysenck 1959) entwickelt hat und zunächst nur an der Korrektur erlernter, situativ abnormer chronischer Symptome ausgerichtet war, später aber mit ihren basalen Therapiefaktoren auch die lebensgeschichtliche Entwicklung einbezog. Daraus ergibt sich, daß sowohl die psychodynamischen Therapiemethoden, die tiefenpsychologisch orientierten und die psychoanalytischen Verfahren als auch die kognitiv behavioralen Therapien und die interpersonelle Psychotherapie, die programmatisch sowohl psychodynamische als auch verhaltenstherapeutische Elemente miteinander verbindet, es zulassen, einige verbindende Gemeinsamkeiten des Neurosebegriffs zu diskutieren.

4.1.1 Definition

Als eine gemeinsame Definition der Neurose könnte bei schulenspezifischer Interpretation einzelner Bedeutungsinhalte etwa die Neurosendefinition von Schwidder (1972) gelten. Danach ist die Neurose »eine krankhafte Störung der Erlebnisverarbeitung mit Symptomen abnormen Erlebens, Verhaltens und/oder gestörter somatischer Funktionsabläufe. Der Störung liegen eine Fehlentwicklung und konflikthafte Fehlhaltungen zugrunde, die dem Leidenden unzureichend einsichtig sind und deren ätio- und pathogenetische Bedingungen bis in die Kindheit zurückreichen. Die Störung ist primär psychogen, überwiegend umweltbedingt. Sie wird also nicht durch hirnorganische Veränderungen oder überwiegend krankhafte Erbanlagen hervorgerufen«.

4.1.2 Epidemiologie

Neurotische Störungen und beginnende Neurosen mit überwiegend psychischer oder vorwiegend somatischer Symptomatik sind bei Kindern nicht selten und bei Jugendlichen schon relativ häufig. Die Prävalenzzahlen für psychische Störungen im Kindes- und Jugendalter insgesamt liegen bei 12–18 % (Schmidt 1999). Für emotionale Störungen betragen sie nach der Mannheimer Studie (Esser et al. 1992) bei achtjährigen Kindern 8 %. Emotional gestörte Kinder stellen dementsprechend auch in den psychologischen Beratungsstellen und in den kinderpsychiatrischen und pädiatrischen Praxen und Polikliniken eine sehr große Gruppe dar. In der Würzburger Poliklinik (Nissen 1988b) waren es 38 % (n= 1819).

Erstmanifestationen von neurotischen Störungen und von Neurosen kommen in fast allen Altersklassen vor, bei zwei Dritteln bereits in der Kindheit. *Primordialsymptome* finden sich am häufigsten erstmals zwischen dem 3. und 12. Lebensjahr. Im Alter von etwa 3 Jahren kann sich eine depressive Neurosestruktur entwickeln, zwischen dem 5. und 7. Lebensjahr eine zwangsneurotische und zwischen dem 8. und dem 12. Lebensjahr hysterische Strukturen. Es ist davon auszugehen, daß bei etwa 8–10 % der 10jährigen Kinder eine ernsthafte seelische Gefährdung vorliegt. Bei den Betroffenen überwiegen deutlich die Jungen; sie sind expansiver und aggressiver und geraten häufiger in Konflikte. Bei Mädchen ist das Rückzugsverhalten mit ihrer überlieferten Geschlechtsrolle besser vereinbar. Ein schulisches Leistungsversagen bei Jungen ist auch heute noch für viele Familien ein stärker alarmierendes Symptom. Die Erkennung einer Neurose ist einfach, wenn es sich um eindeutige Fälle mit typischer Anamnese und massiver Symptomatik handelt; das ist im allgemeinen aber erst bei älteren Schulkindern oder bei Jugendlichen der Fall.

4.1.3 Klassifikation

Weil bis heute keine generell gültige ätiopathogenetische Definition der Neurose gefunden werden konnte, die psychodynamische Einteilung der Neurosen überholt schien und ihre Behandlung praktikabler gestaltet werden sollte, wurde die Neurose als nosologischer und nosographischer Begriff in den derzeit gültigen *Klassifikationsschemata* weitgehend verlassen. In der ICD-10 (1991) und dem DSM-IV (1994) wird deskriptiv von »neurotischen Störungen« und ätiopathogenetisch von einem »neurotischen Prozeß« gesprochen, während in der psychotherapeutischen Praxis und in psychiatrischen Kliniken die Begriffe *Neurose* und *Psychose* nach wie vor weltweit zur Verständigung dienen. Bei der neuen Orientierung an neurotischen Störungen zerfielen die alten deskriptiven Einheiten Angstneurose, depressive Neurose und hysterische Neurose in einige ihrer Erscheinungsbilder, während die ätiopathogenetisch vielgestaltigen Phobien und besonders die Zwangsneurose erhalten blieben. Aber nicht nur die Neurose, sondern

auch die »psychische Krankheit«, auch die Psychose, wurde durch »psychic disorders« unter Hinzufügung des syndromatischen Inhalts ersetzt. Dazu ist aus semiotischer Sicht kritisch anzumerken, daß »disorder« auch mit »Unordnung«, »Fehler« und als »außerhalb der Ordnung stehend« übersetzt werden kann und damit Ähnlichkeiten mit dem belasteten Begriff der Abnormalität aufweisen würde. Die mit Bedacht gewählte »Störung« suggeriert jedoch, daß etwas Gestörtes mehr oder weniger leicht, letztlich aber sicher abgestellt, »entstört« werden kann. Der in der deutschsprachigen Psychiatrie des 19. Jahrhunderts lange verwendete Begriff *Störung*, etwa in der weltweit ersten

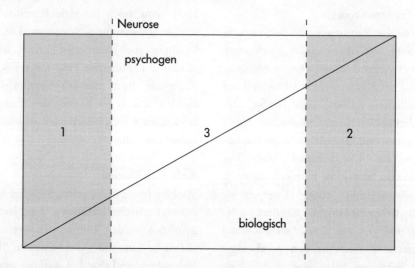

Abb. 4.1 Psychische Störungen sind überwiegend multikausal bedingt; sie weisen eine individuell unterschiedliche Akzentuierung biologischer, psychologischer und sozialer Bedingungsfaktoren auf. Die Frage, ob es »reine« psychogene (1) Neurosen und »reine« biologische (2) Persönlichkeitsstörungen gibt, wird unterschiedlich beantwortet; überwiegend dürfte es sich um ätiopathogenetische »Mischstrukturen« (3) handeln.

Monographie »Die psychischen Störungen des Kindesalters« (Emminghaus 1887), wurde Anfang des 20. Jahrhunderts in Angleichung an die somatische Medizin durch Krankheit, Syndrom oder Zustandsbild ersetzt. Mit dem Begriff Krankheit sollte die von allen erstrebte Gleichstellung somatischer und psychischer Erkrankungen nachdrücklich gefestigt werden und damit gleichzeitig inadäquaten Behandlungsmethoden und unrealistischen Hoffnungen auf eine Heilung der psychischen Störungen von vornherein generell entgegengetreten werden.

Psychotherapeutische Grundpositionen
Die Axiome der beiden großen psychotherapeutischen Schulen, der Psychoanalyse und der Verhaltenstherapie, unterscheiden sich in ihren wissenschaftlichen Theorien grundlegend, aber in der praktischen Anwendung haben sie sich in den letzten Jahrzehnten in einigen Punkten angenähert.

Nach *psychoanalytischer Empirie* sind frühkindliche Traumen und Konflikte, die unterdrückt und verdrängt wurden und nach einer Latenzzeit dann in der späten Kindheit und Adoleszenz durch entsprechende Belastungen reaktiviert wurden, für die Entwicklung neurotischer Störungen von maßgeblicher Bedeutung. In der psychodynamischen spielen unbewußte Verdrängungen, Übertragung und Gegenübertragung und Deutungen eine besondere Rolle. Ätiologisch stellte Freud bekanntlich mit seiner »Ergänzungsreihe« fest: »Es ist nicht leicht, die Wirksamkeit der konstitutionellen und der akzidentel-

len Faktoren in ihrem Verhältnis zueinander abzuschätzen. In der Theorie neigt man immer zur Überschätzung der ersteren, die therapeutische Praxis kehrt die Bedeutung der letzteren hervor. Man soll auf keinen Fall vergessen, daß zwischen beiden ein Verhältnis von Kooperation und nicht von Ausschließung besteht.« Es ist auch eine besondere Aufgabe der kinderpsychiatrischen Diagnostik, im Hinblick auf die Entwicklungsprognose und eine mögliche Therapie Aufschlüsse über die Valenz dieser und anderer Faktoren zu erlangen.

Aus *lerntheoretischer Sicht* führen fehlerhafte Lernvorgänge zu störenden Fehlanpassungen, die sich im Laufe der weiteren Entwicklung verfestigen und verstärken können, oft mit einem Gefühl der Hilflosigkeit einhergehen und schließlich zu einem negativen Selbstbild führen können. Man begegnet ihnen mit speziellen Methoden und störungsbezogenen Einzelverfahren, denen eine multimodale Therapieplanung vorausgeht. Die *Verhaltenstherapie* bedient sich auch bei der Behandlung neurotischer Störungen zahlreicher, kaum noch zu überblickender Verfahren, die man einteilen kann (Hand 1986) in

1) Standardmethoden: Rollenspiel, operante Methoden (Auf- und Abbau von Verhalten, Tokenprogramme, soziale Verstärkung), Selbststeuerung, Training sozialer Kompetenz, Entspannungsmethoden, systematische Desensibilisierung, Selbstverbalisationstraining, Reizkonfrontation und Problemlösetraining, und

2) Methoden, die der a) klassischen Konditionierung, der b) der operanten

Konditionierung und c) den kognitiven und den Theorien sozialen Lernens zugeordnet werden.

Neurosenkonzepte

Das *psychoanalytische* Neurosenkonzept: Aus psychoanalytischer Sicht werden hinsichtlich der Verwendung des Neurosebegriffs bestimmte Präzisierungen gefordert. Von einer Neurose sollte danach auch bei Kindern und Jugendlichen nur dann gesprochen werden, wenn daran unbewußte Mechanismen der *Verdrängung*, des innerseelischen Widerstandes oder der Gehemmtheit beteiligt sind. Gerade bei Kindern sind entwicklungs- und stadienabhängige nichtneurotische Anpassungsschwierigkeiten einfache reaktive psychische Störungen oder vordergründig motivierte oder auch durch die Eltern induzierte situative Verhaltensauffälligkeiten sehr häufig. Andererseits muß gerade vom *kinderpsychiatrischen* Standpunkt nachdrücklich darauf hingewiesen werden, daß es ebensowenig, wie es rein psychogene oder ausschließlich erbgenetisch kodierte Neurosen gibt, auch keine in sich homogenen Angst-, Depressions-, Zwangs- und hysterische Neurosen gibt, sondern nur »Mischfälle«, in die unterschiedlich stark vertretene Anteile jeweils anderer neurotischer Störungen eingestreut und die damit individuell unterschiedlich ausgeprägt sind. Die ursprünglich an *erwachsenen* Neurotikern gewonnene These, daß Neurosen regelmäßig auf pathogene peristatische Störungen in bestimmten Kindheitsphasen zurückweisen, wurde durch Direktbeobachtungen an Säuglingen und Kleinkin-

dern und durch Langzeituntersuchungen immer wieder bestätigt, teilweise aber auch relativiert. Bedingungsfaktoren der Neurose sind danach in der Regel nicht so sehr einmalige seelische Traumata, sondern die chronische *psychotoxische Umweltkonstellation*, der das Kind nicht nur in den besonders vulnerablen Phasen der Säuglings- und Kleinkinderzeit (s. S. 53 ff. Bindungsstörungen) ausgesetzt war, sondern auch weiterhin ausgesetzt bleibt, einfach deshalb, weil sich die Haltungen und Persönlichkeitsstrukturen seiner Erzieher nicht ändern.

Das *verhaltenstherapeutische* Konzept: Die kognitiv-behaviorale Therapie, als Verhaltenstherapie ursprünglich rein »symptomorientiert« (unimodal), sieht sich inzwischen weniger durch ihre Verfahren als durch ihre Strategie charakterisiert. Sie hat sich zu einem patientenorientierten (multimodalen) Konzept entwickelt, in das Probleme der »Übertragung« und der »Selbsterfahrung« der Therapeuten ebenso wie diagnostische Überlegungen aufgenommen und in einem weiteren Akt eine patientenorientierte, strategiebezogene Indikationsstellung eingeführt wurde, die ebenso wie die Übernahme gesprächstherapeutischer und familientherapeutischer Techniken entschieden zu ihrer Verbreitung beitrugen.

Von Psychoanalytikern wie von Verhaltenstherapeuten werden gelegentlich psychogenetische Kausalfaktoren (vermutete frühkindliche Bindungsstörungen, unbewußte kindliche Traumen und Konflikte, phasenspezifische Störungen) oder gestörte Lernprozesse unter Vernachlässigung anderer Kausalfaktoren dogmatisch überbewertet. Sowohl die Lerntheorie als auch die Psychoanalyse haben dagegen immer wieder auf die richtunggebende Bedeutsamkeit konstitutioneller und erbgenetischer Faktoren hingewiesen.

Biologische Aspekte: Unter den psychologischen Theoretikern wurde eine teilweise heftige Diskussion über personenimmanente psychische Merkmale geführt, die entweder erblich bedingt, auf längeren Lernprozessen beruhen oder nachgeordnet sind und nur situativ auftreten. Durch *Faktorenanalysen* wurden Faktoren ermittelt, denen eine Schlüsselrolle für die Entfaltung der Persönlichkeit beigemessen wurde. Eysenck (1981) entwickelte ein System, nach dem charakteristische psychische Merkmale als Funktionen von drei Überfaktoren: Extraversion–Introversion, Neurotizismus–Stabilität und Psychotizismus–Superego abhängig sind und maßgeblich die Persönlichkeit eines Menschen bestimmen. Eysenck sieht die morphologische Basis für den *Neurotizismus-Faktor* im limbischen System, das für das emotionale Verhalten eine wichtige Rolle spielt. Eine leichte Erregbarkeit dieses Systems führt nach diesen Vorstellungen zu psychischer Instabilität und begründet ein neurotisches Verhalten. Cattell (1982) kam in umfangreichen Untersuchungen zu vergleichbaren Ergebnissen.

Die Relevanz von *Erbfaktoren* für die Entstehung von Neurosen konnte der Psychoanalytiker Schepank (1974) durch vergleichende Untersuchungen an einund zweieiigen *Zwillingen* nachweisen, von denen ein oder beide Partner eine neurotische Symptomatik aufwiesen. Bei den EZ ergab sich eine statistisch signifikante Konkordanzrate gegenüber den ZZ bei depressiven und aggressiven Verhaltensstörungen. Auch nach dem Humangenetiker Lenz (1968) kommt dem relativ stabilen Faktor der Konstitution große Bedeutung im Sinne einer neurosebegünstigenden Disposition zu; für die spezielle Neurosewahl ist sie, von einigen Ausnahmen abgesehen, von eher untergeordneter Bedeutung. Die bestimmende Rolle eines *pathogenen Kindheitsmilieus* liegt aus dieser Sicht in der Auslösung, der Ausformung und der Gestaltung der Neurosenstruktur. Der Zeitfaktor, eine ubiquitäre Größe in der Entwicklungspsychologie des Kindes, ist ebenso für die Form wie für den Inhalt der Neurose besonders wichtig. Von seiten der biologischen Psychiatrie fehlt es im Zusammenhang mit der Neurose nicht an Verweisungen auf humangenetisch-konstitutionelle Radikale, etwa auf die Neuropathie, die Neurasthenie, auf erbgenetisch bedingte Persönlichkeitsstörungen und auf vegetative Störungen. In aller Regel dominieren aber auch hier multimodale ätiopathogenetische Modelle. Schließlich haben auch die führenden Repräsentanten der klassischen Psychiatrie von Esquirol über Griesinger bis Kraepelin und K. Schneider die Existenz überwiegend psychogener Syndrome uneingeschränkt anerkannt.

Psychodynamische Aspekte der Neurosenentwicklung: Das Verständnis für die Entstehung der Neurosen wird durch die Kenntnis einiger psychodynamischer Grundbegriffe wesentlich erleichtert (Abb. 4.2). Die *Psychoanalyse* (Freud) geht davon aus, daß jedes Kind mit einem bestimmten Quantum biologischer Energie, einer »Libido«, ausgestattet ist, mit der bestimmte Entwicklungsqualitäten gesteuert werden und die seine Beziehungen zur Umwelt prägt. Für das Verständnis einer pathologischen Entwicklung, für die Ausformung eines bestimmten Symptoms und für ihre Pathogenese und die Therapie haben sich psychoanalytische Positionen und Behandlungsgrundsätze bewährt. Durch den Zuwachs an Erkenntnissen der biologischen Forschung, durch Direktbeobachtungen von Säuglingen und Kleinkindern und durch ethologische und ethnologische Modelle und schließlich durch soziologische Untersuchungen

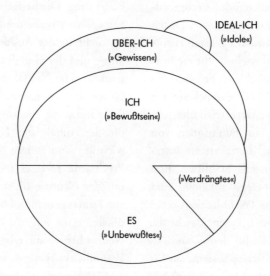

Abb. 4.2 Das alte Ich-Es-Über-Ich-Modell (Freud) ist unabhängig von unterschiedlichen ätiologischen Vorstellungen weiterhin ein dynamisches Erklärungs- und Verständigungskonzept. Die Zuständigkeiten der sehr komplexen und komplizierten heuristischen Instanzen lassen sich bei sehr grober Vereinfachung etwa so darstellen: Das »Ich« (Bewußtsein, Motorik, Intelligenz, Körper) dient der Anpassung und der Selbsterhaltung. Das »Es« (das Unbewußte) wird durch Triebe und Antriebe verkörpert. Durch »Abwehrmechanismen« kann es zu »Verdrängungen« kommen. Das »Über-Ich« ist eine »einschränkende und verbietende Instanz« (das »Gewissen«), deren Ausbildung entscheidend von Internalisierungen (Gebote und Verbote) der Elterimagines abhängig ist. Das »Ideal-Ich« kann sowohl »positive« als auch »negative« Idole enthalten.

über die Familienstruktur und aktuelle Wandlungen der Gesellschaft kann heute jedoch nicht mehr unverändert an allen Positionen psychoanalytischer Theorien festgehalten werden. Historisch gesehen war die Psychoanalyse zuerst eine Triebpsychologie. Triebe, die aus einer »somatischen Triebquelle« stammen, suchen nach Befriedigung. Im Laufe ihrer theoretischen Weiterentwicklung trat dann das Ich, das die Triebe und Antriebe steuert, und mit ihr die »Ich-Psychologie« in den Mittelpunkt der Forschung. In einem weiteren Entwicklungsabschnitt rückten die Beziehungen des Menschen zu seinen Mitmenschen in den Brennpunkt des Interesses. Die heutige Psychoanalyse ist eine Theorie der *Subjekt-Objekt-Beziehungen.* Neben den phasenspezifischen Störungen sind in unterschiedlicher Gewichtung der Ich- und Selbsterhaltungstrieb und der Lebens- und Todestrieb von grundlegender Bedeutung.

Im Laufe der Kindheitsentwicklung wird das Es, das Reservoir der Triebe und Antriebe und der Sitz des »kollektiven Unbewußten«, allmählich vom Ich zurückgedrängt. Dem *Lustprinzip* des Es tritt das *Realitätsprinzip* des Ich und des Über-Ichs rivalisierend entgegen. Mit zunehmender Gewissensbildung werden soziale und moralische Regeln und Gebote der Eltern in das Über-Ich internalisiert. Im Ich-Ideal werden entwicklungs- und umweltabhängige positive (integre Vorbilder und Leitfiguren) oder negative (dissoziale oder antisoziale Imagines) entwickelt und gespeichert. Der »psychische Apparat« (Es/Ich/Über-Ich/Ich-Ideal) wird vorwiegend durch unbewußte und be-

wußte »Wünsche« in Bewegung gebracht. Diese Wünsche stoßen jedoch häufig auf Abwehr von seiten des »Ich«, das als Organ der Anpassung und Selbsterhaltung besorgt ist, psychisches Gleichgewicht zu erhalten oder wiederherzustellen. Für die Behandlung ist es wichtig, individuelle Interaktionsmuster zu erkennen und ungelöste Konflikte aufzudecken. Verdrängte Konflikte und Erlebnisse schaffen Spannungen im »Es«, dem Unbewußten, und können zu einer neurotischen Entwicklung führen. Andere *Abwehrmechanismen* sind: Kompensation (Verhüllung einer Schwäche durch Überbetonung eines erwünschten Charakterzugs); Verleugnung (Schutz vor einer unangenehmen Wirklichkeit durch die Weigerung, sie wahrzunehmen); Verschiebung (Entladung von feindlichen Gefühlen auf Objekte, die weniger gefährlich sind als andere, denen die Emotionen ursprünglich galten); Identifikation (Erhöhung des Selbstwertgefühls durch Identifikation mit Personen oder Institutionen von hohem Rang); Projektion (Übertragung der Mißbilligung eigener Unzulänglichkeiten und unmoralischer Wünsche auf andere); Regression (Rückzug auf eine frühere Entwicklungsstufe mit primitiveren Reaktionen und in der Regel auch niedrigerem Anspruchsniveau); Sublimierung (Befriedigung nicht erfüllter sexueller Bedürfnisse durch Ersatzhandlungen, die von der Gesellschaft akzeptiert werden). Träume, Phantasien und freie Assoziationen dienen als Lösungsstrategien.

Abgrenzungen von neurotischen Störungen und Neurosen: Neben der Neurose und den Persönlichkeitsentwicklungsstörungen, die sich überwiegend erst im späteren Kindes- und im Jugendalter deutlicher erkennen lassen, können in allen Altersstufen einfache psychische oder neurotische Reaktionen auftreten. Sie zu unterscheiden ist zweckmäßig, weil sie manchmal Hinweise auf den Stand der Persönlichkeitsentwicklung und die Prognose und die Möglichkeiten einer Behandlung abgeben können.

Unter einer *akuten Belastungsreaktion* (ICD-10 F43.0), einer normalen psychischen Reaktion, verstehen wir zeitlich befristete und im allgemeinen ableitbare und verständliche Symptombildungen (Trauer, Angst, Wut, Erschöpfung), die sich ausschließlich auf umweltbedingte Konflikt- und Krisensituationen (»Milieureaktion«, Homburger 1926) beziehen, in die viele Menschen im Laufe ihres Lebens geraten, und die sich spontan zurückbilden. Akute Belastungssituationen sind als sinnvoll motivierte, gefühlsmäßige Antworten auf ein Erlebnis zu werten und hinterlassen keine bleibenden Störfaktoren. *Anpassungsstörungen* (F43.2) sind leichte oder vorübergehende Störungen, die aber länger dauern als akute Belastungssituationen. Sie kommen auch bei Menschen vor, die nicht an einer bereits vorher bestehenden Störung leiden. Sie unterscheiden sich von der Belastungsreaktion durch ihre Stärke, Dauer und Inadäquanz.

Die *Persönlichkeitsentwicklungsstörung* (Spiel und Spiel 1987) ist durch persistierende, relativ therapieresistente (angst- oder zwangsneurotische, depressive, nar-

zißtische, hysterische und andere) Persönlichkeitsradikale gekennzeichnet, die das Resultat einer mißglückten Auseinandersetzung der Primärpersönlichkeit mit der Realität darstellen und sich in einer gestörten Persönlichkeitsstruktur niederschlagen.

Eine neurotische Persönlichkeitsentwicklungsstörung kann sich im Kindes- und Jugendalter in neurotischen Reaktionen oder in neurotischen Störungen ankündigen. Dies ist aber keineswegs regelmäßig der Fall. Psychische Störungen, die im Kindes- und Jugendalter auftreten, manifestieren sich manchmal nur flüchtig oder treten zeitlich begrenzt auf; die Prognose ist ungewiß.

4.1.4 Diagnose

Für die Diagnose einer Neurose ist zu berücksichtigen, daß neurotische Symptome nicht gleichbedeutend mit dem Vorliegen einer Neurose sind, sondern erst eine Akkumulation spezifischer Symptome läßt sie wahrscheinlicher werden. Absolut sichere psychopathologische Kriterien für die Diagnose sind nicht bekannt, weil eine scheinbar typische Symptomhäufung auch bei anderen Krankheitsbildern vorkommt. Ein neurotischer *Leidensdruck* ist bei Kindern meistens nicht vorhanden. Voll entfaltete, umschriebene Neurosestrukturen mit einer typischen Symptomatik sind bei Kindern selten. Unter Neurosen werden nicht nur die »reinen« Neurosen wie angst- oder zwangsneurotische, hysterische oder depressive Fehlentwicklungen verstanden, sondern auch die *Mischstrukturen*, bei denen der vorherrschende Strukturanteil die Diagnose bestimmt. Über die *Häufigkeit* der verschiedenen Strukturen bei erwachsenen Neurotikern unterrichtet eine Untersuchung von Baumeyer (1961/62), der unter 500 Neurotikern 66,2 % mit einer Mischstruktur, 13,0 % mit zwangsneurotischer Struktur, je 9,4 % mit hysterischer bzw. depressiver Struktur und 2,0 % mit schizoider Struktur fand. Die Diagnose einer psychogenen Störung ist bei einem Kind oft einfacher als bei Erwachsenen, weil nicht nur das Kind, sondern häufig das gesamte familiäre und soziale Umfeld (El-tern, Großeltern, Geschwister; Kindergarten, Schule) direkt in die Untersuchungen einbezogen werden können; sie kann jedoch gelegentlich außerordentlich schwierig sein, weil es unverwechselbare, »typische« Symptome bei einer psychogenen Störung oder Neurose genausowenig gibt wie bei anderen psychischen Erkrankungen und weil Kinder oft noch nicht über die hinreichende Fähigkeit verfügen, ihre psychische Befindlichkeit zu erfassen und zu verbalisieren.

Tab. 4.1 Entwicklungsstufen. Während der ersten Lebensjahre durchläuft das Klein- und Vorschulkind psychosexuelle, psychosoziale und moralische Entwicklungsstufen, die zu neurotischen Störungen und nach der Latenzzeit zu manifesten Neurosen und zu Persönlichkeitsentwicklungsstörungen führen können.

Lebensalter und Beginn psychischer und somatischer Störungen	Psycho-sexuelle Entwicklung (Freud)	Psychosoziale Entwicklung (Erikson)	Kognitive Entwicklung (Piaget)	Moralische Entwicklung (Kohlberg)
0 bis 1;6 Jahre Regulationsstörungen Bindungsstörungen Angstneurose Depressive Neurose	intentionale orale	Urvertrauen vs. Urmißtrauen	sensomotorische	prämoralische Stufe 0
1;6 bis 3 Jahre Zwangsneurose	anale	Autonomie vs. Scham und Zweifel	präoperationale	Gehorsam und Strafe Stufe 1
3 bis 5 Jahre Hysterische Neurose und Konversion Schuldgefühl	phallisch-ödipale	Initiative vs. Schuldgefühle	intuitive	Wechsel-beziehung Stufe 2
6 bis 11 Jahre Latenzzeit	Latenzzeit	Leistung vs. Minderwertig-keit	konkret-operationale	»Gutes Kind« Stufe 3
12 bis 18 Jahre Störungen in der Pubertät und Adoleszenz	genitale	Identität vs. Rollendiffusion	hypothetisch-deduktive	»Gesetz und Ordnung« Stufe 4

4.1.5 Therapie

Grundlegende Unterschiede bestehen jedoch in der Behandlung mit psychodynamischen oder verhaltenstherapeutischen Verfahren, ihren Theorien und Methoden. Die psychodynamischen Schulen orientieren sich an kausalen Entstehungshypothesen der Neurosen, ohne die aktuelle Symptomatik aus dem Blickfeld zu verlieren, etwa an Modellen eines reaktualisierten frühkindlichen Konflikts oder einer sich formierenden Neurose. Die Verhaltenstherapie und die Psychopharmakologie haben trotz aller Unterschiede eines gemeinsam: Sie sind an *Leitsymptomen*, an den »target symptoms«, die eine besondere Rolle für die Behandlung spielen, orientiert.

Für die Therapie ist die Kenntnis der *Neurosestruktur* wichtiger als die der Symptome. Lärmende, subjektiv schwer belastende und quälende Symptome, die für die Umgebung sehr dramatisch in Erscheinung treten, klingen oft spontan oder mit leichten therapeutischen Mitteln ab. Die Angabe von Eysenck (1960) über gute bis sehr gute *Selbstheilungstendenzen* (fast 50 % ohne Therapie im Verlauf des ersten Jahres, 90 % im Verlauf von 5 Jahren) hielten kritischen Nachprüfungen nicht stand. Insgesamt sind günstige Verlaufsergebnisse um so seltener, je sorgfältiger untersucht wird.

Für die *psychodynamischen Behandlungsmethoden* kann man fünf verschiedene technische Verfahren (Loch und Hinz 1999) unterscheiden:

1. suggestive (Hypnose) und autosuggestive (autogenes Training) Verfahren,

2. seelische Abreaktion, die Psychokatharsis,

3. manipulative Verfahren, durch das unter Benutzung der Motivationen des Patienten seine Umgebung und er selbst so geändert werden, daß seine Konflikte ausgeschaltet oder erträglicher werden,

4. konfrontierendes Verfahren, in dem der Patient sich mit seinen Problemen auseinandersetzen muß,

5. interpretierendes Verfahren, in dem die unbewußten Hintergründe seines Denkens und Handelns aufgedeckt und gedeutet werden.

Von diesen Behandlungsmethoden sind das konfrontierende und das interpretierende Verfahren kausal orientiert, während das abreaktive Verfahren zwischen den zudeckenden und aufdeckenden Verfahren steht.

In der *Verhaltenstherapie* gelten als die vier wichtigsten Wirkprinzipien die Ressourcenaktivierung (Verstärkung positiver Eigenarten und Fähigkeiten), die Problemaktivierung (Probleme und Situationen müssen in der Therapie real erfahren werden), die Hilfe zur Problembewältigung (z. B. Selbstsicherheitstraining, Entspannungsverfahren, Familientherapie) und therapeutische Abklärungen (spezielle therapeutische Verfahren und Maßnahmen). Klassische Indikationen für die Verhaltenstherapie sind vor allem Phobien und Ängste, aber auch Zwänge und sexuelle Störungen. Grawe et al. (1994) räumten im Hinblick auf ihre Wirksamkeit der Verhaltenstherapie im Vergleich mit psychodynamischen Verfahren einen deutlichen Vorrang ein. Diese Einstufung berücksichtigt jedoch nicht die Besonderheiten der Evaluation psychodynamischer Verfahren und wurde (Mertens 1994) als nicht zutreffend zurückgewiesen.

Die *Familientherapie* spielt als ein pragmatisches Modell der »Familienarbeit« ohne spezifische Theorieentwicklung seit jeher eine hervorragende Rolle in der Behandlung psychischer Störungen des Kindes- und Jugendalters. Spätestens mit der Inauguration der sogenannten »schizophrenogenen« Mutter wurde die individuumzentrierte zu einer familienorientierten Psychotherapie ausgeweitet: Regeln und Gesetzmäßigkeiten interaktioneller Phänomene traten zunehmend ins Blickfeld. Das Symptom bei einem Kind ist oft ein *systemstabilisierender* Faktor für die Familie, der für die Interaktion der Eltern, aber auch für die »Generationshierarchie« manchmal eine überwertige, für das Kind ungünstige Bedeutung erhalten kann. Innerhalb der Familientherapie haben sich verschiedene Schulen entwickelt: strukturelle, systemische und in Deutschland die integrative (Stierlin 1980) Familientherapie. Forderungen nach einer radikalen familientherapeutischen Umorientierung der Kinder- und Jugendpsychiatrie sind nicht berechtigt. Die psychischen Störungen, die eine überwiegend organische oder dispositionelle Ursache haben, sollen in erster Linie individuell behandelt werden. Eine besonders intrusive Familientherapie kommt in Betracht, wenn erhebliche, das Kind oder den Jugendlichen schädigende Störungen von der Familie ausgehen und unterhalten werden. Die Familientherapie kann selbst schädlich wirken, wenn sie primäre oder andere nichtfamiliäre Ursachen nicht erkennt und damit nicht einer gezielten Therapie zuführt. Stärker als bei Einzel- und bei Gruppentherapien besteht bei einer Familientherapie die Gefahr des indirekten oder direkten Widerstandes in der Familie gegenüber notwendigen Gewichtsverschiebungen, was, falls nicht geeignete Techniken eingesetzt werden, zu einer kollektiven Abwehr, zu einer Konsolidierung der familiären Disharmonie und zum Abbruch der Behandlung führen kann.

4.1.6 Risikofaktoren, Schutzfaktoren

Überkommene Begriffe wie Prädisposition und Vulnerabilität sind durch die weiterreichenden der Risiko- oder Belastungsfaktoren abgelöst worden. Belastungsfaktoren können direkt und unmittelbar oder später zu seelischen und körperlichen Störungen führen. Unter Schutzfaktoren versteht man günstige Einflüsse, die die Widerstandskraft von Kindern stärken können. Sie können bestehende Risikofaktoren abschwächen und das *Selbstbewußtsein* stärken. Prognostisch günstig sind ein prämorbid relativ »gesundes« Verhalten, Lebenstüchtigkeit, Begabung und Intelligenz. Die Prognose ist um so ungünstiger, je abnormer und untüchtiger der Patient vor der Erkrankung war; dabei müssen milieubezogene, soziale und ausbildungsbedingte Faktoren mit berücksichtigt werden. Ein akuter Krankheitsbeginn ist sehr häufig prognostisch günstiger als ein allmählich beginnender und schleichender Verlauf. Jungen sind vulnerabler als Mädchen. Bei Kindern klingen manche Neurosen spontan ab, wenn die emotionalen Beziehungen zu den Erwachsenen sich bessern; dies weist auf die große Bedeutung der *Elternberatung und Elternbehandlung* hin.

In einem Übersichtsreferat, in dem prospektive Longitudinal- und Querschnittstudien ausgewertet wurden, haben Egle et al. (1997) sich daraus ergebende biographische Risiko- und Schutzfaktoren kompiliert, die besonders für die Entwicklung von emotionalen Störungen von Bedeutung sind. Allgemeine Riskofaktoren sind: Beziehungs- und Bindungsstörungen im ersten Lebensjahr, niedriger sozialer, intellektueller und kultureller Familienstatus, chronisch-disharmonisches *Familienklima*, psychisch gestörte Eltern, alleinerziehende Mutter, sexueller Mißbrauch und Kindesmißhandlung. Schutzfaktoren können sein: gute und dauerhafte Bindung an eine oder an mehrere primäre Bezugspersonen, Großfamilie mit Entlastung der Mutter, gutes Ersatzmilieu nach frühem Mutterverlust, überdurchschnittliche Intelligenz, gute Temperamentslage.

4.1.7 Prognose

Die Prognose der emotionalen Störungen insgesamt für das Kindes- und Jugendalter ist unsicher, einmal deshalb, weil sie für ihre speziellen Erscheinungsformen unterschiedlich ist; zum andern, weil es insgesamt nur wenige verwertbare Langzeitstudien gibt, die zudem nicht immer in wesentlichen Punkten übereinstimmen. Die generelle Prognose wird von vielen Autoren als relativ günstig bezeichnet, weil viele oder sogar die meisten

emotionalen Störungen keine ungünstigen Auswirkungen auf die weitere Entwicklung hätten. Tatsächlich haben einige *Longitudinalstudien* die noch von einigen Schulen postulierte Gesetzmäßigkeit, wonach chronische frühkindliche Traumen regelmäßig zu persistierenden Neurosen und Persönlichkeitsstörungen führen, relativiert. Dies entspricht auch der klinischen Empirie. Nicht alle Kinder, die unter sehr ungünstigen Bedingungen heranwuchsen, werden psychisch krank. Aber andere Nachuntersuchungen haben gezeigt, daß leider kein Grund zu einer generell optimistischen Prognose besteht. Aus diesen pro- oder retrospektiv angelegten Langzeitstudien ergibt sich, daß frühe Angst-, Depressions-, Zwangs- oder histrionische Störungen nicht selten erste Zeichen für eine spätere Neurose oder eine beginnende Persönlichkeitsstörung sind.

In der Mannheimer *prospektiven Longitudinalstudie* (Esser et al. 2000) bewegte sich die Prävalenzrate bei achtjährigen emotional gestörten Kindern (n=216) von 6 % (männlich 7 %, weiblich 5 %), bei 13jährigen auf 5,8 % (männlich 8 %, weiblich 3 %), bei 18jährigen auf 7,2 % (männlich 6 %, weiblich 9 %) und bei den 25jährigen (n=174) auf 4,6 % (männlich 1 %, weiblich 8 %). Aus dieser Stichprobe ergibt sich, daß die Gesamtzahl der Störungen sich vom Kindes- bis in das junge Erwachsenenalter zwar deutlich verringert hat, aber von besonderer Bedeutung ist, daß emotionale Störungen bei den Männern (1 %) wesentlich seltener als bei den Frauen (8 %) angetroffen wurden. Ob sich das Zahlenverhältnis geändert hätte, wenn alle Probanden mit 25 Jahren hätten erfaßt werden können, bleibt offen, aber nach anderen Untersuchungen ist dies eher nicht zu erwarten.

4.2 Angststörungen

Angst ist ein ubiquitäres Phänomen. Die pathologische Angst wird als »Motor«, als »basale Grundstörung«, als »Primärsymptom der Neurose« und als »tragender emotionaler Bedingungsfaktor für zahlreiche emotionale, somatoforme und dissoziative Störungen im Kindes- und Jugendalter« bezeichnet. Das gilt nicht nur für ihre Pathogenese, sondern ebenso für die Diagnostik und für die Behandlung von Angstneurosen, der unterschiedlichen Phobien und der generalisierten Angststörung. Die klassifikatorische Zuordnung der pathologischen Angstsyndrome mit ihren entwicklungsabhängigen Übergangsformen ist schwierig und bislang noch nicht befriedigend gelöst.

Wenn im allgemeinen von Angststörungen die Rede ist, handelt es sich in erster Linie um Ängste und Phobien bei Jugendlichen und Erwachsenen. Ängste bei Kindern werden meistens nur als normale Durchgangsstadien angesehen, als notwendig zur Erkennung und Vermeidung von Gefahren. Tatsächlich gehört eine amorphe *Angstbereitschaft* zur primären emotionalen Grundausstattung eines jeden Kindes. Der Zeitpunkt, zu dem der Mensch erstmals Angst empfindet, ist ungewiß. Sicher ist, daß das intrauterine Leben keine spannungsfreie Periode darstellt. Es liegen zahlreiche Beobachtungen über fötale Reaktionen vor, deren Effekte auch bei Neugeborenen nachzuweisen sind. Das Neugeborene kommt schreiend mit allen Zeichen der Unlust zur Welt. Nach dem gleichförmigen Dasein im Mutterleib wird es mit kontrastierenden Reizen, aus dem Dunkel zum Licht, aus Stille und Wärme zu Lärm, Hunger und Durst, konfrontiert, und es äußert Protest und Angst, so scheint es jedenfalls. Die bei Neugeborenen mehrfach beschriebene beruhigende Wirkung von Herzton- und Darmgeräuschen der Mutter (Tonband) dürfte auf *vorgeburtlichen Engrammen* beruhen.

Das Neugeborene und der *Säugling* befinden sich keineswegs, wie man lange Zeit glaubte, im Zustand eines primären Narzißmus, in dem keine Unterschiede zwischen dem Ich und dem Objekt bestehen. Sie nehmen vielmehr schon in den ersten Lebenswochen aktiv und »kritisch« Anteil an den Vorgängen in der Umgebung. Ältere Säuglinge, die sich auf einer dicken Glasplatte befinden, weigern sich, dem Zuruf der Mutter zu folgen und über eine deutlich sichtbare Vertiefung zu krabbeln; davor bewahrt sie eine »visuelle Klippe« (Zimbardo und Gerrig 1999). Angst kann bei gesunden Kindern relativ leicht erzeugt, aber auch rasch wieder beseitigt werden. Kleine Kinder fühlen sich an der Hand der Mutter oder auf ihrem Arm sicher, wenn ein großer, bellender Hund sie bedroht. Die Mutter vermittelt Sicherheit und Geborgenheit. Während des Krieges litten Kinder, die Bombennächte gemeinsam mit ihren Müttern in Luftschutzkellern verbrachten, weniger als andere, die von der Familie getrennt und evakuiert wurden.

Angst als eigene Kategorie wird erst 1887 mit der »Platzangst« von Kraepelin in die psychiatrische Nosographie eingeführt. Freud trennte einige Jahre später (1895) die Angstneurose von der Neurasthenie ab. Er schilderte dabei so präzise die Symptomatik des *Angstanfalls*, daß sie unverändert für die später als »Panikattacke« bezeichnete phobische Störung gültig blieb. Die Auflösung des Komplexes Angstneurose in generalisierte Angststörungen, Panikstörungen und Phobien hat sich für die an einer Zielsymptomatik.

orientierten Therapieverfahren als zweckmäßig erwiesen.

Die geltenden Klassifikationsschemata, ICD-10 und DSM-IV, spiegeln die bekannten Defizite der Psychopathologie des Kindes- und Jugendalters besonders deutlich wider. Diese erklären sich vordergründig aus dem Problem, daß es für die dynamische Entwicklung im Kindesalter keine statische und homogene Altersgruppe, wie etwa der 30–40jährigen Erwachsenen, gibt, an der man sich orientieren könnte. Es bestehen größere Ana-

Tab. 4.2 Angstsymptomatik. Angststörungen manifestieren sich bei Kleinkindern überwiegend im psychosomatischen Bereich; im frühen Kindesalter dominieren gemischte psychische und somatische Symptome, während bei älteren Kindern und bei Jugendlichen psychische Symptome zwar zahlenmäßig im Vordergrund stehen, aber schwere psychosomatische Erkrankungen (z.B. Anorexie, Bulimie) erstmals gehäuft auftreten.

Psychische Symptome	Psychosomatische Symptome
Kleinkinder und Vorschulkinder	
Trennungsangst, z.B. Angst vor dem Einschlafen (»Licht anlassen«), »Achtmonatsangst«, fehlendes, undifferenziertes, gehemmtes, übersteigertes oder aggressives Bindungsverhalten	Regulationsstörungen (anfallsweise auftretendes exzessives Weinen und Schreien, »Dreimonatskolik«, »Nabelkrämpfe«, Schlaf-Wach-Rhythmusstörungen, Rumination und Erbrechen, Fütter- und Gedeihstörungen, Jactationen, Appetitstörungen)
jüngere Schulkinder	
Dunkel-, Gespenster-, Gewitter-, Tierphobien, Pavor nocturnus, Schulphobie, Schulangst, Schulverweigerung, Generalisierte Angststörung, Emotionale Störungen mit Trennungsangst	Jactatio capitis et corporis nocturna, Enuresis (ab 4. Lebensjahr), Pavor nocturnus, genitale Manipulationen, Wein- und Schreianfälle, Einnässen, Einkoten
ältere Schulkinder und Jugendliche	
Angst vor Krankheit und Tod, alle Formen der Schulverweigerung, Verlustangst (Trennung oder Scheidung der Eltern), Leistungsängste (Schule, Berufsfindung), Pubertätskonflikte und -krisen (Autonomie, Identität, Sexualität), Suizidalität, Panikstörungen, Minderwertigkeitsgefühle	Klagen über Schmerzen, psychosomatische Störungen (Eßstörungen), ängstliche Persönlichkeitsstruktur

logien zwischen einem gesunden Erwachsenen des mittleren und einem anderen des höheren Lebensalters als zwischen einem Säugling und einem Schulanfänger und zwischen diesem und einem Jugendlichen.

4.2.1 Definition

Angst ist als *Signalangst* eine normale, für die psychische Entwicklung eines Kindes notwendige Gefühlsqualität. Die völlige Abwesenheit von Angst kann auf eine psychische Störung hinweisen. Von pathologischer Angst im Kindes- und Jugendalter ist dann zu sprechen, wenn die Intensität und die Dauer der Angst in einem groben Mißverhältnis zur auslösenden oder angeschuldigten Ursache stehen und eine Tendenz zur Ausbreitung und zur Verselbständigung der Angstbereitschaft vorliegt. Das weitere Schicksal der Angstentwicklung hängt entscheidend vom Verhalten und von der Einstellung der Umgebung ab. Die pathologische Angst manifestiert sich vorwiegend in den verschiedenen Formen von Angststörungen und von Phobien.

Es ist zweckmäßig, die gegenstandslose, ungerichtete Angst von der objektbezogenen, gerichteten *Furcht* zu unterscheiden. Diese hermeneutisch fruchtbare Differenzierung läßt sich jedoch bei Kindern oft nicht vornehmen. Denn das Kind hat infolge seiner Geschichtslosigkeit meist noch nicht die Fähigkeit, zwischen inneren und äußeren, realen und phantasierten Gefahren zu unterscheiden.

Wo Angststörungen bei einem Kind vorliegen, werden neben adäquaten auch schädliche Strategien zu deren Bewältigung entwickelt. Sie stellen das energeti-

sche Potential für die Entwicklung zahlreicher psychischer Erkrankungen oder treten als Symptome anderer Erkrankungen auf. Fast alle psychogenen Syndrome verfügen über offene oder verdeckte Arsenale pathologischer Ängste.

4.2.2 Epidemiologie

Ausgeprägte *Angstsyndrome* werden in Deutschland (Esser et al., 1992) bei 10–15 % der Grundschulkinder und bei 5–10 % der Jugendlichen angetroffen. Jungen und Mädchen sind gleich häufig vertreten. Schulverweigerungen, die regelmäßig mit einer primären oder sekundären Angstentwicklung einhergehen, kommen in 1,2 % bis 8 % vor, wobei Schulphobien besonders bei Kleinkindern, Schulängste und Schulschwänzen bei Jugendlichen häufiger vorkommen. Bernstein et al. (1996) ermittelten, daß bei den Kindern 3,5 % Trennungsängste, 2,9 % Überängstlichkeit, 2,4 % einfache Phobien und 1 % soziale Phobien und bei den Jugendlichen 3,7 % chronische generalisierte Angststörungen und 5,4 % Panikstörungen aufwiesen. Nach einer Zusammenstellung von Kapfhammer (2000) findet sich bei Panikstörungen eine auffallende familiäre Häufung von 7–14 %. Bei monozygoten Zwillingen liegt sie bei 30–40 %. Auch soziale und spezifische Phobien kommen gehäuft in Familien vor. Familienuntersuchungen bei der generalisierten Angststörung zeigen dagegen weniger eindeutige Ergebnisse.

4.2.3 Symptomatik

In der *Angstneurose* sind alle Formen der Angst präsent:

1. die diffusen, frei flottierenden Ängste, die sich
2. an phobischen Objekten oder Situationen festmachen, was zu einer zeitweiligen Entlastung führen kann,
3. der Angstanfall (Panikattacke) und schließlich
4. die somatisierte Angst (vegetative und motorische Symptomatik).

Mit der ICD-9 wurde diese komplexe Einheit vorwiegend aus Gründen einer besseren therapeutischen Handhabung aufgelöst.

Nach den Vorgaben der ICD-10 lassen sich die Angststörungen des Kindes- und Jugendalters nach dem Lebens- und Entwicklungsalter des Kindes, durch ihre Dauer und den Schweregrad ihrer Erscheinungen nach der ICD-10 in zwei Gruppen unterteilen:

1. in emotionale Störungen des Kindesalters (F40-F48). Dabei handelt es sich überwiegend um akzentuierte Varianten normaler Ängste mit einer unterschiedlichen Prognose, um phobische Störungen (F40), bei denen umschriebene Ängste vor bestimmten Situationen oder Objekten bestehen, um Panikattacken (F41.0) und um andere Angststörungen (F41), die bei den generalisierten Angstsyndromen durch eine ausgeprägte und anhaltende frei flottierende Angst charakterisiert sind;
2. in die schweren Angststörungen und Phobien des Kindes- und Jugendalters, die erwachsenenorientiert beschrieben werden, aber auch bei Kindern und Jugendlichen vorkommen und in die Generalisierte Angststörung (F41.1) und

die unterschiedlichen Phobischen Störungen (F40).

Die Unterscheidung, ob es sich um normale oder noch normale Ängste oder ob bereits ein Verdacht auf eine pathologische Angststörung besteht, kann man bei Klein- und Vorschulkindern oft gar nicht und auch bei Schulkindern und Jugendlichen nur unter Vorbehalt treffen. Sie wird mit zunehmendem Alter, in der Pubertät und im Jugendalter, einfacher, aber erst im Laufe der weiteren Entwicklung, in der Adoleszenz oder im jungen Erwachsenenalter (etwa im Hinblick auf eine Persönlichkeitsstörung) sicherer.

In der *generalisierten Angststörung* ist die Angst nicht an bestimmtes Objekt oder eine bestimmte Situation gebunden, sondern frei flottierend und bezieht sich auf die Vorkommnisse des Alltags. Es liegt eine ständige Überbesorgtheit und Angst um die eigene oder die Gesundheit der Familie vor. Die allgemeine Angst ist fast immer begleitet von vegetativen (Übelkeit, Schwindelgefühle, Herzklopfen, Bauchbeschwerden usw.) und von motorischen (Zittern, Unruhezustände, Kopfschmerzen usw.) Erscheinungen. Das *Krankheitsbild* der klassischen Angstneurose (Freud 1895):

1. allgemeine Reizbarkeit,
2. ängstliche Erwartungsspannung mit »frei flottierender Angst«,
3. rudimentäre Angstanfälle mit Herzklopfen, Zittern, Schwindel usw. und
4. Phobien (Schlangen, Gewitter, Dunkelheit)

entspricht dem der heute so genannten Generalisierten Angststörung in allen wesentlichen Punkten.

Die *phobischen Störungen* sind dadurch charakterisiert, daß sich die pathologischen Ängste auf bestimmte Objekte oder Situationen verdichten. Die als bedrohlich empfundenen Objekte wie etwa fremde Menschen, Tiere, die eigene Gesundheit und bedrohliche Situationen wie Schule, Naturereignisse, Menschenansammlungen haben eine überwertige Bedeutung. Daraus resultiert die Tendenz, phobieträchtigen Ereignissen aus dem Wege zu gehen, sie zu vermeiden. Durch ein konsequentes Vermeidungsverhalten kann die bestehende Erwartungsangst, wenn auch nur mit Einengung des individuellen Aktionskreises und Einbußen an Freiheit, gelindert oder sogar beseitigt werden.

Für das Kindes- und Jugendalter ist die Erkennung und Behandlung einer Angststörung nur unter Berücksichtigung des Lebens- und Entwicklungsalters möglich. Da das Entwicklungsalter schwieriger als das Lebensalter zu bestimmen ist, wird letzteres in der Regel für die Darstellung der speziellen psychischen Störungen zugrunde gelegt.

Schon bei Neugeborenen und *Säuglingen* treten unter entsprechenden Voraussetzungen massive emotionale Störungen auf, die sich in exzessivem Schreien, in Nahrungsverweigerung oder anhaltenden nächtlichen Unruhezuständen und Schlafstörungen bemerkbar machen und als Regulationsstörungen (F98.2 u.a.) im Säuglingsalter (vgl. S. 57 ff.) beschrieben wurden. Das gilt auch für Störungen des Bindungsverhaltens (F94.1, F94.2), die durch anhaltende abnorme soziale Bindungsmuster während der ersten Lebensmonate entstehen und danach infolge eines gestörten Bindungsmusters zur Mutter oder zu den nächsten Beziehungspersonen (vgl. S. 58 ff.) bestehen bleiben können.

Das *Kleinkind* reagiert in Angstsituationen normalerweise zunächst mit *Angstabfuhr* durch Schreien, Weglaufen, Festklammern und Festhalten an der Mutter. Angststauungen und Verdrängungen finden dann nicht statt. Die Macht der Angst wird in diesem Alter in günstigen Fällen durch die Allmacht der Mutter gebrochen und neutralisiert. Phobien kommen schon in diesem Alter häufig vor. Diffuse Ängste verdichten sich in Phobien. Kleine Kinder entwickeln eine extreme Furcht vor Tieren, etwa vor Hunden, die ursprünglich vielleicht einem Bernhardiner galt, dann aber, dem Prinzip der Parallergie entsprechend, schließlich selbst das Schoßhündchen einschließt.

Kleinkinder, die ständig eine *Trennung* von der Mutter (F93.0) befürchten, kontrollieren permanent deren Anwesenheit. Daraus kann sich ein tyrannisches Angst- und Terrorregime entwickeln, dem sich manchmal die ganze Familie unterwerfen muß. Wenn durch ungünstige Bedingungen eine konstante Bindung an eine nahe Beziehungsperson über längere Zeit nicht gewährleistet ist, können sich Ängste und Phobien entwickeln. Solche als therapieresistent imponierenden Situationen können manchmal nur durch eine zeitlich befristete Herausnahme des Kindes aus der Familie (zu Verwandten) überwunden werden. In den daraus sich entwickelnden, nicht seltenen extremen Mutter-Kind-Symbiosen kann man häufig »dou-

Abb. 4.3 Dieser »Kopffüßler« stammt von einem neunjährigen lerngestörten Jungen, dessen nächtlich auftretende Angstattacken oft von schreckenerregenden Träumen ausgelöst wurden.

ble-bind«-ähnliche Situationen registrieren. Wenn eine Mutter die Wohnung verläßt, um Abfälle zur Mülltonne zu tragen, und das Kind schreiend fordert mitzugehen, tadelt und schimpft sie, zieht dabei aber dem Kind Mantel und Mütze an, streichelt und küßt es und drückt es auf dem Weg dorthin eng an sich. Sie signalisiert damit, daß sie die Ängste des Kindes nicht nur akzeptiert, sondern auch als Liebesbeweis deutet und honoriert. In einer defekten Ehe können Angstattacken eines Kindes für die Mutter dann von Bedeutung sein, wenn das Kind den Platz des Vaters im Elternschlafzimmer ein-

nimmt oder wenn sie zu ihm ins Kinderzimmer zieht. Solche und andere angstbesetzte »Schutz- und Trutz-Bündnisse« zwischen Müttern und Kindern, von denen beide profitieren, sind prognostisch besonders ungünstig. Manchmal setzen Kinder mit Angststörungen ihre Ängste in erpresserischer Absicht ein.

Bei einer Störung mit *sozialer Ängstlichkeit* (F93.2) verhalten sich Kleinkinder und Schulkinder bei Begegnungen mit fremden Menschen oder in neuen, bislang unbekannten Situationen mißtrauisch, sie verstecken sich hinter der Mutter, verweigern den Blickkontakt und geben zur Begrüßung nicht die Hand. Die physiologische Angst vor Begegnungen mit fremden Menschen kann sich ausweiten und zu einem Problem für die weitere Entwicklung werden.

Spezifische, *isolierte Phobien* (F40.2) entwickeln sich bei Kindern, die eine Abneigung gegenüber bestimmten Nahrungsmitteln, Gerüchen, Furcht vor Wasser, Feuer oder vor der Dunkelheit haben. Solche relativ harmlosen Durchgangssymptome können verstärkt und fixiert werden, wenn es den Eltern nicht gelingt, solche starren Bezüge rückgängig zu machen.

Fallbeispiel: Ein vierjähriger Junge mit einer »Knopf-Phobie« bestand rigoros darauf, daß alle Knöpfe an seinen Kleidungsstücken durch Haken und Ösen oder Reißverschlüsse ersetzt wurden. Die Mutter hatte sämtliche Knöpfe entfernt und stellte den Jungen beim Therapeuten vor, weil er im Kindergarten deswegen Probleme hatte.

Neben Ängsten vor Trennungen von der Mutter und von der gewohnten Umgebung und Begegnungen mit fremden Menschen entwickeln sich in diesem Lebensalter auch umschriebene Ängste vor anderen Objekten oder Situationen, z. B. vor Tieren, aber auch vor Gespenstern, Fernsehmonstern, Hexen oder Riesen. Besonders für das kleine Kind ist die Nacht die Zeit der Ungewißheit und ein Reservoir von Ängsten und Befürchtungen. Solche Ängste drücken sich in diesem Alter oft in aussagekräftigen, transparenten *Träumen* aus, die weitgehend der Realität entsprechen. Nächtliche Angstträume sind aber nicht nur Reaktionen auf aktuelle Konflikte oder erregende Ereignisse des Vortages. Manchmal kann man sie auf physische Faktoren (Fieberzustände, Diätfehler) zurückführen, die in den Bereich normaler physiologischer Ängste gehören.

Fallbeispiele: Ein vierjähriger asthenischer Junge mit normaler Intelligenz litt allnächtlich unter Angstträumen, in denen er von Räubern und Mördern bedroht wurde. Der Vater, hochdekorierter Offizier einer Besatzungsmacht mit einem autoritären Erziehungsideal, verlangte Strenge und Härte, er verfuhr nach Rezepten einer »Zack-Zack-Pädagogik«. Seinem Regiment mußte sich nicht nur das Kind, sondern auch die Mutter unterordnen.

Bei einem anderen vierjährigen Jungen traten Angstträume mit nächtlichem Aufschreien in einer Zeit auf, als die Mutter in Abwesenheit ihres Ehemannes allabendliche Besuche eines Hausfreundes empfing. Er nötigte sie dadurch, sich um ihn zu kümmern. Die Angstparoxysmen blieben aus, nachdem eine Aussöhnung der Eltern stattfand und der Vater des Kindes in die Wohnung zurückkehrte.

Ein siebenjähriges Mädchen ohne Geschwister hatte seit einigen Wochen stundenlange nächtliche Angst- und Erregungszustände mit Schreien und Weinen, bis es jedesmal erschöpft einschlief. Kurz vorher war der Haushund getötet worden, mit dem das Kind aufgewachsen war. Nach dem Kauf eines Jungtieres ebbten die Angstparoxysmen rasch ab.

Massive emotionale Störungen mit *Geschwisterrivalität* (F93.3) sind relativ häufig. Die Kinder reagieren mit Eifersucht, Wut und Aggressivität auf die Geburt eines neuen Geschwisters. Die Geburt hat nicht selten eine Auslöserfunktion für andere psychische oder psychosomatische Störungen. Die Kinder verhalten sich gegenüber dem Geschwisterkind offen feindselig und aggressiv und bemühen sich gleichzeitig intensiv um vermehrte Zuwendung von seiten der Eltern. Sie regredieren häufig auf einen überwundenen Entwicklungsstand: Babysprache; sie betteln um Zärtlichkeiten, oder sie beginnen, erneut einzunässen oder einzukoten. Werden ihre Wünsche nicht in dem geforderten Umfang erfüllt, kommt es zu Wutanfällen und oppositionellem und aggressivem Verhalten gegenüber dem verhaßten Geschwister, aber auch gegenüber den Eltern. Das drückt sich manchmal auch in nächtlichen Unruhe- und Erregungszuständen aus.

Fallbeispiel: Ein achtjähriges, von der Mutter schon vor der Geburt abgelehntes Mädchen, dessen Vater gleich nach seiner Geburt starb, reagierte auf die Geburt einer Stiefschwester mit allnächtlichen Angstattacken. Es schrie laut auf, lief weinend in der Wohnung umher und stellte sich bittend und bettelnd an das Bett der Mutter, die es dort »stundenlang« wimmern und weinen ließ und nicht zu sich nahm. Tagsüber tyrannisierte das Kind mit seinen starken Aggressionen seine Geschwister und die Mutter, die dies als Vorwand benutzte, die Heimeinweisung zu beantragen. Bald nach der Einschulung entwickelte sich zusätzlich eine Schulphobie, durch die nicht nur die Trennung von der Mutter verhindert, sondern vor allem eine Beziehungsstörung der Mutter zu den jüngeren Geschwistern verursacht wurde.

Ältere Kinder oder Jugendliche mit einer *Agoraphobie* (F40.0) entwickeln heftige Ängste, allein auf die Straße zu gehen, allein Plätze zu überqueren, sich allein in einem Zimmer aufzuhalten oder allein im Zimmer zu schlafen. Andere fühlen sich ständig bedroht, leiden unter Angst- und Schreckträumen, aus denen sie mit heftigem Herzklopfen und Schweißausbrüchen auffahren. Oder es stellen sich Einschlafstörungen ein. Im Zimmer oder auf dem Flur darf das Licht nicht gelöscht werden, damit ihnen jederzeit eine Orientierung möglich ist. Die Eltern dürfen sich nur auf Rufweite entfernen. Aus der Behandlung jugendlicher und erwachsener Patienten mit einer Angstneurose finden wir meistens Hinweise auf massive Angstzustände, auf Phobien oder stereotypisierte somatische Angstäquivalente in der Kindheit.

Phobien sind durch eine Verdrängung regressiver Triebansprüche und Verschiebung auf Objekte und bestimmte Situationen der Außenwelt charakterisiert, die für den Phobiker die Angstinhalte der verdrängten Objekte übernehmen. Daraus resultieren inadäquate Objekt- und Situationsängste, die nicht ohne weiteres abzuleiten sind. S. Freud (1909) beschrieb dies in dem klassischen Beispiel der Tierphobie des »kleinen Hans«, der durch die Projektion ursprünglich gegen seinen Vater gerichteter Aggressionen auf ein Pferd dem Vater angstfrei begegnen konnte. Daneben gibt es im Kindesalter jedoch phobieähnliche Reaktionen, die infolge ängstigender Erfahrungen durch ein Schlüsselerlebnis (»großer, bellender Hund«) generalisiert werden.

Im Kindes- und Jugendalter treten alle Formen der *Schulverweigerung* auf, die sich manchmal bereits als Kindergartenverweigerung angekündigt haben. Alle Formen der Schulverweigerung, sowohl die Schulphobie als auch die Schulangst, bei denen es sich überwiegend um gerichtete Ängste, also um eine Furcht vor dem Schulbesuch, handelt und letztlich auch das Schulschwänzen, sind von Ängsten begleitet: von einer Trennungsangst, von einer Vermeidungsangst oder von Ängsten vor der Entdeckung des Schulschwänzens.

Die *Schulphobie* steht besonders bei jungen Kindern wegen ihrer sozial auffälligen und oft unerklärlich scheinenden Symptomatik an erster Stelle der Schulverweigerungen, obgleich sie in reiner Form relativ selten vorkommt. Sie ist manchmal nur schwer von der Schulangst

Tab. 4.3 Formen der Schulverweigerung. Eine Schulverweigerung kann durch eine Schulphobie, eine Schulangst oder durch Schulschwänzen verursacht sein. Diese unterscheiden sich in ihrer Psychodynamik und in ihrem »Krankheitsgewinn« grundsätzlich voneinander. Die reine Schulphobie ist selten, Schulangst und Schulschwänzen kommen häufiger vor.

	Schulphobie	*Schulangst*	*Schulschwänzen*
Symptomgenese	Verdrängung der Angst vor Verlassenwerden von der Mutter (Verlustangst) und *Verschiebung* auf das Objekt Schule	ersatzloses *Ausweichen* vor Schulsituation aus Angst vor Kränkungen (Schulversagen) und Demütigungen (»Prügelknabe«)	Vermeiden der unlustgetönten schulischen Leistungssituation durch *Überwechseln* in lustbetonte Verhaltensweisen
Pathogene Faktoren	pathologische Mutter-Kind-Beziehungen oder begründete kindliche *Ängste* vor dem Verlassenwerden	psychische oder physische *Insuffizienz* (Lernschwäche bzw. -störung, Körperschwäche bzw. -mißbildungen)	*mangelnde Gewissensbildung* (Über-Ich-Schwäche) oder Ich-Schwäche (durch frühkindliche Frustrierungen)
Effekt	infantile *Gemeinschaft* mit der Mutter bleibt zunächst erhalten – Gefahr der Trennung bleibt bestehen	durch Ausweichhandlungen zunächst affektive *Erleichterung* – aber Angst vor Kontaktabbruch der Eltern	ambivalente Bejahung der Schulverweigerung und der Risiken der *Ersatzhandlungen* (Tagträumen, Dissozialität) – Furcht vor Strafe

und dem Schulschwänzen abzugrenzen. Das schulphobische Kind versucht, die Eltern mit Klagen über schlechtes Allgemeinbefinden, über Müdigkeit und Abgeschlagenheit, Kopf- und Leibschmerzen, mit Weinen und notfalls mit simulierten Beschwerden und demonstrativen hypochondrischen Sensationen wie Erbrechen, Übelkeit und Appetitstörungen von der Unmöglichkeit eines Schulbesuches zu überzeugen. Diese Kinder setzen an die Stelle der unsagbaren verdrängten Angst, von der Mutter verlassen zu werden und damit ihre Sicherheit zu verlieren, eine auf die Schule projizierte Furcht. Sie wollen mit dieser Angstdemonstration erreichen, in Ruf- und Reichweite der Mutter bleiben zu können. Eine Verfestigung der phobischen Haltung der Kinder

wird nicht selten ungewollt dadurch erreicht, daß ehrgeizige und überfordernde Eltern ihren schulverweigernden Kindern erstmals in einer starren Versagenshaltung begegnen, die für das ängstlich-phobische Kind völlig unverständlich ist. Die zusätzliche Furcht, die Gunst der Eltern nun endgültig zu verlieren, kann sich zu Katastrophenreaktionen steigern.

Fallbeispiele: Ein sechsjähriger adipöser Junge entwickelte eine schwere Schulphobie. Er war bis zum 9. Monat gestillt worden und schlief noch bei Schulbeginn im Schlafzimmer der Eltern. Er spielte nur mit der Mutter und verließ ohne sie nicht die Wohnung. Mit der Einschulung forderte er die Anwesenheit der Mutter im Klassenraum, die zunächst vom Lehrer erlaubt wurde. Spätere Trennungsversuche scheiterten am starken Widerstand des Jungen. Bei der Konsultation saß er auf dem Schoß der Mutter und hielt gleichzeitig die Hand des Vaters fest. Er weigerte sich laut schreiend, beide loszulassen. Das Kind, ein Nachkömmling alter Eltern, war in allen frühkindlichen Stadien extrem verwöhnt worden und lehnte sich dagegen auf, diesen Platz an der Seite der Mutter zu räumen und in die rauhe Realität der Gemeinschaft mit Gleichaltrigen einzutreten.

In einem anderen Fall traten bei einem achtjährigen Mädchen mit einer monatelangen Schulphobie nach psychagogischer Behandlung nur noch kurz vor dem Verlassen der Wohnung rudimentäre psychogene Anfälle auf, mit denen es demonstrierte, daß es weiterhin von der Mutter auf dem Schulweg begleitet werden mußte.

Von der Schulphobie sind die Schulangst und das Schulschwänzen zu trennen. Diese Syndrome haben nur gemeinsam, daß das Kind sich nicht in der Schule befindet. Sonst handelt es sich um differente Phänomene.

Das Kind mit einer *Schulangst* meidet aus subjektiv verständlichen Gründen die Schulsituation, etwa wegen einer intellektuellen Schwachbegabung oder partiellen Begabungsschwäche, einer Sprachstörung oder einer Lese-Schreib-Schwäche oder wegen körperlicher Gebrechen (Mißbildungen, Anfallsleiden, Lähmungen). Es fürchtet sich vor den Mitschülern oder den Lehrern.

Fallbeispiel: Ein 12jähriges, lernschwaches Mädchen, das dreimal eine Klasse wiederholt hatte, entwickelte unter dem Leistungsdruck der Schule und der Adoptiveltern eine starke Schulangst mit phobischen Zügen. Sie fürchtete nicht nur Spott und Demütigungen durch die Mitschüler, sondern auch, von den Eltern verlassen und wieder ins Heim zurückgeschickt zu werden. Bei dem Kind entwickelte sich im Alter von 9 Jahren ein rezidivierendes Ulcus duodeni, das eine stationäre Diätkur erforderlich machte; außerdem mußte das Kind wegen heftiger Kopfschmerzen mehrfach in Kliniken eingewiesen werden. Das letzte Jahr vor der Schulentlassung verbrachte es überwiegend mit hypo-

Abb. 4.4 Ein elfjähriger, ängstlicher und kontaktschwacher Junge, weint beim geringsten Anlaß und schläft schlecht. Er stellt sich selbst, seine Mutter und seine Schwester als pflanzliche Wesen dar, vor denen er sich nicht fürchten muß.

chondrischen bzw. simulierten Beschwerden im Bett. Bei der katamnestischen Nachuntersuchung, 13 Jahre nach der Klinikentlassung, berichtete der Adoptivvater, daß die depressiv-hypochondrische Verstimmung des Kindes mit der Schulentlassung »wie weggeblasen« gewesen sei.

Beim *Schulschwänzen* verweigert das Kind planvoll den Schulbesuch, fürchtet sich aber vor der Entdeckung. Es treibt sich in Kaufhäusern, Märkten, Bahnhöfen, in Spielhallen oder Computerläden herum, in Einzelfällen sogar mit Wissen seiner Eltern. Diese Kinder weisen sehr häufig dissoziale oder delinquente Symptome auf. Bei der Verhängung pädagogischer Sanktionen wird oft übersehen, daß Schulschwänzen von Angst, die sich die Kinder oft nicht eingestehen, begleitet wird: der Angst vor der Entdeckung und den dann drohenden Strafen. Erst eine genaue Analyse der bei älteren Schulkindern und Jugendlichen manifesten Phobien und Angstneurosen erweist sich häufig, daß angstneurotische Vorstufen und phobische Reaktionen im frühen Lebensalter vorausgingen.

Eine *Generalisierte Angststörung* (F41.1) wird im allgemeinen erst bei größeren Kindern und bei Jugendlichen beobachtetet. Die Angst ist nicht auf bestimmte Situationen ausgerichtet, sondern »frei flottierend«. Sie leiden unter einer diffusen oder ängstlich-gespannten inneren Unruhe und Befürchtungen, die sie selbst oder Angehörige betreffen, sie leben in ständiger »Furcht vor der Angst«. Diese Kinder sind oft übermäßig gefügig und demütig, aber sie fürchten sich vor dem Alleinsein und dem Getrenntwerden. Sie fühlen sich oft ungeliebt, verstoßen, verloren und ausgeliefert. Manchmal treten Kulminationen pathologischer Ängste in rudimentären Angstanfällen auf, die manchmal histrionisch anmuten und bei isolierter Angstsymptomatik auch mit einer histrionischen Strukturentwicklung einhergehen können. Außerdem werden in dieser Altersstufe somatische Angstäquivalente wie Zittern, Schwitzen, Herzklopfen, Schwindel und Bauchschmerzen und vereinzelt auch phobische Reaktionen beobachtet.

Fallbeispiel: Ein sehr ängstlicher 10jähriger Junge mit Tic-Erscheinungen erlebte im Alter von 6 Jahren, wie ein gleichaltriges Kind von einem Pferd totgetrampelt wurde. Nach dem Unglück entwickelte sich eine Angstsymptomatik, die sich immer weiter ausbreitete. Der Junge fürchtete sich schließlich vor Menschen, Tieren und Gegenständen, er befürchtete Überfälle, Mord und Einbruch. Er glaubte sich von einem Mann auf der Straße verfolgt, der seine Mutter scherzhaft gefragt hatte, ob sie ihm nicht ihren Sohn verkaufen wolle. Schließlich konnte er nicht mehr einschlafen, weil die Figuren des Puppentheaters, besonders der Teufel, die Hexe oder das Krokodil, in der Spielzeugkiste erwachen könnten: »Wer sagt mir, daß sie nicht lebendig sind, wenn ich nicht hinsehe?« Bei einem Urlaub in Österreich trat ein entscheidendes Erlebnis hinzu. Auf einem Bauernhof fühlte er sich von einem Hahn angegriffen und flüchtete in ein schlecht riechendes Klosett. Hier mußte er einige Zeit ausharren, bis man ihn befreite. Um die unangenehmen Geruchseindrücke zu vermeiden, atmete er durch den Mund ein und durch die Nase aus. Von diesem Moment an entwickelte sich ein Schnüffeltic mit geräuschvoller Exspiration durch die Nase und mit kraniokaudaler Ausbreitungstendenz mit einem Husten-, Fazialis-, Kopf- und Schultertic.

Im Jugendalter, in dem *normative Krisen* (vgl S. 320ff.) die Regel sind, manifestieren sich zunehmend reale und existentielle Ängste, die sich zu Angstanfällen verdichten oder in psychosomatischen Erkrankungen manifestieren. Während der Pubertät und in der Adoleszenz kommt es unter dem Einfluß der hormonellen Umstellung zu einer Wiederbelebung frühkindlicher Konflikte, die oft mit einer Angstsymptomatik einhergehen. Dabei sind hysterische Konversionen und somatoforme Angstäquivalente nicht immer scharf voneinander zu trennen. Während der Adoleszenz, nach Kretschmer (1946) eine Wetterecke der Entwicklung, müssen vordringlich drei komplizierte Aufgaben gelöst werden: Ablösung von den Autoritäten der Kindheit und eine realitätsgerechte Wiederbindung an die Eltern; Identitätsfindung, die zwangsläufig eine oft schmerzliche Akzeptanz der eigenen Persönlichkeit mit ihren Fehlern und Mängeln voraussetzt, und schließlich Integration von Erotik und genitaler Sexualität. Aus den daraus erwachsenden Konflikten und der gleichzeitigen hormonellen Umstellung ergeben sich zahlreiche Angst- und Depressionsstörungen gerade in diesem Lebensabschnitt.

Fallbeispiel: Ein 16jähriges, auffallend hübsches Mädchen mit Angstanfällen wuchs als Einzelkind in einer absoluten Nesthäkchensituation auf. Sie wurde von beiden Eltern, besonders vom Vater, extrem verwöhnt. Ihr »Mädchen-Vater« erfüllte ihr jeden nur denkbaren Wunsch, verwöhnte sie materiell und verbrachte seine ganze Freizeit mit ihr. Die Mutter war eifersüchtig. Eifersucht erlebte sie auch von seiten der Kolleginnen an ihrem Arbeitsplatz. Der Vater begleitete sie auf den Hin- und Rückwegen zum Kino, Theater und Tanz, an denen auch junge Verehrer sie begleiten durften. Im Betrieb fühlte sie sich durch Blicke und Anträge der Männer geängstigt, aber auch geschmeichelt. An einem sonnigen Mittag wurde sie bei einem Spaziergang im Park von drei gleichaltrigen Burschen sexuell bedroht. Auf Hilferufe entfernten sich die Angreifer, ohne daß es zu Handgreiflichkeiten gekommen war. Seit dieser Zeit bestand eine sich im Laufe der Jahre komplettierende Angstneurose. Die ängstlich-gespannte junge Frau fühlte sich durch Männer, durch Einbrüche und Überfälle bedroht. Sie durchsuchte morgens nach dem Aufstehen und abends beim Nachhausekommen die elterliche Wohnung, Schränke und Betten. Sie ließ ihr Bett vom Fenster wegrücken, alle Zimmer mußten nachts beleuchtet sein. Sie konnte dennoch abends nicht einschlafen und flüchtete ins Bett der Mutter, erlitt selbst dort aber schwere Angstträume mit Aufschrecken und Aufschreien. Schließlich verlobte sie sich mit einem gleichaltrigen Auszubildenden mit der Begründung: »Jetzt kann ich sagen, lassen Sie mich zufrieden, ich bin verlobt.« Die akute Angstsymptomatik besserte sich nach Kurztherapie. Die weiterbestehende allgemeine Ängstlichkeit ging nach Aufhebung dieser Notverlobung und Zuwendung zu einem neuen Partner weiter zurück.

Bei Kindern und Jugendlichen mit generalisierten oder gemischten Angstsstörungen sind diffuse Ängste, die sich in Angstanfällen verdichten oder sich umschrieben in Phobien manifestieren, relativ leicht erkennbar. Abgesehen davon verfügen aber fast alle emotionalen Syndrome über offene oder verdeckte Arsenale pathologischer Ängste. In *Depressionen* dominiert die Angst vor dem Tod oder einer Trennung von den Eltern und in der Pubertät vor der anstehenden Neuorientierung, vor einer selbständigen Existenz und der drohenden Auseinandersetzung mit der Welt. Angst beherrscht die moralischen Instanzen und führt zu quälerischen Selbstzweifeln. Angst ist (Nissen 1971a) bei depressiven Kindern und Jugendlichen das zweithäufigste Symptom. Aber nicht nur das Depressionssyndrom, sondern auch die anderen Neurosen verfügen über erhebliche Angstanteile. Das *Zwangssyndrom* wird beherrscht von der Angst, Entscheidungen treffen zu müssen; dabei aufsteigende Ängste werden durch automatisierte Denkzwänge, durch Stereotypien und Rituale abgebunden oder in kleine Angstpakete verpackt, die ständig kontrolliert werden müssen. Im histrionischen Syndrom ist eine immanente Angst vorhanden, »nur« ein durchschnittlicher, unauffälliger Mensch zu sein und nicht permanent im Mittelpunkt des Geschehens zu stehen. Die somatoformen und dissoziativen Störungen und der daraus gezogene Krankheitsgewinn sind ein Ausdruck dieser Angst, aber auch der Furcht vor dem tristen Alltag. Auch hinter der Aggressivität von Kindern stehen nicht selten massive Ängste, von denen sich »Angstbeißer« durch scheinbar unmotivierte aggressive Präventivschläge zu befreien versuchen.

4.2.4 Genese, Ätiologie, soziale Bedeutung, Risikofaktoren

Die Angst gehört wie die Trauer, der Schmerz, die Wut und die Depression zu den *negativen* Gefühlsqualitäten. Sie haben phänomenologisch einen vergleichbaren Status wie *positive* Gefühle der Freude, Gelassenheit und Zufriedenheit. Ein Kind empfindet besonders diffuse und fremd erscheinende Ängste, wie sie in der Angstneurose ständig vorhanden sind, als Bedrohung und chronische Verunsicherung. Die philosophischen Ansichten über die Angst als eine »europäische Krankheit« treffen bei Kindern in dieser Form nicht zu, weil ihnen der »Blick auf das Nichts« (Sartre) infolge der Unreife des kindlichen Ichs verstellt ist. Rudimentäre Ansätze einer *Existenzangst* finden sich manchmal aber schon bei Schulkindern als Verlustangst vor dem möglichen Tod der Eltern und bei Jugendlichen in der Reifungsangst und später in der erstmals absehbaren Endlichkeit ihrer eigenen Existenz.

Die *Ursachenforschung* über die Entstehung der Angst, der Angststörungen und der Phobien konzentriert sich auf entwicklungspsychologische, psychodynamische, lerntheoretische und genetische Faktoren.

Entwicklungspsychologische Aspekte

Angst gehört zu den frühesten Lebenserfahrungen eines jeden Kindes, auch wenn das Vorhandensein der von Rank

(1924) postulierten »Geburtsangst« allgemein als widerlegt gilt. Schon in den ersten Lebensmonaten wird das angeborene Temperament des Kindes deutlich, das eng mit seinem Angstpotential verbunden ist. Das normale Kind wächst und reift unter dem *Signalschutz* der Realangst, die teilweise mit der »sozialisierenden Angst« identisch ist. Manchmal kann sie aber auch zur Auslösung und Mobilisierung pathologischer Angstsymptome beitragen. Spitz (1946 a, b) konnte durch systematische Beobachtungen an Säuglingen die »Achtmonatsangst« als früheste Manifestation der Angst nachweisen. Sie entwickelt sich beim Säugling nach seiner Ontogenese der Angst aus erlebter Unlust und Furcht in den ersten Lebenswochen und befördert seine Unterscheidungsfähigkeit zwischen »Freund« und »Fremder«. Eine bei Kleinkindern zu spät eingeleitete oder verhinderte *Realitätsprüfung* kann die Angstentwicklung nur vorübergehend aufhalten. Sie bewirkt eher, daß pathologische Ängste auftreten, wenn die Bewältigung physiologischer Ängste nicht erlernt wurde. Das gilt umgekehrt auch bei einer erhöhten Angstbereitschaft, etwa einer sozialen Phobie. Angstanfälle können dadurch, daß phobische Situationen umgangen werden, zwar verhindert werden, aber ein stereotypes Vermeidungsverhalten führt regelmäßig dazu, daß der Lebensraum eingeengt wird. Ebenso können durch ein Vermeiden von Trennungen sonst entstehende Ängste verhindert werden; andererseits aber droht eine Verwöhnung. Tendenzen, Ängste durch Vermeidungsverhalten auszuschalten, führen immer in einen Teufelskreis, dem die betroffenen Kinder und Jugendlichen nur durch eine konsequente Therapie entkommen können.

Psychodynamische Aspekte

Daß ein unauffälliges, stabiles und ausgeglichenes Kleinkind mit einem sicheren Bindungsverhalten zur Mutter plötzlich starke Ängste oder Phobien entwickelt, ist selten. Schwere *traumatische Ereignisse* können sie auslösen: Tod oder schwere Erkrankung der Mutter oder wenn starke oder multiple Risikofaktoren die Entwicklung beeinträchtigen. In der Regel stammen angstneurotische und phobische Kinder aus einem angsterzeugenden *familiären Milieu*. Die Kinder werden von ihren ängstlichen Eltern ständig überwacht. In extremen Fällen werden nicht nur die Nahrungsmenge und der Stuhlgang kontrolliert, sondern auch der Puls und die Anzahl der Atemzüge regelmäßig gezählt. Furcht und Angst gehören zum Alltag dieser Kinder wie die Luft zum Atmen. Ebenso wie die Luft sind Gefahren und Ängste allgegenwärtig. Manchmal wachsen solche Kinder in einem zwanghaft-ängstlichen Milieu auf, in denen seit Generationen ein hypermoralisches »Talionsprinzip« und die Furcht vor Strafe wie ein Damoklesschwert permanent über ihrer Kindheit schwebt. Familien, in denen Kinder ständigen Kontrollen und Verhören über Übertretungen ausgesetzt werden, sind an Kafka erinnernde, oft zusätzlich sektiererisch verbrämte »Werkstätten der Angst« (Kubin). Die Eltern prüfen alles, was oder wer mit ihren Kindern in Berührung kommt, ob im Kindergarten oder in der Schule eine Gefahr für ihre

Entwicklung oder Gesundheit besteht. Je nachdem, ob Anordnungen der Eltern befolgt oder ignoriert werden, werden die Kinder gelobt oder getadelt. Die Mutter behält das Kind lieber zu Hause und spielt mit ihm, als es in einen Kindergarten zu schicken. Alles, der Weg dorthin, die anderen Kinder und die Erzieher, wird als extrem bedrohlich eingestuft.

Lerntheoretische Aspekte

Operante und Modellernprozesse spielen eine wesentliche Rolle für die Angstentstehung. Akut auftretende und rasch abklingende Ängste werden häufig durch seelische Traumen hervorgerufen. Bei einer allmählichen Angstentwicklung werden operante Prozesse und Modellernen diskutiert. Manche Eltern vermitteln ihren Kindern schon früh, daß sie stilles, liebes und braves Verhalten als positiv empfinden, oder sie verstärken ängstliches Verhalten dadurch negativ, daß sie es ständig tadeln oder lächerlich machen. In anderen Fällen ist das Modell der ängstlichen Mutter von pathogener Bedeutung. Die Kinder ahmen das Verhalten ihrer nächsten Beziehungsperson nach.

Genetische Aspekte

Angst, zunächst nur diffus, später strukturiert, gehört zur *genetischen Ausstattung* des Menschen. Die Seele des Neugeborenen verfügt über eine protomentale Potenz, deren Grundlage genetische Sequenzen und vielleicht auch intrauterine Erfahrungen bilden. Ihr individuelles Quantum an Angst dürfte zum *konstitutionellen Inventar* gehören, während ihre Qualität, die Inhalte der Ängste, überwiegend von der Biographie abhängig sind. Angst bildet eine unerläßliche Voraussetzung für eine normale Entwicklung. Ihre entwicklungsfördernde Potenz wird jedoch auch von den kognitiven Funktionen eines Kindes mitbestimmt, von seiner Fähigkeit, Gefahren zu erkennen und zu meiden. Aber Reaktionen der Säuglinge auf akute Schmerzerlebnisse, durch zu heißes oder zu kaltes Baden, oder auf Schreckerlebnisse, ausgelöst durch einen scharfen Knall oder eine Erschütterung der Unterlage, sind außerordentlich unterschiedlich. Das weist auf frühe individuelle Differenzen hin.

Neben den Zwillings- und Adoptionsstudien sind für die Erkennung genetischer Kodierungen auch *geschlechtsspezifische Merkmale* von Bedeutung. Das verbreitete Stereotyp einer erhöhten Ängstlichkeit bei Mädchen wurde durch mehrere Untersuchungen in verschiedenen Altersgruppen bestätigt. Schon 13 Monate alte Mädchen halten beim Spiel konstanter als Jungen Blickkontakt zur ihren Müttern; sie weinen leichter bei geringen Bedrohungen und versuchen rascher als Jungen auf den Schoß der Mutter zurückzukehren. Dafür sind Jungen durchschnittlich aggressiver (Dannhauser 1973) als Mädchen. So meinten 3 Jahre alte Mädchen, daß sie braver und fleißiger als gleichaltrige Jungen seien, während diese äußerten, daß sie stärker seien und schneller Roller fahren könnten. Diese und andere Untersuchungen, die das alte Vorurteil einer erhöhten Ängstlichkeit bei Mädchen zu bestätigen scheinen, sind dennoch mit Vorsicht zu interpretieren, einerseits weil tradierte Konnotationen:

männlich = aktiv, weiblich = passiv berücksichtigt werden müssen; andererseits,
weil Frauen aus verschiedenen Gründen
eher als Männer bereit sind, ihre Ängste
zuzugeben. Schließlich identifizieren Jungen sich schon in früher Kindheit stärker
als Mädchen mit ihrer Geschlechterrolle
und neigen dazu, Mädchen und Frauen in
ihren Aktivitäten zu ignorieren und herabzusetzen.

Eine amorphe *Angstbereitschaft* gehört
zur emotionalen Grundausstattung jedes
Säuglings, wahrscheinlich auch des Tie-
res, wie Lorenz (1965) an »Angstneurosen« bei Kolkraben zeigen konnte. Er
konnte überzeugend belegen, daß Emotionen bei Tieren mindestens partiell auf
angeborenen Reaktionen beruhen, die auf
Schlüsselreize ansprechen. Japanische
Ärzte beobachteten, daß die Mütter neugeborener Kinder, die während der letzten
Schwangerschaftsmonate in der Nähe eines Flugplatzes gewohnt und nachts unter
dem Lärm landender Postflugzeuge auf
dem nahegelegenen Flugplatz gelitten
hatten, nach ihrem Umzug nun durch ihr
Neugeborenes geweckt wurden, das heftig
schreiend zu den von früher gewohnten
Landezeiten aufschreckte.

Eine erhöhte konstitutionelle *Angstbereitschaft* und eine dadurch gegebene
besondere Affinität zur Übernahme von
Furcht- und Angststimmungen aus der
Umgebung ist als eine wesentliche Voraussetzung für die Entwicklung einer pathologischen Angstsymptomatik anzusehen. In vielen Familien sind Ängste und
Phobien überdurchschnittlich häufig vertreten, auch Depressionen, Zwangsstörungen oder Hysterien bei den Eltern

werden häufiger angetroffen. Besonders
die Ängstlichkeit und die Lebensunsi-
cherheit der Mütter wirken sich ungünstig auf die Kinder aus und induzieren
Ängste. Das gleiche gilt für inkonsequente und schwankende pädagogische
Haltungen oder ablehnende und feindselige Einstellungen gegenüber dem Kind.
Spitz (1946a) konnte als Produkte un-
geeigneter *Mutter-Kind-Beziehungen* wie
unverhüllte Ablehnung, ängstlich-über-
triebene Besorgnis, Feindseligkeit in Form
von Ängstlichkeit, einen oszillierenden
Wechsel von Verwöhnung und Feindseligkeit und bewußt kompensierte Feindseligkeit bestimmte psychotoxische Störungen feststellen, die sich in psychischen
und psychosomatischen Störungen (Koma
des Neugeborenen, Dreimonatskolik,
Hypermotilität usw. bis zur anaklitischen
Depression) ausdrücken können.

Das neurasthenische, das primär *ängstlich disponierte* Kind ist für die Entwicklung sowohl von Phobien als auch für andere Angststörungen anfällig. Ein großer
Anteil körperlich asthenischer, zarter und
schwächlicher Kinder verfügt über eine
erhöhte nervöse Spannungs- und latente
Angstbereitschaft. Aber erst in Kombination von konstitutionellen Diathesen
mit negativen Gefühlskoppelungen in der
frühen Kindheit durch ängstigende und
beunruhigende Erregung und Mißstim-
mung in der Umgebung kommt es zu einer Entwicklung pathologischer Ängste.

Die bei »high risk«-Kindern gehäuft
anzutreffenden Angstzustände sind noch
wenig erforscht. Die frühere Annahme,
daß solche bei emotional hoch auffälligen
Kindern anzutreffenden Angstzustände

Äquivalente noch unstrukturierter früher *psychotischer Episoden* darstellen, gilt zwar als widerlegt, ist aber weiterhin aktuell. In Familien mit endogenen affektiven Psychosen finden sich bei Kindern neben gehäuften Depressionen auch überdurchschnittlich häufig massive Angstzustände. Nach den bisherigen Feststellungen führen sie allerdings nur selten zu späteren psychotischen Manifestationen. Einschränkend ist dazu festzustellen, daß bei den meisten Longitudinalstudien die Katamnesenabstände im Hinblick auf den relativ späten Hauptmanifestationsgipfel zu kurz bemessen waren. Aus der Kindheit später schizophren Erkrankter ist dagegen seit langem bekannt, daß etwa 8–10mal häufiger als in Vergleichsgruppen ängstlich-depressive Episoden im Kindesalter beobachtet wurden.

Bei den oft zitierten *Umwelt- und Zukunftsängsten* von Kindern, die sich vor toxischen Substanzen in Nahrungsmitteln, vor nicht-biologisch angebautem Obst und Gemüse, vor dem Waldsterben und dem Ozonloch oder vor einer Verseuchung mit radioaktiver Strahlung fürchten, handelt es sich fast ausschließlich um Delegationen von Ängsten der Mütter oder Väter auf ihre Kinder.

Risikofaktoren

Neben den allgemeinen sind spezielle Risikofaktoren: frühe Bindungsstörungen (vgl. S. 53 ff.) und Trennungsbelastungen, Krankenhausaufenthalte des Kindes, Tod und lange Krankheiten naher Beziehungspersonen, generalisierte Angststörungen oder Phobien in der Familie, disharmonische Elternehe.

4.2.5 Diagnose und Differentialdiagnose

Eine *pathologische* Angstsymptomatik bei Kindern liegt vor, wenn chronische oder sich ständig wiederholende Phobien oder Angststörungen, die in keinem adäquaten Verhältnis zur auslösenden Ursache stehen, zu psychischen oder somatischen Störungen führen und die emotionale Befindlichkeit, die kognitive Leistungsfähigkeit und die körperliche Gesundheit erheblich beeinträchtigen.

Im *Vorschulalter* handelt es sich meistens um Ängste vor Trennungen von der Mutter oder der gewohnten Umgebung, vor Fremden, Tieren und Märchenfiguren (Hexen und Riesen) und um nächtliche Unruhezustände. Im *Schulalter* stehen neben allen Formen der Schulverweigerung (Phobien, Befürchtungen, Schwänzen) beginnende und manifeste generalisierte Angststörungen und Phobien mit Angst- und Alpträumen im Vordergrund, während sich im *Jugendalter* zunehmend reale und existentielle Ängste manifestieren, die sich in generalisierten Angststörungen, in Angstneurosen oder in einer beginnenden Persönlichkeitsstörung manifestieren. Sie können auch an der Entwicklung anderer Neurosen maßgeblich beteiligt sein und zur Komorbidität führen.

Im *späten Kindesalter* und bei *Jugendlichen* kommen *Angstneurosen* häufiger vor. Ihre Hauptsymptome sind chronische und diffuse Ängste und eine gespannte ängstliche Erwartung, die sich an jeden Vorstellungsinhalt knüpfen und zu Phobien und zu Angstanfällen führen kann, die von somatischen Erscheinungen (Schwindel, Atemnot, Störungen der

Herztätigkeit, Schweißausbruch usw.) begleitet sind. Eine Angstneurose kann somit das gesamte Ensemble von ICD-10 F40 und F41 aufweisen; sie wird in der ICD nicht gesondert aufgeführt.

Die ICD-10 geht zwar speziell auf die emotionalen Störungen des Kindesalters unter F93 und unter F94 ein, hat aber ihre Entwicklungs- und Altersspezifität mit Ausnahme der Bindungsstörungen bislang nicht berücksichtigen können. Außerdem besteht ein klassifikatorisches Niemandsland zwischen den Angststörungen für Kinder nach F93 und F94 und den phobischen Störungen nach F40 und den Anderen Angststörungen nach F41, die überwiegend auf Erwachsene abgestellt sind. Auch dies findet teilweise eine Erklärung darin, daß eine wissenschaftlich verbindliche psychopathologische Analyse der Angststörungen in Kindheit und Jugend mit ihren variierenden Erscheinungsbildern nur fragmentarisch vorhanden ist. Fragebögen zur Diagnostik der Angst (Angstfragebogen für Schüler AFS) können zusätzlich verwendet werden, aber sie ersetzen weder eine ausführliche Erhebung der Vorgeschichte noch eine Befragung des Kindes und der Eltern noch die Verhaltensbeobachtung.

Differentialdiagnose. Bei der Diagnostik kindlicher Angstzustände sind Induktionswirkungen von psychisch gestörten Personen aus der Umgebung zu berücksichtigen. Neben neurasthenischen, selbstunsicheren, ängstlichen und nervösen Müttern spielen insbesondere psychotische Mütter mit ihren paranoiden Wahnvorstellungen und Halluzinationen eine verhängnisvolle Rolle für die Mobili-

sierung der kindlichen Ängste und eine Verunsicherung der Existenz.

Ein *Angstdefizit*, ein genereller Mangel an Angst, kann bei Kindern auf eine beginnende psychische Störung hinweisen. Hyperkinetische Kinder kennen oft keine Gefahren, weil sie Gefahrenquellen nicht erkennen und sich nicht entsprechend verhalten können. Kinder mit hirnorganischen Störungen verhalten sich manchmal scheinbar besonders mutig; tatsächlich aber erkennen sie meist nicht die gefährliche Situation. Dennoch liegt bei Kindern und Jugendlichen, von denen berichtet wird, daß sie keine Angst kennen, keineswegs immer eine psychische Störung vor. Viele Menschen, Kinder wie Erwachsene, nehmen Furcht und Angst nicht bewußt oder nicht als individuelle Bedrohung wahr.

Die *Psychosen* im Kindesalter zeigen neben der zentralen Beziehungsstörung auf affektivem Gebiet häufig eine ängstlich-mißtrauische Grundstimmung. Phobien können prämonitorische Zeichen beginnender Psychosen sein. Bei autistischen Kindern findet sich mit der »Veränderungsangst« eine spezifische Angstreaktion, die auf die Erhaltung der räumlichen Umwelt abzielt. Bei intelligenzgeminderten Kindern und Jugendlichen lassen sich nicht selten diffuse Angstzustände beobachten, die als »primär bedingt« oder als Folge ihrer mentalen Differenzierungsunfähigkeit aufgefaßt werden müssen. Im Rahmen langsam fortschreitender dementieller Störungen bei Kindern treten häufig unmotivierte Angst- und Erregungszustände auf.

Somatoforme Angstäquivalente und hysterische Konversionen unterscheiden sich dadurch, daß die Angst in der Konversionshysterie durch die Bildung von körperlichen Symptomen gebunden wird, während sie in der Angstneurose und in der Phobie das Hauptsymptom darstellen. Praktisch bietet ihre Differenzierung manchmal erhebliche Schwierigkeiten und muß dann einer Längsschnittanalyse vorbehalten bleiben.

Frei flottierende, unbewußte Ängste bei Kindern mit Angststörungen drücken sich oft besonders deutlich in *Phantasien und Träumen* aus. Kinder mit einer beginnenden oder manifesten Angststörung erleben sich hier in bedrohlichen Situationen des Ausgeliefertseins und der Todesgefahr. Sie fühlen sich von Mördern bedroht. Ihre Eltern sind verunglückt oder vom Tod bedroht. Der von somatoformen Erscheinungen begleitete Pavor nocturnus, eine dem Schlafwandeln nahestehende Störung, tritt bevorzugt gegen Ende des Vorschul- und zu Beginn des Schulalters auf.

4.2.6 Therapie, Prävention, Prognose

Für die Behandlung pathologischer Ängste kommen je nach Schwere, Form und Dauer der Störung und dem jeweiligen Entwicklungsalter des Kindes grundsätzlich in Betracht:

1. Elternberatung oder Elterntherapie,
2. psychodynamische oder kognitiv-behaviorale Therapie,
3. psychopharmakologische Behandlung.

Nach den bisher vorliegenden Untersuchungsergebnissen sind *kognitiv-behavio-* *rale Verfahren* besonders für die Behandlung von Phobien geeignet. Psychodynamische Verfahren eignen sich besonders für die Behandlung von Angstneurosen, von den verschiedenen Formen der emotionalen Störungen und der generalisierten Angststörungen. Während für die kognitiv-behavioralen Methoden eine große Zahl positiver Longitudinalstudien vorliegen, sind psychodynamische Studien im Hinblick auf ihre Wirksamkeit erst in den letzten Jahren in Angriff genommen worden. Eine primäre psychopharmakologische Behandlung ist nur dann indiziert, wenn eine psychotherapeutische Behandlung aus Mangel an ambulanten Behandlern nicht möglich ist oder eine besonders schwere Angsterkrankung vorliegt.

Für die therapeutische *Indikation* von Angstsyndromen im Kindes- und Jugendalter lassen sich zwei große Gruppen unterscheiden:

a) Kinder mit emotionalen Störungen nach ICD-10 F93 (Trennungsängste, Phobien im Kindesalter, Sozialstörungen, Geschwisterrivalität usw.)
b) phobische Störungen und Angststörungen nach F40 und 41 (Agoraphobie, soziale und isolierte Phobien sowie Panikstörungen, generalisierte Angststörungen und gemischte Angststörungen). Da ein fließender Übergang zwischen den Gruppen besteht, werden sie hier teilweise gemeinsam abgehandelt.

Psychodynamische Ansätze. Die Angstbehandlung bei *kleinen Kindern* richtet sich zunächst auf die Mutter und die nächste

Umgebung. Hier stehen Beratung oder Behandlung der Eltern ganz im Vordergrund, weil nur durch eine Änderung ihres Verhaltens und ihres *Erziehungsstils* anhaltende Besserung erzielt werden kann. Die oft gleichfalls vorhandene Ängstlichkeit der Eltern und ihre Neigung zu übertriebenen Schuldgefühlen muß auf ein vertretbares Maß zurückgeführt werden. Schwere Angstzustände eines Elternteiles können eine Indikation zu einer zusätzlichen oder ausschließlichen psychotherapeutischen Behandlung abgeben. Wenn eine grobe Fehlerziehung mit schädlichen Erziehungspraktiken wie brutale Drohungen, aggressive Kindesmißhandlung oder eine emotionale Mißhandlung bzw. ironisch-sadistische »Erziehung durch Nadelstiche« vorliegen, sind nach erfolglosen psychotherapeutischen Maßnahmen notfalls *sozialpädagogische Vorkehrungen* in Verbindung mit dem Jugendamt mit dem Ziel einer Erziehungsbeistandschaft oder eines Milieuwechsels und der Einweisung in eine kinderpsychiatrische Klinik, in ein Heim oder in eine geeignete Pflegestelle erforderlich.

Bei *Kindern und Jugendlichen* mit schwereren Angststörungen, mit manifesten Angstneurosen mit oder ohne Phobien oder vegetativer Begleitsymptomatik sind psychotherapeutische Spiel-, Einzel- oder Gruppenbehandlungen erforderlich. Es ist in Einzelfällen manchmal erstaunlich, wenn Kinder oder Jugendliche, die wegen extremer Ängste und Phobien die Wohnung seit Monaten nicht mehr verlassen haben, durch eine ambulante tiefenpsychologisch orientierte Gesprächstherapie schon nach 8–10 Sitzungen wieder zur Schule oder zurück in die Lehre gehen und allein einkaufen können. Isolierte Angstsymptome, »Angstspitzen«, kann man durch Entspannungsverfahren und Suggestionstechniken (autogenes Training, progressive Muskelrelaxation, Hypnotherapie) manchmal rasch und anhaltend bessern. Bei Phobien wurden in psychoanalytischen Behandlungen schon frühzeitig pädagogisch-protreptische Interventionen in den Therapieplan aufgenommen, die heute durch gezielte verhaltenstherapeutische Techniken ersetzt werden.

Bei der *Schulverweigerung*, die als Schulphobie, als Schulangst und als Schulschwänzen auftreten kann, findet sich eine unterschiedliche Verteilung der Ängste. Verdichtete Ängste finden sich bei der Schulphobie als Trennungsangst von der Mutter und in der Schulangst als gerichtete Furcht vor der Schulsituation (Peer-Gruppe, Lehrer, Lernprobleme). Beim Schulschwänzen resultiert die Furcht vor der Entdeckung und den sich daraus ergebenden Konsequenzen. Die Schulverweigerung wird meistens generell unter den Trennungsängsten abgehandelt, obgleich dies nur für die Schulphobie zutrifft. Dies ist nicht allein für die begriffliche Klärung von Bedeutung, sondern auch für die unterschiedliche Topographie der Ängste und damit für das therapeutische Vorgehen.

Als *Trennungsangst* wird die Angst vor einer befürchteten Trennung von einer nahestehenden Person oder einem anderen geliebten Objekt beschrieben. Sie ist ein physiologisches Durchgangsstadium bei Säuglingen (Bindungsstörungen, vgl.

S. 53 ff.), Kleinkindern und auch bei jungen Schulkindern. Sie entwickelt sich zu einer pathologischen Angst, wenn sie nach Intensität und Dauer einen notwendigen Integrations- und Anpassungsprozeß gefährdet oder noch bei älteren Kindern besteht.

Bei der *Schulphobie* wird die Angst vor dem Verlassenwerden durch die Mutter auf das Objekt Schule verschoben. Es ist aber nicht selten, daß das Kind sich als Agent einer Mutter verhält, die sich nicht vom Kind trennen kann und damit die Angst des Kindes verstärkt. Deshalb ist die Behandlung einer überängstlichen und verunsicherten Mutter manchmal vordringlich. Der Stellenwert somatischer Beschwerden des Kindes sollte real eingestuft und in den weiteren Behandlungsverlauf einbezogen werden.

Bei der *Schulangst* besteht eine reale Furcht vor Leistungsversagen, Kränkungen, Demütigungen, Mißhandlungen durch Mitschüler oder vor den Anforderungen des Lehrers. Bei körperlich kranken oder kognitiv gestörten Kindern sind entsprechende ärztliche und psychologische Untersuchungen einzuleiten. Wenn diese eine intellektuelle Retardierung, Teilleistungsstörungen oder Sprachstörungen ergeben, ist eine entsprechende Behandlung einzuleiten oder ein Wechsel des Schultyps zu empfehlen. Kränkende Hänseleien oder körperliche Mißhandlungen (»Prügelknabe«) in der Schule sind in Gesprächen mit den Lehrern zu erörtern.

Beim *Schulschwänzen* vermeidet das Kind planvoll die unlustgetönte Schul- und Leistungssituation durch Überwech-

seln in lustbetonte Situationen. Schulschwänzen ist manchmal das erste Zeichen für eine beginnende dissoziale Störung (vgl. S. 118) und mit Aggressivität und Delinquenz kombiniert. Eine gründliche Analyse der familiären Situation und Einleitung psychotherapeutischer Maßnahmen unter Einbeziehung der Familie ist erforderlich, in schweren Fällen in Zusammenarbeit mit dem Jugendamt (KJHG). Schulschwänzen hat in retro- und prospektiven Untersuchungen eine schlechte Prognose im Hinblick auf ein späteres kriminelles Verhalten.

Für die Therapie aller Formen der Schulverweigerung ist neben tiefenpsychologisch orientierten Gesprächen mit den Kindern und Jugendlichen eine zielgerichtete Zusammenarbeit mit der Familie, besonders mit den Müttern, manchmal auch mit der Schule erforderlich. An den *Familiensitzungen* sollten auch die oft passiven Väter regelmäßig teilnehmen. Durch die Interaktionen der Familienmitglieder ergeben sich aus der Angstdynamik der Beteiligten oft bedeutsame Einsichten. Grundsätzlich sollte jede Schulverweigerung als ein Notfall behandelt werden. Je länger die Schulverweigerung andauert, desto schwieriger gestaltet sich die Wiedereingliederung. Dem Kind muß ein *wertungsfreier Neubeginn* ermöglicht werden. Dazu gehört auch, daß beim Kind die Einsicht in die Notwendigkeit des Schulbesuches erreicht wird. In schwierigen Fällen geschieht dies auch mit einem offenen Hinweis auf andere Lösungsmöglichkeiten (Jugendamt, Klinik) und auf dafür gesetzlich vorgesehene Sanktionen. Bestehende körperliche Sensationen (Übelkeit, Schwindel, Bauch- und Kopfschmerzen usw.) des Kindes müssen abgeklärt und die Eltern über das Ergebnis informiert werden. Sobald ein grundsätzliches Einvernehmen mit dem Kind erzielt wurde, daß der Schulbesuch wieder aufgenommen werden muß, soll das Arrangement mündlich oder schriftlich (»Vertrag«) festgelegt werden. Im Einzelfall kann die Mutter, ein nahestehender Verwandter oder ein Sozialarbeiter das Kind für eine bestimmte Zeit zur Schule begleiten. Weitergehenden Wünschen, z. B. daß sich die Mutter auf dem Flur vor dem Klassenzimmer für eine kürzere oder längere Zeit aufhalten darf, ist prinzipiell restriktiv zu begegnen. Ausnahmen können in Einzelfällen gestattet werden, wenn mit Kindern und Eltern verbindliche Abmachungen über die Zeitdauer getroffen werden können. Wenn die Eltern aus emotionalen oder kognitiven Gründen zu einer konsequenten Mitarbeit nicht fähig oder bereit sind, läßt sich eine vorübergehende Unterbringung in einer Klinik oder in einem Heim nicht umgehen. Wenn eine Heim- oder Klinikschule nicht vorhanden ist, müssen Vereinbarungen mit einer nahegelegenen Schule getroffen werden.

Kognitiv-behaviorale Ansätze. Für die Verhaltenstherapie haben sich besonders die Phobien als eine Domäne für ihre speziellen Therapieverfahren erwiesen. Die früher pessimistische Erfolgsprognose hat sich in den letzten 20 Jahren deutlich gewandelt. Die *Reizüberflutung* (Exposition in vivo) ist bei Phobien das bevorzugte Verfahren. Dadurch wird das Kind dazu gebracht, sein Vermeidungsverhalten auf-zugeben, nachdem es erlebt hat, daß es sich entgegen seinen früheren Erwartungen erfolgreich seiner Angst stellen kann. Die Gefahren, durch eine Reizüberflutung die Kinder über ihre emotionalen Belastungsgrenzen hinauszutreiben, müssen berücksichtigt werden. Dieses Verfahren hat die systematische Desensibilisierung weitgehend ersetzt und verbürgt eine relativ lange Symptomfreiheit. Die Suche nach unbewußten Konflikten spielt hier nur eine geringe Rolle. Es gibt außerdem umschriebene (direkte Symptomreduktion) und erweiterte (karthartische) Verfahren sowie Symptombewältigungsstrategien, intensivierte *Selbstanalysen* und neue interaktionelle Erfahrungen in der Gruppe, die neue Motivationen für eine verbesserte Lebensführung und andere einschließen. Die Effizienz verhaltenstherapeutischer Methoden für die Behandlung nicht-phobischer Ängste ist insgesamt weniger aussichtsreich; es kommen fast alle »Standardmethoden« zum Einsatz (Rollenspiel, Imitations- oder Modellernen). Bei einigen Verfahren ergeben sich manchmal dadurch Probleme, wenn die Kinder sich etwas vorstellen müssen, das Angst macht, und sich weigern, sich diesen Situationen auszusetzen.

Der psychopharmakologische Ansatz. Zur Psychopharmakotherapie der Angst ist festzustellen, daß es für das Kindes- und Jugendalter zu wenige Studien gibt, die Vergleiche von Ergebnissen ermöglichen, die durch Medikamente allein oder durch Medikamente gemeinsam mit anderen Maßnahmen erzielt wurden. Psychotrope Medikamente sollten prinzipiell im Kindesalter nur dann eingesetzt werden, wenn keine ambulanten psychotherapeutischen Behandlungsmöglichkeiten bestehen oder eine akute, schwere Angststörung vorliegt. Es gibt zahlreiche Untersuchungen über die Wirksamkeit von Anxiolytika bei Kindern, aber auch hier nur wenige Untersuchungen, die vergleichende Beurteilungen zulassen, ob Besserungen allein durch Medikamente oder Placebo oder gemeinsam mit anderen Maßnahmen erzielt wurden. Die Wirksamkeit solcher Mittel ist bei Kindern allerdings aus den bekannten ethischen Gründen nur selten systematisch geprüft worden; sie stützt sich überwiegend auf Studien mit Erwachsenen. Generell besteht ein hohes Rückfallrisiko, wenn die angstlösenden Medikamente abgesetzt werden.

Die *Schulverweigerung*, insbesondere die Schulphobie und die Schulangst, kann versuchsweise und unter Beachtung der Nebenwirkungen initial mit Imipramin (Tofranil) oder Fluoxetin (Fluctin), aber auch mit anderen antidepressiven Substanzen, Viloxazin (Vivalan), Trazodon (Thombran) oder mit Sulpirid (Dogmatil) behandelt werden. Beim Vorliegen von Teilleistungsschwächen, eines hyperkinetischen Syndroms oder einer gesteigerten Aggressivität sind entsprechende therapeutische Erwägungen anzustellen; das gilt auch für das Schulschwänzen.

Die *Angststörung* erfordert eine besonders sorgfältige Analyse des familiären und sozialen Feldes. Akute Angstmanifestationen sollten nur initial mit antidepressiv oder anxiolytisch wirksamen Psychopharmaka behandelt werden. In Einzelfällen wird es aber manchmal erst durch die initiale Medikation bei einem Jugendlichen durch eine zeitlich befristete Beseitigung der Angstsymptomatik möglich, eine psychodynamische Psychotherapie oder Verhaltenstherapie einzuleiten.

Bei *Phobien* sollte auch die Ursache für die Indikation beachtet werden, z. B. ob konversionsneurotische, anankastische, depressive oder autistische Faktoren eine Rolle spielen. Phobien bei zwangsneurotischen oder depressiven Eltern, Kindern und Jugendlichen lassen sich manchmal durch Clomipramin (Anafranil) günstig beeinflussen. Bei Jugendlichen mit therapieresistenten Phobien kann auch einmal eine Kur mit Clomipramin (Anafranil-)Tropfinfusionen in Erwägung gezogen werden. In den Fällen, in denen Angstanteile bei Phobien überwiegen, kommt eine Behandlung mit anxiolytischen Substanzen in Betracht, sowohl mit Betablokkern als auch mit angstlösenden Antidepressiva bzw. mit angst- und depressionslösenden Neuroleptika, etwa Thioridazin (Melleril), Perazin (Taxilan) oder Chlorprothixen (Truxal).

Prävention

Eine *Erziehung ohne Angst* vermag die Entstehung der postinfantilen Ängste nicht zu verhindern, wie soziologische und anthropologische Untersuchungen ergaben. Dennoch wird für die Prävention von Angstsyndromen im Kindes- und Jugendalter immer wieder empfohlen, in der Erziehung angstauslösende Situationen auszuschließen oder doch nach Möglichkeit zu vermeiden. Doch die Hoffnung, dadurch die Entwicklung von pathologischen Ängsten zu verhindern, hat getrogen. Lehrpläne, die z. B. die Anzahl der Klassenarbeiten drastisch vermindern, erhöhen die *Angstschwelle* vor der einen und damit entscheidenden Arbeit dramatisch.

Eltern haben die Möglichkeit, das Leben ihrer Kinder so weit wie möglich glücklich zu gestalten, aber nur, solange diese noch Kinder sind. Erwachsene werden aber nicht danach gefragt, wo ihre individuelle Angstschwelle liegt. Manches spricht dafür, daß eine Befreiung von Angst nur durch das Gegenteil erreicht werden kann. Viele Kinder testen ihre Ängste quasi instinktiv durch Mutproben aus und versuchen, sie dadurch zu beherrschen und zu kontrollieren. Angst ist offenbar nur durch ständiges Training zu bewältigen.

Prognose

Das *Alter* des Kindes ist für die Therapieprognose von großer Bedeutung. Je jünger ein Kind ist, desto besser ist seine Prognose. Für Kinder, bei denen über lange Zeit eine Schulverweigerung vorliegt, ist eine längere Behandlung erforderlich. Die Prognose der meisten Angstsyndrome ist günstig, wenn sie nach Bearbeitung der auslösenden und zugrundeliegenden Ursachen rasch und anhaltend zurückgehen. Langfristige Beobachtungen zeigen jedoch, daß extrem ängstliche Klein- und Schulkinder oft zeitlebens eine Tendenz zu Angstzuständen oder anderen psychischen Störungen behalten.

Nach Schmidt (1999) hat die Mannheimer Studie gezeigt, daß *Phobien* im allgemeinen eine günstige Prognose haben.

Agoraphobien verlaufen fluktuierend, aber chronisch und mit zusätzlichen Störungen. Isolierte Phobien mit praktiziertem Vermeidungsverhalten bleiben relativ stabil, während soziale Phobien einen eher chronischen Verlauf nehmen. *Panikattacken* neigen zu Rezidiven, während die generalisierten Angststörungen ebenfalls einen chronischen Verlauf zeigen.

Bei *Erwachsenen* ermittelte Bassler (1999), daß nach 20 Jahren jeder zweite nach wie vor an einer Angstkrankheit litt. Die prognostische Bedeutung der laufenden prospektiven kinderpsychiatrischen Studien wird sich erst nach Ablauf weiterer Jahrzehnte erweisen.

4.3 Depressive Störungen

»Glückliche Jugend, süßes Paradies der Kindheit, da leicht und froh die Tage dahinflossen und eitel Sonnenschein am blauen Himmel lachte.« Manche Biographien beginnen mit einem sinngemäß verklärenden Rückblick auf die herrlichen und sorgenfreien Jahre der Kinderzeit. Dieses Klischee trifft leider für viele Kinder nicht zu. Je nach Entwicklungsstatus und der aktuellen Situation kommt es auch bei gesunden Kindern und Jugendlichen oft zu leichten oder deutlicheren episodischen Abweichungen von ihrer Befindlichkeit. Nicht alle Säuglinge strampeln, wenn die Mutter sich ihnen nähert. Es gibt dysphorische Säuglinge, die ständig schreien, nicht trinken mögen und schlecht schlafen. Auch stille Kleinkinder, die harmonisch und zufrieden wirken, sind keineswegs immer glücklich und ausgeglichen. In der Realität gibt es zahlreiche bedrückte und traurige Kleinkinder, die ohne ersichtlichen Grund episodisch verstimmt sind. Bei anhaltend gehemmten und traurigen Schulkindern werden manchmal Erziehungs- und Schulschwierigkeiten vermutet. Aber auch hier ist die Realität oft anders. In jeder Klasse finden sich unabhängig von ihrer Leistungsfähigkeit neben überaktiven und aggressiven Kindern fast ebenso viele schüchterne, ängstliche und traurige Kinder mit einem geringen Selbstwertgefühl, die depressiv verstimmt sind. Unter dem Stereotyp einer »glücklichen Kindheit« und »goldenen Jugendzeit« verbergen sich oft »vergessene« Erinnerungen an niederdrückende *Ereignisse in der Familie* (permanente Elternstreitigkeiten, Scheidungsdrohungen und Scheidungen, Tod eines Elternteils oder naher Verwandter usw.) und an schulische Probleme. Diese Lebensereignisse sind für Kinder von existentieller Bedeutung und können nicht nur zu reaktiven Trauerreaktionen, sondern auch zu depressiven Episoden und depressiven Störungen unterschiedlicher Schweregrade führen. Nur für emotional und vegetativ stabile und besonders intelligente Kinder in einem ausgeglichenen familiären Umfeld ist die Schule eine schöne Zeit; sie sind gegen Schul- und Lehrerwechsel, große Klassen und schlechte Lehrer weitgehend immun.

Depressive Störungen bei *Erwachsenen* sind in typischen Fällen leicht zu erkennen. Das trifft für Depressionen bei Kindern und Jugendlichen generell nicht zu. Sie wurden dementsprechend in älteren und auch noch in den meisten psychiatrischen, pädiatrischen und kinderpsychia-

trischen Lehrbüchern des 20. Jahrhunderts mit nur wenigen Ausnahmen nicht erwähnt. In Autobiographien hingegen, etwa bei Gottfried Keller, bei Hebbel oder Thomas Mann, finden sich zahlreiche Hinweise auf depressive Episoden in ihrer Kindheit. Der dänische Philosoph Kierkegaard, der als erster *Angst* und *Furcht* voneinander trennte, reflektierte über einen unerträglichen »Druck«, der seit seinem 4. Lebensjahr auf ihm lastete und den lebenslang »alle Elastizität der Seele« nicht aufheben konnte. Ebenso auch Rilke, der sich immer wieder an seine traurige Kindheit erinnerte: »Da wachsen Kinder auf an Fensterstufen – und wissen nicht, daß draußen Blumen rufen – an einem Tag voll Weite, Glück und Wind – und müssen Kind sein und sind traurig Kind.«

Bis zu Beginn des 20. Jahrhunderts wurden psychische Störungen bei Kindern fast ausschließlich als *Schul- und Erziehungsschwierigkeiten* eingestuft und damit pädagogisch definiert und moralisch beurteilt. Ein depressiv-gehemmtes Kind wurde leicht als bequem und antriebsschwach und ein depressiv-agitiertes Kind als bösartig und aggressiv angesehen, pädagogisch diszipliniert und vielleicht sogar bestraft.

Daß Kinder tatsächlich depressiv erkranken können, war jedoch schon den Ärzten im 19. Jahrhundert bekannt, aber ihre Erkenntnisse wurden nicht allgemein rezipiert. Schon 1845 stellte der Psychiater Griesinger (1817–1868) mit Nachdruck fest, daß »alle Formen der melancholischen Verstimmung bereits bei Kindern vorkommen«. Der Psychiater Schüle

(1840–1916) stellte 1878 differenzierend fest: »Die Anfälle von Depressionen, welche bei Kindern beobachtet werden, haben ihr eigenartiges, vom analogen Zustand beim Erwachsenen verschiedenes Gepräge.« Zehn Jahre später erschien schließlich das Lehrbuch von Emminghaus (1845–1884), in dem er sich ausführlicher mit den verschiedenen Formen der »Melancholie bei Kindern«, ihrer Ätiologie, Prognose und Therapie beschäftigte. Aber erst in den letzten drei Dezennien des 20. Jahrhunderts begannen Kinder- und Jugendpsychiater mit der Erforschung der Depressionen, ihrer differenten Erscheinungsformen, ihrer Entstehung und der Therapie. Toolan (1962) brachte seinerzeit die Animosität vieler Kinderpsychiater gegen die Anerkennung der Depression in diesem Lebensabschnitt auf die kurze Formel: »Moods, yes; unhappiness, yes; sadness, yes; but depression: no!« Noch vor 20 Jahren konnte es geschehen, daß aus der allgemeinen Skepsis gegenüber diesem Krankheitsbild Beiträge über depressive Verstimmungen im Kindesalter mit dem Vermerk retourniert wurden, diese kämen, was bekannt sei, im Kindesalter nicht vor.

Die *fehlende Akzeptanz* depressiver Erkrankungen im Kindes- und Jugendalter hatte mehrere Gründe:
1. Depressive Störungen wurden generell als Entwicklungsschwierigkeiten eingestuft.
2. Die Psychoanalyse, die sich gerade um die Erforschung frühkindlicher Störungen große Verdienste erworben hat, verstärkte mit ihrer Metapsychologie

ungewollt pädagogische Vorurteile. Rochlin (1959) stellte fest: »Depression, ein Phänomen, das die Existenz eines Über-Ich postuliert, kommt bei Kindern nicht vor.«
3. Der in der »child-guidance-Bewegung« ubiquitäre Begriff »Verhaltensstörung« blockierte zusätzlich die psychopathologische Diagnostik und bewirkte in einigen kinderpsychiatrischen Bereichen eine jahrzehntelange Stagnation.

Eine Durchsicht der Literatur von 1911 bis 1990 ergab, daß depressive Störungen sich in 5 Thesen ausdrückten:
1. Depressive Verstimmungen im Kindesalter sind unbekannt. Die unreife Persönlichkeitsstruktur erlaubt keine depressiven Störungen.
2. Jede Depression im Kindesalter ist eine maskierte Depression mit dominierenden somatischen Störungen.
3. Depressive Störungen bei Kindern unterscheiden sich nicht wesentlich von denen Erwachsener.
4. Depressive Verstimmungen verfügen über eine besondere psychopathologische Symptomatik.
5. Depressive Kinder zeigen eine eigene, entwicklungsspezifische psychopathologische Symptomatik.

Erst die Forschungen der letzten drei Jahrzehnte haben einen eindeutigen Wandel in der Akzeptanz und der diagnostischen Zuordnung kindlicher Depressionen bewirkt. Die Klassifikation ist immer noch nicht befriedigend gelöst. Es wäre wünschenswert, wenn in den Klassifikationsschemata in vergleichbarer Weise wie bei den Angststörungen eine dem Stand der entwicklungspsychopathologischen Forschung entsprechende Zuordnung der alters- und entwicklungsspezifischen Symptome der depressiven Verstimmungen enthalten wäre.

4.3.1 Definition

Depressionen bei Kindern und Jugendlichen sind durch Begriffe wie deprimere (herunterdrücken, niederdrücken) oder dysphoria (bedrückte, unbehagliche Stimmung) zutreffend definiert. Eine Definition wird aber erheblich dadurch erschwert, daß ihre Symptome und Symptomenverbände im Kindes- und Jugendalter einer *entwicklungsspezifischen Metamorphose* unterliegen. Nach der ICD-10 sind depressive Episoden (F32) durch mehrere Symptome (gedrückte Stimmung, Verminderung des Antriebs und der Aktivität, Anhedonie, Konzentrationsschwäche, Schlaf- und Appetitstörungen, vermindertes Selbstwertgefühl usw.) charakterisiert, die für die Diagnose vorhanden sein müssen. Es werden leichte, mittelschwere und schwere Formen ohne und mit psychotischen Symptomen unterschieden. Eine vergleichbare Unterteilung liegt bei den rezidivierenden depressiven Störungen (F33) vor. Bei den anhaltenden depressiven Störungen (F34) handelt es sich um über lange Zeit bestehende leichtere, häufiger fluktuierende Stimmungsschwankungen. Die Zyklothymie (F34.0) ist durch eine anhaltende Instabilität der Stimmung mit wechselnden depressiven und hypomanischen Stimmungen gekennzeichnet; im *familiären Umfeld* finden sich nicht selten bipolare Störungen. Als Dysthymie (F34.1) wird eine chronische, sich über mehrere Jahre hinziehende depressive Verstimmung bezeichnet, die nicht so schwer und nicht so ausgeprägt ist, um die Kriterien einer rezidivierenden Verstimmung zu erfüllen. Es bestehen Ähnlichkeiten mit der depressiven Neurose. Die schweren affektiven Störungen (F30-F31) kommen im Kindesalter eher selten, im Jugendalter etwas häufiger (vgl. S. 340) vor. Sie werden unterteilt in monopolare manische und in bipolare affektive Störungen.

4.3.2 Epidemiologie

Depressionen treten bei Kindern und Jugendlichen ebenso häufig wie bei Erwachsenen auf. Es handelt sich somit um eine auch im Kindes- und Jugendalter häufige Erkrankung. Ihre Inzidenz ist ebenso hoch wie die hyperkinetischer Syndrome, von Anfallskrankheiten oder des Diabetes mellitus. Sie wird jedoch oft nicht erkannt, gilt als »underdiagnosed« und kann deshalb oft nicht gezielt behandelt werden. Ihre Erkennung ist dadurch erschwert, daß sich ihre Symptomatik im Laufe der Entwicklung verändert.

In den letzten Jahrzehnten werden Depressionen im Kindes- und Jugendalter dennoch häufiger als früher diagnostiziert. Ob sie zahlenmäßig absolut zugenommen haben, ist umstritten. Für eine tatsächliche Zunahme sprechen Beobachtungen von Ärzten und Psychologen, deren diagnostische Kriterien relativ konstant sind. Dabei ist aber auch zu berücksichtigen, daß generell psychische Störungen bei Kindern in den letzten Jahrzehnten wesentlich ernster genommen werden als früher. So werden depressive Verstimmungen im Zusammenhang mit Suizidversuchen und Suiziden im Kindes- und Jugendalter stärker als früher beachtet.

Die Einschätzung der *Häufigkeit* richtet sich danach, ob ihre Prävalenz bei Klein-, bei Schulkindern oder bei Jugendlichen ermittelt wurde. Die Zahlen für das Klein- und Vorschulalter schwanken stark und sind unsicher. Kashani und Carlson (1987) fanden unter 1000 Vorschulkindern 1% »schwere Depressionen«. Hazell et al. (1995) fanden in dieser Altersgruppe eine Prävalenz von 2% und bis zu 5–8% im Jugendalter. Bei Kindern und Jugendlichen aller Altersgruppen liegt sie (Evers 1997) bei 5%. Emslie (1997) errechnete 6,2% für depressive Störungen und 4,9% für »major depressive disorders«. Andere Untersuchungen (Davis 1998) gehen sogar davon aus, daß 10% der sechs- bis zehnjährigen amerikanischen Kinder an einer depressiven Störung leiden. Über die Häufigkeit depressiver Syndrome in Inanspruchnahmepopulationen liegen keine von älteren abweichenden neueren Untersuchungen vor. Unter 6000 Kindern der Klinik für Kinder- und Jugendpsychiatrie in Berlin (Nissen 1971a) ließen sich in 1,8% bzw. 2,7% depressive Verstimmungszustände nachweisen; dieses Ergebnis deckt sich mit dem einer Studie von Kashani und Simonds (1979), die 1,9% ermittelten.

Statistische Untersuchungen ergaben, daß Kinder, die wegen unklarer psychischer Störungen in einer Ambulanz vorgestellt wurden, in etwa 3–13% unter depressiven Störungen litten.

Das *Hauptmanifestationsalter* liegt zwischen dem 11. und 14. Lebensjahr. Im frühen Kindesalter sind sie wesentlich seltener, aber auch schwerer diagnostizierbar. Nach der Pubertät treten sie ungleich häufiger auf. Im Gegensatz zu den affektiven Störungen (endogene Depression und Manie), die bei Kindern vor dem 10. Lebensjahr, wenn überhaupt, nur extrem selten vorkommen, werden psychogene und somatogene Depressionen bei Kindern und bei Jugendlichen relativ häufig angetroffen. Die Geschlechterverteilung entspricht etwa der des Erwachsenenalters: Mädchen:Jungen = 2:1.

Dieses unterschiedliche Zahlenmaterial weist schon auf die Schwierigkeit und die Problematik einer einheitlichen diagnostischen Zuordnung depressiver Verstimmungszustände im Kindes- und Jugendalter hin. Es gibt teilweise gleichzeitig eine Erklärung dafür, weshalb latente Suizidtendenzen bei Kindern und Jugendlichen häufig übersehen werden.

4.3.3 Symptomatik

Auch bei Kindern und Jugendlichen sind grundsätzlich Trauer und Depression zu unterscheiden. *Trauer* ist grundsätzlich motiviert, verständlich und einfühlbar. Sie tritt meistens nach dem plötzlichen Verlust eines geliebten Objekts (Verlust oder Tod eines nahestehenden, geliebten Menschen) auf, besonders bei Kindern aber auch nach dem Tod eines Haustieres, dem Wegzug eines Freundes, der Versetzung einer Freundin in eine andere Schulklasse und anderen Trennungserlebnissen. Das trauernde Kind zieht sich entweder zurück, wird einsilbig und still, verliert

Tab. 4.4 Depressive Symptomatik. Depressive Symptome bei Kleinkindern und Vorschulkindern, bei jüngeren Schulkindern und bei älteren Schulkindern und bei Jugendlichen. Psychische und psychosomatische Symptome (Prüfung auf Homogenität der Altersverteilung, n=105, Nissen, 1971a; bestätigt durch Weiermann, n=227, 1980, Warzecha-Knoll, n=65, 1980, Neuhaus, n=39, 1991). Neben der traurig-depressiven Grundstimmung finden sich bei Kleinkindern überwiegend psychosomatische Symptome, bei jüngeren Schulkindern überwiegend psychosomatische und psychische mit starker emotionaler Betonung und bei älteren Kindern und Jugendlichen teilweise bereits typische Symptome des Erwachsenenalters.

Psychische Symptome	Psychosomatische Symptome
Kleinkinder und Vorschulkinder	
Spielhemmung, Unruhe oder Agitiertheit, Rückzug mit Weinen und Protest, Angst und Traurigkeit, leicht reizbar, »Separationsschock« nach Trennung von der Mutter (Protest, Verzweiflung, Ablehnung; emotionale Frustration, Resignation)	Appetitstörungen, Schlafstörungen, Jactationen, »Dreimonatskolik«, »Nabelkrämpfe«, Enuresis (ab 4. Lebensjahr), motorische Stereotypien, Nägelknabbern
jüngere Schulkinder	
Gereiztheit, Unsicherheit, Spielhemmung, Kontaktsucht, Lernhemmung, leichte Erschöpfbarkeit, »Stilles Kind«, Überängstlichkeit	Enkopresis (ab 5. Lebensjahr), Pavor nocturnus, genitale Manipulationen, Wein- und Schreianfälle, Selbstisolierungstendenzen
ältere Schulkinder und Jugendliche	
Grübeln, Suizidimpulse, Außenseiter, Minderwertigkeitsgefühle, Bedrücktheit, Grübeln, Stimmungsschwankungen, Angst, Sozialisationsstörungen	Eßstörungen, Kopfschmerzen, psychosomatische Erkrankungen

seinen Appetit und schläft schlecht, oder aber es ist noch unfähig, den definitiv endgültigen Verlust des Vaters oder der Mutter zu verstehen. So kann ein Vorschulkind, dessen Mutter bereits seit einigen Monaten tot ist, bei der Weihnachtsbescherung fragen, weshalb es nichts von seiner Mutter bekommen habe. Die Fähigkeit zu der individuell unterschiedlich ausgeprägten »Trauerarbeit« ist von verschiedenen Faktoren (Temperament, Emotionalität, Intelligenz) abhängig, bei Kindern aber ganz besonders auch vom jeweiligen Entwicklungsalter. Eine beson-

ders tiefe und anhaltende Trauer kann bei einem Kind in eine depressive Episode unterschiedlicher Schwere und Dauer übergehen, während ein anderes Kind erst sehr viel später den einschneidenden Verlust realisieren kann. Bei Depressionen stehen behauptete Ursachen und depressive Verstimmungen dagegen in einem krassen Mißverhältnis. Das gilt für depressive Störungen und Episoden im Erwachsenenalter ebenso wie bei Kindern und Jugendlichen.

Leichte, kurz oder länger dauernde traurige *Verstimmungszustände* kommen

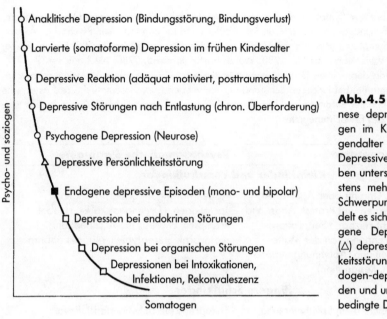

Psycho- und soziogen

○ Anaklitische Depression (Bindungsstörung, Bindungsverlust)

○ Larvierte (somatoforme) Depression im frühen Kindesalter

○ Depressive Reaktion (adäquat motiviert, posttraumatisch)

○ Depressive Störungen nach Entlastung (chron. Überforderung)

○ Psychogene Depression (Neurose)

△ Depressive Persönlichkeitsstörung

■ Endogene depressive Episoden (mono- und bipolar)

□ Depression bei endokrinen Störungen

□ Depression bei organischen Störungen

□ Depressionen bei Intoxikationen, Infektionen, Rekonvaleszenz

Somatogen

Abb. 4.5 Ätiopathogenese depressiver Störungen im Kindes- und Jugendalter
Depressive Störungen haben unterschiedliche, meistens mehrere Ursachen. Schwerpunktmäßig handelt es sich um (○) psychogene Depressionen, um (△) depressive Persönlichkeitsstörungen, um (■) endogen-depressive Episoden und um (□) organisch bedingte Depressionen

bei Kindern und Jugendlichen häufig vor. Ihre Inhalte sind im wesentlichen auf das auslösende schmerzliche Ereignis zentriert, aus dem sie sich entwickeln. Dabei bestehen von der traurig getönten Unlust und der normalen Trauer bis zu den schwereren depressiven Störungen fließende Übergänge. Kinder im Kleinkind- und im frühen Schulalter reagieren schon auf geringfügige Anlässe mit extremen Affektausbrüchen. So berichtet bereits Homburger (1926) über täglich 40 bis 50 lust- oder unlustgetönte Gefühlsentladungen bei drei- bis vierjährigen normalen Kindern. Bei diesen überwiegend zweckbetonten Gemütsäußerungen handelt es sich jedoch um ent- wicklungseigentümliche und oft sehr vordergründige Verhaltens- und Ausdrucksschwankun-

gen, die keinen Rückschluß auf die vitale Grundstimmung zulassen.

Generell ist die *Erkennung* depressiver Syndrome bei Kindern und Jugendlichen schwieriger, weil sich ihre Symptomatik nach Entwicklungsalter, Geschlecht und Intelligenz wesentlich von der depressiver Erwachsener unterscheidet. Bei Kindern finden sich nur sehr selten erwachsenentypische Symptome wie Schuldgefühle, Selbstvorwürfe, Versündigungs- oder Verarmungsideen. Anders als der Erwachsenenpsychiater verfügt der Kinderpsychiater nicht über ein Tableau typischer depressiver Störungsbilder, wie sie in der ICD und dem DSM aufgelistet sind. Er ist bei der Erkennung der Symptomatik auf den entwicklungsspezifischen *»Zeitfaktor«* angewiesen. Den Klein- und Vorschulkindern ist der intrapsychische Konflikt zwischen dem Gewissen und dem Ich durch die relative Unreife ihrer psychischen Instanzen versperrt. Solche Kinder sind unfähig, ihre innere Befindlichkeit zu erkennen und zu verbalisieren. Wenn sie bedrückt, unglücklich oder depressiv erscheinen, fühlen sie sich elend und minderwertig, verloren, ausgestoßen oder alleingelassen. Sie sagen »niemand hat mich lieb« oder »ich bin dumm«, »keiner will mit mir spielen«, »mein Wellensittich ist mir das Liebste auf der Welt« oder »ich wünschte, ich wäre tot«. Aber auch Schulkinder verfügen oft noch nicht über die Voraussetzungen für die Verbalisierung ihrer emotionalen Befindlichkeit. Für sie sind die noch nicht internalisierten *Gewissensinstanzen* des Über-Ichs konkret und leibhaftig in den Eltern und Autoritätspersonen vorhanden, mit denen sie sich auseinandersetzen können. Auch viele ältere Kinder bieten nicht typische Bilder einer gehemmten oder agitierten Depression. Das einzelne Kind fühlt sich hoffnungslos, ungeliebt, ungeborgen, schlecht und minderwertig oder empfindet aggressive Impulse gegenüber Mitschülern, Eltern und Lehrern. Die depressive Störung drückt sich in konkreten Inhalten der unmittelbaren Umgebung aus, überwiegend in den Begegnungen mit der Familie, der Peer-Gruppe und der Schule, wo feinere Störungen am ehesten registriert werden.

Bei *Säuglingen* kann sich bei einer unsicheren oder ambivalenten Bindung (Bindungsstörungen, vgl. S. 53 ff.) bereits nach kurzdauernden *Trennungen* von einer geliebten Beziehungsperson eine akute depressive Episode mit vorwiegend psychosomatischen Symptomen (Weinen, Schreien, Schlafstörungen) ausbilden. Dysthymien kommen bereits im Säuglings- und Kleinkindalter vor und reichen weit in das Erwachsenenalter (Schmidt 1999) hinein. Spitz (1946b) versuchte, sie als »psychotoxische Störungen«, die er in direktem Zusammenhang mit schädlichen mütterlichen Einstellungen zum Kind sah, zu erklären. So führt er die »Dreimonatskolik« als Reaktion auf eine mütterlichen Abneigung an. Das »Säuglingsekzem«, das in der zweiten Hälfte des 1. Lebensjahres auftritt und mit Weinerlichkeit einhergeht, soll auf eine ungewöhnlich starke, unbewußt verdrängte Feindseligkeit der Mutter zurückgehen. Stereotype Schaukelbewegungen finden sich danach bei Heimkindern oder bei Familienkindern, deren Mütter zwischen Verwöhnung und offener Feindseligkeit gegenüber ihren Kindern schwanken. Diese vereinfachende Darstellung wurde inzwischen durch differenziertere Modelle der Kleinkindforschung ersetzt.

Der *Separationsschock* (vgl. S. 62), der bei Säuglingen und Kleinkindern bei Klinik- oder Heimeinweisungen auftreten kann, wird eingeleitet mit einer Phase des Protests, gefolgt von Phasen der Verzweiflung und der Ablehnung. Bei länger dauernden emotionalen Trennungen ohne Mutterersatz stellt sich mit großer Regelmäßigkeit ein progredient-depressives Zustandsbild, eine anaklitische Depression (Spitz 1946b) ein, die besonders im zweiten Lebensjahr entstehen kann. Sie kommt in unserem Kulturkreis kaum noch vor, tritt aber nach wie vor unverändert in Katastrophen- und Kriegssituationen auf. Die bis dahin unauffällig entwickelten Säuglinge und Kleinkinder weisen im Anschluß an die traumatische Trennung eine zunehmende körperliche Entwicklungsstagnation auf. Störungen der Nahrungsaufnahme führen zu Gewichtsverlusten und erhöhter Infektanfälligkeit. Die passiv-desinteressierten Kinder durchlaufen eine agitierte Periode mit Wein- und Schreikrämpfen und Störungen des Schlaf-Wach-Rhythmus, die nach längerer emotionaler Frustration in eine stillere Symptomatik mit Resignation und rapidem Abfall des Entwicklungsquotienten überleiten und bei anhaltender emotionaler Frustration zum körperlichen Verfall bis zur vitalen Bedrohung und zum Tod führen kann.

Die eigenen entwicklungspsychopathologischen Untersuchungen zur alters- und entwicklungsabhängigen Symptomatik depressiver Erkrankungen (Nissen 1971a, 1999) wurde durch mehrere Nachuntersuchungen (Neuhaus 1991; Warzecha-Knoll 1980; Weiermann 1980; Weisser 1981) in ihrem Kern ebenso bestätigt wie durch davon unabhängige internationale Studien (Bemporad 1994; Cytryn und McKnew 1972, 1974; Kielholz und Adams 1988; Rossmann 1991; Kovaljev 1985).

Bei *Kindern und Jugendlichen* nahmen in unserer Klinik (Nissen 1978) die *psychischen* Symptome Kontaktschwäche, Angst, Gehemmtheit und Isolierungstendenzen die ersten Rangplätze ein. Unter den *psychosomatischen* Symptomen rangierten Aggressivität, Enuresis, Schlafstörungen, Mutismus, Weinen und Weglaufen auf den ersten Plätzen der Skala. Im Vordergrund stand bei allen Kindern eine ängstlich-traurige, gehemmte oder agitierte depressive Grundstimmung; vor der Einweisung waren die gehemmt-depressiven Kinder oft als faul und antriebsschwach oder als bösartig und aggressiv bezeichnet worden, wenn ein agitiert-depressives Syndrom vorlag. Die depressiven *Mädchen* wiesen ein »Aschenputtel-Syndrom« auf, sie verhielten sich überwiegend passiv, still und gehemmt, neigten zu Stimmungsschwankungen und zum Grübeln; sie galten als besonders »artig«. Die depressiven *Jungen* waren keine »Musterknaben«, sie verhielten sich wie der bitterböse Friederich: aggressive und kontaktschwache Außenseiter, gehemmt und unsicher. Ob es sich bei dieser geschlechtsbezogenen Symptomverteilung um soziokulturell bedingte oder genetisch vorprogrammierte Stereotype von Männlichkeit oder Weiblichkeit handelt, läßt sich vorerst nicht klären.

Bei einer *Symptomverteilung* in Beziehung zum Entwicklungs- und Lebensalter ergeben sich charakteristische Unterschiede. Bei *Kleinkindern* mit einer depressiven Verstimmung finden sich neben gehemmten und agitierten Merkmalen dominierend psychosomatische Symptome. So konnte mehrfach ein Syndrom beobachtet werden, das mit Schlafstörungen, Wein- und Schreikrämpfen, Enkopresis, Jactationen, motorischen Stereotypien, genitalen Manipulationen und Appetitstörungen auftrat. In diesen Fällen ließen sich emotionale Vernachlässigungen, in einigen Fällen latente Weglaufimpulse der Mütter nachweisen.

Fallbeispiele: Bei einem dreijährigen Kind, das den vom Vater verursachten Tod der Mutter miterlebte und danach in 10 Monaten fünf Pflegestellen durchlief, entwickelte sich ein schweres depressives Syndrom mit Weinanfällen, Anorexie, Schlaflosigkeit, völliger Spielunfähigkeit, genitalen Ersatzhandlungen, Urintrinken und Kot- und Papieressen.

Bei einem dreijährigen, »maßlos traurig und elend« aussehenden Kind einer schizophrenen Mutter, das aus einem völlig verwahrlosten häuslichen Milieu kam, lag neben Wein- und Schreikrämpfen, Spielhemmung usw. eine schwere Obstipation mit kolikartigen Bauchschmerzen und starker Hämorrhoidenbildung vor.

Ähnliche Beispiele ließen sich für die depressive Genese von Nabelkoliken, nächtlichen Angstanfällen, Enkopresis, von motorischen Stereotypien, Tic-Erscheinungen und Kopfschmerzen erbringen. Einige Autoren vertreten die Ansicht, daß Depressionen bei Kindern sich vorwiegend in somatischen Äquivalenten manifestieren. Das Kind könne keine schmerzlichen Wahrnehmungen oder Impulse ertragen, ohne sich davon sofort durch Abfuhr in die Körpersphäre zu befreien.

Bei *Schulkindern* ist bereits eine Ausweitung der depressiven Symptomatik zu verzeichnen, deren Dechiffrierung manchmal außerordentlich schwierig sein kann. Bei jüngeren Schulkindern lassen sich gleichermaßen somatische und psychische Symptome nachweisen. Dabei überwiegen jedoch bereits psychische Merkmale wie Gereiztheit und Unsicher-

Abb. 4.6 Bild eines depressiven neunjährigen Jungen, überwiegend still und gehemmt, neigt zu unmotivierten aggressiven Durchbrüchen und hat dabei mehrfach seine Mutter geschlagen. Seine Mutter leidet unter manischen und depressiven Episoden, ihre Mutter beging Selbstmord. Die Eltern des Kindes – der Vater ist Kunstmaler – sind geschieden.

heit, Spielhemmungen und Kontaktstörungen. Andererseits ergaben Prüfungen auf Homogenität ein vermehrtes Auftreten von Enuresis und Nägelknabbern, genitalen Manipulationen und Pavor nocturnus. Schon Homburger (1926) wies in seiner beispielhaften Beschreibung depressiver Verstimmungen bei Kindern auf die Bedeutung pädagogisch oft mißgedeuteter Verhaltensweisen wie Faulheit, Passivität, Bequemlichkeit, Leistungsschwäche und Gleichgültigkeit hin. Bei depressiven Kindern finden sich neben der traurigen Grundstimmung oft eine ängstlich-gereizte Unsicherheit neben Spiel- und Lernhemmungen mit Störungen der Konzentration, der Aufmerksamkeit und der Ausdauer; bei manchen kommt es als Ausdruck von Ängstlichkeit und Ungeborgenheit zu einer wahllosen Kontaktsucht. Auch in dieser Altersstufe finden sich passiv-gehemmte (auffallend »stille Kinder«), andererseits agitiert-aggressive Kinder (dissoziale Symptome, Bummeln und Weglaufen). Während die stillen, weichen und gefühlsintensiven Kinder meistens gute Kontaktfähigkeit zeigen, sondern sich depressiv gehemmte Kinder gern ab, »igeln sich ein«, spielen mit kleineren Gefährten oder entwickeln eine besondere Vorliebe für Tiere (»Mein Goldhamster ist das liebste Wesen auf der Welt«) oder Bücher (Märchen). Viele werden infolge ihrer Gehemmtheit und Kontaktschwäche in Außenseiterpositionen abgedrängt, andere flüchten sich geradezu in die Isolierung. Manche stehlen, um durch Geschenke die Zuneigung anderer Kinder zu erringen.

Unter den *psychosomatischen Symptomen* ist das nächtliche Einnässen besonders häufig vertreten; dabei sollten jedoch erbgenetische Gesichtspunkte (bis 40 % homologe Belastung der Eltern) nicht vernachlässigt werden. Eine Enuresis sine depressione berechtigt noch nicht zur Annahme einer »enuretic depression«, auch nicht eine erfolgreiche Imipraminbehandlung. Exzessive genitale Manipula-

tionen, Störungen des Schlaf-Wach-Rhythmus und nächtliche Pavorzustände sollten jedoch auch an die Möglichkeit depressiver Äquivalente denken lassen, besonders dann, wenn sie mit dem Eintritt in eine Entlastungssituation (Ferien) plötzlich aufhören.

Bei einer Gegenüberstellung der Lokalisation psychosomatischer Symptome depressiver *Erwachsener* und depressiver *Kinder* aller Altersklassen ergibt sich, daß vergleichbare Zahlenwerte nur bei Beschwerden des Verdauungstrakts vorliegen. Schlafstörungen und Kopfschmerzen wurden dagegen nur bei etwa einem Drittel der Kinder angegeben. Atembeschwerden, Mißempfindungen in den Extremitäten, übermäßiges Schwitzen u. a. (Kielholz und Adams 1988) wurden bei Kindern nicht registriert; andererseits finden sich bei Erwachsenen keine Angaben über Symptome wie Enuresis, Mutismus, Nägelknabbern, Weglaufen, Naschsucht bzw. Enkopresis, genitale Manipulationen, Daumenlutschen oder Kotschmieren. In diesem Zusammenhang soll besonders eindringlich auf die Mahnung von K. Schneider (1959) verwiesen werden, mit der »depressio sine depressione« vorsichtig umzugehen, weil nicht das einzelne (psychische oder psychosomatische) Symptom eine pathogenetische Bedeutung hat, sondern erst das typische Symptomenmosaik für das Vorliegen einer depressiven Neurose oder einer Depression spricht.

In der *Schule* registriert man, das Kind sei ständig unausgeschlafen und nervös. Die Eltern teilen mit, daß es zu Hause herumsitze und sich zu nichts aufraffen könne, wenig esse und schlecht oder übermäßig viel schlafe. Oder da ist ein stets blasser Junge mit dunklen Augenringen, der alles schwer nimmt und sich nicht gegenüber seinen Altersgenossen durchsetzen kann. Die Eltern sprechen von einer »Heulsuse«, von der man nur irgend etwas fordern muß, um einen Tränenstrom auszulösen. Solche Kinder fühlen sich allen unterlegen, glauben, die Dümmsten zu sein, finden sich häßlich, vernachlässigen die Körperpflege und fühlen sich zutiefst unglücklich. Auf Symptome, die mit depressiven Episoden zusammenhängen können, soll hier nur aufzählend hingewiesen werden: extreme Naschsucht, Fett- oder Magersucht, Blutigreiben der Handflächen, Wiederauftreten von Kinderfehlern (Daumenlutschen, Nägelknabbern, Haarausreißen), Spielen mit Feuer (vgl. S. 98 ff.).

Abb. 4.7 Mädchen von 9 Jahren, 4 Monaten, das seit seiner Kleinkindzeit »immer nur mit schwarzen Filzstiften« gemalt habe. Bis zum 2. Lebensjahr habe sie nicht gelacht, »sie konnte einfach nicht lachen«. Lege »großen Wert auf Gerechtigkeit«. Leide unter Minderwertigkeitsgefühlen, könne sich nicht durchsetzen. Sei eine sehr gute Schülerin. Sei »immer ein problemloses Kind gewesen, das nicht erzogen werden mußte«. Habe schon als Säugling wenig Schlaf benötigt, schlafe jetzt oft sehr schlecht ein. Ihre Stimmung sei »sehr wechselhaft«, manchmal 3–4 Tage ausgelassen, dann wieder »echt depressiv«. Im Gespräch äußert das Mädchen Ängste, daß sie plötzlich sterben, »in ein Loch fallen, nach hinten runter fallen« könne. – Der Vater und zwei Brüder wurden wegen einer endogenen Depression mehrfach stationär behandelt, deren Vater beging Selbstmord.

Fallbeispiel: Ein 12jähriger, depressiver Junge mit sado-masochistischen Tendenzen ließ sich quälen und schlagen und entwickelte Selbstmordspiele: Er drückte sich ein Brotmesser an die Kehle, drohte aus dem Fenster zu springen, warf sich auf die Fahrbahn und wich erst im letzten Moment vor herannahenden Autos aus.

Bei älteren Schulkindern und bei *Jugendlichen* haben sich die Erscheinungsformen im Vergleich zu denen der Kleinkinder fast diametral gewandelt. Im Vordergrund stehen jetzt *erwachsenentypische* depressive Merkmale wie Grübeln und Suizidversuche, Suizidimpulse und Minderwertigkeitsgefühle, Bedrücktheit und Stimmungsschwankungen, Selbstisolierungstenden-

zen, hypochondrische Beschwerden und Schuldgefühle. An psychosomatischen Merkmalen findet sich oft der Kopfschmerz; ein Symptom, das auch bei depressiven Erwachsenen sehr häufig vorkommt. Langanhaltende depressive Verstimmungszustände als Ausdruck einer depressiven Neurose werden dagegen bei Kindern relativ selten diagnostiziert; sicher seltener, als es ihrem Vorkommen entspricht. Bei Jugendlichen treten sie häufiger bei Mädchen als bei Jungen auf.

Frühere Annahmen, daß depressive Kinder und Jugendliche nicht oder nur in geringem Maße delinquent werden, sind durch neuere Untersuchungen widerlegt worden. Für die Gruppe der delinquenten, dissozialen und kriminellen Kinder und Jugendlichen konnten Glueck und Glueck (1957) in den USA in 14 % und Hartmann (1998) in Deutschland bei fast der Hälfte depressive Verstimmungen nachweisen.

Über »depressive Äquivalente« in der Kindheit als prämonitorische oder frühe Manifestationsformen einer affektiven Psychose (ICD-10 F31), die fast immer erst später retrograd als mögliche Vorstufen bewertet werden, wurde viel diskutiert; Hinweise dafür geben immer wieder einzelne Fälle.

Fallbeispiele: Ein 13jähriger Junge kam mit einer schweren vitalen Depression mit endogenem Tiefgang nach zwei ernsthaften Suizidversuchen in die Klinik. Er war immer ein sehr ernstes, sehr ordentliches und fleißiges, aber häufig mißgestimmtes, zu Trauerreaktionen und Pessimismus neigendes Kind gewesen. Im Alter von 6 Jahren wurde er auf einer Urlaubsreise in Indien durch den Anblick des Elends und der Armut der Menschen (Straßenkinder) tief erschüttert und aß in suizidaler Absicht im Hotelgarten giftige Früchte, vor denen ihn seine Eltern ausdrücklich gewarnt hatten; er mußte zur

Entgiftung in eine Intensivstation eingewiesen werden. Bei einem Elternteil bestand eine eindeutige Belastung mit einer bipolaren Affekterkrankung.

Ein siebenjähriges Mädchen kam wegen permanenter Schulverweigerung (sie besuchte in der 1. Klasse nur vier Tage die Schule) in stationäre Behandlung und danach noch mehrfach in die Klinik. Mit 11 Jahren erkrankte sie an einer Manie und kam einige Jahre später mehrfach wegen Depressionen und Manien in die Klinik.

Die *endogenen Depressionen* im Rahmen einer mono- oder bipolaren affektiven Psychose haben in der Kindheit und Adoleszenz nur eine geringe Morbiditätsrate. Ihr Anteil beträgt nur etwa 0,05–0,1 %. Sie treten kaum einmal vor dem 10. Lebensjahr auf, präsentieren sich jedoch nicht ganz selten bereits in der Vorpubertät. Höhere Prozentsätze einer Ersterkrankung in der Kindheit gründen sich fast ausnahmslos auf Angaben erwachsener Patienten, die aus verschiedenen Gründen fragwürdig bleiben. Ihre hereditäre Penetranz ist hoch: 50–60 % weisen eine homologe Belastung durch einen Elternteil auf.

4.3.4 Genese, Ätiologie, soziale Bedeutung, Risikofaktoren

Die Depression ist, ganz gleich ob psychopathologische, psychoanalytische, lerntheoretische, humangenetische oder metabolische Entstehungshypothesen herangezogen werden, eine Krankheit, die schon im Kindesalter latent, als »Keim«, als »Vorform« oder schon als »Struktur« vorhanden ist.

An der Entstehung depressiver Episoden, depressiver Störungen und Persönlichkeitsstörungen sind endogene und exogene Kausalfaktoren in unterschiedlichem Maße beteiligt. Die Wurzeln depressiver Entwicklungen lassen sich sehr oft, nach Meinung vieler Autoren regelmäßig bis in die frühe Kindheit zurückverfolgen. In diesem Zeitraum ist die physiologische, psychische und physische Entwicklung des Säuglings von einer ausreichenden emotionalen und materiellen »oralen« Sättigung abhängig. In der interpersonalen Aktion der *»Mutter-Kind-Dyade«*, die durch Zärtlichkeit, Wärme und Nahrung den Verlust der uterinen Urhöhle ersetzen muß, erleben der Säugling und das Kleinkind Sicherheit und Geborgenheit und gelangen über Haut- und Blickkontakte in das Stadium einer zuverlässigen sozialen Kontaktaufnahme und emotionalen Übereinstimmung mit ihrer Umwelt.

Wenn die emotionale und physische Entwicklung des *Säuglings* in diesem Stadium durch Entbehrungen und Mängel in der personalen Zuwendung und Pflege häufiger oder über längere Zeiträume beeinträchtigt wird, können sich schwere und teilweise irreversible seelische Störungen (Bindungsstörungen, Deprivationssyndrom, vgl. S. 64 f.), in erster Linie depressive, aber auch schizoide Neurosen und dysthyme Persönlichkeitsstrukturen entwickeln. Depressive *Fehlentwicklungen* finden sich besonders häufig bei solchen Kindern und Jugendlichen, die in früher Kindheit keine konstante, liebevolle Zuwendung und Erziehung erfuhren: Vollwaisen, Vater- und Mutterwaisen, Kinder in häufig wechselnden Pflegestellen und Heimen, Kinder kranker oder beruflich überforderter Mütter und Väter, Kinder aus getrennten oder geschiedenen Ehen, ferner pädagogisch oder intellektuell überforderte oder körperlich mißgebildete Kinder.

Bei einer primär erhöhten *Vulnerabilität* genügen offenbar schon schwache psychosoziale Belastungen zur Manifestation depressiver Erscheinungen, während bei einer abwehrbereiten Konstitution dafür starke peristatische Störungen erforderlich sind. Das schließt nicht aus, daß es »rein endogene« und »eindeutig neurotische« Depressionen gibt, die aber immer

Tab. 4.5 Erstmanifestation. Im Kindes- und Jugendalter manifestieren sich somatogene (durch Hirnfunktionsstörungen, Infektionen, zerebrale Erkrankungen verursachte) Depressionen bereits im frühen Lebensalter, während psychogene (neurotische) depressive Störungen erstmals bei älteren Kleinkindern auftreten. Endogen-depressive Episoden manifestieren sich erstmals im späten Kindes- und im Jugendalter.

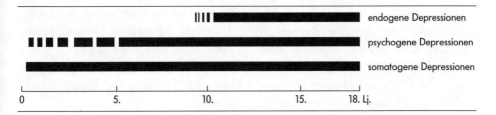

in ein psychodynamisches Spannungsfeld eingebettet sind oder aber eine gesteigerte hereditäre Bereitschaft einschließen. Für diese alten Thesen der »Ergänzungsreihe« nach Freud oder des Lersch'schen »endothymen Grundes« bieten sich besonders im Kindesalter vielfältige kasuistische Beispiele an. Diese Angaben gewinnen an diagnostischer Bedeutung, wenn sie bei der Erhebung der Vorgeschichte manifest depressiv erkrankter Erwachsener eruiert werden können. Jeder, der an seine eigene Schulzeit zurückdenkt, wird sich an ernste, überordentliche, Ich-schwache und durchsetzungsunfähige Mitschüler erinnern, bei denen sich später im Erwachsenenalter eine depressive Erkrankung entwickelte oder die durch Suizid endeten.

Die Bedeutung einer *konstitutionellen* Disposition für eine depressive Erkrankung sollte weder über- noch unterschätzt werden; sie läßt sich oft überhaupt nicht zuverlässig ermitteln, weil die Eltern gleichzeitig Übermittler der Erbanlagen und die Gestalter der Umwelt des Kindes sind. Konstitutionelle Unterschiede im Ertragen von Schmerz und Unlust zeigen sich bereits bei Säuglingen und Kleinkindern. Bei einem Kind bedarf es nur geringfügiger Anlässe, um depressive Reaktionen zu erzeugen (»es nimmt alles schwer«), ein anderes Kind steht emotionale Frustrationen relativ günstiger durch, »es kommt leicht darüber hinweg«.

Temperament und emotionale Grundbefindlichkeit sind weitgehend genetisch verankert und damit unkorrigierbar. Gottschaldt (1942) gelangte aufgrund seiner *Zwillingsuntersuchungen* zu der Auffassung, daß die affektive Erregbarkeit und die vitale Antriebsspannung als stammhirnbedingte Persönlichkeitszüge besonders umweltunabhängig seien. Darüber hinaus unterliegt jedoch der Vitaltonus jedes Menschen endo- und exogenen Schwankungen, die sich überkreuzen, abschwächen oder überlagern können. Stetigkeit und Wechsel, Konstanz und Labilität und die Größe ihrer Ausschläge sind nach Homburger (1926) entscheidende Kriterien der Persönlichkeit.

Lerntheoretische Modelle gehen nach Lewinson (1974) und Lewinson et al. (1976) davon aus, daß Depressionen aufgrund von Verstärkungsreduktionen, d.h. als Folge eines permanenten Ausbleibens von Verstärkungen, entstehen können. Durch diesen Mangel an positiven Verstärkern werden noch vorhandene Aktivitäten weiter reduziert, wodurch ein Circulus vitiosus in Gang kommt. In seiner kognitiven Theorie der Depression stellte Beck (1972) die These auf, daß depressive Menschen dazu neigen, alltägliche Ereignisse und normale Schwierigkeiten als Ausdruck ihrer persönlichen Unzulänglichkeit anzusehen; sie halten sich für minderwertig und wertlos. Mit dem Modell der *»gelernten Hilflosigkeit«* entwickelte Seligman (1975) ein weiteres kognitives Modell. Danach wird eine in schwierigen Situationen auftretende Angst permanent durch Depression ersetzt, wenn die Person zu erkennen glaubt, daß sie nicht in der Lage ist, an sie gestellte Ansprüche zu erfüllen. Blöschl (1981) sieht Depression als Folge einer geringen Rate kontingenter Verstärker durch Verlust oder Sättigung der Verstärkerwirksamkeit.

Psychogene Depressionen (depressive Reaktionen, Überforderungs-, Entlastungs- und neurotische Depressionen) stellen im Kindesalter die stärkste Gruppe. In erster Linie handelt es sich um abnorme depressive Reaktionen, von Homburger (1926) als *»Situationsreaktionen«* bezeichnet, die sich oft einer spontanen Aufarbeitung widersetzten und abnorm lange anhalten. Dazu gehören bei Kindern und Jugendlichen auch einige Formen der Schul-Depressionen, die manchmal den Streß-Depressionen zugeordnet werden. Dieser Regulationsmechanismus gehört aber zu ihrem primär kodierten oder peristatisch erworbenen persönlichkeitseigenen Emotionsinventar.

Fallbeispiele: Ein 14jähriges Mädchen wurde wegen einer anhaltenden depressiven Verstimmung mit psychosomatischer Symptomatik aufgenommen. Drei Monate vorher war sie wegen des Versuches, zusammen mit ihrem Freund ein Auto zu stehlen, angezeigt worden. Ihr Vater ist arbeitslos und alkoholsüchtig, die Mutter psychisch labil und kränklich, der Bruder geistig behindert. Das überdurchschnittlich begabte Mädchen hat keine adäquate Schule besucht und fühlt sich in ihrem Lehrberuf nicht wohl. Durch medikamentöse und psychotherapeutische Maßnahmen bildete sich die Symptomatik im Verlauf einiger Monate vollständig zurück.

Ein 14jähriges, überdurchschnittlich begabtes Mädchen, das mit acht Jahren wegen Diabetes mellitus und später wegen einer offenen Tbc lange stationär behandelt werden mußte, unternahm mehrere Suizidversuche. Es bestand eine depressive Stimmungslage mit alexithymer Störung mit latenten auto-destruktiven Tendenzen (»Ritzen«). Das Mädchen fühlte sich von seinen Eltern nicht geliebt, hatte keine Freunde, dazu erhebliche Kontakt- und Beziehungsschwäche. Eine starke emotionale Beziehung zu einem Großvater wurde durch dessen Tod beendet. Danach verschärfte sich die Symptomatik. Eine intensive Einzeltherapie, die ambulant fortgesetzt wurde, erbrachte deutliche Besserung; bei einer Nachuntersuchung nach zwei Jahren wurde allerdings nach wie vor eine chronisch-depressive Stimmungslage festgestellt.

Neurotische Depressionen zeigen im Kindesalter oft nur eine fragmentarische Symptomatik, die sich erst in der späteren Kindheit und im Jugendalter komplettieren. Hier liegen frühkindliche Störungen der psychischen Verarbeitung zugrunde, durch die verdrängte oder abgekapselte frühkindliche Komplexe bewirkt wurden. Depressionen bei den Eltern haben für die Kinder sehr häufig einen ungünstigen, depressionsfördernden Einfluß.

Manchmal ergibt erst die *Familienanamnese*, daß eine scheinbar eindeutig psychogene Depression einen offensichtlichen familiär-konstitutionellen Hintergrund hat: Auslöser und Ursachen werden oft verwechselt. Daß ähnliche Noxen bei verschiedenen Individuen zu unterschiedlichen Ergebnissen führen, sehen wir bei Kindern mit frühen zerebralen Schädigungen: Sie können zu epileptischen Anfallsleiden, geistiger Behinderung, zu Teilleistungsschwächen, aber auch zu emotionalen Störungen führen. Kinder mit psychogenen Depressionen haben häufig *depressive Mütter* oder wachsen in ungünstigem Milieu auf. Kinder mit einer repressiven Erziehung weisen wesentlich mehr depressive Merkmale auf als solche mit demokratischen Erziehungsformen. Das lerntheoretische Modell geht davon aus, daß Depressionen durch Ausbleiben von positiven Verstärkungen entstehen.

Die Bedeutung *somatogener Depressionen* wird oft noch verkannt. Sie nehmen mit etwa 6–8 % der Depressionen dieses Lebensabschnitts den zweiten Platz ein. Somatogene Depressionen bei Erwachsenen sind als Folge von Hirnschädigungen als »depressive Wesensänderungen« allgemein anerkannt. Städeli (1978) hat darauf hingewiesen, daß bei den »chronischen Depressionen« des Kindesalters die Zahl der Hirnschäden auffallend hoch ist. Diese Kinder wurden früher als »geborene Melancholiker« oder »depressive Psychopathen« bezeichnet; heute gehört ein Teil zu den Patienten mit »dysthymen Persönlichkeitsstörungen«. Selbst wenn man nach der »Entmythologisierung« der minimal cerebral dysfunction (MCD) von wesentlich geringeren Häufigkeitsfrequenzen ausgeht, bleibt nach Esser und Schmidt (1987) ein harter Kern von 1 % frühkindlicher Hirnschädigungen. Auch hier ist bei Erwachsenen die Diagnose einer »posttraumatischen Wesensänderung« relativ einfach, weil ein Vergleich mit der prätraumatischen Persönlichkeit möglich ist. Bei Kindern muß man sich dagegen oft mit der Feststellung einer »angeborenen Dysthymie« begnügen, wenn nicht Hinweise auf ein Hirntrauma oder eine frühkindliche Hirnschädigung vorliegen. Sie hatten als Säuglinge Trink-

schwierigkeiten, lernten relativ spät laufen und sprechen, machten keine oder nur schwache Trotzphasen durch und wurden schon als Säuglinge als still, ruhig und besonders brav geschildert. Bei diesen Kindern finden sich gehäuft Konzentrationsstörungen und Teilleistungsschwächen. Sie sind kummer- und sorgenvoll, wo andere fröhlich und ausgelassen sind; sie sind unglücklich, fühlen sich wertlos und ungeliebt. Sie leben in einer grauen, kontrastarmen Welt, unter der sie leiden und in der sie nicht mehr leben mögen. Bei Kindern mit epileptischen Anfallsleiden finden sich häufig Dysphorien und Depressionen, wobei morbus- und medikationsbedingte Störungen voneinander abzugrenzen sind. Durch eine medikamentöse Umstellung auf ein Antiepileptikum mit einem psychotropen Begleiteffekt, wie z. B. Carbamazepin, kann man mitunter eine Stimmungsverbesserung erzielen.

Auch der *depressiven Persönlichkeitsstörung* liegen genetische, hirnorganische und/oder psychogene, überwiegend frustrationsbedingte Ursachen zugrunde. Ernst und von Luckner (1985), die aufgrund von kritischen *Katamneseüberprüfungen* der frühen Kindheit generell nur sehr bedingt einen pathogenen Stellenwert einräumen, sehen im Hinblick auf konsekutive und chronische Depressionen deutliche pathogene Zusammenhänge mit anhaltenden traumatischen Kindheitserlebnissen. Erwachsene mit einer depressiven Persönlichkeitsstruktur berichten häufig, daß sie bereits im Kindesalter chronisch depressiv gewesen seien. Bei diesen primär antriebsschwachen, ernsten und verschlossenen, stillen und langsamen, zaghaften und apathischen Kindern ließen sich ebenso häufig prä- und postnatale Noxen wie familiäre Belastungen mit depressiven Störungen nachweisen. In der Familie kann eine atmosphärische Entspannung durch die Erkennung der eigentlichen Ursache für den chronisch-depressiven Verstimmungszustand des Kindes eintreten.

Fallbeispiel: Ein seit der Kleinkindzeit als bedrückt, unlustig und grüblerisch bezeichneter Junge, einziger Sohn eines wohlhabenden Kaufmanns, unternahm mit 14 Jahren einen ersten Suizidversuch. 6 Monate später wurde er mit einer Leuchtgasvergiftung bewußtlos aufgefunden. Im Alter von 14–16 Jahren unternahm er drei weitere Suizidversuche. Er gab als einziges Motiv der Suizidhandlungen an, daß ihm nichts am Leben liege. Mehrere psychotherapeutische Behandlungen wurden abgebrochen. Die Selbsttötung gelang schließlich dadurch, daß er eine Überdosis von Medikamenten einnahm, sich auf eine Leiter stellte, den Kopf in eine Schlinge legte und sich mit einem Tesching in die Brust schoß.

Bei den schweren Depressionen im Rahmen einer *mono-* oder *bipolaren Erkrankung* im Kindes- und Jugendalter ist die *hereditäre Penetranz* hoch. 50–60 % weisen eine homologe Belastung durch einen Elternteil auf. Die major depression hat in der Kindheit und Adoleszenz eine Gesamtmorbiditätsrate von 0,05–0,1 % der affektiven Psychosen. Sie tritt kaum einmal vor dem 10. Lebensjahr auf, präsentiert sich jedoch nicht ganz selten bereits in der Vorpubertät. Einige Autoren kommen aufgrund eigener epidemiologischer Studien zu wesentlich höheren Prävalenzraten für schwere affektive Störungen im Kindesalter.

Depressionen bei Kindern, die eine andere Symptomatik als bei Erwachsenen aufweisen, deshalb als »larvierte« Depressionen zu bezeichnen hat sich als falsch erwiesen. Im Gegenteil, manches spricht dafür, daß die überwiegend psychosomatische Symptomatik der depressiven Klein- und Vorschulkinder die ursprüngliche, noch nicht kulturell überformte Form der Depression darstellt. Schon 1924 machte der Psychiater Flügel darauf aufmerksam, daß einfach strukturierte depressive Erwachsene meistens eine *hypochondrische Symptomatik* aufweisen, während differenziertere depressive Menschen vorwiegend unter kognitiven Symptomen (Schuldgefühlen, Verarmungsideen usw.) litten. Die transkulturelle Depressionsforschung (Pfeiffer 1999) kam zu dem Ergebnis, daß depressive Erwachsene nicht-westlicher Kulturen ebenfalls vorwiegend zu hypochondrisch-leibnahen Manifestationen neigen. Resümierend kann man danach feststellen, daß intelligente erwachsene Depressive nichtwestlicher Kulturen ebenso wie durchschnittlich begabte Klein- und Vorschulkinder unseres Kulturkreises überwiegend psychosomatische Symptome aufweisen. Es liegt deshalb nahe, die typischen Depressionen Erwachsener des westlichen (einschließlich des japanischen!) Kulturkreises, die mit Selbstvorwürfen, Schuld-, Versündigungs- und Verarmungsideen einhergehen, als sekundäre, weil kulturell überformte Depressionen einzustufen.

Die larvierte Depression bei Erwachsenen ist danach aus entwicklungspsychiatrischer Sicht das Ergebnis einer *Regression* zur psychosomatischen Urform der Depression im Kindesalter.

Von besonderer kinderpsychiatrischer Bedeutung sind die reaktiven und neurotischen Depressionen bei intelligenzgeminderten Kindern aus Familien mit starkem *Leistungsehrgeiz* oder bei Kindern mir einer relativ gut ausgebildeten Fähigkeit zur *Selbstkritik*. Besonders in intellektuell durchschnittlich oder überdurchschnittlich ausgestatteten Familien gerät ein minderbegabtes Kind leicht aus seiner Omega-Position in die neurotisierende Rolle eines »Prügelknaben«. Durch übersteigerte Anforderungen und durch *Lerntorturen* werden solchen Kindern unter Aufbietung aller ihrer psychischen Energien oft Leistungen abgetrotzt, die dann aber doch als unzureichend angesehen und nicht entsprechend honoriert werden. Unterdurchschnittlich begabte Kinder zeigen vorwiegend eine passive psychische und eine regressive psychosomatische Symptomatik. Durch Überforderung und Kränkungen des Selbstwertgefühls entwickelt sich nicht selten eine sekundäre Lernhemmung, die das Ausmaß der tatsächlichen Schwachbegabung weit übersteigt, damit bisherige Erfolge gefährdet und die künftige Entwicklung zusätzlich behindert.

Fallbeispiele: Ein 10jähriger, depressiver, debiler Sonderschüler aus einem überfordernden Elternhaus geriet mitten im Unterricht mehrfach in einen stuporähnlichen Zustand. Er brach beim Vorlesen plötzlich ab, starrte vor sich hin und verweigerte stundenlang die Mitarbeit.

Ein neunjähriger, depressiver und debiler Junge äußerte, er sei traurig, weil er seine Eltern durch seine mangelhaften Schulleistungen enttäusche. Der ehrgeizige Vater schlug ihm zur »Gedächtnisstütze« mit dem Fingerknöchel öfter beim Lernen an den Kopf. Der Junge regredierte mit Daumenlutschen, Wut- und Trotzanfällen und sprach davon, sich das Leben zu nehmen.

Für die begünstigende Rolle autoritär-repressiver, aber auch vernachlässigend-verwahrlosender Erziehungsstile der Eltern für eine depressive Fehlentwicklung finden sich häufig Beispiele.

Fallbeispiele: Ein 10jähriges, traurig-verstörtes, in sich gekehrt-teilnahmsloses Kind, das sich nur flüsternd unterhielt, äußerte, daß die Mutter sie nicht liebhaben könne, »weil ich zu langsam bin«. Die gefühlsarme, kühle Mutter gab an: »Ich bin logisch, kalt und ruhig. Kinder müssen unbedingt parieren. Trotz wird durch Klapse und Prügel durchbrochen.« Sie hatte ihr Kind unter anderem mehrfach gezwungen, Erbrochenes aufzuessen.

Ein 13jähriges, vorwiegend depressives Mädchen war seit dem 6. Lebensjahr von seinem blinden Vater sexuell mißbraucht worden. Es versuchte, seine Mädchenrolle zu ignorieren, verschwieg der Mutter die Menarche und weigerte sich, einen Büstenhalter zu tragen: »Mit einem blinden Hund könnte ich Mitleid haben, nicht mit meinem Vater.«

Das Auftreten depressiver Reaktionen wird weiterhin begünstigt durch partielle Leistungs- und *Intelligenzdefizite*, wie z. B. durch eine Legasthenie. Durchschnittlich oder überdurchschnittlich begabte Kinder mit einer derartigen oder einer anderen Teilleistungsschwäche befinden sich in einer zu depressiven Verstimmungen disponierenden permanenten Konfliktsituation, weil ihre objektive Leistungsfähigkeit durch die Teilleistungsschwäche behindert und in der schulischen Leistungssituation oft nicht erkannt wird.

Die Entstehung der »*Schul-Depressionen*« allein auf eine permanente Leistungsüberforderung zurückzuführen ist in vielen Fällen nicht berechtigt. Schon vor der Einschulung werden innere *Reaktionsmechanismen* strukturiert; sie gehören zu einem genetisch verankerten oder peristatisch erworbenen persönlichkeitseigenen Emotionsinventar. Schon im Vorschulalter bestehen bei solchen Kindern Spielstörungen. Kein Zweifel besteht jedoch daran, daß emotional labile und latent depressionsgefährdete Kinder, die intellektuell durchaus den schulischen Anforderungen entsprechen können, unter ungünstigen Lehr- und Schulverhältnissen eher depressive Reaktionen entwickeln. Verstärkte schulische Defizite (häufige Lehrerwechsel, große Klassen, ungeeignete Unterrichtsmethoden, pädagogisches Unvermögen eines Lehrers) können auch bei emotional relativ stabilen Kindern zu zeitlich befristeten Verstimmungen führen. Von Überforderungsdepressionen sind jedoch besonders solche Schüler bedroht, die nicht den ihrer intellektuellen Ausstattung entsprechenden Schultyp besuchen. Typisch ist, daß nach Abschluß der Schule, manchmal bereits während der Schulferien, solche Kinder sich überraschend schnell »erholen« und sich nach Schulabschluß unerwartet positiv entwickeln.

Die *soziale Bedeutung* depressiver Verstimmungen liegt in den negativen Aspekten der bereits bei depressiven Kindern sich andeutenden Merkmale der Inkludenz und der Remanenz (Tellenbach 1983) und den sich daraus ergebenden, teilweise auch positiven Auswirkungen auf die Umgebung. Depressive Kinder weisen nicht selten eine psychische Vorreifung auf, die sich günstig auf ihre Leistungshaltung auswirken kann. Depressive Jugendliche kultivieren manchmal bereits die Attitüde eines depressiven Hochmuts; sie fühlen sich an innerer Reife und Erfahrung anderen überlegen und empfinden sich gedanken- und wertvoller als ihre scheinbar oberflächlicheren und gleichgültigeren Altersgenossen.

Risikofaktoren. Ungünstige äußere Faktoren (uneheliche Geburt, Tod der Mutter oder des Vaters, Trennung oder Scheidung der Eltern) oder ungünstige Familienverhältnisse (»broken home«) und fehlerhafte pädagogische Einstellungen sind häufig nachzuweisen, ebenso gehäufte hirnorganische Schäden (Städeli 1978) bei den Kindern, in deren Familie depressive Störungen, psychiatrische Krankheiten, Persönlichkeitsstörungen, Drogen- und Alkoholmißbrauch vorkommen. Mit dem Verlust von Vater oder Mutter in der Kindheit haben sich besonders anglo-amerikanische Untersuchungen (Brown 1961; Munro 1965) befaßt und festgestellt, daß dadurch eine signifikante Häufung depressiver Störungen und Erkrankungen eintritt. Brown stellte bei 41 % der von ihm untersuchten depressiven Patienten fest, daß sie bis zum 15. Lebensjahr beide Eltern verloren hatten; die vergleichbare Rate in der Durchschnittsbevölkerung lag bei 16 %. Der Verlust des Vaters wirkte sich besonders in den späteren Kindheitsjahren traumatisierend aus, während die Trennung von der Mutter für alle Altersstufen einen entscheidenden Einschnitt bedeutete. Aber weder Hopkinson und Reed (1966) noch Abrahams und Whitlock (1969) konnten dies bestätigen. Psychische oder körperliche Erkrankungen der Mutter können eine *latente Bereitschaft* zu depressiven Störungen erzeugen,

die oft erst im späteren Leben manifest werden. Das Kind erlebt nicht die Einheit und Zusammengehörigkeit mit der Mutter, wenn sie an seinen Entwicklungsfortschritten teilnähme, sondern es ist bereit, ihre Gefühlshaltung zu teilen. Eine ähnliche Bedeutung dürften in Zeiten materieller Not und Bedrückung die »Elendsdepressionen« der Kinder haben, wie sie Käthe Kollwitz gezeichnet hat, oder die depressiven Verstimmungen bei Kindern aus zerrütteten oder geschiedenen Ehen, wenn sie unfreiwillig zu Vertrauten der einen oder anderen oder beider Parteien werden.

4.3.5 Diagnose und Differentialdiagnose
Für die Diagnose einer Depression hat auch im Kindes- und Jugendalter das einzelne Symptom (Spielhemmung, Traurig-

Tab. 4.6 Depressive Symptome. Aus dem Netzwerk depressiver Symptome bei Mädchen und Jungen (Nissen, n=105) ergibt sich, daß passive depressive Symptomkombinationen (Signifikanz 95 %) absolut im Vordergrund stehen. Bei einer geschlechtsspezifischen Aufgliederung zeigt sich jedoch, daß Mädchen häufiger eine passiv-gehemmte, Jungen eine stärkere aktiv-agitierte Symptomatik zeigen.

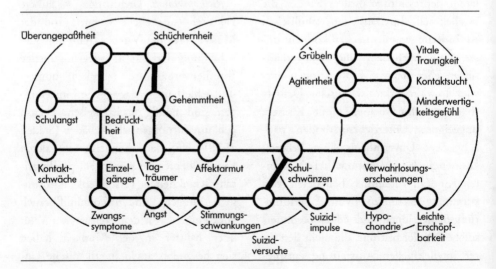

keit, Bedrücktheit, Angst usw.) natürlich keine pathognostische Bedeutung. Auch eine additive Aufrechnung der einzelnen Symptome ergibt keine eindeutige Diagnose, aber sie kann im Zusammenhang mit der Dauer und der Schwere doch einen Eindruck von der seelischen Grundbefindlichkeit und dem Beschwerdebild eines Kindes vermitteln.

Die diagnostische Einstufung depressiver Episoden, rezidivierender Depressionsstörungen und anhaltender affektiver Störungen (Zyklothymie, Dysthymie bzw. Persönlichkeitsstörungen) ist vom Schweregrad, vom Verlauf und von der Dauer der Verstimmungen abhängig. Die Diagnose depressiver Syndrome ist manchmal schwierig, weil sie nicht nur vom entwicklungsabhängigen »Zeitfaktor«, sondern auch von geschlechts- und intelligenzspezifischen Faktoren mit bestimmt wird.

Als allgemeine Symptome führte Sergant (1990) für das Kindes- und Jugendalter an: persistierende Traurigkeit, Gefühl innerer Leere, Aktivitätsverlust, Erschöpfung, Niedergeschlagenheit, Verlust an Interesse, Freudlosigkeit, Schlafstörungen, Störungen des Appetits, Schwankungen des Körpergewichts, Gefühl der Hoffnungslosigkeit, Pessimismus, Schuld- und Minderwertigkeitsgefühle, Todesgedanken, suizidale Anmutungen und Suizidversuche, Konzentrations- und Merkstörungen, Entscheidungsschwäche, chronische Schmerzzustände oder andere Körpersymptome ohne erklärbare Ursachen. Nach Davis (1998) dominieren Traurigkeit, Hoffnungslosigkeit, Gefühle der Wertlosigkeit, Schuldgefühle, Verlassenheit und nachlassende Aktivität, ferner Schlaf- und Konzentrationsstörungen. Diese allgemeinen phänomenologischen Zuweisungen erlauben jedoch erst bei Jugendlichen die Diagnose einer Depression.

Differentialdiagnostisch kommen in Betracht:

1. Die seltenen endogen-depressiven Erkrankungen des Kindes und Jugendalters, die in ihren phasentypischen Ausdrucksformen in manchen Bezügen von denen des Erwachsenenalters abweichen können und häufig von vegetativen Funktionsstörungen begleitet sind.

2. Depressive Vorstadien einer beginnenden Schizophrenie bei Kindern und Jugendlichen.

3. Depressive, meistens dysphorische Verstimmungszustände bei hirnorganischen Schädigungen. Unter den sogenannten konstitutionell depressiven Kindern, wie sie schon Pieper (1940) beschrieb, finden sich auch Kinder mit einer Minimalen Zerebralen Dysfunktion. Bei chronischen Depressionen konnte Städeli (1978) ebenso häufig prä- und postnatale hirnorganische Schäden nachweisen wie bei einer Vergleichsgruppe hirnorganisch kranker Kinder. Psychopathologisch stehen wir dabei vor der oft unüberwindlichen Schwierigkeit, eine depressive Wesensänderung bei einem Kind zu diagnostizieren, bei dem zum Zeitpunkt der Hirnschädigung allenfalls der Entwurf einer Persönlichkeitsstruktur vorhanden war.

4. Depressive Verstimmungszustände als Begleiterscheinung bei zerebralen An-

fallsleiden (Petit-mal-Status, chronische depressiv-dysphorische Verstimmungszustände). Ferner depressive Verhaltensstörungen ohne manifeste Krampfanfälle (Dämmerattacken bzw. depressive epileptische Äquivalente) bei erhöhter Krampfbereitschaft im EEG, die oft überraschend gut auf eine antiepileptische Therapie ansprechen.

5. Die depressiv-dysphorischen Verstimmungen am Beginn bestimmter Heredodegenerationen, z. B. der Chorea Huntington.

6. Leichte depressive Episoden nach schweren Infektionskrankheiten (Chorea minor, Meningitis, Enzephalitis usw.).

Von zahlreichen Autoren ist auf den *Syndromwandel* von depressiven Verstimmungen zu psychosomatischen Beschwerden hingewiesen worden, etwa zu Depressionen und Asthma bronchiale, Kopfschmerzen, Fettsucht, Magersucht, Mutismus, Tic-Erscheinungen, Colitis ulcerosa und zu den bei Jugendlichen gar nicht seltenen Zwölffingerdarm- und Magengeschwüren.

4.3.6 Therapie, Prognose, Prävention

Für die Behandlung depressiver Kinder und Jugendlicher kommen in erster Linie *psychotherapeutische Maßnahmen* in Betracht. Es ist ein Fehler, unmittelbar nach der Diagnose einer Depression bei einem Kind oder einem Jugendlichen mit einer medikamentösen Therapie zu beginnen. Für die Therapie depressiver Kinder eignen sich besonders familienorientierte psychodynamische oder kognitive und behaviorale Maßnahmen in Form einer altersangemessenen Spiel-, Gruppen- oder Einzeltherapie. Depressive Kinder sind auch in der Behandlungssituation anlehnungsbedürftig und dankbar für jede Zuwendung, manchmal aber auch verschlossen und abweisend. Viele Kinder benötigen in erster Linie Unterstützung und Ermutigung bei der Durchsetzung eigener Wünsche ohne Angst und Schuldgefühle. Bei Jugendlichen müssen die für die Behandlung depressiver Erwachsener bewährten Techniken individuell modifiziert bzw. die für diese Altersgruppe entwickelten speziellen Behandlungsverfahren angewandt werden.

Besonders die depressiven *Klein- und Vorschulkinder* setzen sich weniger mit sich selbst und mit ihrem noch schwach entwickelten Über-Ich auseinander als mit ihren Eltern, die für sie noch lange Zeit auch ihre Gewissensinstanzen sind. Deshalb spielen bei depressiven Kindern und auch noch bei vielen Jugendlichen die *Elternberatung* sowie die Eltern- und Familientherapie eine besonders bedeutsame Rolle. Die aktive Fürsorge des Therapeuten sollte auch auf eine mögliche Verbesserung des häuslichen Milieus ausgerichtet sein. Hinweise auf einen sonnigen, wolkenlosen Himmel oder die bevorstehenden Schulferien helfen einem depressiven Kind ebensowenig wie gutgemeinte Ratschläge, ohne Furcht in die Zukunft zu schauen, manchmal sogar unterstützt durch Tröstungsversuche wie »warte nur etwas ab, es wird sich schon alles regeln« oder »du mußt versuchen, dich zusammenzunehmen, dann wirst du merken, wie gut es dir tut«. Es wird dadurch nicht beruhigt, sondern im Gegenteil verunsichert und ratlos. »Nicht einmal dieser

Arzt hat begriffen, wie schlecht es mir geht.« Es glaubt, daraus ableiten zu können, daß der Arzt es nicht versteht und nicht erkannt hat, daß durch eine einfache Veränderung der Umweltbedingungen keine Besserung zu erreichen ist. Von seiten des Therapeuten kommt es in der akuten Depression darauf an, Einfühlungsvermögen und Geduld zu zeigen. In einer *Krisenintervention* muß der Therapeut akzeptieren können, nicht umgehend alle Ursachen aufdecken zu müssen, sondern sich, jedenfalls zunächst, mit der querschnittsmäßigen Situation zu bescheiden. Depressive *Jugendliche*, die sich permanent in den Schlaf flüchten, müssen allmählich lernen, rechtzeitig aufzustehen, sich zu waschen, zu pflegen und sorgfältig anzukleiden und aktiv in den Tag hineinzugehen. Ihnen muß die Überzeugung vermittelt werden, daß sie nur durch ständiges Training erreichen können, unerträgliche Situationen durchzustehen. Psychologische Test untersuchungen bilden eine wichtige Grundlage für die Beurteilung des intellektuellen Leistungskerns und der emotionalen Belastungsfähigkeit. Einholung eines Schulberichts beim Klassenlehrer und Beratung durch einen Pädagogen können dem in Schulfragen weniger erfahrenen Arzt seine Aufgabe oft wesentlich erleichtern, soweit es sich um Fragen der Ein- und Umschulung, Rückversetzung und Eingliederung in Vorschul-, Beobachtungs- und Sammelklassen oder Spezialklassen für Legastheniker, sinnes- oder verhaltensgestörte Kinder handelt.

Die Indikation für eine bestimmte psychotherapeutische Methode ist auch bei Kindern und Jugendlichen von mehreren Faktoren abhängig, einmal vom Lebens- und Entwicklungsalter: Danach richtet sich die Entscheidung, welches *Behandlungsverfahren* in Betracht kommt, ob eine Gesprächstherapie, eine Einzel- oder Gruppentherapie, eine psychoanalytische oder eine kognitiv-behavioral orientierte Psychotherapie möglich ist. Leichte depressive Episoden erfordern im allgemeinen keine besondere Therapie.

Grundsätzlich ist, wenn es das Krankheitsbild erlaubt, eine allgemeine psychische und *motorische Aktivierung* anzustreben, eine Orientierung an praktischen Handlungen mit klaren Abmachungen und einfachen Zielformulierungen. Auch kleinste Erfolgsschritte werden positiv verstärkt, etwa durch graphische Darstellungen oder durch Pläne, die am Bett angebracht werden. Mit fortschreitender Besserung werden unter Einbeziehung von Eltern und Geschwistern verbindliche Vereinbarungen getroffen, die alle gemeinsam überwachen und kontrollieren. Schließlich ist ein Neuaufbau sozialer Verhaltensweisen (Blickkontakt und Interaktionsübungen, Rollenspiel) anzustreben, später zusätzliche Einzelgespräche mit Erörterung möglicher Auslösungsfaktoren. Eine längere Nachbetreuung ist oft erforderlich.

Die *anaklitische Depression* infolge permanenter Mutterentbehrung hat einen quantitativen Bedeutungswandel in Form vielfältiger Bindungsstörungen (vgl. S. 62 f.) erfahren, die auch zu depressiven Verstimmungen führen können. Aus der Therapie bindungsgestörter Kinder wissen wir, daß durch gezielte Einzelbetreuung manchmal rasche Entwicklungsfort-schritte und Stimmungsnormalisierung zu erzielen sind, die in der Regel aber nicht anhalten. Diese, aber auch Kinder mit depressiven Neurosen benötigen in erster Linie eine psychotherapeutische Behandlung, die regelmäßig eine Mitbe-handlung der Eltern einschließen muß. Meistens läßt sich nur durch eine dauer-hafte Veränderung des familiären und so-zialen Feldes ein Behandlungserfolg stabi-lisieren.

Für den Erfolg der Therapie ist es von großer Bedeutung, die *aktuelle Situation* des Kindes oder Jugendlichen transparent zu machen. Die Tatsache, daß eine Depres-sion vorwiegend milieureaktiv oder hirn-organisch bedingt ist, bedeutet aber nicht, daß in dem einen Fall nur psychotherapeu-tische Methoden in Betracht kommen und im anderen psychopharmkologische Be-handlungsmaßnahmen überwiegen. Nicht die Ätiologie, sondern das depressive Syn-drom ist es, worunter das Kind oder der Ju-gendliche akut leidet. Das Erkennen von Problemen und deren Bedingungen ist notwendig, aber erst wenn die Betroffenen in der Lage sind, die gewünschten Ände-rungen auch in ihren alltäglichen Hand-lungen (und Einstellungen) umzusetzen, ist das Ziel wirklich erreicht. Die Dauer ei-ner Behandlung ist keineswegs festgelegt und variiert je nach Problemstellung von einigen Sitzungen bis zu langfristigen Be-handlungen.

Die *Verhaltenstherapie* hat sich im Laufe ihrer Entwicklung verändert und ihre Ef-fizienz verbessert. Kognitive Therapiean-sätze als relevante Bestandteile der Thera-pie fördern und fordern die Selbstrefle-

xion des Patienten; Gefühle, Gedanken und Einstellungen, vergangene und aktu-elle Ereignisse sind ebenso Inhalt wie of-fenes, beobachtbares Verhalten. Ziel eines operanten Ansatzes ist es, Aktivitäten zu verstärken, die zu einer positiven Stim-mung führen. Dazu werden Techni-ken des Kontingenzmanagements und Problemlösetrainingskonzepte eingesetzt. Wurde in früheren Konzepten die verhal-tenssteuernde Macht externer Einflüsse in den Vordergrund gestellt, so liegt heute die Betonung auf dem Streben des einzel-nen nach Selbstregulation. Aus der Sicht der Lernpsychologie erscheint der Mensch als reflexives und planendes Sub-jekt mit dem Wunsch nach selbständiger und positiver Gestaltung seines Lebens, ausgestattet mit der Fähigkeit, Ziele zu entwerfen und diese zu verwirklichen, aber auch dem Wunsch nach sozialen Be-ziehungen und einer befriedigenden Teil-nahme an gesellschaftlichen Prozessen. Dementsprechend werden altersangemes-sene Selbstsicherheits- und Kommunika-tionstrainingsmethoden eingesetzt.

Als *verhaltenstherapeutische Methoden* für depressive Störungen kommen in Be-tracht:

- Behaviorale Verfahren mit dem Ziel, depressive Kognitionen, die als Folge dysphorischer Gestimmtheit und ih-rerseits als Folge von Verstärkerverlust interpretiert werden, durch Verhal-tensübungen zu beheben.

- Kognitive Verfahren, die durch Verhal-tensaufgaben und -aufzeichnungen die negative Einstellung gegenüber der ei-genen Person, der Umwelt und der Zu-kunft zu konkreteren positiven Aktivitäten in verschiedene Lebensbereiche einleitet, um »verzerrte« Kognitionen und Fehlinterpretationen des eigenen Verhaltens durch adäquate und reale Interpretationen zu ersetzen. Diese Erfahrungen wurden überwiegend an Erwachsenen gewonnen; über die Langzeiteffizienz verhaltenstherapeutischer Behandlung von Kindern und Jugendlichen liegen noch keine abschließenden systematischen Untersuchungen vor.

- Durch den »Selbstkontrollansatz« versucht man, spezifische Defizite in der Selbstbeobachtung, der Selbstbeurteilung und Selbstverstärkung auszugleichen.

Bei *intelligenzgeminderten* Kindern und Jugendlichen muß durch eine intensive *heilpädagogische Behandlung* des Kindes und der Eltern eine familiäre Neuorientierung im Hinblick auf die schulische Leistungssituation und die emotionalen Bedürfnisse des bislang intellektuell überforderten und emotional frustrierten Kindes erreicht werden.

Eine *Wachtherapie* kann bei Jugendlichen und bei älteren Kindern bei den verschiedenen Depressionsformen zu einer Symptombesserung führen, die allein, bei schweren depressiven Erkrankungen aber besonders in Kombination mit einer antidepressiven medikamentösen Behandlung sehr wirksam ist. Der Erfolg einer Wachtherapie gilt als Prädiktor für den Einsatz eines serotonergen Medikaments, etwa Clomipramin (Anafranil).

Erfahrungen mit dem Einsatz von *Antidepressiva* bei Kindern und Jugendlichen stimmen praktisch weitgehend mit denen bei depressiven Erwachsenen überein, wenngleich mehrere Doppelblind-Studien mit trizyklischen und anderen thymoleptischen Substanzen bei Kindern und Jugendlichen zu anderen Ergebnissen kamen. Bei schweren Depressionen ist, besonders bei *Suizidgefährdung*, eine pharmakologische Therapie unbedingt in Erwägung zu ziehen. Antidepressiva sollten Kindern und Jugendlichen auch nicht im Hinblick auf mögliche schädliche Nebenwirkungen vorenthalten werden. Nebenwirkungen müssen auch in der Behandlung somatischer Kinderkrankheiten in Abwägung von Nutzen und Risiko in Kauf genommen werden. Man muß berücksichtigen, daß die depressionslösende Wirkung oft verzögert, manchmal erst nach mehreren Wochen eintritt. Suizidgefährdete Kinder und Jugendliche brauchen deshalb eine kontinuierliche Betreuung, weil die eingeleitete antidepressive Medikation eine akute Suizidgefahr nicht beseitigen kann. In akuten und bedrohlichen Fällen stellt die Einweisung in eine Klinik eine absolute, weil lebensrettende Indikation dar.

Die Wahl des *geeigneten Antidepressivums* richtet sich nach der Zielsymptomatik. Sie erfolgt nach den in der Psychiatrie geltenden Richtlinien, weil eine Entwicklungspsychopharmakologie sich erst im Anfangsstadium befindet. Als Zielsymptomatik gelten psychomotorische Gehemmtheit und Antriebsschwäche, vitaldepressive Verstimmungen und ängstlichpsychomotorische Erregungszustände. Allerdings liegen oft Mischzustände vor. Für den Stellenwert und die Dauer der

Erkrankung, aber auch für die Bedeutung und das Gewicht anderer therapeutischer Maßnahmen, insbesondere aber für die Prognose ist auch die Ursache von Bedeutung. Bei Kindern sind neben den chemischen auch die psychischen Nebenwirkungen besonders zu beachten. Kinder, deren psychische Störungen isoliert und nur medikamentös, nicht aber aufdeckend unter Einbeziehung der Familie behandelt werden, haben eine schlechtere Prognose. Unter den nicht-trizyklischen Antidepressiva haben sich als besonders wirksam und nebenwirkungsarm das Fluoxetin (Fluctin) und Fluvoaxamin (Fevarin) durchgesetzt; leider liegen für das Kindesalter hierüber noch keine aussagekräftigen Studien vor.

Unter den *Phytopharmaka* haben sich besonders das *Johanniskraut* (z. B. Hyperforat, Hypericum, Remotiv) bei leichten bis mittelschweren Depressionen, die Baldrianwurzel (z. B. Valdispert) bei Unruhe, Nervosität und Erregungszuständen, Hopfen und Melisse (als Monosubstanz, keine Fertigarzneimittel) bei Schlafstörungen im Kindes- und Jugendalter bewährt. Das gilt auch für einige Kombinationspräparate (Euvergal, Sedariston). Diese vier pflanzlichen Arzneimittel wurden nach streng wissenschaftlichen Kriterien vom Bundesgesundheitsamt als wirksam bei psychischen Störungen anerkannt; Nebenwirkungen (z. B. Photosensibilität) sind insgesamt selten.

Auch eine *reaktive Depression* kann durch Antidepressiva günstig beeinflußt werden, wenn man als »günstig« das Verschwinden depressiver Symptome bezeichnen will. Erkennt man aber die te-

leologische Bedeutung solcher Symptome als Hilferuf und Notsignal, wird man Psychopharmaka, wenn überhaupt, nur in einer akuten Phase und zeitlich befristet einsetzen. Auch bei neurotischen Depressionen und Dysthymien sollten antidepressive Substanzen nach Möglichkeit nur dann verordnet werden, wenn es sich um schwere Depressionen handelt und/ oder eine Suizidgefährdung vorliegt. Bei ambulanter Behandlung ist es besonders zweckmäßig, die Antidepressiva einschleichend zu dosieren, um die Verträglichkeit zu prüfen und Nebenwirkungen nach Möglichkeit auszuschließen. Bei psychogenen und somatogenen Depressionen ist der antidepressive Effekt nicht immer so zuverlässig und nachhaltig wie bei endogen-phasischen Depressionen.

Die antidepressiven Substanzen werden meistens in Tablettenform gegeben, am besten nach den Mahlzeiten. Da Kinder und Jugendliche manchmal auf Antidepressiva mit stärkeren *Nebenwirkungen* reagieren, sind zu Beginn niedrige Dosen zu empfehlen. Wenn erforderlich, kann die Tagesdosis schrittweise erhöht werden. Wenn die Depression sich gebessert hat, was je nach Art und Schwere der Erkrankung oft erst nach Wochen eintritt, sollte die Tagesdosis allmählich reduziert werden. Schlagartiges Absetzen von selektiven Serotonin-Wiederaufnahmehemmern (SSRI) ist zu vermeiden, um unangenehme Entzugserscheinungen zu umgehen. Bei schweren und chronischen Depressionen im Jugendalter kann eine parenterale antidepressive Infusionsbehandlung zweckmäßig sein.

Bei starker, die depressive Verstimmung

überlagernder und verschlimmernder Begleitsymptomatik ist manchmal eine zeitlich befristete *Zusatzmedikation* erforderlich, z. B. mit Benzodiazepin-Derivaten oder mit einem Betablocker. So kann bei Angst- oder Unruhezuständen die zusätzliche Gabe eines Tranquilizers (z. B. Tavor) nützlich sein. Tranquilizer haben aber keine spezifische antidepressive Wirkung und können Antidepressiva nicht ersetzen oder unterstützen. Zusätzliche Barbituratgaben sind aus verschiedenen Gründen kontraindiziert, sie stimulieren anscheinend die Leberenzyme und beeinträchtigen dadurch die Wirksamkeit der Antidepressiva; sie können sogar eine paradoxe depressiogene Wirkung entfalten. Depressive Kinder und Jugendliche, auch solche mit psychosomatischen Erscheinungen, etwa mit Appetit-, Eß- und Verdauungsstörungen, sprechen manchmal günstig auf Sulpirid (Dogmatil) an. Das gilt generell auch für die MAO-Hemmer der neuen Generation (Aurorix).

Auch das medikamentös behandelte Kind oder der Jugendliche braucht ständige psychotherapeutische oder heilpädagogische Behandlung. Das chronisch depressive Kind erlebt frühzeitig, daß es nicht nur durch sein dysphorisch-moroses Verhalten, sondern auch durch begleitende kognitive Mängel und psychische Beeinträchtigungen eine Sonderstellung einnimmt. Einige Kinder sind aggressivgehemmt mit einer Tendenz zu explosiven Durchbrüchen, andere psychomotorisch hyperaktiv und aggressiv; viele weisen leichtere oder schwerere Intelligenzstörungen oder partielle kognitive Ausfälle (Teilleistungsschwächen) auf, die

zu einer Verstärkung der depressiven Grundstimmung führen können. Durch psycho- und verhaltenstherapeutische Konzepte kann, wenn auch nicht der »organische Kern« der Depression, so doch die sekundär-reaktive Symptomatik beseitigt werden. Pädagogische Hinweise auf die Vielfalt menschlicher Erlebnisreaktionen und auf die Varianten menschlicher Charaktere können solchen Jugendlichen helfen, sich besser zu verstehen und sich vorurteilsfreier anzunehmen. In einer Gruppentherapie können sie erfahren, wie sie auf andere wirken, und versuchen, ihr störendes pessimistisch-resignatives oder agitiert-destruktives Verhalten besser zu kontrollieren. Kognitive Störungen und umschriebene Beeinträchtigungen wie psychomotorische Verlangsamung, perseverative Tendenzen, Konzentrationsschwäche, Teilleistungsstörungen usw. erfordern eine gezielte Therapie. Zur sozialen Feldbereinigung gehört die Feststellung, ob die Intelligenz und die Leistungsfähigkeit dem Schultyp entsprechen oder ob eine Umschulung notwendig ist.

Die Zahl der *Nebenwirkungen* ist bei sorgfältiger Dosierung nicht häufiger als in anderen Lebensaltern. Eine symptomatische medikamentöse Behandlung kommt bei Kleinkindern, Schulkindern und Jugendlichen nur in Betracht, wenn eine psychotherapeutische oder psychagogische Behandlung sich aus unterschiedlichen Gründen nicht durchzuführen ist. Manchmal kann man bei Kleinkindern mit depressiven Verstimmungen durch eine thymoleptische Behandlung mit geringen Dosen überraschende therapeutische Erfolge erzielen. Bei solchen Kindern können sich Schrei- und Wutanfälle ebenso wie Störungen des Schlaf-Wachrhythmus, Appetitverlust und Gewichtsabnahme unter dieser Medikation rasch zurückbilden. Bei jüngeren Kindern genügt manchmal die thymoleptische Behandlung einer depressiven Mutter, um eine depressionslösende Wirkung beim Kind zu erzielen. In anderen Fällen ist eine gezielte antidepressive Therapie des Kindes erforderlich. Antidepressiva, die nicht in kindgerechten Dosierungen und Darreichungsformen (Tropfen, Saft) hergestellt werden, können nur bei älteren Kindern und Jugendlichen eingesetzt werden. Neben der thymoleptischen Therapie sind regelmäßige Elternberatungen sowie psychotherapeutische Behandlungen des Kindes, manchmal auch der Eltern, erforderlich, um die bei Kindern und Jugendlichen keineswegs selbstverständliche »Compliance« zu gewährleisten.

Die *Prognose* der weiteren Entwicklung von Kindern mit langdauernden, rezidivierenden oder fluktuierenden depressiven Störungen ist relativ ungünstig. Das bestätigen selbst solche Autoren, die den Standpunkt vertreten, daß die frühe Kindheit eine gegen Langzeitwirkungen von Umwelteinflüssen relativ resistente Periode darstellt, auch im Hinblick auf depressive Entwicklungen. Ernst und von Luckner (1985) konnten jedoch mit ihren kritischen Katamnesen des Meierhofer-Samples aufzeigen, daß anhaltend schlechte Kindheitsbedingungen eine Disposition für spätere depressive Störungen schaffen. Die früher häufig geäußerte

Ansicht, daß depressive Syndrome in diesem Entwicklungsabschnitt häufig Vor- und Frühformen affektiver Psychosen darstellten, ließ sich jedoch bislang nicht bestätigen.

Nachuntersuchungen bei Kindern mit mittel- und schwergradigen Depressionen (n = 108; Nissen 1971a) nach zehn Jahren ergaben, daß bei den meisten Kindern keine eindeutige Beschwerdefreiheit bestand. Über die Hälfte litt nach wie vor an depressiven oder an anderen emotionalen Störungen. Drei frühere Patienten hatten Suizid begangen. Fast 10 % waren später an einer Schizophrenie erkrankt. Nur 14 % wiesen eine unauffällige Weiterentwicklung auf. Diese Ergebnisse decken sich weitgehend mit einer späteren Studie von Zeitlin (1986), der vergleichbare Zahlen (80 % persistierende Störungen) ermittelte, und mit einer Untersuchung von Birmaher et al. (1996). Diese Autoren kamen nach einer Durchsicht der Literatur der letzten 10 Jahre zu dem Ergebnis, daß früh beginnende Dysthymien und Depressionen eine schlechte Prognose haben. Prospektive Langzeitstudien (Kovacs et al. 1984) zeigten eine hohe Rückfallrate für nicht-psychotische Depressionen und affektive Psychosen bei Kindern und Jugendlichen. Dahl (1971) untersuchte nach 20 Jahren 212 Kinder und stellte fest, daß bis zu diesem Zeitpunkt in keinem Fall eine manisch-depressive Erkrankung aufgetreten war. Bei vielen katamnestischen Studien mit günstigen Ausgängen waren die Katamnesenabstände im Hinblick auf den relativ späten Hauptmanifestationsgipfel der affektiven Erkrankungen zu kurz bemessen.

Da *Prophylaxe* und *Prävention* auf Früherkennung und Frühbehandlung angewiesen sind, ist die Kindheit der Lebensabschnitt, in dem die Depression am ehesten und erfolgreichsten bekämpft und behandelt werden kann. Allerdings fehlen dazu noch wesentliche Voraussetzungen. Das Wissen über eine frühzeitige Prävention ist sehr gering. Sie richtet sich nach den Ursachen, die aber oft nicht überzeugend ermittelt werden können. Für die Verhütung spielen zwar die nächsten Bezugspersonen eine wichtige Rolle, aber der genetische Hintergrund darf nicht außer acht gelassen werden. Die Prophylaxe somatogener Verstimmungszustände steht in engem Zusammenhang mit dem Schwangerschafts- und Geburtsverlauf. In der Kindheit Erwachsener, die später an mono- oder bipolaren Depressionen (F34) erkrankten, sind oft keine depressiven Störungen nachzuweisen; nach Tellenbach (1983) zeigten sie als Kinder sogar oft eine »pathologische Normalität«.

4.4 Zwangsstörungen

Ein pedantisches Kind, ein perfektionistischer Jugendlicher oder ein rigider Erwachsener müssen nicht zwangskrank sein. Zur Zwangserkrankung gehört ein *Leidensdruck* und die Unfähigkeit, Zwänge zu unterbinden. So sehr für Kinder ein gewisses Maß an Ordnung und Disziplin für die Schule und später für den Beruf notwendige Voraussetzungen sind, so sehr führen maligne Zwangsstörungen in einen Teufelskreis, aus dem sie sich allein und auch mit fremder Hilfe

nur schwer befreien können. Manchmal ist bereits bei der ersten ärztlichen Vorstellung eine so weitgehende Einengung ihres Lebenskreises eingetreten, daß sie ganztägig bettlägerig sind und ihr Aktionsraum auf das Schlaf- und Badezimmer beschränkt ist. Manchmal bildet sich eine tyrannische Kontrolle des Kranken über die gesamte Familie aus. Nicht selten werden Eltern in seine *Rituale* eingebunden, und die Eltern und das Kind kontrollieren sich gegenseitig.

Pathologische Zwangsstörungen im Kindes- und Jugendalter sind dadurch charakterisiert, daß sie zwingend und unabweisbar ins Bewußtsein treten und den normalen Denk- und Handlungsablauf durch Zwangsvorstellungen oder Zwangshandlungen erheblich hemmen und beeinträchtigen, obgleich sie als abnorm und fremdartig erkannt und abgelehnt werden. Die Meinung, daß Zwangsstörungen bei Kindern wie passagere psychogene Tic-Erscheinungen nur vorübergehend auftreten und sich spontan zurückbilden, ist ebenso falsch wie die Ansicht, daß sie nur der Ausdruck von Schul- und Erziehungsproblemen seien. Form und Inhalt der Zwangserscheinungen können zu einer ursächlichen Klärung nur wenig beitragen. Isolierte Zwangsbefürchtungen, Zwangsgedanken und Zwangshandlungen bilden bei Kindern nicht selten die Basis für eine generalisierte Zwangserkrankung, die auch zu Deformierungen der Persönlichkeitsentwicklung und zu anankastischen Persönlichkeitsstörungen führen kann.

Einfache, unsystematisierte und randständige drang- und zwangähnliche

Denk- und Handlungsabläufe von begrenzter Zeitdauer sind auch bei gesunden Kindern aller Altersstufen nicht selten anzutreffen. Die gewohnheitsmäßige
Verwendung modischer oder tabuierter
Wörter oder stereotyper Redewendun-
gen, das endlose und gleichförmige Wiederholen von Melodie- und Schlagerfet-
zen, das dranghafte Zählen und Berühren
oder das immer erneute Repetieren von
Unarten oder strafbedrohten Übertretungen gehören genauso wie die pedantische
Befolgung selbst auferlegter Ge- und Verbote oder eine vorübergehende zwanghafte Selbstkontrolle zu den abortiven
Zwangsimpulsen auch des gesunden Kindes und des Erwachsenen.

Die Annahme, daß Zwangserkrankungen bei Kindern nicht auftreten, galt früher auch für andere psychische Störungen
des Entwicklungsalters. Sie wurde für
Zwangsphänomene erst im 19. Jahrhundert zögernd revidiert. Emminghaus
(1887) bestätigte, daß sie eindeutig bei
älteren Kindern vorkommen. Bei jüngeren
Kindern mit »albernen Gewohnheiten«
und »Faxen«, die sie »ausführen müssen«,
könnten sie nur vermutet werden, weil bei
ihnen das innere Geschehen »noch weit
außerhalb der gemeinen Deutlichkeit der
Dinge« liege. Unter den *Zwangsvorstellungen* führt er besonders die Berührungs-
furcht (Furcht vor Schmutz), die Grübelsucht (religiöse Probleme) und die
Zweifelsucht (»rapides Schwanken der Gedanken«) an. Impulsive Zwangsvorstellungen könnten sich theoretisch (in Gedanken) und praktisch (in Handlungen)
umsetzen. Ursächlich kämen Zwangsvorstellungen besonders häufig bei neuropa-

thischen und dysthymen Kindern und
Kindern belasteter Eltern vor. Er vermu-
tete, daß Zwangsvorstellungen durch eine
»Reizung bestimmter Ganglienzellen-
Gruppen« oder »einzelner Rindenterrito-
rien« oder durch »diffuse Erregungen der
Corticalsubstanz« verursacht würden.

Friedrich Scholz (1891), ein bedeuten-
der Pionier der Kinder- und Jugendpsychiatrie, beschrieb mit der nachstehenden Darstellung nicht nur Denk- und
Handlungszwänge bei einem zwanghaften Kind, sondern lieferte auch einen ersten therapeutischen Ansatz für eine Behandlung: »Es gibt Kinder, die ihre Kleider beim Zubettgehen auf das peinlichste
ordnen und zurechtlegen, so daß sie jedes
Stück im Finstern greifen können, die
aber am anderen Morgen außer sich geraten, wenn die Stiefel verkehrt, etwa der
rechte nach links und umgekehrt oder mit
den Spitzen auf das Bett zu stehen. Ihre
Bücher stellen sie nicht bloß an den
bestimmten Platz, sondern es wird auch
darauf gesehen, daß sie ja in Reih und
Glied stehen und daß eines nicht etwa um
einen Zentimeter mit dem Rücken vor
dem anderen hervorragt. Als Schüler
hatte ich einen Kameraden, der die un-
schöne Gewohnheit hatte, beim Spazie-
rengehen jedesmal zwischen« zwei Chaus-
seebäumen auszuspucken. Er könne nicht
anders, sagte er. Er empfinde einen Anreiz, zu versuchen, ob er genau die Mitte
treffen würde. Dies nähert sich schon der
Krankheit. Doch ist mein Freund später
ein tüchtiger Mann geworden und spuckt
auch jetzt nicht mehr in die Mitte.« Im
übrigen solle man gegenüber diesem Verhalten, das äußerlich oft gar nicht »als

Auswuchs« zu erkennen sei, sondern eher gern gesehen werde, nicht allzu bedenklich sein. »Das Leben, welches so manches in und außer Fasson bringt, wird auch den kleinen Pedanten schon zurechtrükken.« Aber wenn die Pedanterie zur Unart gegen andere werde, müsse man ihr »mit Strenge« begegnen. Im Hinblick darauf müsse »in der Erziehung auf mechanische Fähigkeiten, die das Augenmaß zu stärken geeignet sind, wie Schreiben und namentlich Zeichnen und Handarbeiten aller Art, großer Wert gelegt« werden. Erst sehr viel später, im Zusammenhang mit der Bedeutung gehemmter motorischer Bewegungsmuster wurde erkannt, daß motorische »Ungeschicklichkeit«, besonders aber ungeeignete pädagogische Maßnahmen und motorische Dressate die Entwicklung von Zwangssymptomen begünstigen können.

Der Kinderpsychiater August Homburger (1926) widerlegte wohl als erster die in der klassischen Definition von Westphal (1877) enthaltene Feststellung, daß »Gefühle und affektbetonte Erlebnisse« für das Gefüge und die Äußerungen von Zwangsvorstellungskranken keine Rolle spielen. Mit zahlreichen kasuistischen Beispielen zwangskranker Kinder und Jugendlicher belegte er, daß Zwangsstörungen fast regelmäßig mit Angst, Furcht und Depressionen kombiniert auftreten und Tic-Erscheinungen sowohl in der Vorgeschichte als auch später nicht selten damit zusammenhängen.

4.4.1 Definition

Bewußte seelische Vorgänge werden bei gesunden Kindern und Jugendlichen im allgemeinen als sinnvoll, ableitbar und ich-gerecht erlebt, jedenfalls nicht als aufdiktiert, erzwungen oder persönlichkeitsfremd. Aber schon im Kindes- und Jugendalter können pathologische Zwänge diktatorisch, unabweisbar und absolut zwingend ins Bewußtsein treten, obgleich sie als abnorm und fremdartig erkannt und abgelehnt werden. Zwangsgedanken sind Ideen, Vorstellungen oder Impulse, mit denen sich ein Kind unablässig beschäftigen kann; Zwangshandlungen äußern sich in ständig wiederholten *psychomotorischen Stereotypien*. Beide unterbrechen den normalen Denk- und Handlungsfluß und fordern mit tyrannischer Penetranz striktes Befolgen imperativer obsessiver Gedanken und kompulsiver Handlungen. Da gleichzeitig alles unsicher scheint, muß alles permanent überprüft und kontrolliert werden. Dementsprechend stehen neben der Angst Zweifel und Ambivalenz im Mittelpunkt des magischen Erlebens. Die pedantische Befolgung von Zwangsritualen wie stundenlanges Waschen und Duschen, das endlose Repetieren von Bewegungen und Berührungen, von Flüchen, Gelübden und von vermeintlich neutralisierenden »Gegenvorstellungen« dienen der Vermeidung der damit verbundenen allgegenwärtigen Angst. Zwänge sind aus dieser Sicht als Versuche zu verstehen, die Angst zu verschieben, zu binden und in »kleine Pakete« zu verschnüren.

Nach der ICD-10 F40 sind wesentliche Kennzeichen einer Zwangsstörung ständig wiederkehrende, quälende Zwangsgedanken oder Zwangshandlungen. Unter F42.0 werden »vorwiegend Zwangsgedanken oder Grübelzwänge« registriert, häufig verbunden mit einer Unfähigkeit, einfache Entscheidungen zu treffen. F42.1 bezeichnet »vorwiegend Zwangshandlungen (Zwangsrituale)«, die sich auf Reinlichkeit (besonders Händewaschen) und auf Kontrollen von Ordnung und Sauberkeit« beziehen. Ferner, unter F42.2 »Zwangsgedanken und -handlungen gemischt«, unter F42.8 »Sonstige Zwangsstörungen« und unter F42.9 »Zwangsstörungen nicht näher bezeichnet«. Nach der ICD gelten bei Erwachsenen als Merkmale für diese Diagnose mindestens zwei

Wochen lang quälende und die normalen Aktivitäten störende Zwangsgedanken oder Zwangshandlungen. Die Zwangskrankheit tritt bei Frauen und bei Männern in etwa gleicher Häufigkeit auf. Der Krankheitsbeginn liegt meist in der Kindheit oder im Jugendalter.

Als Merkmale für die Diagnose eines Gedanken- oder Handlungszwanges gelten:

a) Sie müssen als eigene Gedanken oder Impulse erkennbar sein;

b) mindestens einem Gedanken oder einer Handlung sollte, wenn auch er-

Tab. 4.7   Alters- und entwicklungsabhängige Inhalte der Zwangssymptome bei Kindern und Jugendlichen (schematisch nach: Nissen 1971 a,b, 1978, 1995; Last et al. 1987, Flament et al. 1985; Betz 1986; Knölker 1987)

Zwangsgedanken	**Handlungszwänge**
Kleinkinder und Vorschulkinder	
Einschlafzeremonielle, Kontrolle Märchen- und Geschichtendetails, Ablehnung und/oder Festlegung auf bestimmte Speisen, »Immer-dasselbe-denken-müssen«	Zwänge: Ankleide- Bade- und Eßgewohnheiten, Zähneputzen, immer Waschen, Sammeltics, stereotype Körperbewegungen (z.B. Tasse mehrfach aufsetzen, Tür mehrfach schließen), Berührungen wiederholen (z.B. Tisch klopfen)
jüngere Schulkinder	
Reißverschlüsse, Knöpfe, u.a. meiden, Autonummern Quersummen ziehen, Gitterstäbe zählen, Fugen auf Bürgersteigen meiden, Schulsachen ständig kontrollieren, ständig Angst vor Unfällen, Krankheiten, Tod der Eltern	Grimassieren, Tics, Insekten, Käfer nicht zertreten, Anfassen und Berührungen ständig wiederholen, obszöne Schimpfwörter, Fluchen, Gegenstände nur mit Taschentuch (Bakterien) anfassen, Bewegungen repetieren, exzessives Waschen, Duschen
ältere Schulkinder und Jugendliche	
Magisches Denken (»heilige« und »böse« Zahlen), verbotene Gedanken, Masturbationsskrupel, Zwangsgelübde, Betzwang, Angst vor Vergiftungen, Seuchen, AIDS, Unfällen, Tod der Eltern	Türen, Wasserhähne, Briefe kontrollieren, genitale Hantierungen (mehrere Unterhosen), tyrannisches Verhalten: ständige Anwesenheit der Eltern fordern; stundenlanges Waschen, Baden, Duschen, im Bad einschließen

folglos, noch Widerstand geleistet werden;

c) der Gedanke oder die Handlung selbst wird als nicht angenehm erlebt;

d) die Gedanken, Vorstellungen oder Impulse müssen sich in unangenehmer Weise wiederholen.

Bei der unter ICD-10 F60.5 bezeichneten »anankastischen Persönlichkeitsstörung« (vgl. S. 406) handelt es sich um eine Persönlichkeitsstörung, die durch Zweifel, Perfektionismus, übertriebene Gewissenhaftigkeit, ständige Kontrollen, Vorsicht und Starrheit gekennzeichnet ist.

4.4.2 Epidemiologie

Die Häufigkeit anankastischer Störungen liegt in der Allgemeinbevölkerung bei 3–6 % (Rapoport 1989, Nestadt et al.1994, Weisman et al. 1994). Im Kindes- und Jugendalter beträgt sie 0,5–3 % (Judd 1965, Knölker 1987) und gehört damit zu den nicht seltenen psychischen Störungen bei jungen Menschen. Etwa ein Drittel der Fälle erkrankt vor dem 15. Lebensjahr; über 65 % bestehen (Herrmann und Herrmann 1995, Wewetzer et al. 1999) bereits in der Adoleszenz. Dabei ist jedoch zu berücksichtigen, daß ihre *Erkennung* manchmal schwierig ist, weil ein fließender Übergang von fixierten Gewohnheiten zu Zwängen besteht. Die Zwangsstörung wird deshalb manchmal auch als »heimliche Krankheit« bezeichnet. Statistische Erhebungen ergaben teilweise (Rapoport 1989, Knölker 1987) ein Überwiegen der männlichen Jugendlichen und Kinder. Einige Autoren fanden Hinweise darauf, daß im Kindesalter der Waschzwang häufiger bei Jungen (Harbauer 1969) und Zwangszählen vermehrt bei Mädchen (Betz 1986) vorkommt. Sie gelangen dabei zu einem anderen Ergebnis als in der ICD-10 F42, wonach bei Erwachsenen keine Geschlechtsunterschiede bestehen.

4.4.3 Symptomatik

Zwangsstörungen werden unterschieden in Zwangsgedanken (Obsessionen) und Zwangshandlungen (Kompulsionen). Zwangshandlungen werden bedeutend häufiger als Zwangsgedanken registriert. Aber Zwangshandlungen ohne initiale Zwangsgedanken und, ebenso, Zwangsgedanken ohne assoziierte Zwangshandlungen sind selten. Selbst dann, wenn Zwangshandlungen scheinbar isoliert und automatisch ablaufen, bilden Zwangsgedanken eine ursächliche, zumindest auslösende Rolle. Multiple Denk- und Handlungszwänge sind also eher die Regel.

Tab. 4.8 Häufig vorkommende Zwangsgedanken und einige häufig vorkommende Inhalte

---

Zwangsbefürchtungen
(Furcht vor Bakterien und Viren, vor dem Tod, vor Selbstmord und Mord)

umschriebene Zwangsvorstellungen
(obszöne und blasphemische Gedanken)

Zwangsgelübde und Rückversicherungszwänge
(»wenn *dies* geschieht, verspreche ich *das*«)

Zwangsfluchen und -schimpfen
(obszöne Ausdrücke gegen die Eltern, ambivalente verbale Kontaminationen)

Zwangsstörungen, sowohl in Form imperativer Zwangsgedanken als auch von zwingend und unabweisbar empfundenen Zwangsbefürchtungen und als abnorm und unsinnig erkannte, aber nicht abwehrbare Zwangshandlungen sind außerordentlich mannigfaltig und lassen sich nicht erschöpfend beschreiben. Sie treten in unterschiedlichen Mischformen auf. Die Kinder und Jugendlichen sind unfähig, tägliche Pflichten zu erfüllen und lebenswichtige Entscheidungen zu treffen. Im Zusammenhang mit sterotyp wiederkehrenden Zwangsgedanken und Zwangshandlungen steht eine zunehmende Einengung des Aktionskreises, die in schweren Fällen zu einem vollständigen Rückzug mit Bettlägerigkeit, Schul- und Berufsunfähigkeit führen kann. Die Patienten empfinden ihre Situation als aussichtslos und sind verzweifelt. Weinkrämpfe, Schreianfälle, ein widersetzliches und tyrannisch-aggressives Verhalten gegenüber den Eltern, Schulverweigerung und autoaggressive (suizidale) Handlungen führen schließlich zu stationärer Einweisung.

Zwangsgedanken (Obsessionen) äußern sich als Grübelsucht, als Denk- oder Wiederholungszwänge, als Beziehungsideen und umschriebene Zwangsvorstellungen (obszöne Ausdrücke, blasphemische und widersprüchliche Gedanken: »Saugott«) oder als Zwangsgelübde (»wenn dies geschieht, verspreche ich das«). Unter den Zwangsgedanken nehmen die Zwangsbefürchtungen, die sich nicht immer sicher von Phobien abtrennen lassen, einen besonderen Platz ein: Furcht vor Schmutz, Bakterien, AIDS, Krebs, vor Erkrankung

der Eltern und Geschwister, Furcht vor dem Tod und Furcht, sich selbst oder einen anderen töten zu müssen, Tiere zu zertreten usw. Schon hinter dem Kontroll-, dem Wasch- und dem Zählzwang steht die Befürchtung, es könne ein konkretes oder unbestimmtes Unglück oder Unheil eintreten, wenn eine Handlung unterlassen oder nicht in richtiger Reihenfolge korrekt ausgeführt werde. Der *phobische Vermeidungscharakter* dieser Phänomene macht es verständlich, daß Begriffe wie Phobie und Zwangsbefürchtung teilweise austauschbar angewandt werden; manchmal handelt es sich nur um einen anderen Aspekt des gleichen Vorgangs. Bei der Erythrophobie handelt es sich nicht um eine phobische Reaktion, sondern um die Zwangsbefürchtung, erröten zu müssen. Das gilt auch für die fälschlich als »Schulphobie« bezeichnete Furcht, die Mutter verlassen zu müssen.

Den *Zwangshandlungen* (Kompulsionen) geht im allgemeinen eine darauf gerichtete Zwangsvorstellung voraus. Die häufigsten Zwangshandlungen sind Zwangsrituale (Beicht- und Betzwänge, Zwangsgelübde), Wasch- und Duschzwänge (stundenlanges Einschließen in Bad und Toilette, »Pflege« des Geschlechtsteiles, »Richten des Gliedes«), Kontrollzwänge (Fenster, Türen, Schulsachen), Wiederholungszwänge (Türen auf- und zumachen, Kleider an- und ausziehen), Ordnungszwänge (pedantische Schreibtisch-, Schulmappen- und Kleiderordnung), Berührungszwänge (Berühren von Wänden, Türen, Möbeln, Kanten, Abtasten des Körpers), Zählzwänge (zwanghaftes Addieren, Dividieren, manchmal mit »Orakelfunktion«), zwanghaftes Überschreiben (Nachfahren von Buchstaben, Repetieren erledigter Schularbeiten), Sammelzwang (auch Sammeln von Unrat: auf der Straße weggeworfenes Papier, Zigarettenstummel, Konservendosen usw.).

Kinder und Jugendliche mit einem Ordnungszwang entwickeln pedantische Korrektheit, übertriebene Genauigkeit

Tab. 4.9 Häufige alterstypische Zwangshandlungen (Wiederholungs-, Ordnungs-, Sammel- Berührungszwänge usw.)

Wasch- und Duschzwänge (stundenlanges Einschließen in Bad und Toilette)
Zwangsrituale (Bet- und Beichtzwänge, »Pflege« des Geschlechtsteiles, »Richten« des Gliedes)
Kontroll- und Wiederholungszwänge (Fenster und Türen, Gas- und Wasserhähne, An- und Ausziehen)
Ordnungszwänge (Kontrollieren von Schulheften, Briefen, Schlössern)
Berührungszwänge (Wände, Möbel, Kanten, sich selbst)
Zählzwänge (Addieren, Subtrahieren, Quersumme von Autonummern, mit und ohne Orakelfunktion)
Vermeidungsängste (Ritzen auf Gehsteigen, Insekten zu zertreten)
Zwanghaftes Überschreiben (Nachfahren von Buchstaben, Repetieren von Schularbeiten)
Sammelzwang (auch von Unrat und Schmutz, Papier, Zigarettenstummel).

und peinliche Sauberkeit bei der Ausführung täglicher Verrichtungen. Sie werden zusätzlich durch besondere Kontrollzwänge innerhalb eines umschriebenen Bereiches (»Verschiebung auf ein Kleinstes«) überwacht. Der Tagesablauf wird bereits am Vorabend präzise festgelegt und muß genau eingehalten werden. Die Kleidung wird mehrfach sorgfältig überprüft; die Fingernägel, die Haare usw. werden mehrfach kontrolliert und korrigiert. Der Inhalt der Schul- und Federtaschen wird zwanghaft auf Vollständigkeit überprüft. In der Schule teilen diese Kinder die Größe ihrer Tischfläche zentimetergenau ab. Die Schreibutensilien haben auf dem Tisch einen festen Platz. Wenn ihre Tischnachbarn etwas mehr Platz beanspruchen oder Unordnung in ihre Schreibutensilien bringen, reagieren sie mit Angst und Unruhe. Bei älteren Kindern und Jugendlichen werden solche Kontroll- und Sicherungsmaßnahmen zunehmend häufiger beobachtet: In Kleiderschränken werden die Abstände zwischen den Kleiderbügeln gemessen; bereits verschlossene Briefumschläge werden geöffnet und nochmals auf die Richtigkeit der Adressaten geprüft; beim Verlassen der Wohnung sind mehrfache Kontrollen von Fenstern und Türen und von Gas- und Wasserhähnen zwingend notwendig.

Der *Waschzwang* älterer Kinder und Jugendlicher unterbricht mit unwiderstehlicher Penetranz den Tagesablauf vieler zwangskranker Jugendlicher und Erwachsener; er wird bei jüngeren Kindern seltener beobachtet. Bestimmte Körperteile, besonders die Hände, müssen ohne Rücksicht auf die äußeren Umstände in einer bestimmten Reihenfolge und unter Einhaltung eines individuell ausgestalteten Rituals manchmal mehrfach gesäubert werden. Die Ursache eines chronischen Ekzems an den Händen, ein Waschzwang, wird nicht ganz selten erst nach langwierigen, erfolglosen Behandlungsversuchen erkannt.

Fallbeispiel: Ein 12jähriger, immer sehr braver, folgsamer, ordentlicher, zuverlässiger, aber auch ängstlicher Junge, der sich penibel und pedantisch verhält, entwickelt im Zusammenhang mit dem Sexualkundeunterricht starke Ängste vor Geschlechtskrankheiten. Er befürchtet, sich gegen Gott zu versündigen, und glaubt sich im Stand der Todsünde. Er sei viel schlechter, als der Pfarrer wissen könne, und gehe deshalb nicht zur Beichte. Er sträube sich, früh einzuschlafen, weil er Angst habe,

daß ihm im Schlaf etwas passieren könne. Er wäscht sich 50–60mal täglich die Hände. Die Mutter litt als Kind unter schweren Angstzuständen, auch ihr Vater sei ängstlich und lebensuntüchtig gewesen. Der Vater des Jungen ist gehemmt, scheu und zurückhaltend. Nach relativ kurzer Gesprächs- und Verhaltenstherapie bildeten sich die quälenden Symptome bei dem Jungen, der außerordentlich intelligent ist, relativ rasch zurück, erforderten aber nach einiger Zeit eine erneute Therapie.

Beim *Zählzwang* werden einfache oder komplizierte Rechenoperationen ausgeführt, oder es werden Gegenstände wie Stuhlbeine, Zimmerblumen, Heizungsrippen zusammengezählt, wobei oft gerade oder ungerade Endsummen oder deren Teilbarkeit durch bestimmte Zahlen eine besondere Bedeutung haben.

Abb. 4.8 Extrem häufiges Waschen der Hände und anderer Körperteile und stundenlanges Duschen treten in allen Lebensaltern auf und gehören zu den häufigsten Zwangshandlungen überhaupt (Friese und Friese, 1995)

Fallbeispiele: Ein 15jähriger Junge mit einer schweren Lernstörung zählte beim Gehen die Trittplatten und Plattenritzen des Bürgersteiges und machte seine schulischen Hoffnungen und Entscheidungen davon abhängig, ob er an der Straßenecke mit einer durch drei teilbaren Zahl ankam oder nicht.

Ein 16jähriger zwanghafter exhibitionistischer Jugendlicher addierte bei Spaziergängen regelmäßig die Quersummen der Autonummern; gerade Zahlen hatten eine positive, ungerade eine negative Bedeutung; bei ihm lag außerdem ein starker Kontrollzwang vor.

Entwicklungsabhängige Symptomatik

Bis heute gibt es nur wenige auf das Lebens- und Entwicklungsalter bezogene diagnostische Ansätze für anankastische Störungen. Ähnlich wie bei den anderen emotionalen Störungen dieses Lebensabschnitts können wegen des raschen Entwicklungsablaufs vom Kleinkind- bis zum Jugendalter keine verläßlichen schematischen Festlegungen getroffen werden. Diese Störungen stehen jedoch in einem unauflöslichen Zusammenhang mit der individuellen kognitiven und emotionalen Entwicklung des einzelnen Kindes.

Im *Kleinkindalter* entspricht die Symptomatik im wesentlichen dem vegetativ-emotionalen Entwicklungsstand dieses Lebensabschnittes. Es finden sich vorwiegend psychosomatisch ausgerichtete Denk- und Handlungszwänge. Sie kreisen um das körperliche Wohlbefinden, um Essen, Schlafen, Sauberkeit und um Wiederholungen und Kontrollen. Der Wiener Pädiater Hamburger (1939) wies darauf hin, daß »... in keinem Lebensalter die Menschen so pedantisch sind wie in den ersten Lebensjahren«. Aber es ist in diesem Lebensalter manchmal schwierig, passagere Fixierungen und verfestigte Gewohnheiten von beginnenden Zwangsstörungen abzugrenzen. Einige dieser phasenspezifischen Verhaltensweisen erfüllen ursprünglich wichtige Bedürfnisse, etwa Einschlafrituale (geöffnete Kinderzimmertür, »Licht brennen lassen«, »ein Glas Wasser« usw.), die die Bewältigung von Trennungsängsten erleichtern. Es gibt aber schon Säuglinge und Kleinkinder, die ein starkes Bedürfnis nach strikter Einhaltung von Regeln haben, etwa der Säugling, der nur trinkt, wenn er reflektorisch einen bestimmten Finger der Mutter umklammert hat, sich an ihrer Kleidung festhält, oder das Kleinkind, das auf eine konsequente Einhaltung der Reihenfolge beim Waschen (erst das Gesicht, dann die Hände, dann die Zähne) oder beim An- und Auskleiden achtet. Viele gesunde Kinder kontrollieren Märchen und Geschichten pedantisch darauf, ob die Wort- und Satzfolge mit der früherer Erzählungen identisch ist; manche reagieren sehr kritisch auf Abweichungen und fordern Verbesserungen. Solche verfestigten Gewohnheiten bilden sich überwiegend spontan zurück. Sie sind nur selten Vorboten einer echten Zwangserkrankung.

Im *Schulalter*, manchmal aber schon im Vorschulalter, in der Zeit der motorischen Integration (anale Phase), finden sich bereits angedeutete ritualisierte Eß- und

Waschgewohnheiten, Ansätze zur Entwicklung von An- und Auskleidezeremonien und zum Beharren auf bestimmten Gewohnheiten. Diese sich allmählich verfestigenden Gewohnheiten bedürfen manchmal offenbar nur einer ständigen Bestätigung der Eltern, um sich endgültig zu fixieren. Kinder dieser Altersstufe haben ein starkes Bedürfnis zu minuziösen Wiederholungen festgelegter Muster, sie korrigieren die Erwachsenen und zeigen ihnen, wie es »richtig« ist. Ein pedantisches Kind wacht peinlich darüber, daß beim abendlichen Auskleiden und Waschen alles der Reihe nach geschieht und das Zu-Bett-Gehen, der Abschiedskuß, das Gebet usw. in gewohnter Weise vor sich gehen. Es versucht sich mit der Drohung zu behaupten, daß es sonst nicht schlafen könne. Schwere Zwangssyndrome im Kindesalter werden dennoch vor dem 10. Lebensjahr selten beobachtet, weil zu ihrer Etablierung ein gewisses Maß an kognitiver Differenzierung erforderlich ist.

Fallbeispiel: Ein fünfjähriger, lebhafter und intellektuell gut begabter Junge mit einer übergewissenhaften, überordentlichen Mutter wohnte in sehr engen räumlichen Verhältnissen im Hause der chronisch kranken, immer ruhebedürftigen Großmutter. Dieser Junge erregte im Kindergarten den Unwillen der Erzieherinnen dadurch, daß er sie oder eine gelegentliche Stille durch laute »Ruhe«-Rufe unterbrach oder laute Pfeiftöne von sich gab. Es wurde ihm streng verboten. Nachdem er einmal deswegen nach Hause geschickt worden war, meldete er sich in einer solchen Drangsituation mit der höflichen Bitte, »nur einmal wieder flöten« zu dürfen: »Dann ist es wieder gut.«

Protestreaktionen gegen häusliche Überforderungen und unmäßige motorische Einengungen, die sich in Übungsstereotypien und Repetitionszwängen ausdrücken, gehören bis zu einem gewissen Grade noch zur normalen Entwicklung und berechtigen nicht ohne weiteres zur Annahme einer Präformierung einer Zwangsneurose. Allerdings kann man manchmal schon hier Koppelungen von Drang, Angst und Unlust erkennen, die durch Abfuhr beseitigt oder gebannt werden sollen.

Bei *Kindern* treten bereits systematische Denkzwänge auf wie Zählen, Vermeiden, Überschreiben, Kontrollieren und frühe Zwangsbefürchtungen. Bei den Zwangshandlungen sind es neben motorischen Stereotypien (Tics, Schimpfen, Fluchen) erstmals die in allen Altersgruppen verbreiteten Wasch- und Duschzwänge.

Im späteren *Schul- und im Jugendalter* zeigen die Zwangsinhalte einerseits eine immer deutlicher werdende mentale Differenzierung, Ängste vor lebensbedrohlichen Unfällen, Krankheiten und Tod, andererseits wird die Pubertätsproblematik (obszöne Gedanken und Masturbationsskrupel) prononciert in Zwängen ausgedrückt. Angst vor Verschmutzung, vor Ansteckungen und Vergiftungen treten verstärkt auf, aber auch Versündigungsideen und Reifungsängste. Zwangsgedanken in Richtung Mord, Selbstmord, überhaupt Todesbefürchtungen sind häufig. Dementsprechend entwickeln sich oft komplizierte Vermeidungs- und Kontrollzwänge, die, in magische Vorstellungen eingekleidet, auf Laien manchmal den Eindruck der

Abb. 4.9 Im Mittelpunkt dieses Bildes des elfjährigen Jungen steht er selbst, gepanzert, mit herabgelassenem Visier in einer sicheren Zelle eingeschlossen, während sich draußen Explosionen ereignen. In der Schule fällt der überdurchschnittlich begabte Junge durch ein extrem stereotypes und perfektionistisches Verhalten auf. Er streicht jedes dritte bis vierte korrekt geschriebene Wort durch und schreibt es neu darüber. Auf dem Schulhof trippelt er auf der Stelle und legt seinen Weg ohne Grund mehrfach zurück. Zu Hause wäscht er sich stundenlang die Hände.

»Verrücktheit« im Sinne einer Psychose entstehen lassen, obgleich davon keine Rede sein kann.

Fallbeispiel: Ein 15jähriger Junge entwickelt eine sich immer mehr ausbreitende Bazillophobie, er öffnet Türen nur mit Papiertaschentüchern und faßt schließlich außerhalb seines Zimmers Gegenstände nur noch mit Gummihandschuhen an. Er hält sich stundenlang im Badezimmer auf, putzt sich zweimal täglich 50 Minuten die Zähne und wäscht 40–50mal seine Hände. Wegen eines Händeekzems kommt er über den Hautarzt in die Klinik. Er hat inzwischen heftige Aggressionen gegen seine alkoholabhängigen Eltern entwickelt, er wirft mit Äpfeln, Bügeleisen und Rasierapparat nach dem Vater, läßt einen Tauchsieder im Abfalleimer schmoren. Er zündelt mit Klorollen, steckt Vorhänge und schließlich im Keller Tapetenrollen in Brand, wodurch erheblicher Schaden entstand.

Manchmal entwickeln sich schon bei Kindern, verstärkt aber erst im Jugend- und Erwachsenenalter, einseitige und extreme sammlerische Interessen. Ein solcher *Sammelzwang*, Sammeltic, kann sich auf alle möglichen Gegenstände erstrekken, in abstrus anmutenden Fällen auf Schachteln, Papier, Zigarettenkippen, Papiertaschentücher usw., die auf der Straße aufgelesen und zu Hause in Kartons und Schränken, auf dem Dachboden oder im Keller verstaut und überwacht werden.

Bei anankastischen Jugendlichen und Erwachsenen führt ein pathologischer Sammelzwang zum Anhäufen von Gegenständen in Kellern und Bodenräumen, manchmal zum Anmieten zusätzlicher

Abb. 4.10 Siebzehnjähriger Gymnasiast (bester Schüler der Klasse) mit schweren Arbeits-, Kontroll- und Wiederholungszwängen (8 bis 10 Stunden braucht er für Hausaufgaben) malt sein »völlig überlastetes Gehirn«. In der Schule und zu Hause müsse er Aufgaben immer wieder kontrollieren und oft neu schreiben. Er duscht und wäscht sich mehrfach täglich, kontrolliert Gashähne und Lichtschalter. Als Kleinkind hatte er Trennungsängste. Mit 10 Jahren, berichtete er, habe er »absolut vollkommen« werden wollen. Wenn er etwas falsch mache, werde er wütend und sei verzweifelt.

Zimmer und Wohnungen, die nur zum Horten von alten Zeitungen, Zeitschriften und Kleidungsstücken benutzt werden. In solchen vollgepfropften Räumen können sich in Extremfällen die Zwangskranken nur durch schmale Gänge oder tunnelförmige Durchgänge bewegen.

4.4.4 Genese, Ätiologie, soziale Bedeutung, Risikofaktoren

Die Ätiologie der Zwangsstörungen ist weiterhin ungeklärt. Diskutiert werden psychodynamische, lernpsychologische und entwicklungspsychopathologische ebenso wie erbliche und konstitutionelle Ansätze und zunehmend neuropathologische Befunde. Die klinischen Erfahrungen mit Zwangskranken sprechen für eine *multifaktorielle Genese*.

Psychodynamische Aspekte

Das von Freud vorgelegte Konzept der *analen Trias* von Ordentlichkeit, Geiz und Eigensinn ist, wie die tägliche Praxis mit Zwangskranken beweist, keineswegs überholt. Während man früher nur ungünstige Auswirkungen der Sauberkeitserziehung für die Entwicklung von Zwangsstörungen verantwortlich machte, wird heute die Rolle einer insgesamt gestörten Sozialisation betont. Eine autoritäre, harte und abstrakte Erziehung, in der spontane Impulse unterdrückt werden, hat oft eine richtunggebende pathogene Wirkung. Die Kinder lernen nicht, sich selbstbewußt und eigenständig zu entscheiden.

In der *normalen* Entwicklung werden an das zwei- bis dreijährige Kind erstmals ausdrückliche Forderungen gerichtet: Es soll begrenzte Aufgaben erfüllen und bestimmten Erwartungen entsprechen. Wenn der Säugling und das Kleinkind in der vorangegangenen Periode vorwiegend passive Befriedigung und orale Verwöhnung erfuhren, so treten jetzt bewußte oder unbewußte Erwartungsvorstellungen der Mutter im Hinblick auf Sauberkeit und Ordnung, auf eine Kontrolle von Stuhl und Urin und eine koordinierte Körpermotorik, auch der Sprache und des Sprachverständnisses in den Vordergrund. Erfüllung oder Enttäuschung der mütterlichen Wünsche ist mit Zärtlichkeit und Lob oder mit Tadel und Liebesentzug für das Kind verbunden. In engem Zusammenhang damit steht die Ausbildung des kindlichen Über-Ichs und des Gewissens. Wenn das Entwicklungsziel erreicht wird, sind die Voraussetzungen für ein naives Selbstbewußtsein und für die Funktionsfreude erfüllt.

Überstrenge, liebesarme oder vornehmlich einengend-straffe und Demut und Unterwerfung fordernde *Erziehungsmethoden* führen zu einer Gewissensbildung, die das Kind drangsaliert, ängstigt und die Eigenproduktivität lähmt. Wenn bedingungsloser Gehorsam das Erziehungsideal der Eltern war und vom Kind angenommen wurde, kann man aus der Sicht der Eltern von einer gelungenen, für das Kind aber oft schädlichen Entwicklung sprechen. In solchen »Festungsfamilien« gibt es Denk- und Handlungszwänge, die von allen Mitgliedern streng eingehalten werden müssen und die freie Entwicklung eines Kindes gefährden.

Fallbeispiel: Bei einem 10$\frac{1}{2}$jährigen Jungen entwickelte sich neben einem Kopf-Schulter-Tic eine äußerst störende zwanghafte Wortstereotypie mit analen und obszönen Wörtern, die er laut herausschreit und dadurch den weiteren Schulbesuch gefährdet. Die Eltern sind praktizierende Mitglieder einer religiösen Sekte, in der ihre drei Kinder bereits »Vorlesungen« und »Vorträge« halten. Die fünfköpfige Familie lebt in einer 1$\frac{1}{2}$-Zimmerwohnung, der Junge schläft im Ehebett zwischen den Eltern. Die Kinder müssen in ihrer Freizeit bezahlte Arbeiten ausführen. Die ehrgeizige, hyperthyreotische und ulkuskranke Mutter und der strenge, jähzornige Vater versuchen mit Wutausbrüchen und Prügelstrafen ebenso wie mit übermäßiger

Zärtlichkeit und episodischer Verwöhnung den Kindern ihr hypermoralisch-puritanisches Weltbild zu oktroyieren. Durch die Therapie konnte lediglich die Umwandlung eines besonders vulgären Ausdrucks in eine »sozial verträgliche Vokabel« erreicht werden. Die bei dem aggressiv gehemmten Jungen vorliegende Zwangssymptomatik kann als dranghaft-stereotyper Dauerprotest gegen die Haltung der Eltern aufgefaßt werden; eine konstitutionelle Prädisposition ließ sich nicht ausschließen.

Bei zwanghaften Kindern ergeben sich meist mehr oder weniger schwere *Ambivalenzkonflikte* zwischen ihrer kognitiven und emotionalen Entwicklung und den Forderungen der Außenwelt, zunehmend aber auch denen des eigenen Gewissens. Dadurch entstehen Spannungen zwischen verbotenen Wünschen und Bedürfnissen, die sich in Trotz und Aggressivität oder Rückzug und Resignation ausdrükken. Um einen Konflikt zwischen aggressiven Impulsen gegen die Mutter oder den Vater einerseits und eine Versagung und Abweisung durch das Ich andererseits ertragen zu können, müssen sie neutralisierende Kompromisse finden. Die spannungsgeladene Inkongruenz zwischen den eigenen Wünschen und Phantasien und den Forderungen und Geboten der Eltern nach Ordentlichkeit, Sauberkeit und strikter Einhaltung von Regeln wird schließlich durch eine Ausbildung spezieller *Abwehrmechanismen* gelöst, die sich in den Zwangsvorstellungen und Zwangshandlungen ausdrücken. In jeder Zwangsneurose finden sich Anteile der normalpsychologischen magischen Phase der Kindheitsentwicklung: die »Allmacht der Gedanken« ebenso wie die ihr innewohnende »sadomasochistische Ambivalenz« mit Grübel- und Zweifelsucht, unbestimmten Befürchtungen und angedeuteten Zwangshandlungen, die sich unter dem Diktat eines »moralischen Masochismus« schließlich zu echten Zwangshandlungen, Zwangszeremoniellen und Zwangsritualen ausweiten.

In der Entwicklung zwangsgestörter Kinder kann man im Stadium der motorischen Integration (anale Phase) mit großer Regelmäßigkeit Schwierigkeiten in der Bewältigung der *motorischen Expansion* nachweisen. Darauf und auf mögliche pathogenetische Konsequenzen haben bereits Schilder (1938), auch von Weizsäcker (1940), besonders aber Schultz-Hencke (1940) hingewiesen. Eine besondere Bedeutung gewinnen diese Erkenntnisse, wenn bei Kindern eine von der Norm abweichende, verzögerte psychomotorische Entwicklung vorliegt. Aus den daraus entstehenden, oft sehr konsequenten motorischen Korrektur- und Disziplinierungsversuchen von seiten der Eltern kommt es besonders bei fehlender Effektivität sehr leicht zu schwerwiegenden Eltern-Kind-Konfrontationen. Darauf wurde (Nissen 1971a) im Zusammenhang mit alternierend auftretenden Angst- und Zwangserscheinungen hingewiesen und durch Hemminger (1994) belegt. Danach kommt »motorische Ungeschicklichkeit« in 50 % als Prädiktor für das Auftreten von Zwangssymptomen in Betracht. Denckla (1989) fand in einer prospektiven Studie mit 54 zwangsgestörten Kindern bei 13 motorische Entwicklungsstörungen

und bei 18 eine choreiforme Symptomatik.

Daß durch pädagogische, politische und weltanschauliche Systeme die individuelle Entwicklung sowohl im gewünschten Sinne gesteuert als auch gestört werden kann, wird durch *soziologische Konzepte* belegt, etwa von Adorno (1990) mit seinem »autoritären Syndrom« als Folge einer autoritär-repressiven Erziehung. Die bevorzugten Erziehungsmittel sind gekennzeichnet durch Strenge, Intoleranz und Trieb- und Antriebsfeindlichkeit (Disziplin, Sauberkeit und Gehorsam) und tragen dadurch zur Entwicklung von Zwangsstörungen bei. Auch auf eine überzufällige Häufung von Zwangsstörungen in Großstadtpopulationen im Vergleich zu ländlichen Gebieten wurde (Knölker 1987) hingewiesen.

Genetische und konstitutionelle Aspekte
Die Bedeutung genetischer Faktoren ist bei den Zwangssyndromen höher als bei jeder anderen Neurose, ohne daß ein bestimmter Erbgang nachgewiesen wurde. Die familiäre Häufung von Zwangsstörungen, auf die seit jeher hingewiesen wird, spricht aber nicht zwangsläufig und jedenfalls nicht allein für eine erbliche Ursache. Schwidder (1972) sowie vor ihm schon Westphal (1877) und K. Schneider (1959) wiesen auf eine Häufung rigider, legalistischer, autoritärer und strenger Eltern hin. Zahlreiche Untersuchungen ergaben, daß monozygote *Zwillinge* eine höhere Konkordanz als dizygote Zwillinge aufweisen (Flekkoy 1987). In der Würzburger Studie (Knölker 1987) wurde fast die Hälfte der Mütter und Väter

zwangsgestörter Kinder als anankastisch eingestuft; nur in einem Drittel der Fälle gab es keine Familienangehörigen mit Zwangssymptomen. Enge Beziehungen bestanden zum praktizierten Erziehungsstil. Die Väter vertraten zu über 50 % autoritär-rigide-überbehütende Haltungen, während bei den Müttern bei fast 75 % überbehütend-einengende und streng-autoritäre Einstellungen vorherrschten.

In welchem Ausmaß und in welcher Verteilung *Erbfaktoren* im Sinne einer anankastischen Disposition oder einer erhöhten Manifestationsbereitschaft für die Entstehung einer Zwangsneurose eine Rolle spielen, kann nur im Einzelfall entschieden werden. Es wird immer erneut die Frage zu prüfen sein, ob und welcher Anteil der Neurose erbbedingt präformiert oder umweltbedingt bzw. induziert sein könnte oder ob es sich gar um eine alles einschließende tradierte Familienneurose handelt.

Fallbeispiel: Um eine solche Familienneurose handelt es sich bei einem sechsjährigen Mädchen, dessen Mutter an einer Wochenbettpsychose erkrankte. Der Vater der Mutter hatte Suizid begangen, ihre Mutter litt an einer Angsthysterie. Die Ehe der Eltern des Kindes war unglücklich. Der Vater lebte in strenger Askese, besuchte mehrfach täglich die Kirche und beschäftigte sich mit theologischen Schriften. Intime Beziehungen lehnte er ab, weil diese nur zur Zeugung erlaubt seien. Die Mutter unterhielt außereheliche Beziehungen, eine Scheidung wurde vom Ehemann abgelehnt. Das Kind fiel im Kindergarten durch zwanghaftstereotype Wortobszönitäten auf und wurde schließlich nach Hause geschickt. Dort beschäf-

tigte es sich stundenlang mit der Nachahmung und Ausführung religiöser Rituale. Es hatte sich einen Altar eingerichtet, an dem es, als Priester verkleidet, mit einer Bibel und fiktiven liturgischen Geräten hantierte und sich laut betend und psalmodierend durch die Wohnung bewegte. Beim Scenotest berichtete es über Züchtigungen mit dem »gelben Onkel« (= Rohrstock), häufige Kirchenbesuche mit dem Vater und über seine Einsamkeit im »Arbeitszimmer« (= Kinderzimmer). Nach Lügen werde es streng bestraft, »und ich lüge leider sehr oft«. Symptomatologisch bestanden neben den Zwangshandlungen ein deutliches Stottern, ein Fazialis-Tic und starkes Nägelknabbern.

Lernpsychologische Aspekte

Aus lerntheoretischer Sicht (Dollard et al. 1939) werden Zwangsdenken und Zwangshandeln als konditionierte Reaktionen auf *ängstigende Erlebnisse* aufgefaßt. Ein ursprünglich neutraler Reiz wird aversiv erlebt und vermieden. Die Wiederkehr der unerwünschten Situation wird durch die Entwicklung von Handlungen, die dies vermeiden sollen, positiv verstärkt. Die Ängste werden dadurch zwar verringert, aber die Handlungen müssen immer wiederholt werden. Die Erfahrung, daß durch bestimmte Handlungen Ängste reduziert werden können, kann operant konditioniert werden und sich allmählich zu einer Zwangshandlung ausbilden. Diese Erklärungsversuche gelten jedoch nur für einen kleinen Bereich der Zwangsphänomene, gegenüber der »psychodynamischen Konzeption« wirkt der lerntheoretische Beitrag eher einfach (Hoffmann 1986). Bei im Vordergrund stehenden Denkzwängen oder Zwangsimpulsen scheinen *strategiebezogene Interventionen* »am Symptom vorbei« besser als symptombezogene Verfahren zu wirken. Bei Handlungszwängen, die eher auf phobieähnlichen Kognitionen beruhen, oder solchen, die in Verbindung mit »Reaktionsverhinderungen« stehen, hat die symptombezogene Exposition in vivo mit bis zu 75 % (Hand 1986) Besserungen eine sehr hohe Erfolgsrate. Wegen der komplexen Entstehung und Unterhaltung der Zwangssyndrome jedoch sind regelmäßig strategieorientierte Therapiepakete erforderlich, damit milieu- und reaktionsbedingte Rückfälle vermieden werden.

Daß bei *Tieren* vielen, aber nicht allen zwanghaft anmutenden Bewegungsabläufen tiefliegende Koordinationen zugrunde liegen, sondern *Lernvorgänge* sind, kann man besonders eindrucksvoll mit einem Beispiel aus der Verhaltensforschung belegen: Die Graugans Martina von Konrad Lorenz hatte sich daran gewöhnt, ihn abends über eine Treppe in sein Schlafzimmer zu begleiten. Anfangs war das ängstliche Tier immer an ein Fenster im Treppenaufgang gelaufen. Dieser Umweg verkürzte sich nach einigen Monaten bis auf einen rudimentären Bewegungsansatz. Als das Tier einmal versehentlich ausgesperrt wurde, drängte es sich durch den Türspalt und lief zur Treppe. Unterwegs stieß es plötzlich einen Warnruf aus und stürmte mit langgestrecktem Hals die Treppe hinunter und legte nun erstmals wieder den ganzen Weg zum Fenster zurück. Danach führte es Bewegungen aus, die Lorenz bei Graugänsen nur dann gesehen hatte, wenn ein erlittener Schrecken der Beruhigung

Platz gemacht hatte. Dieses Beispiel zeigt drei typische Abläufe:
1. Angst kann sich als Zwang verfestigen und dadurch bewältigt werden,
2. Zwangsstörungen können sich bis auf latente, ruhende Rudimente zurückbilden, die aber
3. jederzeit durch aktuelle Erlebnisse reaktiviert werden können und sich erneut in Angsterscheinungen manifestieren.

Neuropathologische Aspekte

Für die seit jeher diskutierte erbliche Prädisposition konnten neuropsychologisch-neuropathologische Befunde beigebracht werden, auf die ich hier nur in aller Kürze eingehe. Bei Zwangskranken wurden allgemeine Veränderungen im frontostrialen System und signifikante Verkleinerungen des Striatumvolumens (Luxenberg et al. 1988) festgestellt. Neuroethologische Überlegungen stützen die Hypothese der Basalganglien-Dysfunktion (Wiese und Rapoport 1989). In dieser phylogenetisch alten Hirnregion werden Störungen der Basalganglien angenommen, die bereits bei Reptilien (R-Komplex) ausgebildet sind. Sie enthalten vermutlich die primären »Blaupausen« für Bewegungsabläufe und stimmen reaktive Verhaltenssequenzen mit eingehenden Sinneswahrnehmungen ab. In PET-Studien zeigte sich ein erhöhter Glukoseumsatz im linken Orbitalgyrus (Swedo et al. 1989). Die bisher härtesten Befunde ergaben sich im Zusammenhang mit den Behandlungserfolgen mit Clomipramin für die Serotonin-Hypothese, auch dadurch, daß durch Einsatz des Serotonin-Antagonisten Metagolin eine deutliche Zunahme von Zwangssymptomen (Benkelfat et al. 1989) nachgewiesen werden konnte.

Risikofaktoren liegen in einer familiär bedingten konstitutionell-anankastischen Disposition, wie sie Kallmann (1953) bei Zwillingsuntersuchungen ermittelte. Als prognostisch günstig haben sich ein früher Behandlungsbeginn und ein regelmäßiger Rückgang der Symptomatik nach einem Überwechseln in eine auslöserfreie Umgebung erwiesen.

4.4.5 Diagnose und Differentialdiagnose

Isolierte Zwangshandlungen in Form passagerer Zähl- oder Wiederholungs- und leichter Kontrollzwänge sind bei Kindern häufiger nachzuweisen. Man kann sie als entwicklungs- oder krisenbedingte Durchgangsstadien betrachten, und sie bleiben ohne besondere Bedeutung. Systematisierte Zwangssyndrome werden vor dem 10. Lebensjahr eher selten beobachtet. Zwangsneurotische Kinder sind meistens durchschnittlich oder überdurchschnittlich begabt und nicht geistes- oder gemütskrank.

Im Vordergrund der Zwangsstörungen stehen Zwangshandlungen wie Waschen, Duschen, Reinigen, Kontrollieren, Ordnen, Wiederholungen, repetitives Berühren und Zählen. Bei den Zwangsgedanken dominieren Angst vor Erkrankungen, Ansteckungen oder Vergiftungen; permanente Zweifel, Entscheidungsschwäche, aggressive und sexuelle Denkinhalte, Angst, anderen Schaden zuzufügen, magisches Denken.

Zu beachten ist eine hohe *Komorbidität* von Zwängen mit Angststörungen, depres-

Abb. 4.11 15jähriges, überdurchschnittlich begabtes, schwer zwangskrankes Mädchen, das schon morgens schwer entscheiden kann, ob es mit dem rechten oder linken Bein aufstehen soll, sich stundenlang im Badezimmer einschließt und sich ständig die Hände wäscht. Die Schulzeugnisse wurden immer schlechter, weil sie sowohl Haus- als auch Klassenarbeiten so streng kontrolliert, daß sie unfertig abgegeben werden müssen. Die Zeichnung zeigt ihre zeichnerische Begabung in der Formerfassung, ist aber auch ein Beispiel für die perfektionistische Ausführung aller Arbeiten.

siven Störungen, Schlafstörungen, Suizidideen, Eßstörungen, Aggressivität und anderen Störungsbildern und Symptomen, die von Kindern und Eltern im Vorfeld der Diagnose häufig angegeben werden.

Differentialdiagnose

Die Maladie Gilles de la Tourette zeigt außer Tic-Erscheinungen, Echolalie und Echopraxie eine zwanghafte Koprolalie.

Bei der psychomotorischen Epilepsie (EEG) mit ihren vielgestaltigen klinischen Erscheinungen und subjektiven Mißempfindungen treten neben oralen Mechanismen und Sprachstereotypien gelegentlich zwingende und nicht unterdrückbare szenenhafte Visionen auf.

Unter den prämorbiden Symptomen der kindlichen *Schizophrenie* finden sich nicht selten Zwangssyndrome, die sich meist erst retrograd als prämonitorische Zeichen der Psychose deuten lassen. Die manifeste kindliche Schizophrenie zeigt neben den zentralen Kontakt- und Beziehungsstörungen gelegentlich auch Symptome des Zwangsdenkens und -handelns, die als »automatisierte Einförmigkeitshandlungen« (Belecken und Beriechen, Schmatzen und Schlagen, Fratzenschneiden) zu den einförmigen und inhaltsarmen katatoniformen Symptomen gezählt werden können.

Bei den *Depressionen* aller Schweregrade des Kindesalters finden sich manchmal neben der im Vordergrund stehenden depressiven Gehemmtheit Grübelzwänge, religiöse Skrupel und anankastische Schuldkomplexe.

Die heute eher seltenen postenzephalitischen Zustandsbilder, ebenso aber auch frühkindliche Hirnschädigungen und andere hirntraumatische Wesensänderungen können mit hirnorganisch gesteuerten motorischen Stereotypien, sprachlichen Iterationen, Tic-Erscheinungen und komplexen Zwangsbewegungen, mit automatenhaftem Benennen und Befühlen von Gegenständen oder zwanghaftem Ansprechen und Befragen von Personen einhergehen. Isolierte zwanghafte *motorische Stereotypien* haben häufiger eine hirnorganische Ursache.

Motorische Stereotypien finden sich bei anhaltender Privation und dem seltener gewordenem Deprivationssyndrom als »Übersprungshandlungen«, ebenso aber auch bei stärker intelligenzdefizitären Kindern.

Zur Vermeidung von Fehldiagnosen muß man berücksichtigen, daß die Entwicklung einer Zwangsneurose ein gewisses Maß an intellektueller und affektiver Differenzierung und damit ein bestimmtes Lebensalter zur Voraussetzung hat.

4.4.6 Therapie und Prognose

Nur ein Teil der zwangsgestörten Kinder kommt frühzeitig zur ärztlichen Konsultation. Besonders bei den überangepaßten zwangsgestörten Kindern können manchmal Jahre vergehen, ehe die Diagnose einer Zwangsstörung gestellt wird. Erst wenn die Leistungsfähigkeit in der Schule erheblich absinkt oder die Berufsausbildung gefährdet ist oder aber durch die Zwangssymptomatik ein unerträglicher Leidensdruck besteht, werden diese Kinder beim Therapeuten vorgestellt. Vielen Eltern ist es unangenehm und peinlich, über die sinnlos erscheinenden Denkinhalte und über die abstrusen Handlungsimpulse ihrer Kinder zu sprechen. Sie haben erfahren, daß deren abnormes Verhalten bei Nachbarn und gleichaltrigen Kindern Kopfschütteln und spöttische Bemerkungen auslösten. Sowohl die Kinder als auch die Eltern sprechen deshalb weniger über die quälenden Zwangssymptome als über Kopfschmerzen und Schlafstörungen, über Schulprobleme und aggressives oder ängstliches Verhalten, über zunehmende Selbstisolierung, Minderwertigkeitsgefühle, Entscheidungsschwäche und ständiges Grübeln. Die Kinder sind oft sozial noch ausreichend adaptiert und willige und bequeme Schüler, soweit ihr Tagesablauf nicht allzu sehr von ihren krankhaften Befürchtungen und Handlungen eingeengt und durchbrochen wird. Sie übernehmen die ihnen übertragenen Pflichten und erfüllen Gebote genauso zuverlässig, wie sie Verbote beachten. Der Prototyp eines angepaßten kindlichen Zwangsneurotikers ohne lärmende Symptomatik ist der stille, saubere und bescheidene, meist aber mißtrauisch-argwöhnische Musterschüler mit durchschnittlichen Leistungen.

Fallbeispiel: Ein 13jähriger Junge wird wegen Schul- und Kontaktschwierigkeiten vorgestellt. Er trägt im Hochsommer einen blauen Anzug mit langen Hosen und hat als einziger Schüler der Klasse kurzgeschorene Haare. Seine Hefte und Bücher werden als Muster an Sauberkeit und Ordnung der Klasse vorgezeigt, aber danach von Mitschülern häufig beschmiert und beschädigt. Er selbst wird geschlagen, geneckt und verspottet. Er geht abends um 19 Uhr freiwillig ins Bett, um morgens um 6 Uhr aufzustehen und seine Schularbeiten wiederholen zu können. Er will Arzt, »Gehirnforscher«, werden und lernt bereits Anatomie des ZNS; im Fernsehen interessiert er sich nur für wissenschaftliche Programme. Er leidet unter starken Selbstwert- und Ambivalenzkonflikten und befürchtet, trotz guter Leistungen die Probezeit im Gymnasium nicht zu bestehen. Er wird von seiner zwanghaft ehrgeizig-pedantischen Mutter (mit Wasch-, Ordnungs- und Kontrollzwängen) chronisch überfordert; sie selbst fürchtet explosive Ausbrüche ihres wesentlich älteren Ehemannes, eines kleinen Beamten, dem berufliche Erfolge versagt blieben.

Bei *Kleinkindern* mit beginnenden zwanghaften Entwicklungen stehen die Beratung und die Aufklärung der Eltern ganz im Vordergrund der Behandlung. Sie sind für das häusliche Milieu und die pädagogische Atmosphäre zuständig, unter deren Einwirkung und Einfluß das Kind die Zwangssymptomatik entwickelte. Die Biographie und die Persönlichkeitsstruktur der Eltern tragen oft entscheidend zum Verständnis der zwangsneurotischen Entwicklung des Kindes bei. Manchmal ist deshalb die *Behandlung der Eltern* vordringlicher und zweckmäßiger als beim Kind. Die Beratung der Eltern umfaßt unter anderem notwendige Korrekturen und Revisionen bisheriger Erziehungsziele und -praktiken, den Abbau überfordernder und mit der Begabung des Kindes nicht übereinstimmender Ehrgeizhaltungen und eine Aufklärung über die Entstehung der kindlichen Zwangserscheinungen und Hinweise auf ihre mögliche Behandlung. Nur in besonders schwierigen Fällen und dort, wo die Eltern konsequent aus der Behandlung des Kindes ausgeschlossen werden müssen, ist eine stationäre Einweisung in eine kinderpsychiatrische Klinik erforderlich. Die Prognose von Zwangserscheinungen in diesem Lebensalter ist relativ günstig, wenn es gelingt, das Milieu zu verändern, und wenn beim Kind keine erhebliche konstitutionelle Bereitschaft besteht, die Symptomatik zu verfestigen.

Schwere Zwangssyndrome bei *Schulkindern und Jugendlichen* erfordern entweder eine psychodynamische, eine verhaltenstherapeutische oder eine medikamentöse Behandlung. In vielen Fällen ist eine *kombinierte Behandlung* erforderlich. Die gleichzeitige Beratung der Eltern tritt mit zunehmendem Alter des Kindes zugunsten der eigentlichen Therapie des Kindes zurück. Die Eltern müssen vor Behandlungsbeginn darauf vorbereitet werden, daß eine Auflockerung der Zwangsstruktur regelmäßig mit einer Freisetzung von Angst verbunden ist. Der Therapeut wird zunächst keine Forderungen auf Unterlassung von Zwangsimpulsen und Zwangshandlungen stellen, die das Kind noch nicht leisten kann und was nur zusätzliche Übertragungsprobleme erzeugen würde. Er wird abwarten, wie weitgehend es gelingt, Zwänge und Zwangsbereitschaft ökonomisch in die Leistungsanforderungen des Tages, der Schule und der Berufsausbildung zu übertragen und einzugliedern. Dabei wird ein sorgfältig abgewogenes und dem Stand der Behandlung angemessenes steuerndes und regelndes Eingreifen gleichermaßen von den Kindern und Eltern dankbar angenommen werden. Die Aufdeckung der Genese bringt dem Therapeuten wertvolle Einsichten, aber sie allein kann meistens keine entscheidenden Impulse für die Besserung geben. Die Therapie wird häufig durch zwanghafte Identifikation der Kinder und Jugendlichen mit elterlichen Erziehungsidealen erheblich behindert, und letztere können zu einem vorzeitigen Abbruch der Behandlung führen.

Die Ansichten über die Effektivität *psychodynamischer Verfahren* bei der Zwangsneurose sind unterschiedlich. Ihre Anwendung bei Kindern und Jugendlichen (Judd 1965, Evans 1982) und bei Erwachsenen (Quint 1971) wurde in letzter Zeit mehrfach positiv (Streeck-Fischer 1998) bewertet. Bei älteren Kindern und Jugendlichen mit schweren und anhaltenden Denk- und Handlungszwängen ist manchmal eine psychotherapeutische Langzeitbehandlung unumgänglich. Grundsätzlich sollte eine tiefenpsychologische Therapie immer verhaltenstherapeutische, symptomorientierte und eine verhaltenstherapeutische Behandlung immer psychodynamische, pathogenetisch orientierte Aspekte einbeziehen.

Mit einer *Verhaltenstherapie* kann man bei Kindern und Jugendlichen besonders in Verbindung mit familientherapeutischen und psychopharmakologischen Maßnahmen gute Erfolge erzielen. Über ihre Effektivität im Kindes- und Jugendalter liegen mehrere Sammelreferate (Wolff und Rapoport 1966, Berg 1989, Leonard et al 1988) vor. Dabei hat sich neben einer konsequenten Aufarbeitung und Korrektur zwangsfördernder Einflüsse eine direkte Behandlung der Zwänge als zweckmäßig und erfolgreich erwiesen. Dafür kommen in erster Linie Techniken der Reizkonfrontation mit Reizverhinderung in Betracht, das heißt, Kinder und Jugendliche in Situationen zu versetzen, die Symptome auslösen, und dabei die Zwangshandlungen zu verhindern. Allerdings liegen im Vergleich mit erwachsenen Zwangspatienten, bei denen bis zu 50 % weitgehende Symptomfreiheit erzielt werden konnte, bei Kindern und Jugendlichen noch keine ausreichenden Langzeiterfahrungen vor.

Als *Interventionstechniken* kommen für Kinder und Jugendliche (Döpfner 1993) in Betracht:

1. Konfrontation,
2. familienzentrierte Interventionen,
3. Exposition und Reaktionsverhinderung,
4. Interventionen zur Verhinderung von Zwangsgedanken.

In hierarchisch gegliederten Listen werden Ängste und Phobien aufgezeichnet, kontrolliert und korrigiert. Dies kann entweder in der real auslösenden Situation, was sich in der Regel als wirkungsvoller erweist, als auch in der gedanklichen Vorstellung geschehen. Durch solche Maßnahmen wird eine Verringerung der Angst, des Unbehagens und der Anspannung gegenüber äußeren Auslösebedingungen erzielt und die offene oder verdeckte negative Verstärkung bestehender Rituale vermieden. Mit der Vorstellung »Gedankenstopp« gelingt es einigen Patienten, anflutende Denkzwänge zu unterbrechen und sich zu disziplinieren. Die symptomorientierte Exposition in vivo in Verbindung mit »Reaktionsverhinderung« (»response prevention«) ist bei Handlungszwängen die erfolgversprechende Intervention. Damit kann man gute bis sehr gute Erfolge erzielen. Bei Zwangsvorstellungen und -befürchtungen ist die Erfolgsrate wesentlich niedriger, hier scheinen strategiebezogene Interventionen »am Symptom vorbei« eher zu wirken (Hand 1986). Wegen der komplexen Entstehung und Aufrechterhaltung der Zwangssyndrome muß man regelmäßig strategieorientierte Therapiepakete entwickeln, um milieu- und reaktionsbedingte Rückfälle zu vermeiden. Auch aus verhaltenstherapeutischer Sicht ist eine enge Kooperation mit den Eltern, die teilweise selbst therapeutisch mitarbeiten, zweckmäßig.

Durch eine konsequente verhaltenstherapeutische oder psychodynamische Behandlung kommt es zwar bei vielen Kindern und Jugendlichen zu einem deutlichen oder völligen Symptomabbau, aber *Rückfälle* sind nicht selten. Viele Patienten müssen sich darauf einrichten, mit ihren Zwängen zu leben, wenngleich die Lebensqualität durch immer erneute Interventionen erheblich verbessert werden kann; insbesondere in Kombination mit zwanglösenden Medikamenten.

Psychopharmaka können nicht nur den Einstieg und den Verlauf psychotherapeutischer Behandlungen und verhaltenstherapeutischer Maßnahmen wesentlich erleichtern. Sie haben sich auch als alleinige Behandlungsmethode bewährt, wenn keine psychotherapeutische Behandlung möglich ist. Mit der medikamentösen Behandlung zwangskranker Kinder und Jugendlicher mit dem trizyclischen Antidepressivum Clomipramin (Anafranil) wurde um 1980 begonnen und über die sehr ermutigenden Ergebnisse (Nissen 1982, 1984a) berichtet. Wenige Jahre später berichteten Flament et al. (1985) über eine placebokontrollierte Studie, in der sich Clomipramin als überlegen erwies. Die besten Therapieergebnisse wurden bei Patienten erzielt, die vor oder während der medikamentösen Therapie tiefen- oder verhaltenstherapeutisch behandelt wurden. Clomipramin hat häufiger erhebliche Nebenwirkungen (EEG-Kontrollen!). Die Dosierung liegt je nach Körpergewicht und Lebensalter zwischen 25–100 mg bzw. 100–200 mg. Zwischen Plasmaspiegel und Remissionsgrad ließen sich keine eindeutigen Korrelationen nachweisen. Die Serotonin-re-upta-ke-Hemmer Fluoxamin (Dosierung zwischen 100 und 250 mg täglich) und Fluoxetin (Dosierung zwischen zwischen 20 und 60 mg täglich) sowie Paroxetin, Sertralin usw. erwiesen sich in offenen Studien (Swedo et al. 1989; Riddle et al. 1990) auch bei Kindern als sehr wirksame Substanzen. Sie haben verhältnismäßig geringe Nebenwirkungen und bieten eine relativ hohe Überdosierungssicherheit. Mit höherer Dosierung häufen sich die *Nebenwirkungen*, nicht aber gleichsinnig die erwünschte Antizwangswirkung. Dadurch kann die weitere Behandlung gefährdet werden. Zur Erhaltung der Compliance sind deshalb kleine Dosierungsschritte bis zum Erreichen der individuellen Optimaldosis zu empfehlen. Eine maximale Symptomreduzierung tritt erst nach längerer Zeit, manchmal erst nach 2–3 Monaten ein. Danach kann die Erhaltungsdosis reduziert werden, wenn gleichzeitig die Psychotherapie fortgesetzt wird. Klinisch gesicherte Langzeitstudien über den Einsatz dieser Substanzen bei Kindern und Jugendlichen liegen noch nicht vor.

Bei schweren, therapieresistenten Zwangserkrankungen haben sich auch bei älteren Kindern und bei Jugendlichen *In-fusionstherapien* mit Clomipramin (Anafranil) bewährt, obgleich aus pharmakologischer Sicht keine Unterschiede in der Wirksamkeit zwischen den Therapieformen festgestellt werden konnten. Das »setting«, die entspannte Situation verbunden mit einer vermehrten Zuwendung durch den Arzt und das Betreuungspersonal am Krankenbett begünstigen offenbar in einer noch ungeklärten Weise das therapeutische Geschehen. Die Patienten äußern manchmal schon nach einigen Infusionen, daß sie sich besser fühlen, daß Zwangsgedanken sich abgeschwächt haben und der Druck, Zwangshandlungen auszuführen zu müssen, nachgelassen hat. Nach Abschluß der Infusionstherapie ist eine Fortsetzung der Medikation in Tablettenform empfehlenswert.

Prognose

Über die Prognose von Zwangsstörungen im Kindes- und Jugendalter liegen im Gegensatz zu der bei erwachsenen Zwangskranken nur wenige überzeugende Langzeitstudien vor. In einer englischen Studie (Allsopp und Verduyn 1988) litt nach 6–12 Jahren ein Viertel der zwangsgestörten Kinder und Jugendlichen noch an Zwangserscheinungen und die restlichen drei Viertel an anderen psychischen Störungen. In schweren Fällen kann auch durch eine konsequent durchgeführte Behandlung nicht immer eine anhaltende Besserung erzielt werden. Oft sind es nur Teilerfolge, die in einer spürbaren Minderung des Leidensdrucks und in einer Milderung quälender Symptome bestehen. Besonders ungünstig ist die Prognose dort, wo sich beim Kind bereits eine *anankastische Charakterstruktur* entwickelt hat. In seiner Würzburger Studie an zwangsgestörten Kindern und Jugendlichen (n=49) konnte Knölker (1987) nach einem Intervall von nur 2 Jahren und 3 Monaten nach der Erstvorstellung in 50% der Fälle deutliche Besserungen feststellen, bei bereits schwereren Zwangsneurosen mit Behandlungsbedürftigkeit in 30% und bei schon chronifizierten schwereren Erkrankungen immerhin noch in 20% der Fälle Besserungen ermitteln; allerdings hatte sich in 4 Fällen eine Psychose manifestiert, und in 6 Fällen bestand dringender Verdacht auf eine beginnende Psychose. Ein Übersichtsreferat (Neudörfl und Herpertz-Dahlmann 1996), in dem acht Katamnesestudien ausgewertet wurden, bestätigte die hohe Persistenz der Störung (30–70%) und eine erhebliche psychiatrische Komorbidität (20–96%).

Die *Langzeituntersuchungen* von Wewetzer et al. (1999) an zwangskranken Kindern und Jugendlichen (n=55) der Würzburger und der Marburger Klinik ergaben, daß nach einem Katamamnesenabstand von rund 11 Jahren bei der Nachuntersuchung bei 39 (71%) nach wie vor eine psychische Störung bestand; 20 Patienten (36%) litten unter einer Zwangsstörung.

Im Hinblick auf diese oft ungünstige Prognose ist darauf hinzuweisen, daß der Therapeut, dem zwangskranke Kinder und Jugendliche vorgestellt werden, für eine möglichst frühzeitige und ausreichend lange Behandlung sorgen sollte, weil sonst die weitere Entwicklung der Persönlichkeit dieser Kinder in erheblichen Maße gefährdet ist.

4.5 Histrionische Störungen

Die Hysterie ist wie die Melancholie, die Manie und die Epilepsie ein Beispiel dafür, wie ein vor fast 2500 Jahren eingeführter *Krankheitsbegriff* sich erhalten hat, obgleich die damals vermutete Krankheitsursache nicht zutrifft und die Krankheitsinhalte sich teilweise auch verändert haben. Am Ende des 19. Jahrhunderts wurde die Hysterie entweder auf eine organische Läsion zurückgeführt oder als Folge einer Suggestion oder Simulation angesehen. Die wissenschaftliche Erforschung der Hysterie begann mit dem französischen Psychiater Charcot und stand am Beginn der Begründung der *Psychoanalyse* durch Freud. Die Studie zur Hysterie der Anna O. ist heute noch lesenswert; sie enthält viele Beobachtungen, die nach wie vor gültig sind. Die Forschungen der letzten Jahrzehnte haben gezeigt, daß neben sexuellen Störungen auch andere Ursachen für die Entwicklung dieser Störungsbilder verantwortlich sein können. Hysterie im Kindesalter wurde erst vor ca. 100 Jahren allgemein anerkannt.

Neben der Zwangsneurose ist nach Freud die *Hysterie* die wichtigste Manifestationsform der Neurosen. Zur Kategorie der Hysterie gehören die Konversionen und die Angsthysterien. Als hysterische Störungen werden bezeichnet

- hysterische Reaktionen, Episoden, Verhaltensstörungen und hysterische

Neurosen. Sie gehen mit einer gesteigerten Selbstdarstellung, Dramatisierung und Theatralik einher,

- mit dissoziativen Störungen und Konversionen, bei denen eine Einengung des Bewußtseins (Amnesien, Stupor, Dämmerzustände) oder funktionelle Organstörungen (Hypochondrie, Schmerzstörungen) auftreten.

Seit Mitte des 20. Jahrhunderts verstärkte sich besonders in den USA und später auch in Europa die Tendenz, den Begriff Hysterie aus verschiedenen Gründen aufzugeben: wegen seiner »vielen und unterschiedlichen Bedeutungen« (ICD-10), wegen eines therapeutischen Paradigmenwechsels und wegen des oft mit Diffamierung verbundenen Begriffs. Dabei blieben die Inhalte der hysterischen Störung unverändert. Der Begriff »hysterisch« wurde durch »histrionisch« ersetzt und die Konversionssymptomatik abgetrennt. Mit dieser Veränderung der *Nomenklatur* wird der über Jahrhunderte zu verfolgende Übergang von ätiologischen zu symptomatologischen Klassifikationen fortgesetzt (Menninger 1968). Die Definitionen in der ICD und im DSM sind zur Zeit, dem Paradigmenwechsel der Therapie entsprechend, stärker an der Symptomatik orientiert.

Nach der ICD-10 werden die histrionisch-konversionellen Störungen in die dissoziativen Störungen (F44) und somatoformen Störungen (F45) subsumiert. Histrionische Persönlichkeitsstörungen können nach dem DSM und der ICD erst im frühen Erwachsenenalter bzw. im fortgeschrittenen Jugendalter diagnostiziert

werden. Histrionische Störungen ohne dissoziative oder somatoforme Symptomatik, die passager oder episodisch im Kindes- und Jugendalter häufig vorkommen und sich nur teilweise später als Persönlichkeitsstörungen manifestieren, werden in der ICD nicht berücksichtigt. Sie werden in diesem Kapitel ebenso wie Konversionen dargestellt. Bei den Angst-, Depressions- und Zwangsstörungen wurde in der ICD-10 und im DSM-IV das Gesamtbild der emotionalen Störung bewahrt, obgleich auch bei ihnen neben den psychischen regelmäßig auch somatoforme bzw. psychosomatische Symptome vorkommen und das Erscheinungsbild mitbestimmen: die Angststörungen mit ihren Phobien und Angstanfällen, die Depressionsstörungen mit larvierten und vitalen Depressionsformen und die Zwangsstörungen mit ihren somatischen Handlungszwängen. Für das Antragsverfahren zu psychodynamischen und die verhaltenstherapeutischen Kurz- und Langzeitbehandlungen von »psychoneurotischen Störungen« bleiben die geltenden Anwendungsbereiche der »Psychotherapie-Richtlinien« (Faber und Haarstrick 1999) unverändert bestehen.

4.5.1 Definition

Eine allgemeine Definition der histrionischen Störungen ist wegen der Vielfalt der psychischen und psychosomatischen Symptomatik problematisch. Ebenso wie die anderen emotionalen Störungen ist die histrionische Störung keine nosologische Entität. Bei Kindern und Jugendlichen ergeben sich zusätzliche Schwierigkeiten der Abgrenzung aus der physiologischen infantil-regressiven Thematik jeder psychischen Symptomatik bei Kindern und aus den engen Beziehungen der Symptomwahl und des Symptomausdrucks mit dem jeweiligen Stadium der psychophysischen Entwicklung. Bei schweren und anhaltenden Störungen der Entwicklung kann es mit entsprechenden *konstitutionellen Voraussetzungen* zu einer histrionischen Persönlichkeitsstörung kommen.

Kinder und Jugendliche mit zeitlich begrenzten oder anhaltenden histrionischen Störungen fordern ständig Anerkennung, Lob und Bestätigung durch die Umgebung. Sie sind übermäßig um ihr Aussehen und ihr Äußeres besorgt, zeigen übertriebene und häufig wechselnde Emotionen und neigen zu Wutausbrüchen, wenn sie sich gekränkt fühlen. Sie versuchen ständig, im Mittelpunkt zu stehen, und fühlen sich unbehaglich, wenn dies nicht gelingt.

Es kann sich dabei um histrionische Reaktionen, um histrionische Neurosen, um Vorformen von Konversionsstörungen im Rahmen einer dissoziativen oder somatoformen Störung oder um eine in Entwicklung begriffene hysterische Persönlichkeitsstörung handeln. Histrionische Störungen bei Kindern und Jugendlichen haben große diagnostische, therapeutische und prognostische Bedeutung.

4.5.2 Epidemiologie

Solange die Hysterie als »Gebärmutterkrankheit« galt, glaubte man, Kinder seien als nicht anfällig für diese Symptomatik anzusehen. Tatsächlich ist prinzipiell jeder Erwachsene, jedes Kind und jeder Jugendliche in enger gradueller Abhängigkeit von seiner psychischen Entwicklung und Konstitution mehr oder weniger »hysteriefähig«. Die Häufigkeit kindlicher histrionischer Störungen im Kindes- und Jugendalter variiert stark. Sie wird, je nach Definition, auf 1–15 % geschätzt.

Freud vertrat die Ansicht, daß Angst und Hysterie zu den hauptsächlichsten neurotischen Störungen des Kindesalters gehören. Bei Kleinkindern sind histrionische Symptome nicht selten, aber kaum zuverlässig diagnostizierbar; sie werden vermehrt im Schulalter beobachtet und erfahren eine deutliche Zunahme in der Adoleszenz. Unter jüngeren Kindern erkranken etwas mehr Jungen, im Jugendalter deutlich mehr Mädchen.

4.5.3 Symptomatik

Die histrionische Symptomatik ist auch im Kindes- und Jugendalter auf Darstellung und auf dramatische Wirkung auf die Umwelt abgestellt und dient in erster Linie einer Ich-zentrierten Befriedigung des Geltungsstrebens unter weitgehender Vermeidung eigener Anstrengungen und Leistungen. Die histrionische Symptomgenese und -ausbildung erfolgt vorwiegend aus unbewußter oder doch bewußtseinsferner Motivation. Bei bewußter Vortäuschung von Krankheitssymptomen sprechen wir von *Simulation*, bei bewußtseinsnaher Verstärkung einer objektivierbaren Symptomatik von *Aggravation*.

Die histrionische Symptomatik kann sich ebenso in einem expansiv-aufdringlichen Gehabe, dem »histrionischen Theater«, ausdrücken wie in einer »Flucht in

Tab. 4.10 Histrionische Symptomatik. Psychische, dissoziative und somatoforme Symptome bei Klein- und Vorschulkindern, bei Schulkindern und bei Jugendlichen, die im Zusammenhang mit einer histrionischen Störung auftreten können, aber nicht für diese Diagnose beweiskräftig genug sind.

Psychische Symptome	Psychosomatische Symptome
Kleinkinder und Vorschulkinder	
Ein- und Durchschlafstörungen, demonstratives Weinen und Schreien, Erregungszustände, Kindergartenphobie	Verdauungsstörungen, Übelkeit, Erbrechen, Erregungszustände, Hinwerfen, Mutismus, Affektkrämpfe: »Wegschreien«, Durchschlafstörungen, Still- und Fütterungsprobleme, Pavor nocturnus
jüngere Schulkinder	
Schulphobie, Schulangst, Schulschwänzen, Im-Mittelpunkt-stehen-wollen, oppositionelles Verhalten, Leistungsverweigerung (»Delegationen«), Eitelkeit, Koketterie, Unwahrhaftigkeit, Wutanfälle, Schulangst	Schwindelerscheinungen, Hyperventilation, psychogene Anfälle, Schluck- und Schlingstörungen, Abasie-Astasie, Lähmungserscheinungen, Seh- und Hörstörungen, Weglaufen, Schreibkrampf, Torticollis, Topalgien: Bauchkrämpfe, Herzstiche, Kopfweh, Dysästhesien, Atem- und Sprechstörungen, Tic-Erscheinungen, Herzstiche
ältere Schulkinder und Jugendliche	
Exaltiertes bzw. schockierendes Verhalten, Unwahrhaftigkeit, Pseudologia phantastica, parasuizidale Handlungen, pseudodementes Verhalten, auffällige Kleidung, »Sich-interessant-machen«, psychosomatische Störungen, »La belle indifference«, Dämmerzustände, Pseudologie, histrionische Persönlichkeitsstruktur	Psychomotorische Erregungszustände, parasuizidale Handlungen, Seh- und Hörstörungen, Lähmungserscheinungen, Bulimia nervosa, Anorexia nervosa, Schwindelerscheinungen, Weglaufen, Sensibilitätsstörungen, Schweratmigkeit, Heiserkeit, Husten, Globusgefühl, Dysmennorrhöen, psychosomatische Erkrankungen

die Krankheit«, in eine histrionische Konversion; häufig werden beide Ausdrucksformen abwechselnd oder gleichzeitig eingesetzt. Histrionische Reaktionen können sich überall dort manifestieren, wo anstelle eines ursprünglichen, echten Erlebens und Verhaltens künstliche und unechte Reaktionen und Haltungen auftreten, die nicht bewußt simuliert, sondern vorwiegend unbewußt produziert und gesteuert werden. Sie erhalten dadurch den Schein des Echten und befähi-

gen Kinder wie Erwachsene, »im Augenblick ganz dabei zu sein, ganz im eigenen Theater zu leben«.

Bei den *Umwelt- und Existenzängsten* von Klein- und Schulkindern, die sich vor Atombomben, dem Ozonloch oder vor toxischen Substanzen in Häusern, in Nahrungsmitteln oder in der Natur fürchten, handelt es sich überwiegend um Delegationen von Ängsten der Mütter oder Väter auf ihre Kinder. In den Tagen nach Tschernobyl waren es vor allem

Mütter mit diffusen Angstzuständen und Panikattacken, die ihre Kinder aus der Klinik zurückholten und mit ihnen das Land verließen.

Bei *Kleinkindern* ist die Erkennung histrionischer Störungen schwierig, oft genug muß es bei einem Verdacht bleiben, schon deshalb, weil mögliche histrionische Denkinhalte mit der normalen Denk- und Wunschwelt gesunder Kleinkinder weitgehend übereinstimmen. Erst das Auftreten einer massiven Symptomatik kann bei Vorliegen zusätzlicher Kriterien Hinweise auf eine solche Störung geben. Histrionische Störungen manifestieren sich bei Kleinkindern ebenso wie ihre Träume meistens mit transparenten, realitätsbezogenen Inhalten. Die natürliche »Kindergebärde« des Kleinkindes mit ungeplanter Aktivität und ungesteuerter Affektivität, expansiver Aggressivität (Trotzalter bzw. »kleine Pubertät«) und mit der Neigung zur Nachahmung und zum Rollenspiel gehören in diesem Lebensabschnitt noch zu den physiologischen Ausdrucksmitteln und erlauben oft nur den Verdacht auf eine beginnende histrionische Fehlentwicklung. So kann ein Kleinkind, dem ein Spielzeug weggenommen wird, »starr vor Wut und Erregung« bewegungslos stehen, mit geschlossenen Augen schreien, auf beruhigenden Zuspruch nicht reagieren und nicht wahrnehmen, daß ihm dieses Spielzeug längst wieder zurückgegeben wurde. Aber bei Kindern mit einer schweren Symptomatik kann sich ein nur bestehender Verdacht auf eine histrionische Störung erhärten, wie er im nachstehenden Fallbeispiel durch den weiteren Verlauf bestätigt wurde.

Fallbeispiel: Ein fünfjähriger Jungen war nach 20jähriger Ehe geboren und »wie ein Jesuskind begrüßt« und exzessiv verwöhnt worden. Vom Kinderzimmer mündeten vier Türen in die umliegenden Räume des neu erbauten Hauses. Er tyrannisierte die Eltern, ging nur gemeinsam mit ihnen ins Bett, forderte dort vor dem Einschlafen stundenlang gestreichelt zu werden: »erst das linke Bein, nun das rechte, dann der linke Arm« usw., und drohte mit Schreianfällen, wenn die Mutter damit aufhörte oder tagsüber sich vorübergehend von ihm abwenden mußte: »Ich springe aus dem Fenster« oder: »Ich reiße dein Auge aus, du sollst tot sein.« Er brachte die Wohnung immer erneut gezielt in Unordnung, kniff, biß und schlug die Eltern und kam schließlich wegen eines nervösen Erschöpfungszustandes der Mutter in die Klinik, wo er sich nach einigen Tagen relativ unauffällig verhielt.

Bei *Schulkindern* werden immer häufiger differenziertere histrionische Störungen präsentiert. Hysterische Ausweichreaktionen vor schulischen Leistungen leiten manchmal direkt in histrionisch fixierte Lern- und Leistungshemmungen über. Diese Kinder erfahren dann neben einer Befreiung von drückenden Schulpflichten als Ausdruck der Sorge und Angst ihrer Eltern nicht selten noch zusätzliche Verwöhnungen, die eine weitere ungünstige Rolle für die Fixierung der Symptomatik spielt. Extrem verwöhnte Schulkinder, die überall im Mittelpunkt stehen, reagieren auf Leistungsanforderungen kaum oder gar nicht. Sie »privatisieren« in der Stunde, lassen andere für sich arbeiten und versuchen, sich bei den Lehrern be-

Abb. 4.12 Das Aquarell »Hahn« wurde von einem neunjährigen, sehr verwöhnten Einzelkind alter Eltern angefertigt. Es ist der »absolute Mittelpunkt« der Familie, »terrorisiert« Eltern und Großeltern durch seinen »zerhackten Schlaf«, schläft tagsüber und nachts nur wenige Stunden und fordert ständige Anwesenheit eines Elternteiles.

liebt zu machen. Sie vermeiden alle Anstrengungen, ohne durch Mißerfolge an Selbstbewußtsein zu verlieren.

Fallbeispiel: Ein neunjähriger Junge, der in eine Sonderschule umgeschult werden sollte, trank im Unterricht Tintenpatronen aus und führte vor aller Augen genitale Manipulationen durch. Die Testuntersuchung ergab eine überdurchschnittliche Intelligenz. Die Mutter, einzige Tochter eines Großfarmers in Neuseeland, die selbst Privatunterricht erhalten hatte, und der Vater, Chef einer großen Firma, waren von seiner Begabung überzeugt. Der Junge wurde psychotherapeutisch behandelt und kam in ein Internat, wo er das Abitur ablegte.

Bereits im beginnenden Schulalter sind besonders bei Mädchen Ansätze zur Entwicklung einer histrionischen Persönlichkeitsstruktur zu erkennen, die eine prägende ödipale Konstellation erkennen lassen.

Fallbeispiel: Eine 35jährige Mutter, extrem geltungssüchtig und kokett, berichtete, daß sie schon im Alter von 6 oder 7 Jahren in einer Gegend promenierte, von der sie gehört hatte, daß dort mehrfach kleine Mädchen von Männern angesprochen worden waren. Sie sei mit dem Wunsch dorthin gegangen, angesprochen und mitgenommen zu werden. Sie heiratete einen über dreißig Jahre älteren Mann, unterhielt daneben jedoch ständige Beziehungen zu noch älteren Männern.

Bei einer deskriptiv-phänomenologischen Betrachtung dominieren hübsche, reizvolle und kokette kleine Mädchen, die überall in den Mittelpunkt der Familie, der Klasse oder der Spielgruppe geraten, ebenso aber auch drollige, altkluge und sehr selbstbewußte Kinder, die immer eine »besondere« Haltung einzunehmen wissen und damit das Interesse der Umgebung auf sich ziehen. Das scheue, flüsternde oder mutistische Kind zieht hingegen durch sein »überbescheidenes und unauffälliges« Verhalten die Aufmerksamkeit auf sich, ebenso aber auch das leicht lenkbare und brave Kind mit erhöhtem

Einfühlungsvermögen und starker Suggestibilität. Alle diese Verhaltensweisen können sich spontan zurückbilden, aber auch Vorstufen einer hysterischen Charakterentwicklung sein. Eine sichere nosologische Zuordnung wird erst durch den weiteren Verlauf möglich.

Fallbeispiel: Ein achtjähriges Mädchen mit gehäufter histrionisch anmutender Symptomatik berichtete, daß der Rektor und einige Tage später auch die Lehrerin sie »vor der Klasse zusammengeschlagen« habe; der Schulrat habe ähnliche Drohungen ausgesprochen. Die Eltern stellten einen Antrag auf ein Disziplinarverfahren gegen die Lehrer, und es ergab sich, daß die Anschuldigungen völlig haltlos waren.

Bei *Jugendlichen* gleichen sich Häufigkeit und Art der hysterischen Symptomatik bereits weitgehend denen der Erwachsenen. Aber die physiologische Exaltiertheit und altersspezifische Pubertätstendenz des »Sich-interessant-Machens« beeinträchtigt häufig eine zuverlässige Diagnose. Die Kicher- und Lachparoxysmen pubertierender Mädchen sind oft ebenso als phasenspezifische Entwicklungserscheinungen zu betrachten wie die Kraftprotzerei und der »Männlichkeitsfimmel« *männlicher Jugendlicher,* die sich in pubertären Gebärden, auffälliger Haartracht oder in waghalsigen Motorradjagden ausdrücken. Dabei ist nicht zu übersehen, daß in der Adoleszenz hysterische Entwicklungen unbemerkt dort anknüpfen, wo sie in der Latenzzeit vorübergehend aufgegeben wurden. Fast immer handelt es sich dabei um schockierende Auffälligkeiten, teilweise mit einem sorgfältig un-

gepflegten Outfit, und um aktuelle »Moden« (Tätowierungen, Piercen, aktuelle »Schönheitsoperationen« usw.), die sich international rasch ausbreiten und nach denen man die letzten Jahrzehnte einteilen könnte; aber sie werden nur von einer dafür empfänglichen Minorität akzeptiert und übernommen.

Abb. 4.13 Das 12jährige Mädchen mit einer erheblichen psychogenen Steh-, Geh- und Stehstörung mit stark appellativem Charakter und anderen somatoformen Beschwerden drückt mit seiner Zeichnung die Hoffnung aus, wieder bald wandern (Zelte) und fotografieren zu können. Es verhielt sich kontaktschwach und mißtrauisch, auch in der Familie herrschte ein unterkühltes Klima. Unter Bewegungstherapie, suggestiven und heilpädagogischen Maßnahmen konnte es sich schließlich im Schwimmbecken frei bewegen, die dort befindliche Leiter hinaufsteigen und schließlich an einem von ihr gewünschten Feiertag wieder ohne Unterstützung stehen und laufen.

Die besonders bei jungen *Mädchen* als »La belle indifference« bezeichnete »Nicht-Betroffenheit« demonstriert mit dem maskenhaft-gleichgültigen Gesichtsausdruck, daß sie Bewunderung gewohnt sind und diese als lästig erscheinen lassen möchten, obgleich sie erwünscht und unbedingt erwartet wird. Hierher gehören auch andere theatralische mimische Ausdrucksweisen: Blähen der Nasenflügel als Ausdruck demonstrierter Überlegenheit, Stirnrunzeln als Zeichen angestrengten Nachdenkens oder Hochziehen der Augenbrauen als Ausdruck gespielten Erstaunens oder Unwillens. Manchmal sind bei jungen Mädchen nicht nur übersteigerte heterosexuelle, sondern auch gleichgeschlechtliche erotische Schwärmereien mit demonstrativ geäußertem Ekel gegenüber Männern als Zeichen einer homoerotischen Durchgangsphase zu beobachten.

Fallbeispiel: Ein 16jähriges Mädchen, das sich in seine Lehrerin verliebt hatte, holte sie morgens ab, um ihre Schulmappe zu tragen, und übernachtete unbemerkt mehrfach auf der Fußmatte vor deren Haustüre, bis die Lehrerin dies entdeckte.

Neben den biologisch mitbedingten Exaltiertheiten der Pubertät gibt es mehrere hysterische Störungen, die von prognostischer Bedeutung im Hinblick auf eine beginnende hysterische Persönlichkeitsentwicklung sein können. Die Ursprünge der psychischen Fehlhaltung des »geborenen« Hochstaplers und des Heiratsschwindlers lassen sich ebenso wie bei anderen hysterischen Persönlichkeiten sehr oft bis in die Pubertät und bei sorgfältiger Analyse häu-

fig bis in die Kleinkindzeit zurückverfolgen.

Fallbeispiel: Ein 16jähriger, körperlich akzelerierter Lehrling gab sich als Graf, Medizinstudent und Flugzeugführer aus. Er fälschte seine Ausweise, richtete sich ein Bankkonto ein und ließ Todesanzeigen drucken, in denen er seinen Vater als Staatsanwalt ausgab. Von der psychisch auffälligen Mutter war ein schon im Kleinkind- und Schulalter beginnendes abweichendes Verhalten ihres Sohnes gebilligt und gedeckt worden.

Die histrionischen *Körperstörungen* (Konversionen) manifestieren sich als mono- bzw. polysymptomatische Störungen manchmal bereits in der Schulzeit, häufig jedoch erstmals in der Pubertät. Charcot stellte im Jahr 1888 zum ersten Mal einen 14jährigen Knaben mit schweren hysterischen Anfällen vor. Grobe körperliche Ausdruckserkrankungen sind in den letzten Jahrzehnten dagegen zugunsten der sogenannten vorwiegend vegetativen »Intimformen« seltener geworden. Histrionische Körperstörungen können alle willkürlich und unwillkürlich innervierten muskulären Funktionseinheiten und Körperorgane betreffen:

1. Steh- und Gehstörungen (Abasie, Astasie) infolge psychogener Fehlinnervation der Beinmuskulatur mit Bewegungsschwäche oder -unfähigkeit der Beine, bei Kindern selten, jedoch häufiger bereits bei Jugendlichen zu beobachten;
2. Schmerzen in verschiedenen Körperbereichen, insbesondere Bauch- und anfallsweise auftretende Kopfschmerzen, oft im zeitlichen Zusammen-

mit aktuellen Ereignissen, manchmal in gleichen (Topalgien) oder in wechselnden Körperbereichen, auch »Stiche« im Kopf-, Herz- und Leibbereich;

3. Schrei- und Wutanfälle, Clown- und Faxensyndrom, Tic-Erscheinungen;

4. Psychogene Anfälle, vorwiegend bei jungen Mädchen; gelegentlich werden sie als »Hystero-Epilepsie« zusätzlich neben echten zerebralen Krampfleiden beobachtet;

5. Lähmungserscheinungen an den Extremitäten, sowohl bei Jungen als auch bei Mädchen;

6. Atmungsorgane: Schweratmigkeit, »Asthma«, Glottiskrampf, Heiserkeit, Aphonie;

7. Verdauungsorgane: Schluck- und Schlingbeschwerden, Erbrechen, Obstipation, Koliken, Magen- und Speiseröhrenkrämpfe;

Fallbeispiel: Ein 16jähriges Mädchen mit Furcht vor Gewichtszunahme konnte ohne manuelle Reizung der Rachenhinterwand jede Mahlzeit durch Willkürinnervation des Magens in »mundvollen Portionen« wieder von sich geben.

8. Sensibilitätsstörungen (Hyp-, An- und Hyperalgesien) sind ebenfalls bei Kindern und Jugendlichen selten oder das Ergebnis elterlicher Projektionen;

Fallbeispiel: Bei einem achtjährigen Jungen wurde einige Monate nach einem stumpfen Schädelhirntrauma über eine totale Analgesie des gesamten Körpers berichtet, die nach kurzer Trennungszeit vom Vater, der Rente für das Kind forderte, völlig zurückging.

9. Histrionische Dämmerzustände sind durch eine mehr oder weniger starke Einengung des Bewußtseins charakterisiert, in denen die Patienten schwerbesinnlich und schwer fixierbar sind. Das Erinnerungsvermögen ist manchmal lückenhaft, gelegentlich aber voll erhalten. Die Patienten fühlen sich in andere Umgebungen versetzt, haben ekstatische Erlebnisse oft erotisch-sexuellen Inhalts. Manchmal werden episodische Umdämmerungen mit szenenhaften Visionen und psychotisch anmutenden Denkinhalten beobachtet, die nur schwer von episodischen Bewußtseinsstörungen anderer Genese abzugrenzen sind.

Fallbeispiel: Ein 15jähriges, bei der stationären Aufnahme negativistisch-mutistisches Mädchen nimmt mit halbgeschlossenen Augen deutlich erkennbar Vorgänge in der Umgebung auf. Ein Rapport ist nicht möglich, nur frustrane Lippenbewegungen sind zu sehen. Sie war ein sehr eitles Kleinkind, das darauf beharrte, immer im Mittelpunkt zu stehen, wurde vom Vater extrem verwöhnt und war auf Mutter und Geschwister eifersüchtig. Durch »Schwäche und Hilflosigkeit« zog es die Aufmerksamkeit der Mitschüler auf sich und wurde mit Näschereien verwöhnt. Mit 12 Jahren trat während eines Schulausflugs ein psychogener Dämmerzustand mit totalem Mutismus auf. Später äußerte sie massive Beschuldigungen gegen einige Jungen der Klasse wegen angeblicher Vergewaltigung. Weitere Symptome waren massive Harnretention mit Pseudogravidität, psychogene (»spastische«) Hemiparese und Tortikollis. Nach einer Psychotherapie stellte sich eine vorübergehende Besserung des Mutismus und der

Gehstörung ein. Es folgten mehrere Rückfälle mit Klinikaufenthalten. Es gab keinerlei Hinweise auf eine endogene Psychose. Nach langjährigen Hospitalaufenthalten bildete sich eine Krampfneigung aus.

Bei dem im Jugendalter nur noch selten zu beobachtetem *Ganser-Syndrom* liegt eine psychogene Bewußtseinseinengung vor, meistens kombiniert mit einer »Pseudodemenz« und gekennzeichnet von regressiven Zügen und einem unreif-infantilen Gehabe. Diese manchmal systematisiert anmutende »Pseudodummheit« dient dem Zweck, einer harten Beurteilung oder drohenden Strafe zu entgehen. Sie ist gelegentlich mit hysterischen Körperstörungen (Anfälle, Lähmungen, Schmerzzustände) kombiniert und wird auch bei Jugendlichen in Extremsituationen (Haft) beobachtet.

In unserem Kulturkreis ist die Frequenz dieser früher auch im Kindes- und Jugendalter offenbar häufiger anzutreffenden Ausnahmezustände zugunsten von schwerer erkennbaren »Intimformen« ebenso zurückgegangen wie die leicht erkennbaren histrionischen Primitivreaktionen und wird infolge der seit Jahrzehnten voranschreitenden psychologischen Aufklärung und der dadurch verbesserten Fähigkeit, sie zu erkennen, auch bei schwachbegabten oder leichter schwachsinnigen Jugendlichen nur noch selten angetroffen.

4.5.4 Genese, Ätiologie, soziale Bedeutung, Risikofaktoren

In der normalen Entwicklung tritt das Kind erst im 4. und 5. Lebensjahr in ein Stadium ein, in dem die magisch-animistische Welt und damit verbundene Allmachtsphantasien verblassen, durch die es sich selbst als den natürlichen Mittelpunkt seiner Umwelt erlebt. Diese werden allmählich durch realistischere Wahrnehmungen und eine kritische Bestandsaufnahme abgelöst. Bei psychisch retardierten oder minderintelligenten Kindern kann dieser Entwicklungsabschnitt deutlich verzögert verlaufen, weil unreife oder defizitäre Ich-Funktionen eine Trennung von Phantasie und Wirklichkeit noch nicht erlauben.

In der *Psychiatrie* standen sich früher mehrere *Hysterie-Konzepte* gegenüber. Charcot (1825–1893) vermutete eine zerebrale Erkrankung; Janet (1859–1947) war eher von der Erblichkeit der Hysterie überzeugt. Andere Autoren wiesen auf degenerative Merkmale, auf die emotionale Labilität oder auf konstitutionelle Besonderheiten der Kranken hin. Nach Kretschmer (1946) sind hysterische Symptome »entwicklungsgeschichtlich vorgebildete Reaktionsweisen des triebhaften seelischen Untergrundes«, denen ein »Wille zur Krankheit« zugrunde liege. Noch zu Beginn des 20. Jahrhunderts wurden zahlreiche ätiologisch ungeklärte seelische und körperliche Krankheiten als hysterisch eingestuft. So wurden z. B. die epileptischen Absencen damals einhellig als hysterisches Phänomen betrachtet.

Heute ist unumstritten, daß unterschiedliche Faktoren allein oder gemeinsam an der Entstehung histrionischer Störungen beteiligt sind. Sowohl entwicklungs- und lernpsychologische als auch psychodynamische und konstitutionelle

Faktoren können eine maßgebliche Rolle spielen. Die Pathoplastik, die Ausgestaltung der Symptome, wird jedoch maßgeblich durch den Zeitgeist und die Mode bestimmt bzw. mitbestimmt.

Aus *entwicklungs- und lernpsychologischer Sicht* wird der körperlichen Wohlgestalt des »hübschen und begabten Kindes«, besonders bei Mädchen, eine bedeutsame Rolle zugewiesen. Emotional ausdrucksfähige und mimisch und gestisch begabte Kinder geraten nicht nur in der eigenen Familie, sondern auch in der Schule und in der Peer-Gruppe auch ohne eigene Ambitionen leicht in den Mittelpunkt. Das als »süß« apostrophierte, drollige und freundliche kleine Mädchen wächst unmerklich in eine Sonderrolle hinein, die es zu »Starallüren« prädisponiert. Es wird häufig vom Vater verwöhnt und bewundert und lernt, durch Koketterie und Eitelkeit, aber auch durch sein selbstbewußtes und angepaßtes Verhalten seine Einwirkung auf Kinder und Erwachsene zu verstärken. Dadurch und durch ihr selbstbewußtes Auftreten gewinnen Mädchen, manchmal auch Jungen nicht nur an Einfluß auf ihre Umgebung; sie werden bewundert. Diese Kinder leben in wechselnden, aber immer stärker auf die Umwelt gerichteten Rollen und sind vornehmlich auf eine positive Resonanz fixiert. Dabei geraten die mit Integration, Einfühlungsvermögen und Leistung verbundenen altersentsprechenden Entwicklungsziele leicht aus ihrem Blickfeld. Wer ihnen ihren Rang streitig macht, wird abgewertet. Sie übernehmen damit früh Rollen, die oft erst später als inadäquat und unecht erkannt werden.

Tab. 4.11 Fördernde familiäre Konstellationen für die Entwicklung einer histrionischen Störung bei Kindern und Jugendlichen

- hysterische Familientradition
- verwöhnende Bezugspersonen
- demonstrativer Darstellungsstil
- Modellsymptome in der Umgebung
- symbolische Symptombedeutung
- erheblicher Krankheitsgewinn
- Auftreten in »schwierigen« Situationen
- keine somatischen Ursachen

Wie wenig die auf Bewunderung und Verwöhnung ihres »hochbegabten Kindes« fixierten Eltern die Realität zutreffend einschätzen können, ergibt sich aus der nachstehenden Schilderung:

Fallbeispiel: Ein dreijähriger Junge wird von der Mutter ohne auffällige Symptomatik allein mit der dramatisch vorgetragenen Frage vorgestellt, wie das mit ihrem »beängstigend begabten Jungen« eigentlich weitergehen solle. »Was kann man da bloß machen?« Tatsächlich war der Junge nach den Ergebnissen der Leistungstests nur knapp durchschnittlich begabt.

Durch inadäquate Hochschätzung und Bewunderung entwickelt sich im Kindesalter leicht ein starkes Geltungsstreben, das sich anfangs durch die Eltern noch ausreichend absättigen läßt. Aber nach Schulbeginn und später erfahren solche Kinder immer wieder wegen nicht erfüllter Leistungsanforderungen Kränkungen und Niederlagen, die Spannungen erzeugen und nach einem Ausgleich drängen. Wenn sie nicht lernen, Enttäuschungen durch vermehrte Leistung und verstärkte Anstrengungen zu überwinden, wird auch die Zuneigung der Eltern auf die Probe gestellt. Manche Kinder halten daran fest, die Anforderungen des Tages zu umgehen, nur scheinbar zu erfüllen oder vorzutäuschen. Gelingt dies trotz des vollen Einsatzes ihres Charmes und eines probaten Ensembles nicht mehr, kann sich die histrionische Symptomatik verstärken. Wenn diese dann von den Eltern nicht mehr akzeptiert werden kann und pädagogische Maßnahmen fehlschlagen, führt dies mitunter zu einer Therapie.

Aus *psychodynamischer Sicht* liegen der hysterischen Symptomatik un- oder vorbewußte Wünsche und Phantasien zugrunde. Sie stehen in einem Zusammenhang mit einer gestörten Gefühlsbeziehung zu den Eltern. Besonders die ödipale Phase, in der der kleine Junge sich gezielt der Mutter und das kleine Mädchen sich dem Vater zuwendet (»wenn ich groß bin, heirate ich dich«), bietet Voraussetzungen zu Fehlidentifikationen, die im späteren Leben die Einstellung zu potentiellen Partnern entscheidend und nachhaltig prägen oder mitprägen können. Nach dem *psychoanalytischen Konzept* ist die Drei-Personen-Beziehung des »Ödipuskomplexes« und seine »umgekehrte« oder »negative« Bewältigung ein Ausgangsort hysterischer Fehlentwicklungen.

Sigmund Freud, Kenner der griechischen Mythologie, war nicht nur von den Themen Vatermord und Inzest sehr berührt, sondern auch von dem schuldbeladenen Schicksal der vorangehenden und nachfolgenden Generationen: Über dem Vater des *Ödipus* schwebte wegen des frevelhaften Verrats an seinem Freund ein Fluch, der den Orakelspruch herbei-

führte, daß Ödipus, der »gefährliche Sohn« (Sophokles), ihn töten werde. Ödipus wird deshalb nach der Geburt von seinen Eltern ausgesetzt, aber gerettet. Als heranwachsender Mann erschlägt er auf dem Weg nach Theben seinen Vater, den er nicht erkennt, obgleich er nachhaltig vor einer solchen Begegnung gewarnt worden war. Er rettet Theben und heiratet unwissentlich seine Mutter, mit der er vier Kinder hat. Als das Geheimnis offenbar wird, tötet sich seine Mutter-Ehefrau, und Ödipus blendet sich. Alle haben sich schuldig gemacht: der wegen einer Untat verfluchte Vater, die um die Aussetzung ihres Sohnes wissende Mutter und Ödipus, der die göttliche Prophezeiung, er werde seinen Vater erschlagen, überhörte.

Anhaltende Disharmonien zwischen den Beteiligten der *Triade Mutter-Vater-Kind* können bei einer mißlungenen Identifikation mit dem gleichgeschlechtlichen Elternteil oder/und einer gescheiterten Beziehung zum gegengeschlechtlichen Elternteil zu histrionischen und anderen Störungen führen. Daß eine derartige ödipale Problematik tatsächlich sehr häufig an der Entstehung dieser Störungen beteiligt ist, ist durch den sozialen Wandel in den vergangenen Jahrzehnten und den damit einhergehenden Emanzipationsprozeß keineswegs obsolet geworden, sondern nach wie vor aktuell. Besonders begünstigend für die Entwicklung einer hysterischen Störung bei Kindern scheint die familiäre Konstellation einer hysterischen Mutter mit einem »hysterophilen« Vater zu sein. Sie bietet dem Kind Schablonen zur Nachahmung und zur Identifikation mit der Mutter, um mit vergleichbaren theatralischen Darstellungen die Erfüllung egoistischer Wünsche durch den bewunderten Vater zu erreichen. In diesem Spannungsfeld von Identifikation mit der Mutter und gleichzeitiger Zuwendung zum verwöhnenden Vater entwickeln sich nicht selten neurotische Störungen und erste Entwürfe für eine spätere Partnerwahl. Dabei bleiben bei einer Überhöhung des Vaterbildes als Partnervorbild spätere Enttäuschungen nach einer Partnerwahl nicht aus.

Fallbeispiel: Ein überdurchschnittlich begabter 15jähriger Junge aus einer wohlhabenden Familie, verwöhnt von Mutter und Großmutter, erscheint in verschmutzter Kleidung und mehrfarbig getönten Haaren und einem langem Zopf. Er hat immer im »absoluten Mittelpunkt der Familie« gestanden. Mehrfach blieb er über Wochen von zu Hause fort und wurde wegen destruktiver Handlungen auffällig. Er lehnt jeglichen, sogar einen Hauptschulbesuch ab und verharrt in Dauerprotest gegen den angeblich allmächtigen, ständig kommentierenden und anordnenden Vater, der sich in Familiensitzungen als »tolerant-bis-zum-Geht-nichtmehr« erweist. Ein psychotherapeutischer Behandlungsversuch scheitert, weil Sitzungstermine nicht wahrgenommen werden.

Aber auch der *Erziehungsstil*, der die frühe Kindheit prägt, ist für die Entwicklung von Neurosen manchmal von pathogener Bedeutung. Eine emotional kühle, strenge und strafende Erziehung kann in Einzelfällen Kinder veranlassen, in eine hysterische Symptomatik auszuweichen, um auf diese Weise die Aufmerksamkeit der Eltern und Liebeszuwendungen von ihnen zu erhalten. Bei einer extrem verwöhnenden liberalen Erziehung kann das Kind eine pathologische Bequemlichkeitshaltung einnehmen und versuchen, seine Wünsche durch andere erfüllt zu bekommen.

Angst und Hysterie sind eng an die *Konstitution* gebunden, und sie können sich in in jedem Lebensalter manifestieren. Kinder verfügen bekanntlich über gesteigerte Suggestibilität, die im Zusammenhang mit ihrer anfangs fast vollständigen Abhängigkeit von Erwachsenen gesehen werden kann. Andererseits ist ihre Fähigkeit, etwa im Spielgeschehen rasch zwischen unterschiedlichen Rollen zu wechseln, in den ersten Lebensjahren charakteristisch. Bei älteren Kindern zeigt sich die starke Beeinflußbarkeit auch in einer besonders hohen Placebo-Responderrate. Diese entwicklungsspezifischen Besonderheiten erweisen sich dann als nachteilig, wenn sie zu einer Nachahmung und Übernahme von psychischen Störungen anderer führen.

Im Hinblick auf *neurobiologische Faktoren* ist bemerkenswert, daß es zahlreiche neurochemische Hypothesen über Stoffwechselstörungen bei Depressionen, Zwangsneurosen, Angstsyndromen und bei den affektiven und schizophrenen Psychosen gibt. Aber es gibt nicht einmal Ansätze zur Erklärung eines neurochemischen Mechanismus hysterischer oder konversioneller Störungen. Auch die frühere Annahme, daß man bei vielen hysterisch Kranken gehäuft asynchrone Entwicklungen und Teilretardierungen nachweisen könne, wurde durch Kontrolluntersuchungen ebensowenig bestätigt wie eine große Häufigkeit physischer und psychischer Infantilismen (Genital-mißbildungen, Neurasthenie, Infantilität, Reifungsasynchronien).

Dagegen kann man eine kulturelle und *familiäre Symptomtradition* bei hysteri-schen wie bei vielen anderen Neurosen re-lativ häufig nachweisen und oft bis zu den Großmüttern hysterischer Kinder zurück-verfolgen. Dabei ist es immer wieder er-staunlich, wie exakt manchmal die Müt-ter die hysterische Symptomatik ihrer Kinder und ihrer eigenen Mütter be-schreiben und zutreffend einordnen kön-nen, aber scheinbar keine Sensibilität für ihre eigene Gestörtheit besitzen.

Manchmal sind familiäre hysterische Konstellationen bereits nach einer kurzen Begegnung mit dem Kind und seiner Mutter zu erkennen, etwa wenn solche Mütter ihre eigene Mutter und ihr Kind als »hysterisch« bezeichnen, ihre eigene histrionische Einstellung aber nicht be-merken.

Fallbeispiele: Die 28jährige Mutter eines neunjährigen Jungen mit hysterischer Sympto-matik machte bei verschiedenen Dienststellen widersprüchliche Angaben über den früheren Ehemann und die Scheidungsgründe, die sie teilweise wieder vergessen hatte. Sie behaup-tete, ihr Mann sei ein »sadistischer Homosexu-eller« gewesen, mit dem sie in mehrjähriger Ehe nur einige Male Geschlechtsverkehr hatte. Eine erneute Heirat sei am Widerstand der künfti-gen Schwiegermutter gescheitert, die mit ihrem erwachsenen Sohn im gleichen Bett geschlafen habe. Die Mutter der Patientin wird als schwer hysterisch bezeichnet; sie habe ebenso wie de-ren Mutter (Großmutter der Patientin) ihren

Mann durch Leichtsinn, Launen und Rücksichts-losigkeit zugrunde gerichtet. Dabei sei ihr Vater »der beste Mensch der Welt«; er lebe in der gleichen Stadt, aber sie habe ihn in den letzten zwei Jahren aus Zeitmangel nicht gesehen. Die Patientin erkundigt sich schließlich, ob es in ih-rer Situation nicht doch besser sei, erneut zu heiraten; sie habe zwei Bewerber, könne sich aber nicht entscheiden, wem sie den Vorzug geben solle.

In einer solchen hysterischen Familie wird ein Kleinkind etwa wie eine kleine Dame angezo-gen und herausgeputzt und an die Großmutter gegen Bezahlung »verliehen«, damit sie es ih-ren Bekannten in einem Café präsentieren kann, aber dabei nicht zu berichten vergißt, daß die Tochter ihr das Enkelkind nur »gegen Geld« zur Verfügung gestellt habe.

Andererseits haben in Familien, in denen gehäuft hysterische Persönlichkeitsdevia-tionen vorkommen, tradierte exaltierte Verhaltensweisen einen hohen Stellenwert und werden an die Kinder weitergegeben.

Fallbeispiel: Die lebhafte und gefallsüchtige Sechsjährige ist Tochter einer hektisch-exaltier-ten, hysterischen Mutter, die angeblich von ei-nem »heißblütigen Balkangeschlecht« ab-stammt und in deren Haus ständig »Jubel, Tru-bel, Heiterkeit herrschen«. Das gestische und mimische Ausdrucksgehabe des Kindes ent-spricht völlig dem der Mutter. Das Kind wird von der Mutter unausgesetzt mit »interessanten Sachen« belästigt, die seine psychische Kapazi-tät überfordern. Es hatte keine Zeit zum Spie-len, weil es ständig an Partys, Autofahrten, Ausflügen und am täglichen Einkaufsbummel teilnehmen mußte.

Die *soziale Bedeutung* von hysterischen Störungen im Kindes- und Jugendalter liegt in der Ausbildung hysterischer Gewohnheitshaltungen, in der Stereotypisierung hysterischer Reaktionen und in der Entwicklung einer hysterischen Charakterneurose bzw. Persönlichkeitsstörung. Hysteriegefährdete Kinder verharren lange in einer verstärkten infantilen Abhängigkeit und werden dadurch zusätzlich in ihrer Entwicklung gehemmt. Kinder und Jugendliche mit histrionischen Störungen unterliegen häufig Vorverurteilungen und werden mit Schuldzuweisungen bedacht. Der negative Stellenwert von histrionischen Kindern und Jugendlichen in der Peer-Gruppe und als Gemeinschaftswesen erklärt sich aus ihrer selbstsüchtig-gemeinschaftswidrigen Symptomatik, ihrer Unzuverlässigkeit und Bequemlichkeitshaltung und aus ihrer vorwiegend opportunistischen Einstellung.

4.5.5 Diagnose und Differentialdiagnose
Die Diagnose einer hysterischen Störung im Kindes- und Jugendalter stützt sich auf passagere oder anhaltende histrionische Verhaltensstörungen, die sich in einem übertriebenen Streben nach Lob und Anerkennung, gesteigerter Suggestibilität, einem demonstrativ-theatralischen Verhalten, einer übersteigerten Selbstdarstellung und in dem Wunsch ausdrücken, immer im Mittelpunkt zu stehen. Kinder mit hysterischen Störungen gehen altersadäquaten Anforderungen und Anstrengungen gern aus dem Weg, wenn sie Leistungsziele durch Delegieren an andere bequemer und einfacher erreichen können. Es liegt im Wesen der histrionischen

Störungen, daß sie praktisch alle emotionalen Störungen imitieren, aggravieren und simulieren können.

Differentialdiagnose. Kinder im Vorschul- und im frühen Schulalter zeigen gelegentlich hysterieähnliche Symptome, deren Genese sich aber aus einer noch unvollkommenen Differenzierungsfähigkeit zwischen Phantasie und Realität ableiten läßt. Die auch älteren Kindern eigene Begabung zur Nachahmung kann gelegentlich zu psychischen Induktionen führen, ohne daß eine Hysterie im engeren Sinne vorzuliegen braucht. Besonders bei Kindern neurotischer oder psychotischer Eltern werden gelegentlich gleichartige induzierte Symptome beobachtet.

Somatoforme Symptome bei neurotischen und psychotischen Erkrankungen, die nicht überwiegend einer konversionellen Dynamik unterliegen, stellt man z.B. auch bei mono- und bipolaren Depressionen als typische Merkmale larvierter Depressionen fest. Bei schizophrenen Psychosen finden sich neben haptischen Halluzinationen häufig eigenartige abnorme Leibgefühle, ohne das Kriterium des von außen »Gemachten« (Coenästhesien).

4.5.6 Therapie, Prognose und Prävention
Als *Krankheitsbild* wurde die Hysterie etwa zur gleichen Zeit von Kraepelin (1899) als »hysterisches Irresein« und von Freud (1888) als »hysterische Neurose« inauguriert. Den konträren ätiologischen Vorstellungen entsprachen die jeweiligen Behandlungsvorschläge. Das ist in mancher Beziehung auch heute noch der Fall. Die verhaltenstherapeutische und die medikamentöse Behandlung zielten in

erster Linie auf die Symptomatik, die sich aktuell oft als sehr wirksam erweisen. Die psychodynamischen Methoden halten den Anspruch auf eine kausal orientierte Therapie aufrecht, beziehen symptombessernde Therapien aber immer mit ein. Zu den Verdiensten der *Psychoanalyse* gehört es, neben der psychiatrischen Querschnittsdiagnose die Bedeutung der Längsschnittsdiagnose erkannt und für die Therapie berücksichtigt zu haben.

Die *Krankenrolle* des Kindes oder Jugendlichen ist zunächst zu akzeptieren. In welchem Maße sie aufgegeben werden kann, hängt vor allem von der Einsichts- und Erkenntnisfähigkeit des Patienten ab und vom Grad des Vertrauens, das er seinem Therapeuten entgegenbringt. Als *Behandlungsziel* muß man formulieren, daß »gemeinsam« Symptom- und Beschwerdefreiheit erreicht werden soll. Das Kind muß sich darauf verlassen können, daß der Therapeut zu ihm steht und es auch bei einer bewußtseinsnahen Symptomatik nicht verraten wird. Über die Symptomgenese wird nur dann gesprochen, wenn der Patient es will und wenn eine längerfristige Behandlung eingeleitet oder vorgesehen ist.

Leichtere hysterische Reaktionen bei Kleinkindern erfordern meist keine spezielle Intervention oder psychotherapeutische Behandlung des Kindes und seiner Familie. Sie bilden sich oft spontan zurück, erfordern aber eine sorgfältige Beobachtung der weiteren Entwicklung. Im Gespräch mit den Eltern sollte der *Ausdruck Hysterie* grundsätzlich nicht verwendet werden. Zweckmäßig erscheint die Anwendung einer unverfänglicheren, wenn auch im Grunde nicht weniger aus-

sagekräftigen Bezeichnung wie etwa »psychogene Störung«.

Ältere Kinder und *Jugendliche* brauchen eine konsequente Behandlung unter Einbeziehung ihres *sozialen Umfeldes*. Das Ziel der Behandlung ist es, störende und sozial unverträgliche Verhaltensweisen zu korrigieren. Den regellos auftretenden und oft wechselnden Störungen steht eine therapeutische Methodenvielfalt zur Verfügung. Mit den Eltern sollte man biographisch orientierte Gespräche führen, die eine Erörterung etwaiger fehlerhafter pädagogischer Einstellungen einschließen. Als mögliche Ursachen und als auslösende und aufrechterhaltende Ereignisse kommen in Betracht: psychische Erkrankungen bei den Eltern oder innerhalb der Familie und latente oder chronische familiäre Probleme wie Partnerkonflikte, Alkoholismus, Arbeitslosigkeit usw. Mit den Kindern und Jugendlichen sind nach einleitenden Einzelgesprächen und je nach Alter und Schwere der Verhaltensstörung in erster Linie *psychotherapeutische Maßnahmen* zu erwägen: eine psychodynamische oder verhaltenstherapeutische Einzeltherapie und Entspannungsverfahren, manchmal auch eine Gruppentherapie, in geeigneten Fällen auch eine Hypnotherapie. Mitunter kann allein eine Familientherapie erfolgreich sein, in allen anderen Fällen sollte sie als begleitende Maßnahme eingesetzt werden. Feste Termine und Zeiten für Gespräche mit den Therapeuten sind notwendig; ein Austausch »zwischen Tür und Angel« sollte vermieden werden.

Unbedingte Voraussetzung für die Behandlung eines Kindes mit psychischen und konversionellen (somatoformen) Störungen ist eine Neutralisierung und Harmonisierung seiner *Umgebung*, damit verstärkende oder verfestigende Faktoren ausgeschlossen werden können. In vielen Fällen ist eine stationäre Behandlung unabdingbar, auch wenn sie oft nur schwer gegen den Widerstand von Kind und Eltern durchzusetzen ist, weil man ohne eine längere Trennung, die manchmal zusätzlich eine initiale Kontakt- und Besuchssperre der Eltern erfordert, eine effektive Therapie gar nicht durchführen kann. Hysterische und konversionsneurotische Kinder und Jugendliche brauchen zwar eine konsequente Behandlung, aber kränkende und demütigende Bloßstellungen und Enthüllungen sind strikt zu vermeiden. An die Stelle früher üblicher abrupter, aus heutiger Sicht diskriminierender Verfahren (Kaltwasser- und faradische Behandlungen, appellative und protreptische Verfahren), die unter der Vorstellung, daß über akuten hysterischen Symptomen »die Sonne nicht mehr aufgehen« dürfe, sind vielfältige psycho- und verhaltenstherapeutische Verfahren getreten, die

Tab. 4.12 Günstige Voraussetzungen für eine Behandlung hysterischer Störungen im Kindes- und Jugendalter

---

- neutrale Akzeptanz der Symptomatik
- keine Schuldzuweisungen
- keine diskriminierenden Behandlungsverfahren
- sachliche therapeutische Atmosphäre
- gemeinsame Erstellung eines Therapieplanes
- feste Gesprächs- und Behandlungstermine
- Einbeziehung der Bezugspersonen

---

das Kind gleichzeitig ernst nehmen, entlasten und ermutigen sollen. Vorrangiges Ziel des *Arbeitsbündnisses* ist es, in gemeinsamer Arbeit das Symptom zu beseitigen. Der Übergang zum Symptomverzicht muß »in Ehren« ermöglicht werden. Wegen der regellos auftretenden, oft wechselnden Symptomatik ist eine Methodenvielfalt anzuraten, wie Gespräche, initiale sedierende Medikationen, physiotherapeutische Maßnahmen (Gehübungen, Schwimmübungen bei »Lähmungen«), suggestive Maßnahmen und übende Verfahren (autogenes Training, Muskelrelaxation nach Jacobson, Hypnose), die mit einer *Familientherapie* einhergehen müssen. Das Kind und seine Eltern müssen den Eindruck gewinnen, daß die sozial unverträgliche Verhaltensstörung des Kindes ernst genommen wird. Ob und in welchem Umfang eine Besserung der Symptomatik möglich ist, hängt entscheidend von der Motivation, von der Einsichtsfähigkeit und der Intelligenz des Kindes ab. Während eines stationären Aufenthalts sollten die Mitarbeiter und die anderen Kinder und Jugendlichen auf der Station versuchen, den Patienten trotz seines oft provozierenden Verhaltens anzunehmen, ihm aber auch kritisch gegenüberzutreten. *Verhaltenstherapeutische* Interventionen haben den Vorteil, daß sie auch für Kinder klar und übersichtlich sind und daß man sie gut begründen kann. Dabei darf man belastende persönliche Probleme nur ansprechen, wenn dies gewünscht wird. Wichtige Kontaktpersonen müssen in den Behandlungsprozeß einbezogen werden, um als Verstärker zu wirken. Die Therapie sollte tiefenpsychologisch ausgerichtet sein und bestehende Konflikte, ein gestörtes Selbstwertgefühl, Ich-Schwächen und unbewußte Inszenierungen einbeziehen, jedenfalls aber erkennen und für die weitere Therapie berücksichtigen.

Die *Prognose* hysterischer Syndrome ist im Kindesalter relativ günstig, wenn die Symptomatik noch nicht lange besteht und eine rasche Besserung der Störung erzielt werden konnte. Die bislang durchgeführten Langzeituntersuchungen von Kindern mit hysterischen Störungen erbrachten keine übereinstimmenden Resultate.

Daß eine *Prävention* oft wirksamer als eine Therapie ist, kann man bei hysterischen Störungen besonders deutlich aufzeigen. Eine generelle Prävention der Hysterie ist aber nicht möglich, denn die Bereitschaft, hysterisch zu reagieren, ist bei vielen Menschen vorhanden. Die Zahl der Kinder und Jugendlichen, die mit »klassischen« Konversionen erkranken, ist relativ gering; an ihre Stelle sind larvierte Intimformen getreten, in denen das hysterische Element oft erst entdeckt und freigelegt werden muß. Derzeit ist eine stärkere Komorbidität mit hysterischen Depressionen und narzißtischen Entwicklungen zu registrieren.

Wenn die bei vielen Menschen bestehende *latente Bereitschaft* zu hysterischen Reaktionen nicht berücksichtigt wird, können ihre Auslöser mit ihren Ursachen verwechselt werden. Die Auslöser sind austauschbar und teilweise vom Zeitgeist vorgegeben. Das drückt sich besonders in der hohen »Infektiosität« hysterischen Verhaltens aus. Psychische Epidemien mit hysterischen oder hysterisch anmutendem Verhalten sind von alters her bekannt, sie sind von Zeit- und *Modeströmungen* abhängig. Sie waren mit beteiligt an Kinderkreuzzügen und Hexenverbrennungen und drückten sich in tage- und wochenlang anhaltenden »Lach- und Kicheranfällen« in Klosterschulen ebenso aus wie in der »Tanzwut« nach Katastrophen und Kriegen. Heute lassen sich epidemisch ausbreitende hysterische Tendenzen manchmal ebenso bei fanatischen Fans von Filmschauspielern oder Fußballclubs vermuten wie in rauschhaft erlebten Konzerten von Pop-Sängern oder bei den »Groupies«.

Die vor Jahren propagierte Voraussage, daß die Hysterie durch eine zunehmende sexuelle Aufklärung und sexuelle Freizügigkeit verschwinden werde, hat sich nicht bestätigt. Es bleibt also offenbar bei der Feststellung von Charcot vor über 100 Jahren, daß »kein Machtwort, gleichgültig, von wo es ausgeht, je vermögen wird, sie, die Hysterie, von dem Register der Krankheiten zu streichen«.

Literatur

Abrahams MJ, Whitlock FA (1969) Childhood experience and depression. Brit. J. Psychiat. 115: 883–888

Adorno TW (1990) Studien zum autoritären Charakter. Frankfurt: Suhrkamp Taschenbücher

Allsopp M, Verduyn C (1988) A follow-up of adolescents with obsessive-compulsive disorder. Brit. J. Psychiat. 154: 829–834

Bassler M (1999) Psychotherapie und/oder Pharmakotherapie bei Angststörungen. Psycho 25: 439–446

Baumeyer F (1961/62) Erfahrungen über die Behandlung psychogener Erkrankungen in Berlin. Z. Psychosom. Med. 8: 167–183

Beck AT (1972) Depression. Philadelphia: University Press

Beck N (1988) Depression im Kindes- und Jugendalter. Diss. Würzburg, S. 24 ff.

Bemporad JR (1994): Dynamic and Interpersonal Theories of Depression. In: Reynolds WM, Johnston HF (Hrsg) Handbook of Depression in Children and Adolescents. New York/London: Plenum

Benkelfat C, Murphy DL, Zohar J, Hill JL, Grover G (1989) Clomipramine in obsessive-compulsive disorder. Arch. Gen. Psychiat. 46: 23–28

Berg CZ (1989) Behavioral assessment techniques for obsessive-compulsive disorder in childhood. In: Rapoport JL (Hrsg) Obsessive compulsive disorder in children and adolescents. Am. Psychiat. Press: 41–70

Bernstein GA, Borchardt CM, Perwien BA (1996) Anxiety disorder in children and adolescents: a review of the past 10 years. J. Am. Acad. Child Adolesc. Psychiat. 35: 1110–1119

Betz C (1986) Zum familiären Hintergrund von Kindern und Jugendlichen mit Zwangssyndromen. Diss. Würzburg

Birmaher B, Neal R, Williamson DE, Brent DA, Kaufman J, Ronald E, Dahl RE, Perel J, Nelson B (1996): Childhood and Adolescent Depression: A Review of the Past 10 Years. Teil I und II. J. Am. Acad. Child Adolesc. Psychiat. 35(11): 1427–1439

Blanz B, Lehmkuhl G (1986) Konversionssymptomatik im Kindes- und Jugendalter. Fortschr. Neurol. Psychiat. 54: 356–363

Bleuler E (1966) Lehrbuch der Psychiatrie. Umgearb. von Bleuler M. Berlin/Heidelberg/New York: Springer

Blöschl L (Hrsg) (1981) Verhaltenstherapie depressiver Reaktionen. Bern: Huber

Blöschl L (1983) Frühkindliche Deprivation und depressive Fehlentwicklung in verhaltenspsychologischer Sicht. In: Nissen G (Hrsg) Psychiatrie des Kleinkind- und des Vorschulalters. Bern: Huber

Bowlby J (1951) Maternal care and mental health. Genf: WHO Monograph Series, 2

Bräutigam W (1998) Reaktionen, Neurosen, Abnorme Persönlichkeiten. Stuttgart: Thieme

Bräutigam W, Christian P, Rad M von (1997) Psychosomatische Medizin. Stuttgart: Thieme

Brown F (1961) Depression and childhood bereavement. Br. J. Psychiat. 107: 754–777

Bürgin D (1993) Psychosomatik im Kindes- und Jugendalter. Stuttgart: Enke

Campbell SB (1995) Behavior problems in preschool children: a review of recent research. J. Child Psychol. Psychiat. 36(1): 113–149

Caplan HL (1985) Hysterical conversion symptoms in childhood. Zit. nach Hersov L: Emotional disorders. In: Rutter M, Hersov L (Hrsg) Child and adolescence psychiatry. Oxford: Blackwell

Cattell RB (1982) The Inheritance of Personality and Ability. New York: Academic Press

Charcot JM (1877–1889). Lectures on the diseases of the nervous system. London: New Sydenham Society

Chiccetti D, Toth SL (1992) Child maltreatment. Child Dev. 55: 1–7

Ciompi L (1982) Affektlogik. Über die Struktur der Psyche und ihre Entwicklung. 5. Aufl., Stuttgart: Klett-Cotta 1998

Clyne MB (1969) Schulkrank? Schulverweigerer als Folge psychischer Störungen. Stuttgart: Klett

Csef H (1988) Zur Psychosomatik des Zwangskranken. Berlin: Springer

Cummings EM, Davies PT (1994) Maternal depression and child development. J. Child Psychol. Psychiat. 35: 73–112

Cytryn L, McKnew DA jr (1972) Proposed classification of childhood depression. J. Psychiat. 129: 149–155

Dahl V (1971) A follow-up study of a child psychiatric clientele, with regard to manic-depressive psychosis. In: Annell AL (Hrsg) Depressive States in Childhood and Adolescence. Stockholm: Almquist & Wiksell, S. 534–541

Dannhauser H (1973) Geschlecht und Persönlichkeit. Berlin: Deutscher Verlag der Wissenschaft, S. 247–258

Davis S (1998): Childhood depression. http://www.davishealth.co/depress.htm

Delbrück A (1891) Die pathologische Lüge. Stuttgart: Enke

Denckla MB (1989) Neurological examination. In: Rapoport JL (Hrsg) Obsessive-compulsive disorder in children and adolescents. Washington: Am. Psychiat. Press: 107–115

Deneke FW (1999) Psychische Struktur und Gehirn. Die Gestaltung subjektiver Wirklichkeiten. Stuttgart: Schattauer

Dollard J, Doob L, Miller N, Mowrer OH, Sears RR (1939) Frustration and aggression. New Haven: Yale Univ. Press

Döpfner M (1993) Zwangsstörungen. In: Steinhausen HC, Aster M von (Hrsg) Handbuch der Verhaltenstherapie und Verhaltensmedizin bei Kindern und Jugendlichen. München: Beltz, S. 267–318

Eggers C (1987) Konversionssymptome und -syndrome bei Kindern und Jugendlichen. Jahrb Psychoanal 21: 159–176

Egle UT, Hoffmann SO, Steffens M (1997) Psychosoziale Risiko- und Schutzfaktoren in Kindheit und Jugend als Prädisposition für psychische Störungen im Erwachsenenalter. Nervenarzt 68: 683–695

Emminghaus H (1887) Die psychischen Störungen des Kindesalters. Tübingen: Laupp

Emslie GJ (1997) Children and Depression. questpub.com/TT-Mag/1997–2-Spr/Emslie-Spr/Emslie-SP97.html

Ernst C und Luckner N von (1985): Stellt die Frühkindheit die Weichen? Eine Kritik an der Lehre von der schicksalhaften Bedeutung erster Erlebnisse. Stuttgart: Enke

Esser G, Schmidt MH (1987) Minimale Cerebrale Dysfunktion – Leerformel oder Syndrom? Stuttgart: Enke

Esser G, Schmidt MH, Blanz B, Fätkenheuer B, Fritz A, Koppe T, Laucht M, Rensch B, Rothenberger A (1992) Prävalenz und Verlauf psychischer Störungen im Kindes- und Jugendalter. Z. Kinder-/Jugendpsychiat. 20(1): 232–242

Esser G, Ihle W, Schmidt MH, Blanz B (2000) Der Verlauf psychischer Störungen vom Kindes- zum Erwachsenenalter. Z. Klin. Psychol. Psychotherap. 29(4). Göttingen: Hogrefe, S. 276–283

Evans J (1982) Adolescent and pre-adolescent psychiatry. London: Academic Press, S. 231–233

Evers J (1997) Depression in childhood. http://www.pplusmeriter.com/living/library/mental/depress.html

Eysenck HJ (1959) Learning theory and behavior therapy. J. Ment. Sci. 105: 61–75

Eysenck HJ (1960) The effects of psychotherapy: An evaluation. In: Handbook of abnormal Psychology. London: Pipman

Eysenck HJ (1981) A Model for Personality. Berlin: Springer

Faber FR, Haarstrick R (1999) Kommentar Psychotherapie – Richtlinien. München: Urban und Fischer

Flament M, Rapoport J, Berg CJ, Sceery W, Kilts C, Mellstrom B, Linnoila M (1985) Clomipramine treatment of childhood obsessive-compulsive disorder. A double blind controlled study. Arch. Gen. Psychiat. 42: 977–983

Flekkoy K (1987) Epidemiologie und Genetik

In: Kisker KP, Lauter H, Meyer JE, Müller C, Strömgren E (Hrsg) Psychiatrie der Gegenwart, 4. Schizophrenien. Berlin: Springer

Flügel FE (1924): Das Bild der Melancholie bei intellektuell Minderwertigen. Z. Ges. Neurol. Psychiat. 92: 634–643

Freud A (1968) Wege und Irrwege in der Kinderentwicklung. Bern/Stuttgart: Huber/Klett; jetzt Klett-Cotta, 6. Aufl., 1994

Freud A, Burlingham DT (1943) Infants without families. New York: Int Univ Press

Freud S (1895) Über die Berechtigung, von der Neurasthenie einen bestimmten Symptomenkomplex als Angstneurose abzutrennen. Ges. Werke, Bd. I, S. 313–342

Freud S (1888) Analyse der Phobie eines fünfjährigen Jungen. Ges. Werke, Bd. VII

Freud S (1908) Charakter und Analerotik. Ges.Werke, Bd. VIII

Freud S (1968) Drei Abhandlungen zur Sexualtheorie. Ges. Werke, Bd. X. London: Imago

Friese HJ, Trott GE (Hrsg) (1988) Depression in Kindheit und Jugend. Bern: Huber

Friese HJ, Friese A (1997) Aufregen hilft nicht, Mama. 2. Aufl. Freiburg: Herder

Gebsattel VE von (1972) Die anankastische Fehlhaltung. In: Gebsattel VE von, Giese H, Hirschman J et al. (Hrsg) Grundzüge der Neurosenlehre. München: Urban & Schwarzenberg

Gehlen A (1978) Der Mensch. Seine Natur und seine Stellung in der Welt. Wiesbaden: Akademische Verlagsgesellschaft Athenaion

Gittelman-Klein R, Klein DF (1971) Controlled Imipramin treatment of school phobia. Arch. Gen. Psychiat. 25: 204

Glueck S, Glueck E (1957) Unraveling juvenile delinquency, 3. Aufl. Cambridge, MA: Harvard Univ. Press. Deutsch: Jugendliche Rechtsbrecher. Stuttgart: Enke 1963

Gottschaldt K (1942) Zur Methodologie der Persönlichkeitsforschung in der Erbpsychologie. Leipzig: Barth

Graham P, Turk J, Verhulst F (1999) Child Psychiatry. New York: Oxford University Press

Grawe K, Donati R, Bernauer F (1994) Psychotherapie im Wandel. Von der Konfession zur Profession. 2. Aufl. Göttingen: Hogrefe

Griesinger W (1845) Die Pathologie und Therapie der psychischen Krankheiten. Nachdruck 1964. Amsterdam: Bonset

Hamburger F (1939) Die Neurosen des Kindesalters. Stuttgart: Springer

Hand I (1986) Verhaltenstherapie und kognitive Therapie in der Psychiatrie. In: Kisker KP, Lauter H, Meyer JE, Müller C, Strömgren E (Hrsg) Neurosen, psychosomatische Erkrankungen, Psychotherapie. Psychiatrie der Gegenwart, Bd. 1, 3. Aufl., Berlin/Heidelberg/New York/Tokio: Springer

Harbauer H (1969) Zur Klinik der Zwangsphänomene beim Kind und Jugendlichen. Jahrb. Jugendpsychiat. VII: 181–191

Harlow HF, Suomi SJ (1970) Induced psychopathology in monkeys. Engineering Sci. 33: 814–825

Harrington R, Fudge H, Rutter M, Pickles A, Hill J (1990) Adult outcome of childhood and adolescent depression. I. Psychiat status. Arch. Gen. Psychiat. 47: 465–473

Harrington R, Fudge H, Rutter M, Pickles A, Hill J (1991) Adult outcome of childhood and adolescent depression. II. Links with antisocial disorder. Am. Acad. Child Adol. Psychiat. 48: 434–439

Hartmann K (1998) Theoretische und empirische Beiträge zur Verwahrlosungsforschung, 2. Aufl. Berlin/Heidelberg/New York: Springer

Hazell P, O'Connel D, Hethcote D, Robertson J, Henry D (1995) Efficacy of tricyclic drugs in treating children and adolescent depression: a meta-analysis. Brit. Med. J. 310: 897–901

Hemminger U (1994) Motorik und Zwangserkrankung im Kindes- und Jugendalter. Ein Vulnerabilitätskonzept. Diss. Bamberg

Herrmann M, Herrmann JM (1995) Neue Aspekte zum Verständnis von Zwangsstörungen. Extr. Psychiatr. 5: 3

Hoffmann SO (1986) Psychoneurosen und Charakterneurosen. In: Kisker KP, Lauter H, Meyer JE, Müller C, Strömgren E (Hrsg) Psychiatrie der Gegenwart. Berlin/Heidelberg/New York/Tokio: Springer

Homburger A (1926) Psychopathologie des Kindesalters. Berlin/Heidelberg/New York: Springer

Hopkinson G, Reed GF (1966) Bereavement in childhood and depressive psychosis. Brit. J. Psychiat. 112: 459–463

Israel L (1993) Die unerhörte Botschaft der Hysterie. München/Basel: Reinhardt

Janet P (1965) The major symptoms of hysteria. New York: Hafner

Jaspers K (1973) Allgemeine Psychopathologie. Berlin/Heidelberg/New York: Springer

Judd LL (1965) Obsessive compulsive neurosis in children. Arch. Gen. Psychiat. 12: 136–143

Jung CG (1959) Gesammelte Werke. Zürich: Rascher

Kallmann FJ (1953) Heredity in health and mental disorders. New York: Norton

Kanfer F, Saslow G (1969) Behavioural diagnoses. In: Franks C (Hrsg) Behaviour therapy: Appraisal and status. New York: McGraw-Hill

Kanner L (1943) Autistic disturbances of effective contact. Nerv. Child 2: 217–250

Kapfhammer HP (2000) Angststörungen. In: Möller HJ, Laux G, Kapfhammer HP (Hrsg) Psychiatrie und Psychotherapie 52. Berlin/Heidelberg: Springer, S. 1182–1227

Kashani JH, Carlson GA (1987) Seriously depressed preschoolers. Am. J. Psychiat. 144: 348–350

Kashani J, Simonds JF (1979) The incidence of depression in children. Am. J. Psychiat. 136: 1203–1205

Kielholz P, Adams C (1988) Die larvierten Depressionen bei Kindern, Jugendlichen und Erwachsenen. In: Friese HJ, Trott GE (Hrsg) Depression in Kindheit und Jugend. Stuttgart: Huber, S. 148–155

Kierkegaard S (1922) Begriff der Angst. Gesammelte Werke, Bd V. Jena: Diederichs

Knölker U (1987) Zwangssyndrome im Kindes- und Jugendalter. Klinische Untersuchungen zum Erscheinungsbild, den Entstehungsbedingungen und zum Verlauf. Göttingen: Vandenhoeck & Ruprecht

Kovacs M, Beck AT (1977) An empirical clinical approach toward the definition of childhood depression. In: Schulterbrand JG, Ruskin A (Hrsg) Depression in childhood: Diagnoses, treatment and conceptual models. New York: Raven Press

Kovacs M, Feieberg TL, Crouse-Novak A, Paulauskas SL, Finkelstein R (1984) Depressive disorders in childhood. A longitudinal prospective study of characteristics and recovery. Arch. Gen. Psychiat. 41: 229–237

Kovaljew BB (1989): Diagnostik psychischer Erkrankungen bei Kindern und Jugendlichen (russisch). Moskau

Kraepelin E (1899) Einführung in die Psychiatrische Klinik. 6. Aufl., Leipzig: Barth

Kretschmer E (1946) Hysterie, Reflex und Instinkt. 4. Aufl., Leipzig: Thieme

Kuhn R (1963) Über kindliche Depressionen

und ihre Behandlung. Schweiz. Med. Wochenschr. 93: 86–90

Kutter P (1982) Psychologie der zwischenmenschlichen Beziehungen. Darmstadt: Wissenschaftliche Buchgesellschaft

Last CG, Strauß CC, Francis C (1987) Comorbidity among childhood anxiety disorders. J. Nerv. and Mental Dis. 175: 726–730

Lenz W, Lenz F (1968) Grundlinien der Humangenetik. Zu Definition, Terminologie und Methoden. In: Becker PE (Hrsg) Humangenetik, Bd I/1. Stuttgart: Thieme

Leonard H, Swedo S, Rapoport JL, Coffey M, Cheslow D (1988) Treatment of childhood obsessive compulsive disorder with clomipramine and desmethylinpramine: A doubleblind crossover comparison. Psychopharmacol Bull 24: 93–95

Lewinson PM (1974) The behavioural approach to depression. In: Friedman RJ, Katz MM (Hrsg) The psychology of depression. Contemporary theory and research. New York: Wiley

Lewinson PM, Biglan A, Ziess AM (1976) Behavioral treatment of depression. In: Davidson PD (Hrsg) The behavioral management of anxiety, depression and pain. New York: Brunner & Mazel, S. 91–146

Loch W, Hinz H (1999) Die Krankheitslehre der Psychoanalyse. 6. Aufl., Stuttgart: Hirzel

Lorenz K (1965) Über tierisches und menschliches Verhalten. Gesammelte Abhandlungen. München: Piper

Luxenberg JS, Swedo SE, Flament MF, Firedland RP, Rapoport J, Rapoport SI (1988) Neuroanatomical abnormalities in obsessive-compulsive disorder detected with quantitative x-ray computed tomography. Am J Psychiat 145: 1089–1093

March JS, Mulle K (1998) OCD in Children and adolescents. New York/London: Guilford Press

Menninger K (1968) Das Leben als Balance. München: Piper, S. 401–479

Mentzos S (1980) Hysterie. Zur Psychodynamik unbewußter Inszenierungen. München: Kindler

Mertens W (1994) Psychoanalyse auf dem Prüfstand? Eine Erwiderung auf die Meta-Analyse von Klaus Grawe. Berlin/München: Quintessenz

Moll GH, Rothenberger A (1999) Nachbarschaft von Tic und Zwang. Nervenarzt 70: 1–10

Munro A (1965) Childhood parent loss in a psychiatrically normal population. Br. J. Prev. Med. Soc. 19: 69–79

Nestadt G, Samuels JF, Romanowski AJ, McHugh PR (1994) Obsessions and compulsions in the community. Acta Psychiatrica Scandinavica 89: 219–224

Neudörfl B, Herpertz-Dahlmann B (1996) Der Verlauf von Zwangserkrankungen im Kindes- und Jugendalter. Eine Literaturübersicht. Z. Kinder-/Jugendpsychiat. 24: 105–116

Neuhaus C (1991) Depressive Syndrome im Kindes- und Jugendalter. Untersuchungen zur entwicklungsbezogenen Psychopathologie, zu epidemiologischen und genetischen Aspekten. Diss. Würzburg

Nissen G (1967) Depressive und hypochondrische Störungen im Kindes- und Jugendalter. Prax. Kinderpsychol. 16: 6–14

Nissen G (1971a) Depressive Syndrome im Kindes- und Jugendalter. Beitrag zur Symptomatologie, Genese und Prognose. Berlin/Heidelberg/New York: Springer

Nissen G (1971b) Passagere Zwangsphänomene im Kleinkindalter. Jahrb. Jugendpsychiat. Grenzgeb. VIII: 46–54

Nissen G (1973) Die larvierte Depression bei Kindern und Jugendlichen. In: Kielholz P (Hrsg) Die larvierte Depression. Bern: Huber

Nissen G (1978) Das depressive Kind. Monatsschr. Kinderheilkd. 126: 463–471

Nissen G (1982) Infusionen bei Jugendlichen. In: Kielholz P, Adams C (Hrsg) Antidepressive Infusionstherapie. Stuttgart: Thieme, S. 47–50

Nissen G (1984a) Infusionstherapie bei anankastischen und schizophrenen Kindern und Jugendlichen. In: Kielholz P, Adams C (Hrsg) Tropfinfusionen in der Depressionsbehandlung. Stuttgart/New York: Thieme

Nissen G (1984b) Geleitwort. In: Knölker U (Hrsg) Zwangssyndrome im Kindes- und Jugendalter. Göttingen: Vandenhoeck & Ruprecht

Nissen G (1984c) Diagnostik bei depressiven Kindern und Jugendlichen. In: Kielholz P, Adams C (Hrsg) Vermeidbare Fehler in Diagnostik und Therapie der Depression. Köln: Deutscher Ärzteverlag

Nissen G (1986) Treatment for depression in children and adolescents. Psychopathology 19, Suppl. 2: 156–161

Nissen G (1988a) Childhood depression: epidemiology, etiological models, and treatment implications. Integrative Psychiatry 6: 121–125

Nissen G, Hoffmeyer O, (1988b) Diagnostik.

In: Nissen G (Hrsg.) Ein Dezennium Kinder- und Jugendpsychatrie 1978–1988. Würzburg: Böhler

Nissen G (1995) Angsterkrankungen. Prävention und Therapie. Bern: Huber

Nissen G (1996) Zwangserkrankungen im Kindes- und Jugendalter. In: Nissen (Hrsg) Zwangserkrankungen. Prävention und Therapie. Bern: Huber, S. 9-26

Nissen G (1997) Hysterie und Konversion. Prävention und Therapie. Bern: Huber

Nissen G (1999) Depressionen. Ursachen, Erkennung, Behandlung. Stuttgart: Kohlhammer

Nissen G, Fritze J, Trott GE (1998) Psychopharmaka im Kindes- und Jugendalter. Ulm: Fischer

Overmeyer S, Blanz B, Schmidt MH, Rose F, Schmidbauer M (1995) Schulverweigerung. Eine katamnestische Untersuchung zu dem diagnostischen Konzept von »Schulphobie« und »Schulangst«. Z. Kinder-/Jugendpsychiat.: 35–43

Pfeiffer WM (1999) Depressive Syndrome in kulturübergreifender Sicht. In: Nissen G (Hrsg) Depressionen. Ursachen, Erkennung, Behandlung. Stuttgart: Kohlhammer, S. 96–102

Pieper R (1940) Die sogenannten konstitutionellen Depressionen bei Kindern. Z. Kinderforsch. 48: 116–122

Poustka F, Goor-Lambo G van (2000) Fallbuch Kinder- und Jugendpsychiatrie. Göttingen: Huber

Quint H (1971) Über die Zwangsneurose. Göttingen: Vandenhoeck & Ruprecht

Rank O (1924) Das Trauma der Geburt und seine Bedeutung für die Psychoanalyse. Wien: Internationaler Psychoanalytischer Verlag

Rapoport JL (1989) The boy who couldn't stop washing. An experience and treatment of obsessive-compulsive disorders. New York: Dutton

Rehm L, Kaslow N (1984) Behavioral approaches to depression; research results and clinical recommendations. In: Frank C (Hrsg) New developments in behavior therapy. New York: Haworth

Remschmidt H (Hrsg) (1997) Psychotherapie im Kindes- und Jugendalter. Stuttgart/New York: Thieme

Reynolds WM, Johnston HF (1994) Handbook in Depression in Children and Adolescents. New York/London: Plenum Press

Richardson SA, Goodman N, Hastorf AH,

Dornbusch SM (1967) Kulturelle Übereinstimmung in der Reaktion auf Körperbehinderungen. In: Mitscherlich A, Rocher T, Mehring O von, Horn K (Hrsg) Der Kranke in der modernen Gesellschaft. Köln: Kiepenheuer & Witsch

Riddle MA, Maureen T, Hardin RN, King R, Scahill L, Woolston JL (1990): Fluoxetine treatment of children and adolescents with Tourette's syndrome and obsessive compulsive disorders: preliminary clinical experience. J. Am. Acad. Child Adolesc. Psychiat. 29: 45–48

Robins L, Rutter M (Hrsg) (1990) Straight and devious pathways from childhood to adulthood. Cambridge: Cambridge University Press

Rochlin G (1959) The loss complex. A contribution to the etiology of depression. J. Am. Psychoanal. Ass. 7: 299–316

Rossmann P (1991): Depressionsdiagnostik im Kindesalter. Grundlagen, Klassifikation, Erfassungsmethoden. Bern/Stuttgart/Toronto: Huber

Rudolf G (1985) Psychotherapeutische Medizin. Stuttgart: Enke

Rutter M (1995) Relationships between mental disorders in childhood and adulthood. Acta Psychiatrica Scandinavica 91: 73–85

Rutter M, Taylor E, Hersov L (1994) Child and Adolescent Psychiatry. London: Blackwell

Schepank H (1974) Erb- und Umweltfaktoren bei Neurosen. Berlin/Heidelberg/New York: Springer

Schepank H (1996) Zwillingsschicksale. Stuttgart: Enke

Schilder P (1938) The organic background of obsessions and compulsions. Amer. J. Psychiat. 94: 1397–1415

Schmidt MH (1999) Kinder- und Jugendpsychiatrie. Köln: Deutscher Ärzte Verlag

Schneider K (1959) Klinische Psychopathologie, 5. Aufl., Stuttgart: Thieme

Scholz F (1891) Die Charakterfehler des Kindes. Leipzig: Mayer

Scholz L (1912) Anomale Kinder. Berlin: Karger

Schulterbrandt JG, Raskin A (Hrsg) (1977) Depression in childhood. New York: Raven

Schultz-Hencke H (1940) Der gehemmte Mensch. Entwurf eines Lehrbuches der Neo-Psychoanalyse. Stuttgart: Thieme

Schwidder W (1972) Klinik der Neurosen. In: Kisker KP, Meyer JE, Müller M, Strömgren E (Hrsg) Psychiatrie der Gegenwart. Klinische

Psychiatrie I. Berlin/Heidelberg/New York: Springer

Seligman MEP (1975) Helplessness on depression, development and death. San Francisco: Freeman & Cie.

Sergant M (1990): Helping The Depressed Person Get Treatment. NIMH: webmaster@ mhsource.com

Sperling M (1959) Equivalence of depression in children. J Hillside Hosp 8: 138–148

Spiel W, Spiel G (1987) Kompendium der Kinder- und Jugendneuropsychiatrie. München: Ernst Reinhardt

Spitz RA (1946a) Hospitalism. An enquiry into the genesis of psychiatric conditions in early childhood. Psychoanal. Study Child 1: 53–74

Spitz RA (1946b) Anaclitic depression. An enquiry into the genesis of psychiatric conditions in early childhood II. Psychoanal. Study Child 2: 313–342

Städeli H (Hrsg) (1978) Die chronische Depression beim Kind und Jugendlichen. Bern: Huber

Steinhausen HC (1993) Psychische Störungen im Kindes- und Jugendalter. 2. Aufl. München: Urban und Schwarzenberg

Stierlin H (1980) Von der Psychoanalyse zur Familientherapie. Stuttgart: Klett-Cotta

Streeck-Fischer A (1998) Zwangsstörungen im Kindes- und Jugendalter – Neuere psychoanalytische Sichtweisen und Behandlungsansätze. Prax. Kinderpsychol. Kinderpsychiat. S. 81–95

Stutte H (1963) Endogen-phasische Psychosen des Kindesalters. Acta Paedopsychiatrica 30: 34–42

Swedo SE, Rapoport JL, Leonard H, Lenane M, Cheslow D (1989) Obsessive-compulsive disorder in children and adolescents. Clinical phenomenology of 70 consecutive cases. Arch. Gen. Psychiat. 46: 335–341

Tellenbach H (1983) Melancholie. Problemgeschichte. Endogenität. Typologie. Pathogenese. Klinik. 4. Aufl., Berlin/Heidelberg/New York: Springer, S. 195–200

Toolan JM (1962) Suicide and suicidal attempts in children and adolescents. Am. J. Psychiat. 118: 719

Trott GE, Hemminger U, Friese HJ (1992) Zwangssyndrome im Kindes- und Jugendalter aus psychobiologischer Sicht. In: Freisleder FJ, Linder MM (Hrsg) Aktuelle Entwicklungen in der Kinder- und Jugendpsychiatrie. München: Medizin Verlag

Turner SM, Beidel DC, Mathan RS (1985) Biological factors in obsessive-compulsive disorders. Psychol. Bull. 97: 430–450

Warnke A (2000) Entwicklungsstörungen. Verhaltens- und emotionelle Störungen der Kindheit. In: Möller H-J, Laux G, Kapfhammer H-P (Hrsg) Psychiatrie und Psychotherapie. Sektion XII. Berlin/Heidelberg/New York: Springer, S. 1579–1623

Warzecha-Knoll E (1980): Depressionen im Kindes- und Jugendalter. Diss. Würzburg, S. 81–112

Weiermann G (1980): Depressive Syndrome im Kindes- und Jugendalter. Diss. Würzburg, S. 67–124, 168–169

Weisman M, Bland RC, Canino GL, Greenwald S, Hwu GH, Lee CK, Newman SC, Oakly-Browne MA, Rubio-Stepec M, Wickramarente PJ, Wittchen HU, Yeh EK (1994) The cross epidemiology of obsessive compulsive disorder. J. Cli. Psychiat. 55: 5–10

Weisser B (1981) Depressionen im Kindes- und Jugendalter. Diss. Würzburg, S. 4-8

Weizsäcker V von (1940) Der Gestaltkreis. Theorie der Einheit von Wahrnehmen und Bewegen. Frankfurt: Suhrkamp

Westphal K (1877) Über Zwangsvorstellungen. Berl. Klin. Wschr.: 46–50

Wewetzer C (1999) Der Langzeitverlauf von Zwangserkrankungen mit Beginn im Kindes- und Jugendalter. In: Knölker U (Hrsg) Zwangsstörungen im Kindes- und Jugendalter. Ergebnisse aus Klinik und Forschung. Aachen: Shaker

Wewetzer CH, Hemminger U, Warnke A (1999) Aktuelle Entwicklungen in der Therapie der Zwangsstörungen im Kindes- und Jugendalter. Nervenarzt 70(1): 11–19

Wiese S, Rapoport JL (1989) Obsessive-compulsive disorder: is it a basal ganglia dysfunction? In: Rapoport JL (Hrsg) Obsessive-compulsive disorder in children and adolescents. Washington: Am. Psychiat. Press, S. 327–346

Wolff R, Rapoport JL (1966) Behavioral treatment of obsessive-compulsive disorder. Behavior Modification 12: 252–266

Zeitlin H (1986) The natural history of psychiatric disorders in children. Oxford/New York/Toronto: Oxford University Press

Zimbardo PG, Gerrig RJ (1999) Psychologie. Berlin/Heidelberg: Springer, S. 218f.

5. Autistische Störungen

5.1 Forschung und Theorie

Die autistischen Störungen gehören zu den am besten untersuchten psychiatrischen Krankheitsbildern im Kindes- und Jugendalter. Seitdem vor über 50 Jahren der amerikanische Kinderpsychiater Leo Kanner (1943) den »frühkindlichen Autismus« (Kanner-Syndrom) und der österreichische Pädiater Hans Asperger (1944) die »autistische Psychopathie« (Asperger-Syndrom) anhand kasuistischer Beobachtungen beschrieben haben, ist eine fast unüberschaubare Literatur und eine über Jahrzehnte dauernde babylonische Sprachverwirrung entstanden, besonders im Hinblick auf ihre Ätiologie, Pathogenese und Nosographie. Hinsichtlich der *Klassifikation* wurden mit der DSM-III und -IV und danach auch mit der ICD-10 durch die Einführung des deskriptiven Sammelbegriffs »tiefgreifende Entwicklungsstörungen« einheitliche Richtlinien für ihre Diagnostik und Differentialdiagnostik gegeben. Im Hinblick auf die Ätiologie und die Pathogenese der autistischen Störungen hat die Forschung Fortschritte zu verzeichnen, während die therapeutische Situation weiterhin ungünstig ist.

Der *Begriff* Autismus wurde von dem Schweizer Psychiater Eugen Bleuler (1911) als zentrales Symptom für die schweren Veränderungen des Kontakts mit der Wirklichkeit bei erwachsenen Schizophrenen eingeführt, die sich in ihrer wahnbezogenen Doppelorientiertheit in gradueller Abstufung von der Realität abkapseln: »Die leichten Fälle bewegen sich mehr in der Realität, die schweren lassen sich gar nicht mehr aus der Traumwelt herausreißen.« Erst später weitete Bleuler (1912) den Begriff auf einen selbstgewollten Rückzug aus der Realität und auf eine aktive »Selbstbezogenheit« aus. Das Faktum einer emotionalen und kognitiven Blockade war, wie aus alten Lehrbüchern hervorgeht, als Zeichen einer schweren psychischen Störung lange vorher bekannt. Der Psychiater Hermann Emminghaus wies in seinem Lehrbuch »Die psychischen Störungen des Kindesalters« (1887) auf Kinder mit einer angeborenen »Unfähigkeit, in abstrakten, von der Sinnlichkeit ganz losgelösten Begriffen zu denken«, hin, die schon als Säuglinge, »matt und leer« blickten, nicht lächelten, beim Anblick der Mutter »kein Zeichen der Zuneigung, der Freude« zeigten, ihre Stimme nicht erkannten, Gehörreize nicht wahrnahmen und keine »phonetischen und mimischen Äußerungen« von sich gaben. Der Heidelberger Kinderpsychiater Homburger (1926/1975) erwähnte autistische Verhaltensweisen bei Kindern als »Abwendung vom äußeren Leben bei starker Zuwendung zu den Vorgängen im eigenen Innern« bei der Besprechung der kindlichen Schizophrenien, und führte bei der Darstellung der »schizoid-psychopathischen« Kinder unter Hinweis auf Kraepelin zahlreiche Wesensmerkmale: »stille, scheue, zurückgezogene, nur für sich selbst lebende Kinder« auf, die auch heute noch als Haupt- und Nebensymptome des kindlichen Autismus gelten.

Über die *Symptomatik* und die Prognose der autistischen Syndrome wurde erst in den vergangenen Jahrzehnten eine weitgehende Übereinstimmung erzielt. In der ICD und im DSM wurde der frühkindliche Autismus zunächst den schizophrenen Psychosen zugeordnet; dies wurde erst 1992 bzw. 1994 durch die Einführung des deskriptiven Begriffs »tiefgreifende Entwicklungsstörungen« geändert. Die Bedeutung genetischer und hirnorganischer Faktoren wurde von Kanner, Asperger, Rutter und anderen schon früh erkannt; immer aber wurden auch schädliche Umwelteinflüsse für ihre Entstehung und den Verlauf diskutiert. Die früh kontrovers diskutierte Frage, ob in erster Linie oder ausschließlich hirnorganische oder erbliche oder sogar überwiegend peristatische *Kausalfaktoren* in Betracht kämen, wurde dahingehend entschieden, daß die besondere Bedeutung genetischer Faktoren gesichert, aber auch die Häufigkeit zerebraler Störungen gut belegt ist.

In mehreren Publikationen vertrat Kanner die Ansicht, daß es sich bei dem »early infantile autism« um die früheste Manifestation einer *schizophrenen* Psychose (Kanner 1949) handele, um eine »psychobiologische Krankheit« im Sinne von Adolf Meyer. Nicht nur erbgenetische, sondern auch psychodynamische Faktoren seien an ihrer *Entstehung* und Entwicklung beteiligt. Mit »autism« kennzeichnete er die diesen Kindern eigene Unfähigkeit, soziale Kontakte zu knüpfen. Er beschrieb ihr Verhalten, als seien sie Wesen, die »like in a shell« und »happiest when left alone« leben. Er hat in einer ausführlichen Studie die kühle und perfektionistische *familiäre Atmosphäre* und die besonders oft zwanghaften und pedantischen Väter dieser Kinder dargestellt. Bei der Auswertung der Familiengeschichten von 100 Kindern mit einem »early infantile autism« stellte Kanner fest, daß ausnahmslos alle Kinder aus »Intellektuellenfamilien« stammten: Von 100 Vätern hatten 96 und von 100 Müttern 92 eine abgeschlossene höhere Schulbildung. Kanner: »Bis heute sind wir nicht einem autistischen Kind begegnet, das von ungebildeten (unsophisticated) Eltern stammt.« Darüber hinaus ergab sich, daß 85 % der Eltern ebenfalls autistisch-schizoide, »emotional frigide« Wesenseigentümlichkeiten aufwiesen, und zwar beide Eltern. Schon einige Jahre später zeigten jedoch Untersuchungen (Ritvo et al. 1971, 1988), daß die Eltern autistischer Kinder keineswegs regelmäßig auffälligere Persönlichkeitsstörungen als die Eltern anderer Kinder aufwiesen. Doris Weber (Weber 1970) wies darauf hin, daß unter den Eltern der von ihr untersuchten autistischen Kinder (n=66) nur 16 Väter akademische Berufe hatten, 40 Väter und 44 Mütter verfügten nur über einen Hauptschulabschluß. Gehäuftes Auftreten autistischer Kinder in bestimmten sozialen Schichten ließ sich ebenfalls nicht nachweisen. Der holländische Kinderpsychiater van Krevelen vertrat mit zahlreichen anderen Klinikern und Forschern die Ansicht (van Krevelen 1963), daß es sich bei dem Autismus infantum um eine nicht-psychotische Entwicklung handele, daß genetische und hirnorganische Faktoren häufig vorkämen und daß sie gemeinsam mit familiären Faktoren eine entscheidende Rolle bei der Entwicklung spielten.

Asperger (1944) kam schon in seiner ersten Publikation zu dem Ergebnis, daß die autistische Psychopathie erbbedingt sei, was er später durch Untersuchungen an mehreren hundert Kindern und ihren Eltern bestätigen konnte. In jedem Fall ließen sich autistisch-psychopathische, meist männliche *Erbträger* feststellen. Die autistische Psychopathie wurde als Ergebnis einer vom Vater auf den Sohn vererbten Extremvariante eines bestimmten Typs der schizoiden Persönlichkeit interpretiert. Bei dem Versuch einer Abgrenzung der autistischen Psychopathie gegenüber dem frühkindlichen Autismus wies Asperger auf große psychopathologische Ähnlichkeiten des frühkindlichen Autismus mit chronischen postenzephalitischen Zustandsbildern (Asperger 1965) hin. Er vermutete, daß bei einem Teil der Kanner-Fälle Hirnschädigungen bestehen könnten. Diese Auffassung erweiterte er später dahingehend, daß die Entstehung jeder autistischen Störung eine hereditäre Veranlagung voraussetze, die sich in »reiner Form« in der »autistischen Psychopathie« manifestiere. Trete zu einem autistischen Erbfaktor eine somatische Schädigung hinzu, entstehe ein »Autismus infantum«. Dieser Begriff solle alle Formen des kindlichen Autismus umschließen, die außerhalb der hypostasierten primären Einheit des *Asperger-Syndroms* liegen und dann das Zustandsbild einer vergröberten autistischen Psychopathie bilden.

Im Gegensatz zur Akzeptanz des Kanner-Autismus in Europa verlief die Rezeption des Asperger-Syndroms in den USA sehr verzögert; erst durch Wing (1981) wurde es allgemein bekannt und 1992 bzw. 1994 in die gültigen Klassifikationsschemata aufgenommen. Die nosologische Abgrenzung der Subtypen untereinander blieb umstritten. Die meisten Autoren sehen im Asperger-Syndrom eine weniger gravierende Verlaufsform des frühkindlichen Autismus und favorisieren, ähnlich wie van Krevelen mit dem »Autismus infantum«, umfassende Sammelbegriffe wie »autism spectrum disorder« (ASD) oder »disorder of empathy« für alle Formen der autistischen Störungen.

Einen grundlegend anderen, *daseinsanalytisch*-anthropologischen Ansatz unternahm Gerhard Bosch (1962, 1980). Er versuchte, durch *Sprachanalysen* bei autistischen Kindern einen Zugang zu ihrer Selbst- und Fremderfahrung und zu ihrer mißlungenen Ausbildung von polaren Ich-Du-Strukturen zu gewinnen. Aus psychodynamischer Sicht sah Bettelheim (1977) weniger eine primäre Unfähigkeit autistischer Kinder, mit anderen in Beziehung zu treten, als einen aktiven *Rückzug* und einer Flucht dieser Kinder vor existentiellen Bedrohungen im Laufe der ersten beiden Lebensjahre. Das autistische Kind habe sich in eine »leere Festung« zurückgezogen. Er ging davon aus, daß das ZNS (Zentrale Nervensystem) autistischer Kinder normal entwickelt sei und die Kinder keinen Mangel potentieller Fähigkeiten hätten. Durch intensive, psychoanalytisch orientierte Maßnahmen habe er bis zu 80 % dieser Kinder bessern oder heilen können. Diese günstigen therapeutischen Ergebnisse erklären sich wahrscheinlich durch semantische Differenzen in der psychiatrischen und der psychoanalytischen Terminologie. Abgesehen davon konnten aber spätere Vergleichsuntersuchungen, die sich auf das Behandlungsverfahren von Bettelheim stützten, die Effektivität dieser therapeutischen Interventionen nicht bestätigen.

In den letzten 40 Jahren wurde eine kaum noch unüberschaubare Anzahl von Beiträgen zu Fragen der Symptomatik, zur Diagnose und Differentialdiagnose, zur Ätiologie und Pathogenese und zur Therapie und Prognose der autistischen Störungen veröffentlicht. Allein im Zeitraum von 1982 bis 1990 (Kehrer et al. 1991) wurden fast 1600 Titel, vorwiegend in deutscher und anderen europäischen Sprachen, dokumentiert.

5.1.1 Definition

Sowohl nach der ICD-10 (1991) als auch nach dem DSM-IV (1994) zählen die autistischen Störungen zu den »Tiefgreifenden Entwicklungsstörungen« (F84). »Tiefgreifende Entwicklungsstörungen sind gekennzeichnet durch eine schwere Beeinträchtigung mehrerer Entwicklungsbereiche, etwa der sozialen Interaktion und Kommunikation und durch das Auftreten stereotyper Verhaltensweisen, Interessen und Aktivitäten. Die Abweichungen und Beeinträchtigungen weisen erhebliche alters- und entwicklungsabhängige Variationen auf. Diese Störungen treten meistens in den ersten Lebensjahren auf und sind häufig mit einer geistigen Behinderung verbunden. In einigen Fällen gehen sie mit somatischen Krankheiten einher, mit denen

Tab. 5.1 Autismus-Symptomatik: Die Symptomatik der unterschiedlichen Autismus-Syndrome unterliegt ebenso wie die der anderen psychischen, kognitiven oder sozialen Störungen des Kindes- und Jugendalters einem alters- und entwicklungsabhängigen Wandel der Erscheinungsformen.

Säuglinge, Kleinkinder und Vorschulkinder

Kein Blickkontakt (»blickt durch mich hindurch«), keine Reaktion in der Antizipationshaltung (Strampeln, Arme ausstrecken, Lächeln), Unfähigkeit zur Kontaktaufnahme mit anderen Kindern und mit Erwachsenen, kein phantasiegeleitetes Spielen möglich, »Gefühlsarmut«: Mienenspiel fehlt, kein Lächeln, kein Zärtlichkeitsbedürfnis, Angst- und Schreianfälle, Augenbohren, Bewegungsstereotypien.

jüngere Schulkinder

Kontakt- und Bindungsstörungen, Sonderinteressen, sammlerische Tendenzen, »Veränderungsangst«/»Heimwehgefühl«, Sprachunfähigkeit oder Sprachstörungen (Neologismus, verzögerte Echolalie), motorische Stereotypien, umschriebene Sonderinteressen, Intelligenzentwicklung unterschiedlich beeinträchtigt; an Sachen, nicht an Personen interessiert.

ältere Schulkinder und Jugendliche

Blickkontakt nicht immer möglich, über 50 % Sprachunfähigkeit bei frühkindlichem Autismus, keine kompensatorische Gestik oder Mimik, aggressive und autoaggressive Durchbrüche, anhaltende, teilweise bizarre und vertrackte motorische Stereotypien (Fingerspiele, Schaukelbewegungen u. a.), verstärkte soziale Akzeptanzproblematik: »Sonderlinge«, »Einzelgänger«, Autistische Persönlichkeitsstörung.

die autistische Symptomatik möglicherweise zusammenhängt.«

In früheren *Klassifikationssystemen* wurden die autistischen Störungen den Psychosen zugeordnet oder als Schizophrenie in der Kindheit (ICD-9, DSM-III) bezeichnet. Die »tiefgreifenden Entwicklungsstörungen« bilden eine deskriptive Kategorie, in die sehr unterschiedliche, aber überwiegend mit geistiger Behinderung einhergehende Syndrome (mit Ausnahme des Asperger-Syndroms) eingeordnet wurden. Damit wurde die Zuordnung zu den schizophrenen Störungen, gegen die sich autistische Störungen überwiegend relativ gut abgrenzen lassen, aufgegeben, obgleich sich bei autistischen Kindern und Jugendlichen nicht ganz selten später eine Schizophrenie entwickelt.

Als tiefgreifende Entwicklungsstörungen (ICD-10 F84.0, DSM-IV 299.00) gelten der frühkindliche Autismus (F84.0), der atypische Autismus (F84.1), das Asperger-Syndrom, die autistische Psychopathie (F84.5), ferner das Rett-Syndrom (F84.2) und andere desintegrative Störungen des Kindesalters (F84.3) sowie die Kombination einer überaktiven Störung mit Intelligenzminderung (F84.4) und sonstige oder nicht näher bezeichnete tiefgreifende Entwicklungsstörungen (F84.8. F84.9) sowie eine nicht näher bezeichnete Entwicklungsstörung (F89).

Der Autismus infantum ist durch graduell unterschiedlich ausgeprägte *Syndrome* gekennzeichnet, die durch kognitive Defekte und emotionale Defizite verursacht werden und überwiegend in engem Zusammenhang mit einer retardierten Persönlichkeitsentwicklung stehen. Diese kontakt- und begegnungsgestörten Kinder erkennen Menschen und Dinge ihrer Umgebung nicht in ihrem eigentlichen Bedeutungsinhalt und leben extrem isoliert in einer leeren, kaum zugänglichen emotionalen und mentalen Eigenwelt. Ihre rezeptiven und expressiven Kommunikationsmittel wie Sprache, Mimik, Motorik und die Suche nach Körperkontakt und Zärtlichkeit sind regelmäßig verkümmert oder nicht ausgebildet. Es besteht eine primäre, nicht aktiv zu durchbrechende mentale Isolierung und emotionale Frigidität. Aber auch die Beziehungen zur Dingwelt sind fast regelmäßig pathologisch verändert, häufig angstbesetzt oder zwanghaft entartet. Der spezielle Aufforderungscharakter und der Zweckinhalt bestimmter Gegenstände der Umgebung werden meist nicht erkannt oder verkannt. Das Kind verfährt damit autonom und scheinbar egozentrisch. Das Erhaltenbleiben der räumlichen Ordnung (»Veränderungsangst«, Kanner) und der gegenwärtigen Umgebung (»Heimwehreaktion«, Asperger) ist für sie von großer Bedeutung.

Kernsymptome, die bei allen autistischen Erscheinungsformen in unterschiedlicher Ausprägung vorkommen und dort jeweils syndromspezifisch beschrieben werden, sind: Störungen der sozialen Beziehungen, Störungen der verbalen und non-verbalen Kommunikation, Störungen motorischer Handlungsabläufe, sensorische und begleitende Störungen.

5.1.2 Epidemiologie

Nach epidemiologischen Studien beträgt die *Prävalenzrate* des »frühkindlichen Autismus« (Kanner-Syndrom) 0,02–0,05 % (Wing 1966, Bryson et al. 1988). Die Jungen-Mädchen-Relation wird mit 3–4:1 angegeben. Für die »autistische Psychopathie« (Asperger-Syndrom) wird über Häufigkeiten von 0,08–1 % berichtet. Das *Asperger-Syndrom* tritt fast nur bei Jungen auf. Über die Prävalenz des atypischen Autismus und der autistischen Störungen bei langer und schwerer kognitiver und emotionaler Frustration liegt kein gesichertes Zahlenmaterial vor.

In Deutschland dürften zur Zeit etwa 30 000 bis 60 000 Menschen mit autistischen Störungen leben. Es handelt sich bei den autistischen Syndromen demnach um ein relativ seltenes Krankheitsbild, wenn man es mit der Schizophrenie oder Epilepsie (je etwa 1 %) oder gar mit der Häufigkeit der geistigen Behinderung vergleicht. Deshalb ist es bemerkenswert, daß gerade dieses Krankheitsbild seit der Entdeckung nicht nur ein besonderes klinisches und wissenschaftliches, sondern auch in der breiten Öffentlichkeit ein außergewöhnliches Interesse gefunden hat. Dies erklärt sich unter anderem daraus, daß man anfangs meinte, die früheste Manifestationsform einer schizophrenen Psychose gefunden zu haben, daß offenbar anlagebedingte, hirnorganische und in seltenen Fällen auch frustrationsbedingte Ursachen weitgehend identische Krankheitsbilder erzeugen können, und schließlich, daß durch ursachen- oder symptomzentrierte psychodynamische, verhaltenstherapeutische und medikamentöse Behandlungsmethoden kein durchgreifender Effekt erzielt werden konnte.

5.2 Formen autistischer Störungen

5.2.1 Frühkindlicher Autismus (Kanner-Syndrom)

Die frühe Manifestation der autistischen Symptomatik, oft bereits im Säuglings- und regelmäßig im Kleinkindalter, veranlaßte Kanner, von einem frühkindlichen Autismus zu sprechen. Er wird nach der ICD-10 F84.0 definiert als eine abnorme oder beeinträchtigte Entwicklung, die vor dem dritten Lebensjahr beginnt. In etwa drei Viertel der Fälle besteht eine deutliche Intelligenzminderung.

Symptomatik
Nach Kanners Untersuchungen waren vier *Kernsymptome* (basic criteria) von entscheidender pathognomonischer Bedeutung:

1. eine extrem autistische Abkapselung aus der menschlichen Umwelt,
2. ein ängstlich-zwanghaftes Bedürfnis nach Gleicherhaltung der dinglichen Umwelt (Veränderungsangst),
3. eine Störung der Intelligenzentwicklung und
4. Störungen der Sprachentwicklung.

Damals gingen sowohl Kanner als auch Asperger davon aus, daß dem Autismus eine emotionale Störung zugrunde liege. Aus der Sicht Kanners wurde die Unfähigkeit autistischer Kinder zur *Kontaktaufnahme* mit den Eltern und gleichaltrigen Kindern als eine extrem autistische Abkapselung, »als ob sie am liebsten allein wären«, aus der menschlichen Umwelt interpretiert, aus der sich auch das ängstlich-zwanghafte Bedürfnis nach Gleicherhaltung der dinglichen Umwelt, die »*Veränderungsangst*« ableiten ließ.

Tatsächlich handelt es sich jedoch um ein perzeptuell bedingtes *kognitives Unvermögen*, Beziehungen zu den Eltern und Geschwistern und später zu Gleichaltrigen aufzunehmen, durch Mimik, Gestik und Sprache seine Anteilnahme auszudrücken und mit Freude und Interesse an ihren Spielen teilzunehmen. Die kognitive und die emotionale Entwicklung der autistischen Kinder ist durch die kognitiven Defizite grundsätzlich und überwiegend irreversibel gestört.

Kernsymptome der frühkindlich autistischen Störung
Störungen der *sozialen Beziehungen*. Nach Schilderungen von Eltern zeigen frühkindlich autistische Kinder bereits als Säuglinge im Alter von vier bis fünf Monaten beim Auftauchen der Mutter keine affektiven Reaktionen, kein Ausstrecken der Arme und keine Strampel- oder Lächelreaktionen. Sie zeigen beim Stillen keine Zuwendung und nehmen keinen *Blickkontakt* auf, blicken vielmehr »starr geradeaus«; beim Planschen in der Badewanne, bei Zärtlichkeiten (Streicheln und

Schmusen) und im Körperkontakt (Auf-den-Arm-Nehmen) lassen sie keine Gefühlsregungen erkennen. Als Kleinkinder achten sie nicht darauf, in der Nähe der Mutter zu bleiben, sie erkennen oft Personen aus der nächsten Umgebung nicht wieder; sie wirken oft »wie abgekapselt« und »als ob sie ganz woanders wären«. Im Kindergarten nehmen sie nicht an gemeinsamen Spielen teil, sondern sich ab oder neigen zu Wutausbrüchen ohne erkennbaren Anlaß. Nach der Einschulung gelten sie manchmal zunächst als »besonders brav«, sind aber oft »gemeinschaftsunfähig«. Sie zeigen wenig Bereitschaft zu Gruppenspielen und sind unfähig, Freundschaften zu schließen. Die symbolische Bedeutung von Spielsachen wird nicht erkannt, und dementsprechend werden sie bedeutungswidrig verwendet. Zu einigen Spielsachen haben sie manchmal eine extrem enge Beziehung, und sie reagieren panisch, wenn sie diese nicht finden oder wenn jemand versucht, sie ihnen wegzunehmen. In schweren Fällen werden sie bald vom Kindergartenbesuch zurückgestellt; auch nach der Einschulung wird eine Rückstellung oder Umschulung in eine Sonderschule angeraten.

Fallbeispiel: Der Sohn eines Lehrerehepaares zeigte schon als Säugling keine emotionale Resonanz: kein Lächeln, kein Strampeln, kein Blickkontakt. »Er guckte geradeaus, als ob wir Fenster wären.« Mit zwei Jahren begann er, unmotiviert schrille und laute Schreie auszustoßen, wobei er sich selbst die Ohren zuhielt. Er konnte mit drei Jahren fast alles verstehen, begann aber erst mit fünf Jahren einzelne Wörter zu sprechen. Spontan sprach er nur, wenn er vor Alternativen gestellt wurde. Bei Verkehrsumleitungen auf gewohnten Strecken traten schwere Erregungszustände auf, die erst aufhörten, wenn die Umgebung wieder vertraut wurde. Mit sieben Jahren kam es zu einem heftigen Angstzustand, als sich Wolken vor die Sonne schoben. Der Junge schrie in großer Angst: »Der Himmel ist kaputt« und behielt diesen Ausruf für andere subjektiv angstbesetzte Situationen bei.

Störungen der *Sprachentwicklung* und der non-verbalen Kommunikation. Eine Sprachentwicklungsstörung ist regelmäßig vorhanden. Bei vielen Kindern ist die altersgemäße Sprechfähigkeit erheblich verzögert, teilweise um Jahre. Nur die Hälfte der Kinder erlernt das Sprechen, die andere Hälfte bleibt zeitlebens stumm. Das Sprachverständnis ist bei einem Teil der Kinder bereits in der »stummen Phase« entwickelt, bei anderen nicht. Aber auch in der nicht-verbalen Kommunikation zeigen die sprechunfähigen Kinder Defizite. Sie können sich nicht durch mimische, gestische oder motorische Symbole verständlich machen und unterscheiden sich dadurch von schwerhörigen oder gehörlosen Kindern, denen diese Ersatzfunktionen zur Verfügung stehen. Sie zeichnen sich oft durch erstaunliche Gedächtnisleistungen aus, die jedoch auffallend häufig abseitige und unwichtige Interessengebiete betreffen. In formaler Beziehung weist die Sprache mit bemerkenswerter Häufigkeit Absonderlichkeiten und Abartigkeiten wie Neologismen, verbale Iterationen, agrammatische Satzbildungen und Echolalien auf. Neben der von Kanner beschriebenen

»verzögerten Echolalie« (delayed echolalia) finden sich auch Kinder mit »Phonographismus«, der in einem buchstaben-, ausdrucks- und lautgetreuen Wiederholen von Vorgesprochenem, oft zur unrechten Zeit, charakterisiert ist. Diese und die von Kanner beschriebene »pronominale Umkehr« (Verwendung der ersten Person Einzahl für den Gesprächspartner, der zweiten Person für das Kind selbst) sollen charakteristisch für den frühkindlichen Autismus sein; sie finden sich indes auch bei anderen autistischen Syndromen und bei kindlichen Psychosen.

Fallbeispiel: Die Mutter eines autistischen Jungen (»Mein Mann und ich sind sehr menschenscheu und wünschen keine Kontakte; es müßte schon etwas Essentielles sein«) berichtete, daß im 6. Lebensmonat unmotivierte »Schreianfälle« auftraten; das Kind habe nie gelächelt, nie gestrampelt, sie nie fixiert: »Es war entsetzlich, furchtbar, als ob es nicht leben wollte. Es war da und war doch nicht da.« Mit vier Jahren begann das Kind zu sprechen, »Nein« sei das erste Wort gewesen. Mit sieben Jahren war das Kind nicht schulfähig, zeigte aber eine starke musikalische Begabung; es wählte unter Hunderten von Schallplatten auf Wunsch die richtige aus, konnte die Melodien schwieriger Kompositionen auswendig singen, etwa den »Herbst« aus den »Vier Jahreszeiten« von Vivaldi. Es gestaltete sich in jedem Raum eine »Intimecke«, die nicht verändert werden durfte. Es geriet in panikartige Erregung, wenn ein Teppich aufgerollt oder ein Stuhl hochgehoben wurde. Es wartete ängstlich-gespannt auf das Erlöschen des roten Lichtes am Elektroherd und das Abdrehen des Wasserhahns und zeigte eine abnorme Furcht vor Türschwellen und Türen.

Störungen der *motorischen Handlungsabläufe (Stereotypien und Rituale)*. Bei autistischen Kindern finden sich gehäuft spezielle monoton-stereotype Beschäftigungen und repetitive motorische Verhaltensweisen: Augenbohren, ruckartige Augenbewegungen, Drehen und Fächeln mit den Fingern vor den Augen, stereotype Hand-Finger-Bewegungen, andauerndes Grimassieren, permanentes Trippeln oder Hüpfen, ausschließlicher Zehengang, stundenlanges zielloses Hin- und Herlaufen, fehlende Reaktion auf Geräusche, Betasten und Beriechen von Gegenständen, Ablehnen bestimmter Speisen. Neben diesen spezifischen diagnostischen Merkmalen zeigt sich häufig eine Vielzahl unspezifischer Probleme, wie Phobien, Schlaf- und Eßstörungen, Wutausbrüche und (autodestruktive) Aggressionen.

Fallbeispiel: Ein fünfjähriger Junge verweigerte nach einer Klinikaufnahme die Nahrung, bis die Mutter den gewohnten Teller, das täglich benutzte Eßbesteck und einen Bauklotz mitbrachte, den das Kind ständig bei sich führte. Seine Hauptbeschäftigung bestand im Zerreißen von Kartons in winzige Stückchen, die dann in einer Ecke aufgehäufelt wurden.

Einhaltung der gewohnten Umweltordnung. Die »Veränderungsangst«, ein Phänomen, das in Ansätzen auch bei gesunden Kleinkindern beobachtet wird, tritt bei Kindern mit einem *Kanner-Syndrom* manchmal besonders ausgeprägt in Erscheinung. Diese Kinder reagieren mit Angstparoxysmen, mit Schreien und Erregungszuständen, wenn die gewohnte Ordnung in der Wohnung, die Position der Möbel und der Spielsachen verändert wird oder ständig wiederkehrende Verrichtungen (Nahrungsaufnahme, Spaziergänge, Körperpflege) eine Abwandlung erfahren oder der Tagesrhythmus nicht eingehalten wird. Aus der zwanghaft beachteten Sicherung der täglichen Ordnung heraus kommt es nicht selten zu einer tyrannisierenden Behandlung der Umwelt. Das Kind erwartet ständig, daß entstandene Unordnung reguliert wird. Insofern wird eine Mutter-Kind-Beziehung der »Ordnung wegen« geduldet.

Fallbeispiel: Die Mutter eines sechsjährigen Jungen konnte nur dann das Haus verlassen, wenn eine andere Person die Aufgabe übernahm, weggeworfene Spielsachen zurückzubringen. Dasselbe Kind bestand beim Verlassen des Hauses laut schreiend auf einem zeremoniellen Beklopfen von Briefkästen und einem kurzen Anhalten und Hinsetzen auf Parkbänken.

Störungen der mentalen Entwicklung. Die ICD-10 nahm mit der Feststellung, daß »etwa drei Viertel der Fälle eine deutliche Intelligenzminderung« zeigen, die unterdurchschnittliche Intelligenz als mögliches Kriterium für den frühkindlichen Autismus auf; sie muß aber separat, unter F70–72, registriert werden. Bei 60 % dieser Kinder liegt der IQ unter 50 und damit im Bereich der mittelgradigen und schweren Intelligenzminderung. Weitere 20 % wiesen einen Meßwert zwischen 50 und 70 auf. In 20 % der Fälle wurde ein IQ über 70 ermittelt, davon lagen 3 % im Bereich der durchschnittlichen *Intelligenz.* Bei den kognitiv weniger schwer beeinträchtigten

Kindern waren besonders deutliche Defizite in den Bereichen des logischen und abstrakten Denkens nachzuweisen, während sie relativ gute Leistungen in Gebieten erbrachten, die sammlerisch-mechanische Fähigkeiten voraussetzen.

Die Frage, ob beim Kanner-Syndrom überhaupt ein *intellektueller Defekt* vorliegt, wurde lange Zeit unterschiedlich beantwortet. Kanner ging zunächst davon aus, daß eine normale Grundintelligenz vorliege, die allerdings durch einen »emotionalen Block« verschüttet worden sei und deshalb nicht genutzt werden könne. Seine Überzeugung gründete sich darauf, daß viele autistische Kinder über ein ausgezeichnetes, teilweise sehr detailliertes *Gedächtnis* verfügen und im Bereich umschriebener Talente und Sonderinteressen und -begabungen überraschend große Wissensbereiche fehlerfrei beherrschen. Dieser Standpunkt einer nur nicht zur Entfaltung gekommenen Intelligenz und das damit verbundene therapeutische Modell einer Behandlung der ursächlich dafür angeschuldigten Beziehungsstörung ließen sich nach den Ergebnissen zahlreicher Langzeituntersuchungen nicht aufrechterhalten.

Die Gruppe der kognitiv weniger schwer beeinträchtigten frühkindlich autistischen Kinder, die im Intelligenztest einen IQ über 65 bis 70 aufweisen, wurde als »high-functioning-autism« bezeichnet. Sie liegt damit intelligenzmäßig im Übergangsbereich zum *Asperger-Syndrom*, bei dem die Intelligenzwerte in der Regel höher liegen als beim »high-functioning«-Autismus, zu dem aber einige kognitive und empathische Übereinstimmungen

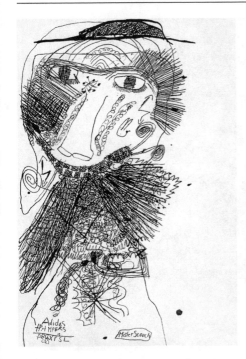

Abb. 5.1 Neunjähriger autistischer, kontaktschwacher und sozial isolierter, als Kleinkind spielunfähiger Junge, der aus dem Kindergarten herausgenommen werden mußte, weil er unmotiviert kreischte und schrie, »herumhampelte«, mit den Händen wedelte und Frauen an den Busen faßte und biß. Er sei theoretisch begabt, könne gut rechnen, habe mit 13 Monaten schon kurze Sätze gesprochen und habe sich das Lesen und Schreiben selbst beigebracht. Er zeichne und male ausdauernd; die vorliegende Zeichnung nannte er »Sieger im Bartwettbewerb«.

bestehen. Mit der Zugrundelegung des Intelligenzgrades sind zwei Gruppen des frühkindlichen Autismus entstanden: Autismus mit geistiger Behinderung und der »high-functioning«-Autismus«.

Schon im 18. Jahrhundert war man auf partiell retardierte Einzelgänger mit eng umschriebenen überdurchschnittlichen Fähigkeiten auf speziellen Gebieten (insbesondere herausragende Gedächtnisleistungen) aufmerksam geworden. Sie wurden später als *idiots savants* bezeichnet. Mit Idiot (griech. idiotes) wurde ursprünglich eine Persönlichkeit bezeichnet, die abseits stand und sich nicht am öffentlichen Leben beteiligte. Diese Zuschreibung änderte sich später in Dummkopf, Trottel bzw. in der psychiatrischen Nomenklatur zur schwersten Form der Oligophrenie. Rimland (1964) führte anstelle des »idiot savant« die Bezeichnung »autistic savant« ein. Nach Schätzungen verfügen etwa 10 % der autistischen Rechenkünstler (»Kalenderjungen« usw.), aber nur 1 % der nicht-autistischen Menschen über solche teilweise faszinierenden Sonderbegabungen. Nach einigen Studien (Rimland und Fein 1988) gehen diese eng umschriebenen Sonderbefähigungen bei einigen autistischen »Savants« mit einer zunehmend gelingenden Sozialisation zurück.

Genese, Ätiologie, soziale Bedeutung, Risikofaktoren

Die wesentlichen Ursachen autistischen Verhaltens sind nach dem Stand der Forschung genetische und hirnorganische Faktoren, die beide durch *Zwillingsuntersuchungen* und neuropathologische Befunde gut belegt sind.

Die »autistischen Störungen« bilden keine nosologische Entität. Es handelt sich vielmehr um phänomenologisch mehr oder weniger ähnliche, aber qualitativ unterschiedlich akzentuierte psychopathologische Syndrome, die es rechtfertigen, sie unter Sammelbegriffen wie dem der »autistischen Störungen«, des »Autis-

Abb. 5.2 Das als »Knabe von Lübeck« bekannt gewordene Wunderkind Christian Heineken (1721–1725) beeindruckte zahlreiche Zeitgenossen und war wegen seiner enormen Gedächtnisleistungen bereits zu Lebzeiten berühmt. Sein Hauslehrer von Schöneich (1779) berichtete, daß es u.a. alle Geschichten des Neuen und Alten Testaments kannte, die Dynastienfolge der Assyrer, Perser, Griechen, Römer und der europäischen Länder hersagen und sich fließend dänisch, lateinisch und französisch unterhalten konnte. Das Kind wurde bis zu seinem Tod im vierten Lebensjahr von einer Amme ernährt, feste Nahrung lehnte es zeitlebens ab. Es verlangte ständig, gewaschen zu werden und frische Wäsche zu erhalten. Bei retrospektiver Betrachtung lag bei ihm eine Asperger-Autismus bzw. ein »high-functioning autism« (Mesibov 1992; Tsai 1992, Gillberg 1998) vor.

mus infantum« oder als »autism spectrum disorder« (ASD) zusammenzufassen. Die von Kanner und Asperger prägnant beschriebenen autistischen Syndrome sind von großer differentialtypologischer und diagnostischer Bedeutung. Tatsächlich aber handelt es sich bei den autistischen Störungen um ein gleitendes Kontinuum von Erscheinungsformen mit unterschiedlichen psychopathologischen Ausprägungen und von unterschiedlicher Schwere. Sie lassen sich nicht immer scharf voneinander trennen. Ebenso wie sich beim individuell unterschiedlich ausgeprägten *Asperger-Syndrom* fließende Übergänge zu normalen autistischen Verhaltenweisen und Persönlichkeitsstörungen nachweisen lassen, finden sich im *Kanner-Syndrom* in Abhängigkeit von der Schwere der geistigen Behinderung sowohl mit dem »high-functioning autism« Übergänge zum Asperger-Syndrom als

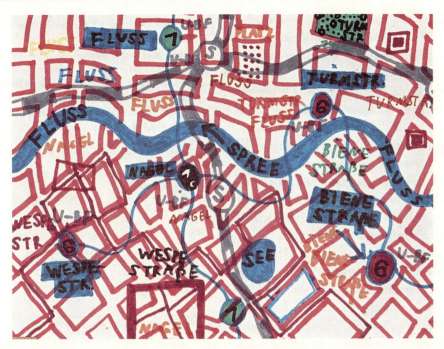

Abb. 5.3 Siebenjähriger autistischer, schmaler und zierlicher Junge mit einem frühkindlichen Autismus. Er kann nicht sprechen, versteht aber verbale Äußerungen und verhält sich angepaßt. Er spielt nicht mit Gleichaltrigen, nimmt aber mit Erwachsenen Kontakt durch Anfassen der Kleidung auf. Er ist ständig mit Kritzeln von Zahlen, Buchstabenkombinationen und von Gegenständen beschäftigt, die er in Büchern, Atlanten und Zeitungen gesehen hat. Unter psychotherapeutischer, sonderpädagogischer und musiktherapeutischer Behandlung wurden im Laufe eines längeren stationären Aufenthalts einige Fortschritte erzielt.

auch Grenzfälle zum atypischen Autismus.

Die *klinische Forschung* der letzten Jahrzehnte hat die ursprüngliche Annahme, daß sowohl genetische als auch hirnorganische Ursachen für die Manifestation des Krankheitsbildes eine dominierende Rolle spielen, durch zahlreiche Studien exakt und überzeugend belegen können. Aber auch die Beobachtungen von Kanner, Eisenberg, Asperger und anderen, daß die Umwelt nicht nur an der psychopathologischen Ausgestaltung des Krankheitsbildes mitbeteiligt ist, sondern auch

eine ursächliche Rolle spielen kann, wurden nicht eindeutig widerlegt.

Kognitive und emotionale Defizite sind offenbar von zentraler Bedeutung für die Entwicklung eines Autismus. Über die morphologischen oder physiologischen Grundlagen und über ihre Entstehung ist wenig bekannt. Zahlreiche Autoren (Hermelin und O'Connor 1970; Wing 1966) haben schon früh auf das Vorkommen, die Bedeutung und die Häufigkeit kognitiver, insbesondere auditiver und visueller Defizite bei autistischen Kindern hingewiesen. Sie stellen fest, daß autistische

Kinder, die nicht sprechen konnten, bei der Ausführung perzeptuell-motorischer Aufgaben behindert waren, mutistische Kinder dagegen nicht. Diese Ergebnisse sprechen dafür, daß kognitive Defizite die gesamte Entwicklung beeinträchtigen. Autistische Kinder, deren periphere Sinnesorgane und zentrale Nervenleitungen völlig intakt sind, können sprachliche, optische und auch andere sensorische Reize nicht erfassen, nicht entschlüsseln und/ oder nicht speichern. Die Situation schwerer autistisch gestörter Kinder läßt sich im auditiven Bereich etwa mit der eines Menschen mit einer *sensorischen Aphasie* vergleichen oder mit der Lage eines sprachunkundigen Ausländers in einer sprachfremden Umgebung. Während Menschen mit einer sensorischen Aphasie sich jedoch durch ihre verbliebene Sprachfähigkeit und der Mensch in sprachfremder Umgebung sich noch durch sein Mienen- und Gebärdenspiel verständlich machen können, ist dies autistischen Kindern und Jugendlichen verwehrt. Ihnen steht kein steuerbares verbales, mimisches oder gestisches Ausdruckspotential zur Verfügung.

Genetische Faktoren. Genetische Konstellationen spielen eine vielfach belegte dominierende Rolle. Das zeigte sich in *Zwillingsstudien* mit vergleichenden Konkordanzraten zwischen eineiigen (EZ) und zweieiigen (ZZ) Zwillingen. Folstein und Rutter (1978) stellten eine Konkordanz von autistischen Störungen bei 37 % der EZ und 0 % bei ZZ fest. Bei den meisten EZ fanden sich zusätzlich typische kognitive Defizite und eine retardierte Sprachentwicklung, bei den ZZ in nur

Tab. 5.2 Genetische Faktoren: In mehreren Studien, in denen autistische Kinder mit ihrem eineiigen (EZ) oder zweieiigen Zwillingsgeschwister (ZZ) erfaßt und verglichen wurden, ergab sich eine unterschiedlich hohe, teilweise signifikante Konkordanz bei den EZ, was mit hoher Wahrscheinlichkeit für die Wirksamkeit eines genetischen Faktors spricht.

	EZ	ZZ
Folstein und Rutter (1978)	37 % (n=11)	0 % (n=10)
Ritvo (1988)	91 % (n=11)	0 % (n=10)
Steffenburg et al. (1989)	95 % (n=11)	0 % (n=10)
Bolton und Rutter (1990)	55 %	0 %

einem Fall. Ritvo (1988) fand bei 11 EZ in 10 Fällen eine konkordante autistische Störung; bei 10 ZZ war sie in keinem Fall festzustellen. In einer zusammenfassenden britischen Untersuchung (Rutter et al. 1993) ergaben sich Konkordanzen von 60 % bei den monozygoten Zwillingen, bei den dizygoten Zwillingen hingegen in keinem Fall. Darüber hinaus fanden sich zusätzlich bei 92 % der monozygoten Zwillinge, dagegen bei den dizygoten Zwillingen nur in 30 % kognitive und soziale Auffälligkeiten. Steffenburg et al. (1989) stellten ebenfalls eine autistische Konkordanz von 95 % bei EZ versus 0 % bei ZZ fest. Aber auch Geschwister eines autistisch gestörten Kindes weisen ein Erkrankungsrisiko von 3 % (Rutter 1991), also rund 100mal höher als die durchschnittliche Häufigkeit auf. Bolton et al. (1994) ermittelten, daß die Schwere autistischer Störungen bei Kindern in direktem Zusammenhang mit dem Ausmaß der familiären Belastung steht, was eher für ein Zusammenwirken multipler Genorte spricht. Hughes et al. (1997) ermittelten, daß bei den Eltern autistischer Kinder signifikant häufiger eine gestörte soziale Kompetenz nachzuweisen war als in einer Vergleichsgruppe mit gesunden Kindern. Diese wie andere Studien verweisen darauf, in welch hohem Grade Autismus von genetischen Konstellationen abhängig ist.

Hirnorganische Faktoren und Komorbidität. Unter tiefgreifende Entwicklungsstörungen werden mit Ausnahme des Asperger-Syndroms Störungen subsumiert, bei denen neben den spezifischen psychopathologischen Merkmalen Lern- und geistige Behinderungen vorliegen, die von leichten bis zu schwersten Intelligenzminderungen reichen. Die Frage, ob es sich bei den dabei oft nachweisbaren hirnorganischen Erkrankungen um ursächliche bzw. an der Manifestation autistischer Störungen mitbeteiligte Faktoren handelt, ist nach wie vor offen. Dafür sprechen die hohen Prozentsätze polyätiologischer Hirnschäden (40–50 %), die beim frühkindlichem Autismus angetroffen werden, und ebenso die Häufigkeit zerebraler Anfallsleiden (bis 25 %). Dabei bleibt allerdings in der Regel ungeklärt, ob sie in kausalem Zusammenhang mit der autistischen Störung stehen oder ob es sich nur um eine davon isolierte Komorbidität handelt, die in keinem Zusammenhang mit einer autistischen Störung steht. Dem wird in der ICD dadurch Rechnung getragen, daß die *Diagnose* nicht vom Vorliegen oder Fehlen einer somatischen Krankheit abhängig gemacht werden darf.

Über die *Häufigkeit* der bei autistischen Störungen festgestellten *somatischen Erkrankungen* bestehen erhebliche Divergenzen. Rutter und Hersov (1994) sprechen von ca. 10 %, Gillberg (1990) von 37 %. Die somatischen Erkrankungen und kognitiven Retardierungen kommen häufiger bei Autismusformen vor, die mit geistiger Behinderung einhergehen, und dementsprechend auch beim atypischen Autismus. Es handelt sich dabei neben dem Rett-Syndrom um das fragile X-Syndrom, das häufig, aber wahrscheinlich ohne pathogenetischen Zusammenhang mit autistischen Störungen einhergeht, ferner um die tuberöse Hirnsklerose, die Phenylketonurie, die Heller'sche Demenz und andere desintegrative Störungen sowie frühkindliche schizophrene Psychosen und um zahlreiche chromosomale Aberrationen, um virale und bakterielle Infektionen. Abweichende autoptische zerebralorganische, CT- und EEG-Befunde wurden häufig festgestellt, sie sind insgesamt aber widersprüchlich und lassen keine generellen Aussagen zu. Im Schädel-CT waren vereinzelt Substanzverluste im Wurmbereich des Kleinhirns festzustellen; kernspintomographisch (Courchesne et al. 1988) fanden sich bei schwer autistischen Kindern und Erwachsenen signifikant kleinere Lobulinanteile im Kleinhirnwurm. Pathologische EEG-Befunde wurden häufig, aber in unterschiedlicher Häufigkeit (10–83 %) ermittelt; als Läsionsfelder wurden das retiku-

läre System, das Mittelhirn und assozia-
tive Regionen in der linken Hemisphäre
diskutiert. Darauf und auf eine auffallende Dominanz der linken Hemisphäre
(Lempp 1992, Rollett und Kastner-Koller
1994) bei autistischen Kindern wurde
mehrfach hingewiesen. Woodhouse et al.
(1996) haben bei einem Drittel autistischer und Kindern mit anderen tiefgreifenden Entwicklungsstörungen makroze-
phale Kopfumfänge festgestellt. Es hat
insgesamt den Anschein, als handle es sich
um ein Bündel von möglichen Ursachen,
ohne daß eine einzelne Ursache für die
Symptomatik ausschließlich verantwortlich gemacht werden könnte.

Multiple Manifestationsfaktoren. Mit ihrem Vulnerabilitätskonzept ermittelte
DeMyer (1979) bei autistischen Kindern
regelmäßig drei oder mehr pathogenetisch verdächtige Faktoren. Auch Bailey
et al. (1996) vertreten die Ansicht, daß
genetische, neuropsychologische und
neurobiologische Perspektiven für das
Verständnis der Pathogenese integriert
werden müssen. Meine eigene pathogenetische Analyse (Nissen 1978) von 28 autistischen Kindern ergab, daß bei den zehn
Kindern mit deutlichen erbgenetischen
Faktoren in der Familie zusätzlich bei acht
Kindern autistische Milieueinflüsse und
bei zwei Kindern außerdem hirnorganische Schädigungen nachzuweisen waren.
Bei 15 Kindern mit zerebralorganischen
Schädigungen fanden sich zusätzlich bei
acht Kindern ein »autistisches *Familienmilieu*« und bei vier weiteren Kindern autistische Mütter oder autistische Väter.
Bei den drei Kindern mit reaktiv-auti-
stisch eingestuften Störungen waren in

zwei Fällen autistische bzw. schizoide
Mütter und Väter nachzuweisen. Bei
28 autistischen Kindern waren also neben
einer Hauptursache noch 25 zusätzliche,
möglicherweise autismusfördernde Faktoren beteiligt.

Die soziale Bedeutung des frühkindlichen Autismus liegt in den Auswirkungen
der schweren *Kontaktstörungen*, der emotionalen Frigidität und der sozialen Indifferenz dieser Kinder, die das Familienle-
ben durchgreifend verändern. Autistische
Kinder freuen sich nicht, wenn die Eltern
zurückkehren. Sie gehen nicht zu ihnen,
wenn sie Schmerzen haben, und sie zeigen
wenig Interesse an Zärtlichkeiten, an einem Gute-Nacht-Kuß oder an körperlicher Berührungen mit ihren Geschwistern. Sie machen als Kleinkinder nicht
»winke, winke« und nicht »backe, backe
Kuchen« und ahmen nicht wie andere
Kinder ihre Eltern nach. Sie können
Menschen nur schwer voneinander unterscheiden und kennen keine hierarchische
Zuwendung, wie andere Kinder sie aufweisen. Erst nach dem 5. Lebensjahr treten einige soziale Auffälligkeiten allmählich zurück, aber die Kommunikationsschwierigkeiten bleiben bestehen.
Autistische Kinder spielen nicht kooperativ mit anderen Kindern, freuen sich
nicht über Geschenke und können sich
nicht in die Gefühle anderer Menschen
hineinversetzen. Sie sind infolge ihrer kognitiven Defizite oft nicht imstande, das
gesprochene Wort zu verstehen, und erlernen nicht das Sprechen.

Diagnose und Differentialdiagnose

Für die Diagnose bilden die Erhebung der *Anamnese,* eine eingehende Befragung der Eltern zum Entwicklungsverlauf sowie eine körperliche und eine psychologische Untersuchung eine unumgängliche Voraussetzung. Für den diagnostischen Klärungsprozeß sind neben einer Beurteilung der Gesamtentwicklung, insbesondere der sozialen Interaktion und sprachlichen Fähigkeiten, der Intelligenzgrad und etwaige begleitende Krankheiten von besonderer Bedeutung.

Spezielle Untersuchungsinstrumentarien und *Fragebögen* erweisen sich manchmal für die Erkennung von autistischen Störungen und für eine differentialdiagnostische Abgrenzung von anderen Störungen als sehr hilfreich. Besonders bewährt haben sich das Autism Diagnostic Interview (Le Couteur et al. 1998), die Autismus-Verhaltensliste (ABC) und die Autism Rating Scale (Schopler et al. 1983), die eine Zuordnung in »nicht autistisch«,»leicht bzw. mittelgradig autistisch« und »hochgradig autistisch« ermöglicht.

Tab. 5.3 Differentialtypologische Kriterien des frühkindlichen Autismus (Kanner) und des Asperger-Syndroms (autistische Psychopathie)

Merkmal	Frühkindlicher Autismus (Kanner-Syndrom)	Asperger-Syndrom (autistische Psychopathie)
Erste Symptome	In den ersten Lebensmonaten bis zum 3. Lebensjahr	Vom 2.–3. Lebensjahr an
Blickkontakt	Kein oder nur kurzer Blickkontakt	Blickkontakt selten oder fehlt
Art der Sozialstörungen	Mitmenschen werden nicht in ihrer personalen Existenz erfaßt	Mitmenschen werden als störend empfunden
Geschlechterverteilung	Jungen und Mädchen	Überwiegend Jungen
Motorische Entwicklung	Relativ unauffällig	Motorisch ungeschickt
Motorische Stereotypien	Fast immer vorhanden	Häufig vorhanden
Sonderinteressen	Bei leichteren Formen ja, sonst keine	Wissensspeicherung ohne logische Verknüpfungen Sammlerische Tendenzen
Sprachliche Entwicklung	Sprachentwicklungsstörung bzw. Sprechunfähigkeit. Kind läuft, bevor es spricht	Früher Sprechbeginn. Kind spricht häufig, bevor es laufen kann
Intelligenz	Überwiegend mittel- bis schwergradige Intelligenzminderung	Durchschnittlich, manchmal überdurchschnittlich

Das autistische Kind fällt im Vergleich mit gesunden Kindern oder mit solchen, bei denen ebenfalls Beziehungs- und Kontaktstörungen bestehen, durch zahlreiche charakteristische *Verhaltensunterschiede* auf: Das psychisch gesunde Kind erfaßt je nach Alter, Intelligenz und Bewußtseinsgrad weitgehend seine psychische Situation und seine soziale Stellung. Es verfügt frei über seine emotionalen, kognitiven, sprachlichen und nonverbalen Potenzen und ist imstande, notwendige Anpassungen zu leisten und sich in Konflikten zu behaupten. Das *mutistische* Kind hat zwar einseitig die sprachlichen Kontakte zu einigen oder allen Personen seiner Umgebung eingestellt, aber es verfügt über ein Repertoire von mimischen, gestischen und motorischen Kommunikationsmitteln, mit dem es sich verständigen kann. Das bewußte Schweigen ist nicht immer als Abkehr und Rückzug von der Außenwelt aufzufassen. In manchen Fällen wird damit der Versuch unternommen, die Umweltbeziehungen zu verbessern, in anderen Fällen kann es eine Begleiterscheinung einer anderen psychischen (depressiven, zwanghaften) Störung sein. Dem *narzißtischen* Kind, das nach Überwindung der amorphen Ich-Es-Phase der frühen Säuglingszeit seine Libido erneut von der Objektwelt abgezogen und sich selbst und seinem Körper zugewandt hat, ist ebenfalls nur scheinbar autonom-selbstbezogen; in Wirklichkeit ist ihm außerordentlich viel an den Reaktionen der Umgebung gelegen. Es betrachtet sie unablässig daraufhin, ob sie ihm ausreichend Bewunderung und Zuwendung zollt.

Differentialdiagnose. Bei Kindern mit einem *atypischen Autismus* liegen schwerste Intelligenzminderungen auf sehr niedrigem Funktionsniveau vor. Sie zeigen keine oder doch nicht alle diagnostischen Kriterien des frühkindlichen Autismus, oder die abnorme Entwicklung wird erst nach dem 3. Lebensjahr manifest. Sie kann auch bei Kindern diagnostiziert werden, die unter einer schweren umschriebenen Entwicklungsstörung der rezeptiven Sprache leiden.

Kinder mit einem *Asperger-Syndrom* verfügen über eine normale, manchmal überdurchschnittliche Intelligenz. Sie lernen in typischen Fällen sprechen, bevor sie laufen können. Meistens handelt es sich um Jungen. *Erbträger* sind offenbar die Väter, die fast regelmäßig ebenfalls autistische Wesensmerkmale aufweisen.

Andere autistische Störungen, ein frustrationsbedingter psychogener Autismus wird vorwiegend bei *deprivierten Kindern* oder solchen beobachtet, die lange Zeit unter extrem kulturarmen und vernachlässigenden Bedingungen aufwachsen oder unter umschriebenen Sinnesstörungen leiden. Er ist graduell schwächer als das Asperger-Syndrom ausgebildet und bessert sich oft eindrucksvoll unter günstigen Lebensbedingungen.

Das *Rett-Syndrom* (F84.2), bisher nur bei Mädchen beschrieben, tritt nach einer scheinbar normalen frühen Entwicklung mit einem teilweise oder vollständigem Verlust der Sprache, mit einem Verlust zielgerichteter Handbewegungen, mit Stereotypien und einer späteren Ataxie und Apraxie sowie choreo-athetoiden Bewegungen auf und ist fast immer von eine schweren Intelligenzminderung begleitet.

Die anderen *desintegrativen* Störungen (F84.3) des Kindesalters sind durch eine anfangs normale Entwicklung definiert; danach treten neben einem allgemeinen Interesseverlust motorische Manierismen auf, begleitet von einer autismusähnlichen Störung der sozialen Interaktionen und der Kommunikation.

Bei der überaktiven Störung mit Intelligenzminderung und Bewegungsstereotypien (F84.4) besteht eine mittelschwere Intelligenzminderung (IQ unter 50) mit erheblicher Hyperaktivität. Unter Stimulantien tritt keine Besserung ein, mitunter aber medikamentös bedingte dysphorische Nebenwirkungen.

Bei den gelegentlich auftretenden Problemen mit diagnostischer Abgrenzung zwischen geistig behinderten Kindern ohne spezifische autistische Merkmale gegenüber frühkindlich autistischen Kindern mit einer geistigen Behinderung muß man beachten, daß der für einen kleinen Teil der autistischen Kinder vertretbare therapeutische Optimismus von Eltern geistig behinderter, nicht-autistischer Kinder leicht mit der Hoffnung einhergehen kann, daß sich mit einer solchen Diagnose auch die Prognose bessert – ein wohlbekanntes Problem in Autismus-Zentren.

Therapie und Prognose, Prävention

Die Behandlungsergebnisse sind insgesamt nicht ermutigend. Auch intensive und über lange Zeit geführte psychotherapeutische Behandlungen können nur Teilerfolge erzielen. Über eine wirklich gelungene Restitution wurde bisher noch nicht berichtet. Dennoch sind untätiger Pessimismus genauso wie allzu große Erwartungen fehl am Platz. Allzu pessimistische ärztliche Prognosen bei psychisch behinderten Kindern werden in Einzelfällen immer wieder einmal im Zuge der Weiterentwicklung des Kindes oder durch heil- und sonderpädagogische Maßnahmen und durch kognitive und psychodynamische Verfahren widerlegt.

Die Therapie verfolgt ein begrenztes Ziel. Es besteht darin, ein gemeinschaftsunfähiges autistisches Kind in ein sozial befriedigend adaptiertes Kind umzuwandeln. Wieweit dies gelingt, hängt im Einzelfall weitgehend von der Bereitwilligkeit und Fähigkeit der Eltern zur Mitarbeit und natürlich vom Grad der autistischen Störung des Kindes ab. Durch die enge Verflechtung von genetischen und psychodynamischen Faktoren in der Familie der autistischen Kinder sind die therapeutischen Ansatzpunkte häufig unübersichtlich, weil die autistischen Eltern gemeinsam mit dem autistischen Kind an dem beziehungskühlen *häuslichen Klima* beteiligt sind.

Die wichtigsten Gesprächspartner des Therapeuten sind die *Eltern*. Viele Eltern sind sehr, manche sogar hoch motiviert, an der Behandlung mitzuwirken. Wenn primäre oder iatrogene Schuldgefühle etwa wegen ihrer eigenen affektiven Gehemmtheit als Ursache der autistischen Gestörtheit des Kindes vorliegen, ist eine gründliche Klärung und Aufklärung notwendig. Nicht nur Kinder, mit denen ein einfacher sprachlicher oder emotionaler Kontakt möglich ist, sondern alle Kinder sollten in den Dialog einbezogen werden, auch dann, wenn es sich nur um eine einzige Begegnung handelt. Wie bei anderen psychisch gestörten Kindern gelingt auch hier die Kontaktaufnahme leichter, rascher und zuverlässiger durch eine Musik- oder Bewegungstherapie oder durch eine Spiel- und Beschäftigungstherapie. Die Aufnahme und die Umsetzung von Rhythmus, Klang und Bewegung stellen gleichzeitig ein Training der Aufmerksamkeits- und der Konzentrationsfähigkeit dar. Ein Kindergartenbesuch oder die Einschulung wird, wenn überhaupt möglich, oft erst mit Verspätung folgen. Ob dies gelingt, hängt zu einem erheblichen Teil auch von der Bereitschaft der Erzieher und Lehrer zur Mitarbeit ab, die mit der besonderen Problematik des Kindes gründlich vertraut gemacht werden müssen.

Psychodynamische Verfahren haben sich bei den biologisch kodierten autistischen Störungen insgesamt als wenig effektiv erwiesen. Das schließt aber nicht aus, daß psychodynamisch orientierte Gespräche mit den Eltern und auch mit durchschnittlich begabten oder nur leicht intelligenzgeminderten autistischen Kindern sehr nützlich sein können. Oft haben die Eltern auf der Suche nach einer Behandlung zahlreiche Ärzte konsultiert, bis die zutreffende Diagnose gestellt wurde. Deshalb ist zunächst eine gründliche Information über das Krankheitsbild, über mögliche Behandlungsansätze und besonders über die oft ungünstige Prognose erforderlich. Häufig haben die Eltern unzutreffende Versprechungen wie »das ist halt ein Spätentwickler« oder »warten Sie nur

ab, das wächst sich schon aus« gehört. Deshalb sollte die begrenzte Effizienz der therapeutischen Maßnahmen besonders angesprochen werden. Eine wichtige Grundlage der Behandlung ist, daß die Eltern ihr Kind trotz seiner Probleme annehmen können und bereit sind, selbst an der Behandlung teilzunehmen und entsprechende Aufgaben als Co-Therapeuten zu übernehmen.

In Einzelfällen ist autistisches Verhalten durch *übende Methoden,* Tanz- und Musiktherapie (Weber 1999, Schumacher 1994) und *Verhaltenstherapie* günstig zu beeinflussen, aber, ebenso wie auch durch andere Behandlungsmaßnahmen, nicht zu beseitigen. Fast alle autistischen Kinder brauchen spezielle *heilpädagogische* Maßnahmen. Abnormes Verhalten und extremer autistischer Rückzug dürfen nicht toleriert werden. In Betracht kommen Hilfen zur sozialen und sprachlichen Entwicklung durch eine Zerlegung in kleine Lernziele und eine allmähliche Reduktion besonders störender Symptome. Dadurch kann die allgemeine Lernfähigkeit gefördert, eine bestehende Tendenz zur Stereotypisierung reduziert und familiäre Belastungen können abgebaut werden.

In den vergangenen Jahrzehnten hat man mit sehr unterschiedlichen Methoden Behandlungsversuche unternommen, die sich überwiegend als ineffektiv erwiesen, teilweise aber auch heute noch sehr unterschiedlich beurteilt werden. Die *Festhalte-Therapie* (Welch 1984, Prekop 1992) beruht auf der Annahme, daß es sich beim Autismus um eine früh erworbene emotionale Störung handelt, die die

Entwicklung des »Urvertrauens« verhinderte. Durch enge körperliche Kontakte, durch Festhalten und Umklammern des Kindes, auch gegen seinen Widerstand, soll seine feindselige und ängstliche Einstellung zu seinen Eltern durch Körperwärme und liebevollen Zuspruch gebrochen und überwunden werden. Die Beurteilung des Verfahrens reicht von strikter Ablehnung (Green 1997) bis zur Anerkennung (Burchard 1992) als empfehlenswerte zusätzliche therapeutische Maßnahme.

Mit der *»gestützten Kommunikation«* (Crossley und McDonald 1980) versucht man, dem autistischen Kind eine nonverbale Hilfe durch körperliche Unterstützung zu geben, etwa bei Arbeiten mit der Schreibmaschine oder am Computer. Man berührt und stützt die Hand, den Arm oder die Schulter, verhindert dabei mögliche Fehler, hilft aber nicht direkt bei der Auswahl der Buchstaben. Die Wirksamkeit der Methode ist umstritten. Neben Mitteilungen über überraschende Erfolge stehen wissenschaftliche Untersuchungen, die überwiegend zu einem negativen Ergebnis kamen.

Mit der zunehmenden Erkenntnis, daß es sich bei den autistischen Kindern um perzeptuelle Entwicklungstörungen handelt, war es naheliegend, verstärkt *verhaltenstherapeutische* Maßnahmen einzusetzen. Die Schwerpunkte der zur Zeit vorherrschenden verhaltenstherapeutischen Methoden ist auf Zielsymptome ausgerichtet. Eine verhaltenstherapeutische Frühförderung ist angebracht, wenn eine Frühdiagnose rechtzeitig gestellt werden konnte. Dies ist nach den vorliegenden

Erfahrungen selten vor dem 3. oder 4. Lebensjahr der Fall. Bevor man therapeutische Schritte einleitet, muß man eine detaillierte *Verhaltensanalyse* erstellen. Dabei ist zu berücksichtigen, daß sich im Laufe der Jahre bestimmte Einstellungen der Eltern zum Kind bereits verfestigt, aber auch beim Kind viele Reaktionen automatisiert haben. Man muß die Eltern darüber informieren, daß das Kind nicht imstande ist, durch »bessere Einsicht« seinen Willen so zu verändern, daß es sich selbst disziplinieren kann. Es liege keine absichtsvolle Kontaktverweigerung, sondern eine durch biologische Defizite bedingte Kontaktunfähigkeit vor oder ein durch Wahrnehmungsstörungen verursachtes Unvermögen, soziale Beziehungen einzugehen, mehr Aktivitäten und Interessen zu entwickeln und mehr und besser zu sprechen.

Klicpera und Innerhofer (1993) weisen darauf hin, daß es für die Förderung autistischer Kinder nur wenige, aber wichtige therapeutische Ansätze gibt, die über das hinausgehen, was auch für die Förderung geistig behinderter Kinder gilt. Autistische Kinder müßten lernen, einzelne Handlungsabläufe als Teile der Gesamthandlung zu verstehen und wie das Aufeinanderlegen vom Bauklötzen zum Bau eines Turms zu begreifen.

Verhaltenstherapeutische Maßnahmen richten sich auf

• eine Verbesserung der lebenspraktischen Fertigkeiten durch Erlernen einfacher Techniken mit positiver Verstärkung durch behutsames Herangehen an ein gewünschtes Verhalten, etwa Zuhören, Sauberkeitstraining, An-

und Auskleiden, Körperpflege usw.
und durch Einüben bestimmter Fertigkeiten, die anfangs durch Belohnungen verfestigt werden, aber allmählich
selbständig geleistet werden sollen;
- Möglichkeiten einer Sprachanbah-
  nung. Die Verbesserung oder auch der
  Aufbau der sprachlichen Kommunikation kann durch Stärken der vom Kind
  auf den Therapeuten zu richtenden
  Aufmerksamkeit und durch Verbessern
  des Blickkontakts, durch Nachahmen
  von motorischen Bewegungsabläufen des Therapeuten und Aufbau eines verbalen Imitationsverhaltens und
  schließlich durch Anbahnen einer
  kommunikativen Sprachverwendung
  mit komplexen Versuchen geschehen,
  das Sprachverständnis des Kindes zu
  erweitern;
- Verbesserung des sozialen Verhaltens
  durch Einüben einfacher sozialer Muster mit zunächst nur einer Person, später mit nicht-behinderten Kindern,
  und Vermitteln von Verhaltensregeln,
  durch die das Kind zu erkennen lernt,
  daß sein eigenes Verhalten das Verhalten der Umgebung beeinflußt;
- Abbau von Stereotypien mit Hilfe
  ethisch vertretbarer aversiver Verfahren, etwa durch »over-correction«:
  Wiedergutmachung eines angerichteten Schadens oder durch die Auflage,
  nach einer unerwünschten Stereotypie
  eine andere, neutrale Handlung durchzuführen; durch »time out«: Verbringen in einen reizarmen Raum; durch
  Sichtblockaden (»facial-screening«),
  etwa bei Selbstverletzungen (Lätzchen
  über den Kopf legen), oder durch

nicht-aversives Verharren, z. B. durch
Belohnungen für Zeitabschnitte, in denen das unerwünschte Verhalten nicht
auftrat, auch durch positive Verstärkung von störenden Verhaltensweisen
(reinforcement) nach dem Prinzip,
unerwünschte automutilative oder stereotype Handlungen in sozial verträgliche Handlungen umzulenken, und
schließlich durch gezielte Spiel- und
Beschäftigungsangebote.

Mit *Medikamenten* kann man das Krankheitsbild insgesamt nicht verändern. Da
die individuelle Symptomatik mosaikar-
tig zusammengesetzt ist, gibt es auch kein
besonders bewährtes Medikament, sondern nur gegen bestimmte Symptome
einzusetzende psychotrope Substanzen.
Aber in krisenhaften Situationen können
diese von großer Bedeutung sein, vor allem dann, wenn sie in psychotherapeutische Bemühungen eingebunden sind. In
solchen Fällen wird sich die Verordnung
von *Psychopharmaka* auf besonders störende Symptome, auf die jeweiligen Zielsymptome richten. Andererseits werden
erfahrungsgemäß Medikamente mit einem breiteren Wirkungsspektrum eingesetzt, die bei autistischen Kindern eine
mehr oder weniger zufriedenstellende
Wirkung zeigen. Deshalb liegen im Hinblick auf den Autismus vergleichsweise
zahlreiche psychopharmakologische Therapiestudien vor.

Das Haloperidol (Haldol) ist das einzige Medikament, das in mehreren Dop-
pelblindstudien geprüft wurde. Es hat
sich gegenüber Placebo als überlegen bei
begleitender Hyperaktivität, Aggressivität

und motorischen Stereotypien gezeigt; bei Überdosierung kommt es zu unerwünschten Nebenwirkungen (Dyskinesien). Fenfluramin (Ponderax) zeigte in über 30 klinischen Prüfungen ebenfalls günstige allgemeine Wirkungen. Wenn bei autistischen Kindern mit gesteigerter Anfallsbereitschaft wegen erheblich störender Begleiterscheinungen ein Neuroleptikum indiziert ist, bietet sich Thioridazin (Melleril) an, weil es eine nur geringe epileptogene Wirkung hat. Fast alle wirkungsvollen Medikamente verursachen eine deutliche Senkung des Serotonin-Spiegels; sie beeinflussen stereotypes, hyperaktives und unaufmerksames Verhalten günstig. Neben zahlreichen anderen Medikamenten erwiesen sich z. B. Sulpirid (Dogmatil) und Pimozid (Orap) bei eher passiven und antriebsschwachen autistischen Kindern manchmal als hilfreich.

Die *Prognose* hängt in erster Linie vom Grad der autistischen Wesensanomalie und von der geistigen Entwicklung des Kindes ab. Sie ist ungünstig, wenn die Sprachentwicklung bis zum 5. Lebensjahr noch nicht eingesetzt hat. 60–80 % aller autistischen Kinder behalten ihre Störungen. Nur etwa 5–10 % können sich als Erwachsene im Leben selbständig behaupten. Auch die Kinder, die sich insgesamt günstig entwickeln, zeigen nach wie vor Beziehungsstörungen. Ein Teil der autistischen Kinder, etwa 25 %, entwickelt epileptische Anfälle; bei den psychisch retardierten autistischen Kindern ist es sogar ein Drittel. Der bedeutsamste prognostische Faktor ist die Intelligenz. Kinder mit einem IQ unter 50 haben eine schlechte Prognose, anderen mit einem IQ von 70 und höher gelingt in der Hälfte der Fälle eine gute Anpassung im späteren Leben.

5.2.2 Atypischer Autismus

Der Atypische Autismus (F84.1) unterscheidet sich von anderen autistischen Störungen dadurch, daß a) nicht das Manifestationsalter entscheidend ist oder daß b) nicht alle, sondern nur ein oder zwei typische autistische Symptome vorhanden sind. Er tritt besonders bei schwerst intelligenzgestörten Personen und bei Kindern mit schweren Störungen der rezeptiven Sprache auf.

Symptomatik

Kinder mit schweren und schwersten *geistigen Behinderungen* zeigen mental bedingte Störungen der Kontakt- und der Bindungsfähigkeit, die man als autistisch beschreiben könnte, wenn sie sich nicht ursächlich allein auf die Oligophrenie zurückführen ließen. Sie erlernen nicht die einfachsten Kulturtechniken. Sie können nicht oder nur agrammatisch sprechen und sich auch nicht durch ein non-verbales, mimisch-gestisches Verhalten verständlich machen. Sie zeigen oft stereotype Bewegungsabläufe oder fügen sich selbst Verletzungen zu. Kinder mit umschriebenen schweren und irreparablen Sinnesdefekten oder mit zerebralen Ausfällen wie Gehörlosigkeit, Schwerhörigkeit und Hörstummheit oder universellen zerebralen Schädigungen können infolge ihrer sinnesphysiologischen oder defektuösen Isoliertheit eine autistische Wesensanomalie (»Pseudoautismus«) zeigen. Diese schwer gestörten Kinder mit einem

Abb. 5.4 Ein 14jähriger autistischer, geistig behinderter Junge mit einer schweren zerebralen Schädigung mit starker motorischer Unruhe, komplexen motorischen Stereotypien und einer erblichen Aggressivität beschäftigt sich ausdauernd mit einfach strukturierten farbigen Filzstiftmalereien, vorwiegend mit Maschinen, die für ihn von großer Bedeutung sind.

atypischen bzw. »somatogenen« Autismus privatisieren, weil sie von der Kommunikation mit der Außenwelt defektbedingt getrennt, weil in ihrem »Gehirn wenig los ist« (Kraepelin) und die psychischen Voraussetzungen für eine zwischenmenschliche Beziehung nicht gegeben sind.

Diagnose und Differentialdiagnose
Die deskriptive Abgrenzung des atypischen Autismus von dem Asperger- und Kanner-Autismus ergibt sich aus der Symptomatologie, den schweren bzw. schwersten Intelligenzminderungen oder einer hochgradigen Schwerhörigkeit oder Gehörlosigkeit. Sie kann gegenüber den schweren Formen des Kanner-Autismus manchmal schwierig sein.

Therapie und Prognose
Bei der *Beratung der Eltern* sollte man darauf achten, bei den Kindern emotionale und intellektuelle Überforderung zu verhindern, zugleich aber auch Unterforderung und sekundär-deprivierende Tendenzen zu vermeiden. Es ist wichtig, vorhandene Entwicklungsansätze rechtzeitig zu erkennen und auszunutzen, bevor sie verkümmern und schließlich endgültig verschüttet werden. Im Vordergrund steht das Erlernen einfacher Kulturtechniken. Wenn eine Sonderschulfähigkeit erreicht wird, bringt Einzelunterricht oder Unterricht in kleinen Klassen meistens günstigere Ergebnisse. Einzelunterricht ermöglicht ein angepaßteres Eingehen auf die der autistischen Störung zugrundeliegenden Behinderungen und ein kontinuierlich langsames Lerntempo bei geistig behinderten Kindern.

Eine Prognose kann man nur im Einzelfall stellen.

5.2.3 Asperger-Syndrom (autistische Psychopathie)
Beim Asperger-Syndrom handelt es sich um empathische soziale Beziehungsstörungen mit einer starken Selbstisolierungstendenz mit teilweise abwegigen Sonderinteressen bei einer verzögert ein-

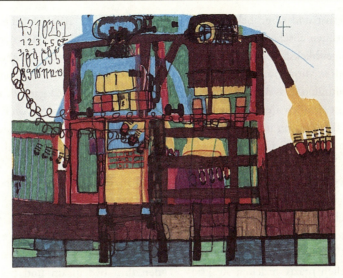

Abb. 5.5   15jähriger autistischer, geistig behinderter Junge mit einer schweren zerebralen Schädigung und einer starken motorischen Unruhe und komplexen motorischen Stereotypien, der sich ausdauernd mit einfach strukturierten farbigen Filzstiftmalereien, vorwiegend mit Maschinen beschäftigt, die für ihn von großer Bedeutung sind, und zahlreiche farblich gut komponierte Bilder anfertigte. Wegen zunehmender Aggressivität war er zu Hause nicht mehr tragbar und mußte in ein Heim eingewiesen werden.

setzenden körperlichen Entwicklung mit disharmonischer Motorik bei einer oft schon früh beginnenden, »autonomen« Sprachentwicklung und einer durchschnittlichen, in Einzelfällen überdurchschnittlichen Intelligenz. Das Asperger-Syndrom wurde 1991 in die ICD-10 (F84.5) aufgenommen.

Symptomatik
Asperger beschrieb 1944 die »autistischen Psychopathien im Kindesalter«, die er in charakteristischer Ausprägung nur bei Jungen antraf und deshalb als »Extremvariante des männlichen Charakters« (übersteigerten Intellektualismus, verschrobene Originalität, deformierte thymische Funktionen) bezeichnete. Das Asperger-Syndrom ist durch vergleichbare qualitative Abweichungen wechselseitiger sozialer Interaktionen charakterisiert, wie sie für den frühkindlichen Autismus typisch sind, und geht mit einem eingeschränkten, stereotypen Repertoire von Interessen und Aktivitäten einher. Beim Asperger-Autismus sind die Störungen insgesamt weniger stark ausgeprägt als beim frühkindlichen Autismus. Die bestehenden Abweichungen haben eine starke Tendenz, bis in die Adoleszenz und das Erwachsenenalter zu persistieren, und bieten dann das Bild einer schizoiden Persönlichkeitsstörung.

Kernsymptome des Asperger-Syndroms:
• Störungen in den sozialen Beziehungen
Kinder mit einem Asperger-Syndrom verhalten sich »extrem egoistisch«, stark in-

trovertiert, ernst und vergrübelt. Es fehlt die naiv-sentimentalische Unbekümmertheit und Augenblicksbezogenheit des gesunden Kindes. Mitmenschen werden als störend empfunden. Das *Mienen- und Gebärdenspiel* ist ärmlich und spärlich entwickelt. Ihr Blick ist leer und unbestimmt in die Ferne gerichtet, er läßt sich weder durch optische noch akustische Reize fixieren und geht bei Konfrontation am Partner vorbei oder durch ihn »hindurch«. Dennoch nehmen diese Kinder durchaus Geschehnisse in ihrer Umgebung mit dem peripheren Gesichtsfeld wahr, wie aus ihren gelegentlich präzis gezielten Reaktionen zu ersehen ist. Durch ihr fehlendes Einfühlungsvermögen wirken sie distanzüberschreitend. Sie zeigen oft ausgesprochen *aggressive Züge* gegenüber ihren Mitmenschen. Schwächen der Familienmitglieder werden mit gezielt-enthüllenden Bemerkungen bedacht, von Asperger als »autistische Bosheitsakte« bezeichnet, und sind als Nebenprodukt autistischer Sublimierung anzusehen. Bei der sonstigen Beziehungslosigkeit und Abkapselung des fensterlos-monadenhaften Daseins dieser autistischen Kinder erscheint dieses Agieren aus der Peripherie besonders überraschend und charakteristisch.

- Stereotypien, Rituale und Sonderinteressen

In der Auswahl der Spielsachen und Beschäftigungen gehen sie unbeeinflußt von der Umwelt ihren eigenen Impulsen und Intentionen nach. Im Spiel herrscht ein gleichförmig-statisches Element vor, gelegentlich von motorischen Stereotypien und maniriert-bizarren, teilweise rhythmisch-stereotypen Bewegungsabläufen

unterbrochen. Altersgerechte, aufbauende und komplexe Spiele treten gegenüber stereotypisierten Gewohnheitshandlungen wie Kramen, Sammeln, Ordnen, Aus- und Einräumen ganz zurück. Sie sehen bei der Betrachtung von Einzelobjekten Probleme, wo das gesunde Kind mit dem Handlungsablauf und der Synthese beschäftigt ist. Asperger beschrieb einen Knaben, der beim Löffeln seiner Suppe in Konflikte geriet, weil er nicht aufhören konnte, die Fettaugen darin zu betrachten, hin- und herzuschieben oder auf sie zu blasen; die wechselnden Formen wurden ihm bedeutsam und problemreich. Auch sonst können bedeutungslose, allenfalls vorübergehend benutzte Gegenstände wie Garnrollen, Pakethalter, leere Dosen und Schachteln überwertige, fetischartige Bedeutung erhalten, deren Besitz in Analogie zur »Veränderungsangst« (Kanner) sorgfältig überwacht wird.

- Störungen der motorischen Entwicklung

Motorisch sind die Kinder mit einem Asperger-Syndrom auffallend ungeschickt. Sie lernen später als andere Kinder laufen. Die Körperbewegungen wirken disharmonisch, eckig und abrupt. Das Zusammenspiel der An- und Synergisten scheint einer zentralen Steuerung zu ermangeln, das *Körperschema* ist nur unvollkommen entwickelt. Die Kinder erlernen die altersadäquaten Kulturtechniken erst relativ spät. Sie können sich beispielsweise im Schulalter noch nicht allein an- und auskleiden, säubern und waschen, Schleifen binden und ihre Kleidung auf- und zuknöpfen. Sie sind auch entsprechenden Dressaten nicht oder doch nur schwer zugänglich, weil sie eine eindeutig negative Einstellung zur *Körpersphäre* haben. Physiognomisch wurde von Asperger eine charaktervolle Disproportioniertheit des Gesichts mit einer akzentuierten Nasenbildung und Kiefer- und Zahndeformierung beschrieben. Der Gesichtsausdruck wirke durch scharfe, wie mit einem Stift gezeichnete Züge zugleich erwachsen und frühreif, andererseits aber auch gespannt und problemgeladen.

* Störungen der Sprachentwicklung und der Kommunikation

Die Sprache, neben Blick, Mimik und Motorik bedeutsamster Träger menschlichen Kontakts, kann beim Asperger-Syndrom in verschiedener Weise gestört sein. Die Sprechmelodie ist oft eintönig-leiernd, ohne Hebungen und Senkungen zu Beginn oder am Ende eines Wortes oder eines Satzes, sie kann aber auch überspitzt prononciert oder theatralisch sein. Die Lautstärke schwankt ebenfalls zwischen Extremen: hauchend leise und kaum verständlich bis schreiend und unnatürlich laut. Die Kinder beginnen oder beenden ihre Monologe ohne Rücksicht darauf, ob der andere das Zimmer verläßt oder bereits in einem Gespräch begriffen ist, ob ihnen jemand zuhört oder nicht. In formaler Beziehung ist weiterhin typisch eine auffallende sprachschöpferische Fähigkeit (»naszierende Sprache«), die in engem Zusammenhang mit der autistisch-innengelenkten Wesenseigenart steht und den Charakter einer »*autonomen Sprache*« annehmen kann. Die Sprachentwicklung setzt bei diesen Kindern auffallend früh ein, erreicht rasch einen hohen Vollkommenheitsgrad und verstärkt damit den

Eindruck vorzeitiger Reife und des Erwachsenseins dieser Kinder.

* Intelligenzentwicklung

Die Intelligenz ist meistens durchschnittlich, gelegentlich sogar überdurchschnittlich entwickelt. Sie ist immer originell, an *Sonderinteressen* und nicht ableitbaren Vorlieben für bestimmte Kenntnisse und Wissensbereiche orientiert, die im Vergleich zum Allgemeinwissen übermäßig aufgebläht werden. Dabei dominiert oft die reine Wissensspeicherung, die sammlerische Tendenz, das registrierende Auswendiglernen vor der logischen Verknüpfung und Verwendung. So finden sich bereits im Schulalter »Erfinder, Naturforscher, Literatur- und Kunstkenner, Rechenkünstler«. Dabei imponiert in einigen Fällen das scheinbar Originelle bereits als Defekt und leitet zu den Denkrastern hirnorganisch Schwachsinniger mit automatisierten Gedächtnisleistungen über, die etwa die Namen und Bruttoregistertonnen sämtlicher Bananendampfer aufsagen oder als »Kalenderjungen« zu jedem beliebigen Datum der Vergangenheit und Zukunft den Wochentag nennen können. Das schulmäßige Lernen bereitet den meisten Kindern mit einem Asperger-Syndrom erhebliche Schwierigkeiten, weil sie neben ihren zwanghaft-eigenständigen Lernmethoden nicht willkürlich über ihre Aufmerksamkeit verfügen können und erst im späteren Schul- und Lebensalter mit ihren Leistungen anerkannt werden.

Genese, Ätiologie, soziale Bedeutung
Die postulierte »autistische Psychopathie« konnte Asperger durch Untersuchungen

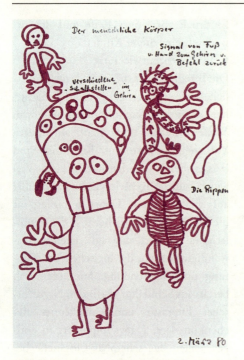

Der menschliche Körper

Signal von Fuß
v. Hand zum Gehirn u.
Befehl zurück

Verschiedene
Schaltstellen im
Gehirn

Die Rippen

2. März 80

Abb. 5.6 Der siebenjährige autistische Junge verhielt sich bereits als Zweijähriger auffällig kontaktschwach, »ohne Gefühlsregung«; extreme, uneinfühlbare Ängste. Vorliebe für stereotype Bewegungen. Rege Phantasie, meistens »grausame Dinge« (Morde, Überfälle). Herausragende rechnerische Fähigkeiten (zählt bis 1 Million), beschäftigt sich mit dem Planetensystem, der menschlichen Anatomie (s. Zeichnung), kennt alle Musikinstrumente.

an mehreren hundert Kindern und ihren Eltern als eindeutig erbbedingt belegen. In allen Fällen konnten autistische, meist männliche *Erbträger* festgestellt werden. Das Syndrom wurde als Ausdruck einer vorwiegend vom Vater auf den Sohn vererbten Extremvariante eines bestimmten Typs der schizoiden, introvertierten Persönlichkeit gedeutet. Einige Autoren stimmen Asperger zu, daß die erbliche Dominanz unerläßliche Vorbedingung

für alle Formen des kindlichen Autismus ist.

Die soziale Bedeutung liegt in den sozialen *Beziehungsstörungen*, mangelhaftem Einfühlungsvermögen, in motorischen Auffälligkeiten und in der Hypertrophie manchmal skurriler intellektueller Sonderinteressen bei weitreichender Insuffizienz gegenüber emotionalen Anforderungen, die zur sozialen Abdrängung in die Rolle von Sonderlingen und zur sekundären Neurotisierung führen kann.

Diagnose und Differentialdiagnose

Autistische Kinder, meistens Jungen mit einer normalen oder überdurchschnittlichen Intelligenz, deren sprachliche Entwicklung normal oder verfrüht im Gegensatz zu einer retardierten motorischen Entwicklung einsetzt, gehören zum Formenkreis der autistischen Psychopathie. Sie stammen häufig aus Familien mit autistischen Vätern, in seltenen Fällen mit autistischen Müttern.

Differentialdiagnostisch ist anzunehmen, daß es autistische Störungen gibt, die sowohl dem Syndrom von Asperger als auch dem von Kanner zugerechnet werden können. Für die syndromale Zuordnung spielen die Familienvorgeschichte und die Eigenanamnese, insbesondere Reihenfolgestörungen der statomotorischen, sprachlichen und besonders der intellektuellen Entwicklung und die Schwere der sozialen Interaktionsstörungen eine wichtige Rolle.

Die Störung unterscheidet sich vom frühkindlichen Autismus in erster Linie durch eine fehlende allgemeine Entwicklungsverzögerung, den fehlenden Entwicklungsrückstand der Sprache und durch die meistens vorliegende, überwiegend erhebliche bis schwere Intelligenzminderung. Bei frühkindlich autistischen Kindern mit einem »*highfunctioning-autism*« (Tsai 1992), der durch einen Intelligenzquotienten von über 65 bis 70 Punkten definiert ist, bestehen fließende Übergänge zum Asperger-Syndrom.

Die kindliche Schizophrenie ist regelmäßig von einer zentralen Kontakt- und Beziehungsstörung begleitet; Sprachstörungen fehlen selten. Die im Laufe der Zeit eintretende affektive Veröffnung und Verflachung als Ausdruck des progredienten Prozesses erleichtert neben den im Kindesalter relativ seltenen akzessorischen Symptomen (Wahnideen, Sinnestäuschungen) die Differentialdiagnose.

Therapie und Prognose, Prävention
Eine kausale Therapie des Asperger-Syndroms ist nicht bekannt, es handelt sich offenbar um eine erblich bedingte Wesens- und Charakteranomalie, die therapeutisch prinzipiell nur wenig Besserungschancen aufweist.

Dennoch ist eine enge Zusammenarbeit mit den *Eltern* autistischer Kinder notwendig, um ihnen in Krisensituationen innerhalb der Familie, in der Schule und bei der Berufsfindung und -ausbildung zu helfen, aktuelle Probleme zu bewältigen. Das gilt auch für ein systematisches Training lebenspraktischer und motorischer Unbeholfenheiten und arbeitstechnischer Schwierigkeiten. Dazu ist neben der grundsätzlichen Bereitschaft

der Eltern zur Mitarbeit auch ihre Bereitschaft zur Korrektur einer an allgemeinen Forderungen und Leistungen ausgerichteten Erziehung erforderlich. Überspitzte Verhaltensweisen kann man heilpädagogisch mit beschränkter Zielsetzung am ehesten beeinflussen, wenn Eltern und Lehrer versuchen, sich in die autistische Welt des Kindes einzufühlen und wohlwollend, aber mit »abgestelltem Affekt« auf das Kind einzugehen. In der Schule kommt es bei Rechenaufgaben wegen eigenwilliger und zeitraubender Lösungsmethoden und in Aufsätzen wegen inhaltlich und formal eigenwilliger Darstellungen manchmal zu Konflikten, weil sie von der Aufgabenbewältigung der anderen Kinder abweichen. Da die autistischen Kinder jedoch unfähig sind, sich an diese anzupassen, muß man ihre *autonomen Lösungsstrategien* schließlich als »originell« hinnehmen.

In *Einzel- und Gruppengesprächen* mit den Kindern und Jugendlichen kann der Therapeut mit Aussicht auf Erfolg aktuelle Probleme ansprechen und erörtern, die ihre Stellung unter Gleichaltrigen, ihre Lern- und Leistungssituation, Fragen der *Berufsfindung* und ihre Einstellung zum anderen Geschlecht betreffen. Als besonders geeignete Berufe haben sich systematische Tätigkeiten, die sich mit Registrierungen (Archive, Bibliotheken, Museen) oder mit einfacheren, aber relativ selbständigen Arbeiten (Warenlager, Registraturen, Speicher), vorwiegend ohne ständige soziale Kontakte, erwiesen.

Eine *medikamentöse* Behandlung ist meistens nicht erforderlich. Bei einer besonders schweren, eng umschriebenen

Symptomatik, bei Angst- und Unruhezuständen kommen schwach potente Neuroleptika wie Thioridazin (Melleril, Chlorpromazin Megaphen), bei Zwangshandlungen Clomipramin (Anafranil) oder Fluoxetin (Fluctin) und Fluvoxamin (Favorin) in Betracht, bei schweren Aufmerksamkeitsdefiziten versuchsweise Methylphenidat (Ritalin).

Die Prognose hängt von der Schwere der ererbten Symptomausprägung und vom Intelligenzgrad des Kindes ab. In der Pubertät wurden (Lempp 1992) mehrfach reaktive depressive Episoden beschrieben. Bei über 400 von Asperger beobachteten autistisch-psychopathischen Kindern entwickelte sich in zwei Fällen eine schizophrene Psychose.

5.2.4 Andere autistische Störungen

Über autistische Störungen bei Kindern nach schweren und anhaltenden Deprivationen wird relativ selten berichtet. Das hängt damit zusammen, daß frühkindliche Deprivationen in den westlichen Ländern (Geburtenrückgang, verbesserte Heimsituation) kaum noch vorkommen; zum andern aber auch damit, daß das Auftreten von autistischen Störungen als Folge von schweren und anhaltenden emotionalen und kognitiven Frustrationen umstritten ist.

Definition

Kinder mit autistischem Verhalten nach extremer und anhaltender *Deprivation* oder, in seltenen, aber wissenschaftlich besonders relevanten Fällen, im Isolator (wegen Immundefizienz), weisen eine mit anderen autistischen Störungen eine durchaus vergleichbare Symptomatik auf, sowohl im sozialen und kommunikativen, im sprachlichen und nicht-sprachlichen Bereich als auch im Hinblick auf stereotyp-repetitive Verhaltensmuster und in der motorischen Entwicklung. Autistische Störungen im Zusammenhang mit dem *psychischen Hospitalismus* wurden früher als »affectionless psychopathy« (Bowlby 1946) beschrieben, und viele autistische Störungen bei Kindern wurden bis vor 20 oder 30 Jahren insbesondere in Frankreich als emotional bedingt eingestuft.

Epidemiologie

Statistisch verwertbares Zahlenmaterial ist nicht bekannt. Die Klassifikation deprivations- bzw. privationsbedingter autistischer Störungen ist ungeklärt. Typische Einzelfälle werden vermutlich entweder dem Hospitalismus im Kindesalter (F43.28), der Anpassungsstörung (F43.2), der nicht näher bezeichneten Entwicklungsstörung (F89) oder den reaktiven Bindungsstörungen im Kindesalter (F94.1) oder anderen psychischen Störungen zugeordnet.

Symptomatik

Die als Folge von schweren und anhaltenden emotionalen und kognitiven Deprivationen und Privationen geschilderten autistischen Verhaltensstörungen, die auch als *psychogener Autismus* bezeichnet wurden, gerieten infolge der pathogenetischen Schwerpunktverlagerung vom »emotional block« (Kanner 1943) auf hirnorganische bzw. genetische kognitive Defizite fast völlig aus dem wissenschaftlichen Blickfeld. Sie wurden dennoch in Einzelfällen immer erneut belegt und unter anderem durch Verlaufsuntersuchungen der Bindungsforschung bestätigt.

Emotional und kognitiv schwer beeinträchtigte autistische Säuglinge und Kleinkinder zeigen Störungen in der *sozialen Interaktion*. Sie sind unfähig, Kontakte mit der Umwelt aufzunehmen, verhalten sich unbeteiligt und passiv und reagieren nicht auf mimische oder gestische Signale. Sie wirken emotional indifferent und »wie abwesend«. Es fehlen gerichtete Aktivitäten und dem Entwicklungsalter angemessene Initiativen. Sie sprechen auch im mittleren Kleinkindalter noch nicht oder nur unverständlich. Sie grimassieren anhaltend, führen stereotype und vertrackte Hand- und Fingerbewegungen oder rhythmische Kopf- und Körperbewegungen (Schaukeln) aus und lernen erst spät, allein zu stehen und zu laufen.

Fallbeispiel: Ein vierjähriger Junge wuchs bei Großeltern, die als Sonderlinge galten, in einer einsamen Moorgegend auf. Er zeigte eine charakteristische autistische Symptomatik mit hochgradiger Kontaktschwäche, einer Sprachentwicklungshemmung mit Neologismen und unmotiviert auftretenden Angstanfällen. Bei dem mit »Dementia praecoxissima« eingewiesenen Kind wurde während des achtmonatigen Klinikaufenthalts eine normale Intelligenz festgestellt. Es entwickelte im Laufe der Behandlung gute zwischenmenschliche Beziehungen zu den Erziehern und zu anderen Kindern, beteiligte sich an den Spielen in der Gruppe und holte einen großen Teil des Sprachentwicklungsrückstandes auf. Nach der Entlassung wurde es in eine Pflegefamilie gegeben und ein weiteres Jahr später in eine Normalschule aufgenommen.

Bei Ernst und von Luckner (1985) finden sich in einer Sammeldarstellung zahlreiche Einzelfälle nach extremer *institutioneller Deprivation* und nach Privation durch geisteskranke Familienangehörige sowie nach krankheitsbedingtem Aufenthalt im Isolator. Gleichzeitig wird über ihre damaligen Entwicklungs- und Intelligenzquotienten und über ihre weitere intellektuelle, emotionale, sprachliche, soziale und körperliche Entwicklung berichtet. Die generell relativ gute Prognose im Hinblick auf ihre Gesamtentwicklung wurde durch eine eigene katamnestische Untersuchung (n=137) von Ernst und von Luckner nach 10 Jahren belegt.

Inzwischen hat eine neue, gut belegte und mit 21 Falldarstellungen angereicherte Studie (Rutter et al. 1999) das wissenschaftliche Interesse erneut auf Kinder mit eindeutig umweltbedingten oder erheblich mitbedingten autistischen Störungen gelenkt. Von rumänischen Kindern (n=111), die im Alter zwischen vier und sechs Jahren in Großbritannien adoptiert und von einer Forschergruppe (Rutter et al. 1998, 1999) eingehend untersucht wurden, zeigten 6 % ein »overall quasi-autistic pattern« bzw. »autistic-like patterns of behaviour«. Diese Kinder zeigten typische repetitiv-stereotype Verhaltensweisen, umschriebene Sonderinteressen sowie Präokkupationen und rhythmische Schaukelbewegungen. Sie waren bereits als Neugeborene in unzureichend ausgestattete Heime gekommen und dort

21, 30 und 39 Monate unter ungünstigen äußeren Bedingungen verblieben. Diese autistischen Kinder erfüllten die im Autism Diagnostic Interview aufgestellten Kriterien (Le Couteur et al. 1998) vollständig, und ihr Verhalten glich phänomenologisch dem eines »ordinary« Autismus. Weitere 6 % der Kinder zeigten mildere und unvollständige autistische Verhaltensmuster. Die schwerer autistisch gestörten Kinder wiesen mehr kognitive Beeinträchtigungen auf als die mit leichteren autistischen Störungen und unterschieden sich von den anderen, leichter autistischen Kindern durch eine früher beginnende und eine länger anhaltende schwere psychische Deprivation. In einer Vergleichsgruppe von 52 Kindern, die aus England stammten und innerhalb der ersten sechs Lebensmonate in englische Familien adoptiert wurden, zeigte kein Kind autistische Merkmale. Bei einer Nachuntersuchung im Alter von sechs Jahren war bei den rumänischen autistischen Kindern eine gewisse Besserung der Symptomatik eingetreten.

Genese, Ätiologie, soziale Bedeutung, Risikofaktoren

Autistisches Verhalten bei Säuglingen und Kleinkindern nach extremer und chronischer Deprivation tritt keineswegs regelmäßig, sondern nur bei einer kleineren Anzahl und in unterschiedlicher Ausprägung auf. In dem rumänischen Sample waren es immerhin 6–12 % der Kinder. Darüber, daß *Umwelteinflüsse* in diesen Fällen maßgeblich an der Manifestation der autistischen Störungen beteiligt waren, spricht bereits ihre hohe Inzidenz.

Hirnorganische Schädigungen wurden, von wenigen zweifelhaften Befunden abgesehen, weitgehend ausgeschlossen; ebenso Makrozephalien (Woodhouse et al. 1996). Die Frage, ob überwiegend Schutz- oder Risikofaktoren für die Manifestation oder Nicht-Manifestation entscheidend sind, läßt sich nicht generell klären. Nach den Erfahrungen mit der Gesamtgruppe der autistischen Syndrome muß für auch die Entwicklung der »anderen autistischen Störungen« ein genetischer Faktor diskutiert werden. Ebenso wie beim Asperger- und beim Kanner-Syndrom kommt dafür in erster Linie eine wahrscheinlich schwächere genetische Anlagevariante in Betracht.

Autistische Störungen werden außerdem manchmal auch bei Kindern mit *defekten Sinnesorganen*, etwa bei kongenital blinden Kindern und insbesondere bei Kindern mit einer nicht erkannten Schwerhörigkeit, unabhängig von der jeweiligen Intelligenz, festgestellt. Hörstörungen bei Kindern entgehen besonders leicht der Aufmerksamkeit der Umgebung; manchmal führen erst die sekundären psychischen Störungen zur Aufdeckung des Grundleidens.

Fallbeispiel: Ein sechsjähriger Junge, der erst seit einem Jahr einige Wörter stammelnd spricht, wird mit den Diagnosen: autistisches, schwachsinniges bzw. aphatisches Kind vorgestellt. Er ist nach Angaben der Großmutter in den USA und in Deutschland in zehn bis zwölf verschiedenen Kliniken untersucht worden. Er sei unerwünscht zur Welt gekommen, wurde von der Mutter und von der Großmutter abgelehnt; Heimunterbringung war vorgesehen. Die

Untersuchung ergab eine überdurchschnittliche Intelligenz, aber es lag eine hochgradige Schallempfindungsschwerhörigkeit vor. Nach Verordnung eines Hörgeräts und einer heil- und musiktherapeutischen Behandlung kam das Kind in eine Sonderschule für Hörbehinderte, wo es rasche Fortschritte machte.

Aus *entwicklungspsychologischer* und psychoanalytischer Sicht befinden sich das Neugeborene und der Säugling während der ersten Wochen und Monate in einer »sensiblen Phase«, in der das Ich und das Es noch nicht getrennt sind. Sie wird von einer »symbiotischen Phase« abgelöst. Wird das Kind gleich nach der Geburt oder im Verlaufe des ersten Lebensjahres für längere Zeit ohne eine »Ersatzmutter« von der Mutter getrennt, kann das zur Persistenz eines bindungsunfähigen Verhaltens führen und damit auch zu einer autistischen Störung. Tustin (1993 b) bestreitet, daß es sich bei diesem Autismus um eine »defensive Regression« auf ein sogenanntes normales autistisches Stadium handelt, und stellt das Trauma der körperlichen Trennung von der Mutter, die mit einem schockartigen psychischen Rückzug des Kindes verbunden ist und sich in einem psychogenen Autismus ausdrückt, in den Vordergrund ihrer Überlegungen.

Zahlreiche psychodynamisch orientierte Autoren wiesen bei der Besprechung ihrer Autismus-Fälle darauf hin, daß in der Vorgeschichte der von ihnen beobachteten autistischen Kinder eine affektive Frustration in den ersten Lebensmonaten und -jahren vorgelegen habe, die bei ihnen »kein Gefühl von Sicherheit und Geborgenheit« aufkommen ließ.

Diagnose und Differentialdiagnose

Die psychopathologische Symptomatik einer autistischen Störung nach Deprivation erlaubt zunächst keine sichere Abgrenzung vom Asperger-Autismus und einem frühkindlichen Autismus (Kanner). Der Kanner-Autismus geht sehr häufig mit einer mittleren oder schweren Intelligenzminderung einher. Kinder mit einem Asperger-Syndrom sprechen früh und verfügen über durchschnittliche Intelligenz. Die Diagnose einer anderen autistischen Störung wird zwar durch das Vorliegen einer schweren und anhaltenden emotionalen und kognitiven Frustration gestützt, die aber zusätzlich auch bei den genannten autistischen Syndromen vorkommen kann. Entscheidend für die Diagnose ist vor allem der weitere Verlauf, insbesondere, ob die autistische Symptomatik sich unter einer Behandlung und in einer günstigen Umwelt sich allmählich bessert oder sich sogar zurückbildet.

Therapie und Prognose, Prävention

Wie bei allen umweltbedingten, psychogenen Störungen steht die Prävention vor der Therapie. Bei autistischen Heim- und Familienkindern ist die Beendigung der Frustrationssituation und die Herstellung einer möglichst lange währenden, am besten endgültigen Beziehung zu gleichbleibenden Bindungspersonen vordringlich. Anzustreben ist eine Pflege- oder Adoptivstelle. Bei intensiver und dauerhafter Zuwendung wird die emotionale Verkümmerung zunächst oft überraschend schnell gebessert. Die Kinder zeigen ein starkes Zärtlichkeitsbedürfnis, sie machen Entwicklungsfortschritte und gliedern sich sozial oft überraschend gut ein. Aber im Laufe der Zeit stellen sich oft langanhaltende emotionale und kognitive Störungen ein, etwa scheinbar unbegründet auftretende Angst- und Erregungszustände und heftige Reaktionen bei objektiv geringfügigen Veränderungen in der Umgebung der Kinder.

Die Prognose hängt vom Lebensalter bei Beginn der Frustrationsperiode und von deren Schwere und Dauer ab, wahrscheinlich auch vom Ausmaß einer genetischen Präformierung. Sie ist relativ günstig, wenn die Deprivation nicht allzu lange dauerte und erst nach dem 2. Lebensjahr des Kindes begann. Sie ist ungünstig bei Deprivationsbeginn gleich nach der Geburt und einem über mehrere Jahre dauernden Aufenthalt in einem pflegerisch und personell unzureichend ausgestatteten Heim.

Literatur

Asperger H (1944) Die »Autistischen Psychopathien« im Kindesalter. Arch. Psychiat. Nervenkr. 117: 76–136

Asperger H (1965) Heilpädagogik. Wien/New York: Springer

Aster M von (1993) Geistige Behinderung. In: Steinhausen HC, Aster M von (Hrsg) Handbuch der Verhaltenstherapie und Verhaltensmedizin bei Kindern und Jugendlichen. Weinheim: Beltz, S. 47–68

Bailey A, Le Couteur A, Gottesman I, Bolton P, Siminoff E, Rutter M (1995) Autism as a strongly genetic disorder: evidence from a British twin study. Psychol. Med 25(1): 63–77

Bailey A, Phillips W, Rutter M (1996) Autism: towards an integration of clinical, genetic, neuropsychological and neurobiological perspectives. J. Child Psychol. Psychiat. 37(1): 89–126

Baumgarten F (1930) Wunderkinder. Leipzig: Barth

Bettelheim B (1977) Die Geburt des Selbst. Er-folgreiche Therapie autistischer Kinder. München: Kindler

Bleuler E (1911) Dementia Praecox oder Gruppe der Schizophrenien. In: Aschaffenburg G (Hrsg) Handbuch der Psychiatrie. Abtlg. IV, Teil 1. Leipzig: Deuticke

Bleuler E (1912) Das autistische Denken. Jb. Psychoanal. Psychopathol. Forsch., Bd. IV. Leipzig/Wien: Deuticke, S. 11–39

Bolton P, Rutter M (1990) Genetic influences in autism. Intern. Rev. Psychiat. 2: 67–80

Bolton P, Macdonald H, Pickles A, Rios P, Goode S, Crownson M, Baily A, Rutter M (1994) A case-control family history study of autism. J. Child Psychol. Psychiat. 35(5): 877–890

Bosch G (1962) Der frühkindliche Autismus. Berlin/Göttingen/Heidelberg: Springer

Bosch G (1980) Autismus. In: Spiel W (Hrsg) Die Psychologie des 20. Jahrhunderts. Band XII. Zürich: Kindler, S. 324–357

Bowlby J (1946) Forty-four juvenile thieves: Their characteristics and home life. London: Bailliere, Tindall & Cox

Bryson SE, Clark BS, Smith TM (1988) First Report of a Canadian epidemiological study of autistic syndromes. J. Child Psychol. Psychiat. 29: 433–445

Burchard F (1992) Festhaltetherapie in der Kritik. Berlin: Edition Marhold

Ciompi L (1982) Affektlogik. 5. Aufl., 1998. Stuttgart: Klett-Cotta

Courchesne E, Courchesne R, Press GA, Hesselink JE, Jernigan TL (1988) Hypoplasia of cerebellar vermal lobulus VI and VII in autism. New Engl. J. Med. 318: 1349–1354

Crossley R, McDonald A (1980) Annie's coming out. Melbourne. Deutsch: Licht hinter Mauern. Die Geschichte der Befreiung eines behinderten Kindes, 2. Aufl., 1994. München: Piper

DeMyer MK (1979) Parents and children in autism. London: Winston & Sons. Deutsch: Familien mit autistischen Kindern. Stuttgart: Enke, 1986

Emminghaus H (1887) Die psychischen Störungen des Kindesalters. Tübingen: Laupp, S. 251 f.

Ernst C, Luckner N von (1985) Stellt die Frühkindheit die Weichen? Eine Kritik an der Lehre von der schicksalhaften Bedeutung erster Erlebnisse. Stuttgart: Enke

Folstein S, Rutter M (1978) A twin study of individuals with infantile autism. In: Rutter M, Scopler E (Hrsg) Autism. A reappraisal of concepts and treatments. New York: Plenum, S. 297–321

Gillberg C (1990) Autism and pervasive developmental disorders. J. Child Psychol. Psychiat. 31: 99–119

Gillberg C (1991) Outcome in autism and autistic-like conditions. J. Am. Acad. Child Adol. Psychiat. 30: 375–382

Gillberg C (1992) Autism and autistic-like condition: Subclasses among disorders of empathy. J. Child Psychol. Psychiat. 33(5): 813–842

Gillberg C (1998) Asperger syndrome and high functioning autism. Br. J. Psychiat. 172: 200–250

Gillberg C, Coleman M (1999) The biology of autism. 2. Aufl. London: MacKeith Press

Gillberg C, Steffenberg S (1987) Outcome and prognostic factors in infantile autism and similar conditions: a population-based study of 46 cases followed through puberty. J. Autism Developmental Disorders 17: 273–287

Green G (1997) Facilitated Communication: Just unreliable promises. Skeptiker 10(1): 19–22

Hermelin B, O'Connor N (1970) Psychological experiments with autistic children. Oxford: Pergamon

Homburger A (1975) Psychopathologie des Kindesalters. 1. Aufl. 1926. Reprint: Darmstadt: Wissenschaftliche Buchgesellschaft

Hughes C, Leboyer M, Bouvard M (1997) Executive function in parents of children with autism. Psychol. Med. 27 (1): 209–220

Janetzke HRD (1999) Stichwort Autismus. München: Heyne

Kanner L (1943) Autistic disturbances of affective contact. Nerv. Child 2: 217–250

Kanner L (1949) Problems of nosology and psychodynamics in early infantile autism. J. Orthopsychiat. 19: 416–426

Kanner L (1971) Follow up-study of eleven autistic children originally reported in 1943. J. Autism Child Schizophr. 1: 119–143

Kanner L (1972) Child Psychiatry. Springfield: Thomas, S. 699–711

Kehrer HE, Claasen B, Peter HJ (1991) Internationale Autismus-Bibliographie. Weinheim: Deutscher Studien Verlag

Kehrer HE (1997) Praktische Verhaltenstherapie

bei geistig Behinderten. Dortmund: Modernes Lernen

Klauck SM, Münstermann E, Bieber-Martig B, Rühl D, Lisch S, Schmötzer G, Poustka A, Poustka F (1997) Molecular genetic analysis of the FMR-1 gene in a large collection of autistic patients. Hum. Genet. 100: 224–229

Klein A, Volkmar FR (1997) Asperger's Syndrome. In: Cohen DJ, Volkmar FR (Hrsg) Handbook of Autism and pervasive development disorders. 2. Aufl., New York: Wiley & Sons, S. 94–122

Klicpera C, Innerhofer P (1993) Frühkindlicher Autismus. In: Steinhausen HC, Aster M von, (Hrsg) Handbuch der Verhaltenstherapie und Verhaltensmedizin bei Kindern und Jugendlichen. Weinheim: Beltz, S. 13–46

Krevelen DA van (1963) On the relationship between early infantile autism and autistic psychopathy. Acta Paedopsychiatrica Basel 30: 303–323

Kusch M, Petermann F (1990): Entwicklung autistischer Störungen. Bern: Huber

Le Couteur A, Bailey A, Rutter M, Gottesman I (1998) An epidemiologically based twin study of autism. Paper given at the First World Congress on Psychiatric Genetics. Cambridge: Churchill College, 3.–5. August

Lempp R (1992) Vom Verlust der Fähigkeit, sich selbst zu betrachten. Eine entwicklungspsychologische Erklärung der Schizophrenie und des Autismus. Bern/Göttingen/Toronto: Huber, S. 107–114

Lisch S, Poustka F (1992) Pharmakotherapie beim Autismus. Hilfe für das autistische Kind. Regionalverband Rhein-Main, 3. Informationsschrift, S. 39 ff.

Lord C, Rutter M (1994) Autism and pervasive developmental disorders. In: Rutter M, Taylor E, Hersov L (1994) Child and Adolescent Psychiatry. 3. Aufl. Oxford: Blackwell, S. 569–593

Meierhofer M, Keller W (1974) Frustration im frühen Kindesalter. 3. Aufl., Bern: Huber

Mesibov GB (1992) Treatment issues with functioning adolescents and adults in autism. In: Schopler E, Mesibov GB (Hrsg) High-functioning individuals with autism. Current issues in autism. New York: Plenum Press, S. 143–155

Moll GH, Schmidt MH (1991) Entwicklungen in der Therapie des frühkindlichen Autismus. Z. Kinder-/Jugendpsychiat. 19: 182–203

Nieß N, Dirlich-Wilhelm H (1995) Leben mit autistischen Kindern. Freiburg: Herder

Nissen G (1971) Zur Klassifikation autistischer Syndrome im Kindesalter. Nervenarzt 42: 35–39

Nissen G (1978) Wechselwirkungen bio- und informationsgenetischer Faktoren in den Familien autistischer Kinder. In: Kehrer HE (Hrsg) Kindlicher Autismus. Basel: Karger, S. 22–33

Poustka F (1998) Die genetische Erforschung des Autismus und häufige, damit im Zusammenhang stehende Fragen. Autismus 46, S. 21–27

Poustka F, Lisch S, Rühl D, Sacher A, Schmötzer G, Werner K (1996) The standardized diagnosis of autism: Autism. Diagnostic Interview-Revised: Inter-Rater Reliability of the German Form of the interview. Psychopathology 29(3): 145–153

Prekop I (1992) Hättest Du mich festgehalten. Grundlagen und Anwendung der Festhalte-Therapie. München: Goldmann

Remschmidt H, Oehler C (1990) Die Bedeutung genetischer Faktoren in der Ätiologie des frühkindlichen Autismus. Z. Kinder-/Jugendpsychiat. 18: 216–223

Rimland B (1964) Infantile autism: The syndrome and its implications for a neural theory of behaviour. New York: Meredith

Rimland B, Fein D (1988) Special talents of autistic savants. In: Obler LK and Fein D (Hrsg) The exceptional brain. Neuropsychology of talent and special abilities. New York: Guilford, S. 444–492

Ritvo ER (1988) Neuropathologie, Epidemiologie, Familienuntersuchungen, Elektroretinographie, Immunologie und Fenfluramin-Behandlung. 3. Europäischer Kongreß Hamburg. Kongreßbericht International Association Autism-Europe, S. 35–42

Ritvo ER, Cantwell D, Johnsen, E, Clements F, Benbrook S, Sladges S, Kelly P, Ritz M (1971) Social class factor in autism. J. Autism Childhood Schiz. 1: 297

Ritvo ER, Freeman PD (1976) National society for autistic children: Definition of syndrome of autism. J. Autism Childhood Schiz. 8: 162

Rollett B, Kastner-Koller U (1994): Praxisbuch Autismus – Ein Leitfaden für Eltern, Erzieher, Lehrer und Therapeuten. Stuttgart/Jena/New York: G. Fischer Verlag

Ruhl D, Werner K, Poustka F (1995) Untersuchungen zur Intelligenzstruktur autistischer Personen. Z. Kinder-/Jugendpsychiat. 23(2): 95–103

Rutter M (1991) Autism as a genetic disorder. In: McGuffin P, Murray R (Hrsg) The new gentics of mental illness. Oxford: Heineman Medical

Rutter M (1999) Autism: two-way interplay between research and clinical work. J. Child Psychol. Psychiat. 40(2): 169–188

Rutter M, Bailey A, Bolton P, Le Couteur A (1993) Autism and known medical conditions: myth and substance. J. Child Psychol. Psychiat. 35(2): 311–322

Rutter M, Hersov L (1994) Child psychiatry. 4. Aufl. Oxford: Blackwell

Rutter M and the English and Romanian Adoptee (ERA) Study Team (1998) Developmental catch-up, and deficit, following adoption after severe early privation. J. Child Psychol. Psychiat. 35: 311–322

Rutter M and the English and Romanian Adoptee (ERA) Study Team (1999) Quasi-autistic patterns following severe early global privation. J. Child Psychol. Psychiat. 40(4): 537–549

Schöneich, C von (1779) Leben, Thaten, Reisen, und Tod eines sehr klugen und sehr artigen 4jährigen Kindes. Christian Henrich Heineken aus Lübeck. Beschrieben von seinem Lehrer. 2. veränd. Aufl. Göttingen/Lübeck: Vandenhoeck

Schopler E, Reichler RJ, Lansing M (1983): Strategien der Entwicklungsförderung. Dortmund: modernes lernen

Schumacher K (1994) Musiktherapie mit autistischen Kindern. Stuttgart: G. Fischer

Steffenburg S, Gillberg C, Hellgren L, Andersson L, Gillberg C, Jakobson G, Bohman M (1989) A twin study of autism in Denmark, Finland, Iceland, Norway and Sweden. J. Child Psychol. Psychiat. 30(3): 405–416

Stern E, Schachter M (1955) Zum Problem des frühkindlichen Autismus. Nervenarzt 26: 268

Tarnow G (1966) Autismus in der Reifungszeit als differentialdiagnostisches Problem. Fortschr. Med. 84: 674–676

Tsai LY (1992) Diagnostic issues in High-Functioning Autism. In: Schopler E, Mesibow GB (Hrsg) High-Functioning Individuals with Autism. New York/London: Plenum Press, S. 11–40

Tustin F (1993 a) Autistische Barrieren bei Neurotikern. Frankfurt: Nexus

Tustin F (1993 b) Anmerkungen zum psychogenen Autismus. Psyche 47: 1172–1183; engl. Revise understandings of psychogenic Autism. J. Psycho-Analysis (1991) 72: 585–591

Warnke A, Remschmidt H (1993) Behandlung geistiger Behinderungen. In: Möller H-J (Hrsg) Therapie psychiatrischer Erkrankungen. Stuttgart: Enke, S. 389–414

Weber C (1999) Tanztherapie und Musiktherapie als therapeutische Möglichkeiten bei autistischen Störungen. Göttingen: Hogrefe

Weber D (1970) Der frühkindliche Autismus unter dem Aspekt der Entwicklung. Bern: Huber

Weber D, Remschmidt H (1997) Autismus. In: Remschmidt H (Hrsg) Psychotherapie im Kindes- und Jugendalter. Stuttgart: Thieme, S. 356–370

Welch MG (1984) Heilung vom Autismus durch die Mutter-Kind-Haltetherapie. In: Tinbergen N von, Tinbergen EA (Hrsg) Autismus bei Kindern, 1984. Berlin: Blackwell

Wing JK (1966) Early childhood autism. London: Pergamon Press

Wing JK (1981) Asperger's Syndrome: A clinical account. Psychological Medicine 11: 115–129

Woodhouse W, Balley A, Rutter M, Bolton P, Baird G, Le Couteur A (1996) Head circumference in autism and other developmental disorders. J. Child Psychol. Psychiat. 37(6): 665–671

6. Suizidversuche und Suizide

Im Jahr 1999 begingen in Deutschland 11 157 Menschen (davon 35 Kinder zwischen 10 und 15 Jahren und 286 Jugendliche zwischen 15 und 20 Jahren) Selbstmord. Durch Unfälle im Straßenverkehr wurden im gleichen Zeitraum 19 673 Menschen (davon 655 Kinder bis 15 Jahre und 2197 Jugendliche zwischen 15 und 25 Jahren) getötet. Bei Jugendlichen stehen Selbstmorde unverändert an 2. Stelle der Todesursachen überhaupt, bei Kindern an 9. Stelle. Die *Geschlechterrelation* liegt bei den Kindern und Jugendlichen unverändert bei Jungen: Mädchen = 3-4:1. Selbstmordversuche ereignen sich 8–10mal häufiger als Suizide. Sie werden häufiger von Mädchen als von Jungen begangen. Zahlreiche Befragungen in verschiedenen europäischen Ländern ergaben, daß 20–40% aller befragten Mädchen und Jungen Suizidversuche unternommen hatten oder über ernsthafte Suizidgedanken oder Suizidabsichten berichteten. In Deutschland waren es in einer Studie von Faust und Wolf (1983) 38% bei 15–20jährigen Jugendlichen. Selbst wenn diese schwer objektivierbaren Angaben als überhöht angesehen werden, bleibt die Selbstmordprophylaxe im Kindes- und Jugendalter ein eminent wichtiges therapeutisches Gebiet. Viele schwere Suizidversuche und Suizide von Kindern und Jugendlichen könnten verhindert werden, wenn das präsuizidale Syndrom, die Persönlichkeitsstruktur und die soziologischen Voraussetzungen dieser »Krankheit zum Tode« besser bekannt wären.

Bei Kindern und Jugendlichen ist jeder, auch der spielerisch und oberflächlich angelegte *demonstrative* Suizidversuch ein ernstzunehmendes Notsignal. Ältere Kinder und Jugendliche nehmen sich manchmal selbst zum Objekt einer Bestrafung oder Schädigung, um zu prüfen, wieweit dadurch die Umgebung betroffen ist. Es ist hier nicht immer die vielzitierte »Wendung der Aggressivität gegen sich selbst«, sondern die Probe aufs Exempel, ob durch diese Handlung eine Verhaltensänderung der Umgebung erzielt werden kann. Aus dieser Sicht kommt dem demonstrativen Suizidversuch im Kindes- und Jugendalter eine ähnliche, wenn im Einzelfall vielleicht auch schwerwiegendere Bedeutung zu als etwa dem Weglaufen, der vorsätzlichen Selbstbeschädigung, dem Alkohol- und Drogenmißbrauch oder anderen lärmenden

Verhaltensstörungen, die eine Intervention der nächsten Beziehungspersonen geradezu herauszufordern scheinen. Nach der *Intensität* des Todeswunsches lassen sich theoretisch leichte, mittelgradige und hohe Schweregrade der Suizidalität unterscheiden: »Weiche« Suizidmittel (überwiegend toxische Substanzen), deren Wirkung ungewiß oder unsicher ist, werden überwiegend eingesetzt, wenn eine rechtzeitige Entdeckung sehr wahrscheinlich oder möglich ist. »Harte« Suizidmittel (toxische Substanzen als letale Dosis, Erhängen, Erschießen usw.) werden bei uneingeschränkter Absicht zur Selbsttötung unter weitgehendem Ausschluß einer lebensrettenden Entdeckung angewendet. Bei Kindern und Jugendlichen ist abzuwägen, ob sie in der Lage waren, die Gefährlichkeit der angewendeten Suizidmittel real einzuschätzen.

6.1 Definition

Unter Suizidalität werden neben dem vollendeten Suizid, der bewußt geplanten und durchgeführten Selbsttötung, subsumiert

- parasuizidale Handlungen (ernsthafte, mißglückte oder demonstrative Selbsttötungsversuche),
- suizidale Absichten (Suizidgedanken, suizidale Vorbereitung),
- ein erweiterter Suizid, wenn Kinder z. B. als Opfer in den Selbstmord der Eltern hineingezogen werden.

Suizid und Suizidalität sind keine Diagnosen, weil sie als Symptome vieler seelischer und körperlicher Erkrankungen,

ebenso aber auch in ausweglos erscheinenden Situationen vorkommen.

6.2 Epidemiologie

Im Gegensatz zu der weit verbreiteten Ansicht, daß die Anzahl der Kinderselbstmorde (10.–15. Lebensjahr) eine ständig ansteigende Tendenz zeige, stehen die Ermittlungen des Statistischen Bundesamtes (s. Tabelle 6.1), die ausweisen, daß im Gebiet der alten Bundesrepublik ihre absolute Zahl sich in den Jahren von 1970 bis 1999 zwischen ca. 15 und 86 auf und ab bewegte. Ähnlich verhält es sich mit den Suizidraten der Jugendlichen (15.–20. Lebensjahr: 1970 bis 1999 zwischen 218 und 505) und der Heranwachsenden (20.–25. Lebensjahr: 1970 bis 1999 zwischen 372 und 858). Bei diesen Altersgruppen ist sowohl absolut als auch nach den aussagekräftigeren Zahlen, bezogen auf 100 000 der jeweiligen Altersgruppe in den letzten Jahren, besonders 1999, ein deutlicher *Rückgang* der Suizidraten zu verzeichnen.

Dieser Rückgang ist, wie die nachstehenden Ausführungen belegen, nicht als ein stabiler Trend anzusehen. Auch ältere, über 100 Jahre zurückreichende Statistiken bestätigen nicht die besonders in der Öffentlichkeit immer wieder geäußerte Vermutung, daß die Zahl der »Schülerselbstmorde« in direktem Zusammenhang mit der sozialen Situation der Kinder und Jugendlichen stehe. In Preußen begingen zwischen 1869 und 1898 durchschnittlich 59 Kinder jährlich Suizid. In der Bundesrepublik Deutschland

Tab. 6.1 Suizidraten in der »alten« Bundesrepublik Deutschland bzw. den alten Bundesländern (1970–1999) bei Kindern (10.–15. Lebensjahr), Jugendlichen (15.–20. Lebensjahr), jungen Erwachsenen (20.–25. Lebensjahr) und in der Gesamtbevölkerung (zusammengestellt nach Angaben des Statistischen Bundesamtes). Sie zeigt einen deutlichen Rückgang der Suizide in allen Altersgruppen, besonders im Kindes- und Jugendalter.

		1970	1975	1980	1985	1990	1995	1997	1998	1999
10–15 Jahre	1 : 100 000	2,0	1,5	1,6	1,7	0,5	1,2	0,8	1,1	0,7
	Absolute Zahlen	86	78	78	57	15	42	29	39	33
15–20 Jahre	1 : 100 000	10,7	11,2	8,1	8,8	6,4	6,8	6,8	6,4	6,6
	Absolute Zahlen	427	505	425	433	218	227	235	231	126
20–25 Jahre	1 : 100 000	16,7	19,0	17,4	16,2	12,9	11,3	10,1	10,1	11,06
	Absolute Zahlen	623	807	811	858	653	456	372	374	364
Alle Altersgruppen (Gesamtbevölkerung)	1 : 100 000	21,5	20,9	20,9	20,7	15,6	15,0	14,2	13,6	13,3
	Absolute Zahlen	13 046	12 900	12 868	12 617	9995	9932	9465	9262	8856

töteten sich zwischen 1970 und 1999 durchschnittlich 75 Kinder jährlich. Wenn man diese Zahlen den Einwohnerzahlen Preußens (1910 = 40 Mio.) und der Bundesrepublik Deutschland (1980 = 62 Mio.) gegenüberstellt und berücksichtigt, daß die Transparenz der Suizidzahlen eher zugenommen als abgenommen hat, liegt die heutige Selbstmordrate sicher nicht höher. Da der Prozentsatz der Kinder und Jugendlichen an der Gesamtbevölkerung zurückgegangen ist, dürfte sie tatsächlich noch geringer ausfallen. Zu berücksichtigen ist zusätzlich, daß zahlreiche früher tödlich endende Suizidversuche durch Vergiftung dank der Fortschritte in der Intensivmedizin heute einen günstigeren Ausgang nehmen. Noch deutlicher wird diese hohe Konstanz der Suizid-Inzidenzen, wenn man die Suizid-

raten Bayerns, bezogen auf 100 000 der gleichen Altersgruppen (Statistisches Landesamt des Freistaates Bayern), durch Jahrzehnte hin miteinander vergleicht. Sie lagen in den Jahren zwischen 1900 und heute mit leichten jährlichen Auslenkungen und unbeeinflußt von Kriegen und Wirtschaftskrisen bei Kindern (10–15 Jahre) unverändert zwischen 1,2 bis 1,6 und bei Jugendlichen (15 bis 20 Jahre) zwischen 10,3 und 13,9 pro 100 000 der vergleichbaren Altersklassen. Bei einem Vergleich der Suizidraten der alten Bundesrepublik 1970–1990 (Tabelle 6.1) mit denen der früheren DDR (Tabelle 6.2) – letztere gibt gleichzeitig die Geschlechterrelation wieder – ergibt sich eine zwei- bis dreimal höhere Anzahl von Selbsttötungen in der früheren DDR; dies könnte Veranlassung zu sozialen und politischen Überlegungen geben; tatsächlich konnten für Sachsen und Teile Brandenburgs (Krose 1906) bereits vor 100 Jahren derartig überdurchschnittliche Suizidraten ermittelt werden.

6.3 Symptomatik

• Als parasuizidale Handlungen lassen sich demonstrative und ernsthafte Selbstmordhandlungen gegenüber dem Selbstmord abgrenzen. Im Suizidversuch fließen mehrere *Empfindungsströme* zusammen, die allmählich stärker werden können: a) eine zunehmende situative und dynamische Einengung, b) eine destruktive Aggressivität bzw. Autoaggressivität, c) Todes- und Suizidphantasien. Die situative Einengung wird vom Gefühl der Ohnmacht und des Ausgeliefertseins getragen. Es erscheint alles unveränderbar, hoffnungs- und ausweglos. Die Einengung des Lebensraumes kann real, krankheits-, milieu- oder schicksalsbedingt sein, oder sie wird irrtümlich als solche erlebt. Entscheidend ist eine definitive Hoffnungslosigkeit. Der präsuizidale Mensch beginnt über den Selbstmord zu phantasieren, und dies kann der erste Schritt zu seiner Realisierung sein.

• Für viele ernsthafte Suizidversuche und für den Suizid gilt, daß ältere Kinder und Jugendliche, die Selbstmordhandlungen begehen, nicht leben, aber auch nicht sterben wollen. Sie wollen beides gleichzeitig, gewöhnlich das eine mehr als das andere. Sie befinden sich in einem unlösbaren *Konfliktzustand*, von dem sie nicht wissen, ob er lösbar ist oder nicht. Bei Kindern und Jugendlichen treten alters- und entwicklungsabhängige subjektive Fehleinschätzungen des Suizidrisikos hinzu. So können aus Unkenntnis der tatsächlichen Toxizität oder der tödlichen Dosis bei durch-

Tab. 6.2 Suizidraten im Gebiet der früheren DDR bzw. den neuen Bundesländern (1965–1999) bei Kindern (10.–15. Lebensjahr), Jugendlichen (15.–20. Lebensjahr) und jungen Erwachsenen (20.–25. Lebensjahr), aufgelistet auf 1:100 000 der jeweiligen Alters- und Geschlechtsgruppe (zusammengestellt nach Angaben des Statistischen Bundesamtes). Von 1970 bis 1997 wurde Berlin-Ost statistisch gemeinsam mit den neuen Bundesländern erfaßt (siehe Tab. 12.1), seit 1998 erfolgt die Erfassung zusammen mit den alten Ländern. Die Zahl der Suizide hat sich bei den Jugendlichen und den Heranwachsenden deutlich vermindert.

Alter	Geschlecht	1965	1975	1980	1985	1990	1995	1997	1998	1999
10–15 Jahre	Männlich	4,0	5,3	5,7	4,2	1,3	1,1	0,9	1,4	0,9
	Weiblich	0,8	1,3	1,5	0,6	0,4	0,8	–	0,9	0,6
15–20 Jahre	Männlich	16,7	17,4	19,3	13,4	7,4	9,0	9,0	8,5	7,1
	Weiblich	10,6	6,7	7,6	5,7	1,4	2,5	2,5	4,0	1,8
20–25 Jahre	Männlich	41,3	29,6	30,2	32,1	16,8	11,0	13,7	15,0	15,0
	Weiblich	15,1	14,3	12,9	10,1	5,1	2,9	2,9	3,4	2,2

Und wenn ich mich,
allein mit meinen Gedanken
und alles rausoat
unendlich
langsam
schnell
durch mich hindurch,
dann ist es Zeit zu gehn.

Wenn alles schwarz,
sogar die Tränen,
dann ist es Zeit zu gehn.

Abb. 6.1 Ausschnitt aus dem Abschiedsbrief eines 19jährigen Jugendlichen, der in einer schweren depressiven Episode Selbstmord beging. Er hinterließ neben einem Abschiedsgedicht an seine Eltern auch den Entwurf für seine Todesanzeige mit Datum des Suizids und seiner Beerdigung mit dem Zusatz »Er verzweifelte am Leben«. Er stammt aus einer gutsituierten Familie, in der sich mehrere Suizide ereignet hatten; rückblickend ist der Verdacht auf rezidivierende endogene Depressionen in der Aszendenz nicht auszuschließen.

aus ernsthaften Suizidversuchen unwirksame oder zu geringe und bei ursprünglich demonstrativ angelegten Suizidversuchen zu große Giftmengen eingenommen werden. Der Grad der durch die Selbstmordhandlung zugefügten Selbstschädigung ist deshalb bei Kindern und Jugendlichen im Gegensatz zu Erwachsenen als Unterscheidungskriterium nur bedingt brauchbar. Viel eher ist dies durch eine Einschätzung der *sozialen Situation* des Kindes oder des Jugendlichen vor und zur Zeit der Selbstmordhandlung möglich.

- Ein großer Teil der parasuizidalen Handlungen enthält sowohl demonstrative als auch ernsthafte Anteile. Diese Selbsttötungsversuche gleichen dem »russischen Roulette«, bei dem in der Trommel des Revolvers nur ein Schuß scharfer Munition steckt. Solche *Suizidspiele* mit »Gottesurteilscharakter« finden sich bei Jugendlichen nicht selten. Es entspricht deshalb sicher oft der Wahrheit, wenn Jugendliche später berichten, sie wüßten nicht, ob sie sich wirklich das Leben nehmen wollten oder nicht. Die abrupte Leichtigkeit, mit der manche Kinder Hand an sich selbst legen bzw. zu legen scheinen, ist immer wieder überraschend. Man kann in solchen Fällen von einer »Selbstmordwette« oder von einer Art *unvermittelter Flucht* vor einem Hindernis, ohne Rücksicht auf die Folgen, sprechen.

Die Differenzierung, ob es sich um einen ernsthaften oder einen demonstrativen Suizidversuch gehandelt hat, kann im Einzelfall außerordentlich schwierig sein. Die gelegentlich noch anzutreffende Ansicht, jeder Selbstmordversuch sei als ein mißlungener Selbstmord zu betrachten, ist nicht zutreffend. Ebenso unzutreffend ist es, jeden scheinbar leichteren Suizidversuch als Simulation oder »rein demonstrativ« abzuqualifizieren. Wie hoch der Prozentsatz ernsthafter Selbstmordversuche ist, läßt sich allerdings nur schwer abschätzen. Bei Kindern und Jugendlichen ist es noch schwieriger als bei Erwachsenen zu entscheiden, ob es sich um einen ernsthaften oder demonstrativen Suizidversuch handelt. Bei ernsthaften Suizidhandlungen können z. B. aus Unkenntnis der tödlichen Dosis zu geringe Giftmengen, bei ursprünglich demonstrativen Suizidversuchen zu große Giftmengen eingenommen werden.

Fallbeispiele: Ein zehnjähriger Junge, von den Eltern jahrelang gequält und körperlich mißhandelt, der sich ebenfalls aggressiv gegenüber seiner Umgebung verhält (er hatte zwei Hunde so brutal mißhandelt, daß einer getötet werden mußte), unternahm aus jeweils »nichtigen« Anlässen drei als demonstrativ eingestufte Selbstmordversuche.

Ein 14jähriger Junge, der nach dem plötzlichen Tod der von ihm sehr geliebten Mutter keinen Kontakt zu dem eigenbrötlerischen Vater fand, sich vereinsamt fühlte und verzweifelte, unternahm einen bereits lange geplanten Suizidversuch, als sein Klassennachbar umgesetzt wurde. Er nahm Schlaftabletten ein, brachte sich Schnittwunden am Hals bei und versuchte, sich die Pulsadern zu öffnen und sich ein Messer ins Herz zu stoßen.

Ein 15jähriges Mädchen unternahm nach dem Tod des Vaters einen dritten Suizidversuch. Der Vater war Handwerker, die Mutter Akademikerin; die Familie lebte in einem frömmlerisch-sektiererischen Milieu. Das Mädchen galt in der Schule als »Revoluzzerin«, trug transparente Blusen, rauchte Haschisch und nahm LSD-Trips. Sie berichtete über »anfallsweise Episoden von Weltschmerz«, sie könne dann im Leben keinen Sinn entdecken und wolle am liebsten sterben. Es bestand Verdacht auf eine beginnende endogene Depression.

Manchmal läßt sich nicht entscheiden, ob es sich um einen Suizid oder um einen *Unglücksfall* handelte. Sicher werden gelegentlich Suizide als Unglücksfälle registriert. Die WHO legte einen Bericht aus 19 Industrienationen vor, aus dem hervorgeht, daß tödliche Vergiftungen etwa 1 % der Gesamtmortalität umfassen. Zufallsvergiftungen spielen danach eine untergeordnete Rolle; dagegen gehen 75 % der tödlichen Vergiftungen auf das Konto »Selbstmord«. Von 1100 Vergiftungen bei Kindern ließen sich in Los Angeles 26 % Suizidversuche nachweisen. Nachstehend einige Beispiele für parasuizidale (demonstrative, spielerische und ernsthafte), sui-

Abb. 6.2 Aquarell eines 15jährigen künstlerisch begabten depressiven Mädchens, das nach unehelicher Geburt in Pflegestellen und Heimen aufwuchs. Sie verliebte sich in einen jungen Mann, schickte ihm einen Verlobungsring, den er aber zurückschickte. Daraufhin erhängte sie sich nach Einnahme von Drogen und hinterließ mehrere Abschiedsbriefe.

zidale und suizidverdächtige und als Unfall deklarierte Handlungen:

Fallbeispiel: Nach der Rückkehr von einem Spaziergang fanden die Eltern ihren 13jährigen Sohn im Wohnungsflur erhängt auf. Er hatte, wie schon früher einmal, zwei Stühle aufeinandergestellt, um die Seile einer Schaukel zu befestigen. Dabei war er vermutlich abgestürzt und hatte sich stranguliert. Gerade an diesem Nachmittag aber hatte es eine Auseinandersetzung mit den Eltern wegen eines Streits mit seiner jüngeren Schwester gegeben, die dann gemeinsam mit den Eltern fortgegangen war.

Bei *geistig Behinderten* kommt Selbstmord nur selten vor. Bei leichter intelligenzge-

minderten Kindern und Jugendlichen, die von den Konsequenzen einer lebensbedrohlichen Handlung keine zutreffenden Vorstellungen haben, kommt es jedoch leicht einmal zu impulsiven, unreflektierten Handlungen, die zu Recht als Unglückfälle angesehen werden können.

• Bei somatisch kranken Jugendlichen ereignen sich manchmal »maskierte« Selbsttötungsversuche, etwa bei jugendlichen Diabetikern oder Anfallskranken, die ihr Insulin oder die Antiepileptika absichtlich zu hoch dosieren oder sich durch unzureichende Dosen bewußt selbst schädigen wollen (Kaminer und Robbins 1988). Auch

Tab. 6.3 Geschlechtsspezifische Häufigkeitsdifferenzen (männlich:weiblich) von Suiziden der Kinder und Jugendlichen (15.–24. Lebensjahr) bezogen auf 100000 der jeweiligen Altersgruppe (nach Angaben des Statistischen Bundesamtes der BR Deutschland), die eine deutliche, wenn auch regional unterschiedliche Dominanz des männlichen Bevölkerungsanteiles in sämtlichen europäischen Ländern und in allen Altersgruppen aufweist.

Deutschland 18 : 5	Österreich 30 : 8	Schweiz 27 : 8	Niederlande 8 : 4
Frankreich 16 : 5	England 9 : 2	Dänemark 17 : 5	Island 18 : 0

bei Patienten mit einer schweren Anorexia nervosa (Nahrungsverweigerung bis zum Hungertod) oder bei Drogenabhängigen (»goldener Schuß«) kann ein ähnlich vorsätzliches Verhalten, ein »prolongierter Suizid« beobachtet werden.

- Die bei den Selbstmordhandlungen angewandten Suizidmittel weisen bei Kindern und Jugendlichen wie bei Erwachsenen geschlechtsbezogene Unterschiede auf. Jungen und männliche Jugendliche zeigen bei der Wahl und Anwendung der Suizidmittel stärkere Aggressivität gegen sich selbst als Mädchen oder weibliche Jugendliche. Dabei ist jedoch auch zu berücksichtigen, daß bei psychisch kranken Kindern mit ca. 2:1 generell deutlich mehr Jungen betroffen sind und daß Jungen, die Suizidversuche begangen haben, eine schwerere psychiatrische Symptomatik aufweisen als Mädchen (Otto 1972).

Fallbeispiel: Ein 16jähriger Junge hatte schon im Alter von 14 Jahren den ersten Suizidversuch mit Tabletten unternommen. Sechs Monate später wurde er mit einer Leuchtgasvergiftung bewußtlos aufgefunden. Mit 16 Jahren unternahm er drei weitere Suizidversuche mit Medikamenteneinnahme, Strangulation und durch einen Schuß mit dem Tesching durch die Lunge. Der Vater war Hafenarbeiter, trunksüchtig und dissozial, er traktierte die Familie mit Schlägen; »nur wenn er im Gefängnis war, war es ruhig zu Hause.« Der Junge gab als einziges Motiv für die Suizidhandlungen an, daß ihm nichts am Leben liege. Im Alter von 18 Jahren gelang ihm die Selbsttötung, nachdem er von einer Schiffsreise nach Hause zurückgekehrt war.

Von den 35 Kindern im Alter zwischen 10 und 15 Jahren, die 1999 in der Bundesrepublik Deutschland Selbstmord begingen, kamen z. B. 26 Jungen, aber nur 7 Mädchen durch Erhängen, Erdrosseln oder Ersticken zu Tode. Bei den Jugendlichen ließ sich ebenfalls eine starke Geschlechterdifferenz feststellen: Von 252, die sich selbst erhängten, erdrosselten oder erstickten, waren 213 männliche, aber nur 39 weibliche Jugendliche. Dagegen haben sich die Selbsttötungen durch Gifte angenähert: 10 männliche und 14 weibliche Jugendliche starben durch Einnahme von festen oder flüssigen Stoffen.

- Bei den vollendeten Suiziden besteht eine deutliche Affinität zu männlichen Jugendlichen und Jungen. Suizidversuche hingegen werden wesentlich häufiger von weiblichen Jugendlichen und Mädchen begangen. Es ist ungeklärt, ob dieser Differenz vorwiegend biologische oder soziologische Ursachen zugrunde liegen.

6.4 Genese, Ätiologie, soziale Bedeutung, Risikofaktoren

Die Selbstmordhandlungen von Kindern und Jugendlichen stehen in pathogenetischer Beziehung zu alters- und entwicklungsspezifischen Besonderheiten und zu unterschiedlichen familiären, soziologischen, kulturellen und epochalen Faktoren.

Als Ursachen oder partielle Ursachen von Suiziden oder suizidalen Handlungen

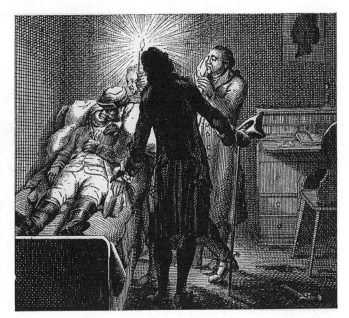

Abb. 6.3 Goethes Roman »Die Leiden des jungen Werthers«, in dem der jugendliche Liebhaber Selbstmord begeht, löste in Europa eine erhebliche Nachfolgesuizidalität aus, die als Ausdruck einer psychischen Kontagiosität in Familien und Sekten und nach entsprechenden Berichten in den Medien (z. B. Eisenbahnselbstmord, Faszination durch Brücken und Hochhäuser) immer wieder zu beobachten ist.

im Kindes- und Jugendalter kommen in Betracht:

a) fehlendes oder unzureichendes Vorstellungsvermögen der Kinder über die absolute Endgültigkeit des Todes;

b) tiefgreifende Störungen der Familiendynamik (Mangel an Zuwendung und Geborgenheit, inkonsistentes Erziehungsverhalten, soziale Isolation innerhalb der Familie; gehäufte Suizidalität in der Familie);

c) Komorbidität mit psychischen Störungen bei den Kindern und Jugendlichen (Depressionen, Substanzenmißbrauch, Psychosen, Persönlichkeitsstörungen, chronische körperliche Krankheiten).

a) Konkrete Vorstellungen vom Wesen und von der *Endgültigkeit des Todes* bilden sich bei Kindern frühestens im Alter von 7 bis 8 Jahren. Sie sind aber, wie die meisten psychischen Vorstellungsinhalte bei Kindern, auch dann noch oft von einer überraschenden Unschärfe. Ein Kind kann an der Beerdigung eines nahestehenden Angehörigen teilgenommen haben und sich später darüber wundern, daß es von ihm kein Geburtstagsgeschenk erhalten hat. In diesem Lebensalter ist suizidales Verhalten extrem selten, obgleich Kinder gelegentlich äußern, daß sie »am liebsten tot« wären. Erst zwischen dem 12. und 14. Lebensjahr, mit der beginnenden Fähigkeit zur *Selbstreflexion*, ist eine relativ zuverlässige Einsicht darüber zu erwarten, daß der Tod ein unwiderrufliches Ende des Lebens bedeutet. In dieser Zeit lebt der Jugendliche in unserer Kultur bereits mindestens in zwei verschiedenen »Welten« von Regeln und Werten: in der seiner Familie und in der seines Schul-, Freundes- und Arbeitskreises. Aber ältere Kinder und Jugendliche können einen Selbstmordversuch oder einen vollendeten Suizid begehen, um mit der verstorbenen Mutter oder dem geliebten Vater wieder vereint zu werden. In Einzelfällen wird nach Selbstmordversuchen noch von 14–15jährigen Jugendlichen angegeben, sie wollten zu der verstorbener Mutter »in den Himmel«. Wenn es in der Reifungszeit zu scheinbar unüberwindlichen *Konflikten* kommt, weil der Jugendliche mit sich selbst, mit seiner Familie oder mit der Gesellschaft in Konflikt gerät, bietet die gedankliche Beschäftigung mit dem Selbstmord Lösungsmöglichkeiten an, die von isolierten Suizidimpulsen und vagen Suizidvorstellungen über die spielerische Suizidvorbereitung bis zur Beschaffung der Suizidmittel und zum vollendeten Suizid reichen.

b) Tiefgreifende Störungen der *Familiendynamik,* verursacht durch ungünstige »äußere« oder »innere« Familienverhältnisse lassen sich sehr häufig nachweisen. Zahlreiche Autoren stellten bei Kindern und Jugendlichen mit Selbstmordhandlungen fest, daß viele, bis zu 80 %, aus gestörten, teilweise chaotischen häuslichen Verhältnissen stammten. Andere ermittelten, daß die von ihnen untersuchten Kinder und Jugendlichen zur Zeit des Suizidversuches häufig nicht bei den eigenen Eltern lebten; bei anderen Kindern ließen sich bis zu 50 % innerhalb ihrer Familien Suizidhandlungen Erwachsener nachweisen. Sehr häufig fanden sich Hinweise,

Abb. 6.4 Ein 17jähriges Mädchen mit einem schwer einstellbaren Diabetes mellitus unternahm mehrere Selbstmordversuche. Zu dem Bild schrieb sie »Auf diesem Bild ist der Tod, die Erlösung, der Frieden. Ich weiß nicht, ob mir die Erlösung beschieden ist (Kreuz) und die Freiheit (Vogel). Es kann auch sein, daß ich in die Hölle muß, wegen meiner Sünden.«

Abb. 6.5 17jähriger Jugendlicher, der eine heimlich angelegte Waffensammlung besaß. Er stammte aus einer alten Offiziersfamilie, in der Ehre und Treue die wichtigsten Tugenden waren. Er hatte eine freundschaftliche Beziehung zu einem 16jährigen Mädchen aufgenommen, das ihm plötzlich einen Abschiedsbrief schrieb. Er kündigte an, daß er sich vor ihrer Schule erschießen werde; durch ein großes Polizeiaufgebot konnte das verhindert werden.

daß fast alle Kinder einen deutlichen Mangel an liebevoller Zuwendung und Geborgenheit erlebt hatten; sie stammten aus *unvollständigen Familien*, oder ihre Mütter bzw. Eltern waren beruflich oder pädagogisch überfordert. In Japan konnten Ohara et al. (1963) in 47 % der Fälle zerbrochene Familien, in denen der Vater, die Mutter oder beide Eltern fehlten, nachweisen; die Kinder und Jugendlichen entstammten überwiegend der unteren sozialen Schicht und wurden streng erzogen. Von 650 befragten Erwachsenen, die einen Selbstmordversuch unternommen hatten, gaben (Ringel 1955) nur 80 eine »gute« Kindheit an. Stengel (1969) verwies dazu aber mit Recht darauf, daß nur eine Minorität von Kindern aus ungünstigen häuslichen Verhältnissen in persönlichen Krisen mit Suizidhandlungen reagiert. Das heißt nicht, daß diese Faktoren unwichtig sind; sie wirken suizidogen, wenn sie zusätzlich mit ungünstigen Faktoren der Persönlichkeit oder der Umwelt zusammentreffen. Das Vorliegen einer erbgenetischen Disposition für die Begehung von Suizidhandlungen schien aus ihrer Häufung in »Suizidfamilien« naheliegend zu sein. In etwa der Hälfte der Fälle konnten in den Herkunftsfamilien Suizide (Shaffer und Piacentini 1994) festgestellt werden. Aus der Zwillingsforschung ergaben sich jedoch keine überzeugenden Befunde für eine vererbte Selbstmordneigung. Diese familiären Selbstmordserien lassen sich vielmehr als begrenzte psychische Epidemien ansehen, die sich aus einer suizidalen Familienatmosphäre und einer tradierten Tendenz zur *selektiven Nachahmung* suizidaler Handlungen erklären lassen. Andererseits weisen einige biologische Fakten (niedrige 5-HIAA-Spiegel im Liquor, niedriger Serotoninspiegel usw.), die bei suizidgefährdeten Erwachsenen erhoben wurden, auf eine hereditäre Disposition hin. In einer vergleichenden Studie von 5–17jährigen Kindern, die einen Elternteil durch

Abb. 6.6 12jähriges Mädchen mit einer endogenen depressiven Phase, das ständig darum bat, eine Spritze zu bekommen; sie wolle nicht mehr leben. Sie kam zum ersten Mal im Alter von 6 Jahren mit Angst-, Schlaf- und Appetitstörungen in Behandlung. Unter anderem äußerte sie damals: »Mein Blut stockt. Mein Herz bleibt stehen. Lebe ich noch? Ich habe keine Gedanken mehr.« Im Alter von 12 Jahren wurde sie mit einer ersten manischen Episode stationär aufgenommen; erst danach wurde berichtet, daß in der Familie bipolare Episoden vorgekommen seien.

Suizid oder durch Tod aus anderer Ursache verloren hatten, ergab sich, daß die durch Suizid hinterbliebenen Halbwaisen stärker unter Angst, Unruhe und psychischen Störungen litten als die Kinder der Vergleichsgruppe.

c) Die Selbstmordhäufigkeit steigt mit dem Vorliegen *psychischer Erkrankungen* bei den suizidgefährdeten Kindern und Jugendlichen an, wenn auch nicht so deutlich wie bei Erwachsenen. Bei diesen läßt sich bei jedem dritten Selbstmörder eine schwere psychische Störung, eine Neurose oder Psychose oder eine Persönlichkeitsstörung ermitteln. Erst vor einigen Jahrzehnten wurde darauf hingewiesen, daß im Kindes- und Jugendalter *depressive Syndrome* nicht die Berücksichtigung gefunden hätten, die sie verdienten, und daß Suizidimpulse in diesem Lebensalter deshalb häufig übersehen wurden. In einem Sample von Kindern und Jugendlichen mit mittelschweren und schweren depressiven Syndromen hatten bereits 12 % Suizidversuche unternommen, weitere 12 % berichteten über anhaltende Suizidimpulse, und eine Nachuntersuchung nach ca. 9 Jahren ergab (Nissen 1971), daß von diesen Jugendlichen dreimal häufiger, als es rechnerisch zu erwarten gewesen wäre, Selbstmord begangen worden war. Tadic (1972) fand bei einem Drittel aller Jugendlichen, die Suizidversuche begangen hatten, depressive Verstimmungszustände. In solchen depressiven Episoden erleben Jugendliche und manchmal schon Kinder die scheinbare Endlosigkeit der niederdrückenden Verstimmung als aussichtslos, weil sie noch über keine ausreichenden Erfahrungen über die zeitliche Begrenztheit ihrer dysphorisch-depressiven Störung verfügen. In solchen ausweglosen Verzweiflungssituationen kann es zu abrupten, nicht ausreichend reflektierten Entscheidungen und daraus entspringenden radikalen Lösungen kommen, deren Anlaß und Motivation von außen nichtig oder rätselhaft erscheinen. Durch eine Analyse der aktuellen Situation, der Persönlichkeit und besonders der »inneren« Lebensgeschichte kann man die psychologische Entwicklung bis zur Kulmination jedoch überwiegend transparent und verständlich machen.

In einer Nachuntersuchung stellten Schmauß und Freisleder (1992) fest, daß von den Kindern und Jugendlichen, die Suizidversuche unternommen hatten, bei der Hälfte eine psychiatrische Störung vorlag: in erster Linie depressive Störungen (17 %), Substanzenmißbrauch (12 %), Belastungsreaktionen (7 %) und schizophrene Störungen (5 %). Auf internationaler Ebene kamen Shaffer und Piacentini (1994) zu vergleichbaren Ergebnissen. Nach Eggers und Esch (1988) liegt das *Suizidrisiko* bei schizophrenen Kindern und Jugendlichen bei 25 %, bei 5 % konnte ein vollendeter Suizid ermittelt werden. Bei Kindern und Jugendlichen mit gestörtem Sozialverhalten und gesteigerter Impulsivität oder mit emotionalen Störungen und Panikattacken besteht ein erhöhtes Suizidrisiko.

Der Suizidforscher Stengel (1969) diskutierte eine »angeborene Anfälligkeit« für Selbstmord, wies aber auf die Schwierigkeiten einer Abgrenzung von primären und sekundären Persönlichkeitsanteilen hin. Die manisch-depressive Psychose, die einerseits einen hohen Erblichkeitsindex besitzt und andererseits schon im Jugendalter ein großes Suizidrisiko hat, ist ein relativ einfaches Beispiel für einen scheinbar »erblichen« Selbstmord. Es ist aber auch unbestritten, daß es Menschen mit einer primären Vitalschwäche bzw. mit einer unterschiedlichen »seelischen Tragfähigkeit« gibt. Bei dem Versuch, *präsuizidale Störungen* zu quantifizieren, stellte Otto (1972) fest, daß rund 40 % der von ihm untersuchten Kinder und Jugendlichen depressive und 30 % angst- und konversionsneurotische Symptome zeigten; 16 % verhielten sich aggressiv und gereizt, 12 % zeigten dissoziale Verhaltensweisen. Die Diagnose einer beginnenden oder manifesten Persönlichkeitsstörung bei Kindern und Jugendlichen ist unsicher. Resch (1999) hat unter Rückgriff auf die Untersuchungen von Henseler (1974) über narzißtische Störungen auf die gesteigerte Disposition zu suizidalen Handlungen schüchterner, unsicherer, ängstlicher und kontaktgestörter Kinder hingewiesen, die Kränkungen und Demütigungen impulsiv mit definitiven Lösungen begegnen. So stehen z. B. Kinder aus Furcht vor Strafe oder vor den Eltern zugefügten Kränkungen oder aus Enttäuschung über sich selbst nicht mehr im Einklang mit sich, und sie können diese deprimierenden Realitäten nicht mehr ertragen. Dies könnte dafür sprechen, daß Kinder und Jugendliche in besonders schwierigen Lösungssituationen bereits zu einem Bilanzselbstmord fähig sind.

Der *Schülerselbstmord* wurde früher einseitig auf eine chronische Überbürdungssituation, verursacht durch überfordernde Lehrer oder durch das herrschende Schulsystems, zurückgeführt und wird auch heute noch gelegentlich als »Erklärung« für rätselhafte, weil scheinbar motivlose Suizide verwendet. Schon Homburger (1926) führte dazu aus, daß den angeblich steigenden Anforderungen der Schule und der Verständnislosigkeit der Lehrer zu Unrecht die alleinige Schuld an einem oft behaupteten Ansteigen der Suizidrate beigemessen werde: »Heute leben wir in einer Zeit, in der von einer Überbürdung, die in den 1890er Jahren zum Schlagwort geworden war, wahrlich nicht mehr gesprochen werden kann. Hat sie jemals in dem behaupteten Maße bestanden? Ich möchte es verneinen ... Aber welcher geistig gesunde und frische Schüler der Oberklassen ließe sich denn dauernd überbürden?« Strenge Lehrer und ausschließlich leistungsorientierte Schulsysteme können ebenso wie andere »auslösende Faktoren« eine spezifische suizidogene Wirkung entfalten. Regelmäßige Voraussetzung für Suizidhandlungen ist aber die durch Anlage und Umwelt geprägte präsuizidale Persönlichkeitsstruktur. Die als Schülerselbstmorde apostrophierten Suizide sind aus dieser Sicht nur bedingt im Zusammenhang mit der Schule, sondern in erster Linie mit dem Status der Suizidanten als Schüler zu sehen.

Fallbeispiel: Ein 12jähriger Junge, einziges Kind einer sehr strebsamen Arbeiterfamilie, der das Probehalbjahr im Gymnasium nicht bestanden hatte, beging Suizid durch Erhängen, weil er seine Eltern (beide Sonderschüler) zu sehr enttäuscht hatte. Die Eltern begingen einige Tage später Selbstmord mit Schlafmitteln.

Auch der *Liebeskummer* gehört zu den Problemen, mit dem sich viele Jugendliche und manchmal schon Kinder auseinandersetzen müssen. Romeo und Julia, bei ihrem Liebestod angeblich 12 und 14 Jahre alt, wurden von befragten Jugendlichen im Hinblick auf diesen Freitod jedoch zurückhaltend beurteilt. Auf Fragen wie: »Sie sind jetzt Julia. Was würden Sie tun?« bevorzugte die Mehrheit eine pragmatische Lösung wie: Ich würde mit ihm fliehen und meine Verwandtschaft verlassen, wegziehen, heiraten, die Eltern überzeugen oder einen Elternteil auf meine Seite bringen. Aber immerhin äußerten sich von den 150 befragten weiblichen Jugendlichen 4 % ablehnend und 12 % verständnisvoll.

Die letzten, manchmal nichtigen Auslöser stehen nur im Hinblick auf die Selbstmordhandlung in einer grotesken Disproportion zueinander; im Verhältnis zur inneren Entwicklung auf die Selbstmordhandlung hin aber bieten sie nur das letzte, wenn auch vielleicht zunächst unerklärliche Glied in einer langen Kette tatsächlicher oder vermeintlicher Entbehrungen und Kränkungen, Beschimpfungen, Versagungen, körperlicher Mißhandlungen oder sexuellen Mißbrauchs. Berichtet wird über relativ harmlos erscheinende *Versagungen*: Verbote, einen Freund oder eine Freundin zu treffen, sich Tattoos oder Piercer zu kaufen oder eine Disko zu besuchen, bestimmte Klei-

dungsstücke zu tragen oder sich kein Handy oder Moped kaufen zu dürfen. Bei Befragungen ergibt sich fast regelmäßig, daß diese akuten Verbote oder Versagungen als Anlaß zu einer Selbstmordhandlung prinzipiell auswechselbar sind, jedoch häufig einen typischen Teilaspekt der Krisensituation der Kinder und Jugendlichen enthalten.

Bei Selbstmordhandlungen im Kindes- und Jugendalter kann man mehrere *unmittelbare Anlässe*, letzte Anstöße und Motive ausmachen, die häufig wiederkehren:

- Nach dem Tod einer geliebten Beziehungsperson besteht der starke Wunsch nach Wiedervereinigung mit dem verlorenen Liebesobjekt. Die Suizidhandlung kann in Unkenntnis, aber auch bei vollständiger Einsicht in die Endgültigkeit des eigenen Todes geschehen. Darauf weisen Beobachtungen über die Häufung von Selbstmordhandlungen an Todes- und Geburtstagen verstorbener Beziehungspersonen mit dem Wunsch nach Wiedervereinigung hin: »Ich komme jetzt zu dir.«
- Selbstmordhandlungen als letzter Ausweg, als »Notsignal« mit Appellfunktion an die Umgebung in der Hoffnung, die Aufmerksamkeit auf die verzweifelte eigene Situation zu lenken, liebevolle Zuwendung zu gewinnen und mit der Selbstmordhandlung eine Korrektur der Realität zu erzielen: »Helft mir, ich bin einsam und unglücklich.«
- Selbstmordhandlungen als nach außen gerichtete aggressive Akte gegen sich selbst, um eine gehaßte Beziehungs-

person in ihrer Existenz zu treffen: »Das hast du davon, wenn ich mich töte.«

- Selbstmordhandlungen als »gegen sich selbst gerichtete Aggressivität«, um sich von einer geliebten Beziehungsperson durch die Vernichtung der eigenen Existenz endgültig zu trennen, weil man vom Liebesobjekt abgelehnt, vernachlässigt oder verlassen wurde: »Ich gehe, damit du dich nicht mehr über mich ärgern mußt.«
- Selbstmordhandlungen, um den drohenden Verlust eines geliebten Objekts zu verhindern, bei Ehescheidung der Eltern, Trennung von den Eltern bei Heimeinweisung: »Wenn du mich verläßt, ermordest du mich.«

Als Auslöser können aber auch übergreifende zeittypische und *kulturelle Einflüsse* von Bedeutung sein. Es sei hier nur an historische *Selbstmordepidemien* erinnert, etwa der »Werther-Zeit« (Abb. 6.4), oder an die Faszination, die von aktuellen »modischen« Suizidformen (Todessprünge von bestimmten Bauwerken) ausgeht; Schmidtke und Häfner (1986) und Schmidtke (1994) wiesen nach, daß nach der Ausstrahlung der Fernsehserie »Tod eines Schülers«, in der ein fiktiver »Eisenbahnselbstmord« gezeigt wurde, die Anzahl solcher Suizide stark anstieg. Aber auch hier spielt die persönliche Disposition der Betroffenen eine entscheidende Rolle.

Eine Häufung von Suiziden und Suizidversuchen in bestimmten sozialen Schichten ließ sich durch verschiedene Untersuchungen nicht nachweisen. An-

dererseits mindert auch die Zugehörigkeit zu bestimmten Konfessionen nicht das Suizidrisiko. Zwar ist die Gesamtsuizidrate in katholischen Ländern wie Spanien, Portugal, Italien relativ niedrig und in protestantischen Ländern wie Dänemark, Schweden oder Finnland eher hoch: andererseits ist sie genauso hoch in den katholischen Ländern Österreich und Ungarn. Die meisten Suizide werden nicht im Herbst oder im Winter, sondern im Frühjahr begangen. Eine direkte Wetterabhängigkeit besteht nicht. Weibliche Jugendliche und Frauen zeigen eine deutliche Zunahme von Suizidgedanken und suizidalen Handlungen während der Prämenstruation und der Menstruation.

- Die *soziale Bedeutung* der Suizidhandlungen liegt neben einer zeitlich befristeten Zunahme der Suizide und der Suizidversuche, die bei einem Anstieg zu kulturpessimistischen Betrachtungen Anlaß gibt, aus psychopathologischer Sicht besonders darin, daß die präsuizidale Symptomatik bei Kindern und Jugendlichen noch weniger bekannt ist als bei Erwachsenen. Psychische Störungen, depressive Episoden, schizophrene und affektive Psychosen und beginnende Persönlichkeitsstörungen, aber selbst konkrete Suiziddrohungen werden bei Kindern und Jugendlichen oft nicht in ihrer Wertigkeit erkannt oder nicht ernst genommen.
- *Risikofaktoren:* Psychische Störungen, besonders Depressionen, Alkohol- und Drogenerkrankungen, schizophrene Psychosen, Suizide innerhalb der Familie, desolate häusliche Verhältnisse, soziale Isolierung, aggressives bzw. delinquentes

Verhalten, Erkrankung und Tod naher Angehöriger. Ein gesteigertes Risiko fand Ringel (1955) bei drei Kindergruppen: Kurzschlußhandlungen bei intelligenzgeminderten Kindern, bei neurotischen Kindern, Suizidversuche als Erpressung, aus Geltungssucht oder um Aufmerksamkeit zu erzwingen.

6.5 Diagnose und Differentialdiagnose

Suizidalität richtig abzuschätzen gehört zu den verantwortungsvollsten und schwierigsten Aufgaben des Arztes. Für eine gesteigerte *Selbstmordgefährdung* bei Kindern und Jugendlichen sprechen:
* gezielte oder ungezielte Suiziddrohungen; deshalb ist jedes »Gerede von Selbstmord« ernst zu nehmen;
* gehäuftes Vorkommen von Suiziden oder Suizidversuchen in der Familie oder eigene frühere Suizidversuche;
* wenn im Gespräch mit dem Jugendlichen Hinweise darauf wahrgenommen wurden, daß konkrete Vorstellungen über das Begehen eines Suizids, die Wahl und die Beschaffung der Suizidmittel usw. vorliegen;
* wenn eine negativistisch-mutistische Periode als »Ruhe vor dem Sturm« auf eine suizidale Vorbereitungszeit hinweist;
* wenn existentielle Konflikte (Schul- und Berufsschwierigkeiten, Liebeskummer, Delinquenz) oder depressive psychische bzw. psychosomatische Symptome (anhaltende Schlafstörungen, Appetitmangel) hinzutreten, kön-

nen sich latente Suizidimpulse zu konkreten Selbstmordplänen verdichten;
* wenn viele Kinder und Jugendliche in der Vorbereitungsphase Lehrer, Ärzte oder andere Personen aufsuchen, denen sie vertrauen, ohne sich ihnen jedoch anzuvertrauen. Die meisten blieben am Tag vor ihrem Tod der Schule fern.

Als Besonderheiten bei suizidgefährdeten Kindern beschreibt Shaffer (1974): Irritabilität und Überempfindlichkeit gegenüber Kritik, Impulsivität, Launenhaftigkeit und Unbeständigkeit, eingeschränkte Kommunikationsfähigkeit, perfektionistischer Anankasmus. Die meisten dieser Kinder waren überdurchschnittlich intelligent, aber »underachiever«; das heißt, sie wiesen trotz überdurchschnittlicher Begabung schlechte Schulleistungen auf.

Um zugrundeliegende psychische Störungen und somatische Erkrankungen auszuschließen, ist eine körperliche und neurologische Untersuchung ebenso wie eine entsprechende Labordiagnostik (Alkohol, Drogen, Medikamente), manchmal auch EEG, und Testdiagnostik (Depressionsfragebögen, Intelligenztest) erforderlich. Man muß die nächsten Angehörigen regelmäßig mit einbeziehen, um das soziale Umfeld (Schule, Freunde, Konflikte) und die Stellung des Kindes in der Familie abzuklären und Auskünfte über die Wahl und die Herkunft des Suizidmittels, über Suizide oder Todesfälle im Familien- und Bekanntenkreis zu erhalten.

Differentialdiagnose

Bei parasuizidalen Handlungen kann man manchmal eindeutig zwischen demonstrativen oder ernsthaften Suizidversuchen unterscheiden, aber das gelingt nicht immer. Selbst vollendete Suizide sind häufig nicht sicher von mißglückten Suizidversuchen abzugrenzen, weil bei Kindern und Jugendlichen alters- und entwicklungsbedingte *Fehleinschätzungen* des Suizidrisikos häufig sind. Außerdem ist anzunehmen, daß häufiger als vermutet unfallbedingte *Selbstbeschädigungen* bzw. tödliche *Unfälle* als Selbstmordhandlungen einzustufen sind.

Suizidalität im Zusammenhang mit chronischem *Drogenmißbrauch*, lebensbedrohlicher Magersucht und anderen schweren körperlichen Erkrankungen oder provozierte tödliche Unfälle werden klassifikatorisch nicht zur Suizidalität gezählt. Nicht nur in Krisen- und Kriegszeiten begegnet man Jugendlichen, denen offenbar »weniger am Leben« liegt als anderen, Abenteurer- und Landsknechtsnaturen, die sich nach dem »Alles-oder-Nichts«-Prinzip in Gefahren begeben, die sich oft von der Situation einer suizidalen Handlung kaum unterscheiden: riskante Motorrad- und Autorennen, »Geisterfahrer« auf Autobahnen, Fremdenlegionäre, Drogenmißbrauch mit ansteigenden Dosierungen: 50 % der Abhängigen berichteten (Rossow und Lauritzen 1999) über Überdosierungen im suizidalen Grenzbereich. Nicht ganz selten erweisen sich auch bei *chronisch Kranken* »versehentliche« Applikationen zu hoher Medikamentendosen als getarnte demonstrative, aber auch als ernsthafte Suizidversuche.

Auch bei Patienten mit einer schweren Anorexia nervosa kann man ein solches final ausgerichtetes Verhalten beobachten, manchmal gezielt herbeigeführt durch absichtliche Unterkühlung oder extreme körperliche Überforderung.

6.6 Therapie und Prognose, Prävention

In der akuten Krise steht die möglichst rasche Herstellung eines guten und *vertrauensvollen Kontakts* zum Kind oder Jugendlichen an erster Stelle der Behandlung. Man muß versuchen, den Jugendlichen aus seiner ausweglos erscheinenden Vereinsamung und Verzweiflung herauszulösen, brachliegende zwischenmenschliche Aktivitäten zu den ihm am nächsten stehenden Beziehungspersonen zu reaktivieren und ihn aus seiner Hoffnungslosigkeit und Erstarrung herauszuführen. Unaufdringliche Hilfe und Partnerschaft werden von suizidgefährdeten und depressiven Jugendlichen als Stütz- und Heilfaktor als besonders wichtig empfunden. Dabei ist die zentrale Suizidproblematik mit ihren Motiven, Auslösern und der Herkunft der Suizidmittel zunächst auszuklammern. Eine Erörterung kommt allenfalls in Betracht, wenn sie von Jugendlichen zu ihrer eigenen Entlastung ausdrücklich gewünscht wird. Wenn eine stationäre Behandlung nicht erforderlich ist, müssen feste ambulante Termine vereinbart werden. Nach Möglichkeit sollte mit dem Patienten ein Pakt, ein »Nonsuicide-Vertrag« abgeschlossen werden. Erscheint der Patient nicht zu vereinbarten Terminen, muß man telefonischen Kontakt mit ihm oder seinen Angehörigen aufnehmen; bei einer fortdauernden suizidalen Gefährdung ist der Hausarzt zu verständigen oder ein Hausbesuch (Sozialarbeiter) zu erwägen.

Eine *psychotherapeutische Behandlung* durch einen erfahrenen Therapeuten kommt erst nach Überwindung der akuten Krise in Betracht. Dabei müssen akute und chronische Konflikte in der Familie, Schule und im Beruf ebenso angesprochen und bearbeitet werden wie die seelische Befindlichkeit der Gefährdeten im Hinblick auf Kränkungen, Versagensängste, Schuld- und Ohnmachtsgefühle, Selbstbestrafungstendenzen und daraus resultierende dysphorische und depressive Verstimmungen. In der Konfrontation mit vorhandenen Selbsttötungstendenzen sind die vorherrschenden Vorstellungen wie »endlich Ruhe zu finden« oder als »Appell an die Umgebung« ausführlich und im Hinblick auf Lösungsstrategien zu erörtern. Behandlungsziel ist eine Verbesserung des Selbstwertgefühls durch kritische Überprüfung der einseitigen, sich selbst herabsetzenden Selbsteinschätzung im Vergleich mit der realen Situation. Die Familie und andere nahestehende Personen einzubeziehen ist nur dann sinnvoll und zweckmäßig, wenn dem Jugendlichen dadurch eine erwünschte Hilfe und Unterstützung zuteil werden kann. Bei schwerwiegenden und irreparablen Konflikten mit nahen Angehörigen sollte in Zusammenarbeit mit der Jugendhilfe erwogen werden, ob der Jugendliche in ein anderes, besser geeignetes Milieu (Verwandtschaft, Heim) verbracht werden kann.

Eine *stationäre Behandlung* ist bei fortbestehender Suizidgefahr, bei fehlender Mitarbeit der Familie und drohendem erneuten Einsatz harter Suizidmittel erforderlich. Bei akuter Suizidgefahr ist die Unterbringung auf einer geschlossenen Station angezeigt.

Der Einsatz von *Psychopharmaka* sollte wohl überlegt und nur mit klarer Indikation geschehen. Eine spezielle medikamentöse Behandlung der Suizidalität ist nicht bekannt. Es kommt im wesentlichen darauf an, zugrundeliegende psychiatrische Störungen (Depressionen, affektive oder schizophrene Psychosen) oder psychische Symptome (Schlaflosigkeit, Angst-, Unruhe- und Erregungszustände) zu behandeln. Zu bedenken ist, daß bis zum Wirkungseintritt potenter Antidepressiva nicht nur Tage, sondern manchmal Wochen vergehen können, daß aber auch die Verfügbarkeit dieser Medikamente eine Versuchung zu erneuter suizidaler Handlung bieten kann. In Betracht kommen bei dysphorischen, ängstlichen und depressiven Zuständen in erster Linie selektive Serotonin-Wiederaufnahmehemmer (SSRI); trizyklische Antidepressiva sind wegen ihrer antriebssteigernden Wirkung zu meiden.

Zur *Prognose* bei Kindern und Jugendlichen stellte Otto (1972) in Schweden bei Nachuntersuchungen nach 10–15 Jahren in insgesamt 4,3 % der Fälle (10 % Jungen und 2,9 % Mädchen) vollendete Suizide fest. Nach einer Zusammenstellung von Eggers und Esch (1988) kam es bei rund 50 % aller untersuchten Fälle zu erneuten Suizidversuchen, von denen 13 % tödlich endeten. Die Prognose ist bei Erwachsenen von einer Rückfallquote von 10–20% bestimmt, in 6–10% der Fälle kommt es zum vollendeten Suizid.

Prävention

Suizidgefährdete Jugendliche suchen vor der Suizidhandlung häufig wegen tatsächlicher oder vorgeschobener Beschwerden ärztlichen Rat und Beistand. Oft aber wird die präsuizidale Symptomatik nicht erkannt, selbst dann nicht, wenn suizidal anmutende Äußerungen gemacht werden. Für Erwachsene gibt es Tabellen und Listen zur Abschätzung des *Suizidrisikos*. Spezielle und relativ zuverlässige Abschätzungen der Risiken für Jugendliche und Kinder kann man wegen der dynamischen Entwicklungsdiskontinuität von Kindern und Jugendlichen nur schwer standardisieren.

Manche Suizidversuche und einige Suizide könnten verhindert werden, wenn das alters- und entwicklungsabhängige *präsuizidale Syndrom* besser bekannt wäre. Insbesondere Äußerungen männlicher Jugendlicher (Kotila und Lönnquist 1987), die bereits einen Suizidversuch begangen haben, Drogen- und/oder Alkoholkonsum betreiben, eine Suizidanamnese in der Familie aufweisen, Suizidideen bislang verheimlicht haben oder bereits radikale Suizidmittel angewandt haben, sind sehr ernst zu nehmen. Ein spezielles suizidales Risiko weisen auch ungewollt schwangere Jugendliche auf sowie Jugendliche, die von zu Hause weggelaufen sind.

Die in einigen Großstädten vorhandenen telefonischen Beratungsdienste (Telefonseelsorge) und die Kontaktstellen in Kliniken werden von suizidalen Jugendlichen selten genutzt.

Literatur

Brent DA, Johnson BA, Perper J, Bridge J, Bartle S, Rather C (1994) Personality disorder, personality traits, impulsive violence, and completed suicide in adolescents. J. Am. Acad. of Child Adolesc. Psychiat. 33: 1080–1086

Cerel J, Fristad MA, Weller EB, Weller RA (1999) Suicide – bereaved children and adolescents: a controlled longitudinal examination. J. Am. Acad. Child Adolesc. Pychiat. 38(6): 672–679

Dorrmann W von (1998) Suizid. Therapeutische Interventionen bei Selbsttötungsabsichten. München: Pfeiffer bei Klett-Cotta

Durkheim E (1897) Le Suicide. Paris: Felix Alcan. Deutsch: Der Suizid. Neuwied: Luchterhand, 1969

Edler H (1986) Psychosomatische Aspekte des Diabetes mellitus im Jugendalter. Z. Kinder-/Jugendpsychiat. 14: 328–340

Eggers C, Esch A (1988) Krisen und Neurosen in der Adoleszenz. In: Kisker KP, Lauter H, Meyer JE, Müller C, Strömgren E (Hrsg) Kinder- und Jugendpsychiatrie, Bd. 7. 3. Aufl., Berlin: Springer, S. 317–347

Faust V, Wolf M (1983) Suizidale Impulse und Suizidversuche bei Schülern. In: Jochmus J, Förster E (Hrsg) Suizid bei Kindern und Jugendlichen. Stuttgart: Enke

Gerisch G von (1998) Suizidalität bei Frauen. Mythos und Realität. Genf: Edition Diskord

Giermalczyk T (1997) Suizidgefahr, Tübingen: DGVT-Verlag

Grande T von (1997) Suizidale Beziehungsmuster. Wiesbaden: Westdeutscher Verlag

Henseler H (1974) Narzißtische Krisen. Zur Psychodynamik des Selbstmords. Hamburg: Rowohlt

Herpertz-Dahlmann B (1997) Depressive Syndrome und Suizidhandlungen. In: Remschmidt H (Hrsg) Psychotherapie im Kindes- und Jugendalter. Stuttgart: Thieme, S. 232–242

Homburger A (1926) Vorlesungen über Psychopathologie des Kindesalters. Berlin: Springer. Nachdruck: Darmstadt: Wissenschaftliche Buchgesellschaft, 1972

Kaminer Y, Robbins DR (1988) Attempted suicide by insulin overdose. In: Insulindependent diabetic adolescents. Pediatrics 81(4): 526–528

Klosinski G (1999) Kinder und Jugendliche, die »Hand an sich legen«. München: Beck

Kotila L, Lönnquist J (1987) Adolescents who make suicide attempts repeatedly. Acta Psychiatrica Scandinavica 76: 386–393

Krose HA (1906) Der Selbstmord im 19. Jahrhundert nach seiner Verteilung auf Staaten und Verwaltungsbezirke. Freiburg: Herder

Leyendecker P, Petermann U (1993) Suizidalität im Denken und Erleben von Kindern und Jugendlichen. Z. Klin. Psychol. Psychopath. Psychother. 41: 271–284

Nissen G (1971) Depressive Syndrome im Kindes- und Jugendalter. Berlin: Springer

Nissen G (1984) Suizidhandlungen bei Kindern und Jugendlichen. Med. Welt 35: 1169–1172

Nissen G, Nissen T (1999) Alters- und entwicklungsbedingte depressive Störungen im Kindes- und Jugendalter. In: Nissen G (Hrsg) Depressionen. Ursachen – Erkennung – Behandlung. Stuttgart: Kohlhammer

Ohara K, Shimizu M, Aizawa S, Kojima H (1963) Suicide in children. Psychiat. Neurol. Jap. 65: 468–481, Abstr 32

Otto U (1972) Suicidal attempts in childhood and adolescence. Today and after ten years. In: Annell AL (Hrsg) Depressive states in childhood and adolescence. Stockholm: Almqvist & Wiksell

Pfeffer CR, Klerman GL, Hurt S (1993) Suicidal children grow up: rates and psychosocial risk factors for suicide attempts during follow-up. J. Am. Acad. Child Adolesc. Psychiat. 32: 106–113

Resch F (1999) Entwicklungspsychopathologie des Kindes- und Jugendalters. 2. Aufl., Weinheim: Beltz

Ringel E (1955) Untersuchungen über kindliche Selbstmordversuche. Prax. Kinderpsychol. Kinderpsychiat. 4: 161

Ringel E (1972) Der gegenwärtige Stand der Selbstmordprophylaxe. Dt. Ärztebl. 22: 1411–1418

Rossow I, Lauritzen G (1999) Balancing on the edge of death: suicide attempts and life-threatening overdoses among drug addicts. Addiction 94(2): 209–219

Schmauß M, Freisleder FJ (1992) Suizid und psychiatrische Erkrankung unter besonderer Berücksichtigung von Jugendlichen und Heranwachsenden. In: Freisleder FJ, Linder, M (Hrsg) Aktuelle Entwicklungen in der Kinder- und Jugendpsychiatrie. München: Medizin Verlag, S. 258–267

Schmidtke A (1994) Suicidal behaviour on the railways in the FRG. Social Science in Medicine 38: 419–426

Schmidtke A, Häfner H (1986) Die Vermittlung von Selbstmordmotivation und Selbstmordhandlung durch fiktive Modelle. Nervenarzt 57: 502–510

Shaffer D (1974) Suicide in childhood and early adolescence. J. Child Psychol. Psychiat. 45: 406–451

Shaffer D, Gould MS, Fisher P, Trautman P, Moreau D, Kleinman M, Flory M (1996) Psychiatric diagnosis in Child and Adolescence Suicide. Arch. of Gen. Psychiat. 53: 339–348

Shaffer O, Piacentini J (1994) Suicide and attempted suicide. In: Rutter et al. Child and Adolescent Psychiatry. 3. Aufl. Oxford: Blackwell Scientific Publications, S. 407–424

Stengel E (1969) Selbstmord und Selbstmordversuch. Frankfurt: Fischer

Tadic N (1972) La tentative de suicide comme un symptome de la dépression chez les enfants et les adolescents. In: Annell AL (Hrsg) Depressive states in childhood and adolescence. Stockholm: Almqvist & Wiksell

Trott GE, Nissen G (1989) Suizidales Verhalten bei Kindern und Jugendlichen. Dt. Ärztebl. 49: 3787–3797

7. Psychische Störungen in der Pubertät und in der Adoleszenz

7.1 Forschung und Theorie

Hypothetisch-deduktive Phase der formalen Operationen (Piaget),
Identität vs. Identitätsdiffusion (Adoleszenz, Erikson),
Intimität und Solidarität vs. Isolierung (junge Erwachsene, Erikson),
Genitale Sexualität (Freud)

Mit der Pubertät und der Adoleszenz wird die körperliche und seelische Reifungsperiode des Menschen beschrieben. Sowohl in der Pubertät als auch in der Adoleszenz treten Konflikte und Krisen auf. Auch in der *normalen* Pubertät kommen anhaltende Konflikte häufig vor. Erikson sprach deshalb von einer »normativen Krise«. Als *Adoleszenzkrisen* werden psychopathologische Zuspitzungen bezeichnet, die sich besonders in der Familie, in der Peer-Gruppe, in der Schule oder im Beruf manifestieren.

In allen Kulturen müssen Jugendliche seit jeher versuchen, drei Probleme befriedigend zu lösen, wenn sie in den Status von Erwachsenen überwechseln und als solche anerkannt werden wollen:

1. Ablösung von den bisherigen Autoritäten, von den Eltern und Lehrern. Eine Entwicklungsaufgabe ist die Errichtung einer neuen Hierarchie von Personen und von Werten und eine realitätsgerechte Wiederbindung an die Eltern. Dieses erste Entwicklungsziel lautet: *Autonomie durch Emanzipation.*

2. Etablierung der eigenen Identität durch eine geglückte Individuation (»Werde, der du bist«) durch Adoption auch persönlicher Schwächen und Defizite sowie Integration in die Gesellschaft. Dieses zweite Entwicklungsziel ist: *Identität durch Individuation.*

3. Realisierung außerfamiliärer Erotik und allmähliche Entwicklung der genitalen Sexualität mit adäquaten Triebzielen. Drittes Entwicklungsziel: *Erotik und Sexualität ohne Diskriminierung.*

Aus den Schwierigkeiten bei der Bewältigung dieser drei Aufgaben, die manchmal zeitlebens ungelöst bleiben, erklären sich viele, wenn nicht die meisten Probleme der Jugendlichen in der normalen Pubertät und Adoleszenz und drücken sich in verstärktem Maße in den Adoleszentenkrisen aus. Allgemeine kennzeichnende Symptome sind Ambivalenz und Labilität, Aggressionen und Liebesbedürfnis, Begeisterung und Niedergeschlagenheit, Freiheitsdrang und Einsamkeit und Spannungszustände zwischen Hoffnung und Verzweiflung.

Neben der frühen Kindheit ist das Jugendalter der Lebensabschnitt, dem für die weitere Entwicklung des Menschen die größte Bedeutung zukommt. Die Reifung des Menschen, im Vergleich zu Primaten erheblich verzögert, bildet in fast allen Kulturen Anlaß zu Festen, die mit *Initiationsriten* verbunden sind. Durch sie werden den Jugendlichen bestimmte Rechte zugebilligt, andererseits aber auch die Übernahme von Pflichten gefordert. Da ihnen mit einem Schlage der *Erwachsenenstatus* zugestanden wird, entfällt die in unserer Kultur manchmal lang hingezogene Auseinandersetzung um die Privilegien der Erwachsenen. Der Jugendliche unserer Tage befindet sich länger als in früheren Jahrhunderten in einem Zwischenreich von Kindheit und Erwachsensein. Er hat eine Fülle von schwierigen Entscheidungen zu treffen, die seine Zukunft maßgeblich bestimmen. Ebenso wie Kinder leben auch Jugendliche noch vorwiegend in der Gegenwart; die Zukunft erscheint verschlossen. Aber schon die Gegenwart ist unzuverlässig, sie wandelt sich rasch. Von Jahr zu Jahr ergeben sich neue soziale, schulische, berufliche

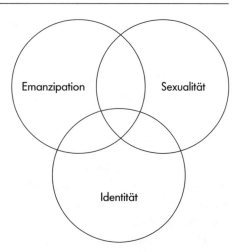

Abb. 7.1 In der Adoleszenz, dem Stadium der Neuorientierung, sind drei Aufgaben zu lösen, die bei auftretenden Konflikten zu zeitlich begrenzten seelischen Krisen, in schweren Fällen aber auch zu schweren und anhaltenden psychischen Störungen führen können. Diese Aufgaben sind: die Lösung und realitätsgerechte Wiederbindung an die Eltern (Emanzipation), die Integration von Erotik und Sexualität und schließlich die Selbstfindung, die Findung die Identität.

und ethische Perspektiven. Dieser ständige Wechsel erzeugt *Unsicherheit und Angst.* An die Stelle der vor kurzem noch verbreiteten allgemeinen Losung »no future« ist für viele Jugendliche die Furcht getreten, für den sich immer stärker abzeichnenden beruflichen Konkurrenzkampf individuell nicht ausreichend gerüstet zu sein. Es kommt häufig zu Auseinandersetzungen in der Familie, in der Schule und mit Gleichaltrigen.

7.2 Epidemiologie

Die *Prävalenzzahlen* der Adoleszenzkrisen differieren erheblich. Nach der Isle-of-

Wight-Studie (Rutter et al. 1976) liegen sie für psychiatrische Störungen in der Adoleszenz zwischen 13 % und 17 %, aber ca. 20–40 % der Jugendlichen klagten über psychische Probleme; vorwiegend handelte es sich dabei um Jugendliche, die schon als Kinder schwierig waren. Psychische Störungen in der Pubertät und Adoleszenz werden in einigen Lehrbüchern der Kinder- und Jugendpsychiatrie überhaupt nicht oder nur randständig abgehandelt, vor allem weil einige Autoren in der Häufung von psychischen Konflikten und Krisen einen ursächlichen Zusammenhang mit den körperlichen und seelischen Veränderungen in der Pubertät und Adoleszenz sehen, während andere Autoren diese Störungen und Erkrankungen inhaltlich als zwar phasentypisch registrieren, sie jedoch als nosologisch eigenständige und unabhängige Krankheitsbilder einordnen.

7.3 Störungen in der Pubertät

Die Zeit der *körperlichen Reifung* umfaßt das Stadium der biologischen Veränderungen und der psychosozialen und psychosexuellen Neuorientierung und geht mit einer Umwertung bisher gültiger Werte und dem Verlust der prästabilen infantilen Harmonie einher. Sie ist durch das Ansteigen erotischer und sexueller Triebansprüche und durch die Forderung der Erwachsenen nach Einordnung und Anpassung an überlieferte Normen gekennzeichnet.

Die Reifungsperiode stellt eine komplexe bio-psycho-soziale Entwicklungsphase dar, an deren Genese graduell unterschiedlich biologische, soziologische und soziale Ursachen beteiligt sind, die sich gegenseitig beeinflussen und nur schwer voneinander trennen lassen. Deshalb ist die Trennung der Reifungsperiode in eine überwiegend vom körperlichen Wandel bestimmte Pubertät und eine von psychischen und sozialen Veränderungen gekennzeichnete Adoleszenz nur für didaktische Zwecke brauchbar. Beide, die körperlichen und die psychischen Erscheinungen durchdringen sich gegenseitig und lassen sich nur von ihren extremen Polen als führende Radikale bestimmen. Früh entwickelte Mädchen zeigen ebenso wie spät entwickelte Jungen vermehrt Anpassungsprobleme, die sich oft über längere Zeit ungünstig auswirken können. Früh entwickelte Mädchen nehmen in der Peer-Gruppe oft eine sozial dominierende Rolle ein. Sie nehmen früher sexuelle Beziehungen auf und kommen früher in Kontakt mit Alkohol. Gegen Ende der Adoleszenz gleichen sich vorhandene Unterschiede zur Gruppe der Gleichaltrigen aus.

Unter Pubertät und Adoleszenz wird hier die Gesamtheit aller somatischen und psychischen Veränderungen während der Reifezeit verstanden. Konflikte sind für diesen wie in jedem anderen Lebensabschnitt das Ergebnis phasentypischer Auseinandersetzungen zwischen Jugendlichen und Erwachsenen.

Dennoch sind die normale Pubertät und die normale Adoleszenz keineswegs ein Entwicklungsabschnitt, in dem ständig schwere und scheinbar unlösliche Konflikte auftreten. Kinder und Jugendliche, die über ein relativ ausgeglichenes und

konstantes *Selbstwertgefühl* verfügen und/
oder in einer emotional konsistenten Familie aufwachsen, durchlaufen den Prozeß
der *Selbstfindung* häufig ohne schwere
und anhaltende Störungen. Dennoch
werden aber auch in Familien, in denen
gute Voraussetzungen für eine unproble-
matische Entwicklung vorhanden waren
und weiterhin sind, nicht ganz selten
anhaltende Konflikte und Krisen mit
schwerwiegenden Konsequenzen beobachtet, die teilweise durch ungünstige
Einflüsse einer Peer-Gruppe oder durch
Schwierigkeiten mit den zu bewältigenden Entwicklungsaufgaben bedingt sind
und eine ambulante, manchmal sogar stationäre Behandlung erfordern können.

7.3.1 Symptomatik

In der Regel finden sich in jeder Pubertät
unterschiedlich stark ausgeprägte psychische und somatische *Auffälligkeiten* und
Störungen, etwa

- ständiger Hunger und Durst, gesteigerte Nahrungs- und Flüssigkeitszu-
fuhr, Veränderung des Schlaf-Wach-
Rhythmus, spätes Zubettgehen, exzessives Schlafen und spätes Aufstehen;
- extreme Selbstisolierung mit romanti-
schen Identifikationen oder exzessive
Zuwendung zum Kollektiv mit nächtlichen Dauerdiskussionen, Dauertelefo-
nate, extreme Zuwendung zu Medien
und Musikanlagen (hoher Geräusch-
pegel), Mobiltelefone, überzogene Interessen an Computerspielen, chatting
und E-mail-Korrespondenzen;
- gesteigerte oder herabgesetzte Kon-
fliktbereitschaft, progressive Aggressivität, oszillierende Selbstwerterleb-

nisse: Kleinheits- und Größenvor-
stellungen, Wechsel von arrogant-
überheblichen mit naiv-infantilen Verhaltensweisen, exzessive Suche nach
dem eigenen Ich, dem Wert oder Un-
wert der eigenen Persönlichkeit;
- intensive Introspektion; kritische In-
ventur der körperlichen Gestalt, der
Intelligenz, der Herkunft und der Familienstruktur, manchmal mit radikalen Fehlurteilen und entsprechenden
Konsequenzen.

Für die Eltern bedeutet das, daß vorher
an ihre *familiären Pflichten* orientierte
Kinder die Mitarbeit im Haushalt verweigern, ihre Zimmer unaufgeräumt (unge-
machte Betten) zurücklassen, daß besonders Mädchen unverhältnismäßig viel
Zeit im Bad vor dem Spiegel verbringen
(oder umgekehrt sich total vernachlässigen) und Jungen wie Mädchen abends
später als vereinbart nach Hause kommen
und bisher leistungsorientierte Schüler
die Schule vernachlässigen, in den Ober-
stufen sich ohne triftige Gründe vom Unterricht selbst entschuldigen und schlechtere Noten nach Hause bringen.

7.3.2 Genese, Ätiologie, soziale Bedeutung

Körperliche und sexuelle Reifung des
Menschen treten im Vergleich zu den
Säugetieren wesentlich später ein. Die kognitive, emotionale und kulturelle Entwicklung des Menschen ist von großer
Bedeutung für seine Reifung und erfordert organisierte Bindungen in der Familie und in Gruppen für die Übermittlung
von Verhaltensnormen und Traditionen.

Psychobiologisch, psychosozial und psychosexuell vollzieht sich in dieser Zeit eine diskontinuierlich-permanente Evolution, die mit der Pubertät beginnt und wichtige Etappen erreicht, die aber weit über sie hinausreicht und unter bestimmten Bedingungen zu Konflikten und Krisen und zu psychischen und psychosomatischen Fehlentwicklungen führen kann. Der Beginn, der Ablauf und die Dauer der biologischen und der damit verbundenen psychischen Umstellung unterliegen in erster Linie individuell-biologischen Gesetzmäßigkeiten. Sie vollzieht sich in Abhängigkeit von hereditären und konstitutionellen Faktoren, von der individuellen Kindheitsgeschichte und der aktuellen Umweltsituation und lassen grundsätzlich nur begrenzte Analogien und keine strukturerhellenden Vergleiche mit Jugendlichen gleichen Alters und Geschlechts zu.

Die normale *Pubertät*, deren physiologischer Beginn bei Mädchen mit dem Einsetzen der Menarche bzw. der Spermarche bei Jungen festgelegt ist und dem zeitlich bei Jungen der Stimmbruch entspricht, beginnt in den mitteleuropäischen Ländern bei Mädchen etwa mit $10^1/_2$, bei Jungen mit 12 Jahren. Sie wurde von Ausubel (1994) in eine erste puberale Phase (Mädchen von $10^1/_2$ bis $13^1/_2$, Jungen von 12 bis 15) und eine zweite puberale Phase (Mädchen von $13^1/_2$ bis $16^1/_2$, Jungen von 15 bis 18) unterteilt. Die nachfolgende Zeit der endgültigen Reifung (Mädchen von $16^1/_2$ bis 20, Jungen von 17 bis 21 Jahre) wird als Jugendalter bezeichnet. Der eigentlichen Pubertät geht eine vorpuberale Phase voraus.

Die *körperliche* Entwicklung in der Pubertät ist durch eine Vergrößerung der Geschlechtsorgane und das Auftreten der sekundären Geschlechtsmerkmale (Scham-, Achsel- und Bartbehaarung, Wachstum der Brüste und Beckenveränderungen) gekennzeichnet, die im allgemeinen mit 16 bis 18 Jahren abgeschlossen ist. Die harmonische Motorik und Physiognomik des Kindes erfährt in der Pubertät eine abrupte Unterbrechung und tiefgreifende Umgestaltung, die von einem Verlust der kindlichen Anmut begleitet ist. Fließende und flüssige Bewegungen werden durch jähe, unkoordinierte und vergröberte Bewegungsformen ersetzt. Fehlinnervationen verursachen eine überschießende und ausfahrende Gestik, die zu Entgleisungen und Ungeschicklichkeiten führen und einen leicht komischen Stil annehmen kann. Die Gebärden wirken gekünstelt und maniert, über- oder untertrieben, oft eckig und unfertig. Die Körperhaltung ist bei Jungen schlaksig, latschig, ungeschickt, manchmal schlaff mit hängenden Schultern, dann wieder aufrecht und gespreizt. Die Mimik vergröbert sich beim Jungen, beim Mädchen zeigt sich eher eine Verfeinerung, ohne die kindlichen Züge ganz zu verlieren. Besondere Aufmerksamkeit wird der Frisur gewidmet, die als Ausdruckssymbol der neugewonnenen Geschlechtsrolle dient, aber auch zum Ausdruck einer Protesthaltung benutzt werden kann.

Die *endokrinen* Regulationsmechanismen der normalen Pubertät und ihre Bedeutung für die häufig auftretenden körperlichen Varianten (Groß- und Kleinwuchs, auch Fett- und Magersucht) sind weitgehend erforscht. Die Sexualhormone beeinflussen jedoch nicht nur die somatische und die psychosexuelle Entwicklung, sondern sind maßgeblich an der gesamten *Persönlichkeitsentwicklung* beteiligt. Nach Bleuler rühren Einflüsse aus dem Endokrinium an den biologischen Urgründen der psychischen Funktionen des Menschen, wie »Antriebshaftigkeit, innere Lebendigkeit, Aufmerksamkeit und Erregtheit und elementare Triebe und elementare Verstimmungen«. Die endokrine Pubertät sei keineswegs die einzige Voraussetzung für die psychosexuelle Reifung, aber das Fehlen des altersgemäßen Anstiegs an Sexualhormonen wirke sich krankhaft aus; derselbe Anstieg von Sexualhormonen wirke sich ebenfalls krankhaft aus, wenn er verfrüht eintrete. Endokrin gestörte Jugendliche entwickeln, z. B. beim Turner- oder Klinefelter-Syndrom, keine dranghafte sexuelle Begierde, sondern allenfalls eine geschlechtliche Neugierde. In der Kindheit und Jugend führen langdauernde endokrine Störungen meistens zu einem Entwicklungsrückstand; solche endokrin kranken Jugendlichen bleiben oft abnorm lange abhängig von den Eltern und schließen sich kleineren Kindern an, weil sie mit Gleichaltrigen nicht mithalten können.

7.4 Störungen in der Adoleszenz

Der Beginn der Adoleszenz stimmt weitgehend mit dem der Pubertät überein. Im Hinblick auf ihre Dauer findet man in der Literatur unterschiedliche Angaben; während einige Autoren sie bis zum 18. Le-

bensjahr terminieren, wird sie von anderen bis in die Mitte des zweiten Lebensjahrzehnts verlegt. Es besteht aber eine gewisse Übereinstimmung darüber, daß sich die Zeitdauer der Adoleszenz in den letzten Jahrzehnten, auch im Zusammenhang mit den Aus- und Weiterbildungszeiten, erheblich verlängert hat.

Der Mensch in der Reifezeit ist ein einsames Wesen, nicht nur wegen der »Ungleichzeitigkeit des Gleichzeitigen« in der Welt der Generationen, sondern durch das Bewußtwerden seiner Vereinzelung durch Geburt und Konstitution, durch das Schicksal der Individualhistorie und des sozialen Milieus.

Der Jugendliche in der Adoleszenz steht vor einer Fülle von Aufgaben, die gleichzeitige Bewältigung erfordern, die er aber oft nur mühsam oder nur teilweise bewältigen kann. Er stellt die infantile Abhängigkeit von den Eltern und den Autoritäten in Frage. Er sucht die *Emanzipation* von der Familie und ein neues, nicht auf Ein- und Unterordnung, sondern auf Gleichberechtigung und Mitsprache abgestelltes Engagement mit ihr, ebenso in seiner Peer-Gruppe und in der Schule. Diese Ablösungs- und Wiederbindungsversuche können dabei durch Faktoren gestört werden, die sowohl in den Persönlichkeiten der Eltern als auch der Kinder liegen, oder bei beiden. Die Veränderungen seines Körpers zwingen den Jugendlichen zu einer Auseinandersetzung mit seinem neuen *Körperschema* und erfordern ebenso wie die Übernahme neuer sozialer Rollen Anstrengungen und Arbeiten zur Synthese und personalen Integration zur Erreichung einer weitgehenden Ich-Identität. Die treibende Kraft dieser körperlichen und seelischen Transformationen entstammt der psychosexuellen Revolution unter der Einwirkung der Prägungsstoffe der Keimdrüsen, die nach einem noch ungeklärten Prinzip der »inneren Uhr« in Abhängigkeit von der individuellen Konstitution, von Klima und sozialen Einflüssen ihre Funktion aufnehmen.

Sieht man die Persönlichkeitsentwicklung als den zentralen Faktor der Adoleszenz an, dann bilden nach Ausubel (1974) die nachstehenden Merkmale den Kern der *Persönlichkeitsstruktur*: die Vorstellung des Menschen von seiner eigenen Bedeutung; das Streben nach Erhöhung und Festigung seines Selbstwertgefühls; seine Selbstachtung und seine Selbstsicherheit; der Grad der Unabhängigkeit, der seine Entscheidungen kennzeichnet; die Vorstellungen, die er von seiner Fähigkeit hat, seine Umwelt zu beeinflussen; die Abhängigkeit oder Unabhängigkeit in seinen Beziehungen zur Umwelt; seine Art, sich neue Werte anzueignen; seine Vorstellungen darüber, wie weit er in der Lage ist, seine eigenen Interessen wirksam zu vertreten; seine Frustrationstoleranz; seine Fähigkeit, sich selbst realistisch zu beurteilen; sein Bedürfnis nach lustvoller und unmittelbarer Befriedigung seiner Wünsche; sein Gefühl für moralische Verpflichtungen und sein Verantwortungsgefühl; die Abwehrmechanismen, die er einsetzt, wenn seine Selbstsicherheit oder seine Selbstachtung bedroht sind.

7.4.1 Symptomatik

Die normale psychische Entwicklung in der Adoleszenz ist regelmäßig gekennzeichnet von Unruhe und Unlust, Reizbarkeit und Ratlosigkeit, die für die Umgebung durch aggressiv-feindselige oder passiv-resignierende Dauereinstellungen und jähe Umschwünge von hypomanischen zu subdepressiven *Verstimmungszuständen* oft nur schwer zu ertragen sind. Unberechenbarkeit, Unverläßlichkeit und innere Disharmonie gehören zum Bild des sich normal entwickelnden Jugendlichen, genauso wie das Weiterbestehen von innerem Gleichgewicht und Harmonie während der Pubertät Kennzeichen einer abnormen Entwicklung, einer »pathologischen Normalität« sein kann. Das Pendeln zwischen gegensätzlichen Einstellungen führt über Selbstbejahung und Selbstverneinung im günstigen Fall zur Errichtung einer vorläufigen *Ich-Identität* und trägt damit zur Persönlichkeitsentwicklung bei. Gegen Ende der Adoleszenz sind manchmal nicht nur die Kinder von ihren Eltern, sondern auch viele Eltern von ihren Kindern enttäuscht. Nicht allein wegen des mit Aufregungen und Konflikten verbundenen Lösungs- und Mündigkeitsprozesses, die für viele Eltern als Demütigung und Kränkung empfunden werden, sondern auch deshalb, weil viele Jugendliche sich auf elternkonträre Ideale und Idole einstellen und Wünsche und Hoffnungen der Eltern provokativ ignorieren. In vielen neu sich etablierenden Eltern-Kind-Beziehungen zeigt es sich, daß durch pädagogische Interventionen längst überwunden geglaubte Wesens- und Charakterzüge nach dem Fortfall des elterlichen Einflusses im Jugendalter verstärkt hervortreten und nunmehr dauerhaft behauptet und gefestigt werden. Aus dieser Sicht sind die bewältigten schweren

Konflikte zwischen dem Ich und dem Es als Heilungsvorgänge anzusehen und als Versuche, den verlorenen Frieden und die Harmonie der Kindheit von neuem wiederherzustellen.

Mädchen und Jungen in der Adoleszenz sind, soweit es um Probleme ihrer *Ich-Reifung* geht, in der Regel verschlossene Menschen. Sie haben ein übersteigertes Gerechtigkeitsgefühl und reagieren sensitiv im Hinblick auf »repressive« Ratschläge Erwachsener. Sie fragen wenig und fühlen sich oft einsam. Sie erleben ihre Existenz als den Anfang der Welt. Sie befinden sich in einem permanenten Prozeß der *Loslösung* von ihren Eltern und versuchen zugleich, die Welt und ihre Existenz zu begreifen. Sie wollen neue Menschen werden, die alles besser und gerechter gestalten wollen. Sie befinden sich oft in einem zermürbenden Zwiespalt zwischen der zunehmenden Erkenntnis des eigenen Unvermögens und dem Rausch von einer »Umwertung aller Werte«.

7.4.2 Genese, Ätiologie, soziale Bedeutung

Die Konflikte in der Adoleszenz ergeben sich einerseits aus den dramatischen puberalen Umstellungen und andererseits aus der *sozialen Zwischenstellung* des Adoleszenten zwischen Kindheit und Erwachsensein. Im Normalfall bleibt der Jugendliche zwar seiner Familie verbunden, aber der Einfluß, den die Peer-Gruppe auf ihn ausübt, wächst und löst die Familie in manchen Sozialisationsaufgaben ab. Aus psychoanalytischer Sicht wird die Identitätsfindung durch die Lösung von den Eltern begünstigt, aber durch die Errich-

tung neuer Hierarchien von Personen und Werten entstehen emotionale und ethische Dissonanzen, die zwangsläufig zu Auseinandersetzungen mit den Autoritäten der Kindheit führen.

Neben der entscheidenden Bedeutung der inneren Kindheitsgeschichte und der ererbten *psychophysischen Konstitution* für den Ablauf der normalen Reifungsperiode gibt es einige übergeordnete Gemeinsamkeiten, die nicht allein eine erkenntnistheoretische Bedeutung für die zeittypische Situation des Jugendlichen haben, sondern direkt zum Verständnis der Pathomorphose bestimmter Abweichungen und Konflikte beitragen können. Es handelt sich in erster Linie um kulturelle und modebedingte Einflüsse, die nicht nur an der inhaltlichen Gestaltung der Reifungsproblematik beteiligt sind, sondern direkte pathogenetische oder aber psychohygienische Bedeutung haben.

Die jeweils herrschende *Jugendkultur* übt eine starke und induktive Wirkung nicht nur auf die Jugendlichen selbst, sondern auf das gesamte Gesellschaftsgefüge der westlichen Welt aus. Sie bringt es mit sich, daß die Probleme der Auseinandersetzung des Jugendlichen mit der Erwachsenenwelt sich inhaltlich verändert und zeitlich verlagert haben. Da nur wenige Erwachsene es sich leisten können, Moden und Gesten der Jugendlichkeit zu ignorieren, sind die Jugendlichen in vielen Bereichen zu kulturellen Schiedsrichtern geworden. Dadurch und durch ihre verlängerte Adoleszenz entstehen für die Jugendlichen unter dem Einfluß übergeordneter zeittypischer Determinanten aber auch neue Konfliktmöglichkeiten.

Nicht nur die Erwachsenen, sondern ebenso die Jugendlichen nehmen das pluralistische Angebot der *Gesellschaft* an und gestalten daraus ihre Erlebniswelt. Die Ablehnung früher geachteter Dogmen und Traditionen geht mit einer besonders hohen Bewertung von Solidarität und dem Wunsch nach Chancengleichheit, aber auch nach persönlichem Eigentum, persönlicher Freiheit und einem höheren Lebensstandard einher, ebenso aber auch mit positiven Voten für Fleiß und Leistung und Achtung vor der Ehe und der Religion, wie mehrere repräsentative Umfragen ergaben.

Manche Probleme, die Kinder mit ihren Eltern haben, erklären sich aus der Kindheit und den *Konflikten ihrer Eltern*. In den Großfamilien der Vergangenheit bestand weitgehende pädagogische Übereinstimmung zwischen den Eltern, den Lehrern und der kirchlichen Institution. Durch den Einfluß der Medien sind die Eltern nicht mehr in der Lage, permanent ihre Ideale auf die Kinder zu übertragen. In den Familien mit mehreren Kindern war früher mindestens eines, das den Wünschen der Eltern entsprach. Bei den heutigen Kleinfamilien sind die natürlichen Chancen entsprechend geringer. Schließlich: Ebenso wie die Eltern ihre Kinder und deren Probleme kennen, so kennen und durchschauen die meisten Kinder mit zunehmendem Alter die persönlichen Defizite und Mängel ihrer Eltern. Hinzu kommt, daß einige Eltern ihren Kindern moralische Vorwürfe machen, es gleichzeitig aber bedauern, daß sie nicht wie sie ihre eigenen Wünsche verwirklichen konnten, weil diese zu ihrer Zeit verleugnet und unterdrückt werden mußten. Andererseits ist bei Jugendlichen eine Neigung zu beobachten, bei den Eltern und besonders bei den Müttern die Hauptschuld für ihre Konflikte und Probleme zu suchen.

7.4.3 Therapie und Prognose

Die regelhaft auftretenden Konflikte innerhalb einer sonst normal verlaufenden Adoleszenz erfordern keine Therapie. Bei krisenhaften Zuspitzungen sind *getrennte Gespräche* mit den Jugendlichen und Beratungen der Eltern zu empfehlen. Pessimistische, verzweifelte und resignierende Eltern sollten dabei zur Erfüllung ihres Erziehungsauftrags angehalten und ermutigt werden. Soweit es sich um umschriebene Konflikte (Lernverhalten, Pünktlichkeit, Taschengeld usw.) handelt, sind abschließende *Vereinbarungen* zwischen den Jugendlichen und den Eltern (auch mit schriftlichen »Verträgen«) zweckmäßig. Grundsätzlich haben sich psychodynamisch orientierte Beratungen besonders bewährt. In das therapeutische Kalkül sollte immer einbezogen werden, daß Temperament, Motorik und Intelligenz weitgehend festgelegt und sowohl pädagogisch als auch therapeutisch kaum zu beeinflussen sind.

7.5 Emanzipationskrisen

Der aktive oder der passive Protest, die passive Resistenz und das resignierende Ausweichen oder der aggressive Haß von Jugendlichen gegenüber den Eltern und der Familie, gegenüber Lehrern, Schulen und im Beruf oder überhaupt gegen alle autoritären Instanzen und Institutionen ist die allgemeine und damit die klassische Form einer überspitzten Kritik und Opposition gegenüber jeder Art von Autorität, gegen tatsächliche oder vermeintliche Bevormundung und Vorenthaltung von Gleichberechtigung und Selbständigkeit. Sie ist ein Bestandteil der normalen Pubertät und leitet erst mit zunehmender Stärke und Dauer der Symptomatik über zu den abnormen Adoleszentenkrisen über.

Als Emanzipationskrisen lassen sich karikaturistisch übersteigerte und lang hingezogene psychopathologische Entwicklungen mit *sozialer Desintegration* bezeichnen, die Aspekte des Scheiterns in sich tragen. Störungen und Krisen in der Adoleszenz finden sich nicht erst in Lehrbüchern oder akademischen Festreden des 20. Jahrhunderts. Sie lassen sich vielmehr schon bei den »alten Griechen und Römern« nachweisen und bis heute durch Zitate von Pädagogen und Philosophen belegen. Dazu einige Beispiele: »Jünglinge und Mädchen höhnen gleichermaßen den Ratschlägen ihrer Eltern und Lehrer; sie schlagen jede Mahnung in den Wind und fordern statt dessen ein Recht, das ihnen doch ob ihrer Unreife nicht zusteht« (Hesiod, 700 v. Chr.). »Der Sohn hat weder Ehrfurcht noch Scheu vor dem Vater und den Eltern. Was ist das für eine Gesellschaft?« (Plato 427–347 v. Chr.). »Die Jugend liebt den Luxus. Sie hat schlechte Manieren, verachtet die Autorität, hat keinen Respekt vor älteren Leuten, plaudert, wo sie arbeiten sollte. Die Jungen stehen nicht mehr auf, wenn Äl-

tere das Zimmer betreten; sie widersprechen ihren Eltern, schwatzen in der Gesellschaft, verschlingen die Speisen, legen die Beine übereinander und tyrannisieren ihre Eltern« (Aristoteles 384–322 v. Chr.). »Der grenzenlose Mutwillen der Jugend sei uns ein Zeichen, daß der Weltuntergang nahe bevorstünde« (Melanchthon 1497–1570). »Die frühe Verderbnis der Jugend ist jetzt eine so allgemeine Klage geworden, daß es angebracht erscheint, diese Frage öffentlich zur Diskussion zu stellen und Vorschläge zur Besserung zu machen« (Locke 1690). »Wir stehen vor der Jugendbewegung als einer rätselvollen Erscheinung, die in keinem Land der Welt ihresgleichen hat, und wissen nicht, warum sie so geworden ist, warum sie so sein muß und wohin sie geht« (Frobenius 1927). Margaret Mead (1953), deren Buch »Leben in der Südsee« großes Aufsehen erregte, beschrieb die Pubertät in dieser Gesellschaft als einen harmonischen Lebensabschnitt, als das Resultat einer Erziehung ohne ethische und sexuelle Zwänge. Diese weitverbreiteten Thesen wurden durch Nachuntersuchungen von Freeman (1983) korrigiert; sie haben sich als eine kurzlebige Legende erwiesen.

7.5.1 Autoritätskrisen
Symptomatik

Eine extrem starke, einseitige und jedes verständliche Maß übersteigende Dauerprotesthaltung gegenüber den Eltern, dem Vater oder der Mutter oder gegenüber autoritären Instanzen ist als *Autoritätskrise* zu bezeichnen, wenn sie über Jahre anhält, mit schweren soziologischen

Ausstrahlungen einhergeht, sich therapieresistent erweist oder abnorme Verhaltensweisen zeigt, die das psychische Zustandsbild völlig beherrschen.

Der aktive Autoritätsprotest zeigt sich in immer erneuten haßerfüllten *Affektausbrüchen* mit Gewaltandrohung und Tätlichkeiten oder in ausschließlich beleidigenden und kränkenden Herabsetzungen aller Beziehungspersonen und Autoritäten bei oft übersteigertem eigenen Ehrgefühl und gehobenem Selbstbewußtsein (»Hypomanie der Flegeljahre«), manchmal mit abrupten Umschwüngen zu dysphorisch-depressiven Verstimmungen und ambivalent-zweiflerischen Gefühlseinstellungen.

Der *passive* Autoritätsprotest drückt sich aus in Absonderung und Resignation gegenüber allen Fragen und Problemen der Familie, der Schule und des Berufs und in einer resignierend-apathischen Gleichgültigkeit gegenüber den Anforderungen des täglichen Lebens, die Veranlassung zum Tadel, zur Kritik und zu Verweisen gibt, die wiederum mit einer »aufreizenden Gelassenheit« hingenommen werden. Diese Jugendlichen verhalten sich störrisch und abweisend, negativistisch und mutistisch. Nicht selten gehen sie fanatisch übersteigerten Sonderinteressen nach, zeigen im neuen Engagement eine zunächst überraschende Begeisterungsfähigkeit, um danach wieder »in den alten Trott« zu verfallen. Symptomatologisch liegen sowohl Beziehungen zur »Pubertätsaskese« (vgl. S. 358) als auch zu einer autistischen Reifungskrise vor.

Die Autoritätskrise geht meistens mit Leistungs- und Arbeitshemmungen (Schul- und Berufsschwierigkeiten) in Form von Konzentrations- und Aufmerksamkeitsstörungen, vorzeitiger Ermüdbarkeit und Zerstreutheit einher. Außerdem finden sich nicht selten komorbide Manifestationen wie Zwangserscheinungen, Angstanfälle und Phobien. Vegetative Fehlsteuerungen mit Störungen des Tag-Nacht-Rhythmus und gesteigerte vegetative Labilität und psychasthenische Versagenszustände lassen sich relativ konstant beobachten.

Der klassische *Vater-Sohn-Konflikt*, Inhalt vieler akademischer Festreden vergangener Jahrzehnte, ist selten geworden, selten auch deshalb, weil mit der Emanzipation der Frau und Mutter das Idol des Patriarchats verblaßt ist. Relikte des Vaterprotests finden sich in der Rebellion von Jugendlichen im Kampf gegen die Gesellschaft und gegen Institutionen. Neben teilweise aggressiven Autoritätsprotesten, die sich auch in Demonstrationen, Streiks und in Fremdenfeindlichkeit mit entladen, deren Inhalte allerdings oft beliebig auswechselbar sind, lassen sich verstärkt passive Protesthaltungen in der Familie und in der Schule feststellen. Sie äußern sich in vordergründiger Resignation und Passivität ebenso wie in Weglaufen und Vagabundieren.

Der *Vater-Tochter-Konflikt* der Vergangenheit unterschied sich geschlechtsbedingt wesentlich von den Auseinandersetzungen der Söhne mit ihren Vätern. Die moralischen Instanzen (Staat, Kirche, Schule, Lehrherren) standen besonders bei Mädchen prinzipiell auf seiten der Eltern, wenn es sich um Rebellionen gegen die elterliche Gewalt handelte – mit dem

Unterschied allerdings, daß Autoritätsproteste der Jungen als physiologisch hingenommen und durchgestanden werden mußten. Autoritätskonflikte der Mädchen wurden hingegen als Auflehnung und als Protest gegen die anatomisch festgelegte Geschlechtsrolle und die entsprechenden Konsequenzen angesehen. Im Hinblick auf die Kinder stimmte die Rolle der Mutter weitgehend mit der des Vaters überein, weil sie selbst in einer patriarchalisch geprägten Familie aufgewachsen war. Nach der »Gartenlauben«-Romantik, die sich erst seit der Mitte des vorigen Jahrhunderts allmählich und erst in den letzten 20 bis 30 Jahren dramatisch veränderte, wurden Mädchen seit ihrer frühen Kindheit auf ihre Rollen als Ehefrauen und Mütter und auf ein beschütztes Leben im Kreise der Familie vorbereitet.

Fallbeispiel: Eine 18 Jahre altes Mädchen aus »geregelten Verhältnissen« geriet zunehmend mit dem Vater in Auseinandersetzungen, weil er ihr abendliche Kino- oder Diskobesuche untersagt und, wenn es ausnahmsweise erlaubt wurde, nach der Heimkehr ihre Kleidung kontrolliert und die Unterwäsche von der Mutter untersuchen läßt. Die Mutter steht innerlich auf der Seite der Tochter, führt aber alle Anweisungen des Vaters aus. Das Mädchen entwickelte später eine Magersucht.

Durch die Emanzipation der Frau und damit auch der Mädchen wurde die Gleichstellung der Geschlechter in allen Bereichen weitgehend verwirklicht. In vielen Familien führte dies zu einer verminderten Bedeutung der Vaterrolle und ging manchmal mit einer »Entidealisierung« des Vaters (Erikson 1968) einher. Mädchen haben seitdem wie Jungen in der Adoleszenz vergleichbare Probleme zu lösen, die zu Auseinandersetzungen mit ihren Eltern führen können. Durch den »Rückzug der Väter« haben sich jedoch in manchen Familien die Proteste der Jugendlichen von den Vätern auf die Mütter verlagert. Das gilt für die Söhne, besonders aber für die Töchter. *Mutter-Tochter-Konflikte* verlaufen nicht weniger dramatisch als vergleichbare Auseinandersetzungen mit den Vätern; sie nehmen manchmal sogar wegen der fixierten gleichgeschlechtlichen Kompetenz der Mütter einen komplizierteren Verlauf.

Genese, Ätiologie, soziale Bedeutung
Die Thematik der Autoritätskrise ist in hohem Grade von der Art des familiären Milieus, aber auch vom individuellen Temperament und der kognitiven und emotionalen Ausstattung der Jugendlichen abhängig. Anders als bei den Psychosen bestehen richtunggebende kausale Beziehungen zwischen Form und Inhalt einer Krise zum Erziehungsstil und zur Zeit der Einwirkung etwaiger familiärer Noxen.

Normale Pubertätskonflikte, abnorme Pubertätsentwicklungen und Konflikte und Krisen in der Adoleszenz stellen ein *psychopathologisches Störungskontinuum* dar, dessen Entstehung und Ausstattung nur durch das Wechselspiel von psychosozialen, psychosexuellen und reifungsbiologischen Faktoren einer umfassenden Deutung nähergebracht werden kann. Eine verabsolutierende Betrachtungsweise allein aus konstitutioneller, neurosenpsychologischer oder soziologischer

Sicht kann nur einen Teilaspekt der Krise, sie aber nicht ohne Kenntnis des komplexen Kausalgefüges vollständig erfassen. Insoweit ist der regelwidrige Ablauf der Adoleszenz mit ihrem dramatischen Beginn, der oft lärmenden Symptomatik und ihren soziologischen Begleiterscheinungen ein geeignetes Lehrmodell für das fast regelmäßig multikonditionale Bedingungsgefüge psychopathologischer Störungen bei Kindern und Jugendlichen überhaupt.

Die Symptomatik mancher Fehlentwicklungen in der Adoleszenz läßt sich dadurch charakterisieren, daß das Lustgegenüber dem *Realitätsprinzip* die Oberhand gewonnen hat. Bei diesen Jugendlichen sind die »primitiven Abwehrmaßregeln des schwachen Ich« dem Ansturm des *Lustprinzips* unterlegen. An die Stelle der fehlenden Selbstwertbestätigung durch eine erfolgreiche Auseinandersetzung mit sich selbst und den alterstypischen Lern- und Ausbildungsinhalten sind Ersatzhandlungen ohne dauerhafte Erfolgserlebnisse getreten, die auf Bedürfnisbefriedigung abzielen.

Die soziale Bedeutung der Autoritäts- und anderer Adoleszenzkrisen liegt darin, daß sie gerade in den Jahren der entscheidenden Schul- und Berufsausbildung sich manifestieren und ablaufen und damit die Planung und den Entwurf der zukünftigen Existenz gefährden. Zum andern liegt ihre Bedeutung in den Auswirkungen auf Familie und Gesellschaft, die direkt durch affektive Gewalttätigkeiten und delinquente Verhaltensweisen oder indirekt durch Verstimmungszustände, Suizidversuche und Suizide betroffen wird.

Diagnose und Differentialdiagnose

Übersteigerte, aktiv-auflehnende oder passiv-ablehnende Protesthaltungen gegen den Vater und die Mutter und gegen andere Autoritäten in Familie und Gesellschaft, die sich über Jahre hinziehen, mit einer »intrapsychischen Ataxie«, mit Stimmungsschwankungen, neurotischen Manifestationen und vegetativen Fehlregulationen einhergehen und sich therapeutisch schwer beeinflussen lassen, sprechen für eine *Autoritätskrise*.

Die überwertig erlebten psychosozialen und psychosexuellen Veränderungen, der Protest gegen Autoritäten und autoritäre Instanzen zeigen sich nicht nur in den sich zur Krise ausweitenden psychischen und psychosomatischen Manifestationen, sie überformen und verfestigen auch bereits vorher bestehende Erziehungsschwierigkeiten und Verwahrlosungszüge und beginnende oder manifeste Neurosen und Psychosen der Jugendzeit.

Die Differentialdiagnose psychopathologischer Auffälligkeiten in der Pubertät gehört zu den besonders schwierigen Aufgaben, die nicht selten erst nach längerer Beobachtungszeit oder nur im Rückblick gelingt. Schon der normale Autoritätsprotest und eine Autoritätskrise lassen sich nicht scharf voneinander abgrenzen. Bei Berücksichtigung der Symptomintensität, der Symptomdauer und der einseitigen Häufung bestimmter Symptome und ihrer Gruppierung in speziellen Symptomlegierungen und unter Einbeziehung der familiären Situation gelingt jedoch im allgemeinen eine für therapeutische Entscheidungen ausreichende diagnostische Festlegung.

Die Adoleszenz ist das *Prädilektionsalter* für die Erstmanifestation *endogener Psychosen* und durch vermehrtes Auftreten von *Neurosen* und *emotionalen Störungen* gekennzeichnet. Die Schwierigkeit der Abgrenzung von psychotischen Erkrankungen und von Neurosen wird dadurch erhöht, daß alle diese Störungen nach Inhalt und Formgebung den Dialekt der Pubertät sprechen. Sie können, solange der bisherige Verlauf keine gesicherte Diagnose zuläßt, neutral als »Krise in der Adoleszenz« bezeichnet werden.

Fehldiagnosen lassen sich bei kürzerer Beobachtungszeit nicht immer vermeiden. Vorschnelle Einordnungen in den Formenkreis der endogenen Psychosen sollten vermieden werden. Daß der Prozentsatz schizophrener und zyklothymer Psychosen unter den Pubertätskrisen relativ hoch ist, war aus katamnestischen Untersuchungen bekannt. Langen und Jäger (1964) konnten bei Jugendlichen mit einer »Pubertätskrise« durchschnittlich 8 Jahre nach der Entlassung in einem Drittel der Fälle retrograd eine initiale *Schizophrenie* vorwiegend hebephrenen Verlaufstyps feststellen. Andererseits können scheinbare zyklothyme Erstphasen nicht immer ihrer tatsächlichen Prävalenz entsprechend erfaßt werden, so daß die differentialtypologische Zuordnung oft dem weiteren Verlauf überlassen werden muß.

Therapie und Prognose
Der seelisch gesunde, besonders aber der psychisch gestörte Jugendliche in der Reifezeit verhält sich im Umgang mit Erwachsenen als distanzierter Mensch, der sich nur schwer einem anderen anvertraut. Er fühlt sich in seiner *Isoliertheit* oder in gleichgestimmten Gruppen wohler als in dominant geprägten Situationen, wie sie auch manche ärztliche Sprechstunde darstellt. Hinzu kommt, daß ihm die Identifizierung mit den Erwachsenen wegen seiner phaseneigentümlich unsicheren, zu starken emotionalen Pendelschlägen neigenden, oft nur scheinbar antiautoritären Haltung nicht gelingt. Diesen Jugendlichen, die eine »seltsam erwachsene Haltung« einnehmen, ohne erwachsen zu sein, fehlt es an Vertrauen oder an *Mut zum Dialog*, weil sie mit aktivem oder passivem Protest der Welt der Erwachsenen gegenüberstehen, die sich aus ihrer ersten kompromißlosen Sicht als revisionsbedürftig und manipulierbar erwiesen hat.

Es gibt aber auch Jugendliche, die *Kontakte* und Diskussionen mit den Eltern und anderen Erwachsenen geradezu suchen. Solche Eltern sollten ermutigt werden, sich den Forderungen ihrer Kinder nach Diskussion und nach Konfrontation zu stellen. Das »Gewährenlassen« vieler Eltern, manchmal von ihnen selbst als verständnisvolle Großzügigkeit oder Toleranz verstanden, ist nicht selten nur eine mangelnde Bereitschaft zu partnerschaftlicher Gemeinschaft. Sie läßt sich auf egoistische Einstellungen (»Zeitmangel«) zurückführen, manchmal auch auf Gleichgültigkeit. Das Schlagwort von der »antiautoritären Erziehung« war für einige Eltern eine willkommene Rechtfertigung und Entschuldigung für ihre innerfamiliäre Inaktivität. Eltern, die ständig der Konfrontation mit ihren Söhnen und

Töchtern aus dem Wege gehen, danken vorzeitig ab. Sie treten ihren Einfluß an andere, oft »falsche« Autoritäten ab, deren Geboten gerade Jugendliche (delinquente Gangs, neue Jugendreligionen, Drogenszene) sich bedingungslos unterwerfen. Viele Jugendliche sehnen sich zu ihrer *Orientierung* nach Vorbildern und Modellen, die sie für ihre Entwicklung benötigen. Als Resultat geglückter Diskussionen und auch durch Auseinandersetzungen mit ihren Eltern lernen Jugendliche, auch überschießende Impulse zu zügeln, Emotionen zu kontrollieren und vielleicht sogar die in Gesprächen gewonnenen Einsichten zu respektieren. Eltern können hoffen, aber nicht erwarten, daß die Jugendlichen ihre Ratschläge befolgen, um sich damit eigene schmerzliche Erfahrungen zu ersparen. Durch die ständige Sorge und durch Ratschläge der Eltern, die sich auch später als zutreffend herausstellen, kann sich aber eine neue Basis für ein erneuertes partnerschaftliches *Vertrauen* und für ein freiwilliges Geltenlassen einer »guten« Autorität bilden. Feindseligkeit, Spott und Haß vieler Jugendlicher gegenüber den Eltern fordern diesen oft ein hohes, manchmal anstrengendes Maß an Gelassenheit ab. Der Stil der Auseinandersetzungen der Jugendlichen mit ihren eigenen Eltern, mit Freunden und Kollegen, später mit ihren eigenen Ehepartnern und Kindern aber wird auch durch das vorgelebte Verhalten ihrer Eltern in Konflikt- und Krisensituationen geprägt.

Die *praktische Beratung* des Jugendlichen und seiner Beziehungspersonen in den phasentypischen, affektiv verankerten Konfliktsituationen steht weitaus im Vordergrund. Sehr häufig geht es darum, einen oder mehrere untergründig schwelende Problemherde aufzudecken, die Mit- oder Teilursachen der Krise sind. Diese Probleme müssen in getrennten Unterredungen mit den Eltern und den Jugendlichen gezielt angesprochen werden, weil sie als Folge autoritärer Entscheidungen längst nicht mehr erörtert, vergessen und verdrängt wurden. Eine ausführliche Intelligenzuntersuchung des Jugendlichen ist empfehlenswert; ihr Ergebnis führt gelegentlich zu überraschenden Ergebnissen und direkten Konsequenzen.

Die Behandlung der Adoleszentenkrisen läßt sich in drei Problemkreise einteilen.

- Probleme der altersangepaßt-selbständigen Lebensführung (Taschengeldproblematik, häusliche Arbeiten, Gestaltung der Freizeit, Schlafenszeitregelung),
- Probleme der Selbstwertsphäre (Kontaktschwierigkeiten, Schul- und Berufsproblematik einschließlich Lern- und Arbeitsstörungen, Briefgeheimnis, Respektierung der eigenständigen Persönlichkeit des Kindes durch die Eltern) und
- Probleme der erotisch-sexuellen Neuorientierung (Abschluß der sexuellen Aufklärung und realitätsgerechte Einbeziehung sexueller Fragen und Probleme in den Bereich des Zulässigen, Ferien- und Urlaubsproblematik, Festlegung von Richtlinien für etwaiges abendliches Ausbleiben und Besuch von Veranstaltungen).

Die *psychotherapeutische* Behandlung ist den schweren und langdauernden Pubertätskrisen mit neurotischer Kernsymptomatik vorbehalten. Sie wird nur selten eingesetzt, kann aber unter Berücksichtigung bestimmter technischer Modifikationen, wie sie etwa auch in der Kinderanalyse oder in der Analyse von Verwahrlosten eingesetzt werden, entgegen kritischen Einstellungen durchaus günstige Ergebnisse zeitigen.

Wenn eine psychotherapeutische Behandlung erforderlich ist, erfolgt sie in zeitlich festgelegten Abständen überwiegend in Form einer final orientierten Kurz- oder Fokaltherapie unter Einbeziehung unbewußter psychischer Inhalte. Die Behandlungsergebnisse werden durch Beratung der Eltern abgesichert und vervollständigt. Die Schwierigkeit eines psychotherapeutischen Dialogs liegt neben dem oft fehlenden Leidensdruck in einer häufig anzutreffenden ambivalenten Verschlossenheit und einer konfliktorientierten Autoritäts- und Kontaktproblematik des Jugendlichen. Die Furcht vor einer Wiederbelebung überwundener infantiler Bindungen führt zur Entwicklung massiver *Abwehrmechanismen*, die nicht selten zum Wegbleiben und zum vorzeitigen Behandlungsabbruch führen. In anderen Fällen können extrem passive Verhaltensmuster mit mutistischen Perioden eine geordnete Behandlung unmöglich machen. Die therapeutische Haltung sollte zwischen Billigung, Gewährung und Bestätigung einerseits und einer bestimmten und festen therapeutischen Grundeinstellung andererseits polarisieren.

Eine symptomorientierte *psychophar-*makologische Behandlung kann in Einzelfällen milieuorientierte Beratungen unterstützen. Auswahl und Dosierung der Medikamente richten sich nach der vorherrschenden Symptomatik (Angst- und Unruhezustände, aggressives oder passives Verhalten, Ein- und Durchschlafstörungen usw.).

Die *Prognose* von Autoritätskrisen richtet sich nach ihrem Schweregrad und ihrer Dauer, der Behandlungsmöglichkeit bestehender psychischer Störungen und der Dynamik reifungsbiologischer Entwicklungsabläufe. Jugendliche, die in der Pubertät keine Zeichen episodischer Verstimmungen oder alterstypischer Konflikte bieten, können an »larvierten Adoleszentenkrisen« leiden, die oft erst rückblikkend erkannt werden. Bleibende Störungen zeigen sich in einer Skala von leichter bis schwerer Antriebsminderung, persistierender, persönlichkeitsintegrierter Dauerprotesthaltung, in schweren emotionalen und psychosomatischen Störungen. Ein Teil der Pubertätskrisen läßt sich manchmal erst katamnestisch als Erstmanifestation einer endogenen Psychose einordnen.

7.5.2 Weglaufen (ICD-10 F44.1)
Symptomatik
Das geplante oder dranghaft ausgeführte Weglaufen (Wegbleiben, Fortlaufen, Bummeln, Gammeln) aus der Familie oder einem Heim unterscheidet sich von der dissoziativen Fugue (ICD-10 F44.1, DSM-IV 300.13) dadurch, daß keine Identitätsstörung oder eine Amnesie vorliegt. Das Weglaufen erreicht zahlenmäßig während der Pubertät (Klosinski 1981)

seinen Höhepunkt. Nach Tramer (1964) manifestiert es sich in 75 % der Fälle erstmals in der Adoleszenz. Nach neuen Statistiken laufen nicht nur insgesamt mehr, sondern vermehrt jüngere Kinder und mehr Kinder aus Familien als aus Heimen fort. Bei der *Geschlechtsverteilung* überwiegen die Jungen im Alter von 8 bis 13 Jahren in einer Relation von 23:1; in der späteren Adoleszenz ist eine deutliche Häufigkeitszunahme bei Mädchen zu erkennen.

Wegläufer weisen fast immer eine zusätzliche Symptomatik auf. Die *Komorbidität* tritt vor allem in Form von Depressivität, Kontaktstörungen, Wut- und Trotzreaktionen, motorischer Unruhe, starkem Bewegungsdrang und Suizidversuchen und von delinquentem Verhalten (gesteigerter Aggressivität, Lügen, Stehlen usw.) in Erscheinung.

Genese, Ätiologie, soziale Bedeutung

Das Weglaufen als Ausdruck einer Adoleszenzkrise wurde früher eher selten beobachtet. Der altersmäßige Beginn des Weglaufens zeigt einen Gipfel um das 8. und 13. Lebensjahr, nimmt aber zahlenmäßig in der Pubertät erheblich zu. Umfassende und langfristige katamnestische Untersuchungen jugendlicher Wegläufer vermittelten bei einigen Autoren die Überzeugung, daß es in der Regel kein krisenhaftes Geschehen darstellt. Heute besteht jedoch der Eindruck, daß dies für bestimmte Formen des Weglaufens durchaus zutrifft. Die Frequenzzunahme hängt mit einem allgemein beobachteten Trend der Wandlung von Ausdruckserscheinungen der Kulturpubertät zusammen, der sich auch im *Symptomwandel* der Adoleszenz vollzieht. Das »Image« des Wegläufers hat sich mit zunehmender sozialpädagogischer Präsenz und nicht mehr überwiegend bewahrender Intervention der Jugendbehörden verändert. Es wird weniger moralisierend auf den Wegläufer selbst als auf seine chronisch-defizitäre emotionale Situation in der Familie und im Heim hingewiesen. Jugendliche früherer Jahrzehnte suchten dem disziplinierenden und pädagogischen Druck der Familie und der Schule zu entgehen, indem sie als Schiffsjungen zur See oder nach Amerika gingen oder sich in Krisen und Kriegszeiten als Freiwillige oder zur Fremdenlegion meldeten. Heute wechseln Jugendliche teilweise aus ähnlichen Gründen, manchmal aber aus nur schwer erkennbaren Motiven das soziale Feld, um ungehindert ihren Vorstellungen von Freiheit und Unabhängigkeit gemäß leben zu können, oft um den Preis wesentlich ungünstigerer Lebensbedingungen und einer drohenden Abhängigkeit von Drogen und Alkohol, häufig zwangsläufig kombiniert mit Promiskuität und Kriminalität.

Solche Jugendlichen gehen »aus dem Felde«, sie suchen die Ferne, weil sie mit sich oder ihren Eltern, mit der ganzen Welt unzufrieden sind. Wegläufer mit Leidensdruck laufen quasi aus »Heimweh« fort, in der Hoffnung, gesucht, gefunden und dann wirklich geliebt zu werden. Die ambivalente Wunschvorstellung, die Eltern zu bestrafen und mit Verwöhnung belohnt zu werden, dabei jedoch zu übersehen, daß sie in erster Linie durch eigene Schuld und Selbstbestrafung sich herleiten, stellt eine typische *adoleszente Antinomie* dar. Bis vor einigen Jahren stellte ein von den Eltern sanktionierter Exodus, das Übersiedeln 16–18jähriger Jugendlicher aus der elterlichen Wohnung in ein möbliertes Zimmer oder eine Wohngemeinschaft, einen besonders in Großstädten aktuellen Modetrend dar. Aus der Sicht der Jugendlichen wurde das als Befreiung von der elterlichen Bevormundung, von Kontrolle und Zensur erlebt; aus Sicht der Eltern war die schließlich tolerierte Separation Ausdruck ihrer Verzweiflung und Resignation, die Kapitulation Resultat erschöpfender und zermürbender Auseinandersetzungen und Erpressungsversuche.

Das Weglaufen, Streunen und Gammeln als spezifische Ausdrucks- und Reaktionsform einer puberalen Autoritätskrise ist als ein *Ausweichen* vor der häuslichen Konfrontation mit den Eltern, vor häuslichen Überforderungen und ein Vermeidungsverhalten vor Leistungsanforderungen in der Schule und im Beruf anzusehen, andererseits als Befreiungsversuch aus der drückenden Enge von »Brokenhome«-Situationen.

Die *hirnorganisch* geschädigten Wegläufer kommen zusätzlich oft aus ungünstigen häuslichen Verhältnissen. Die Anlässe des Fortlaufens erscheinen oft wenig motiviert, manchmal nichtig; kurzschlüssigdranghaftes Entweichen überwiegt. Sie zeigen manchmal zusätzlich Teilleistungsschwächen, eine Lern- oder eine geistige Behinderung und zerebrale Anfallsleiden.

Das Weglaufen aus *pubertätsspezifischen* Triebfedern, wobei der Wunsch nach Expansion, Abenteuer und Welteroberung

ganz im Vordergrund steht, zeichnet eine weitere Gruppe aus, deren auffälligstes Symptom der fehlende Mut oder Wunsch zur Rückkehr ist. Diese »verlorenen Söhne« kehren, wenn überhaupt, manchmal erst nach Jahren wieder in ihre Heimat zurück.

Besonders in Großstädten ist seit geraumer Zeit ein zunehmender Trend zur vorzeitigen Lösung aus dem Familienverband, um als Single zu leben, oder die Übersiedlung in Wohngemeinschaften mit Duldung oder gegen den Widerstand der Eltern zu beobachten. Dem Wegziehen liegen meistens Konflikte und Krisen in der Pubertät und Adoleszenz zugrunde, wie sie sich auch früher zwischen Eltern und Kindern entwickelten; derartige Konfliktlösungen waren damals jedoch durch die geltende Konvention, Religion oder Moral tabuiert.

Die *soziale Bedeutung* liegt in der wachsenden Anzahl der Kinder und Jugendlichen, die von zu Hause weglaufen, ihre Schul- und Berufsausbildung vernachlässigen, sich in Gruppen zusammenschließen, um ihren Lebensunterhalt durch dissoziale Praktiken zu bestreiten. In der Wegläuferszene der Großstädte beherrscht nicht mehr der anonyme Wegläufer als isolierter Außenseiter das Feld, sondern Kinder- und Jugendlichengruppen, die gezielt Wegläufertreffs in bestimmten Wohnvierteln, Wärmehallen, Imbißstuben und Kneipen, Warenhäusern und Bahnhöfen, aber auch kommunale Kommunikationszentren anlaufen bzw. zu diesen hinlaufen. In Großstädten, in denen die wachsende Anzahl der Wegläufer ein besonderes Problem darstellt, sind teilweise staatlich subventionierte Wohnheime eingerichtet worden.

Diagnose und Differentialdiagnose

Einmaliges oder mehrfaches Weglaufen in der Pubertät kann als Ausdruck einer Autoritätskrise auftreten. Es handelt sich jedoch um ein genetisch vieldeutiges Syndrom und erfordert gründliche differentialdiagnostische Abgrenzungen.

Krisenbedingt-puberales Weglaufen ist abzugrenzen von

- dissoziativen Fuguezuständen (ICD-10 F44.1, DSM-IV 300.13), bei denen eine dissoziative Amnesie vorliegt und in einigen Fällen eine neue Identität angenommen wird,
- dranghaft-erethischem Fortlaufen bei zerebralorganisch (postenzephalitisch) gestörten oder schwachsinnigen Jugendlichen und
- epileptischen Äquivalenten, aus dem Formenkreis der zerebralen Anfallskrankheiten, besonders bei Schläfenlappenepilepsien.

Die Jugendlichen dieser letzten drei Gruppen laufen zielgerichtet, aber meistens motiv- und planlos fort. Sie haben kein Heimweh und keine Angst und machen sich keine Sorgen um sich und um ihr Zuhause.

Diagnostisch zu berücksichtigen ist ferner

- das Fortlaufen (auch Schulschwänzen) als Zeichen einer Störung des Sozialverhaltens (ICD-10 F44.1, DSM-IV 300.13), das meistens bereits vor der Pubertät einsetzt und fast immer von dissozialen Symptomen begleitet ist,

- das Weglaufen als »Wegbleiben« aus Angst vor Strafe (Zeugnis, Klassenarbeit) bei ängstlichen oder zwanghaften Kindern und
- schließlich das Fortlaufen als erstes Wetterleuchten einer beginnenden Psychose.

Therapie und Prognose

Für die Behandlung des krisenhaft-puberalen Weglaufens gelten die Ausführungen des Therapie-Abschnitts zum Autoritätsprotest (vgl. S. 328).

Die Prognose der gesamten Gruppe der Wegläufer ist eher ungünstig. Bei den von Harbauer (1969) nachuntersuchten Fällen hatte ein Viertel der Probanden eine eindeutig ungünstige bzw. dissoziale Entwicklung genommen. Meyer (1972) stellte bei jugendlichen Wegläufern häufig erst mit der Eheschließung eine Stabilisierung fest. Nach anderen katamnestischen Untersuchungen haben sich Leitsymptome wie Kontaktstörungen und Depressivität als besonders ungünstige Merkmale erwiesen. Neurotische Wegläufer werden später häufiger dissozial als leicht hirngeschädigte Kinder, deren häusliches Milieu intakt ist. Generell kann man sagen, daß die Prognose um so bedenklicher wird, je mehr belastende Faktoren auf den einzelnen Wegläufer einwirken.

7.6 Identitätskrisen

Die Findung der »Ich-Identität« (gegen »Rollendiffusion«) zählt nach Erikson (1956/57) neben der Gewinnung der Autonomie (»gegen Autorität«) und der sexuellen Integration (»gegen Sexualneurose«) zu den zentralen Aufgaben der Adoleszenz. »Ich bin nicht, was ich sein sollte, ich bin nicht, was ich sein werde, aber ich bin nicht mehr, was ich war« (Flammer 1999).

Dieser Prozeß der Reifung und Differenzierung der Persönlichkeit wird von C. G. Jung (1921) unter Einbeziehung des Unbewußten als *Individuation* bezeichnet, das heißt, ihre Bedeutung liegt auch in der Befreiung der Individualität aus der Kollektivpsyche. Das kollektive Unbewußte, konstituiert durch die Archetypen, wird allmählich zu einem Bestandteil des Selbst. Das Ziel der Individuation ist erreicht, wenn die andere Seite unseres Selbst, der »Schatten«, erkannt und akzeptiert werden kann und der Mann und die Frau den komplementären Teil ihrer Psyche, die »anima« und den »animus«, von ihrem realen Geschlecht zu unterscheiden verstehen.

Beide Formen der *Selbstwerdung*, die Ich-Identität und die Individuation, erreichen ihre erste, wahrscheinlich entscheidende Kulmination in der Adoleszenz, in der seelischen Reifungsphase des Menschen. Sie ist ein komplexer, immerwährender Prozeß des Verlangens, Wünschens, Verweigerns und Versagens, der im Laufe des Lebens zu keinem endgültigen Abschluß gelangt.

Die Erreichung der Ich-Identität und die geglückte Individuation unterliegen einem individuellen biologischen, emotionalen, sozialen und kognitiven Entwicklungsprozeß. Das biopsychosoziale Modell (Engel 1977, 1980), aufbauend auf der Systemtheorie, und das »Fließ-gleichgewicht« von Bertalanffy (1968) ermöglichen eine synoptische Betrachtung der körperlichen und seelischen Entwicklung in diesem dynamischen Lebensabschnitt. Das System ist offen und zielorientiert. Lebende Systeme regulieren sich selbst und ermöglichen durch Erhaltung der Homöostase eine weitgehende Anpassung an die Umgebung. Jeder einzelne ist mit allen anderen des Systems verbunden und wird durch seine Umwelt ebenso verändert, wie er durch seine Existenz die Umwelt verändert.

Die Findung der Identität und die Individuation ist mit der Übernahme *neuer Rollen* verbunden. Als Rolle wird ein Kontinuum von Verhaltensweisen verstanden, die vom Individuum angenommen und von der Umgebung gewünscht oder akzeptiert werden können. Eine Rollendiffusion tritt ein, wenn widersprüchliche Aufgaben übernommen werden sollen, wenn etwa unüberbrückbare Diskrepanzen zwischen Wünschen und der Wirklichkeit bestehen. Während manche Jugendliche den in der Kindheit begonnenen Selbstfindungsprozeß konsistent und ohne Störungen fortsetzen können, haben andere Probleme, das Prinzip des »Stirb und werde« durch ein Verlassen infantiler Positionen und der Übernahme neuer Aufgaben zu verwirklichen. Im Zusammenhang mit der Ich-Identität und der Individuation treten völlig neue Probleme an den Jugendlichen heran. Sie betreffen sowohl sein durch den »Pubertätsschuß« verändertes Körperschema als auch die durch seine zunehmend kritische Selbsteinschätzung aufkommenden Zweifel an seiner kognitiven Kompetenz, an seinen emotionalen und sozialen Fähigkeiten und letztlich an seiner Persönlichkeits- und Charakterstruktur. Das betrifft seine Stellung in der Gruppe der Gleichaltrigen in der Schule und in der Freizeit ebenso wie seine Wiederbindung an die Eltern und an die Familie.

Hoffnungen und Phantasien im Hinblick auf seine Berufs- und Lebensplanung werden durch *äußere Faktoren* (Lehrstellenmangel, numerus clausus) zunehmend eingeengt. Hinzu treten etwa vorhandene Defizite in der psychischen oder physischen Ausstattung, deren Konsequenzen erst jetzt zunehmend deutlicher werden. Das Prinzip der *Selbstadoption*, die kritische Erkennung und Hinnahme des persönlichen Charakters mit ihren Vorzügen, aber auch ihren Mängeln stellen eine unausweichliche Konsequenz im Verlaufe der Selbstwerdung dar. Aus den dadurch entstehenden Spannungen zwischen der Realität und den persönlichen Idealen ergeben sich oft schmerzhafte und demütigende Einsichten, die zu anhaltenden Konflikten, schweren Krisen und Hemmungen der Persönlichkeitsentwicklung führen können.

In den folgenden Abschnitten werden wegen ihres gehäuften Auftretens in der Adoleszenz und einiger spezieller Aspekte in diesem Lebensabschnitt abgehandelt: 1. dysphorische Episoden und depressive Störungen, 2. Entfremdungserlebnisse, 3. nichtepileptische Anfälle, 4. zusätzliche Probe bei geistig und körperlich behinderten Jugendlichen und 5. psychische Syndrome in der Adoleszenz mit einer offenen Prognose.

7.6.1 Dysphorische und depressive Störungen (ICD-10 F32 und 33)

Symptomatik

Stimmungsschwankungen und Depressionszustände kommen in allen Lebensabschnitten vor, aber sie treten in der Adoleszenz erstmals gehäuft auf. Hypomanische und subdepressive Stimmungsausschläge von »himmelhoch jauchzend, zu Tode betrübt« können Bestandteile der normalen Adoleszenz sein. Während der Adoleszenz werden depressive Episoden (F32.0–32.3) verschiedener Schweregrade relativ häufig beobachtet, während schwere Formen wiederholter depressiver Störungen (F33.0-F33.3) eher selten sind.

Depressive und dysphorische Episoden zeigen sich in der Adoleszenz unter dem Bild der Angst und Antriebsschwäche, Passivität und Resignation, des gestörten Selbstwerterlebens und als Leistungsstörungen und können mit psychosomatischen Störungen, manchmal mit Haß- und Schuldgefühlen, Rache und Selbstbestrafungswünschen und tiefer Hoffnungslosigkeit einhergehen. Die Jugendlichen verhalten sich mürrisch und abweisend, affektiv matt und resonanzschwach, so daß manchmal an ein hebephrenes Syndrom gedacht wird. Andere wirken dagegen relativ unauffällig und fast synton. Die Jugendlichen klagen über Denkhemmungen, Konzentrationsschwäche, vorzeitige Ermüdbarkeit und innere Unruhe. Sie schließen sich von der Umwelt ab, sind unzufrieden mit sich selbst und mit ihrer Umgebung. Sie grübeln tatenlos und geben sich in selbstquälerischen Analysen ihren Ängsten und Befürchtungen vor anstehen-

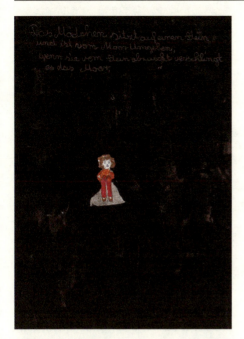

Abb. 7.2 17jähriges, stilles, verschlossenes depressives Mädchen mit geringem Selbstvertrauen. Sie spreche eigentlich nur mit der Mutter. Zum Vater besteht nach Angaben der Mutter ein »äußerst gespanntes Verhältnis«. Es gelang nicht, ein im 11. Lebensjahr stattgefundenes psychotraumatisches Ereignis zu thematisieren. »Geschehenes soll man ruhen lassen …«. Sie malt viel, benutzt aber fast nur schwarze Filzstifte. Ihr Kommentar zu dem Bild: »Das Mädchen sitzt auf einem Stein und ist vom Moor umgeben. Wenn sie vom Stein abrutscht, verschlingt sie das Meer.«

den Entscheidungen, vor Zeugnissen und Abschlußprüfungen, vor der Berufswahl, dem Erwachsensein überhaupt und den damit verbundenen Problemen der *Verantwortlichkeit* hin.

Ein *Feldwechsel* der Symptome, ein »Shift« von gehemmten zu aggressiven depressiven Verstimmungszuständen oder von psychischen zu psychosomatischen Erscheinungsbildern wird auch bei depressiven Jugendlichen nicht selten beobachtet und kann forensisch bedeutsam werden. Manchmal liegt eine reizbare Aggressivität mit einer Tendenz zu zornmütigen Ausbrüchen aus nichtigen Anlässen vor, häufig mit einer Neigung zu destruktiven, dissozialen und kriminellen Handlungen. Für die Entwicklung eines dissozialen Syndroms (vgl. S. 115 ff.) wird von einigen Autoren der depressiven Verstimmung eine maßgebliche forensische Funktion zugeschrieben.

Genese, Ätiologie, soziale Bedeutung
Weshalb manifestieren sich gerade in der Übergangzeit zwischen Kindheit und Adoleszenz erstmals und gehäuft *depressive Syndrome?* In dieser Zeit befindet sich der Jugendliche noch überwiegend in einer relativ geborgenen Periode seines Lebens. Er ist sich in der Regel der Liebe und Zuneigung seiner Eltern gewiß und leidet keine materielle Not. Dennoch beginnt sich gerade in dieser ersten Generationsphase ein Riß aufzutun, der das emotionale Kontinuum meistens vorübergehend, manchmal aber bleibend von der prästabilen Harmonie der Kindheit trennt und den Jugendlichen zusätzlich von seinen Eltern, Lehrern und Freunden trennt.

Die erste Hälfte der Adoleszenz kann man in Analogie zur sexuellen Latenzzeit als psychosoziale Karenzperiode betrachten. Die Findung der Ich-Identität beginnt dort, wo die Brauchbarkeit der bisherigen Vor- und Leitbilder endet. Wenn das Ich aus verschiedenen Gründen nicht imstande ist, die Bildung dieser Identität zu vollziehen, entsteht ein Zustand quälender Unsicherheit und Hilflosigkeit, einer *Ich-Diffusion* (Erikson 1956/57), die sich in dysphorischen und depressiven Episoden und länger dauernden depressiven Störungen ausdrücken kann. Die stereotype Klage einiger depressiver Jugendlicher, daß eine falsche Erziehung, daß die Eltern, die Schule und die Lehrer ihre Probleme verursacht hätten, ist aber keineswegs immer darauf zurückzuführen. Vielmehr erscheint die Vergangenheit den meisten depressiven Menschen rückblickend grau und trübe.

In der Zeit der Adoleszenz wird eine kritische Sichtung bisher ungeprüfter Werte und Personen der Umgebung vorgenommen. Den objektiven und subjektiven Resultaten entsprechend kann es in diesem Stadium der *psychosozialen Neuorientierung* dann zu persönlichkeitsabhängigen, evolutionär oder revolutionär getönten Konfliktsituationen kommen. Anstelle früherer Autonomiekonflikte ist in unserem lang hingestreckten »Lern- und Ausbildungszeitalter« ein chronischer Konflikt der Jugendlichen mit sich selbst und ihrem Ich-Ideal getreten.

Nicht nur kognitive, sondern auch Störungen im Bereich der *Selbstverwirklichung* können zu Lern- und Entscheidungshemmungen führen, verbunden mit Angstvorstellungen vor wettkampfähnlichen Situationen in rivalisierenden Gruppen in der Schule und am Arbeitsplatz. Diese wiederum drängen nach einem Ausgleich von Abhängigkeit und Passivität, die zur Entwicklung von *Ersatzbefriedigungen* (exzessives Fernsehen, elektronische Medien, Disco- und Konzertbesuche, endloses Diskutieren und protestierendes Agieren) führen.

Fallbeispiel: Bei einer 15jährigen Oberschülerin bestand seit einem Jahr neben einer depressiven Verstimmung mit begleitender Lernhemmung eine selektive Aphonie, wenn sie vor der Klasse lesen oder referieren mußte. Die Symptomanalyse ergab, daß sie von ihrem langjährigen Freund mit der Begründung verlassen worden war, sie habe zu breite Hüften und zu dicke Beine. Sie litt unter der Diskrepanz zwischen Körperideal und -realität und fürchtete die Kritik der Mitschüler, zu denen auch der ehemalige Freund gehörte.

Solche Jugendliche können sich nicht auf die geforderten Aufgaben und Arbeiten konzentrieren und versagen bis zum *Scheitern*. Aus solchen Situationen können schwere reaktive, depressive und hypochondrische Krisen mit unerträglichen Selbstvorwürfen resultieren, die bis zu Suizidversuchen und Suiziden führen.

Schwere und chronische depressive Verstimmungen als Ausdruck einer *Adoleszenzkrise* blühen und vergehen jedoch nicht, ohne gesät worden zu sein. Sie können zwar durch endokrinologische Umstellungsvorgänge direkt oder indirekt exazerbiert werden, aber die Ursachen reichen meistens bis in die frühkindliche Entwicklung zurück.

Dennoch sind depressive Verstimmungen in der Adoleszenz nicht regelmäßig Ausdruck einer gestörten Adoleszenzentwicklung oder einer Adoleszenzkrise. Sie haben hier wie in allen Lebensabschnitten unterschiedliche ätiologische Grundlagen. Da sich Jugendliche in der Adoleszenz der formalen und inhaltlichen Ausdrucksmittel der gegenwärtigen Lebensphase, der Pubertät und Adoleszenz, bedient, läuft man gelegentlich Gefahr, diese als unmittelbaren und isolierten Ausdruck einer gestörten Adoleszenzentwicklung anzusehen.

Auch für die Adoleszenz kann man *depressive Syndrome* ätiologisch klassifizieren in

1. psychogene Depressionen (depressive Episoden, depressive Erschöpfungs- und Versagenszustände, neurotische Depressionen),
2. somatogene Depressionen (zerebralorganische und symptomatische Depressionen),
3. endogene Depressionen (mono- und bipolare affektive Psychosen).

Eine strukturierte *depressive Episode* oder Störung ist vor der Adoleszenz wesentlich schwieriger als danach und im Erwachsenenalter zu diagnostizieren, weil Kinder nur selten in der Lage sind, wohlbegründete und kritische Beurteilungen ihrer eigenen emotionalen Befindlichkeit abzugeben. Bei jüngeren Schulkindern, Säuglingen und Kleinkindern weisen Depressionen entwicklungsspezifische Manifestationsformen (vgl. Tab. 4.4) auf. Erst bei älteren Kindern und Jugendlichen bildet sich eine depressive Symptomatik heraus, die mit der Erwachsener vergleichbare Merkmale aufweist.

Somatisch begründbare (symptomatische) Depressionen als Ausdruck einer hirnorganischen Schädigung finden sich in allen Lebensaltern, teilweise mit phasenhaften Verläufen. Es muß damit gerechnet werden, daß sich bei etwa 10–15 % (Nissen 1999) der depressiven Jugendlichen minimale Dysfunktionen nachweisen lassen. Daraus ergibt sich, daß auch bei depressiven Jugendlichen in jedem Fall eine gründliche neurologische und körperliche Untersuchung erforderlich ist. Mit der Menarche setzen bei jungen Mädchen nicht selten prämenstruelle Angst- und Spannungszustände ein, die vor allem einen agitiert-depressiven Aspekt zeigen und mit vermehrter Reizbarkeit, motorischer Unruhe und gesteigerter sexueller Libido, aber auch mit Antriebsschwäche, Hemmungen und Resignation einhergehen können.

Die *monopolare endogene* Depression (F33) bzw. die bipolare manisch-depressive Erkrankung (F31) manifestieren sich mit ersten depressiven oder manischen Episoden ebenso wie die Schizophrenie bereits in der Adoleszenz. Das Vorkommen endogener depressiver oder zirkulärer Psychosen vor dem 14. Lebensjahr ist unzweifelhaft, aber sie sind insgesamt selten.

Die soziale Bedeutung depressiver Zustände bei Jugendlichen liegt in begleitenden regressiven und retardierenden Tendenzen, die die bereits vorhandene Ich-Schwäche verstärken und damit den Schritt zur endgültigen Selbstidentität behindern. Durch anhaltende und schwere depressive Verstimmungen können bleibende Einstellungs- und Verhaltensstörungen resultieren, die manchmal als Persönlichkeitsänderungen imponieren; sie sind Ergebnisse durchlittener tiefer Trauer, Selbsterniedrigung, Verzweiflung und Hoffnungslosigkeit. Den chronisch-dysphorischen und depressiven Verstimmungen wird für die Entstehung von Dissozia-

Abb. 7.3 Filzstiftzeichnung eines 14jährigen Mädchen, das meint »mich mag keiner«; sie könne sich nicht vorstellen, daß ein Junge sie jemals leiden möge. Sie sei ein problemloses Kind gewesen, das keine Erziehung benötigt habe; ein übertrieben ordentliches, sehr ernsthaftes Mädchen, das großen Wert auf Gerechtigkeit lege. Sie sammele »alles«, könne »aber auch was draus machen«. In der Schule sei sie eine sehr gute Schülerin, aber die Lehrer hätten gemeint, sie sei zu gründlich, würde »sich kaputt« machen, »diesen Streß möglicherweise nicht durchstehen«.

lität, Verwahrlosung und Delinquenz von einigen Autoren eine maßgebliche ursächliche Funktion zugeschrieben. Aus der Drogenszene ist bekannt, daß zahlreiche drogen- und alkoholabhängige Jugendliche depressive Zustandsbilder aufweisen. Drogenmißbrauch bei depressiven Jugendlichen ist in solchen Fällen als ein protrahierter Selbstmordversuch anzusehen, der ihre Drogenabhängigkeit konsolidieren kann.

Diagnose und Differentialdiagnose

Besonders für die Depressionen des Kindesalters fehlen in den gültigen Klassifikationsschemata entwicklungspsychopathologisch adäquate Zuordnungen, während für das Jugendalter die Übernahme einiger Erwachsenenpositionen möglich ist.

Kürzere oder längere traurige Verstimmungszustände, unableitbare depressive Episoden oder hypochondrisch-depressive Zustandsbilder lösen sehr viel leichter als überschäumender Übermut, freudige Erregung oder unmotivierte Heiterkeit als mögliche Hinweise auf eine Manie Besorgnis bei Eltern und Ärzten aus. Ob es sich tatsächlich um eine depressive puberale Episode, eine längerdauernde depressive Adoleszentenkrise oder eine psychogene (reaktive, neurotische), eine somatische (hirnorganische) oder endogene Psychose handelt, läßt sich oft erst nach Längsschnittanalysen genau feststellen.

Therapie und Prognose

Für eine erfolgversprechende Behandlung ist eine möglichst exakte Verhaltensanalyse und eine pathogenetische Klärung der Diagnose erforderlich. Dafür kommen neben den psychodynamischen Verfahren solche der kognitiven Umstrukturierung (Veränderung pathologischer Gedanken) durch Einsatz positiver Kommunikation mit sich selbst, *Selbstkontrolltherapien* (verbesserte Selbsteinschätzung) durch Selbstbeobachtungs- und Selbsterfahrungsmethoden, Entspannungsbehandlungen (Abbau von Angst und Spannungen) durch autogenes Training oder progressive Muskelentspannung und Problemlösungsmethoden (Verbesserung der Lösungskompetenzen, Verbesserung des Selbstwerterlebens) durch alternative Lösungsstrategien in Betracht.

Depressive Episoden und Störungen zählen auch bei Jugendlichen zu den Erkrankungen, die durch eine gezielte *psychopharmakologische* Behandlung relativ rasch und zuverlässig zu bessern sind. Die Wirksamkeit der *Antidepressiva* bei Kindern ist in den bisher vorliegenden Studien nicht eindeutig belegt. Einige kontrollierte Studien stehen (Fritze 1998) im Widerspruch zu der positiven klinischen und praktischen Erfahrung auch bei Kindern, insbesondere im Hinblick auf die gute Wirksamkeit selektiv-serotoninerger Substanzen. Diese Diskrepanz hängt u. a. wahrscheinlich in erster Linie mit dem methodischen Problem zusammen, überhaupt kontrollierte Studien bei Kindern unterschiedlicher Altersklassen mit akzeptablen Fallzahlen durchzuführen. Es besteht ein internationaler Konsens, in Einzelfällen, insbesondere bei schweren Depressionen und bei Suizidgefährdung, im Rahmen eines umfassenden Therapiekonzeptes Antidepressiva auch bei Kindern einzusetzen.

Als besonders wirksam hat sich die Gruppe der nebenwirkungsarmen selektiven Serotonin-Wiederaufnahmehemmer, z.B. das Fluoxetin (Fluctin), Fluvoxamin (Fevarin), Sertralin (Gladem), erwiesen. Unter den Phytopharmaka hat sich das Johanniskraut (Hyperforat, Hypericum) besonders bewährt, das nach streng wissenschaftlichen Kriterien vom Bundesgesundheitsamt als wirksam anerkannt wurde.

Bei den verschiedenen Formen einer *psychotherapeutischen* Behandlung sollten nach Möglichkeit immer die Eltern eingeschlossen werden, weil nur sie zuverlässig und dauerhaft das familiäre und soziale Feld der Jugendlichen günstiger gestalten können. Bei den somatogenen Depressionen steht die Behandlung der körperlichen Erkrankung im Vordergrund; sie kann durch psychopharmakologische Maßnahmen unterstützt werden. Die Behandlung endogen-phasischer Depressionen ist eine Domäne der Psychopharmaka, aber auch sie sollte besonders bei Jugendlichen immer durch psychotherapeutische Maßnahmen ergänzt werden. Dabei ist immer die Klärung der Frage nach dem Grad und der Intensität einer Suizidgefahr von entscheidender Bedeutung.

Am Beginn der Therapie ist die Frage zu klären, ob eine ambulante Behandlung möglich oder eine stationäre Therapie erforderlich ist. Die Psychotherapie ist darauf ausgerichtet, die vorliegende *Ich-Schwäche*, das durch eine mangelhafte Selbstverwirklichung gestörte Selbstwerterleben und das fehlende Vertrauen zur eigenen Leistung durch eine therapeutische Ich-Stützung und Ich-Stärkung zu überwinden. So mannigfaltig wie die Störungen des Aufbaues einer tragfähigen Ich-Identität in Erscheinung treten, so vielseitig und gezielt zugleich muß die Therapie einsetzen.

Für die Beratungssituation und Einzelfallhilfe gibt es meistens ausreichend konkrete Ansatzpunkte. Grundsätzliche oder aktuelle Schwierigkeiten in *Schule und Beruf* müssen erkannt und nach Möglichkeit reguliert werden. Etwaige Begabungsmängel müssen aufgedeckt, Wissenslükken aufgefüllt werden. Emotionale Leistungshemmungen bei normaler Intelligenz erfordern neben Ratschlägen zur Verbesserung der individuellen Arbeitstechnik spezielle Maßnahmen. Auch zur Aufdeckung und Beseitigung von entwicklungshemmenden Einflüssen muß man in jedem Fall die Familie aus tiefenpsychologischer und reifungsbiologischer Sicht einbeziehen. Das gilt auch für die in der Reifungsperiode zu beobachtenden hereditären psychophysischen Retardierungen. Dabei ist es nicht nur von diagnostischem, sondern auch von großem therapeutischen Wert, wenn einer schweren Identitätskrise eines infantilen Jugendlichen dadurch die Grundlage entzogen werden kann, daß sie als familieneigentümliche Form einer *Spätentwicklung* erkannt wird. Diese Jugendlichen erreichen den Höhepunkt ihrer körperlichen, psychosexuellen und kognitiven Reifung regelmäßig erst zu einem wesentlich späteren Zeitpunkt (»Spätreife«) als ihre Altersgenossen, die sie später nicht selten überflügeln.

Die Prognose depressiver Episoden und Störungen in der Adoleszenz ist neben persönlichkeitseigenen Dispositionen im wesentlichen von dem Grad tragfähiger zwischenmenschlicher Beziehungen und von einem seit der frühesten Kindheit bestehenden Vertrauen zu den Erwachsenen und ihrer Welt abhängig. Extrem starke Stimmungswechsel in der Kindheit und in der Adoleszenz haben eine ausgesprochen ungünstige Prognose im Hinblick auf die spätere Manifestation von Neurosen und Psychosen (Nissen 1971), aber auch einfache depressive

Verstimmungen stellen nicht selten Früh- bzw. Vorformen schizophrener Erkrankungen dar.

7.6.2 Entfremdungserlebnisse (Depersonalisation, Derealisation) (ICD-10 F48.1)

Symptomatik

Entfremdungs-, Derealisations- und Depersonalisationserlebnisse sind insgesamt selten; sie kommen in der Adoleszenz aber relativ häufig vor. Entfremdungserlebnisse werden »wie im Traum« registriert: man erlebt sich selbst, erkennt sich physiognomisch zwar nicht, weiß aber doch, daß man es ist. Dieses »Einschlafdenken« wird mit Angst, Besorgnis und Beunruhigung, manchmal aber auch mit gespannter Intensität erwartet. Die Jugendlichen fühlen sich »wie abgekapselt« und energielos. »Ich war wie weggeflogen, nur noch Knochen, ein schwabbeliger Klumpen. Ich habe Angst, den Boden unter den Füßen zu verlieren.« In der Derealisation erscheint die Umwelt plötzlich verändert und unheimlich, »wie in einem anderen Licht«, matter, farblos, weniger wirklich.

Fallbeispiel: Ein 16jähriger Jugendlicher berichtete über »erschauernde Bereicherungen«. Wenn er abends im Bett liege, könne er sich nicht vorstellen, daß »da draußen« alles weitergehe. Selbst wenn er seine Eltern im Zimmer nebenan sprechen höre, denke er, es werde ihm nur etwas vorgemacht. »Ich habe es mehrfach kontrolliert. Sie sitzen wirklich dort, es ist alles wahr. Aber irgendwie ist es unwahr und unwirklich.«

In der Depersonalisation treten Erlebnisse der »Verwandlung des Subjekts in ein Objekt« auf, in denen der Betroffene Gefühle als losgelöst und fern und nicht als seine eigenen empfunden oder nur der eigene Körper als fremd und automatenhaft erlebt wird.

Fallbeispiele: Ein 15jähriger Junge klagte: »Ich weiß nicht, was in mir denkt, das gehört nicht zu mir. Mein Kopf ist mit dem Körper zerfallen. Ich muß mit dem Kopf für ihn denken und weiß doch, mein Magen denkt anders als mein Kopf.« Nach der Nahrungsaufnahme trete sein Magen sichtbar aus dem Leib heraus. Er finde den Anblick ekelerregend und müsse erbrechen, wenn er sich im Spiegel sehe.

Ein 14jähriges Mädchen stand zweimal innerhalb eines Jahres für 2–3 Wochen unter der Einwirkung von Depersonalisationserlebnissen. Nach Abschluß der zweiten Periode berichtete sie: »Am Dienstag war ich über die Hürde rüber. Ich merkte es sofort: jetzt habe ich es überwunden. Es war entsetzlich.« Sie habe Angst vor dem Erwachsenwerden, vor der Einsamkeit und davor, einmal »den Boden unter den Füßen zu verlieren«.

Genese, Ätiologie, soziale Bedeutung

Entfremdung und Magersucht sind nach Meyer (1959) gleichermaßen Ausdruck weltflüchtiger Tendenzen. Während bei den magersüchtigen Mädchen Triebkonflikte und bewußte Vereinsamung im Vordergrund stünden, spiele sich bei Jungen die Auseinandersetzung mit der Welt mehr im mentalen Bereich ab. Die Angst vor dem Erwachsenwerden sei beiden gemeinsam. Es bestehen aber auch Zusammenhänge zwischen Déjà-vu und Depersonalisation bei Männern und zwischen *Agoraphobie* und Depersonalisation bei Frauen. Sie kommen insgesamt häufiger bei Jugendlichen mit depressiven, zwanghaften und phobischen Störungen, aber auch bei gesunden Jugendlichen bei Übermüdung, Erschöpfung und nach Drogenintoxikation vor.

Psychasthenische und psycholabile Jugendliche besitzen oft ein deutliches Bewußtsein für diese Grenzsituation zwischen Traum und Wirklichkeit, Vergangenheit und Zukunft. Erikson (1956/57) wies auf die Gefahren hin, die sich aus einer experimentierenden Introspektion und einem Spiel mit »Rollen« durch die Nähe zu den gefährlichen *Inhalten des Unbewußten* ergeben. Die Manifestationswahrscheinlichkeit von Entfremdungsphänomenen nimmt bei einer schizoiden bzw. histrionischen Persönlichkeitsstruktur zu.

Diagnose und Differentialdiagnose

Derealisation und Depersonalisation treten oft gemeinsam auf. Länger anhaltende oder rezidivierende kurzfristige Depersonalisationsphänomene in der Adoleszenz erfordern vor allem eine Abgrenzung von der Schizophrenie und von dissoziativen Zuständen, in denen die Veränderung nicht bewußt wird, aber auch von Dämmerattacken und von organischen Hirnschäden.

Therapie und Prognose

Durch Psychotherapie werden, wenn überhaupt, nur vorübergehende Besserungen erzielt. Die Stützung und Stär-

Abb. 7.4 Ein 14jähriges Mädchen setzt sich in diesem Bild mit einem sie ständig begleitenden »Schatten« auseinander, dessen deformierte Leiblichkeit sie ängstigt, in der sie sich aber auch wiederzuerkennen glaubt. Das überdurchschnittlich begabte, aber kritikschwache und extrem ängstliche Mädchen verweigerte über ein Jahr lang den Schulbesuch. Es ist starken Stimmungsschwankungen unterworfen, in denen wechselnde Phantasiegefährten eine überwertige Rolle spielen. Sie produziert zahlreiche Bilder über nächtliche Reisen durch den »interstellaren Raum«, die sie gemeinsam mit ihrem »fremden Ich« unternimmt. Eine Nachuntersuchung nach sechs Jahren ergab eine völlige Distanzierung von ihrer früheren Phantasiewelt.

kung des labilen und schwachen Ichs dieser oft extrem selbstunsicheren, meist männlichen Jugendlichen steht im Vordergrund der Behandlung. In der *Vorgeschichte* kann man häufig Angstsymptome (Pavor nocturnus, Phobien) oder zwanghafte Erscheinungen aufzeigen. Meyer (1959) hat darauf hingewiesen, daß nach dem Abklingen von Depersonalisationen im Rahmen einer Adoleszentenkrise die

früher bestehende Selbstunsicherheit und Autoritätsabhängigkeit nicht mehr in dem Maße wie zuvor wiederkehrte. Das könnte dafür sprechen, daß die Depersonalisationserlebnisse eine Schutzfunktion im Ablauf einer abnormen Pubertätsentwicklung übernehmen.

Die Prognose ist unbestimmt. Umfassende katamnestische Untersuchungen liegen bei der relativ kleinen Zahl der De-

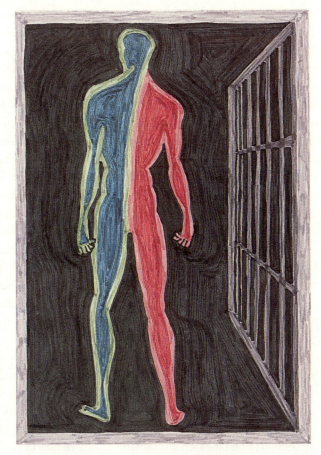

Abb. 7.5 »Ich bin geteilt, ich mag Frauen und Männer, ich kann mich schwer entscheiden.« 16-jähriges ängstlich-depressives Mädchen, das sich schwärmerisch in seine Lehrerin »verknallt« hatte, sie tagsüber beobachtete und verfolgte und einige Male vor deren Haustür übernachtet hatte. Sie hatte sich in der Kindheit gewünscht, ein Junge zu sein, und möchte jetzt eine platonische heterosexuelle Beziehung eingehen.

personalisationsphänomene noch nicht vor. Nach den bisherigen Beobachtungen hat es den Anschein, daß ein Teil ohne Rückfälle abklingt, ein weiterer Teil in Jahre und Jahrzehnte anhaltende »Depersonalisationsneurosen« übergeht und in einem anderen die Entfremdungserlebnisse das Vorspiel einer schizophrenen Erkrankung darstellen.

7.6.3 Nichtepileptische (dissoziative) Anfälle (ICD-10 F44.5)

Symptomatik

In der Adoleszenz, besonders jedoch bei jungen Mädchen, kommen anfallsartig auftretende Ausnahmezustände unterschiedlicher Ursache und mit einer unterschiedlichen Begleitsymptomatik häufig vor. Immerhin liegen bei 20–30% (Schultz-Venrath und Masuhr 1993) der als Epilepsie behandelten Patienten unerkannte nichtepileptische Anfälle vor, während unter den als psychogen eingestuften Anfällen nur 8–10 % unter einer Epilepsie leiden.

In erster Linie wird schon wegen ihrer Häufigkeit zunächst an *psychogene*, an dissoziative Krampfanfälle (F44.5) gedacht. Sie können durch *Belastungssituationen* ausgelöst werden und sind von tranceähnlichen Bewußtseinsstörungen, Tonusverlust, bizarren und unkoordinierten Bewegungen und von einer dramatischen Mimik und Gestik begleitet.

Als Begleiterscheinung der Pubertät und Adoleszenz mit ihren starken körperlichen und psychischen Veränderungen treten jedoch neben den psychogenen auch psychosomatisch und somatisch bedingte Anfallszustände häufig auf. Bei den synkopalen Anfällen kommt es zu einem plötzlichen Tonusverlust mit Hinfallen, manchmal mit zusätzlichen Automatismen, Muskelzuckungen und Kloni. Die Anfallsdauer bewegt sich zwischen 20–30 Sekunden und mehreren Minuten. Die Jugendlichen sind blaß oder zyanotisch, sie klagen über Übelkeit, Erbrechen, Schweißausbruch, Schwarzwerden vor den Augen, Augenflimmern und Bewußtseinsstörungen bis Bewußtseinsverlust.

Ein tetanischer Anfall beginnt mit Akroparästhesien an den Extremitäten und perioral, gefolgt von Karpopedalspasmen und Spasmen der glatten Muskulatur, einhergehend mit Angst und Atemnot. Der Anfall wird ausgelöst durch eine subjektiv unbemerkte, unwillkürliche, manchmal aber auch durch eine willkürliche respiratorische Hyperventilation.

Genese, Ätiologie, soziale Bedeutung

Als Symptome einer gestörten Identitätsentwicklung, aber auch bei anderen Formen von Konflikten und Krisen in der Adoleszenz können dissoziative Anfälle auftreten. Diese Jugendlichen »fallen« im doppelten Wortsinn »um«, weil sie sich außerstande sehen, spannungsträchtige Situationen zu lösen. Die Erhebung der biographischen Vorgeschichte ergab bei Jugendlichen mit psychogenen Anfällen in 20–40 % der Fälle Hinweise auf *sexuellen Mißbrauch*. In Schwindelambulanzen steht der »phobische Attackenschwindel« als Sonderform der Angststörung an dritter Stelle der nichtepileptischen Anfälle. Simulierte Anfälle sind selten.

Die synkopalen Anfälle lassen sich durch Schilderung des Anfallsablaufs (Kopfschmerzen nach dem Anfall), durch Herz-Kreislauf-Untersuchungen (Blutdruckmessung) und durch ein EKG ausreichend gegenüber Anfällen anderer Ursachen abgrenzen. Sie werden überwiegend durch eine kardiale oder vagovasale Insuffizienz verursacht, können aber durch belastende Situationen ausgelöst werden.

Fallbeispiel: Bei einem 13jährigen, körperlich stark akzelerierten Mädchen, das als Halbwaise seit dem 3. Lebensjahr allein mit dem asozialen, trunksüchtigen und sie extrem verwöhnenden Vater in enger Gemeinschaft ein unstetes Wanderleben führte, traten während der Beisetzung des im Alkoholrausch im Bett verbrannten Vaters heftige Kopf- und Schulterzuckungen auf, die sich später über den ganzen Körper ausbreiteten und manchmal von kurzem Einknicken in den Knien oder von Hinfallen begleitet waren. Das Kind wurde zunächst antikonvulsiv behandelt, weil nach dem EEG der Verdacht auf eine Temporallappenepilepsie bestand, die sich aber bei späteren EEG-Untersuchungen und nach dem klinischen Anfallsmuster nicht bestätigen ließ. Die Analyse der inneren Lebensgeschichte zeigte, daß bei dem Kind eine vom Vater erzeugte und weit in die Kindheit zurückreichende Angst vor der Eingliederung in die bürgerliche Welt der Ordnung, der Pünktlichkeit und der Arbeit bestand. Vor der Beerdigung hatte das Mädchen erfahren, daß es zu der Schwester des Vaters, einer tüchtigen Krankenschwester, in Pflege komme, die vom Vater heftig abgelehnt worden war.

Der tetanische Anfall bei normokalzämischer Stoffwechsellage wird häufig durch *Konfliktsituationen* ausgelöst. Die unwillkürlich einsetzende Hyperventilation wird durch eine subjektiv empfundene starke Atemnot verstärkt. Das klinische Bild entspricht dem einer hypokalzämischen Tetanie. Von besonderer Bedeutung sind bestehende Intervallbeschwerden.

Neben einer gesicherten Epilepsie lassen sich bei einigen Jugendlichen eindeutige psychogene Anfälle nachweisen; diese komplexen Anfälle können als Hysteroepilepsie bezeichnet werden.

Die soziale Bedeutung liegt darin, daß etwa 20 % der Anfallskranken unter nicht als solche erkannten nichtepileptischen Anfallskrankheiten leiden und deshalb nicht optimal behandelt werden.

Diagnose und Differentialdiagnose
Diagnostisch sind zu berücksichtigen:
- Psychische Ausnahmezustände während der Adoleszenz, die alle Merkmale dissoziativer Anfälle erfüllen

- Der epileptische Formenkreis, besonders die facettenreiche Temporallappenepilepsie

Bei einigen psychogenen Anfällen lassen sich bioelektrische Zeichen einer »zerebralen Irritabilität« feststellen. Es ist denkbar, daß hier ähnliche Zusammenhänge bestehen wie bei Kindern mit »respiratorischen Affektkrämpfen«, bei denen EEG-Untersuchungen der Familienmitglieder gehäuft Krampfpotentiale ergaben

- Die synkopalen Anfälle werden manchmal unter bestimmten Bedingungen, durch Schlafentzug oder nach körperlichen Überanstrengungen ausgelöst oder durch einen Blutdruck- oder Blutzuckerabfall (hypoglykämischer Anfall) verursacht

- Die tetanischen Anfälle werden durch eine unwillkürliche, manchmal auch durch eine willkürliche Hyperventilation ausgelöst. Diagnostisch bedeutsam sind das Chvostek'sche und das Trosseau'sche Zeichen und die gesteigerte elektrische Erregbarkeit im EMG.

Die Differentialdiagnose der Anfallskrankheiten erfordert schon wegen der Vieldeutigkeit jedes Anfallsgeschehens und der erhöhten Gefahr einer Fehldiagnose in jedem Fall eine gründliche internistische, neurologische und hirnelektrische Untersuchung.

Therapie und Prognose
Wegen des Signalcharakters der psychogenen Anfälle kommen die Jugendlichen im allgemeinen früh in ärztliche Behandlung. Wenn die EEG-Untersuchung dis-

krete Hinweise auf eine Epilepsie ergibt, besteht die Gefahr einer iatrogenen Fixierung, etwa durch Einleitung einer nicht indizierten krampfhemmenden Medikation.

Synkopale Anfälle erfordern nach pädiatrischer/internistischer Diagnostik der Herz-Kreislaufinsuffizienz in erster Linie eine entsprechende Therapie. Bei einer Hyperventilationstetanie bei Normokalzämie sind Kalzium- und Vitamin D-Gaben kontraindiziert. Wenn bei den nichtepileptischen Anfällen psychogene Auslöserfunktionen ermittelt werden konnten, ist eine zusätzliche psychodynamische oder behaviorale Behandlung erforderlich.

Die Prognose ist bei dissoziativen Anfällen nicht ungünstig. Die Prognose der anderen nichtepileptischen Anfälle richtet sich nach dem Grundleiden. Bei den synkopalen Anfällen hängt sie von der Schwere und Behandlungsfähigkeit des Grundleidens ab, zur Prognose der ursächlich weitgehend ungeklärten Hyperventilationstetanien bei Normokalzämien sind keine Langzeitkatamnesen bekannt.

7.7 Adoleszentenkrisen bei körperlich, geistig oder psychisch beeinträchtigten Jugendlichen

Körperlich und geistig behinderte Jugendliche stehen in der Pubertät und in der Adoleszenz vor den gleichen Problemen der Autonomie und Emanzipation, der Ich-Identität und Individuation und im Bereich der Sexualität wie körperlich und geistig gesunde Jugendliche.

7.7.1 Körperlich Behinderte in der Adoleszenz

Körperbehinderte Jugendliche haben in der Pubertät und der Adoleszenz zahlreiche zusätzliche Probleme. Die Körperbehinderung erschwert in vielen Fällen den *Ablösungsprozeß* von den Eltern, weil sie in unterschiedlichem Maße nach wie vor auf ihre Eltern angewiesen sind und bleiben. Die Identitätsfindung kommt nur dann zu einem tragfähigen Abschluß, wenn es diesen Adoleszenten gelingt, ihr Körperbild so weit wie möglich zu akzeptieren. Das gilt auch im Hinblick auf ihre sexuelle Entwicklung. Es ist deshalb wichtig, daß die Auseinandersetzung mit der Körperbehinderung vor der Adoleszenz beginnt, um später auftretende Konflikte und Krisen abzumildern.

7.7.2 Geistig Behinderte in der Adoleszenz

Bei geistig behinderten Jugendlichen treten zu den Aufgaben, die gesunde Jugendliche in der Adoleszenz zu lösen haben, spezielle Probleme hinzu. Die Schwere einer geistigen Behinderung erlaubt keine Vorsaussage, wie die Pubertät und Adoleszenz von den Jugendlichen erlebt und bewältigt wird. Man kann nicht erwarten, daß ein Jugendlicher mit einem IQ von 70 auftretende Probleme besser als ein Jugendlicher mit einem IQ von 60 verarbeiten kann. Das hängt auch damit zusammen, daß bei geistig Behinderten die Diskrepanz zwischen dem Lebens- und dem Entwicklungsalter wesentlich größer ist. Viele geistig behinderte Jugendliche erleben ihre innere und äußere Verwandlung, ohne sie sich erklären zu können. Was intellektuell unauffällige Jugendliche bewußt als Übergangsphase zum Erwachsenenstatus mit allen entsprechenden Konsequenzen erleben, ist für viele geistig Behinderte zeitlebens mit Strafen und Verboten belegt. Das betrifft die triebhaft-erotische Annäherung an andere Jugendliche oder Erwachsene ebenso wie die Masturbation. Frühzeitige Aufklärung der Angehörigen ist von großer Bedeutung (Rett 1981) und kann die oft unlösbaren Probleme erträglicher gestalten.

7.7.3 Psychische Abweichungen bei jugendlichen Behinderten in der Adoleszenz

Die nachstehenden syndromatischen Kurzdarstellungen relativ häufiger normativer Abweichungen und psychischer Störungen in der Adoleszenz lassen sich überwiegend nicht als klassifizierbare Krankheitsbilder einordnen. Sie entziehen sich einer prognostischen Festlegung, weil es sich zu diesem Zeitpunkt nicht klären läßt, ob es sich um passagere Störungsbilder in der Adoleszenz handelt oder ob bereits eine zwar noch nicht erkennbare, tatsächlich aber doch eine beginnende Fixierung der Störung vorliegt.

Fanatismus
Fanatische Jugendliche, die auf Freude, Erholung und Genuß verzichten, huldigen puristischen oder puritanischen Idolen. Diese Jugendlichen sind dazu prädestiniert, kompromißlose Mitglieder autoritärer Sekten oder radikaler Parteien zu werden.

Hedonismus
Jugendliche, die dem Hedonismus frönen, sehen im Genuß und in Vergnügungen das höchste Ziel ihres Denkens und Handelns. Diese haben zahlenmäßig zugenommen. Im Gegensatz zu asketischen Jugendlichen, die unter der Repression ihres spartanischen Über-Ichs leiden, lebt und handelt der hedonistische Jugendliche nach den Wünschen und Phantasien seines genußsüchtigen Es und entspricht den anarchischen Forderungen unbewußter chthonischer Mächte. In seiner subjektiven Wertskala steht nicht »Tugend ist Wissen« (Sokrates) oben, es regieren Konsum und Genuß. Das Freizeitverhalten dieser Jugendlichen ist am Zeitgeschmack orientiert und rezeptiv; viele geraten frühzeitig in Nikotin-, Alkohol- oder Drogenabhängigkeit, weil sie kein lohnendes Lebensziel akzeptieren können.

Narzißmus
Im Narzißmus wird die seelische Energie ganz dem eigenen Ich zugewendet. Daraus resultiert ein pathologischer Egozentrismus. Die Selbstliebe gilt besonders dem eigenen Körper, aber ebenso überdurchschnittlichen seelischen und geistigen Eigenschaften, die solche Jugendliche zu besitzen glauben. Probleme treten immer dann auf, wenn die Umwelt ihren Vorstellungen nicht folgt. Egozentrische Mädchen, die durch ihr Aussehen tatsächlich oder vermeintlich Aufsehen erregen, setzen ihre körperlichen Vorzüge überall dort ein, wo sie sich Erfolge versprechen. Besteht eine emotionale Frigidität, wächst die Vorstellung, alle Lebensprobleme mit Hilfe ihres narzißtischen

Vorstellungen lösen zu können. Das gleiche gilt für narzißtische männliche Jugendliche, die als liebes- und bindungsunfähige Don Juan-Typen nicht nur rasch wechselnde Beziehungen anknüpfen, sondern sich auch finanziell unterstützen und aushalten lassen, gelegentlich mit einem Überstieg zur Hochstapelei und zum Heiratsschwindel.

Masochismus

Der Wunsch nach radikaler Unterwerfung, nach Selbstaufgabe und Demütigung, nach Verschmelzung mit dem Kollektiv ist besonders dann, wenn Verführung, Suggestion und Fanatismus hinzutreten, bei Jugendlichen weit verbreitet. Nicht nur in Revolutionen und Kriegen opfern ekstatische Jugendliche bedingungslos Gesundheit und Leben für Symbole, Ideen und Idole, sie fallen auch in friedlichen Zeiten fanatischen, manchmal korrupten, selbsternannten Führern zum Opfer. Solche Jugendliche, die »nach Flammentod sich sehnen«, gab es zu allen Zeiten, nur ihre Verführer und Heilspropheten ändern sich. Religiöse Sekten, aber auch militärische oder paramilitärische Organisationen und Parteien, in denen »Gurus« und »Propheten« ihre abstrusen Ideen predigen, üben auf viele Jugendliche eine ungeheure Faszination aus. Sie wünschen sich Disziplin und Unterwerfung, weil diese ihren strengen Vorstellungen entsprechen und ihnen die Furcht vor der Zukunft nehmen.

Introversion

Die Introversion, ein vorübergehender Rückzug aus der Realität oder eine zeitweilige Abkapselung von der Familie und ein vollständiger Rückzug, kann in der Adoleszenz ein normales Durchgangsstadium sein. Die Außenwelt erscheint in solchen Perioden ohne Reize. Permanent introvertierte Jugendliche hängen ihren Gedanken, Vorstellungen und Bildern in selbstgewählter Einsamkeit nach. Sie wirken still, selbstbezogen, schweigsam und nach innen gekehrt. Sie isolieren sich in der Familie, verlassen selten ihr Zimmer, schließen sich ein oder brechen früh zu einsamen Spaziergängen auf. Die sachlichen Beziehungen nach außen bleiben meistens erhalten, oft aber ohne emotionale Beteiligung. Länger anhaltende und übersteigerte introvertierte Perioden können Hinweise auf eine beginnende Persönlichkeitsstörung oder eine psychotische Erkrankung geben.

Dysmorphophobie

Bei der in der Adoleszenz relativ häufig auftretenden Dysmorphophobie handelt es sich um eine gesteigerte Angst, wegen einer bestimmten körperlichen Abweichung entstellt und häßlich zu wirken. Das *Körperschema* spielt nicht nur für weibliche, sondern auch für männliche Jugendliche eine dominierende Rolle. Mädchen mit körperlichen Abweichungen finden viel leichter einen heterosexuellen Partner als disproportionierte junge Männer. Je gesichtsnäher solche Disproportionen sind, desto stärker ist ihre ästhetische Dominanz. Eine lange Nase, eine niedrige Stirn oder eine hochgradige Sehschwäche können zu anhaltenden Krisen bis zum Suizid führen. Eine angedeutete Gynäkomastie kann Jugendliche nicht nur beim Sport in peinliche Verlegenheit bringen, sie kann auch Anlaß zu Zweifeln an ihrer Geschlechtsidentität geben. Auch Gesichtsakne, das Gefühl der Häßlichkeit, des Abstoßenden kann zu resignierenden depressiven Reaktionen führen. Bei psychotischen Jugendlichen gehören Störungen des Körperschemas zu den häufigsten Wahninhalten. Mädchen mit einer *Anorexia nervosa* berichten in monotoner Stereotypie über partielle körperliche Deformierungen oder paradoxe Vorstellungen ihrer Übergewichtigkeit. Bei körperlich leicht mißgebildeten, aber auch bei lern- oder geistigbehinderten Jugendlichen entwickelt sich manchmal ein Dysmorphophobiesyndrom, ein »Thersites-Komplex«, mit konsekutiver sozialer Selbstisolierung.

Leistungsstörungen

Zwischen 1980 und 1998/99 erzielten von jeweils 800 000 bis 900 000 Hauptschülern relativ konstant 8–15 % (Statistisches Bundesamt 1999) nicht den Hauptschulabschluß, und jeder sechste Jugendliche (15 %) hatte keine abgeschlossene Berufsausbildung. Die Zahl der Studienabbrecher an den Hochschulen in Deutschland wurde von der OECD (1998) auf 28 % ermittelt. Diese Zahlen lassen sich nicht allein auf defizitäre intellektuelle Ausstattung zurückführen, sondern haben andere Gründe. Während körperlich gesunde und geistig ausreichend begabte Jugendliche in der Regel nicht streßgefährdet sind, können emotional instabile, neurotische oder primär neurasthenische Jugendliche unter *Schulstreß* leiden. Aber auch geistig begabte Jugendliche können in der Schule und

im Beruf versagen, wenn eine vegetative Übererregbarkeit mit abnormer Ängstlichkeit oder eine Motivationsschwäche vorliegen. Jugendliche, die aus Familien mit einem traditionell hohen Leistungsanspruch stammen, sind im Hinblick auf Depressionen und Suizidalität ebenso gefährdet wie Jugendliche, die sich als Statussymbol beruflich wenig erfolgreicher Eltern bewähren sollen. Jugendliche mit hohen Anforderungen an sich selbst geraten in spannungsgeladene Krisen durch die Einsicht, daß sie nicht in der Lage sind, den Anforderungen zu entsprechen, die sie für ihre Zukunft als notwendig erachten.

Suizidalität

Selbstmord (vgl. S. 299 ff.) steht in vielen Ländern seit Jahrzehnten an zweiter Stelle der Todesursachen Jugendlicher. Die meisten Untersuchungen stimmen darin überein, daß suizidgefährdete Jugendliche überwiegend aus gestörten Familien stammen. Selbstmordserien innerhalb einer Familie sind aber nicht »erblich«, sie sind vielmehr als Epidemien anzusehen, die sich aus einer Tendenz zur selektiven Nachahmung suizidaler Handlungen ableiten. In Familien, in denen suizidale Handlungen tradiert und als Lösung von Problemen eingesetzt werden, werden diese auch von Jugendlichen akzeptiert und praktiziert.

7.8 Sexualkrisen

Erotische und sexuelle Probleme und Krisen in der Pubertät und der Adoleszenz

Abb. 7.6 15jähriger Junge mit Askese-Idealen eines einfachen, aber harten Lebens in Eiswüsten, Steppen, Urwald bzw. eines »verlorenen Paradieses«, in dem Menschen und Tiere friedlich nebeneinanderleben. Heftiger Protest gegenüber der Zivilisation, Technik und Kultur, gegen Genuß und Wohlstand und Ablehnung von Erotik und Sexualität. »Was ich bewundere, sind die Vögel, die bei null Grad auf der Hochspannungsleitung sitzen.«

ergeben sich aus *psychoanalytischer* Sicht aus der Unterordnung der erogenen Zonen unter den Primat der Genitalzone, aus der Einstellung auf neue, für beide Geschlechter verschiedene Triebziele und aus der Wahl von erotischen und sexuellen Objekten außerhalb der Familie. Nach dem von Freud eingeführten Begriff *Bisexualität* hat jeder Mensch gleichzeitig angeborene männliche und weibliche Anlagen, die sich in den Konflikten und Krisen, sein eigenes oder ein anderes Geschlecht anzunehmen, ausdrücken. Nach

C. G. Jung gewinnen im Verlaufe der Individuation Männer und Frauen ein persönliches Verhältnis zu dem jeweils komplementär-geschlechtlichen Anteil ihrer Psyche, der Mann zu seiner anima, die Frau zu ihrem animus.

Die normale *Geschlechtsfindung* setzt im frühen Kindesalter ein und ist zwischen dem 2. und 4. Lebensjahr weitgehend abgeschlossen. Die Einstellung zum eigenen Geschlecht stimmt überwiegend mit dem anatomischen Geschlecht überein. Konflikte und Störungen sind dementsprechend insgesamt selten.

Für die Entwicklung spezifischer Störungen der sexuellen Entwicklung, den Störungen der *Geschlechtsidentität* und den Störungen der Sexualpräferenz ist das Kindesalter, besonders das Vorschul- und frühe Schulalter, von besonderer Bedeutung. Bereits in diesem Entwicklungsabschnitt auftretende sexuelle Störungen haben oft eine große prognostische Bedeutung. Während die Häufigkeit des Auftretens in der frühen Kindheit sich früher fast ausschließlich auf anamnestische Angaben gestörter Erwachsener gründete, werden heute solche psychischen Symptome und Verhaltensstörungen relativ häufig bereits im Kindesalter erkannt. Schon früh können mit der basalen Geschlechtlichkeit konträre Wünsche und Phantasien auftreten, die sich im weiteren Entwicklungsverlauf verstärken und verfestigen können. Das bedeutet aber nicht, daß nur in der frühen Kindheit (Triangulierung, ödipale Konflikte) sondern auch in der »Latenzzeit« und selbst noch in der Pubertät richtunggebende Einflüsse aus der Familie (positive oder negative Mutter- und/oder Vaterimagines) und aus der Peer-Gruppe sich günstig oder ungünstig auf die sexuelle Identität auswirken können.

Die rechtzeitige Erkennung und Behandlung ungünstiger Einflüsse aus der Umwelt des Kindes ist nicht nur im Hinblick auf die weitere Entwicklung der Störung und im Hinblick auf eine Therapie, sondern ganz besonders auch für die Sozialisation des Kindes von großer Bedeutung.

7.8.1 Sexuelle Abweichungen

Auch im Rahmen einer normalen sexuellen Entwicklung finden sich graduell unterschiedliche sexuelle Abweichungen, bei denen es sich nicht um Krankheiten handelt oder die nicht als Störungen in der ICD oder im DSM registriert sind. Sie sind überwiegend nicht bedrohlich für die weitere psychische Entwicklung des Kindes, können jedoch direkt oder indirekt ihre Zukunft mitbestimmen. Bei einigen sexuellen Abweichungen handelt es sich jedoch um extreme Ausprägungen solcher Verhaltensweisen, die mit *Risiken* für die weitere Entwicklung der Jugendlichen verbunden sein können. Ob sexuelle Abweichungen bei Kindern und Jugendlichen tatsächlich nur vorübergehend auftreten oder sich als dauerhaft erweisen, ist schwer vorauszusagen. Sicher ist, daß einige mit zunehmendem Alter zurücktreten und für die weitere Entwicklung offenbar keine besondere Rolle spielen. Andere können sich hingegen später erneut manifestieren, etwa bei der Aufnahme oder Aufrechterhaltung einer sexuellen Beziehung oder unter ungünstigen *sozialen Bedingungen*.

Fast alle sexuellen Abweichungen erhalten nicht nur aus sich selbst, sondern wegen ihrer begleitenden sozialen Komponente eine besondere, überwiegend ungünstige Bedeutung. So sind Eltern beunruhigt, wenn ihre soeben eingeschulte Tochter die Aufmerksamkeit der Lehrerin und auch der Mitschüler auf sich zieht, weil sie während des Unterrichts mit »genitalen Hantierungen« beschäftigt ist, an der Stuhlkante »wetzt« und sich unaufmerksam verhält; oder wenn Eltern feststellen, daß ihr jetzt 12jähriger Sohn, der sich schon immer nicht für Mädchen interessierte, was in der Latenzperiode noch als normal erschien, nun einen engen, wesentlich älteren Freund hat, den er bewundert, bei dem er seine Freizeit verbringt und von ihm beschenkt wird; sie sind bestürzt, wenn sie die tiefe emotionale Zuneigung des Jungen für Männer erkennen. Sexuelle Wünsche, Phantasien und Handlungen, die im Zusammenhang mit einer sexuellen Askese in der Pubertät, mit der Masturbation und mit wechselnden sexuellen Beziehungen stehen, werden zu den normalen Durchgangsstadien der Adoleszenz gezählt. Von diesen und anderen sexuellen Abweichungen, denen zwar kein Krankheitswert zukommt, die aber oft von problematischen Nebenwirkungen begleitet oder von einer *sozialen Ausgrenzung* bedroht sind, sollen die Pubertätsaskese, die exzessive Masturbation und die gehäuften und wahllosen sexuellen Beziehungen, regelmäßig verbunden mit materiellen Zuwendungen von Mädchen in der Pubertät, besprochen werden.

Pubertätsaskese
Symptomatik

Bei der Pubertätsaskese liegt eine vollständige Ablehnung und Unterdrückung der erotischen und sexuellen Triebregungen vor, die auch natürliche Bedürfnisse nach Nahrung, Schlaf und Wärme umfassen kann. Wenn sie einen krisenhaften Verlauf nimmt, bildet sie meistens die Grundlage oder doch eine wesentliche Mitursache von Pubertätskrisen mit ausdrucksstarker Symptomatik, beispielsweise bei der Pubertätsmagersucht oder bei Depersonalisationserscheinungen. Dieses »asexuelle Knabenideal« geht häufig mit einer überdeterminierten *Intellektualisierung* einher, durch die manifeste Triebkonflikte einer gedanklichen Lösung zugeführt und neutralisiert werden sollen.

Fallbeispiel: Ein 16jähriger asthenischer Junge mit einer Magersucht und einem ausgeprägten Askeseideal, das er einerseits durch ständige Phantasiearbeit und andererseits durch Abwehrprozesse (Sublimierung, Rationalisierung) absichert. Er träumt von einem »lost paradise«, in dem Menschen und Tiere ohne Angst und ohne Aggressionen miteinander leben. Er bewegt sich in seinen Tagträumen in Urwäldern, Steppen und Eiswüsten und ernährt sich vegetarisch. Er verurteilt alle Bequemlichkeiten der Zivilisation, den Genuß und den Reichtum. Er hängt missionarisch einem »asexuellen Knabenideal« an und ist stolz darauf, anders als andere zu sein. Er verachtet Frauen, weil sie »nur auf eines aus sind«, und bewundert alles, was mit Härte, Leistung und Ertragen von Schmerzen zu tun hat. »So ein Spatz, der bei –10 Grad mit aufgeplustertem Gefieder auf der Hochspannungsleitung sitzt: Junge, Junge, das ist was …«

Bei asketischen Mädchen ist die Tendenz, nicht erwachsen zu werden und in der Kindrolle zu bleiben, sehr ausgeprägt vorhanden. Sie lehnen Jungen und Männer ab und wollen jungfräulich und »rein« bleiben. Sie begrüßen das Ausbleiben der Menarche oder eine Amennorrhoe, tragen keine Büstenhalter und versuchen, sich durch eine nicht figurbetonte Kleidung (»Schlabberlook«) ihre weiblichen Geschlechtsmerkmale zu tarnen. Auch die Thematik asketischer Mädchen kreist um die Furcht vor einer als Bedrohung empfundenen Sexualität.

Genese, Ätiologie, soziale Bedeutung

Wie bei allen Pubertätskrisen spielen Störungen der Selbstverwirklichung, etwa eine schmerzhaft empfundene Inkongruenz zwischen dem Ich-Ideal und Ansprüchen der Realität eine entscheidende Rolle für ihre Entstehung. Das Verharren in der gewollten Regression geht regelmäßig mit einer *Ich-Diffusion* einher: Die Jugendlichen wollen im Zwischenstadium zwischen Kindheit und Erwachsensein verbleiben, sie ignorieren erotische und sexuelle Empfindungen und weigern sich, deren Existenz anzuerkennen und zu integrieren. Aus Angst vor der als Gefahr erlebten Sexualität werden häufig auch andere lustvolle und lebenswichtige Ansprüche wie Essen und Trinken, Zärtlichkeiten und Lustgewinn jeder Art abgelehnt. Unterstützt wird diese Ablehnung der Sexualsphäre durch die als ekelerregend empfundene Ausbildung eigener körperlichen Reifungsmerkmale (genitale Behaarung, Brüste, Genitalumwandlung) und die hormonal gesteuerten Funktionsabläufe (Menses, Masturbationsdrang). Zwischenmenschliche Bindungen werden als Gefahr erlebt und gemieden; es kommt zur Dauerisolierung und Vereinsamung und zur Ausbildung von unterschiedlichen Ersatzbefriedigungen und psychischen Störungen.

Diagnose und Differentialdiagnose
Asketische Einstellungen in der Pubertät, die über die Ablehnung sexueller Triebansprüche hinaus jede Trieb- und Bedürfnisbefriedigung unterdrücken, sind Ausdruck einer puberalen *Sexualkrise* und finden sich häufig als Begleit- oder Mitursachen anderer Pubertätskrisen.

Sexuelle Antriebsstörungen in der Pubertät werden außerdem bei endokrinen Psychosyndromen aus verschiedenen Ursachen und passageren pubertären Fettsuchtformen beim Pubertäts-Akromegaloid, beim Turner- und beim Klinefelter-Syndrom, beim endokrin bedingten Kryptorchismus, bei einer hypophysären Insuffizienz und schließlich bei der konstitutionell oder organisch bedingten Pubertas tarda beobachtet.

Therapie und Prognose
Es handelt sich bei der Pubertätsaskese um eine vorwiegend psychisch bedingte Störung, die in engem Zusammenhang mit ungünstigen häuslichen und kulturellen Faktoren entstanden ist. Grundsätzlich ist nur durch eine psychodynamische oder kognitive Beratung oder Behandlung eine Besserung zu erzielen. Sie hat nur dann Aussicht auf Erfolg, wenn die Mitarbeit der nächsten Beziehungspersonen gewährleistet ist und keine fanatischen weltanschaulichen Bindungen (»Sexualität als Sünde«) bestehen, die Triebverzicht und Weltentsagung als Glaubensbekenntnis fordern.

Die Prognose der isolierten Pubertätsaskese ist günstig. Ungünstige Verläufe finden sich in der Kombination mit chronischen Somatisierungen, besonders bei der Anorexia nervosa.

7.8.2 Exzessive Onanie
Symptomatik
Die Onanie ist eine durch psychische Stimulation und durch genitale Manipulation erzeugte Selbsterregung (Ipsation), durch die eine sexuelle Spannung mit nachfolgender intensiver Spannungslösung erzielt wird.

Bei Jungen wird sie fast ausschließlich durch taktile Reizungen (Manustuprum) des äußeren Genitales, bei Mädchen auch durch allgemeine oder lokale (Schenkeldruck) Muskelspannung, in seltenen Fällen auch durch vaginale Insertionen herbeigeführt.

Die genitalen Spielereien mit und ohne Orgasmus im Kleinkindalter gehören nicht zur Onanie im engeren Sinne. Die genitalen Manipulationen der kleinen Knaben und Mädchen (Spielonanie) sind meistens nicht auf ein Sexualobjekt gerichtet, sondern das Ergebnis zufälliger, überwiegend nicht konsequent ausgeführter genitaler Berührungen und gehen meistens nicht mit Orgasmus einher. Prinzipiell ist die Orgasmusfähigkeit nicht von der Fertilität oder der Ejakulationspotenz abhängig, wie aus Selbstbeschreibungen von Kindern und Beobachtungen durch Erwachsene bekannt ist.

Bei der Onanie lassen sich folgende Formen unterscheiden:
- Onanie mit (überwiegend bei Jungen) oder ohne (häufiger bei Mädchen als bei Jungen) heterosexuelle(n) Phantasien in der Pubertät und
- mutuelle Onanie in der Vorpubertät und in der Pubertät.

Vermutlich spielt in keiner anderen Lebensperiode die Häufigkeit der Onanie eine ähnlich große Rolle wie in der Pubertät. Fast alle Jungen und Mädchen haben von der Masturbation gehört, bevor sie selbst aktiv werden. Nach Kinsey et al. (1964) masturbierten bis zum 15. Lebensjahr 82 %, nach Sigusch (1996) 92 % der Jungen, zwei Drittel erzielen dadurch die erste Ejakulation. Bei den Mädchen ist der Prozentsatz der Onanie in der Pubertät wesentlich geringer: 12 % bis zum 12. Lebensjahr, 30 % in der Adoleszenz, nach Sigusch (1973) bis zum 13. Lebensjahr 28 %, bis zum 16. Lebensjahr 50 %. Er liegt bei diesen jedoch in der frühen Kindheit höher als bei den Jungen und steigt im späteren Lebensalter weiter an. Andere erfahrene Autoren vertreten die Ansicht, daß auch in der Pubertät der Häufigkeitsunterschied zwischen Jungen und Mädchen nicht erheblich und die Differenz auf unterschiedliche Angaben zurückzuführen ist. Es gibt Jugendliche, die niemals und auch als Erwachsene nicht masturbieren; sie sind insgesamt selten.

Neben der pubertätsbedingten Zunahme der Häufigkeit und der inzwischen eingetretenen Ejakulationsfähigkeit ist die Onanie vor allem durch eine intensive und gezielte psychische Hinwendung zum gegen- oder gleichgeschlechtlichen Partner gekennzeichnet. Sie weist einige geschlechtsspezifische Unterschiede auf. Für die Jungen spielt meistens das Mädchen oder die Frau als reales Triebziel oder als Objekt sexueller Phantasien oder in pornographischen Abbildungen die Rolle eines psychischen Auslösers und bleibt auch für die Masturbation mancher Männer bestimmend. Bei vielen Mädchen und bei erwachsenen Frauen spielen die solche psychischen Stimulantien und sexuellen Vorstellungen anscheinend eine insgesamt geringere Rolle.

Es scheint jedoch, daß diese Aussagen über *geschlechtsspezifische Unterschiede* etwa in der Reaktion auf Bilder oder Filme mit sexueller Thematik revisionsbedürftig sind. Nach Sigusch (2000) konnten bei »relativ emanzipierten« Studentinnen keine geschlechtsspezifischen Unterschiede im Vergleich mit den Männern nachgewiesen werden. Die Onanie stellt für viele Mädchen und erwachsene Frauen unter allen sexuellen Betätigungen diejenige dar, die am sichersten zum Orgasmus führt.

Die mutuelle Onanie, die digitale Reizung durch einen meistens gleichgeschlechtlichen Partner, ist als ein sexuelles Durchgangsstadium der Vorpubertät und Pubertät vieler Jungen und Mädchen anzusehen. Sie allein vermag kein Indiz für eine homosexuelle Neigung abzugeben, sie kann allenfalls latente homosexuelle

Bereitschaften aktivieren. Die sexuellen Phantasien sind in der Regel heterosexuell, bei latenter und manifester Homosexualität sind sie homosexuell. Sie können homo- und heterosexuell sein, wenn der Jugendliche über bisexuelle Reaktionsschemata verfügt. Es kommen auch masochistische, sadistische oder sodomitische Phantasievorstellungen vor, die Wegbereiter entsprechender perverser Fehlhaltungen sein können.

Die Onanie ist heute kaum noch wie vor einigen Jahrzehnten von Schuld- und Versündigungskomplexen, von Skrupeln oder hypochondrischen Ängsten begleitet. Einige Eltern und Erzieher, aber auch einige, wenn auch zunehmend weniger religiöse Sekten haben eine moralisierende Schuld-Sühne-Einstellung immer noch nicht ganz abgelegt.

Fallbeispiele: Ein 14jähriger Junge aus einer tiefreligiösen Familie berichtete weinend, daß er trotz strenger Vorsätze und häufigeren Kirchenbesuchs immer wieder dem »Trieb zur Sünde« unterliege. Er klagte über Rückenschmerzen, Schlaflosigkeit und Konzentrationsschwäche als Folgen der Onanie.

Ein 16jähriger Jugendlicher stand in einer schweren Konfliktsituation, weil sein von ihm anerkannter Stiefvater strenge Zurückhaltung in der Onanie mit der Begründung verlangte, jeder Mann verfüge nur über eine begrenzte Anzahl von Ejakulationen, und er werde sonst später keine Kinder zeugen können.

Genese, Ätiologie, soziale Bedeutung
Aufmerksame Mütter beobachten nicht selten Erektionen bereits bei ihren Säuglingen. Bei einigen Kleinkindern kommen sie täglich vor.

Fallbeispiel: Bei einem 14 Monate alten, bislang in Heimen und Kliniken untergebrachten Mädchen beobachtete die Pflegemutter mehrfach täglich rhythmische Kontraktionen der Oberschenkelmuskulatur mit schnaufender Atmung und Schweißausbruch bis zur Lysis, »wie nach einem Liebesverkehr«. Während des Aufenthalts bei den Pflegeeltern ging die Häufigkeit im Laufe eines Jahres zurück; nach einem Umzug wurde eine vorübergehende Frequenzzunahme beobachtet.

Genitale Spielereien im späten Säuglings- und im Kleinkindalter sind eine normale Begleiterscheinung der kindlichen Entwicklung. Gehäuften genitalen Manipulationen liegt in diesem Lebensalter regelmäßig eine gestörte seelische Entwicklung zugrunde. Bei Bindungsstörungen, unter affektiv ungünstigen häuslichen Bedingungen und unter Deprivationsbedingungen (ungünstige Heimsituationen), aber auch in anhaltenden Konflikt- und Krisensituationen lassen sich derartige exzessive masturbatorische Handlungen beobachten.

Fallbeispiele: Ein vierjähriges Mädchen, das nach der Ehescheidung bei der Mutter verblieb, den Vater jedoch gleichermaßen liebte und von beiden Eltern zur Änderung der juristisch festgelegten Umgangsregelung genötigt wurde, wurde wegen einer »exzessiven Onanie« vorgestellt. Die Mutter machte Photos vom Kind »in Orgasmusstellung« und versuchte, den Vater als Verführer zu beschuldigen und aus der Erziehung auszuschalten, was nicht zum Erfolg führte.

Ein vierjähriger intelligenzgeminderter, exzessiv masturbierender Junge wurde eingewiesen, weil er bei der zweijährigen Schwester mehrfach eine behandlungsbedürftige Vulvitis durch digitale Reizungen hervorrief. Er fiel zusätzlich durch ein enthemmtes und suchtartiges Bohren in der Nase und in den Ohren und an Möbeln und Wänden auf.

Diese genitalen Spielereien werden häufig in Gegenwart der Eltern und Erzieher, manchmal vielleicht sogar in provokativer Absicht ausgeführt. Die Kinder wollen damit Aufmerksamkeit und Zuwendung erreichen. Sie ist bei sozialisationsgestörten Kindern als Symptom der seelischen Vereinsamung und als Zeichen mangelnder Liebe und Geborgenheit besonders häufig anzutreffen.

Manche Jungen und Mädchen in der Zeit der Vorpubertät masturbieren mit Lustgewinn, ohne zu wissen, daß diese Betätigung eine partnerbezogene sexuelle Bedeutung hat. In der Pubertät und der Adoleszenz liegt das Risiko einer exzessiven Onanie in der narzißtischen Fixierung, die zur Selbstisolierung und zu sozialen Schwierigkeiten führen kann. Im onanistischen Vorgang ist die »Gefahr des süchtigen Erlebens« enthalten, weil individuellen Besonderheiten und Bedürfnissen entsprechend optimale Reize gegeben und empfangen werden können. Die meisten *Paraphilien* (Störungen der Geschlechtspräferenz) sind auf masturbatorische Akte angewiesen, weil ihre Phantasien sich nur selten ausreichend in Realkontakten verwirklichen lassen. In einigen Fällen ist der Handlungsablauf so stark an bestimmte Bedingungen (Angst, Feuer, Fetische) gebunden, daß diese eine unerläßliche Vorbedingung der Orgasmusfähigkeit darstellen.

Die Onanie in der Pubertät ist ein physiologischer Vorgang. Sie ermöglicht dem Jugendlichen, in der heterosexuellen Karenz die Antinomie zwischen »reiner« erotischer und »schmutziger« sexueller Liebe besser zu ertragen und andererseits die Gefahren einer generellen Triebächtung in der »Pubertätsaskese« zu meiden.

Diagnose und Differentialdiagnose

Die Grenzen zwischen einer physiologischen und exzessiven Onanie lassen sich nur schwer festlegen. Die statistischen Häufigkeitsangaben weisen so große Normvarianten auf, daß Durchschnittszahlen mehr für *therapeutische Gespräche* als zur Diagnostik geeignet sind.

Für die genitalen Manipulationen des Kleinkindalters sollte die Bezeichnung Onanie nicht verwendet werden, weil keine auf einen Partner gerichtete sexuelle Handlung vollzogen wird und für die meisten Eltern mit dieser Bezeichnung negative Bewertungen verbunden sind.

Von der Onanie abzugrenzen sind genitale Manipulationen schwachsinniger oder psychisch gestörter Kinder, die nicht mit einer partnerschaftlich gerichteten Lösung sexueller Spannungen einhergehen. Bei vielen dieser Kinder bleibt es bei zufälligen Betastungen oder masturbatorischen Ansätzen, weil die einfachen Voraussetzungen zu koordinierten manuellen Reizungen fehlen. Genitale Manipulationen werden auch im Verlauf psychomotorischer Anfallsabläufe beobachtet und gehen dann meistens mit einer Bewußt-seinstrübung einher.

Lokale genitale Irritationen durch Kleidungsstücke, Hautreizungen, Oxyuren usw. als auslösende und persistierende Faktoren gehören keineswegs nur in das Inventarium alter Lehrbücher. Manchmal werden bei Kleinkindern Erektionen und schmerzhafte genitale Reizungen durch zu enge oder unzweckmäßige Kleidungsstücke verursacht, die zu genitalen Manipulationen überleiten und als Onanie fehlgedeutet werden können.

Fallbeispiel: Bei einem sechsjährigen Knaben, der »ungeniert und ungehemmt« sich mit seinem Genitale beschäftigte und deswegen zur stationären Behandlung eingewiesen wurde, lagen anamnestisch alle Voraussetzungen (Deprivation durch zahlreiche Heimwechsel) für eine reaktive »Spielonanie« vor. Die Lokaluntersuchung ergab eine schmerzhafte hochgradige Phimose mit übelriechender Sekretstauung und entzündlichen Erscheinungen. Der Junge wurde operiert, einige Wochen heilpädagogisch betreut und symptomfrei entlassen.

Therapie und Prognose

Die Therapie extremer genitaler Manipulationen im Kindesalter ist auf die Beseitigung der Grundstörung und auf eine Verbesserung der Milieusituation ausgerichtet. Damit einher geht die Behandlung der Begleitsymptomatik; bei Kleinkindern sind Spiel- und Kontakthemmungen besonders häufig.

Bei der *Beratung der Eltern* von Kleinkindern ist es außerordentlich wichtig, den Unterschied zwischen Onanie und genitalen Spielereien deutlich herauszustellen. Viele Eltern sind in der Vorstellung befangen, die Entwicklung dieser Kinder zu »Sittenstrolchen« sei nur durch drakonische Strafen zu unterbinden. Die besonders in Schule und Unterricht als störend empfundenen genitalen Spielereien lassen sich meistens rasch und zuverlässig durch einfache verhaltenstherapeutische Maßnahmen bessern.

Fallbeispiel: Bei einem siebenjährigen Mädchen, das in der Schule durch intensive genitale Manipulationen (»Wetzen« an der Stuhlkante) auffiel, während der sie »wie geistesabwesend« war, konnte durch mehrfache Sitzungen mit formelhaften Vorsatzbildungen (»Ich mache das nicht mehr, das ist mir ganz gleichgültig«) und mit einer Strichliste (»Ich mache immer einen Strich, wenn ich es nicht getan habe«) ein anhaltender therapeutischer Erfolg erzielt werden.

Die exzessive Onanie in der Pubertät erfordert eine psychotherapeutische Behandlung nur dann, wenn Störungen der heterosexuellen Kontaktfähigkeit mit einer Tendenz zur Selbstisolierung vorliegen. Sie müssen in engem Zusammenhang mit der *Autoritäts- und Identitätsproblematik* und den individuellen Eigenarten des Betreffenden gesehen werden. Überstrenge und ängstigende Verbote und Forderungen der Eltern, die gemeinsam mit einengenden Sexualdrohungen in der Kindheit und mit einer unvollkommenen sexuellen Aufklärung eine ständige Quelle von Schuld- und Angstreaktionen bilden, sind durch entsprechende Beratungen abzuschwächen und zu beseitigen. Derartige

Abb. 7.7 14jähriges Mädchen zeichnet sich selbst und nennt es »eine Kreatur«. »Das Mädchen ist total verwahrlost«, sagt sie und stellt sich damit selbst in diesen Kontext. Sie war aus einem Heim mehrfach entwichen, trieb sich tagelang herum, sprach wahllos Männer auf der Straße an und ließ sich mit ihnen gegen geringes Entgelt (Coca-Cola) in sexuelle Beziehungen ein. Sie wurde schließlich nachts von der Polizei aufgegriffen und in das Heim zurückgebracht.

Verknüpfungen zwischen Angst, Aggression und Schuld finden sich nicht selten auch in der Vorgeschichte perverser Fehlhaltungen.

Nach Erfahrungen und Feststellungen einiger Autoren kommt in bestimmten Fällen der Onanie selbst eine therapeutische Wirksamkeit zu. So wiesen unter anderem Kinsey et al. (1963) darauf hin, daß die Orgasmusfähigkeit der erwachse-nen Frau eng mit ihrer Masturbationsbereitschaft zusammenhängt.

7.8.3 Promiskuität in der Vorpubertät und Pubertät
Symptomatik
Vorzeitige, wahllose und gehäufte sexuelle Beziehungen von Mädchen in der Vorpubertät und in der Pubertät (»Babystrich«), häufig mit rasch wechselnden Partnern,

überwiegend mit Erwachsenen, sind fast immer mit materiellen Zuwendungen verbunden, oft ohne affektive Resonanzfähigkeit. Diese gehäuften sexuellen Beziehungen gegen Bezahlung von weiblichen Jugendlichen sind die weitaus häufigste *Sozialisationsstörung* in diesem Lebensabschnitt; dies gilt auch für viele Jungen (»Strichjungen«) und ihre Beziehungen mit homosexuellen Erwachsenen. Sie erfüllen solchen Mädchen und Jungen gleichzeitig Wünsche nach Kontakt, Selbstbestätigung, Abwechslung, Bequemlichkeit und materieller Unabhängigkeit.

Genese, Ätiologie, soziale Bedeutung

Die Pubertät und die damit verbundenen körperlichen Veränderungen treten bei Mädchen zwei bis drei Jahre früher ein als bei Jungen. Auch der Abschluß der Pubertät liegt bei Mädchen früher als bei Jungen. Dagegen verläuft die psychosexuelle Entwicklung der Frau, insbesondere die Fähigkeit zur sexuellen Reaktion, in der Entwicklung insgesamt langsamer als beim Mann und erreicht ihren Höhepunkt erst mehrere Jahre später.

Der gehäufte Partnerwechsel in der Vorpubertät und Pubertät ist überwiegend nicht das Ergebnis abnormer sexueller Triebhaftigkeit. Bei diesen Mädchen kommt die Bereitschaft zur vorzeitigen Ausübung des Geschlechtsverkehrs oft eher einer Hinnahme um den Preis des Anerkanntwerdens und Erwachsenseins gleich. Schließlich gelingt es diesen, oft aus »broken-home«-Situationen stammenden Mädchen und Jungen auf diese Weise, mit einem Schlag in die Welt der Erwachsenen einzusteigen.

Neben dem körperlichen Entwicklungsschub und dem anwachsenden sexuellen Interesse sind auch zeittypische Faktoren für die von Mädchen und Jungen ausgeübte Promiskuität von Bedeutung. Die enorme *Sexualisierung* unserer Epoche durch die Massenmedien und die Bagatellisierung vorzeitiger und auch häufiger wechselnder Intimbeziehungen daran sind beteiligt. An die Stelle überholter, früher allgemeine Gültigkeit beanspruchender Idealnormen sind durch Meinungsumfragen pragmatisch ermittelte sexuelle Durchschnittswerte getreten.

Ein hypersexualisiertes *Kindheitsmilieu* kann zweifellos eine psychosexuelle Vorentwicklung stimulieren und einen prägenden Einfluß auf die sexuellen Normvorstellungen ausüben. Inwieweit die Triebstärke selbst dadurch beeinflußt werden kann, ist ungewiß; vieles spricht dafür, daß hierfür in erster Linie erbbiologische Faktoren zuständig sind.

Fallbeispiel: Ein 14jähriges Mädchen, aufgewachsen in einem hypersexuellen Familienmilieu, beschäftigte sich schon früh mit Vergewaltigungsphantasien und hatte bereits mit 11 Jahren heterosexuelle Kontakte. Mit 13 Jahren wurde sie auf einem Lastwagen von mehreren Heranwachsenden vergewaltigt; wenige Wochen später traf sich auf ihren Wunsch mehrfach mit zwei Tätern. Mit einem übernachtete sie in einem Hotel, nachdem er ihr »auf Ehrenwort« versprochen hatte, sie sexuell nicht zu belästigen. Als er sich ihr dennoch näherte, wehrte sie sich nicht, zeigte ihn aber am nächsten Tag erneut wegen »Vergewaltigung« an.

Die soziale Bedeutung liegt in der psychischen Gefährdung der Mädchen infolge mangelnder psychosexueller Reife und des Fehlens echter und tiefer Gefühlsbeziehungen durch rasche Partnerwechsel oder gleichzeitig nebeneinander bestehende Männerbekanntschaften. Die sexuelle Beziehung wird von diesen Mädchen nicht selten hauptsächlich, manchmal sogar allein wegen der damit verbundenen allgemeinen und *materiellen Verwöhnung* und des Gefühls des Erwachsenseins, benötigt zu werden und eine begehrte Rolle zu spielen, zugelassen. Die Koppelung von Sexualität und Bezahlung hat sich als prognostisch besonders ungünstig erwiesen.

Fallbeispiel: Ein Mädchen, das seit dem Alter von 9 Jahren unzüchtige Handlungen durch den Großvater gegen Bezahlung duldete, erlebte noch als verheiratete Frau volle Orgasmusfähigkeit nur im Zusammenhang mit Geschenken oder Geschenkversprechungen.

Diagnose und Differentialdiagnose

Häufig wechselnde sexuelle Beziehungen von körperlich manchmal vorentwickelten Mädchen in der Vorpubertät und Pubertät, oft ohne erotische Empfindungen und ohne tieferreichende affektive Partnerbindungen können für eine beginnende bzw. progressive *Sozialisationsstörung* sprechen, die zur gewerbsmäßigen Prostitution führen kann.

Therapie und Prognose

Die Therapie hat dort einzusetzen, wo die gestörte Sozialentwicklung begann: in der gestörten zwischenmenschlichen Beziehung in der *Familie* und der Unfähigkeit

zur liebenden *Partnerschaft*, die psychodynamisch auf eine mangelhafte Ausbildung der Ich- und Über-Ich-Funktionen zurückzuführen ist.

Weibliche Therapeuten sind oft, aber nicht regelmäßig für die Beratungs- und Behandlungssituation besser geeignet als Männer. Manchmal kann es aber wichtig sein, daß ein männlicher Therapeut dem Mädchen das Gefühl vermittelt, daß es auch »anständige Männer« gibt. Eine Herausnahme aus dem häuslichen Milieu kann unumgänglich werden, wenn eine Milieusanierung sich als undurchführbar erweist. In Betracht kommt in prognostisch günstigen Frühfällen die Unterbringung in Pflegestellen, sonst ist in schweren Fällen Heimeinweisung in Zusammenarbeit mit dem zuständigen Jugendamt nicht zu umgehen.

Die Prognose frühzeitiger Promiskuität ist nicht ungünstig, wenn rechtzeitig eine derartige Milieuveränderung und eine befriedigende Bindung an akzeptierte erwachsene Vorbilder erreicht werden. Prognostisch ungünstig sind frühzeitige und regelmäßige Koppelungen von Geschenken und Geldzuwendungen mit dem Sexualverkehr, weil durch derartige Doppelmotivation die sexuelle Triebhaftigkeit stimuliert wird und direkt zur verdeckten oder zur offenen *Prostitution* überleiten kann.

7.8.4 Störungen der Geschlechtsidentität (Transsexualismus) (ICD-10 F64)

Erotische und sexuelle Phantasien und Verhaltensweisen, die sich in unsicheren oder konkreten Wünschen äußern, dem anderen Geschlecht anzugehören, kommen im Kindes- und Jugendalter sowohl vorübergehend als auch bleibend und anhaltend vor. Diese Kinder und Jugendlichen wechseln entweder gern ihre Geschlechtsrolle durch Tragen der Kleidung des anderen Geschlechts oder lehnen ihr biologisches Geschlecht ab oder sind fest davon überzeugt, daß sie dem anderen Geschlecht angehören, und wünschen, um dies zu realisieren, eine Geschlechtsumwandlung. Befragungen von transvestitischen und transsexuellen Jugendlichen und Erwachsenen ergeben mit großer Regelmäßigkeit, daß bei ihnen entsprechende Wünsche bereits im frühen Kindesalter auftraten.

Symptomatik

Im frühen Kindesalter zeigen sich manchmal bereits erste Anzeichen einer ichorientierten Auseinandersetzung mit dem anderen Geschlecht ohne zunächst eine Prognose über eine störungsspezifische Entwicklung abgeben zu können. Einige dieser Kinder lehnen in unterschiedlicher gradueller Ausprägung manchmal schon früh ihr Geburtsgeschlecht ab, während andere zeitweilig gerne die Kleidung des anderen Geschlechtes tragen, ohne ihr anatomisches Geschlecht abzulehnen.

Diagnostische Hinweise können sein:
- Jungen beginnen, Mädchen- oder Frauenkleidung, oft zunächst heimlich, anzulegen, um dann ohne Probleme zu den Gewohnheiten ihres biologischen Geschlechts zurückzukehren. Andere Jungen hoffen z. B., »später noch eine Brust« zu bekommen oder daß sich andere weibliche Geschlechtsmerkmale von selbst entwickeln, sonst aber durch

therapeutische Eingriffe hergestellt werden könnten.
- Mädchen lehnen typisch weibliche Bekleidungsstücke ab, lassen sich ihre Haare kurz schneiden und bevorzugen jungenhafte Verhaltensweisen. Sie möchten im Stehen urinieren und bevorzugen bubenhafte Spiele, Toben und körperliche Auseinandersetzungen. Einige wünschen sich Genitalien des Gegengeschlechtes und hoffen darauf, daß »das Glied noch nachwächst«. Brustentwicklung und Menstruation werden abgelehnt.

Anhaltende Störungen der Geschlechtsidentität manifestieren sich bereits während der frühen Kindheit. Diese Kinder können sich nicht mit ihrem biologischen Geschlecht abfinden, sie verleugnen es und reagieren bedrückt oder empört, wenn dies nicht akzeptiert wird. Bei älteren Kindern und bei Jugendlichen kann sich ein zunehmendes Unbehagen am eigenen Geschlecht, eine »Geschlechtsdysphorie«, einstellen. Sie sind fest davon überzeugt, dem Gegengeschlecht anzugehören, und übernehmen konträre Geschlechtsgewohnheiten.

Fallbeispiel: Ein siebenjähriger Junge belustigte seine Mutter zunächst, erschreckte sie dann aber mit stereotypen Fragen danach, wann er »nun endlich ein Mädchen« werde. Er lehnte Jungenspiele total ab und schloß sich in der Schule ganz den Mädchen an. Er half der Mutter beim Kochen und beim Hausputz und übernahm im Spiel ausschließlich weibliche Rollen. Er zog die Kleidung der Mutter an, setzte ihre Perücke auf und versuchte ihren Gang nachzuahmen. Die Mutter hatte sich vor einigen Jahren von ihrem sadistisch-gewalttätigen Mann scheiden lassen, der sie und die Kinder häufig schlug und die Familie nach erfolgter Trennung weiter ängstigte und drangsalierte. Die Mutter war durch die Ehe zu einer, wie sie selbst sagte, »Männerhasserin« geworden.

Die Diagnose Transsexualismus (F64.0) sollte erst nach der Pubertät und dann gestellt werden, wenn ein starker und andauernder Widerwille gegen das eigene Geschlecht und ein starkes Zugehörigkeitsgefühl zum anderen Geschlecht besteht, verbunden mit dem Wunsch, durch entsprechende Maßnahmen dauerhaft als Angehöriger des anderen Geschlechtes anerkannt zu werden. Diese Jugendlichen streben konsequent eine möglichst totale Umwandlung aller Geschlechtsmerkmale durch operative und hormonelle Maßnahmen und eine standesamtliche Änderung ihres Personenstandes an.

Als *Transvestitismus* (F64.1) wird das Tragen gegengeschlechtlicher Kleidung ohne Wunsch nach einer Geschlechtsänderung bezeichnet. Diese Kinder und Jugendlichen tragen gern die Kleidung des anderen Geschlechtes, um diese Erfahrung zu erleben, der Kleiderwechsel ist nicht von sexueller Erregung begleitet. Auch diese Störung tritt oft schon in der frühen Kindheit auf. Eine bloße Jungenhaftigkeit bei Mädchen oder ein mädchenhaftes Verhalten bei Jungen sind für eine solche diagnostische Zuordnung nicht ausreichend.

Genese, Ätiologie, soziale Bedeutung

Das anatomische und physiologische Geschlecht ist abhängig von chromosoma-len, gonadalen und hormonalen Faktoren und von den äußeren Geschlechtsmerkmalen. In der Regel stimmen die Bedingungsfaktoren überein, aber es gibt zahlreiche Abweichungen.

Eine eindeutige Ursache des Transsexualismus ist nicht bekannt. Von großer Bedeutung für die Findung der sexuellen Identität ist es, ob ein Kind als Junge oder Mädchen akzeptiert und auf seine *Geschlechtsrolle* hin erzogen wurde. In der westlichen Kultur gibt es zahlreiche Verhaltensweisen, die als typisch männlich oder als typisch weiblich gelten. Einige von ihnen sind biologisch bedingt, andere kulturell tradiert. Fast alle Transsexuellen geben an, daß ihr äußeres Genitale bereits in der Kindheit nicht ihren Wünschen entsprach. Für diese »femininen Jungen« wurden Skalen für »feminine« und »maskuline« Verhaltensweisen aufgestellt, die sowohl genetische als auch milieureaktive Faktoren berücksichtigen.

Man kann an die Eltern Fragen richten, ob

- eine angeborene Bereitschaft zu wilden Spielen (»rough-and-tumble«) und physischer Aggressivität vorliegt,
- ungewöhnliche Körperschönheit die Umgebung veranlaßte, Jungen als Mädchen zu behandeln,
- mädchenhafte Verhaltensweisen von Jungen in der Kleinkindzeit gefördert bzw. ob sie als Mädchen gekleidet wurden,
- durch extreme Mutter-Kind-Beziehungen maskulines Verhalten gehemmt und die Entwicklung mädchenhafter Verhaltenszüge belohnt wurde und ob

- männliche Beziehungspersonen mit positiven Persönlichkeitsmerkmalen in der Kindheit fehlten.

Die soziale Bedeutung einer transsexuellen Störung liegt darin, daß Kinder, Jugendliche und Erwachsene durch die Überbewertung ihrer subjektiven Geschlechtlichkeit regelmäßig in Außenseiterpositionen geraten.

Diagnose und Differentialdiagnose
Der Verdacht auf eine sexuelle *Identitätsstörung* ergibt sich manchmal bereits im frühen Kindesalter aus den Angaben der Kinder und den Beobachtungen der Eltern. Anhaltende und sich ausweitende gegengeschlechtliche Einstellungen, die mit einseitiger äußerer (Kleidung und Auftreten) und innerer (Unzufriedenheit mit der eigenen Geschlechtsrolle und Wunsch nach deren Korrektur) konträrer Anpassung einhergehen und über mindestens 6 Monate andauern, sprechen für eine Geschlechtsidentitätsstörung. Bei älteren Kindern, besonders aber bei Jugendlichen wird ein zunehmendes Unbehagen am eigenen Geschlecht, eine »Geschlechtsdysphorie« bzw. Transsexualismus, deutlicher. Die Diagnose einer Transsexualität sollte erst nach der Pubertät und erst dann gestellt werden, wenn der Wunsch nach Geschlechtsumwandlung seit mehrerern Jahren besteht.
Vorübergehende gegengeschlechtliche Neigungen in der Auswahl der Kleidung und Spielzeuge und heterosexuelle Identifikationen mit bewunderten Personen der häuslichen Umgebung sind häufig und ebenso wie die bei Kindern beliebten Um-

kleide- und Verkleidungsszenen entwicklungsphysiologisch bedingt und geben zunächst keinen Anlaß zur Besorgnis. Auch dort, wo gegengeschlechtliches Verhalten und Betonung eines gegengeschlechtlichen Habitus auf bewußte oder unbewußte Wünsche der Eltern zurückgeht, die lieber einen Jungen anstelle eines Mädchens oder umgekehrt hätten, braucht dies keineswegs zu einer transvestitischen Fehlentwicklung zu führen. Viel eher sind andere schwere und bleibende seelische Störungen in solchen Fällen zu befürchten.
Als diagnostische Hilfsmittel kommen Menschzeichnungen (oft werden Personen des anderen Geschlechtes als erste gezeichnet) und verschiedene Screening-Verfahren in Betracht. Fragen nach ihren Träumen und Phantasien, nach »Drei Wünschen« im Hinblick märchenhafte Verwandlungen. Eine somatische und neurologische Untersuchung bringt zwar in der Regel keine neuen Erkenntnisse, sie ist aber schon im Hinblick auf die angestrebten Maßnahmen zur Geschlechtsumwandlung erforderlich.

Therapie und Prognose
Mit der Therapie muß so früh wie möglich begonnen werden, sie sollte nach Möglichkeit ambulant durchgeführt werden. In erster Linie kommt eine tiefenpsychologisch fundierte Psychotherapie in Betracht. Die meisten Eltern sind der Meinung, daß feminines Verhalten bei Jungen und die Vorliebe für gegengeschlechtliche Kleidung nur Übergangserscheinungen sind. Sie müssen deshalb bei anhaltenden und sich vertiefenden

Störungen über den anzunehmenden Verlauf der Störung informiert werden. Mädchen geben manchmal im Laufe ihrer Entwicklung von sich aus den Wunsch auf, dem anderen Geschlecht anzugehören. Ziel der Behandlung ist nicht die Beseitigung der Geschlechtsidentitätsstörung; sie ist nur in Einzelfällen möglich. Moralischer Druck, Abwertungen oder Bestrafungen sollten, schon deshalb, weil sie sich als wirkungslos erwiesen haben, unbedingt unterlassen werden.

Transsexuelle Jugendliche mit dem Wunsch nach *Geschlechtsumwandlung* wollen hormonell und chirurgisch behandelt werden, um anstelle ihrer primären und sekundären Geschlechtsmerkmale die des gewünschten Gegengeschlechts zu erhalten. Ihre Behandlung erfolgt nach den von Sigusch (1996) aufgestellten Grundregeln: »Geschlechtsumwandelnde Maßnahmen« nicht vor dem 18. Lebensjahr, Abklärung, ob »geschlechtsumwandelnde« Eingriffe indiziert sind, und eine ein- bis zweijährige Psychotherapie und ein »Alltagstest« von mindestens einjähriger Dauer, um die Dauerhaftigkeit des Wunsches nach Geschlechtsumwandlung zu begutachten.

7.8.5 Störungen der Sexualpräferenz (Paraphilien)

Als Hauptmerkmale von Störungen der Sexualpräferenz gelten stereotyp auftretende trieb- und dranghafte sexuelle Wünsche, Phantasien und Bedürfnisse, die sich im Kindes- und Jugendalter überwiegend richten auf den Gebrauch von toten Objekten als Anreiz für eine sexuelle Erregung (Fetischismus), Erreichen sexueller Erregung durch das Tragen gegengeschlechtlicher Kleidung (fetischistischer Transvestitismus) und das Zeigen der eigenen Genitalien vor Fremden, ohne einen näheren Kontakt zu wünschen (Exhibitionismus).

Fetischismus (F65.0)
Symptomatik

Die überwertige Bedeutung einzelner Gegenstände (der »Fetisch«) einer Person anstelle eines Menschen selbst wird als Fetischismus bezeichnet, wenn das Objekt eine wesentliche oder unerläßliche Rolle als »pars pro toto« für die sexuelle Triebbefriedigung spielt. Der Fetisch wird für den masturbatorischen Akt verwendet, indem man ihn festhält, ihn reibt oder an ihm riecht. Als Fetische kommen vor allem intime Wäschestücke, Damenslips, Büstenhalter, Strümpfe, Schuhe oder Gegenstände aus Gummi, Plastik oder Leder in Betracht. Sie können die Rolle eines ergänzenden oder unerläßlichen Requisits spielen. Fetischismus ist häufig mit anderen sexuellen Paraphilien kombiniert.

Der Beginn fetischistischer Fehlentwicklungen läßt sich häufig bis in die frühe Kindheit zurückverfolgen. Fetischismus als Bestandteil einer abnormen Sexualentwicklung wird in der Regel aber erst in der Vorpubertät und in der Pubertät beobachtet. Etwa die Hälfte der transvestitischen Erwachsenen gibt an, daß ein zunehmendes Interesse an gegengeschlechtlichen Kleidungsstücken schon vor der Pubertät einsetzte.

Genese, Ätiologie, soziale Bedeutung

Bei einigen Kleinkindern haben Puppen und Schlaftiere ebenso wie bestimmte

Einschlafzeremonielle eine Bedeutung in ihrer ersatzweisen Repräsentanz (»Übergangsobjekte«) für die Mutter und eine dadurch bewirkten Bannung kindlicher Ängste.

Die fetischähnliche Fehlentwicklung eines Kindes kann eintreten, wenn die Mutter für das Kind nicht ausreichend in ihrer körperlichen und seelischen Anwesenheit »greifbar« ist oder das Kind übermäßige, ungestillte Zärtlichkeitsbedürfnisse in sich trägt. Die Mütter der Fetischisten werden als »nörgelnd, prüde, besserwisserisch und unfähig, Warmherzigkeit und Zuneigung zu zeigen« beschrieben. Diese Kinder verdinglichen den gewünschten Partner in mit diesen benutzten Gegenstände, die sie ständig zur Hand nehmen können und die schließlich die Beziehung als Ersatzobjekte verlieren. Ihre eigentliche Bedeutung als Fetische erhalten sie, wenn eine sexuelle Erregung oder Befriedigung hinzutritt.

Fallbeispiel: Ein zehnjähriger Junge mit einer Pubertas praecox wurde beobachtet, als er Damenunterwäsche von Trockenleinen in der Nachbarschaft stahl. Die Mutter berichtete, daß der Junge schon seit seinem 5. Lebensjahr trotz strenger Bestrafung immer wieder Schlüpfer seiner Schwester wegnahm und versteckte. Er selbst gab an, daß er durch den Geruch und durch den Stoff selbst erregt werde und damit onaniere. Die geschiedene Mutter war seit der Kindheit des Jungen berufstätig. Sie lehnte Männer ab, bevorzugte die Tochter und bedauerte, anstelle des Jungen nicht ein weiteres Mädchen bekommen zu haben.

Während es sich hier und wohl in den meisten Fällen von Fetischismus um Ersatz- und Symbolsetzungen im Zusammenhang mit anderen psychischen Störungen handelt, wird andererseits schon seit Beginn der *Sexualforschung* auch über frühkindliche »Prägungen« durch zufällig mit Sexualempfindungen gebundene Ereignisse berichtet, wie sie bei sado-masochistischen Koppelungen von Straf- und Sexualreizen oder beim Anblick bestimmter Kleidungsstücke oder mit bestimmten Geruchseindrücken einhergehen.

Diagnose und Differentialdiagnose

Die Fetischobjekte haben eine individuell unterschiedliche Bedeutung für die sexuelle Triebbefriedigung, die in der Regel erst in der Vorpubertät und in der Pubertät die ihnen zugeschriebene Bedeutung erhalten. Für die Diagnose ist der Nachweis von sexuell erregenden Phantasien und Handlungen, die sich auf den Gebrauch unbelebter Objekte (z. B. weibliche Unterwäsche) richten, über einen Zeitraum von mindestens 6 Monaten erforderlich.

Nicht eindeutig sexuelle fetischistische Verhaltensweisen kommen aber schon bei Kindern häufig vor. So werden *symbolische Diebstähle* bei Kindern beschrieben, die nur dem Zweck dienten, sich während einer unterbrochenen Liebesbeziehung ersatzweise in den Besitz eines Gegenstandes einer geliebten Person zu bringen, um damit die Trennung von ihr besser zu überbrücken. Fetischismusähnliche Stereotype lassen sich auch bei autistischen Kindern nachweisen und sind in der sie kennzeichnenden »Heimweh- oder Veränderungsangst« enthalten. Fetischistische Verhaltensweisen bei intellektuell behinderten Kindern sollten besser als primitive oder sammlerische Sonderinteressen bezeichnet werden, weil die stereotypen Handlungstendenzen offenbar im Vordergrund stehen.

Fallbeispiel: Ein vierjähriger lernbehinderter »Schuh-Fetischist« war ständig mit dem Ausziehen, Forttragen und Wegpacken der Schuhe seiner Eltern und Geschwister beschäftigt und in der Klinik unablässig bemüht, anderen Kindern und Erwachsenen die Schuhe auszuziehen und wegzunehmen.

Therapie und soziale Bedeutung

Der Fetischismus im Kindesalter und in der Pubertät erfordert eine tiefenpsychologische *psychotherapeutische* Behandlung unter Einbeziehung der Familie. Verhaltenstherapeutisch haben sich unterschiedliche Aversionsverfahren und von diesen besonders die »verdeckte Sensibilisierung« als erfolgreich erwiesen. Die Kinder und Jugendlichen sollten nach der Behandlung in längeren Abständen zu Nachuntersuchungen einbestellt werden. Zu delinquenten und strafbaren kriminellen Handlungen kann es kommen, wenn zur Befriedigung der sexuellen Wünsche Fetische (Wäsche, Kleidung, Schuhe) gestohlen werden.

7.8.6 Fetischistischer Transvestitismus (ICD-F65.1)

Symptomatik

Im Mittelpunkt des *fetischistischen Transvestitismus* steht das Tragen der Kleidung des anderen Geschlechts, um den Eindruck zu erwecken, dem erwünschten anderen Geschlecht anzugehören. Wenn männliche fetischistisch-transvestitische Jugendliche die Kleidung des anderen Geschlechts anlegen, dann in der Absicht, zu masturbieren und sich vorzustellen, gleichzeitig das männliche Subjekt und das weibliche Objekt zu sein. Fetischistischer Transvestitismus unterscheidet sich vom transsexuellen Transvestitismus dadurch, daß nach Erreichen der sexuellen Erregung ein starkes Bestreben besteht, sich möglichst rasch dieser Kleidung zu entledigen.

Als Beginn des gegengeschlechtlichen Seelenlebens wird von erwachsenen fetischistischen Transvestiten die Vorschulzeit angegeben. Etwa 60 % beginnen schon mit 4 Jahren, fast alle bis zum 6. Lebensjahr damit, weibliche Kleidungsstücke einschließlich hochhackiger Schuhe und Schmuck zu tragen und Kosmetika anzuwenden. Solche Fälle sind vorwiegend aus Berichten Erwachsener bekannt, wurden aber relativ selten direkt im Kindesalter beobachtet. Im Kindesalter finden sich, der Seltenheit der Störung entsprechend, nur selten Ansätze zu einer vorwiegenden Beschäftigung mit Spielzeug, Wäsche, Kleidung oder Haartracht von Mädchen und einer einseitigen Bevorzugung ihrer sozialen Verhaltensweisen. Der fetischistische Transvestitismus bildet manchmal eine Durchgangsphase zu einem sich später manifestierenden Transsexualismus; in ihren Anfangsstadien, im Kindesalter, lassen sie sich nicht voneinander trennen.

Fallbeispiel: Ein 12jähriger Junge zeigte schon als Kleinkind »feminine Züge«. Er spielte mit Puppen, half beim Kochen und Backen und äußerte immer wieder, daß er am liebsten ein Mädchen wäre. Mit 5 Jahren zog er Röcke und Kittel der Mutter an. Im Laufe der Jahre weitete der Junge seine Hantierungen mit Mädchen- und Frauenkleidern so aus, daß er täglich mehrere Stunden damit verbrachte. Er forderte, daß die Mutter ihm die Fingernägel lang und spitz feile und ihm erlaube, Schlüpfer unter seiner Kleidung und lange Haare zu tragen. Aus einem späteren Abschlußbericht nach längerer psychiatrischer Behandlung ging hervor, daß es sich bei ihm zu diesem Zeitpunkt um Symptome eines fetischistischen Transvestitismus handelte.

Genese, Ätiologie, soziale Bedeutung

Als Beginn der Störung wird von erwachsenen Transvestiten überwiegend die Kindheit angegeben. Dabei wird von ihnen besonders auf die Bedeutung der Kleidung und manchmal auch auf eine zeitweilige Bevorzugung gegengeschlechtlicher Spielpartner hingewiesen. Zur offenen Manifestation fetischistisch-transvestitischer Einstellungen kommt es meistens erst nach der Pubertät.

Diagnose und Differentialdiagnose

Wenn ältere Kinder und Jugendliche über längere Zeit über dranghafte und intensive sexuelle Phantasien und Bedürfnisse nach dem Tragen der Kleidung des anderen Geschlechts berichten, können dies diagnostische Kriterien sowohl für eine Störung der Geschlechtsidentität im Kindesalter als auch für eine sexuelle Reifungskrise im

Jugendalter oder einen fetischistischen Transvestitismus sprechen. Transvestitische Attitüden und geschlechtskonträre Kleidergewohnheiten mit vergleichbaren sexuellen Gefühlen werden nicht ganz selten zu Beginn oder im Verlauf einer endogenen Psychose beobachtet.

Therapie und Prognose

Psychotherapeutische Behandlungsmethoden, psychodynamisch oder kognitiv orientiert, mit Veränderung oder Beeinflussung der Umgebung stehen im Vordergrund. In erster Linie sollte versucht werden, Konflikte, die sich aus der Außenseiterrolle entwickelt haben, zu vermindern; bei Kindern unter Hinzuziehung der Eltern, bei Jugendlichen auch unter Beiziehung des andersgeschlechtlichen Partners. Die Erfolgsaussichten werden unterschiedlich beurteilt. Spezifische Stimuluskontrollen in Verbindung mit anderen verhaltenstherapeutischen Verfahren haben sich (Hautzinger 1994) als wirksam erwiesen.

7.8.7 Exhibitionismus bei männlichen Jugendlichen (F65.2)

Symptomatik

Es handelt sich um eine dranghafte Zurschaustellung des männlichen Genitales vor meistens unbekannten Mädchen und Frauen mit dem stark lustbetonten Wunsch, gesehen zu werden, sie zu schokkieren und affektive Reaktionen bei ihnen auszulösen, die als Bestätigung einer dominierenden genitalen Männlichkeit erlebt werden.

Exhibitionistische Handlungen (polizeiliche Kriminalstatistik der Bundesrepublik Deutschland 1998: insgesamt 10 572 Fälle) werden von Kindern extrem selten (0,9 %), von Jugendlichen (5,4 %) und Heranwachsenden (5,3 %) etwas häufiger, in 88,5 % jedoch von Erwachsenen ausgeführt.

Manchmal wird während der Zur-Schau-Stellung masturbiert. Im allgemeinen wird aber kein Versuch zu weiteren sexuellen Handlungen unternommen. Nur selten kommt es zu plumpen Annäherungsversuchen. Wenn Frauen überraschenderweise eine positive Resonanz zeigen, flüchtet der Exhibitionist in der Regel. Bei vielen Jugendlichen liegen schwere Kontakt- und bei einigen auch Potenzstörungen vor. Die mit Strafe bedrohte Demonstration des Genitales in der Öffentlichkeit und das Triumphgefühl, dadurch Angst, Ekel und Empörung bei Frauen hervorrufen zu können, führt zur psychischen und orgastischen Entspannung und trägt Merkmale der Süchtigkeit in sich. Bei älteren Exhibitionisten kommt es in etwa 20 % auch zu tätlichen Übergriffen.

Genese, Ätiologie, soziale Bedeutung

Der Schau- und Zeigetrieb des Kleinkindes drückt sich nicht nur in gelegentlichen genitalen Demonstrationen aus, sondern ebenso im Messen und Vergleichen von anderen körperlichen Eigenschaften und besitzt keine ausschließlich sexuelle Valenz. Daß die Neugier des kleinen Jungen sich auch auf die Anatomie und Funktion des Genitales erstreckt, ergibt sich nicht allein aus der Verpönung und Tabuisierung dieses Körperteils, sondern auch aus der Neugier und der Funk-

tionslust und der damit verbundenen Möglichkeit zur Provokation, die Ärger und Beschämung bei den Beziehungspersonen auslösen kann.

Fallbeispiel: Eine junge Mutter berichtete, daß ihr vierjähriger intelligenter und lebhafter Junge auf überfordernde und starre Erziehungspraktiken seiner Großmutter damit reagierte, daß er in ihre Schuhe urinierte. Bei Spaziergängen verrichtete er einige Male demonstrativ in aller Öffentlichkeit seine Notdurft mitten auf dem Bürgersteig, von einer Brücke und vom Hafenufer.

Erst bei Jugendlichen kann man von einem echten Exhibitionismus sprechen. Psychodynamisch lassen sich zwei Aspekte unterscheiden.

- Das Erleben und Demonstrieren von Potenz, Dominanz und Männlichkeit verbunden mit einer Vergewisserung genitaler Vollwertigkeit und zur Überwindung von Ängsten, nur klein, ohnmächtig und unmännlich zu sein.
- Drang- und zwanghafte Impulse, in der Realität als beängstigend stark und überlegen erlebte Frauen zu beeindrucken, zu erschrecken und in die Flucht zu schlagen.

Oft handelt es sich um sozialisationsgestörte oder um schüchterne, sexuell gehemmte Jugendliche, deren geschlechtliche Identitäts- und Selbstwertgefühle mangelhaft entwickelt sind und die sich vor Versuchen einer Kontaktaufnahme fürchten. Bei lerngestörten Jugendlichen finden sich manchmal infantil-prägenitale Verhaltensrelikte, in die irrtümlich sexuelle Kontaktangebote hineininterpretiert werden.

Fallbeispiel: Ein 14jähriger intelligenzgeminderter Jugendlicher mit einer auf ordentliche Kleidung bedachte Erziehung aus einem geordneten Elternhaus belästigte weibliche, aber auch männliche Passanten dadurch, daß er vom Fahrrad herab plötzlich sein Hemd aus der Hose zog und seinen Bauchnabel zeigte, ohne jemals das Genitale zu entblößen.

Sexualethnologisch ist interessant, daß der Exhibitionismus in Kulturen, in denen Nacktheit nicht tabuisiert ist, einerseits kaum vorkommt, andererseits jedoch als besonders verächtlich gilt.

Diagnose und Differentialdiagnose

Exhibitionistische Handlungen sind nicht isolierte Verhaltensweisen, sondern Symptome individuell unterschiedlicher psychischer Störungen. Eine nur auf das Symptom gerichtete Therapie wäre deshalb im Ansatz verfehlt. Exhibitionismus kommt vor als Begleiterscheinung einer gestörten psychischen Entwicklung, einer Schwäche der Impulskontrolle, bei Intelligenzminderungen, aber auch bei organischen Psychosyndromen, bei epileptischen Dämmerzuständen oder während einer manischen Phase oder einer beginnenden Psychose.

Therapie und Prognose

Körperliche Behandlungsmethoden, die bei erwachsenen Triebtätern (sedierende Medikamente, weibliche Sexualhormone, operative oder hormonale Kastration) gelegentlich angewandt werden, kommen bei jugendlichen Exhibitionisten wenn überhaupt, erst in zweiter Linie in Betracht.

Beratungen, Einzelbetreuungen und Verbesserung des Milieus durch Zusammenarbeit mit den Eltern und psychotherapeutische Behandlungen der Jugendlichen und Heranwachsenden stehen ganz im Vordergrund der therapeutischen Maßnahmen. Verhaltenstherapeutische Indikationen für den Exhibitionismus als »unerwünschtes Annäherungsverhalten« sind Bestrafungs- und Aversionsverfahren, die *verdeckte Sensibilisierung*.

Wenn konsequent durchgeführte psychotherapeutische Maßnahmen scheitern, kann durch eine Cyproteronacetat-Kur der Geschlechtstrieb vorübergehend eingeschränkt bzw. ausgeschaltet werden. Nach Beendigung der Medikation stellen sich sexuelle Libido, Potenz und Fertilität wieder ein.

Die *Prognose* ist abhängig von der Einsichtsfähigkeit, vom Vorhandensein eines Leidensdrucks und von der Bereitschaft zur Einleitung und zur Mitarbeit in der Behandlung. Sie ist daher relativ schlecht bei den Jugendlichen, die eine psychotherapeutische Behandlung entgegen ihrem Willen, etwa als Auflagenbeschluß eines Gerichtes, absolvieren müssen.

7.8.8 Psychische Störungen im Rahmen der sexueller Entwicklung und Orientierung (ICD-F66)

Sexuelle Reifungskrisen

Als sexuelle Reifungskrise (ICD-10 F66.0) wird eine Unsicherheit hinsichtlich der »Geschlechtsidentität oder sexuellen Orientierung« bezeichnet, die oft mit psychischen Störungen, überwiegend mit Ängsten oder Depressionen einhergeht. Sie komme »meist bei Heranwachsenden« vor, »die sich hinsichtlich ihrer homo-, hetero- oder bisexuellen Orientierung nicht sicher sind; oder bei Menschen, die nach einer Zeit scheinbar stabiler sexueller Orientierung, oftmals in einer lange dauernden Beziehung, die Erfahrung machen, daß sich ihre sexuelle Orientierung ändert«. Daß derartige präpubertäre Störungen (F66.8) bereits und manchmal sehr ausgeprägt im Kindesalter vorkommen, wird in den vorangehenden Kapiteln ausführlicher dargestellt. Erst in der Pubertät und später erhält der gegen- oder der gleichgeschlechtliche Partner eine zunehmend stärkere und bestimmende genital-sexuelle Bedeutung.

Eine stabile bisexuelle oder homosexuelle Orientierung ist keine Störung und keine Krankheit. Dementsprechend bilden fixierte und stabile homosexuelle Einstellungen keine therapeutische Indikation. Nur wenn eine *quälende Ambivalenz* im Hinblick auf die sexuelle Identität besteht oder eine ich-dystone Homosexualität vorliegt, kann sie Anlaß zu Beratungen und psychotherapeutischen Interventionen geben.

Für amerikanische Kinder und Jugendliche haben Kinsey et al. (1964) errechnet, daß mindestens 25 % der Jungen bis zum 15. Lebensjahr und 37 % der Jugendlichen bis zum 20. Lebensjahr homosexuelle Erfahrungen aufzuweisen haben. Nur ein geringer Teil dieser Kinder und Jugendlichen mit homosexuellen Erfahrungen bleibt jedoch dauernd und aus-

schließlich dem gleichgeschlechtlichen Triebziel verhaftet.

Bei Mädchen wie bei Jungen lassen sich flüchtige *homosexuelle Episoden* und stabile homosexuelle Entwicklungen unterscheiden. Die instabilen gleichgeschlechtlichen Erfahrungen von Jugendlichen und Heranwachsenden beruhen auf unterschiedlichen Erlebnissen. Schwärmerische gleichgeschlechtliche Freundschaften, homophile Phantasien oder mutuelle Masturbationen sind als »Durchgangsstadium in der Adoleszenz« nicht selten. Traditionell werden Körperkontakte zwischen Mädchen untereinander sowohl in der Öffentlichkeit (Küssen und Umarmen) als auch in der Familie (gemeinsames Übernachten mit Schwestern und Freundinnen in einem Bett) eher geduldet als bei Jungen. Aber auch Mädchen verlieben sich manchmal ebenso vehement in eine Lehrerin wie Jungen in einen Lehrer und glauben, sie hätten eine »andere Veranlagung«. Dies kann sowohl ein Ausdruck einer latenten und vorübergehenden als auch einer bereits sich stabilisierenden homophilen Entwicklung sein. Solche Ereignisse erlauben allein jedoch keine Aussagen zur Prognose.

Fallbeispiel: Ein 12jähriger Junge berichtete seiner Mutter, daß er nachts von einem Lehrer träume, in den er sich wohl verliebt habe. Er träume ständig von ihm. Erst später gestand er, daß er auf Bilder unbekleideter Frauen nicht reagiere, wohl aber auf solche von Männern. In der Straßenbahn habe er das Bedürfnis, sich an gutaussehende Männern heranzudrängeln, um Köperkontakt aufzunehmen; dabei werde sein Glied steif. Nachts träume er von unbekleideten Männern, die sich Gewichte an ihr Glied hängen; wer das stärkste Gewicht tragen könne, sei Sieger.

Ebenso wie heterosexuelle können auch homosexuelle Erfahrungen von Kindern und Jugendlichen auf *sexuellem Mißbrauch* beruhen. Eine Duldung von homosexuellen Aktivitäten ist in gleichgeschlechtlichen Gruppen (Heime, Internate, Ferienlager) trotz gegengeschlechtlicher Gefühlseinstellung der Betroffenen nicht so selten, wie manchmal angenommen wird.

Fallbeispiel: In einem Heim kommt in eine Gruppe von 12–14jährigen Jungen vorübergehend ein 15jähriger Junge, der über homosexuelle Erfahrungen verfügt. Er erreicht durch Zureden und Drohungen, daß sich einige Kinder zunächst zu mutueller Masturbation und schließlich zu gleichgeschlechtlichen Handlungen bereit erklären. Daraus ergaben sich zwischen den Eltern und den Kindern erhebliche Probleme für alle Beteiligten.

Die Möglichkeit, gleichgeschlechtliche sexuelle Erfahrungen zu sammeln, ist heute im Vergleich zu früher ohne drohende Sanktionen gegeben und hat dadurch nicht nur für Erwachsene, sondern auch für einige Jugendliche einen experimentellen Aufforderungs- und Probiercharakter erhalten.

Fallbeispiel: Vier 14–15jährige Jungen, die sich in einem Kellerraum eingeschlossen haben und heterosexuelle pornographische Bilder betrachten, führen unter Alkoholeinfluß und bei Popmusik gegenseitig erweiterte masturbatorische Handlungen aus, die zu homosexuellen Praktiken hinführen.

Auch zeitlich befristete Episoden mit einer homosexuellen Partnerwahl in der Adoleszenz kommen vor.

Fallbeispiel: Ein 16jähriger Junge wird von einem 18jährigen Freund homosexuell verführt und erlebt den ersten außer-masturbatorischen Orgasmus. Er ist von seinem Freund abhängig und leidet unter dessen sexuellen Abenteuern. Zwei Jahre später findet er zu einer früheren Freundin und zu dem früher dominierenden heterosexuellen Triebziel zurück.

Die homosexuelle *Prostitution* der »Strichjungen« ist überwiegend nicht das Ergebnis einer homosexuellen Entwicklung; zu einem großen Teil handelt es sich um sozialisationsgestörte Kinder und Jugendliche, die gleichgeschlechtliche Handlungen aus materiellen Gründen erdulden. Ihre homosexuellen Aktivitäten finden mit dem Abschluß der Adoleszenz oft ein Ende.

Eine psychodynamisch oder kognitiv orientierte *Psychotherapie* kommt bei sexuellen Reifungskrisen nur dann in Betracht, wenn Verhaltensauffälligkeiten und psychische Störungen mit einem starken *subjektiven Leidensdruck* vorliegen, die dann meist nicht allein die ambivalente sexuelle Orientierung betreffen, sondern mit sozialen Problemen einhergehen und dann eine Einbeziehung der Familie nahelegen, wenn dies den Wünschen der Jugendlichen im Einklang steht.

Ich-dystone Sexualorientierungen
Eine Ich-dystone Sexualorientierung (ICD-10 F66.1) liegt vor, wenn die Geschlechtsidentität oder sexuelle Ausrich-

tung (heterosexuell, homosexuell, bisexuell oder präpubertär) zwar eindeutig ist, aber die betroffene Person den Wunsch hat, daß diese wegen begleitender psychischer oder Verhaltensstörungen anders wäre, und deshalb möglicherweise sogar bereit ist, sich einer Behandlung zu unterziehen, um diese zu ändern.

In der Ich-dystonen Sexualorientierung wird eine eindeutige erotische und sexuelle Triebrichtung zwar als zugehörig erlebt, aber die Betroffenen möchten wegen unangenehmer, kränkender oder diffamierender Begleitumstände davon befreit werden. Die Jugendlichen sind mit ihrer sexuellen Ausrichtung zwar einverstanden, aber sie möchten diese verändern, weil sie unter den dadurch bedingten sozialen Auswirkungen in der Familie, im Freundeskreis und im Beruf leiden. Überwiegend handelt es sich dabei um bisexuelle und homosexuelle Jugendliche und Erwachsene, von denen einige den Wunsch haben, eine »normale Ehe« zu schließen und Kinder zu haben.

Fallbeispiel: Ein 14jähriger Junge stellte während eines Aufenthalts in einem Landschulheim mit Bestürzung fest, daß die dort kursierenden heterosexuellen pornographischen Schriften ihn im Gegensatz zu den Mitschülern sexuell nicht erregten, wohl aber der Anblick der unbekleideten Mitschüler beim Baden oder Duschen. Er unternahm nach der Rückkehr zu Hause einen Suizidversuch.

Fast allen sexuell abweichenden Jugendlichen oder Heranwachsendem mit einer Ich-dystonen Sexualorientierung ist ihre mehr oder wenig eindeutige sexuelle Aus-

richtung seit ihrer Kindheit bekannt und vertraut. Das manchmal dramatische »Coming-out« in der Adoleszenz erklärt sich daraus, daß mit der hormonell bedingten Pubertät die genitale Triebhaftigkeit nachdrücklich verstärkt und eine bewußte Akzeptanz und Realisierung der Triebrichtung gefordert wird.

Fallbeispiel: Ein 16jähriger homosexueller Jugendlicher verspürte schon als Junge beim Betrachten der Nates von Jungen starke sexuelle Erregungen und begann Bilder unbekleideter Knaben und Jünglinge zu sammeln. Darstellungen des Jünglings Antinoos, des Lieblings Kaiser Hadrians, spielten dabei eine besondere Rolle. Er sammelte außerdem Witze der analen Sphäre, die er ins Lateinische übersetzte und dadurch »tarnte«. Er versuchte später immer wieder, heterosexuelle Kontakte durch Bordellbesuche aufzunehmen, konnte jedoch, wie er immer erneut versicherte, eine von ihm gewünschte Abwendung von der homosexuellen Objektwahl nicht erreichen.

Die unter ihrer biologisch festgelegten Triebrichtung Ich-dystonen Jugendlichen leiden einerseits unter einer dadurch bewirkten, wenn auch nicht gewollten relativen sozialen Isolierung und andererseits durch eine partiell weiterhin bestehende sozialen Ausgrenzung durch die Umwelt. Ursachen für die mangelnde Integrations- und Kommunikationsbereitschaft der Gesellschaft und ihre unverändert bestehende Bereitschaft zur Ablehnung und Deklassierung sind in erster Linie die historisch, religiös und auch biologisch begründeten Vorurteile, die auch in der immer noch in einigen Ländern bestehenden strafrechtlichen Verfolgung zum Ausdruck kommt. Die homosexuelle Einstellung stellt somit trotz öffentlich demonstrierter Toleranz weiterhin ein *soziales Risiko* dar, das bei einigen Jugendlichen Schuldgefühle, Angst und Depressionen auslöst und bis zum Suizid führen kann. In den letzten Jahren ist die Bedrohung durch AIDS, die besonders die Gruppe homosexueller Drogenabhängiger mit häufigem Partnerwechsel betrifft, hinzugetreten. Trotz aller gesellschaftlichen Veränderungen erfahren weibliche wie männliche Homosexuelle und mit ihnen ihr soziales Umfeld immer wieder, daß gleichgeschlechtliche Sexualität trotz vordergründiger Liberalität nach wie vor oft negativ registriert wird. Sowohl bei schwulen als auch bei lesbischen Jugendlichen, die sich mit ihrer gleichgeschlechtlichen Sexualität problemfrei identifizieren und auch ausleben, treten häufig *sozialisationsbedingte Konflikte* und Störungen auf. Besonders die Ich-dystonen homo- und bisexuellen Jugendlichen spüren und leiden unter einer offenen oder sublimen Ablehnung und Ausgrenzung, manchmal sogar in ihrer Herkunftsfamilie; andere leiden darunter, daß sie keine eigene »richtige« Familie gründen können. In Großstädten besteht eher die Möglichkeit, in »informellen Gruppen« oder »Cliquen« zu leben und Bestätigung und, wenn erforderlich, auch einen gewissen Schutz in der Gemeinschaft zu finden.

In der *Beratung* und in der *Therapie* stehen neben einer Behandlung der bestehenden psychischen Beschwerden wie Angst- und Depressionsstörungen Fragen nach einer psychotherapeutischen Behandlung und nach den Möglichkeiten medikamentöser oder chirurgischer Geschlechtsumwandlung (vgl. S. 370) an erster Stelle. Bei einigen Ich-dystonen Jugendlichen ist die Leistungsfähigkeit in der Schule und im Beruf reduziert, weil durch eine ständige Beschäftigung mit Problemen, die sich aus ihrer Sonderstellung ergeben, eine erfolgreiche Lebensbewältigung behindert wird. Zahlreiche früher als »typisch homosexuell« bezeichnete psychische Störungen sind als einfache Reaktionen auf *Diskriminierungen* zu bewerten, die auch heute noch von solchen Jugendlichen bewältigt werden müssen. Als Ergebnisse langfristiger psychoanalytischer Behandlungen werden von Martin und Remschmidt (1997) »maximal 19 % positive Ergebnisse« zitiert.

Literatur

Ausubel DP (1974) Das Jugendalter. 4. Aufl., München: Juventa

Becker H, Beckmann D, Fetcher I (1996) Adoleszenz und Rechtsextremismus. Gießen: Psychosozial Verlag

Bertalanffy L von (1968) General systems theory. New York: Braziller

Bohleber W (1996) Adoleszenz und Identität. Stuttgart: Klett-Cotta

Bräutigam W (1989) Sexualmedizin im Grundriß. Eine Einführung in Klinik, Theorie und Therapie der sexuellen Konflikte und Störungen. 2. Aufl., Stuttgart: Thieme

Cabaj RJ, Stein TS (Hrsg) (1996) Textbook of Homosexuality and Mental Health. Dallas, TX: Am. Psychiat. Press

Conger JJ (1991) Adolescence and Youth. 4. Aufl., New York: HarperCollins

Eggers Ch, Esch A (1988) Krisen und Neurosen in der Adoleszenz. In: Kisker P, Lauter H, Meyer J-E, Müller C, Strömgren E (Hrsg) (1988) Psychiatrie der Gegenwart. Z. Kinder-/Jugendpsychiat. 7. Berlin: Springer, S. 317–347

Engel GL (1977) The need for a new medical model. A challenge for biomedical medicine. Science: 129–136

Engel GL (1980) The clinical application of the biopsychosocial model. Am. J. Psychiat. 137: 535–544

Erikson EH (1956/57) Das Problem der Identität. Psyche 10: 114–176

Erikson EH (1968) Youth and Crisis. New York: Norton. Deutsch: Jugend und Krise. 4. Aufl., Stuttgart: Klett-Cotta 1998

Flammer A (1999) Entwicklungstheorien. Bern: Huber, S. 88 f.

Freeman D (1983) Liebe ohne Aggression. München: Kindler

Freud A (1960/61) Probleme der Pubertät. Psyche 14: 124

Fritze J (1998) Antidepressiva. In: Nissen G, Fritze J, Trott GE (Hrsg) Psychopharmaka im Kindes- und Jugendalter. Ulm/Stuttgart/Jena/Lübeck: Gustav Fischer, S. 133–191

Giese H (1962) Psychopathologie der Sexualität. Stuttgart: Enke

Goldschmidt R (1916) Die biologischen Grundlagen der konträren Sexualität und des Hermaphroditismus beim Menschen. Arch. Rassenu. Gesellschaftsbiol. 12: 114

Green R (1974) Sexual identity conflict in children and adults. New York: Basic Books

Green R, Fuller M, Rutley B (1972) Its-scale for children and drawpersons. 13 feminin vs. 25 masculine boys. J. Pers. Assess. 36: 349–352

Harbauer H (1964) Kindliches Weglaufen und seine Prognose. Mschr. Kinderheilk. 112: 212

Hautzinger M (1994) Stimuluskontrolle. In: Linden M, Hautzinger M (Hrsg) Verhaltenstherapie. Berlin/Heidelberg/New York: Springer, S. 289–293

Jung CG (1921) Psychotherapeutische Studien. Zürich: Rascher

Kallmann FJ (1953) Heredity in health and mental disorder. New York: Norton

Kasten H (1999) Pubertät und Adoleszenz. München: Reinhardt

Kinsey AC, Pomeroy WB, Martin CE, Gebhard PH (1963) Das sexuelle Verhalten der Frau. Frankfurt: Fischer

Kinsey AC, Pomeroy WB, Martin CE (1964) Das sexuelle Verhalten des Mannes. Frankfurt: Fischer

Klosinski G (1981). Die Adoleszentenkrise in Abhängigkeit von Altersstufe, Geschlecht und Geschwisterkonstellation. In: Lempp R (Hrsg) Adoleszenz. Bern: Huber, S. 64–76

Klosinski G (1991) Pubertätsriten. Äquivalente und Defizite in unserer Gesellschaft. In: Klosinski G (Hrsg) Pubertätsriten. Bern: Huber, S 11–24

Kokula I (1983) Formen lesbischer Subkultur. Vergesellschaftung und soziale Bewegung. Berlin: Verlag rosa Winkel

Krafft-Ebing R von (1924) Psychopathia sexualis, mit besonderer Berücksichtigung der konträren Sexualempfindung; eine medizinischgerichtliche Studie für Ärzte und Juristen. 16. u. 17. Aufl., Stuttgart: Enke, S. 2-86

Langen D, Jaeger A (1964) Die Pubertätskrisen und ihre Weiterentwicklungen. Arch. Psychiat. und Z. Ges. Neurol., S. 19–36

Lauffer M (1994) Adoleszenz und Entwicklungskrise. Stuttgart: Klett-Cotta

Martin M, Remschmidt H (1997) Störungen der Sexualentwicklung und des Sexualverhaltens. In Remschmidt H (1997) Psychotherapie im Kindes- und Jugendalter. Stuttgart: Thieme, S. 250–258

Meyer JE (1959) Die Entfremdungserlebnisse. Stuttgart: Thieme

Meyer JE (1972) Psychopathologie und Klinik des Jugendalters. In: Kisker KP, Meyer JE, Müller M, Strömgren E (Hrsg) Klinische Psychiatrie I. Psychiatrie der Gegenwart, Bd II/1. Berlin/Heidelberg/New York: Springer, S. 823–858

Meyer JE (1986) Die Bedeutung der Adoleszenz für die Neurosen des Erwachsenenalters. In: Nissen G (Hrsg) Psychiatrie des Jugendalters. Bern: Huber

Morgenthaler F (1984) Homosexualität, Heterosexualität, Perversion. Frankfurt: Kumran

Nissen G (1984) Angst und Aggression als Auslöser im Generationenkonflikt. In: Kielholz P (Hrsg) Angst und Aggression. Basel: Helbing & Lichtenhahn

Nissen G (1986) Psychiatrie des Jugendalters. Bern: Huber

Nissen G (1998) Krisen der Entwicklung und der Sinnfindung in der Adoleszenz. In: Csef H (Hrsg) Sinnverlust und Sinnfindung. Würzburg: Königshausen und Neumann, S. 155–165

Nissen G (1999) Depressionen. Ursachen – Erkennung – Behandlung. Bern: Huber, S. 9-23

Nusselt L, Kockott G (1976) EEG-Befunde bei Transsexualität. Ein Beitrag zur Pathogenese. EEG-EMG 7: 43–48

OECD (1998) Education at a glance. Paris: OECD-Indicators, S. 188–203

Oerter R (1998) Jugendalter. In: Oerter R und Montada L (Hrsg.) Entwicklungspsychologie. München: Urban & Schwarzenberg, S. 265–338

Polizeiliche Kriminalstatistik (1998) Bundesrepublik Deutschland. Wiesbaden: BKA-Statistik

Remschmidt H (1992) Psychiatrie der Adoleszenz. Stuttgart: Thieme, S. 70 f.

Remschmidt H (1997) Psychotherapie im Kindes- und Jugendalter. Stuttgart: Thieme

Rett A (1981). Die Pubertät der Geistig-Behinderten. 134–142. In: Lempp R (Hrsg) Adoleszenz. Bern: Huber, S. 64–76

Roth M (1998) Depersonalisationserfahrungen bei Jugendlichen. Z. Kinder-/Jugendpsychiat. 26: 266–271

Rutter M, Graham P, Chadwick OFD, Yule W (1976) Adolescent turmoil: Fact or fiction? J. Child Psychol. Psychiat. 17: 35–56

Schultz JH (1963) Die seelische Krankenbehandlung. Stuttgart: Fischer

Schultz-Venrath U, Masuhr KF (1993) Psychogene und nichtepileptische Anfälle. In: Nissen G (Hrsg) Anfallskrankheiten aus interdisziplinärer Sicht. Bern/Göttingen/Toronto/Seattle: Huber, S. 151–163

Sigusch V (1973) Ergebnisse zur Sexualmedizin. 2. Aufl., Basel: Karger

Sigusch V (1996) Transsexuelle Entwicklungen. In: Sigusch V (Hrsg) Sexuelle Störungen und ihre Behandlung. Stuttgart: Thieme

Sigusch V (2000) Sexuelle Störungen und ihre Behandlung. Thieme: Stuttgart

Statistisches Bundesamt (1999) Bildung und Kultur. Fachserie 11. Wiesbaden: Metzler, Poeschel, S. 40–43

Streeck U (2000) Das fremde Geschlecht. Zur Darstellung der Geschlechtszugehörigkeit im psychotherapeutischen Dialog mit einem Transsexuellen. Psychother. Soz. 2(1): 62–81

Streeck-Fischer A (1998) Adoleszenz und Trauma. Göttingen: Vandenhoeck & Ruprecht

Thimm D, Kreuzer EM (1084) Transsexualität im Jugendalter. Prax. Kinderpsychol. Kinderpsychiat. 33: 70–75

Tramer M (1964) Lehrbuch der allgemeinen Kinderpsychiatrie, einschließlich der allgemeinen Psychiatrie der Pubertät und Adoleszenz. 4. Aufl., Basel: Schwabe

Walter K, Bräutigam W (1958) Transvestitismus bei Klinefelter. Schweiz. Med. Wochenschr. 88: 357

Walter J (Hrsg) (1996) Sexualität und geistige Behinderung, 4. erw. Aufl., Heidelberg: Universitäts-Verlag

Züblin W (1967) Das schwierige Kind. Stuttgart: Thieme

8. Persönlichkeitsstörungen

Persönlichkeitsstörungen sind von der Norm abweichende, festgelegte und überdauernde psychische Störungen, mit denen sowohl die Betroffenen selbst als auch ihre Umgebung unzufrieden sind bzw. unter denen sie leiden. Im Kindes- und Jugendalter ist das Erkennen einer Persönlichkeitsstörung schwierig, weil die Persönlichkeit selbst noch nicht oder nur fragmentarisch und umrißhaft entwickelt ist und keine verläßliche und beurteilungsfähige Matrix dafür abgibt, ob es sich nur um eine passagere Störung oder um ein permanentes Radikal handelt. Eine Persönlichkeitsstörung ist keine Krankheit. Sie stellt vielmehr nur eine Abweichung von einer postulierten *Durchschnittsbreite* dar; maßgebend dabei ist die Durchschnittsnorm. Dennoch schließt die wertneutrale Diagnose einer Persönlichkeitsstörung ungewollt oft eine Wertung ein. Denn im Gegensatz zu einer zeitlich befristeten psychischen Störung, einer Neurose etwa, ist die Persönlichkeitsstörung ein Bestandteil der Persönlichkeit und bestimmt maßgeblich das individuelle Erleben und das affektive und soziale Verhalten zur Umwelt.

8.1 Problematik und Geschichte des Begriffs

Der Begriff Persönlichkeit und der Begriff Störung, besonders aber die Definition einer Persönlichkeitsstörung, sind in verschiedener Hinsicht problematisch. Die Herkunft des *Begriffs* Persönlichkeit ist umstritten; er wird im allgemeinen von »persona«, der Maske, abgeleitet, durch die im griechischen Drama der Schauspieler spricht und mit der er sich identifiziert. »Die Persona ist ein Kompromiß zwischen Individuum und Sozietät über das, als was einer erscheint«, definiert Jung (1949) und deutet damit an, daß hinter der Maske, wie beim Schauspieler, die eigentliche Persönlichkeit verborgen bleibt. Die Aufgabe der Diagnostik ist es jedoch, die individuelle Persönlichkeit und ihre Gestörtheit in ihrem Kern und in den verschiedenen Entwicklungsstadien zu erkennen und zu beschreiben.

Aus psychiatrischer Sicht ist Persönlichkeit die einmalige, weitgehend festgelegte psychische Existenz eines Menschen, die spezifische *Eigenschaften* und den *Charakter* eines Individuums beinhaltet. Sie hat für die Diagnostik eine besondere Bedeutung als prämorbide Persönlichkeit, die nicht nur für die inhaltliche Ausformung einer psychischen (psychotischen, psychosomatischen) Erkrankung von Bedeutung ist und sich bereits als Persönlichkeitsstörung darbietet und den Ausbruch einer psychiatrischen Störung entscheidend beeinflussen und mit verursachen kann. Im Gegensatz zu dieser Auffassung stehen Persönlichkeitstheorien, die auf den »Prozeßcharakter« der Persönlichkeit hinweisen, weil sich die Persönlichkeitsstruktur im Laufe des Lebens ständig verändere. Aus dieser Sicht sind Persönlichkeitsstörungen Entwicklungsstörungen der Persönlichkeit, was besonders für das Kindes- und Jugendalter von Bedeutung ist. Kinder und Jugendliche verfügen schon als Kleinkinder ohne jeglichen Zweifel bereits über ausgeprägte individuelle Persönlichkeitszüge, die mit denen Erwachsener viele Gemeinsamkeiten aufweisen, aber sie sind Persönlichkeiten in sehr unterschiedlichen Entwicklungsstadien. Das drückt sich in emotionaler, kognitiver und ethischer Hinsicht aus und wird nachdrücklich dadurch dokumentiert, daß ihnen bis zur Volljährigkeit kontinuierlich alters- und entwicklungsangemessene Rechte eingeräumt, aber auch Pflichten auferlegt werden, die erfüllt werden müssen.

Der Begriff *psychische Störung*, der in der deutschsprachigen Psychiatrie im 19. Jahrhundert vorherrschte (»Psychische Störungen des Kindesalters«, Emminghaus 1887), aber um die Jahrhundertwende zunächst durch neutrale Begriffe wie »Zustandsbild« oder »Syndrom« und später in Angleichung an die somatische Medizin durch »Erkrankung« abgelöst wurde, kam über das amerikanische Diagnostische und Statistische Manual Psychischer Störungen (DSM) mit den »disorders« wieder in die europäische Psychiatrie zurück. Daß dieser Begriff reaktiviert wurde, ist kein Zufall; er hängt mit der aktuellen Suche nach therapieträchtigen psychotherapeutischen und psychopharmakologischen Ziel- und Leitsymptomen zusammen.

Als Persönlichkeitsstörungen gelten von der Norm abweichende, festgelegte und überdauernde psychische Störungen, mit denen die Betreffenden selbst als auch ihre Umgebung unzufrieden sind und worunter sie leiden. Eine Persönlichkeitsstörung gilt nicht als Krankheit. Sie stellt nur eine Abweichung von einer postulierten Durchschnittsbreite (Schneider 1950) dar; maßgebend dabei ist die Durchschnittsnorm. Dabei ist jedoch zu beachten, daß auch die wertneutrale Diagnose einer Persönlichkeitsstörung ungewollt eine Diskriminierung einschließen kann.

8.1.1 Die Psychopathie in der Erwachsenenpsychiatrie

Die Einführung der nosologischen Kategorie der Persönlichkeitsstörungen für das Kindes- und Jugendalter kann in ihrer Tragweite nur dann voll erfaßt werden, wenn ein allgemeiner Überblick über ihre Entwicklung besteht. Begriff und Inhalt solcher chronischen Störungen wurden erst aktuell, seitdem der Krankheitsverlauf so weitgehend erforscht werden konnte, daß er die Grundlage für eine *Klassifizierung* bot. Das war erst zu Beginn des 19. Jahrhunderts der Fall. Erst

damals setzte man sich intensiv mit dem zeitlichen Verlauf und mit der Dauer einer psychischen Erkrankung auseinander. Vorher wurden überwiegend nur Symptome beschrieben und benannt und danach eine Diagnose gestellt. Die psychische Krankheit wurde und wird auch heute noch vorwiegend nach dem Querschnitt katalogisiert und klassifiziert. Esquirol (1772–1840), der die Begriffe »Remission« und »Intermission« einführte, beschäftigte sich erstmals gründlich mit der longitudinalen Beobachtung psychischer Störungen, die seit Morel (1809–1873) zu einem bestimmenden Faktor für die Diagnose wurde. Morel vertrat die Ansicht, daß Degeneration die Ursache zahlreicher psychischer Krankheiten bilde, erblich sei und sich im Laufe der Generationen in immer schwereren Formen darstelle. Dissozialität könne zwar reaktiv erworben werden, würde sich jedoch dann weiter vererben. Das Konzept der »moral insanity« von Prichard (1835) erreichte einen besonders hohen Bekanntheitsgrad. Lombroso (1836–1909) führte mit seinem weltweit verbreiteten Buch den Begriff des »geborenen Kriminellen« ein, der lange Zeit auch in der Psychiatrie eine bestimmende Rolle spielte. Kahlbaum (1828–1899) registrierte systematisch das Alter zur Zeit des Ausbruchs und den weiteren Verlauf einer psychischen Störung und legte damit die Grundlagen zu einer Prognose- und Verlaufsforschung und damit auch für die Diagnose der Psychopathien.

Seit dem ersten Entwurf von Koch über »Die psychopathischen Minderwertigkeiten« (1891–1893) standen die psychopathischen Persönlichkeiten, die Kraepelin zunächst akzeptierte, später aber als abnorme Charaktervarianten beschrieb, im Kreuzfeuer pathogenetischer Auseinandersetzungen. Kretschmer führte mit seiner Konstitutionslehre »Körperbau und Charakter« (1921) die mehrdimensionale Diagnostik der psychiatrischen Krankheiten ein und beschrieb eine Reihe charakteristischer Persönlichkeitstypen, die bis heute Bestand behalten haben. K. Schneider (1923) unterschied 10 verschiedene Persönlichkeitsabweichungen und ging davon aus, daß abnorme Persönlichkeiten angelegte Variationen, jedoch weitgehend veränderbar durch Entwicklung seien. Die nosographische Aufgliederung von Schneider hat die heute bestehenden Klassifikationssysteme ICD und DSM maßgeblich beeinflußt. Für die Psychiatrie des Erwachsenenalters hat sich die Lehre von angelegten oder erworbenen Spielarten der Persönlichkeit, den abnormen bzw. akzentuierten Persönlichkeiten, den Psychopathien oder den Persönlichkeitsstörungen als nicht entbehrlich erwiesen. Der Begriff *Psychopathie* wurde zunächst nur für die Psychopathologie des Erwachsenenalters eingeführt. Erfaßt wurden zunächst nur sozial besonders störende psychopathische Auffälligkeiten, die bei Erwachsenen beobachtet wurden. Wie die meisten psychiatrischen Diagnosen wurden sie von der Erwachsenenpsychiatrie zunächst unverändert in das Register der psychisch kranken Kinder und Jugendlichen übernommen.

8.1.2 Die Charakterneurose in der Psychoanalyse

Die psychoanalytischen und psychodynamischen Theorien setzten sich, ausgehend von therapierefraktären Fällen, intensiv mit den Charakterneurosen auseinander. Die *Psychoanalyse* verfügt nicht über eine festgelegte Persönlichkeitstheorie, aber sie berichtet ausführlich darüber, wie sich der Mensch entwickelt. Als Charakterneurosen werden Entwicklungen mit relativ wenigen Symptombildungen bezeichnet, die aber anhaltende rigide und sozial unverträgliche Einstellungen aufweisen und sich im Laufe einer gestörten Entwicklung weiter verfestigen. Die relativ fixierte anale Charakterstruktur, gekennzeichnet durch Ordentlichkeit, Geiz und Eigensinn, wurde von Freud (1905) als Resultat einer verfehlten Erziehung in der analen Phase betrachtet. Mit Darstellungen depressiver, hysterischer, schizoider und narzißtischer Charakterneurosen folgten Abraham (1911–1925), Reich (1933) und andere. Die Bedeutung biographischer Fakten für die Persönlichkeits- und Charakterentwicklung gewann, ausgehend besonders von den Studien von Abraham, zunehmend an Bedeutung. Solche und andere charakterneurotische Patienten leiden nicht zeitlebens unter chronischen psychischen Störungen, können jedoch in aktuellen Konflikten und Krisensituationen aus ihrem Charakter heraus pathologisch reagieren. Bräutigam (1973) wies darauf hin, daß psychopathische Persönlichkeiten in der Regel keinen subjektiven *Leidensdruck* haben, weil ihre Haltungen »ich-synton« seien, während charakterneurotische Persönlichkeiten wegen ihrer sich selbst zugeschriebenen Schwierigkeiten einem starken Leidensdruck ausgesetzt sind. Die triebdynamische Darstellung der Charakterneurosen, insbesondere die Freilegung ihrer Wurzeln in der frühen Kindheit unter Einbeziehung sozialer Fakten und entwicklungspsychologischer Erkenntnisse, fand zunächst weitgehende Zustimmung, deren allgemeine Bedeutung aber im Zusammenhang mit der Einführung neuer Therapieverfahren zurückgegangen ist. Das gilt auch für die »Kernneurose« (Schultz 1923), durch die tiefere Schichten der Persönlichkeitsstruktur betroffen sind und die in mancher Hinsicht der Charakterneurose entspricht. Begriffe wie neurotische Persönlichkeitsstruktur, Charakterneurosen und Kernneurosen spielen dennoch weiterhin in der psychoanalytischen Krankheitslehre und in der psychodynamischen Behandlung schon im Hinblick auf spezielle Techniken und auf die Prognose dieser Störungen eine bedeutsame Rolle.

8.1.3 Die Psychopathie im Kindes- und Jugendalter

Bereits im 19. Jahrhundert gab es einige namhafte Psychiater, die sich speziell für psychische Störungen und für Psychopathien im Kindesalter interessierten. L. Scholz beschrieb in seinem Buch »Anomale Kinder« bereits im Jahre 1912 und damit 11 Jahre vor der Publikation von K. Schneider (1923) und 14 Jahre vor Homburger (1926) ausführlich und auch noch heute überzeugend zwölf kindliche Psychopathietypen; Indolente, Depressive, Manische, Periodiker, Affektive, Triebhafte, Haltlose, Verschrobene, Phan-

tasten, Zwanghafte, sittlich Anomale und geschlechtlich Anomale. Psychopathien sind danach *Grenzfälle* zwischen seelischer Gesundheit und Krankheit und würden sich bei Kindern und Jugendlichen in »einer großen Ungleichmäßigkeit in der Entwicklung der psychischen Funktionen« zeigen. Normale und nichtnormale Eigenschaften könnten »erst unter Berücksichtigung der Gesamtpersönlichkeit bewertet« werden. Was die psychopathischen Kinder betreffe, so Scholz (1912) »sehen wir bei ihnen nicht so buntfarbige Bilder wie bei Erwachsenen« und was »in höheren Jahren als anomal gelten muß, kann in der Kindheit normale, notwendige Eigenschaft sein«; und zur Prognose heißt es: »psychopathisch sein zwar meist, aber nicht immer unheilbar. Und unheilbar noch lange nicht: verloren für die Welt!«

Homburger (1926) räumte von den 800 Seiten seiner Psychopathologie des Kindesalters über 200 Seiten den psychopathischen Konstitutionen ein, die sich an Kraepelin, Jaspers, Klages, aber auch an Scholz orientierte und später von Lutz und Stutte weitergeführt wurde. Insgesamt können, was auch von allen Autoren betont wird, psychopathologisch orientierte *Typologien* nicht mehr als einen kursorischen Überblick über unterschiedliche menschliche Wesensarten und Verhaltensmuster geben. Am Ende allen Bemühens, die Menschen in Typen einzufangen, steht wieder die einmalige Person, die in keine Regel, kein Schema, keine Ordnung hineinpaßt. Aber die Praxis verlangt jedesmal wieder den Versuch, sich auf einen Typus festzulegen (Petrilowitsch

Scholz (1912)	Homburger (1926)	Stutte (1969)
indolente	gemütlose	gemütsarme
ängstliche	ängstliche	ängstliche
haltlose	haltlose	haltlose
phantastische	hysterische	geltungssüchtige
zwangskranke	zwanghafte	zwanghafte
depressive		depressive
manische		hyperthyme
periodische		stimmungslabile
affektive		reizbare
triebhafte		triebhafte
	nervöse	
	sensitive	sensitive
	infantile	
		autistische

Tab. 8.1 »Psychopathische Konstitutionen« im Kindes- und Jugendalter 1912–1969

1972). So werden unterschieden die Nervösen: unruhige, nervenschwache (neurasthenische), konzentrationsschwache, labile Kinder, denen eine instinktsichere Selbststeuerung fehlt, die schnell abfallen, leicht ermüden und schwer beeindruckbar sind. Die Ängstlichen: gereizt-verschlossene, ernste, innerliche (introvertierte), wehrlose Kinder, wie sie auch heute noch beschrieben werden. Die Willensschwachen und Haltlosen: meistens ihre Familie enttäuschende, wankelmütige, unzuverlässige, leichtsinnige Jugendliche, die schlechte Gesellschaft suchen und in delinquentes Verhalten abgleiten. Die Gemütslosen und Gemütsarmen: gleichgültige, kühle und kalte, unempfindliche, mitleidslose, freudlose, parathyme Kinder und Jugendliche. Die Reizbaren: leicht erregbare, launenhafte, eigensinnige, unausgeglichene, ungeduldige, destruktive, explosive Kinder, deren späteres Leben durch diese Abweichungen gekennzeichnet bleibt. Die Disharmonischen: regelwidrige, auffällige, unausgeglichene, sprunghafte, brüsk-abweisende Kinder ohne Beharrlichkeit, Ruhe und Behagen. Die Hysterischen: überempfindliche (hyperästhetische) Kinder mit gestörter Motorik (Lähmungen, Schmerzen, Topalgien), mit Sinnesstörungen, Sehschwäche, Wachträumereien, Dämmerzuständen und anderen Symptomen (Konversionsyndrom), die damals diagnostische Probleme in ihrer Abgrenzung zur Epilepsie boten. Die Zwangsvorstellungskranken: übertrieben gewissenhafte, ambivalente, hypochondrische, schüchterne und ängstliche, empfindsame und unnaive Kinder mit überwertigen Einfällen, mit Drang zu repetitiven Handlungen und anderen Symptomen, wie sie in Zwangssyndromen dargestellt werden. Die Sensitiven: empfindsame, leicht kränkbare, leidensbereite, gemütsreiche, oft altkluge, phantasievolle Kinder. Die Infantilen: altersentsprechend intelligente, relativ kindliche, verhaltene, ängstliche, launenhafte, folgsame, passive Kinder, bei denen organische Störungen bestehen oder zu vermuten sind.

Da sich die psychopathologische Methodik der Erfassung und Beschreibung seit Scholz und Homburger nicht wesentlich verändert hat, ist eine vergleichende Darstellung ihrer kindertypologischen Systematiken (s. Tab. 8.1) in mehrfacher Hinsicht von Interesse. Es finden sich darunter sicher psychische Störungen bei einigen Kindern und Jugendlichen, die man auch aus heutiger Sicht den Persön-lichkeitsstörungen zurechnen würde; die meisten jedoch nicht, sie werden heute den neurotischen oder psychosomatischen Erkrankungen zugeordnet.

8.1.4 Persönlichkeitsstörungen in der Kinder- und Jugendpsychiatrie

Die *Diagnose* einer Persönlichkeitsstörung wird in der Kinder- und Jugendpsychiatrie zwar anerkannt und respektiert, aber sie ist wenig beliebt und wenig gebräuchlich. Man begegnet ihr ambivalent. Persönlichkeitsstörungen bereits im Kindes- und Jugendalter zu diagnostizieren, das stößt aus unterschiedlichen Gründen auf Bedenken und manchmal sogar auf Ablehnung. Sie werden dementsprechend auch in den meisten kinder- und jugendpsychiatrischen Lehrbüchern entweder

Tab. 8.2 Wechselnde und übereinstimmende klassifikatorische Zuordnungen psychopathischer Persönlichkeiten im Erwachsenenalter einschließlich Kinder und Jugendliche.

K. Schneider (1923)	ICD-10 (1991)	DSM-IV (1994)
fanatische	paranoide	paranoide
schizoide	schizoide	schizoide
geltungssüchtige	histrionische	histrionische
selbstunsichere	emotional instabile	hypersensitive
explosible	impulsive	passiv-erregbare
willenlose	abhängige	dependente
stimmungslabile	zyklothyme	
asthenische	asthenische	
depressive	depressive	
hyperthymische		
gemütslose		
	anankastische	obsessiv-kompulsive
	schizotypische	schizotypische
	dissoziale	antisoziale
	narzißtische	narzißtische
	ängstlich-vermeidende	vermeidende
	emotional-instabil	borderline

gar nicht berücksichtigt oder, von Ausnahmen abgesehen, nur kursorisch abgehandelt.

Das liegt nicht nur an den weithin ungelösten Fragen der Diagnose, sondern auch an denen der Prävention und der Therapie. Eine *Neurose* unterscheidet sich von einer *Persönlichkeitsstörung* dadurch, daß es sich bei der Neurose um eine Erkrankung handelt. Man hat eine Neurose, die behandelt werden kann. Eine Persönlichkeitsstörung ist hingegen ein schwer zu verändernder Bestandteil der Persönlichkeit. Um eine Persönlichkeitsstörung zu diagnostizieren, muß man sie einer qualitativen und quantitativen Bewertung unterziehen, die jedoch wesentlich auch vom subjektiven Wertsystem des Bewerters abhängig ist. Das ist, wie besonders forensische Gutachter wissen, ein weiterer Teil des Dilemmas.

8.1.5 Diagnostische Vorbehalte

Noch stärker als bei Erwachsenen bestehen somit hinsichtlich dieser Diagnose bei Kindern zusätzliche Bedenken. Die Therapie einer Persönlichkeitsstörung ist selbst dann, wenn die Diagnose klar ist, schwierig und ihre Prognose fraglich.

Deshalb ist in jedem einzelnen Fall erneut zu bedenken, ob mit einer solchen diagnostischen Zuschreibung eine Stigmatisierung verbunden sein könnte. In Zeiten, in denen z.B. die Diagnose einer leichten frühkindlichen Hirnschädigung sehr viel häufiger als heute gestellt wurde, wurde sie in Berichten an Erziehungsberatungsstellen, an Jugendämter und natürlich auch an Schulen oft umschrieben, um zu vermeiden, daß ein Kind dann als

chronisch krank und als therapieresistent eingestuft werden könnte.

Die Diagnose einer Persönlichkeitsstörung im Kindes- und Jugendalter ist auch deshalb schwierig, weil viele Eigenarten, die bei Erwachsenen als Persönlichkeitsstörungen diagnostiziert werden, bei Kindern noch physiologisch sind. Kleinkinder und Schulkinder, aber auch noch manche Jugendliche verhalten sich nicht ihrem Lebensalter entsprechend: sie sind z.B. noch physiologisch dependent, selbstunsicher, ängstlich, vermeidend, mißtrauisch oder wirken sogar hysterisch. Das realitätsorientierte kontrollierende ÜberIch, das Gewissen, wird noch von den Eltern verwaltet und erst allmählich von ihnen selbst übernommen.

Die *Erkennung* einer Persönlichkeitsstörung ist wegen der alters- und entwicklungsabhängigen Metamorphose des kindlichen Verhaltens, wegen des ständigen Kommens und Gehens von Auffälligkeiten erschwert. Viele Eigenarten imponieren manchmal als erste Symptome einer Persönlichkeitsstörung, aber sie können ebenso vorübergehende Besonderheiten ohne Bedeutung sein. Das entscheidende Kriterium einer Persönlichkeitsstörung ist zwar, daß sie tief eingewurzelt ist und bereits im Kindes- und Jugendalter beginnt. Im Kindes-, aber auch noch im Jugendalter ist die Erkennung einer Persönlichkeitsstörung somit auch dadurch erschwert, die Persönlichkeit selbst noch nicht oder nur fragmentarisch und umrißhaft entwickelt ist und deshalb keine verläßliche Matrix dafür abgibt, ob es sich nur um eine passagere psychische Störung oder um ein permanentes Radikal handelt.

Zusammenfassend ist aber festzustellen, daß diese Bedenken im Hinblick auf die Diagnose im Kindes- und Jugendalter zwar verständlich sind, andererseits haben aber, ausgehend von retrospektiven Ergebnissen der Erwachsenenpsychiatrie, über früh sich manifestierende psychische Abweichungen bei persönlichkeitsgestörten Erwachsenen und über die Bedeutung traumatischer Erlebnisse in der Kindheit prospektiv angelegte Studien zusätzliche Hinweise für früh auftretende Symptome und schädliche Einflüsse erbracht, die die Persönlichkeitsentwicklung nachhaltig beeinträchtigen können. Nicht nur aus wissenschaftlichen Gründen, sondern auch im Hinblick auf die sich daraus ergebenden Konsequenzen für die betroffenen Kinder und ihre Familien wäre es deshalb schädlich, beginnende Persönlichkeitsstörungen in diesem Lebensabschnitt zu übersehen. Denn an der Existenz von ersten Anzeichen von Persönlichkeitsstörungen schon im Kindesalter ist, wie die Längsschnittuntersuchungen zeigen, nicht zu zweifeln. Sie in der Praxis völlig zu ignorieren hieße schließlich auch, nicht nur Realitäten zu verleugnen, sondern auch der Forschung zu schaden. Eine Beeinträchtigung der Forschung aber bedeutet, daß Fortschritte in der Diagnostik, der Prävention und in der Therapie verhindert werden.

8.2 Persönlichkeitsstörungen im Kindes- und Jugendalter

Allgemeine Probleme der Definition und Klassifikation

Eine systematische *Typologie* psychopathologischer Persönlichkeiten ist ebensowenig möglich wie eine psychologische Darstellung verschiedenartiger normaler Persönlichkeiten. Die Vielfalt der Erscheinungsformen läßt eine erschöpfende und definitive Subtypisierung nicht zu. Wo sie versucht wird, haftet ihnen etwas Zufälliges und Willkürliches an. Es existieren auch keine spezifischen Symptome, die für eine bestimmte Persönlichkeitsstörung typisch sind. Schließlich gibt es fließende Übergänge von neurotischen Störungen und Neurosen zu den Persönlichkeitsstörungen und, besonders bei den »Borderline«-Syndromen, auch Übergänge zu psychotischen Störungen und Psychosen. Wie überall in der Psychiatrie und in der Medizin überhaupt lassen sich schwere Erkrankungen zuverlässiger als leichte Störungen erkennen. Schwach ausgeprägte Störungen entziehen sich oft dem Nachweis oder lassen sich nur diagnostizieren, wenn zeitweise stärkere Symptome auftreten. Eine solche Exazerbation psychischer Merkmale in Konflikt- oder Krisensituationen kommt bei Persönlichkeitsstörungen häufig vor.

Für die *Nosographie* der Psychopathien und der Persönlichkeitsstörungen diente aus naheliegenden Gründen das mittlere Erwachsenenalter als Grundlage für ihre spezielle Klassifikation. Die gleichbleibenden, anhaltenden und tiefgreifend gestörten sozialen und persönlichen Verhal-

tensmuster, die diese Personen seit der
Adoleszenz in ihrer Herkunftsfamilie, in
der Schule und im Beruf und später als
Ehepartner und als Erzieher zeigen, bieten ein relativ zuverlässiges Beurteilungs-
niveau für ihre typologische Standardisie-
rung.

Daß jede Auswahl aus der Vielfalt möglicher Persönlichkeitsstörungen immer
einen Kompromiß darstellt, wird aus
Gegenüberstellungen der Psychopathien
nach Kurt Schneider (1923) mit den Persönlichkeitsstörungen der ICD-10 oder
dem DSM-IV deutlich. Die fehlende
Übereinstimmung läßt sich nur teilweise
aus Überschneidungen von Persönlichkeitstypen oder aus divergierenden *Be-
griffsdefinitionen* erklären. Daß es sich um
permanente Klassifikationsprobleme handelt, drückt sich deutlich in den Revisionen und in den kategorialen Umschich-
tungen der Persönlichkeitsstörungen des
DSM und der ICD seit ihrer Einführung
aus. Dazu einige Beispiele: Mit dem Erscheinen der ICD-10 wurde die in der
ICD-9 angeführte depressive Persönlichkeitsstörung aus den Persönlichkeitsstörungen nach F60 ausgegliedert und muß
künftig unter der Zyklothymia (F34.0)
oder der Dysthymia (F34.1) klassifiziert
werden. Bei der histrionischen Persönlichkeitsstörung sind die latent vorhandenen und sich immer erneut manifestierenden psychosomatischen Anteile jetzt
unter den dissoziativen und somatoformen Störungen anzuführen. Anders als
im DSM-IV wurde in der ICD-10 die
narzißtische als spezifische Persönlichkeitsstörung nicht aufgenommen. Neu
aufgenommen wurden hingegen in der

ICD-10 die dissoziale (F60.2) und die
ängstlich-vermeidende (F60.6) Persönlichkeitsstörung, die vorher an anderer
Stelle rubrifiziert werden mußte.

Definition

Persönlichkeitsstörungen treten häufig
erstmals bereits in der Kindheit oder in
der Adoleszenz auf. Sie sollten aber
(DSM-IV) nur »in Ausnahmefällen auf
solche Kinder und Heranwachsende
angewandt werden, deren unangepaßte
Persönlichkeitszüge tiefgreifend und an-
dauernd und wahrscheinlich nicht auf
eine bestimmte Entwicklungsphase« begrenzt sind. Es müsse berücksichtigt werden, daß diese Persönlichkeitszüge, so wie
sie in der Kindheit erscheinen, oft nicht
unverändert bestehen bleiben. Deshalb
soll nach dem DSM-IV diese Diagnose
nur gestellt werden, wenn die Auffälligkeiten mindestens 1 Jahr andauern, wenn
das Lebensalter unter 17 bis 18 Jahren
liegt.

Nach der ICD-10 sind Persönlichkeitsstörungen »Ausdruck des charakteristischen, individuellen Lebensstils, des
Verhältnisses zur eigenen Person und zu
anderen Menschen. Einige dieser Zustandsbilder und Verhaltensmuster entstehen als Folge konstitutioneller Faktoren und sozialer Erfahrungen schon früh
im Verlauf der individuellen Entwicklung, während andere erst später im Leben erworben werden«. Sie treten »häufig
erstmals im Kindheit oder in der Adoleszenz in Erscheinung und manifestieren
sich endgültig im Erwachsenenalter«. Daher ist nach der ICD-10 »die Diagnose einer Persönlichkeitsstörung vor dem Alter

von 16 oder 17 Jahren wahrscheinlich unangemessen«.

Epidemiologie

Im Erwachsenenalter wird die Gesamthäufigkeit der Persönlichkeitsstörungen auf 5–15 % geschätzt; diese Diagnose ist in diesem Lebensabschnitt somit von großer Bedeutung. Über die Häufigkeit von Persönlichkeitsstörungen im Kindes- und Jugendalter liegen keine repräsentativen Untersuchungen und nur wenige überzeugende Einzelerhebungen vor. Das hängt in erster Linie mit ungelösten Fragen der Diagnose besonders im Kindes-, aber auch noch im Jugendalter zusammen. Von 1400 stationär behandelten Kindern (Nissen und Hoffmeyer 1988) erhielten in Würzburg von 1978 bis 1988 nur 1,5 % diese Diagnose. Bei Jugendlichen ermittelten Braun-Scharm et al. (1991) mit einer Tagesstichprobe an jugendpsychiatrischen Kliniken Deutschlands hingegen 5 % Persönlichkeitsstörungen. Bernstein et al. (1993) stellten bei Kindern und Jugendlichen im Alter von 9 bis 19 Jahren in einer randomisiert ausgewählten Gruppe fest, daß die generelle Prävalenzrate querschnittsmäßig ermittelter Persönlichkeitsstörungen bei Jungen im Alter von 12 und bei Mädchen im Alter von 13 Jahren am höchsten war. Neben anankastischen lagen am häufigsten narzißtische Persönlichkeitsstörungen vor.

Genese, Ätiologie, soziale Bedeutung, Risikofaktoren

Der allgemein gültige Grundsatz, daß die gesamte Entwicklung des Kindes und des Jugendlichen in einem Spannungsfeld zwischen Disposition, Konstitution und Umwelt verläuft und durch protektive Faktoren geschützt oder durch Risikofaktoren ungünstig beeinflußt werden kann, gilt besonders für die Entwicklung der kindlichen Persönlichkeit und für ihre Störungen. Die meisten, wahrscheinlich sogar alle Persönlichkeitsstörungen, haben mehrfache Ursachen. Wenn bereits im frühen Kindesalter eine *Entwicklungsstörung* vorliegt, z. B. eine Intelligenzminderung oder eine Teilleistungs- oder Sinnesschwäche, eine leichte Hirnschädigung oder eine gestörte Einstellung eines Kindes zu seiner Umwelt, bedingt durch emotionale, kognitive oder physische Vernachlässigung oder Mißhandlung, dann können diese maßgeblich an einer gestörten Persönlichkeitsentwicklung beteiligt sein. Dies ist natürlich keineswegs regelmäßig der Fall, sondern hängt von zahlreichen fördernden oder hemmenden Faktoren ab, die sich aus dem Zusammenspiel von Temperament, Intelligenz, Selbstwertgefühl und Identität in der Konfrontation mit seelischen Traumen und Konflikten und Krisen innerhalb der Familie oder der Schule usw. entwickeln oder nicht entwickeln. Diese Erkenntnisse sind nicht neu; Freud (1905) stellte fest: »Das konstitutionelle Moment muß auf Erlebnisse warten, die es zur Geltung bringen. Das akzidentelle bedarf einer Anlehnung an die Konstitution, um zur Wirkung zu kommen.«

Erklärungsansätze für die Entstehung einer Persönlichkeitsstörung bieten
1. Familien- und Genetikstudien, die für angeborene Persönlichkeitseigenschaften (»Psychopathie«) sprechen;

2. die psychoanalytische Forschung (z. B. Objektbeziehungstheorie): unzureichende oder einseitige Ausbildung der Selbst- und Objektrepräsentanzen sind typisch für das Borderline-Syndrom;
3. entwicklungspsychologische Studien: Entwicklungs- und Erziehungsbedingungen in der frühen Kindheit: Trennungserfahrungen, physische Gewalttätigkeit, sexueller Mißbrauch;
4. Verhaltenstherapie: Ungünstige Lernerfahrungen der Eltern-Kind-Beziehung. »Alles-oder-Nichts-Denken«, unrealistische Übergeneralisierungen oder Überwertigkeits- bzw. Selbstabwertungs-Normierungen.

Erbliche Aspekte wurden von Koch (1881–1893), dem Erstbeschreiber der »psychopathischen Minderwertigkeiten« in den Vordergrund gestellt, aber bereits von Kurt Schneider (1923) relativiert. Anklänge an eine pathogenetische Trinität finden sich in seiner klassischen Psychopathie-Definition: »Abnorme Persönlichkeiten sind angelegte Variationen, jedoch weitgehend veränderbar durch Entwicklung und Schwankungen ihres unerlebten Untergrundes und durch die Einwirkung von Schicksalen, Erlebnissen im weitesten Sinn. Was wir unter Anlage verstehen, ist nicht ohne weiteres mit erblicher Anlage gleichzusetzen. Auch exogene intrauterine Faktoren mögen einfließen, praktisch sogar frühkindliche, doch sind diese grundsätzlich nicht mehr an der Anlage beteiligt.«
Diese allgemeine Darstellung der Ätiopathogenese von K. Schneider gilt trotz der genetischen, psychodynamischen und entwicklungspsychologischen Fortschritte unverändert bis heute. Wegen der individuell unterschiedlich ausgebildeten multiplen wirksamen Faktoren existieren keine konkreten Kausaltheorien, die dann eine gezielte Therapie der Persönlichkeitsstörung erlauben würden. Aus dieser Erkenntnis leitet sich die lapidare, aber durchaus zutreffende Feststellung von Tölle (1999) ab, daß über die Ätiologie der Persönlichkeitsstörung »nur wenig bekannt« sei. Diese Aussage wird durch eine Vielzahl pathogenetischer Modelle bestätigt, die dementsprechend unterschiedliche Möglichkeiten ihrer Klassifikation und der Behandlung eröffnen. Die wichtigsten sind

- biologische Aspekte und
- psychodynamische und entwicklungspsychologische Aspekte.

Biologische Aspekte
Die genetische Erforschung psychischer Eigenschaften und Störungen versucht, auf molekularer, chromosomaler und phänotypischer Ebene erbliche Ursachen zu ermitteln. Familien-, Zwillings- und Adoptionsstudien zeigten, daß Persönlichkeitsstörungen von Anlage- und Umweltfaktoren bestimmt werden, sie besitzen im individuellen Fall jedoch ein unterschiedliches Gewicht. Die hohen Konkordanzen für das Verhalten und von Verhaltensstörungen bei eineiigen Zwillingen (EZ) und zweieiigen Zwillingen (ZZ) sind allgemein bekannt. Sie betragen für Neurosen bei EZ ca. 57 %, bei ZZ ca. 30 % (Schepank 1974), vergleichbare Verhältnisse ergaben sich bei *Zwillingen*, die bald nach der Geburt voneinander ge-

trennt wurden und in unterschiedlichen Lebensbedingungen heranwuchsen. Dennoch wird vor unzutreffenden Verallgemeinerungen und vor Simplifikationen (von Schilcher 1992) dieser Ergebnisse gewarnt. Allein schon mit Rücksicht auf den differenten Konkordanzbegriff. Konkordanz wird unterteilt in vollständige Konkordanz (gleichzeitige Störungen bei Zwillingspartnern) und in unvollständige Konkordanz (ähnliche, andersartige Störungen beim Zwillingspartner). Daraus ergibt sich z. B., daß die vollständige Konkordanz für nicht-psychotische Depressionen recht niedrig ist, während die unvollständige Konkordanz für Neurosen und Persönlichkeitsstörungen in einer Serie nicht weniger als 53 % für die EZ (ZZ 5 %) beträgt, d. h., daß bei dieser Betrachtungsweise die Persönlichkeitsentwicklung das Primäre ist, die nicht-psychotische Depression dagegen eine von mehreren sekundären Manifestationsmöglichkeiten darstellt.

Bei schizotypischen Persönlichkeitsstörungen ermittelte Torgensen (1984), daß von 21 EZ 33 % die gleiche Persönlichkeitsstörung aufwiesen, während dies bei den ZZ nur in 4 % der Fall war. Bei einer Nachuntersuchung von über 200 dänischen Kindern schizophrener Mütter konnten Parnas et al. (1993) nach 30 Jahren in 21 % Persönlichkeitsstörungen ermitteln. In der High-risk-study von Erlenmeyer-Kimling et al. (1963) wurden ebenfalls nach 30 Jahren die Kinder von Eltern mit schizophrenen bzw. affektiven Störungen mit Kindern psychiatrisch unauffälliger Eltern verglichen. Es ergab sich, daß schizophrene Störungen in den Familien mit Schizophrenie, nicht aber andere psychiatrische (affektive, schizoaffektive) Störungen gehäuft angetroffen wurden, während bei Kindern von schizoaffektiven und affektiv erkrankten Eltern gehäuft entsprechende Persönlichkeitsstörungen auftraten.

Psychodynamische Aspekte

Den »Struwwelpeter« (1845) des Psychiaters Heinrich Hoffmann bezeichnete der Psychoanalytiker Groddeck (1927) als »Lehrbuch der Psychoanalyse«, das übrigens gemeinsam mit der Rehabilitierung der Märchen durch Bettelheim (1980) nach einer Nachkriegspause wieder in die Kinderzimmer zurückkehrte. Im »Struwwelpeter« werden mit Kennerschaft *Kindertypen* wie der alternative Struwwelpeter, der sadistische Friederich, der anorektische Suppenkaspar, der hyperkinetische Zappelphilipp und der retropulsiv-petit-mal-kranke Hans-guck-in-die-Luft geschildert; wenn man die für diese kindlichen Störungen heute bekannten prospektiven Langzeituntersuchungen zugrunde legen würde, dürfte ihre Prognose vermutlich als ungewiß, vielleicht sogar als ungünstig bezeichnet werden.

Der Kinderpsychiater W. Spiel (1976) führte die Bezeichnung *Persönlichkeitsentwicklungsstörung* ein, um auf die Bedeutung schädlicher und fördernder Prozesse für die Entwicklung aufmerksam zu machen, die zu einer Verformung und Verwerfung der Persönlichkeitsstruktur führen können. Bei den Persönlichkeitsentwicklungsstörungen spielen neben unbewußten unverstandene Einstellungen eine Rolle, die an den Konflikten, die die

Kinder mit der Umwelt haben, abzulesen sind. Prinzipiell sind solche Deviationen voraussehbar, wenn anamnestisch nachweisbar ist, daß notwendige entwicklungsfördernde Einflüsse fehlen oder unzulänglich waren, die Störung sich als anhaltend und relativ therapieresistent verhält und die erworbenen Persönlichkeitseigenarten Charakterwert haben und kein Leidensgefühl besteht.

Die richtunggebende Bedeutung chronischer frühkindlicher Konflikte und Schädigungen wurde durch Ergebnisse neuer Langzeitstudien sowohl relativiert als auch bestätigt. Thomas und Chess (1984) warnten einerseits nachdrücklich vor der Illusion, aus der biographischen Anamnese eines Kindes diagnostische Folgerungen ableiten zu können; andererseits erwies sich aber, daß sich frühe *Persönlichkeits- und Charakterzüge* über lange Zeiträume als bemerkenswert stabil zeigten. In einer anderen Monographie, die mehrere Längsschnittstudien im Hinblick auf die weitere Entwicklung analysierte, gelangten Kohlberg et al. (1984) zu der Feststellung, daß der weitverbreitete Glaube, die Erfahrungen der ersten Lebensjahre seien für die Entwicklung der Persönlichkeit bestimmend, sich als nicht zutreffend erwiesen habe. Diese und andere pro- und retrospektive Untersuchungen bedürfen jedoch weiterer wissenschaftlicher Bestätigungen. Sicher ist, daß in der Vergangenheit oft wesentliche protektive Faktoren für die individuelle Entwicklung übersehen wurden und die absolut schicksalhafte Bedeutung einmaliger frühkindlicher psychischer Traumen für die Entwicklung von Persönlichkeitsstörungen überbewertet worden ist. Zahlreiche Untersuchungen sind in den letzten 10–15 Jahren über emotionale und physische Mißhandlungen und über den sexuellen Mißbrauch erschienen, die auf mehr oder weniger eindeutige pathogenetische Zusammenhänge zu Persönlichkeitsstörungen hinweisen. In einem Review über kindliche Traumen als ätiologische Faktoren für die Persönlichkeitsstörung wies Paris (1997) kritisch darauf hin, daß es sich überwiegend um retrospektiv erhobene Daten handelte und diese insgesamt nicht überzeugend seien.

Die *soziale Bedeutung* besteht einerseits in dem sozial unverträglichen Verhalten, den gestörten Interaktionen, und der damit verbundenen Abwertung und Diffamierung durch die Umwelt; andererseits aber in dem dadurch verursachten Leidensgefühl bei dem Betroffenen, der zunehmend in eine Isolierung geraten kann.

Risikofaktoren sind sowohl familiär gehäufte psychische Störungen und psychiatrische Erkrankungen als auch ungünstige häusliche Verhältnisse, Drogen- und Alkoholmißbrauch der Eltern, permanente eheliche Disharmonien, Ehescheidung, langfristige Heimaufenthalte in der frühen Kindheit, Bindungsstörungen und Deprivationen, seelische, körperliche und sexuelle Kindesmißhandlungen und Kindesvernachlässigungen. Schutzfaktoren bilden eine ausgewogene Temperamentslage, gute Coping-Strategien, eine durchschnittliche und überdurchschnittliche Intelligenz, körperliche Gesundheit und Akzeptanz in einer unauffälligen Peer-Gruppe.

Diagnose und Differentialdiagnose

Die *Definition* der Persönlichkeitsstörung deckt sich teilweise mit psychiatrischen Bezeichnungen wie abnorme oder akzentuierte Persönlichkeit, Soziopathie und Psychopathie und teilweise mit den psychoanalytisch-psychodynamischen Zuschreibungen wie Charakter- und Kernneurosen und mit den Borderline-Syndromen.

Eine zunehmend zuverlässigere Diagnose einer Persönlichkeitsstörung ist meistens erst in der Adoleszenz und im frühen Erwachsenenalter möglich. Ihre Sicherheit und Plausibilität wächst mit der Dauer der über Jahre bestehenden fixierten bzw. häufig rezidivierenden und einer oft auch therapieresistenten psychischen Störung. Aber auch gehäufte und kurze Episoden in der Kindheit und Jugend können Vorboten einer späteren Persönlichkeitsstörung sein.

Neben den allgemeinen, in beiden *Klassifikationsschemata* bestehenden Problemen der Differenzierung und Abgrenzung gibt es mit der ICD-10 auch für die Persönlichkeitsstörungen einige Änderungen, die nicht allgemein überzeugen können: Eine »depressive Persönlichkeitsstörung« findet sich in Angleichung an das DSM in der ICD-10 nicht mehr, die zugehörigen Zustandsbilder müssen jetzt unter F34.0 (Zyklothymia) oder F34.1 (Dysthymia) klassifiziert werden. Im Gegensatz zum DSM-IV haben sich die Autoren der ICD-10 nicht zur Aufnahme der narzißtischen Persönlichkeitsstörung als eigene diagnostische Kategorie entscheiden können; diese ist unter F60.8 (andere) zu klassifizieren. Neu aufgenom-

men wurde hingegen die dissoziale Persönlichkeitsstörung (F60.2).

Die *Vielfalt der Erscheinungsformen* spezieller Persönlichkeitsstörungen läßt eine erschöpfende und definitive Subtypisierung nicht zu, es haftet ihnen vielmehr etwas Zufälliges und Willkürliches an. Es existieren auch keine Symptome, die für eine spezielle Persönlichkeitsstörung typisch sind. Außerdem gibt es fließende Übergänge von emotionalen Störungen und chronischen Neurosen zu den Persönlichkeitsstörungen und von den Borderline-Syndromen Übergänge zu psychotischen Störungen und Psychosen.

In den beiden international gebräuchlichen Klassifikationsschemata ist eine zunehmende Übereinstimmung hinsichtlich der Auswahl spezifischer Persönlichkeitsstörungen festzustellen, die sich in den nächsten Jahren vermutlich noch verstärken wird. Wenn bestimmte Persönlichkeitsstörungen sich nicht zwanglos in diese Schemata einordnen lassen, besteht die Möglichkeit, »Überschneidungen« verschiedener Persönlichkeitsradikale den sonstigen Persönlichkeitsstörungen (F60.8) und »Mischfälle«, die Merkmale verschiedener Persönlichkeitsstörungen aufweisen, den kombinierten Persönlichkeitsstörungen (F61) zuzuordnen.

Im Kindes- und Jugendalter wird die diagnostische Zuordnung zusätzlich dadurch erschwert, daß
- die Persönlichkeit bei Kindern und auch noch bei manchen Jugendlichen noch nicht so konturiert ist, daß man von Persönlichkeitsstörungen sprechen könnte,

- emotionale Störungen in diesem Lebensabschnitt schwerer zu erkennen sind als kognitive oder psychotische Störungen,
- psychische Störungen, die mit einer Angst-, Depressions-, Zwangs- oder Konversionssymptomatik einhergehen, bei Kindern und Jugendlichen oft nur partiell und inkomplett ausgebildet sind und eine eigentliche Strukturierung noch vermissen lassen.

Differentialdiagnostisch ist die wichtigste und schwierigste Aufgabe, eine Persönlichkeitsstörung von phasentypischen (physiologischen), von chronischen psychischen (neurotischen) und von schleichend verlaufenden psychotischen (affektiven, schizophrenen) Störungen und von exogenen Psychosyndromen abzugrenzen.

Therapie und Prognose, Prävention

Die *Indikation* zur Therapie wegen einer Persönlichkeitsstörung erfordert bei Kindern und Jugendlichen eine gründliche diagnostische Abklärung, weil phasenabhängige »normale« und länger bestehende »neurotische« Störungen nur schwer von beginnenden Persönlichkeitsstörungen abzugrenzen sind. Sie gelingt frühestens im späten Kindes-, meistens aber erst im Jugendalter, erst dann kann die diagnostisch geforderte längere Permanenz der Störung berücksichtigt werden. Eine weitere Besonderheit ist, daß Kinder und Jugendliche meistens nicht freiwillig kommen, sondern von den Eltern in die Sprechstunde gebracht werden. Die Betroffenen haben oft keinen Leidensdruck

und sehen die Notwendigkeit einer Behandlung nicht ein. Fast immer sind akute Probleme Anlaß der Vorstellung: entweder dissoziales oder delinquentes Verhalten oder andere schwere Störungen der sozialen Integration.

Zunächst ist zu klären, ob es sich um eine *Krisenintervention* handelt oder ob eine länger dauernde Behandlung erforderlich ist. Die wichtigste Aufgabe besteht zunächst darin, eine vertrauensvolle Beziehung zu den oft nicht motivierten Patienten aufzubauen. Für den Therapieplan ist es von richtunggebender Bedeutung, ob es sich um expansive Störungen (dissoziales, impulsives, aggressives, demonstratives Verhalten) oder um eher introvertierte Störungen (zwanghaftes, depressives, ängstlich-vermeidendes, abhängiges, autistisch-schizoides Verhalten) handelt. Neben Einzelgesprächen mit den Jugendlichen und mit der Familie kommt in besonderen Fällen auch eine befristete psychopharmakologische Behandlung in Betracht.

Die Einleitung einer Psychotherapie kann erwogen werden, wenn eine *Bereitschaft zur Mitarbeit* vorliegt oder erwartet wird, daß sie geweckt werden kann. Die Indikation ist von der Schwere und von der Spezifität der Störung abhängig. Die Therapie wird in der Regel ambulant und zweimal wöchentlich zu festgelegten Zeiten durchgeführt. Die Jugendlichen sollten über eine ausreichende Intelligenz und eine gewisse Bereitschaft zur Realisation gewonnener Einsichten verfügen. Weil bei diesen Kindern und Jugendlichen eine schwerwiegende und anhaltende Störung vorliegt, kommen nur psychotherapeutische Langzeitverfahren, die psychagogische Elemente enthalten, in Betracht. Zusätzlich sind oft Gruppentherapien, konzentrative Selbstentspannungsverfahren und übende Maßnahmen zweckmäßig. Die Wirksamkeit psychotherapeutischer Maßnahmen ist schwer voraussagbar, sie sind dennoch auch bei kritischer Abwägung indiziert. Denn Persönlichkeitsstörungen gelten als Abweichungen von einer postulierten Durchschnittsbreite und nach pragmatischer Einschätzung (Schneider 1950) wäre es: »… eine Unterschätzung von Erziehung und Therapie, wollten sie vor dem Angelegten kapitulieren. Und es wäre eine Überschätzung, wollte man meinen, alles Erlebnisreaktive könne beeinflußt werden.«

Eine standardisierte Behandlungstechnik für alle Formen der Persönlichkeitsstörung ist nicht möglich. Die *Behandlung* ihrer Vorstufen entspricht der Behandlung der vorliegenden Symptomatik, ihren Auslösern und ihren Ursachen. Die psychodynamische Therapie ist bei diesen Störungen stärker symptomorientiert als kausal ausgerichtet. Bei Jugendlichen, die sich mit ihrem sozial gestörten Verhalten identifizieren, es als ich-synton erleben, muß die Behandlungstechnik darauf ausgerichtet sein, die gesunden Anteile als ich-synton und die gestörten Anteile der Persönlichkeit als ich-dyston zu vermitteln, um auf dieser Ebene ihre kritische Einsichtsfähigkeit zu verstärken. Die Jugendlichen müssen lernen, triebhaften Ansprüchen (Geld, Sucht, Bequemlichkeit) realitätsgerecht und auch im Hinblick auf ihre nachteiligen Folgen zu be-

gegnen und unlustbetonten Pflichten (Schule, Arbeit) nachzukommen. Andere Patienten müssen bestehende soziale Hemmungen überwinden, sich in unauffällige Peer-Gruppen einordnen und ihr *Selbstwertgefühl* verbessern. Aus psychoanalytischer Sicht spielen therapeutische Korrekturen fehlerhafter Identifikationen, rigider Reaktionsbildungen und funktionseingeschränkter Ich-Hemmungen theoretisch und praktisch eine wichtige Rolle. Für die psychoanalytisch definierten Charakterneurosen und für die Kernneurosen wurden spezielle Behandlungstechniken entwickelt, die entweder auf eine Umstrukturierung des Charakters (Aichhorn 1925) durch eine »Charakteranalyse« (Reich 1933) abzielen oder sich mit situationsadäquaten Maßnahmen (Stütztherapie) begnügen. Nur in seltenen Fällen, wenn ein Jugendlicher mit sich oder seiner Umgebung nicht mehr zurechtkommt und sich eine psychische oder psychosomatische Symptomatik entwickelt hat, kommt eine stationäre Einweisung in Betracht.

Die *Verhaltenstherapie* geht davon aus, daß bei Menschen mit Persönlichkeitsstörungen spezifische Verhaltensstrategien in »extremer Weise über- oder unterentwickelt sind« und »typische Affekte« und bestimmte »Kernschemata die Weltsicht beherrschen« (Ecker 1994). Millon (1981) hat sich speziell mit seiner biosozialen Lerntheorie mit der Behandlung von Persönlichkeitsstörungen beschäftigt. Danach ist immer ein strategisch geplantes Vorgehen erforderlich (Millon 1999), das nur dann möglich ist, wenn frühzeitig die korrekte Diagnose gestellt wird. Für verschiedene Manifestationsformen wurden Behandlungspläne auf der Basis individueller Konzepte (Beck et al. 1993, Young und Swift 1988, Turkat 1990, Linehan 1996) entwickelt und ihre Wirksamkeit überprüft. Sie verfolgen empirische Therapieansätze mit unterschiedlicher Schwerpunktsetzung, vorwiegend auf dem Boden kognitiver, interpersoneller und erlebnisorientierter Interventionen. Dabei werden in der Therapie biographische Rekonstruktionen zentraler Kindheitsepisoden besonders berücksichtigt. Von zentraler Bedeutung ist dabei (Trautmann-Sponsel 2000) die Rolle des *Verstärkers*, bei dem immer empirisch zu eruieren ist, was für den jeweiligen Patienten ein Verstärker ist. Ferner besteht die Aufgabe, ausgebliebene Konditionierungen zu erkennen und aufzuarbeiten, verfestigte Reaktionen aufzuspüren und abzubauen und nicht stattgehabte Lernvorgänge aufzudecken und nachzuholen.

Prognose. Bei gesunden Kindern ergab eine prospektive *Longitudinalstudie* (Weinert 1998), daß einige individuelle Unterschiede, etwa Intelligenz und Begabung, während einer zehnjährigen Beobachtung bestehen blieben, während andere einem Wechsel unterworfen waren. Das hohe Selbstwertgefühl eines Kleinkindes machte während der Schulzeit einer realistischeren Beurteilung seines Leistungsvermögens Platz; es waren nur wenige, die ihre Fähigkeiten als schlecht oder ungenügend beurteilten. Das *Persönlichkeitsprofil* mit seinen individuellen Stärken und Schwächen änderte sich um so weniger, je aktiver, erfolgreicher und stabiler seine kognitiven und sozialen Kompetenzen und seine emotionalen Grundlagen waren.

Die bisher vorliegenden Ergebnisse über psychische Störungen im Kindesalter als Vorläufer von Persönlichkeitsstörungen bei Erwachsenen sind widersprüchlich. Während einige Autoren bei Nachuntersuchungen (Kochmann 1963, Kohlberg et al. 1984) günstige weitere Verläufe ermittelten und andere (Ernst 1971, Nissen 1971, Knölker 1987, Esser et al. 1992) zu überwiegend entgegengesetzten Resultaten kamen, weisen die von Langen und Jäger (1964), Parnas et al. (1993), Thomas und Chess (1984), Bernstein et al. 1996 und Braun-Scharm et al. (2000) durchgeführten Langzeituntersuchungen unterschiedliche, sowohl vom durchschnittlichen Katamnesenabstand als auch von der Schwere und von der Art der Symptomatik differente Ergebnisse auf.

Kochmann (1963) konnte in einer oft zitierten katamnestischen Studie bei psychopathischen Kindern nur in ca. 30 % die Diagnose bestätigen, während ca. 70 % als relativ unauffällig beurteilt wurden. In einer Monographie, die mehrere Längsschnittstudien im Hinblick auf die weitere Entwicklung analysierte, gelangten Kohlberg et al. (1984) zu der Feststellung, daß der weit verbreitete Glaube, die Erfahrungen der ersten Lebensjahre seien für die Entwicklung der Persönlichkeit bestimmend, sich als irrig erwiesen habe.

Der Schweizer Psychiater Ernst (1971) warnte nach Auswertung von fast 150 Arbeiten über den Verlauf psychischer Störungen im Kindesalter, ihre *soziale Prognose* günstiger einzuschätzen, als es den

Befürchtungen des Erstuntersuchers entsprach. Es zeigte sich vielmehr, daß Remissionen, wenn sie eintraten, dies innerhalb einiger Jahre geschah. Störungen, die innerhalb dieses Zeitraumes nicht zurückgingen, wiesen hingegen eine bemerkenswerte Konstanz auf. Eine katamnestische Erhebung depressiver Kinder und Jugendlicher 10–20 Jahre nach der Entlassung aus stationärer Behandlung (Nissen 1971) ergab, daß nur 15 % sich psychisch unauffällig entwickelt hatten. Auch Zeitlin (1986) ermittelte, daß depressive Syndrome im Kindes- und Jugendalter in mehr als 80 % eine Persistenz bis in das Erwachsenenalter zeigen. Zu ähnlichen Ergebnissen, wenn auch nicht nach so langen Katamneseabständen, gelangte hinsichtlich der Zwangsneurosen Knölker (1987). Parnas et al. (1993) stellten persistierende psychopathologische Merkmale bei 25jährigen Jugendlichen fest, die erstmals vor 10 Jahren diagnostiziert worden waren. Eine Verlaufsstudie (Esser et al. 1992) von Kindern im Alter von 8 bis 18 Jahren ergab, daß psychiatrische Störungen bei Kindern in 50 % im Jugendalter fortbestanden.

In einer prospektiven Longitudinalstudie nach chronischen *frühkindlichen Traumen* (Thomas und Chess 1984) wurden sowohl günstige Ausgänge als auch persistierende Neurosen und Persönlichkeitsstörungen im Erwachsenenalter festgestellt. Zu vergleichbaren Ergebnissen kamen Bernstein et al. (1996) in einer 10-Jahres-prospektiven-Studie (n=641) und Franz et al. (1998). Braun-Scharm et al. (2000) stellten bei 33 (46%) nachuntersuchten stationären Patienten mit einer Persönlichkeitsstörung nach durchschnittlich 3,4 Jahren von insgesamt 72 Jugendlichen in Abhängigkeit vom Untersuchungsinventar und von der speziellen Störung in 40–88 % Übereinstimmungen mit der Entlassungsdiagnose fest. Selbstunsichere Persönlichkeitsstörungen waren die häufigste Unterform.

Resümierend ist festzuhalten, daß die von einigen Autoren vertretene Ansicht, daß viele, wenn nicht sogar die meisten psychischen Störungen des Kindesalters sich spontan zurückbilden und nur eine Minderheit als Erwachsene Persönlichkeitsstörungen zeigen, mit Skepsis begegnet werden muß. Diese Ansicht wird auch von Erwachsenenpsychiatern geteilt, die sich in einer wesentlich besseren Forschungsposition (längere Anamnesen, verfestigte Symptomatik, lange Katamnesen) befinden. Der Mangel an verläßlichen Abgrenzungskriterien in Evaluationsstudien veranlaßte auch Stone (1993) zu der Feststellung, daß wir nur wenig über den natürlichen Langzeitverlauf der Persönlichkeitsstörungen wissen.

Eine gewisse Übereinstimmung besteht darüber, daß Persönlichkeitsstörungen vom asthenischen, histrionischen, dependenten oder vom avoidanten Typ eine relativ günstige soziale, aber eine eher ungünstige individuelle Prognose haben. Die soziale Prognose einer paranoiden, narzißtischen, schizoiden oder schizotypischen Persönlichkeitsstörung ist eher ungünstig, weil mißtrauische, autistische oder fordernde Persönlichkeitszüge zu ständigen Konflikten mit der Umgebung führen, während die individuelle Prognose günstig sein kann.

Gezielte und wirksame präventive Maßnahmen, die Persönlichkeitsstörungen verhindern oder abschwächen können, sind nicht bekannt. Die in den letzten Jahrzehnten publizierten prospektiven Studien über »schwierige« Kinder und chronische psychische Störungen und Persönlichkeitsstörungen im Erwachsenenalter in Verbindung mit psychischen Traumen haben allgemeine, aber keine überzeugenden neuen Erkenntnisse für ihre Entstehung und damit für ihre Prävention ergeben. Die retrospektiven Erhebungen an persönlichkeitsgestörten Erwachsenen erwiesen sich überwiegend als nicht ausreichend valide. Der derzeit wichtigste präventive Faktor besteht darin, prinzipiell in allen chronischen und schweren psychischen Störungen mögliche Faktoren für eine ungünstige Weiterentwicklung zu sehen und ihnen durch eine frühzeitige Therapie zu begegnen.

8.3 Frühe Störungen nach ICD und DSM

Das Kindes- und Jugendalter ist schon durch den entwicklungsbedingten physiologischen Wechsel der Erscheinungen und durch phasenspezifisch und flüchtig auftretende Erscheinungsbilder für psychopathologische Typisierungen und Standardisierungen generell wenig geeignet. Die Suche nach frühen Anzeichen einer beginnenden Persönlichkeitsstörung in der Kindheit und Jugend begann dementsprechend zunächst in der Erwachsenenpsychiatrie durch retrospektive Erhe-

bungen an erwachsenen Psychopathen. Dadurch wurden der Kinder- und Jugendpsychiatrie Anstöße zu direkten Beobachtungen und zur Forschung in diesem Lebensabschnitt vermittelt.

Die mangelhafte Übereinstimmung von *psychopathischen Konstitutionstypen* auch im Kindes- und Jugendalter zeigt sich in den Schemata von Scholz, Homburger und Stutte (s. Tab. 8.1), die sich an die damals herrschende Psychopathielehre anlehnen. In der Systematik von Homburger fehlen z. B. depressive, hyperthyme, stimmungslabile oder reizbare Kinder, die bei Scholz oder Stutte angeführt sind. In den letzten Jahrzehnten finden sich für das Kindes- und Jugendalter Ansätze zu einer aus den Direktbeobachtungen gewonnenen und durch prospektive Studien (Rutter und Maughan 1997) erweiterte Einsichten über kindereigentümliche »Persönlichkeitsentwicklungsstörungen«. Eine spezielle Nosographie für diesen Lebensabschnitt liegt jedoch nicht einmal in Ansätzen vor.

Einige *Vorstufen* zu Persönlichkeitsstörungen treten, worauf im DSM-III-R hingewiesen wurde, bereits relativ häufig erstmals im Kindesalter auf, während andere sich erst im Jugendalter oder frühen Erwachsenenalter manifestieren. Diese werden in der vorliegenden Darstellung mit Ausnahme der dissozialen Persönlichkeitsstörung, die im Kapitel Störungen der Sozialentwicklung und des Sozialverhaltens und der Borderline-Persönlichkeitsstörung, die hier gesondert abgehandelt wird, dargestellt. Zusätzlich werden die schizoide, hypersensitive, passiv-aggressive und die dependente Persönlichkeitsstörung aufgenommen, die nicht selten bereits ausgeprägt im Jugend- und frühen Erwachsenenalter beobachtet werden. Die aktuelle Symptomatik anderer, etwa depressiver, histrionischer, zwanghafter, erregbarer oder atypischer Persönlichkeitsstörungen sind in den entsprechenden Kapiteln dieses Buches ausführlich dargestellt.

8.3.1 Schizoide Störung (ICD-10 F60.1, DSM-IV 301.20)

Schizoide Kinder und Jugendliche weisen emotionale und soziale Defizite auf, mit denen sie sich selbst bzw. durch die sie von der Umwelt isoliert werden. Sie sind verschlossen, kontaktschwach und begegnungsscheu, distanziert und reserviert und an Freundschaften und Gruppenaktivitäten wenig oder gar nicht interessiert. Auch in der Familie verhalten sie sich still und zurückgezogen; sie gelten als Eigenbrötler, Außenseiter und Sonderlinge, die auf Tadel ebensowenig wie auf Lob reagieren. Sie sind ernst, mürrisch, nüchtern und kühl, launenhaft und wenig humorvoll und wirken oft wie abwesend, mit sich selbst beschäftigt, nur für sich lebende Kinder. Nach außen sind sie wortkarg und einsilbig, mißtrauisch, überempfindlich und leicht kränkbar. Dabei ist ihr kognitives und emotionales Erleben durchaus einfühlbar und verständlich, und es finden sich keine Hinweise auf isolierte und systematisierte Denkinhalte oder für paranoide Gedankengänge. Sie sind pädagogisch wegen ihrer *sozialen Störung*, insbesondere wegen ihrer emotionalen Frigidität und moralischen Indolenz, besonders aber wegen ihrer konstan-

ten emotionalen Gemütslage, die bei Kindern und Jugendlichen sonst große Schwankungen aufweist, schwer beeinflußbar.

Schizoide Störungen im Kindes- und Jugendalter sind meistens, aber nicht regelmäßig altersadäquate Ausdrucksweisen schizoider Persönlichkeitsstörungen im Erwachsenenalter. Ob Kinder mit schizoiden Störungen häufiger als andere schizophren erkranken, ist umstritten, überwiegend werden solche Zusammenhänge abgewiesen. Neuere Studien lassen vermuten, daß mindestens ein Teil von ihnen eine genetische Beziehung zur *Schizophrenie* besitzt. Eine Adoptionsstudie (Schulsinger et al. 1992), die das Erkrankungsrisiko bei Kindern Schizophrener, die in fremde Familien adoptiert wurden, ermittelte, ergab gehäuft sogenannte Schizophrenie-Spektrum-Störungen; neben 4% der Kinder, die an einer gesicherten Schizophrenie erkrankten, litten 32% an einer solchen leichteren schizophrenieähnlichen Störung im weitesten Sinne »einschließlich schizoider und inadäquater Persönlichkeiten und pseudoneurotischer Störungen«. Die These, daß es sich nicht nur bei Schizophrenien, sondern auch bei solchen Spektrumstörungen um Polygenie oder Heterogenie handelt, wurde dadurch neu belegt.

8.3.2 Hypersensitive Störung (ängstlich-vermeidende F60.6, vermeidend-selbstunsichere DSM-IV 301.82)

Hypersensitive Kinder und Jugendliche sind extrem empfindsam, feinfühlig, gewissenhaft und leicht verletzlich. Sie wirken schüchtern und demütig, ihr *Selbst-*

wertgefühl ist schwach ausgebildet. Sie sehen sich nach menschlichen Kontakten, vermeiden sie jedoch, weil sie Zurückweisungen befürchten. Sie analysieren sich ständig, leiden unter Schuldgefühlen und einem schlechten Gewissen, sie empfinden keine Lebensfreude. Nach außen wirken sie schüchtern, zart und zerbrechlich, dysphorisch und leidend. Durch harmlose, scherzhafte Neckereien fühlen sie sich brüskiert und gekränkt und weinen häufig ohne ersichtlichen Grund. Sie beobachten sorgsam und mißtrauisch die *Umwelt* und ziehen aus objektiv belanglosen Veränderungen bedeutungsvolle Schlüsse auf sich selbst. Sie interpretieren die Einstellung der Mutter zu ihnen etwa aus ihrer Sprechmelodie und registrieren sorgfältig, ob Lehrer und Mitschüler ihnen ausreichend Beachtung schenken. Sie sinnen, grübeln und phantasieren über ihren Rang und ihren Einfluß in der Gruppe, meist mit einem negativen Fazit. Gelegentlich reagieren diese sonst ängstlichen und mimosenhaften Kinder anmaßend und laut, provozierend und arrogant, weil sie es nicht ertragen, scheinbar oder tatsächlich nicht anerkannt, geachtet und akzeptiert zu werden. Im Gegensatz zu den schizoiden Kindern und Jugendlichen, die keine Kontakte wünschen und sich selbst isolieren, sehnen sich sensitive Kinder und Jugendliche nach Zuwendung, Lob und Anerkennung.

8.3.3 Passiv-aggressive Störung (ICD-10 F60.8, DSM-IV, Kriterienliste)

Diese spezielle Störung wird nur in dem DSM-III angeführt und hier mit dem Hinweis, daß *Trotzverhalten* im Kindes- und Jugendalter zu ihrer Manifestation offensichtlich prädisponiert. Aber sie kommt bereits auch in voller Ausprägung in diesem Lebensabschnitt vor. Ihre wichtigsten Merkmale sind: Widerstand gegen Forderungen nach angemessenen Leistungen, der sich im Aufschieben, Trödeln, Widerspenstigkeit, absichtlicher Untüchtigkeit und Vergeßlichkeit ausdrückt. Solche Menschen zeigen zusätzlich häufig abhängige Züge und fehlendes Selbstvertrauen. Sie sind (DSM-III) in bezug auf ihre Zukunft pessimistisch, ohne zu erkennen, daß ihr eigenes Verhalten für ihre Schwierigkeiten verantwortlich ist. Obwohl der Betroffene möglicherweise einen bewußten Groll gegen Autoritäten verspürt, bringt er diesen Groll nie in Zusammenhang mit seinem passiv-widerspenstigen Verhalten.

Schon bei Kindern und Jugendlichen finden sich neben trotzig-oppositionellen auch passiv-widerstrebende und ausweichende Einstellungen im Hinblick auf Forderungen in der Familie, im Kindergarten und in der Schule. Dieses passiv-ablehnende, verdeckt-aggressive Verhalten wird deskriptiv meist den Spiel- und Lern-, später den Leistungsverweigerungen und damit den Störungen der Sozialentwicklung zugerechnet, etwa dem *Lernprotest*, bei dem die Kinder zwar in der Klasse präsent sind, sich aber nicht am Unterricht beteiligen und privatisieren. Ähnliche prädisponierende Merkmale finden sich bei indirekt aggressiven, trotzig-schweigenden, hinterhältig-nörgeligen und bei aggressiv-gehemmten, scheinbar überangepaßten, tatsächlich intentional infolge mangelnden Selbstvertrauens gestörten Kindern, sowie bei verwahrlosten Jugendlichen, bei denen Schulverweigerung, mangelhafte Arbeitsbindung, Bummeln und Weglaufen zu den Hauptsymptomen gehören.

8.3.4 Dependente Störung (ICD-10 F60.7, DSM-IV 301.6)

Diese Störung wird kaum im Kindesalter beobachtet, weil sie in diesem Lebensalter noch nicht auffällt, weil Abhängigkeit weitgehend altersadäquat und physiologisch ist. Einige Autoren vermuten, daß *Trennungsangst* und das Angstsyndrom mit *Vermeidungsverhalten* zu dieser Störung prädisponieren. Diese kommt in Ansätzen bereits bei Jugendlichen vor, läßt sich jedoch oft nicht eindeutig von nachwirkenden oder noch anhaltenden erzieherischen Einflüssen abgrenzen.

Eine dependente Störung liegt vor, wenn der Betroffene es passiv zuläßt, daß andere Menschen für ihn die Verantwortung in wesentlichen Lebensbereichen wegen seines Mangels an *Selbstvertrauen* und der Unfähigkeit, selbständig zu entscheiden, übernehmen. Er ordnet seine Bedürfnisse denen anderer Menschen unter, von denen er abhängig ist, um jede Möglichkeit zu vermeiden, auf sich selbst

vertrauen zu müssen. Ein Kind bzw. ein Jugendlicher mit dieser Störung wird seinen Eltern erlauben zu entscheiden, was er anziehen soll, wem er sich anschließt und wie er seine Freizeit verbringt. Im allgemeinen wollen Menschen mit dieser Störung keine Forderung an solche Menschen stellen, von denen sie abhängen; dies geschieht vielmehr aus Furcht, bestehende Beziehungen zu gefährden und selbständig entscheiden zu müssen. Personen mit dieser Störung fehlt es an Selbstvertrauen. Sie neigen dazu, ihre Fähigkeiten und Leistungen herabzusetzen; sie bezeichnen sich ständig selbst als dumm. Die sozialen Beziehungen sind meist auf die wenigen Personen beschränkt, von denen sie abhängig sind. Die Störung wird öfter bei Mädchen und Frauen als bei Jungen und Männern diagnostiziert.

8.4 Andere frühe Störungen als mögliche Vorstufen von Persönlichkeitsstörungen

An dieser Stelle sollen zusätzlich einige spezifische psychische Störungen des Kindes- und Jugendalters angeführt werden, die sich erfahrungsgemäß überdauernd als Persönlichkeitsstörungen bei Erwachsenen

Tab. 8.3 Anhaltende psychische Störungen im Kindes- und Jugendalter mit einer Tendenz zu Persönlichkeitsstörungen.

- Autistische Störung im Kindes- und Jugendalter
- Hyperkinetische Störung (ADHD) im Kindes- und Jugendalter
- Depressive Störung im Kindes- und Jugendalter
- Zwangsstörung im Kindes- und Jugendalter

---

nachweisen lassen, deren frühe Erscheinungsformen aber oft im Hinblick darauf nicht erkannt oder nicht in die Klassifikationsschemata aufgenommen wurden.

8.4.1 Störungen des Sozialverhaltens

Die dissoziale oder antisoziale Persönlichkeitsstörung im Erwachsenenalter steht mit einer Häufigkeit von ca. 3 % bei Männern und 1 % bei Frauen und nach ihrer Penetranz und Schwere ganz im Vordergrund. Aggressive Verhaltensstörungen, dissoziale und delinquente Züge zeigen sich bei Kindern und Jugendlichen sehr häufig schon vor dem 15. Lebensjahr, manchmal schon in der Vorpubertät in massiven Erziehungsschwierigkeiten, Verhaltensauffälligkeiten, Verwahrlosungserscheinungen und schließlich in Frühkriminalität. Da sie anscheinend gehäuft in gestörten Familien auftreten, sollte man sie nicht zu früh diagnostizieren. Andererseits ist unbestritten, daß besonders frühzeitig auftretende dissoziale Störungen (vgl. S. 118ff.) sich als außerordentlich penetrant und als Vorstufen einer dissozialen Persönlichkeitsstörung erweisen.

8.4.2 Depressive Störungen

Mehrere katamnestische Erhebungen depressiver Kinder und Jugendlicher 10–20 Jahre nach der Entlassung aus stationärer Behandlung (Nissen 1971 u.a.) ergaben, daß nur 15–40 % sich psychisch unauffällig weiterentwickelt hatten. Diese Ergebnisse decken sich weitgehend mit anderen Studien, etwa von Zeitlin (1986), der vergleichbare Zahlen (80 % persistierende depressive Störungen) bietet, und von Birmaher, Neal et al. (1996), die nach

Durchsicht der Literatur der letzten 10 Jahre ebenfalls zu dem Ergebnis kamen, daß früh beginnende Dysthymien und Depressionen eine bemerkenswert schlechte Prognose aufweisen.

8.4.3 Obsessiv-kompulsive Störungen

Zu ähnlichen Ergebnissen wie bei den depressiven Störungen kamen im Hinblick auf Zwangsneurosen, wenn auch nicht nach so langen Katamneseabständen, mehrere retrograde Erhebungen. Sie zeigten, daß ein hoher Prozentsatz zwangskranker Kinder auch nach ein bis fünfzehn Jahren weiterhin Denk- und Handlungszwänge (Knölker 1987) aufwiesen. In einer englischen Studie (Allsopp and Verduyn 1988) litten nach 12 Jahren noch 25 % unter ihrer Zwangssymptomatik, die restlichen 75 % hatten andere psychische Störungen.

8.4.4 Autistische Störungen

Autistische Störungen sind mit einer Häufigkeit von nur 0,05–0,1 % eine zwar seltene, aber sehr typische Erkrankung im Kindesalter. Asperger hat mit seiner autistischen Psychopathie (261ff.) eine schon im frühen Kindesalter manifeste Persönlichkeitsstörung beschrieben. Es handelt sich dabei fast ausschließlich um Jungen mit Kontaktstörungen und einer verzögerten motorischen und Sprachentwicklung. Die soziale Prognose ist bei der meistens guten bis überdurchschnittlichen Intelligenz nicht immer ungünstig. Bei Nachuntersuchungen autistischer Kinder fanden sich (Ruhl et al. 1995) jedoch bei fast allen ein Fortbestehen der psychopathologischen Merkmale und besonders niedrige Scores in der sozialen Entwicklung und des Verständnisses von zwischenmenschlichen Beziehungen.

8.4.5 Aufmerksamkeitsdefizit-/Aktivitätsstörung mit und ohne Hyperaktivität (ADHS)

Das hyperkinetische Syndrom (HKS) ist mit einer Häufigkeit von 6–10 % (Mannuzza et al. 1993, Wender 1995, Krause et al. 1998, Wender 2000) eine sehr häufige Erkrankung des Kindes- und Jugendalters. Die Aufmerksamkeitsdefizit-/Hyperaktivitätsstörung beginnt im Vorschulalter und bleibt meistens bis zur Adoleszenz stabil. Danach schwächt sich die Symptomatik überwiegend ab; sie ist durch Unaufmerksamkeit, Überaktivität und Impulsivität gekennzeichnet, die in Abhängigkeit vom Entwicklungsalter unterschiedlich ausgebildet sind. Die Aufmerksamkeits- und Aktivitätsstörungen treten in der Schule, in der Familie, in der Untersuchungssituation konstant auf. Nach der ICD-10 werden einfache Aktivitäts- und Aufmerksamkeitsstörungen (F90.0) und hyperkinetische Störungen des Sozialverhaltens (F90.1) unterschieden; bei letzterer sind sowohl die Kriterien für eine hyperkinetische Störung als auch für eine Störung des Sozialverhaltens erfüllt. Etwa ein Drittel der betroffenen Kinder, wahrscheinlich sogar noch mehr (Wender 2000), leidet jedoch als Erwachsene weiterhin (Hallowell und Ratey 1998, Weiss und Hechtman 1993, Mannuzza et al. 1998) unter motorischer Hyperaktivität, Konzentrationsstörungen und Störungen der Impulskontrolle, unter Streßinkontinenz und zusätzlichen emotionalen Störungen, die als Persönlichkeitsstörungen anzusehen sind. Die retrograde Diagnose eines HKS im Kindesalter (Krause et al. 1998) ist manchmal nicht ganz einfach. Schon lange vor den heute vorliegenden Längsschnittuntersuchungen war auf die genetische Komponente und die überdurchschnittliche Häufung von Väterberufen mit Umtriebigkeit und häufigen Ortswechseln hingewiesen worden. Für die Therapie haben sich wie im Kindes- und Jugendalter auch bei verfestigten Persönlichkeitsstörungen Stimulantien und trizyklische Antidepressiva als effektiv erwiesen.

8.4.6 Minimale zerebrale Dysfunktion (MCD)

Die minimale zerebrale Dysfunktion, die leichte frühkindliche Hirnschädigung, die auch bei strenger kritischer Bewertung etwa bei Esser und Schmidt (1987) immerhin in einer Häufigkeit von 1 % nachzuweisen ist und teilweise mit bleibenden Auffälligkeiten im Erwachsenenalter einhergeht. Die MCD ist somit wie die Schizophrenie, die Epilepsie oder der Diabetes, deren Häufigkeit ebenfalls bei 1 % liegt, eine relativ häufige Erkrankung.

8.4.7 Schwere und anhaltende frühkindliche Deprivationen

Über schwere und anhaltende frühkindliche Deprivationen haben im deutschen Sprachraum besonders Dührssen (1958) und Meierhofer und Keller (1966) eindrucksvolle Katamnesen vorgelegt, von denen letztere einer kritischen Überprüfung (Ernst und von Luckner 1985) unterzogen wurde.

8.4.8 Schwere emotionale und physische Mißhandlungen und sexueller Mißbrauch
Emotionale und physische Mißhandlungen und sexueller Mißbrauch im Kindesalter ließen sich retrospektiv bei Persönlichkeitsstörungen im Erwachsenenalter häufig nachweisen (Johnson et al. 1999). Dies betrifft besonders auch Kinder, die den Holocaust (Kellermann 1999, Lempp 1979) überlebten, ebenso verfolgte jüdische Kinder, die in Verstecken überlebten und als Erwachsene bleibende schwere »sequentielle Traumatisierungen« (Keilson 1983) und teilweise schwere und irreversible Persönlichkeitsstörungen davontrugen.

8.5 Borderline-Persönlichkeitsstörung

Die Borderline-Persönlichkeitsstörung ist ein eigenständiges Syndrom, das im Grenzbereich zwischen Neurose und Psychose angesiedelt ist und sich auf eine in früher Kindheit stattgehabte *pathologische Ich-Entwicklung* mit spezifischen Abwehr- und Konfliktlösungsstrategien zurückführen läßt. Sie ist mit 30–60 % (DSM) nach Kernberg die häufigste Persönlichkeitsstörung. Im Kindesalter wird die Diagnose selten gestellt, obgleich sie nach Kernberg bereits zwischen 6 und 12 Jahren möglich ist. Im Jugendalter treten häufig Symptomkombinationen auf, die als typisch für das Borderline-Syndrom gelten, ohne daß diese Diagnose gestellt wird.

Die Tendenz, nosologisch schwer einzuordnende Krankheitsbilder als »Rand-«, »Grenz-« oder »Zwischenfälle« auszuweisen, reicht weit zurück. So sprach Kraepelin von *Grenzfällen* als einem »Zwischengebiet zwischen krankhaften Zuständen und persönlichen Eigentümlichkeiten«. Mit solchen und ähnlichen Umschreibungen sollte jedoch nicht ein eigenständiges Syndrom inauguriert werden, sondern nur auf zeitlich befristete diagnostische Schwierigkeiten hingewiesen werden, die sich erst durch den weiteren Krankheitsverlauf klären würden. Stern (1938) führte den psychoanalytischen Begriff der Borderline-Gruppe zur Beschreibung von Erscheinungen zwischen Neurose und Psychose ein und gab erste Hinweise für eine Behandlung. Hoch und Polatin (1949) diskutierten eine pseudoneurotische Schizophrenie zur Bezeichnung von Auffälligkeiten im Grenzbereich zur *Schizophrenie*, die durch eine ständige Fluktuation von wechselnden Symptomen definiert war und als »Panneurose« bezeichnet wurde. Der Psychiater Jaspers (1953) warnte unabhängig davon im Hinblick auf Grenzfälle vor einem »Ruhekissen der Analysierfaulheit«. Hoch und Cattell schufen (1959) mit einer Unterteilung in »panneurosis«, »pananxiety« und »pansexuality« Grundlagen für die spätere Ausarbeitung des Borderline-Syndroms. Erst Melitta Schmideberg (1959) bezeichnete mit dem Borderline-Begriff eine klinische Einheit, die, »stabil in ihrer Instabilität«, einen festen Standort zwischen Neurose, Psychopathie und Psychose habe. Außer Kernberg haben sich u.a. besonders H. Deutsch (1942) mit ihrer »Als-Ob-Persönlichkeit«, Grinker und Werble

(1977) mit einer psychiatrischen Systematik typischer Untergruppenmerkmale und Gunderson und Kolb (1978) sowie Gunderson et al. (1981) mit der Erarbeitung diagnostischer Hilfsinstrumente, mit der Symptomatik, dem Erscheinungsbild und der Therapie des Borderline-Syndroms beschäftigt.

Die *Definition* von Kernberg, daß es sich beim Borderline nicht um eine nosologische Residualkategorie oder eine Verlegenheitsdiagnose, sondern um ein »Krankheitsbild sui generis« handele, war lange Zeit umstritten, auch unter Psychotherapeuten. Die borderline personality disorder wurde, anders als in den USA, in Europa nur zögernd rezipiert. Dazu mag beigetragen haben, daß die Borderline-Störung zu einer Zeit inauguriert wurde, als in den USA ein wesentlich stringenteres Schizophreniekonzept eingeführt wurde, das in Europa seit langem gültig war. Dadurch entstand ein *klassifikatorischer Bedarf* nach Einordnung von Krankheitsbildern, die bislang der Schizophrenie zugerechnet wurden. Andererseits wurde die Hereinnahme des Borderline in das DSM dadurch erleichtert, daß das Borderline-Syndrom anders als alle anderen psychischen Störungen nicht allein psychopathologisch, sondern primär psychoanalytisch definiert wurde, eine spezielle genetisch-dynamische Ätiologie aufwies und eine entsprechende psychotherapeutische Behandlungstechnik erforderte. Die Borderline-Persönlichkeitsstörung wurde im Laufe der Jahre von fast allen Psychotherapeuten akzeptiert, während sie von vielen Psychiatern und auch von einigen Kinder- und Jugendpsychia-

tern heute noch abgelehnt wird. Diese konträre Rezeption zeigt sich auch darin, daß das Borderline-Syndrom erst spät, in der ICD-10, als Unterform der »emotional instabilen Persönlichkeitsstörung, Borderline-Typus« (F60.31) aufgenommen wurde, während sie in dem DSM-IV als eine eigene Störung (301.83) definiert ist und ausführliche ätiologische Gesichtspunkte enthält. Die Borderline-Persönlichkeitsstörung wird dort als eine von insgesamt elf Persönlichkeitsstörungen aufgeführt. Abgesehen von den nicht seltenen erheblichen Schwierigkeiten, sie von schizotypischen, histrionischen oder narzißtischen Störungen abzugrenzen, argumentierte Kernberg (1976), daß auf unterschiedlichen Strukturebenen sowohl neurotische als auch psychotische Störungen den Borderline-Persönlichkeitsstörungen zugerechnet werden könnten. Benedetti (1977) weitete den Begriff Borderline-Persönlichkeitsstörung sogar dahingehend aus, daß der »alte Begriff der Psychopathie« heute »wesentlich im Borderlinekonzept« aufgegangen sei.

Diese und andere klassifikatorischen Umstellungsversuche lassen es verständlicher erscheinen, daß sich in der europäischen Psychiatrie das Borderlinekonzept bislang noch nicht auf breiter Front durchgesetzt hat. Für das Kindes- und Jugendalter wird die Gruppe der Persönlichkeitsstörungen als Diagnose im Vergleich zum Erwachsenenalter nur selten verwendet. Aber es gibt zahlreiche Hinweise darauf, daß schon im Kindesalter und besonders im Jugendalter Borderlinefälle beobachtet, aber nicht entsprechend diagnostiziert werden.

Definition

Die Borderline-Persönlichkeitsstörung wird in der ICD-10 als Subgruppe unter den emotional instabilen Persönlichkeitsstörungen (F60.3) und in dem DSM-IV (301.83) als eigene Persönlichkeitsstörung angeführt. Als zentrale Merkmale gelten eine *Instabilität* in zwischenmenschlichen Beziehungen und eine permanente Verunsicherung der eigenen *Identität*, eine extreme *Angst*, verlassen zu werden, und eine gesteigerte Impulsivität. Im vorgeschrittenem Kindes- und im Jugendalter kommen neben der »stabilen Instabilität« häufig vor: selbstverletzendes Verhalten (Automutilatio), impulsives Verhalten (Delinquenz, Drogen, Dissozialität), massive Entscheidungskonflikte (Schule, Beruf, Partner), suizidale Drohungen und Handlungen, affektive Störungen (Dysphorien, Leeregefühl, Angst), schwere dissoziative Symptome und unangemessene Wutanfälle und Erregungszustände. Die Diagnose einer Borderline-Persönlichkeitsstörung ist nach der ICD-10 vor dem 16. oder 17. Lebensjahr »wahrscheinlich unangemessen«; nach dem DSM-IV muß die Borderline-Symptomatik vor dem 18. Lebensjahr mindestens ein Jahr lang bestanden haben.

Epidemiologie

In der Gesamtbevölkerung beträgt die Prävalenz der Borderline-Persönlichkeitsstörung nach dem DSM-IV 2 %; sie wird bei ambulanten psychiatrischen Patienten auf ca. 10 % und bei stationären psychiatrischen Patienten auf ca. 20 % geschätzt; unter den Persönlichkeitsstörungen nimmt sie einen Anteil von 30–60 % ein. Sie wird zu ungefähr 75 % beim weiblichen Geschlecht diagnostiziert.

Für das Kindes- und Jugendalter liegen für die Borderline-Persönlichkeitsstörung ebenso wie für die anderen Persönlichkeitsstörungen keine übereinstimmenden Prävalenzen vor. Daß entsprechende kategoriale Muster in »Ausnahmefällen« (DSM-IV) bzw. bereits »häufig erstmals in der Kindheit oder Adoleszenz« (ICD-10) in Erscheinung treten, ist kaum noch umstritten. Es entspricht aber auch der klinischen Erfahrung, daß borderline-ähnliche Störungsbilder bei Kindern und Jugendlichen vorkommen, aber nicht über lange Zeiträume anhalten und deshalb nicht den Kriterien der Borderline-Störung entsprechen.

Symptomatik

Für *erwachsene* Borderline-Patienten hat Rudolf (1996) darauf hingewiesen, daß diese besonders im Bereich der *Selbstwertregulation*, der Beziehungserwartungen und der Kommunikationsfähigkeit teilweise strukturell *unreif und regrediert* wirken, während sie sonst sozial unauffällig sind und »effizient funktionieren« können. Besonders auffällig sei der Wechsel zwischen Verzweiflung und Euphorie und das Vorherrschen unreifer Abwehrfunktionen.

Bei *Kindern und Jugendlichen* befindet sich die Persönlichkeitsstruktur hingegen noch in einer ständig fluktuierenden Entwicklung und erschwert erheblich die Grenzziehung zwischen noch physiologischer und pathologischer Unreife, sowohl im Selbstwerterleben als auch auf der zwischenmenschlichen Ebene. Es ist theoretisch vorstellbar, daß eine bereits manifeste Borderline-Entwicklung sich im Kindes- und Jugendalter auch deshalb nicht oder nur schwer diagnostizieren läßt, weil sich ihre Symptomatik noch im physiologischen Bereich bewegt.

Spezifische, die Diagnose bestimmende Einzelsymptome sind für das Kindes- und Jugendalter nicht bekannt; viele Patienten erscheinen zunächst nur als »typisch neurotisch«. Erst der Nachweis und die Bündelung mehrerer Symptome ergibt Hinweise auf eine Borderlinestruktur, die jedoch an den Nachweis einer charakteristischen *Ich-Störung* gebunden ist. Generell kommen bei Borderline-Persönlichkeitsstörungen nachstehende gemeinsame Hauptmerkmale vor: typische Symptomkombinationen, charakteristische Abwehrmechanismen, eine spezifische intrapsychische Pathologie und charakteristische Triebschicksale. Als typische *Symptomkombinationen* gelten:

chronische diffuse Ängste; differente neurotische Symptome wie Phobien, die zu schweren Einschränkungen im Alltagsleben führen können; Zwangssymptome, die als solche erkannt, aber die Bedeutung überwertiger Ideen und Handlungen angenommen haben; multiple Konversionssyndrome mit psychosomatischen Beschwerden; dissoziative Reaktionen (hysterische Dämmerzustände, Fugue-Zustände, Amnesien mit Bewußtseinsstörungen; hypochondrische Zustände; paranoide Züge); polymorph-perverse sexuelle Tendenzen (z. B. exhibitionistisches oder sadistisches Verhalten bzw. Phan-

tasien); »klassische« präpsychotische Persönlichkeitsstrukturen (paranoide, schizoide, hyperthyme, seltener dagegen depressive Störungen); Impulsneurosen und Suchten: primär ich-dyston, während solcher Episoden jedoch als ich-synton erlebte Triebbefriedigungen (Drogen- und Alkoholmißbrauch, Kleptomanie u.a.); schwere Charakterstörungen auf einem »niederen Strukturniveau« (infantile, narzißtische und antisoziale Störungen).

Vorübergehend können auch psychotisch imponierende Symptome auftreten. Es fehlen jedoch ausgeprägte paranoid-halluzinatorische Zustände, ebenso katatone Erscheinungen und typische schizophrene Denkstörungen. Die Betroffenen sind vielmehr selbstkritisch und bleiben fähig, störend empfundene Impulse als solche wahrzunehmen und als krankhaft einzustufen. Intensive Affekte, überwiegend in Form von Feindseligkeit, bestimmen in Kombination mit Derealisations- und Depersonalisationszuständen das Erleben der Patienten, die häufig hinreichend sozial integriert sind, jedoch unter ihrer oft schwer beeinträchtigten Genußfähigkeit leiden. Besonders charakteristisch ist, daß diese und andere Symptome einer ständigen Fluktuation unterworfen sind.

Die strukturelle *Analyse des Ichs* (»Ich« hier als Sammelbegriff unterschiedlicher Funktionen) ist für die Diagnose wichtiger als die deskriptive Symptomatik. Typisch für eine Borderline-Persönlichkeitsstörung sind in dieser Hinsicht: unspezifische Zeichen einer *Ich-Schwäche* (mangelhafte Angsttoleranz, mangelhafte Impulskontrolle, mangelhaft entwickelte Sublimierungen), primärprozeßhafte Denkformen: keine bzw. nur angedeutete formale Denkstörungen, aber regressive Inhalte, die sich auch in projektiven Tests nachweisen lassen. Die spezifische Ich-Störung verhindert die Entwicklung reifer Abwehrmechanismen.

Für eine Borderline-Persönlichkeitsstörung typische *Abwehrmechanismen* sind: »Spaltung«, »primitive Idealisierung«, »projektive Identifizierung«, »Verleugnung« und »Omnipotenz« und »Entwertung«.

Die *Spaltung*, ein Mangel an Ich-Identität, wurde zur Kennzeichnung eines spezifischen, aktiven und zentralen Abwehrvorganges des Ichs auf regredierter Ebene verwendet, durch den Identifikationssysteme gegensätzlicher Inhalte voneinander getrennt gehalten werden sollen. Daraus resultiert eine permanente Unfähigkeit zur Synthese und Integration schroff gegensätzlicher (positiver und negativer) Identifizierungen, die zu aggressiven und autoaggressiven Haltungen und Handlungen führen kann. Diese »Spaltung« ist die Hauptursache der bestehenden Ich-Schwäche. Sie manifestiert sich in einer Aufteilung in »total gute« und »total böse« Objekte, besonders aber in extremen Schwankungen zwischen gegensätzlichen Selbstkonzepten und in einer mangelhaften Impulskontrolle und wechselndem Auftreten konträrer Seiten eines Konfliktes mit jeweiliger Verleugnung der betreffenden anderen Seite, ohne die Widersprüchlichkeit dieses Erlebens zu erkennen. Die unterschiedlichen *Objektbeziehungen* werden unverarbeitet internalisiert, was regelmäßig zu gefährlichen

Spannungen in der Auseinandersetzung mit der Realität führt. Diese Jugendlichen fühlen sich aufgerufen, die Welt von bösen Objekten zu befreien und durch »gute Ideale« zu ersetzen, was zu »megalomanen, idealisierten Selbstbildern« (Benedetti 1977) führen kann.

- Mit dem Abwehrmechanismus der »primitiven Idealisierung« werden Tendenzobjekte zu »total guten« Objekten gemacht, wodurch konsekutiv die Entwicklung des Über-Ichs und des Ich-Ideals ungünstig beeinflußt wird.

- Die »projektive Identifizierung« führt zu einer Externalisierung von total bösen Objekten, die die Entwicklung »gefährlicher vergeltungssüchtiger Objekte« fördern kann und ständig unter Kontrolle gehalten und aggressiv verteidigt werden muß.

- Die »Verleugnung« beinhaltet, daß aktuelle Erfahrungen mit sich selbst oder mit anderen Personen sich bei Borderlinepatienten oft stärker als alte, vielfach bestätigte Erinnerungen und Gefühle erweisen, die in einer bestimmten Situation ausgeklammert und geleugnet werden und zu schädlichen impulsiven Entschlüssen führen können, die kurz darauf bereut und bedauert werden.

- Die häufig beobachtete wechselnde Tendenz zu einer »Omnipotenz und Entwertung«, die schwankende, anklammernde oder abwertende Beziehung zu einem idealisierten Objekt, ist oft verbunden mit dem heftigen Wunsch, ein solches bewundertes oder verachtetes Objekt zu kontrollieren und zu beherrschen, um zusätzliche, eigene Sicherheit zu gewinnen.

Fallbeispiel: Ein 17jähriges schlankes, sehr modisch gekleidetes, intelligentes Mädchen wurde wegen häufiger Selbstverletzungen (Ritzen mit Einbringung ätzender Substanzen in die Wunde) zunächst von einem Hautarzt behandelt. Es wird wegen oszillierender Stimmungsschwankungen, die zwischen Selbstmorddrohungen und irrealen Erwartungen (»Erlösungen«) pendelten, wegen Panikattacken (mit Tachykardien, Tachypnoe, Zittern, Schweißausbrüchen) und Schlafstörungen zur Einleitung einer Psychotherapie vorgestellt. Sie leide unter Bauchschmerzen, Übelkeit und depressiven Verstimmungen und unter immer erneut auftretenden Verfolgungs- und Vergewaltigungsträumen. Sie meide Fahrstühle, Menschenansammlungen und öffentliche Toiletten (»dort könnte unten eine Schlange herauskommen«) und gehe ungern ins Kino (»ich kriege da keine Luft,

mir wird schlecht«). In ihr sei »keine Kraft, kein Halt, ich könnte immerzu weinen«. Sie fühle sich »total allein und verlassen«. Sie habe Schlaftabletten aus der Hausapotheke angespart, um sich das Leben zu nehmen (»ich weiß schon, wie.«). – Sie ist das jüngste von drei Kindern. Man habe sie »ziemlich streng, aber auch verwöhnend« erzogen. Der Vater stehe im Mittelpunkt der Familie. Die Mutter tue alles, was der Vater sage. »Wir haben ihn alle bewundert«, aber er habe die Mutter immer wieder betrogen. »Aber ich liebe ihn dennoch, das ist unglaublich und fast nicht normal. Er kennt mich bis in die letzte Faser und hat meistens recht behalten, was mich betrifft.« Von der Mutter sei sie kaum beachtet worden, »ich war Luft für sie«. »Deshalb hasse ich meine Mutter und liebe meinen Vater«. – Während der Therapie wechselt die Stimmung nicht nur von Stunde zu Stunde, sondern verändert sich auch im Laufe einer Stunde manchmal dramatisch. Sie bettelt wie ein Kleinkind um Rat und Hilfe. Sie weint häufig, lacht aber dann nicht selten mit Tränen

Tab. 8.4 Frühe Symptome einer Borderline-Persönlichkeitsstörung: Symptome im Kindes- und Jugendalter, die für eine beginnende oder bereits bestehende Borderline-Persönlichkeitsstörung besonders dann in Betracht kommen, wenn sie kombiniert und/oder gemeinsam mit anderen Borderline-typischen Symptomen auftreten und über längere Zeit anhalten.

- Selbstverletzungen (Schneiden, Ritzen, Stechen, häufige Unfälle), Selbstmorddrohungen und -versuche

- Impulsivität mit nachteiligen Folgen (Delinquenz, Aggressivität, Autorasereien, psychotrope Substanzen)

- Instabilität des Selbstbildes und Identitätsunsicherheit (»Wer bin ich?«) und der zwischenmenschlichen Beziehungen

- Affektive Instabilität (Stimmungsschwankungen, episodische Dysphorie, Gereiztheit, Ängstlichkeit)

- Extreme Ängste vor Alleinsein, chronische Gefühle von Leere oder Langeweile

- Aggressive Durchbrüche mit Wut und Erregung, körperliche Auseinandersetzungen

- Dissoziative und somatoforme Störungen

in den Augen. Sie habe einen Freund, der schon viele Frauen gehabt habe; er sei absolut dominant und diktatorisch, dulde keinen Widerspruch. Dazu berichtet sie mit einer Deckerinnerung (»ich weiß nicht, ob das wirklich wahr ist«): »Mein Vater hat mich gerufen. Ich war so sechs oder sieben Jahre alt. Er hat mich aufgefordert, mich total auszuziehen. Dann mußte ich mich bücken und er hat mich mit dem Stock auf den Po geschlagen, ich mußte schreien, so weh tat das. Wie konnte er so was tun ...«. – Es handelte sich nach der vorliegenden Symptomkonstellation um eine schwere und tiefgreifende affektive und kognitive Instabilität der eigenen Identität und des Selbstwerterlebens, die sich in Stimmungsschwankungen und Panikattacken ausdrückte, von psychosomatischen Beschwerden begleitet war und mit immer erneuten Selbstverletzungen und mit Suizidalität einherging und sich auch in heftigen Wutausbrüchen und Erregungszuständen äußerte. Während einer vorübergehenden Besserung wurde die Therapie abgebrochen, nach einem Jahr fortgesetzt; der Verdacht auf eine Borderline-Persönlichkeitsstörung wurde bestätigt.

Genese, Ätiologie, soziale Bedeutung, Risikofaktoren

Zur Ätiopathogenese des Borderline-Syndroms entstand in den letzten zwei Jahrzehnten eine nur noch schwer überschaubare Literatur, die sich überwiegend mit der genetisch determinierten Disposition (Temperament, Charakter), dem entwicklungspsychologisch begründeten System und mit trieb- und strukturtheoretischen und selbstpsychologischen Theorien auseinandersetzte. An die Stelle des von zahlreichen Autoren an erster Stelle genannten *sexuellen Kindesmißbrauchs*

und des physischen und emotionalen Kindesmißbrauchs und der Kindesvernachlässigung ist im Laufe der Jahre eine *multifaktorielle Ätiologie* (Paris und Zweig-Frank 1992, Bleiberg 1994) getreten, die alle diese Faktoren als maßgebliche und richtunggebende Risikofaktoren einbezieht, aber andere frühkindliche Noxen stärker als vordem berücksichtigt.

• *Genetische Disposition.* Familienuntersuchungen scheinen die Annahme zu stützen, daß Borderline-Persönlichkeitsstörungen häufiger in Familien auftreten, in denen die Eltern oder andere Verwandte ebenfalls unter Borderline-Störungen leiden. Nach dem DSM-IV wird das Borderline-Syndrom fünfmal häufiger bei erstgradigen leiblichen Verwandten als in der Allgemeinbevölkerung angetroffen. Das kann allerdings sowohl auf eine *erbliche Komponente* als auch auf familiär tradierte Verhaltensmuster hinweisen. Loranger et al. (1982) stellten fest, daß bei behandlungsbedürftigen Verwandten von Borderline-Patienten 10mal häufiger Borderline-Störungen diagnostiziert wurden als bei Schizophrenen. Das Zusammentreffen affektiver Erkrankungen mit Borderline-Persönlichkeitsstörungen ist relativ häufig; es fanden sich jedoch keine Hinweise, daß zwischen beiden eine genetische Verbindung besteht (Stone 1979).

• *Sexueller Mißbrauch* und körperliche und seelische Mißhandlungen. Mit dem erst in den letzten Jahrzehnten nachgewiesenen Ausmaß des sexuellen *Kindesmißbrauchs* und der Kindesmißhandlungen mehrten sich Untersuchungen, die besonders in den überwiegend retrospektiv ermittelten Vorgeschichten von borderlinekranken Kindern, Jugendlichen und Erwachsenen sehr hohe Fallzahlen feststellten: 50–75 % (Stone 1993, Brodsky et al. 1995, Bailey und Shriver 1999, Johnson et al. 1999). Dubo et al. (1997) stellten fest, daß neben dem sexuellen Mißbrauch *emotionale Vernachlässigung* eine maßgebliche Rolle für das Auftreten automutilativen und selbstdestruktiven Verhaltens spielte. Guzder et al. (1996) wiesen in einer vergleichenden Untersuchung wesentlich häufiger sexuell mißbrauchte, körperlich mißhandelte und vernachlässigte Kinder nach, die aus ungünstigen familiären Verhältnissen stammten, als bei Kindern einer Vergleichsgruppe. Die Bedeutung des sexuellen Mißbrauchs als Ursache bzw. wesentliche Mitursache des Borderline-Symdroms, auf den zahlreiche Autoren, u. a. auch Dubo et al. (1997) und Zanarini (2000) hingewiesen haben, wurde inzwischen relativiert. Fossati et al. (1999) konnten in einer Meta-Analyse anhand der publizierten Literatur eine pathogenetisch signifikante Rolle der sexuellen Kindesmißhandlungen nicht bestätigen.

***

Fallbeispiel: Bei einem 15jährigen Jungen »mit extrem wechselnder Symptomatik« wurde im Alter von 3 Jahren eine »psychosoziale Deprivation« vermutet. Die Mutter war Kellnerin im Rotlichtmilieu, der Vater mehrfach vorbestraft, die Eltern geschieden. Im Alter von 5 Jahren wurde »aggressives Verhalten und Enuresis« bei »Verdacht auf Epilepsie«, mit 11 Jahren eine »Zerstörungswut mit autoaggressiven Tendenzen« (schlägt und bespuckt sich selbst) und erstmals der Verdacht aus eine beginnende

Borderline-Störung ausgesprochen. Im Alter von 12 Jahren begann er, sich selbst Wunden (Ritzen) beizubringen, und beging einen ernsthaften Selbstmordversuch mit Tabletten. In seinen Erregungszuständen »weiß er nicht, wer ihm Gutes oder Böses getan hat«. Er randaliert in der Klasse, wirft mit Flaschen, schlägt Mitschüler, greift Lehrer an, schwänzt häufig die Schule. Leugnet Taten, die er ganz offensichtlich kurz vorher begangen hat. Zündelt, setzt Möbel in Brand, ist Mitglied der freiwilligen Feuerwehr. – Bis zu seinem 13. Lebensjahr wechselte er mindestens 8–10mal seinen Aufenthaltsort: Mutter – Pflegefamilie – Mutter – neue Pflegefamilie – Heime, mehrfache Wechsel – Mutter und Stiefvater. Über seinem Bett hängen zwei Bilder: eines mit einem Galgen, an dem ein Strichmännchen hängt, das andere ein Strichmännchen mit einem roten Herz, in das der Junge einen Schraubenzieher gestochen hat.

***

- *Entwicklungspsychologie.* In mehreren Attachment-Studien wurde auf frühkindliche Entwicklungsstörungen, insbesondere auf *Bindungsstörungen* (vgl. S. 53 ff.), Tod und Scheidung der Eltern und ein permanent disharmonisches Familienklima (Fonagy et al. 2000, Brennan und Shaver 1998) hingewiesen. Auf die Bedeutung inkonsistenter Mutter-Kind-Beziehungen und einer extensiv-übersorgten mütterlichen Einstellung haben Beziganian et al. (1993) hingewiesen. Kinder lernen in der Regel, daß ihre Mütter oder Väter sich sowohl »gut« als auch »böse« verhalten können, und lernen auch, sich dementsprechend zu verhalten. Demgegenüber werden von borderlinegestörten Kindern, Jugendlichen und Erwachsenen diese beiden Positionen strikt getrennt und verallgemeinert, was zu schweren Konflikten führen kann. In der frühen Kindheit, besonders im 2. und 3. Lebensjahr, finden sich bei Borderline-Patienten gehäuft Hinweise auf anhaltende Versagungen, insbesondere durch ihre Mütter, aber auch durch die Väter, die zu einem verzerrten, *übernachhaltigen Elternbild* führen können, das, verbunden mit heftigen Aggressionen und Ängsten, zu pathologischen Internalisationen führen kann. Als typische familiäre Bedingungskonstellationen gelten passive, inkompetente oder abwesende Väter in Kombination mit zudringlichen, kommandierenden und kontrollierenden Müttern, die nicht selten selbst unter psychischen Störungen leiden. Sie haben in der Erziehung ihrer Kinder Probleme, sich konsistent zu verhalten, konsequent Ziele zu setzen und Grenzen zu ziehen. Es ist für sie schwierig, Gefühle der Behaglichkeit, der Zufriedenheit und der Freude zu vermitteln und ihre Kinder zu ermutigen, sich selbständig und unabhängig zu entwickeln. Die Entwicklung des Ich und die Organisation des »Selbst« und die der psychischen Instanzen des Kindes werden dadurch oder durch gehäufte und anhaltende frühe Traumatisierungen gestört, weil sie eine phasenadäquate Bewältigung von Triebkonflikten verhindern. Diese frühen Erfahrungen sind oft mit aggressiven Reaktionen und Enttäuschungen verbunden. Sexuelle Fehlentwicklungen sind durch eine »vorzeitige Ödipalisierung« prägenitaler Konflikte relativ häufig. Die »feminine Position« (Heimann 1955) bei Jungen wird als das Re-

sultat einer Unterwerfung unter den Vater interpretiert. Versuche von Mädchen, sich von introjizierten mütterlichen Über-Ich-Forderungen zu befreien, können eine Dominanz masochistischer Tendenzen zur Folge haben. Während sich bei der männlichen Homosexualität die Konstellation einer »femininen Position« relativ häufig nachweisen läßt, wird eine wichtige Ursache der weiblichen Homosexualität in einer idealisierten Mutter-Imago gesehen, die durch Abspaltung der gefährlichen und bedrohlichen »Partial«-Mutterfigur (Kernberg 1975) geschaffen wurde. Die bei Borderline-Patienten oft beschriebene *Pansexualität*, die auf einem Mangel an sexueller Identität beruht, erscheint als das Ergebnis verschieden starker prägenitaler und genitaler Fixierungen und Abwehrprozesse. Mehrere Longitudinalstudien (Bernstein et al. 1998, Franz et al 1998, Kernberg 1994, Sabo 1997, Modestin et al., 1998) ergaben, daß deutlich erkennbare Zusammenhänge zwischen frühkindlichen und kindlichen Belastungsstörungen und der Entwicklung von Borderline-Störungen im Jugend- und Erwachsenenalter bestehen.

• *Ich-Störungen.* Als typisch für die Borderline-Persönlichkeitsstörungen wird eine spezifische Störung des Ichs herausgestellt, die die übrigen psychischen Strukturen permanent in Mitleidenschaft zieht. Diese *Ich-Pathologie* resultiert aus dem Einsatz archaischer Spaltungsmechanismen und anderer sich um die Spaltung gruppierender spezifischer Abwehroperationen. Das Borderline-Syndrom stellt sich danach als eine spezifische Lösungsstrategie für Konflikte im Bereich der Ich-

Entwicklung dar, die sich psychogenetisch den Störungen des Loslösungs- und Individuationsprozesses zuordnen lassen, wobei Fixierungspunkte für eine spätere pathologische Ich-Regression entstehen können, unter welcher das Borderline-Syndrom manifest wird.

• *Bindungsstörungen.* Die genetischen Theorien (Kernberg, Mahler, Masterson, Wolberg u. a.) sind untereinander insoweit stimmig, daß im frühen Lebensalter, zu einem Zeitpunkt, in dem das Kind die Mutter bereits als ein anderes Objekt wahrzunehmen imstande ist, mit seinen Autonomiebestrebungen an einem Elternteil, meistens an der Mutter, scheiterte. Die Entwicklung zu einem sich selbstbestimmenden Individuum, seine Individuation, wurde so massiv beeinträchtigt, daß in der weiteren Entwicklung an die Stelle der erwünschten Eigenbestimmung eine schließlich als notwendig erachtete *Fremdbestimmung* mit allen ihren Komplikationen trat.

Die soziale Bedeutung ergibt sich aus der »stabilen Instabilität« sowohl in den zwischenmenschlichen Beziehungen als auch zu sich selbst und die dadurch verursachten Konflikte und Krisen.

Diagnose und Differentialdiagnose

Die Diagnose einer Borderline-Persönlichkeitsstörung wird meistens erst bei älteren Kindern und im Jugendalter gestellt. Kernberg (1990) machte jedoch schon früh darauf aufmerksam, daß Borderline-Symptome sich bereits bei 8–12jährigen Kindern nachweisen lassen. Dazu ist allerdings zu bedenken, daß in

seinem *hierarchischen Konzept* der Persönlichkeitsstörungen (Kernberg 1996) fast alle psychischen Störungen integriert sind. Im Kindes- und Jugendalter wird die Diagnose einer Borderline-Persönlichkeitsstörung zusätzlich dadurch erschwert, daß emotionale Störungen besonders in diesem Lebensabschnitt sich schlechter untereinander abgrenzen lassen als kognitive oder psychotische Störungen, daß emotionale Störungen, die mit Angst, Depressions-, Zwangs- oder Konversionssymptomatik einhergehen, bei Kindern und Jugendlichen oft nur partiell und inkomplett ausgebildet sind und eine eigentliche Strukturierung noch vermissen lassen, und schließlich, daß die Persönlichkeit bei Kindern und Jugendlichen noch nicht so deutlich strukturiert ist, daß man von Persönlichkeitsstörungen sprechen könnte. Im Kindes- und im Jugendalter sollte dann, wenn man sich auf diese Diagnose nicht festlegen möchte, in den Krankenjournalen als Basis für pro- oder retrospektive Längsschnittstudien ein entsprechender Vermerk aufgenommen und bei anhaltender typischer Symptomatik eine entsprechende Therapie eingeleitet werden.

Erste Hinweise auf das Vorliegen eines Borderline-Syndroms können instabile Störungen des Verhaltens, der Stimmung, des Kontakts und des Selbstbildes geben.

• Verhalten: Aktive Isolierung durch sozialen Rückzug; Konzentrationsstörungen; Apathie und Langeweile oder antisoziales und delinquentes Verhalten; Alkohol- und Drogenmißbrauch; Autoaggressivität; Promiskuität; Aggressivität und Weglaufen.

- Stimmung: Psychische Labilität mit Panik und Verzweiflung bis zur Dysphorie und anhaltenden zornig-gereizten Verstimmungszuständen.
- Kontakt: Vielfach intensiv, immer erneut gewünscht und gesucht, jedoch durch verschiedene Faktoren (Abwehrmechanismen) immer schwer beeinträchtigt, mit Tendenz zur abrupten und quälenden Identitätsstörung mit starker innerer Verunsicherung infolge »Durchlässigkeit der Selbstgrenzen«, begleitet von Furcht, die Anpassung oder Abwehr erfordern.

Die Ergebnisse *projektiver Tests* decken sich oft mit denen klinischer Beobachtungen. In Rorschach-Protokollen finden sich Hinweise für fabulierendes, kombinatorisches und konfabulatorisches Denken; Borderline-Patienten fühlen sich mit ihrem bizarren und verschrobenen Denken weniger unwohl als Schizophrene (Rohde-Dachser 1995). Das phänomenologisch orientierte »Interview für Borderline-Patienten« (DIB) von Gunderson und Zanarini (1992), deutsch von Rohde-Dachser (1995), das auch psychoseähnliche Phänomene einbezieht, weist eine relativ hohe Übereinstimmung mit dem DSM-IV auf und hat sich auch für das Jugendalter bewährt (Braun-Scharm et al. 2000).

Differentialdiagnostisch kommen wie bei allen speziellen auch bei den Borderline-Persönlichkeitsstörungen bei Kindern und Jugendlichen einfache und passagere Entwicklungsstörungen, psychogene Störungen mit psychischer bzw. körperlicher Symptomatik, aber auch leichte oder schwerere exogene Psychosyndrome und beginnende endogen-psychotische, besonders affektive Erkrankungen, in Betracht. Aus psychoanalytischer Sicht sind in der Psychose die *Ich-Grenzen* nur sehr mangelhaft entwickelt, die Selbst- und Objektimagines weitgehend undifferenziert, und es liegen schwerwiegende Mängel der Ich-Entwicklung vor. Das Ich der Borderlinepatienten ist besser als das der Psychotiker integriert, während die Differenzierung der Selbst- und Objektimagines weitgehend gelungen ist. Ihre Ich-Grenzen sind stabiler, mit Ausnahme des Bereichs engerer zwischenmenschlicher Beziehungen; sie zeigen außerdem das typische Syndrom der *Identitätsdiffusion*. Neurotiker haben dagegen eine relativ stabile Identität und verfügen über ein integriertes Über-Ich, das manchmal extrem streng oder sadistisch sein kann: insgesamt ist jedoch zumindest teilweise ein erfolgreiches, wenn auch relativ konfliktreiches Leben möglich. Die Differenzierung zwischen Borderline-Störungen und anderen pathologischen Veränderungen der Persönlichkeit ist oft schwierig, weil einzelne psychopathologische Kategorien sich nicht gegenseitig ausschließen. So treten Symptome schizoider oder narzißtischer Persönlichkeitsstörungen gelegentlich auch beim Borderline auf, ohne daß dies die Diagnose in Frage stellen müßte. Eine schizotypische Persönlichkeitsstörung weist unter anderem nachstehende Merkmale auf: magisches Denken, Beziehungsideen, soziale Isolierung, illusionäre Verkennungen und paranoide Vorstellungen. Die narzißtische Persönlichkeitsstörung zeigt eine bessere Impulskontrolle, die Patienten sind sozial eingeordnet und beruflich erfolgreich. Abweichend zur Borderline-Störung ist die Abwehrstruktur ganz auf sich selbst abgestellt.

Therapie und Prognose

Für die psychoanalytisch konzipierte Borderline-Persönlichkeitsstörung kommt in erster Linie ein *psychoanalytisches* Behandlungsverfahren in Betracht. Es werden von Anfang an die Techniken der Klärung, der Deutung, der Konfrontation und der Akzeptanz eingesetzt mit dem Ziel der Realisierung gewonnener *Einsichten*. Neben den psychoanalytischen Standardverfahren und stützenden Psychotherapien wurden spezifische Behandlungstechniken eingeführt, die als wesentliches Ziel eine Schwächung bzw. Aufhebung der typischen archaischen Abwehrformen (Spaltung, primitive Idealisierung, frühe Formen der Projektion, Verleugnung und Omnipotenz usw.) zum Ziel haben, um die mangelhaft entwickelten bzw. schwer gestörten Ich-Instanzen zu stärken. Eine modifizierte *Übertragungs-Gegenübertragungs-Beziehung* steht im Mittelpunkt der Behandlung. Die Therapie erfordert langfristige Zeiträume und stellt besondere Anforderungen an den Therapeuten.

Behandlungsziele sind eine Verbesserung der Ich-Funktionsfähigkeit, ein verbesserter Realitätsbezug anstelle freier Assoziationen, eine Stärkung der positiven Persönlichkeitsanteile, Verbesserung der Ich-Grenzziehung, Kontrolle und Verarbeitung der Aggressivität, Kontrolle und Verarbeitung von Trennung und Identität, Kontrolle und Verarbeitung der Initiative und ausführliche Informationen über die bestehende Störung. Diese Ziele erfordern eine erhebliche Flexibilität von seiten des Therapeuten; sie bestehen in der Festigung einer positiven Übertragung, ohne sie zu interpretieren, kein langes Schweigen hinzunehmen, Beachtung der Reihenfolge von Deutungen, z.B. depressives vor paranoidem Material, Grenzziehung bei agierendem Verhalten, Bearbeitung negativer Übertragungen, Konfrontation mit verleugneten Inhalten, Entzerrung idealisierter oder verteufelter Bezugspersonen usw.

Während für die allgemeine Psychotherapie von Jugendlichen eine einigermaßen verläßliche Kontakt- und Bindungsfähigkeit für die Konstellation einer Übertragungsneurose als Grundlage der Therapie vorausgesetzt werden kann, ist diese bei Borderline-Patienten nicht oder doch nur schwach angelegt bzw. verschüttet. Borderline-Patienten verfügen über keine freien Valenzen für stabile und verläßliche menschliche Kontakte. Bereits im frühen Kindesalter fand ein Rückzug der Libido auf das eigene Ich (Narzißmus) statt. Immer erneut auftretende spezifische *regressive Zustände* eignen sich deshalb oft besonders für eine therapeutische Bearbeitung. Die Behandlungssituation ist aktiv zu strukturieren, um ein Ausagieren zu verhindern. Zur Vermeidung einer stärkeren Regression in der typischen Behandlungssituation sind häufig Modifikationen (Therapie im Sitzen, nicht im Liegen) erforderlich; vorzusehen ist eine längere Behandlungsdauer mit nicht zu häufigen Sitzungen. Wichtige Besonderheiten der

Therapie bestehen ferner darin, eine sich während einer Behandlung entwickelnde negative Übertragung als solche zu erkennen und herauszuarbeiten, aber nicht vollständig offenzulegen. Wenn sich positive Übertragungsanteile entwickeln, sollten diese für die Therapie genutzt werden. Typische *pathologische Abwehrformen* sind immer erneut anhand praktischer Beispiele aufzuzeigen und, wenn möglich, therapeutisch zu nutzen. In schweren Fällen kann ein stationärer Aufenthalt helfen, durch den vorgegebenen äußeren Rahmen die chronische psychische Instabilität zu festigen. Das wichtigste Ziel der Behandlung liegt in der Aufdeckung und Bearbeitung der individuell besonders störenden, Ich-schwächenden und die Realitätsprüfung beeinträchtigenden pathologischen Abwehrformen. Bisher gibt es nur wenig kontrollierte Therapiestudien; meist wurden nur kasuistische Beiträge publiziert. Psychopharmakologisch wurden mehrfach Antidepressiva eingesetzt, die manchmal einen günstigen Effekt haben sollen; auch unter Neuroleptika wurden Besserungen bekannt.

Linehan (1996) hat ein spezielles dialektisch-verhaltenstherapeutisches Konzept für die Behandlung von Borderline-Persönlichkeitsstörungen entwickelt, das auch als Gruppentherapie angewendet werden kann. Vor Behandlungsbeginn solle die soziale Situation relativ stabil sein, es solle nach Möglichkeit keine Suizidalität und keine Komorbidität vorliegen. Die wichtigste therapeutische Aufgabe wird in der Behebung der im Vordergrund stehenden basal gestörten Emotionsregulation gesehen.

Die *Prognose* hängt ab von der jeweiligen Persönlichkeitsstruktur, besonders vom Grad der Ich-Schwäche, von der Qualität der Über-Ich-Pathologie und der Qualität der Objektbeziehungen, vom Ausmaß einer Komorbidität und von der Persönlichkeit des Therapeuten. Sie ist bei Vorliegen schwerer Defizite und Defekte nicht besonders günstig. Verlaufsstudien zeigten jedoch, daß nur eine Minderheit später Symptome einer akuten Schizophrenie entwickelte und auch ein Übergang in affektive Psychosen nur relativ selten vorkommt. Einiges spricht dafür, daß besonders störende Symptome sich mit zunehmendem Alter abschwächen. Neben der hohen *Komorbidität*, die manchmal die zugrundeliegende Persönlichkeitsstörung überdecken kann, wird vor allem auf ein hohes Suizidrisiko (Buchheim et al. 2000) hingewiesen. Die *Prävention* hängt entscheidend von der Vermeidung und Beseitigung der familiären Risikofaktoren ab.

Literatur

Abraham K (1925) Ansätze zur psychoanalytischen Erforschung und Behandlung des manisch-depressiven Irreseins und verwandter Zustände. In: Psychoanalytische Studien zur Charakterbildung. Frankfurt: Fischer 1972

Aichhorn A (1925) Verwahrloste Jugend. Leipzig. 9. Aufl., Bern: Huber 1969

Allsopp M, Verduyn C (1988) A follow-up of adolescents with obsessive-compulsive disorder. Brit. J. Psychiat. 154: 829–834

Aster M von (1993) Geistige Behinderung. In: Steinhausen H-C, von Aster M (Hrsg) Handbuch für Verhaltenstherapie und Verhaltensmedizin bei Kindern und Jugendlichen. Weinheim: Beltz Psychologie Verlags Union, S. 47–68

Bailey JM, Shriver A (1999) Does childhood sexual abuse cause borderline personality disorder? J. Sex. Marital Ther. 25(1): 45–57

Beck AT, Rush J, Shaw B, Emery G (1979) Cognitive Therapy of Depression. A Treatment Manual. New York: Guilford Press

Beck AT et al. (1993) Kognitive Therapie der Persönlichkeitsstörungen. Weinheim: Psychologie Verlags Union

Benedetti G (1977) Das Borderline-Syndrom. Nervenarzt 48: 641–670

Bernstein DP, Cohen P, Velez N, Schwab-Stone M, Siever I, Shinsato L (1993) Prevalence and stability on the DSM-III-R personality disorders in a community-based survey of adolescents. Am. J. Psychiat. 150: 1237–1243

Bernstein DP, Cohen P, Skodal A, Bezirganian S, Brooks JS (1996) Childhood antecedents of adolescent personality disorders. Am. J. Psychiat. 153(7): 907–913

Bernstein DP, Stein JA, Handelsman G (1998) Predicting personality pathology among adult patients with substance use disorders: effects of childhood maltreatment. Addict. Behav. 23(6): 855–68

Bezirganian S, Cohen P, Brook JS (1993) The impact of mother-child interaction on the development of borderline personality disorder. Am. J. Psychiat. 150(12): 1836–42

Birmaher B, Neal R, Williamson DE, Brent DA, Kaufman J, Ronald E, Dahl RE, Perel J, Nelson B (1996) Childhood and Adolescent Depression: A Review of the past 10 Years. Teil I und II. New York: Am. Acad. Child Adolesc.

Bleiberg E (1994) Borderline diagnosis in children and adolescents: the concept, the diagnosis, and the controversies. Bull. Menninger Clin. 58(2): 169–96

Bräutigam W (1973) Charakterneurose. In: Müller C (Hrsg) Lexikon der Psychiatrie. Berlin: Springer, S. 73–74

Braun-Scharm H, Kieninger S, Wienecke S (2000) Persönlichkeitsstörungen im Jugendalter. Eine Pilotstudie zu Klassifikation und Frühverlauf. Z Kinder-/Jugendpsychiat. 28(1): 5–15

Braun-Scharm H, Räder K, Martinius J (1991) Die stationäre Versorgung jugendpsychiatrischer Patienten. Eine Stichtagsuntersuchung. Z. Kinder-/Jugendpsychiat. 19: 70–77

Brennan KA, Shaver PR (1998) Attachment styles and personality disorders: their connections to each other and to parental divorce, parental death, and perceptions of parental caregiving. J. Pers. 66(5): 835–378

Brodsky BS, Cloitre M, Duli RA (1995) Relationship of dissociation to self-mutilation and childhood abuse in borderline personality disorder. Am. J. Psychiat. 1152(12): 1788–92

Buchheim P, Dammann G, Clarkin JE, Kernberg OF (1999) Psychodynamische Psychotherapie von Patienten mit Borderline-Persönlichkeitsstörung. Persönlichkeitsstörungen – Theorie und Praxis. 3. Sonderband, S. 25–34

Buchheim P, Dammann G, Clarkin JF, Kernberg OD (2000) Neue Ansätze einer manualisierten, psychodynamischen Therapie von Borderline-Störungen. In: Nissen G (Hrsg) Persönlichkeitsstörungen. Stuttgart: Kohlhammer, S. 89–113

Burgmer M, Freyberger HJ (1999) Operationalisierte Diagnostik der Borderline-Persönlichkeitsstörung. Nervenarzt 3: 250–255

Cuykx V, van Houdenhove B, Neerinckx E (1998) Childhood abuse, personality disorder and chronic fatigue syndrome. Gen. Hosp. Psychiat. 20(6): 382ff.

Deutsch H (1942) Some forms of emotional disturbances and their relationship to schizophrenia. Psychoanal. Q. 11: 301–321

Diagnostisches und statistisches Manual psychischer Störungen DSM-III-R (1987) Deutsche Bearbeitung von Koehler K, Sasz H. Weinheim: Beltz 1989

Dubo ED, Zanarini MC, Lewis RE, Williams AA (1997) Childhood antecedents of self-destructiveness in borderline personality disorder. Can. J. Psychiat. 42(1): 63–69

Dührssen A (1958) Heimkinder und Pflegekinder in ihrer Entwicklung. Göttingen: Verlag medizinische Psychologie

Ecker W (1994) Persönlichkeitsstörungen. In: Linden M, Hautzinger M (Hrsg) Verhaltenstherapie. Heidelberg: Springer, S. 383–389

Ekstein K, Stein R, Wallerstein J (1956) Observations of the psychotherapy of borderline and psychotic children. Psychoanal. Study Child 11: 303–311

Emminghaus H (1887) Die psychischen Störungen des Kindesalters. Tübingen: Laupp, S. 251–252

Erikson EH (1966) Das Problem der Identität. In: Erikson EH (Hrsg) Identität und Lebenszyklus. Frankfurt: Suhrkamp

Erlenmeyer-Kimling L, Jarvik KV (1963) Genetics and Intelligence: A review. Science: 1477–1479

Ernst C, Luckner N von (1985) Stellt die Frühkindheit die Weichen? Eine Kritik an der Lehre von der schicksalhaften Bedeutung erster Erlebnisse. Stuttgart: Enke

Ernst K (1971) Katamnesen von Kinderneurosen. Acta paedopsychiatrica 38: 316–324

Esser G, Schmidt MH (1987) Minimale zerebrale Dysfunktion – Leerformel oder Syndrom? Stuttgart: Enke

Esser G, Schmidt MH, Blanz B, Fätkenheuer B, Fritz A, Koppe T, Laucht T, Rensch B, Rothenberger W (1992) Prävalenz und Verlauf psychischer Störungen im Kindes- und Jugendalter, Z. Kinder-/Jugendpsychiat. 20: 232–240

Fernando J (1998) The etiology of narcissistic personality disorder. Psychoanal. Study Child 53: 141–58

Fiedler P (1995) Persönlichkeitsstörungen. Weinheim: Beltz

Fiedler P (2000) Integrative Psychotherapie bei Persönlichkeitsstörungen. Göttingen: Hogrefe

Fonagy P, Farget M, Gergely G (2000) Attachment and borderline personality disorder. A theory and some evidence. Psychiatr. Clin. North Am. 23(1): 103–22

Fossati A, Mededdu F, Maffei C (1999) Borderline personality disorder and childhood sexual abuse: a meta-analytic study. J. Person. Disord. 13(3): 268–280

Franz M, Tress W, Schepank H (1998) Predicting extreme patterns of long-term course of psychogenic impairment: a ten-year-follow-up. Soc. Psychiat. Epidemiol. 33(6): 243–251

Freud S (1905) Drei Abhandlungen zur Sexualtheorie, Studienausgabe 1972. Band 5. Frankfurt: Fischer, S. 37–134

Grinker RR, Werble B (1977) The borderline patient. New York: Jason Aronson

Gualtieri CT, Bourgondien ME van (1987) So-called borderline children. Am. J. Psychiat. 144(6): 832–833

Gunderson JG, Kolb JE (1978) Discriminating features of borderline patients. Am. J. Psychiat. 135: 792–796

Gunderson JG, Kolb JE, Austin V (1981) The Diagnostic Interview for Borderline Patients. Am. J. Psychiat. 138: 896–903

Gunderson JG, Zanarini MC (1992) Revised Diagnostic Interview for Borderlines (DIB-R). Modified: February 1992. McLean Hospital,

Harvard Medical School, Belmont/MA. Dt. Übersetzung in: Rohde-Dachser Ch: Das Borderline-Syndrom. 5. überarb. Aufl., Bern: Huber 1995, S. 224 ff.

Guzder J, Paris J, Zelkowitz P. Marchessault (1996) Risk factors for borderline pathology in children. J. Am. Acad. Child Adolesc. Psychiat. 35: 26–33

Häfner H (1961) Psychopathen. Daseinsanalytische Untersuchungen zur Struktur und Verlaufsgestalt von Psychopathen. Berlin/Göttingen/Heidelberg: Springer

Hallowell EM, Ratey JJ (1998) Zwanghaft zerstreut, ADD – die Unfähigkeit, aufmerksam zu sein. Hamburg: Rowohlt

Hartmann H (1950) Psychoanalysis and developmental psychology. Comments on the psychoanalytic theory of the ego. Psychoanalytic Study of the Child, Bd. 5. London: Imago

Hartmann H (1951) Comments on the psychoanalytic theory of the ego. The Psychoanal. Study of the Child 5: 17–32

Heimann P (1955) A contribution to the reevaluation of the oedipus-complex: The early stages. In: Klein M, Heimann P, Money-Kyrle RE (Hrsg) New directions in psycho-analysis. London: Tavistock

Hoch PH, Cattell JP (1959) The diagnosis of pseudoneurotic schizophrenia. Psychiat. Quart. 33: 17–34

Hoch PH, Polatin P (1949) Pseudoneurotic forms of schizophrenia. Psychiat. Quart. 23: 248–253

Homburger A (1926) Psychopathologie des Kindesalters. Berlin: Springer, S 254–462

ICD 10 (Internationale Klassifikation psychischer Störungen) (1991) Bern/Göttingen/Toronto: Huber

Jaspers K (1953) Allgemeine Psychopathologie. Berlin/Göttingen/Heidelberg: Springer

Johnson JG, Cohen P, Brown J, Smailes EM, Bernstein DP (1999) Childhood maltreatment increases risk for personality disorders during early adulthood. Arch. Gen. Psychiat. 56(7): 600–606

Jung CG (1949) Psychologische Typen. 6. Aufl., Zürich: Rascher, S. 664

Keilson H (1983) Sequentielle Traumatisierung bei Kindern. Stuttgart: Enke

Kellermann NP (1999) Diagnosis of Holocaust survivors and their children. Inr. J. Psychiat. Relat. Sci. 36(1): 55–64

Kernberg OF (1967) Borderline conditions and pathological narcissism. New York: Aronson. Dt.: Borderline-Störungen und pathologischer Narzißmus. 4. Aufl., Frankfurt: Suhrkamp 1978

Kernberg OF (1970) A psychoanalytic classification of character pathology. J. Am. Psychoanal. Ass. 18: 800–822

Kernberg OF (1983) Borderline conditions: childhood and adolescents aspects. In: Robson KR (Hrsg) The Borderline Child. New York: McGraw Hill, S. 101–120

Kernberg, OF (1984) Severe personality disorders. Psychotherapeutic strategies. New Haven: Yale University Press. Dt.: Schwere Persönlichkeitsstörungen. Theorie, Diagnose, Behandlungsstrategien. Stuttgart: Klett-Cotta, 6. Aufl. 2000

Kernberg OF (1990) Resolved Borderline personality exists in children under twelve. J. Am. Acad. Child Adolesc. Psychiat. 29: 478–483

Kernberg OF (1994) Aggression, trauma, and hatred in the treatment of borderline patients. Psychiatr. Clin. North Am. 17(4): 701–714

Kernberg OF (1996) Ein psychoanalytisches Modell der Klassifizierung von Persönlichkeitsstörungen. Psychotherapeut 41: 288–296

Kernberg OF (1997) Objektbeziehungen und Praxis der Psychoanalyse. 6. Aufl., Stuttgart: Klett-Cotta

Kernberg PF, Weiner A, Bardenstein K (2001) Persönlichkeitsstörungen bei Kindern und Jugendlichen. Stuttgart: Klett-Cotta

Kety SS, Rosenthal D, Wender PH, Schulsinger F (1968) The types and praevalence of mental illness in biological and adoptive families of adopted schizophrenics. In: Rosenthal D, Kety SS (Hrsg) The transmission of schizophrenia. New York: Pergamon Press

Knölker U (1987) Zwangssyndrome im Kindes- und Jugendalter. Göttingen: Vandenhoeck & Ruprecht

Koch JLA (1891–1893) Die psychopathischen Minderwertigkeiten. Ravensburg: Maier

Kochmann R (1963) Über Diagnose und Prognose, besonders der Psychopathie, in der Kinderpsychiatrie. Acta Paedopsychiatrica 30: 21–28

Kohlberg L, Recks D, Snarey J (1984) Childhood development as a predictor of adaptation in adulthood. Genet. Psychol. Monogr. 110: 91–172

Kohut H (1973) Narzißmus. Eine Theorie der psychoanalytischen Behandlung narzißtischer Persönlichkeitsstörungen. Frankfurt: Suhrkamp

Kohut H (1979) Die Heilung des Selbst. Frankfurt: Suhrkamp

Kraepelin E (1904) Psychiatrie, 7. Aufl., Leipzig: Barth

Krause KH, Krause J, Trott GE (1998) Das hyperkinetische Syndrom (Aufmerksamkeitsdefizit-/Hyperaktivitätsstörung) des Erwachsenenalters. Nervenarzt 69(7): 543–56

Kretschmer E (1921) Körperbau und Charakter. 25. Aufl., Heidelberg: Springer 1967

Kretschmer E (1950) Der sensitive Beziehungswahn. Berlin/Göttingen/Heidelberg: Springer

Kris E, Loewenstein RM (1946) Comments on the formation of physic structure. Psychoanalytic Study of the Child, Bd. II. London: Imago

Langen D, Jäger A (1964) Die Pubertätskrisen und ihre Weiterentwicklung. Arch. Psychiat. Z. Ges. Neurolog. 205: 19–36

Lempp R (1979) Extrembelastung im Kindes- und Jugendalter. Bern/Stuttgart/Wien: Huber

Linehan MM (1996) Cognitive-behavioral treatment of borderline personality disorder. New York: Guilford Press

Loranger AW, Oldham JM, Tulis EH (1982) Familiar transmission of DSM III borderline personality disorders. Arch. Gen. Psychiat. 39: 795–799

Luk ES, Staiger PK, Wong L, Mathai J (1999) Children who are cruel to animals. Aust. NZJ Psychiat. 33(1): 29–36

Mannuzza S, Klein RG, Bessler A, Malloy P, Lapadula M (1993) Adult outcome of hyperactive boys. Arch. Gen. Psychiat. 50: 565–576

Mannuzza S, Klein RG, Bessler A, Malloy P, Lapadula M (1998) Adult psychiatric status of hyperactive boys grown up. Am. J. Psychiat. 155: 493–498

Masterson JF (1976) Psychotherapy of the borderline adult. New York: Brunner & Mazel. Dt.: Psychotherapie bei Borderline-Patienten. Stuttgart: Klett-Cotta, 3. Aufl. 1998

Meierhofer M, Keller W (1966) Frustrationen im frühen Kindesalter. Bern/Stuttgart/Wien: Huber

Millon T (1981) Disorders of Personality: DSM-III, Axis II. New York: John Wiley

Millon T (1999) Personality-Guided Therapy. New York: Wiley

Modestin J, Oberson B, Ermi T (1998) Possible antecedents of DSM-III-R personality disorders. Acta Psychiatrica Scandinavica 97(4): 260–266

Multiaxiales Klassifikationsschema für psychiatrische Erkrankungen im Kindes- und Jugendalter nach Rutter, Shaffer und Sturge (1977). Herausgegeben und bearbeitet von Remschmidt H, Schmidt M. unter Mitarbeit von Klicpera CC. Bern: Huber

Nissen G (1971) Depressive Syndrome im Kindes- und Jugendalter. Berlin: Springer

Nissen G (1988) Ein Dezennium Kinder- und Jugendpsychiatrie an der Universität Würzburg 1978–1988. Würzburg: Böhler

Nissen G (2000) Persönlichkeitsstörungen bei Kindern und Jugendlichen. In: Nissen G (Hrsg) Persönlichkeitsstörungen, Ursachen – Erkennung – Behandlung. Stuttgart: Kohlhammer

Nissen G, Hoffmeyer O (1988) Poliklinik. In: Nissen G (Hrsg) Ein Dezennium Kinder- und Jugendpsychiatrie 1978–1988. Würzburg: Böhler, S. 25–36

Nunberg H (1959) Neurosenlehre. Bern: Huber

Paris J (1997) Childhood trauma as an etiological factor in the personality disorders. J. Pers. Disord. 11(1): 34–49

Paris J, Zweig-Frank H (1992) A critical review of the role of childhood sexual abuse in the etiology of borderline personality disorder. Can. J. Psychiat. 37(2): 125–128

Paris J, Zelkowitz PE, Guzder JM, Feldman RM (1999) Neuropsychological Factors Associated With Borderline Pathology In Children. J. Am. Ac. Child & Adolesc. Psychiat. 38(6): 770–774

Parnas J, Cannon TD, Jacobson B, Schulsinger H, Schulsinger F, Mednick SA (1993) Lifetime DSM-III-R diagnostic outcomes in the offspring of schizophrenic mothers. Arch. Gen. Psychiat. 50: 707–714

Pelletier GM (1998) Borderline Personality Disorder Vs. Asperger's Disorder. J. Am. Ac. Child & Adolesc. Psychiat. 37(11): 1128

Pervin LA (1989). Persönlichkeitstheorien. München: Ernst Reinhardt Verlag 1993

Petrilowitsch N (1972) Psychopathien. In: Kisker KP, Meyer JE, Müller C, Strömgren E (Hrsg) Klinische Psychiatrie. Psychiatrie der Gegenwart, 2. Aufl, Bd II/I. Berlin/Heidelberg/New York: Springer

Prichard JC (1835) A treatise on insanity and other disorders affecting the mind. London: Sherwood, Gilbert

Reich W (1933) Charakteranalyse. New York: Selbstverlag. Neuauflage Köln: Kiepenheuer & Witsch 1989

Remschmidt H (1978) Die »Psychopathie« in der Kinder- und Jugendpsychiatrie. Z. Kinder-/Jugendpsychiat. 6(3): 280–301

Robins IN (1966) Deviant children grown up. Baltimore: Williams & Wilkins

Rohde-Dachser C (1995) Das Borderline-Syndrom, 4. Aufl., Bern: Huber

Rosenthal D (1978) The schizophrenia spectrum disorders: Implication for psychiatric diagnoses. In: Akiskal HS, Webb EL (Hrsg) Psychiatric diagnoses: Exploration of biological predictors. New York: Spectrum Publication

Rosenthal D, Wender PH, Kety SS, Welner J, Schulsinger F (1971) The adopted-away offspring of schizophrenics. Am. J. Psychiat. 128: 307–311

Roskamp H, Wilde K (1999) In: Hinz H (Hrsg) Die Krankheitslehre der Psychoanalyse. 6. Aufl., Loch W (Hrsg) 1. Aufl 1967. Stuttgart: Hirzel

Rudolf G (1977) Krankheiten im Grenzbereich von Neurose und Psychose. Göttingen: Vandenhoeck & Ruprecht

Rudolf G (1996) Psychotherapeutische Medizin. 3. Aufl., Stuttgart: Enke, S. 175–176

Ruhl D, Werner K, Poustka F (1995) Untersuchungen zur Intelligenzstruktur autistischer Personen. Z. Kinder-/Jugendpsychiat. 23(2): 95–103

Rutter M, Maughan B (1997) Psychosocial adversities in childhood and adult psychopathology. J. Personal. Disord. 11(1): 4–18, 19–33; 11(1): 34–49

Rutter M, Silberg J, O'Connor T, Simonoff E (1999) Genetics and Child psychiatry: II Empirical research findings. J. Child Psychol. Psychiat. 40(1): 19–55

Sabo AN (1997) Etiological significance of associations between childhood trauma and borderline personality disorder: conceptual and clinical implications. J. Personal. Disord. 11(1): 50–70

Sachsse R (1999) Persönlichkeitsstörungen. Göttingen: Hogrefe

Saß H, Koehler K (1983) Borderline-Syndrom. Nervenarzt 54: 221–230

Saß H, Jünemann K (2000) Klassifikation und Ätiopathogenese von Persönlichkeitsstörungen. In: Nissen G (Hrsg) Persönlichkeitsstörungen. Stuttgart: Kohlhammer, 9–27

Schepank H (1974) Erb- und Umweltfaktoren bei Neurosen. Berlin/Heidelberg/New York: Springer

Schilcher F von (1992) Vererbung des Verhaltens. Stuttgart: Thieme, S. 240–246

Schmideberg M (1959) The borderline patient. In: Arieti S (Hrsg) American Handbook of Psychiatry, Bd. I. New York: Basic Books

Schneider K (1950) Die psychopathischen Persönlichkeiten. 9. Aufl (1. Aufl 1923). Leipzig/Wien: Deuticke

Schneider K (1959) Klinische Psychopathologie. Stuttgart: Thieme

Scholz L (1912) Anomale Kinder. Berlin: Karger, S. 185–273

Schulsinger F (1972) Psychopathy. Heredity and environment. Int. J. Ment. Health 1: 190 206

Schulsinger F, Sarnoff A, Mednick J, Pavnas J (1992) Ein interaktioneller Zugang zur Schizophrenieforschung. In: Nissen G (Hrsg) Endogene Psychosyndrome im Kindes- und Jugendalter. Bern: Huber

Schultz JH (1923) Kernneurosen. In: Schultz JH (Hrsg) Die seelische Krankenbehandlung. Stuttgart: G. Fischer, 8. Aufl. 1963, S. 285–301

Schulz E (1995) Selbstverletzendes Verhalten im Rahmen des Autismus. In: Autismus und Familie. Bonn: Reha Verlag, S. 163–175

Seitz W, Rausche A (1992) Persönlichkeitsfragebogen für Kinder zwischen 9 und 14 Jahren (PFK9–14), 3. Aufl., Göttingen: Hogrefe

Shapiro RW (1970) A twinstudy of non-endogenous depression. Acta Jutlandica 42(2): 1–179

Singer MW, Larson DG (1981) Borderline personality and the Rorschachtest. Arch. Gen. Psychiat. 38: 693–698

Simeon D, Stanley B, Frances A, Mann JJ, Winchel R, Stanley M (1992) Self-mutilation in personality disorders: psychological and biological correlates. Am. J. Psychiat. 149: 221–226

Snyder S, Sajadi C, Pitts W, Goodpaster WA (1982) Identifying the depressive border of the borderline personality disorder. Am. J. Psychiat. 139(6): 814–817

Spangler G, Zimmermann P (1995) Die Bindungstheorie. Stuttgart: Klett-Cotta

Spiel W (1976) Therapie in der Kinder- und Jugendpsychiatrie. Stuttgart: Thieme

Spiel W, Spiel G (1987) Kompendium der Kinder- und Jugendneuropsychiatrie. München: Reinhardt

Steinberg D (1985) Psychotic and other severe disorders in adolescence. In: Rutter M, Hersov L (Hrsg) Child and adolescence psychiatry. Oxford: Blackwell

Stern A (1938) Psychoanalytic investigation and therapy in the borderline group of neurosis. Psychoanal. Quart. 7: 467

Stone MH (1979) Contemporary shift of the borderline concept from subschizophrenic disorder to a subaffective disorder. Psychiat. Clin. North Am. 2: 577–594

Stone MH (1993) Long-term outcome in personality disorders. Br. J. Psychiat. 162: 299–313

Stutte H (1969) Kinder- und Jugendpsychiatrie. In: Gruhle HW, Jung R, Mayer-Gross W, Müller M (Hrsg) Psychiatrie der Gegenwart. Bd II. Berlin: Springer

Tarnopolsky A (1987) Borderline personality – A review of recent research. Br. J. Psychiat. 151: 724–734

Thomas A, Chess S (1984) Genesis and evolution of the behavioural disorders: From infancy to early adult life. Am. J. Psychiat. 141: 1–9

Tölle R (1986) Persönlichkeitsstörungen. In: Kisker KP, Lauter H, Meyer JE, Müller C, Strömgren E (Hrsg) Psychiatrie der Gegenwart, Bd. I: Neurosen, Psychosomatische Erkrankungen, Psychotherapie. Berlin/Heidelberg/New York/Tokio: Springer

Tölle R (1999) Psychiatrie einschließlich Psychotherapie. 12. Aufl., Berlin: Springer

Torgensen S (1984) Genetic and nosological aspects of schizotypal and borderline personality disorders. Arch. Gen. Psychiat. 41: 546–554

Trautmann-Sponsel RD (2000) Verhaltenstherapeutische Behandlungsstrategien bei Persönlichkeitsstörungen. In: Nissen G. Persönlichkeitsstörungen. Stuttgart: Kohlhammer

Turkat ID (1990) The personality disorders: A psychological approach to clinical management. Dt.: Die Persönlichkeitsstörungen. Bern: Huber, 1996

Wallerstein RS, Robbins LL (1956) The psychotherapy research project of the Menninger-Foundation. Bull. Menninger Cli. 20: 239–269

Weinert F (1998) Entwicklung im Kindesalter. Weinheim: Psychologie Verlags Union

Weiss G, Hechtman LT (1993) Hyperactive children grown up: ADHD in children, adolescents and adults. New York: Guilford Press

Wender PH (1995) Attention-deficit hyperactivity disorder in adults. New York/Oxford: Oxford University Press

Wender PH (2000) Die Aufmerksamkeitsdefizit-/Aktivitätsstörung (ADHD) im Erwachsenenalter. Psycho 26: 190–198

Winchel RM, Stanley M (1991) Self-injurious behavior: a review of the behavior and biology of self-mutilation. Am. J. Psychiat. 148: 306–317

Winnicott DW (1976) Die depressive Position in der normalen emotionalen Entwicklung. In: Winnicott DW (Hrsg) Von der Kinderheilkunde zur Psychoanalyse. München: Kindler

Wolff S (1984) The concept of personality disorder in childhood. J. Child Psychol. Psychiat. 25: 5–13

Young J, Swift W (1988) Schema-focused cognitive therapy für personality disorders. Bde. I

und II. Int. Cognit. Ther. Newsletter 4, No.1 & 2

Zanarini MC, Ruser TF, Frankenburg FR, Hennen J, Gunderson JG (2000) Risk faktors associated with dissociative experiences of borderline patients. J. Nerv. Ment. Dis. 188(1): 26–30

Zeitlin H (1986) The natural history of psychiatric disorder in children. Oxford/New York/Toronto: Oxford University Press

Zerbin-Rüdin E (1978) Genetische Aspekte psychischer Störungen. In: Baumann U, Berbalk H, Seidenstücker G (Hrsg) Klinische Psychologie: Trends in Forschung und Praxis, Bd. 1. Bern: Huber

Zerbin-Rüdin E (1980) Psychiatrische Genetik. In: Kisker KP, Meyer JE, Müller C, Strömgren E (Hrsg) Grundlagen und Methoden der Psychiatrie, Teil 2. Psychiatrie der Gegenwart, 2. Aufl., Bd I/II. Berlin/Heidelberg/New York: Springer

Zoccolillo M, Pickles A, Quinton D, Rutter M (1992) The outcome of childhood conduct disorder: Implications for defining adult personality disorder and conduct disorder. Psychol. Med. 22(4): 971–86

9. Eltern, Erziehung und Elternberatung

Die Beratung der Eltern ist integraler Bestandteil der Prävention, der Therapie und Prognose von psychischen Störungen bei Kindern und Jugendlichen. Entscheidende Voraussetzungen sind die aus mehrdimensionaler Sicht gewonnenen Erkenntnisse über die individuellen Anteile genetischer, organischer und psychogener Faktoren an der Entstehung der psychischen Störung. Erst aus der Abschätzung der Schwere verschiedener pathogenetisch wirksamer Noxen und der sich daraus ergebenden speziellen medizinischen, heilpädagogischen und psychotherapeutischen Konsequenzen lassen sich die Grundlagen für eine verantwortliche Beratung und Therapie der Eltern und der Familie gewinnen. Nur unter solchen Voraussetzungen lassen sich Richtlinien für eine mehrdimensional orientierte Elternberatung und Eltern- und Familientherapie unter Einbeziehung aller somatischen und psychopathologischen Untersuchungsbefunde des Kindes aufstellen.

In den vorangegangenen Kapiteln wurde die Rolle der Eltern für die Entwicklung der jeweiligen psychischen Störungen bei Kindern und Jugendlichen dargestellt. Es wurden störungsorientierte Ratschläge und Anweisungen gegeben. Die nachstehenden Ausführungen sollen über die Bedeutung der *Persönlichkeitsstruktur der Eltern* und ihrer *Erziehungspraxis*, über die *Prävention* psychischer Störungen bei Kindern und über die Beratung und Behandlung der Eltern ergänzt werden mit dem Ziel, durch ihre Mitarbeit die Behandlungschancen des Kindes zu verbessern. Im Gegensatz zum Erwachsenen ist das Kind weit stärker von seiner Umgebung, von seinen Eltern und Geschwistern und von Erziehern und Lehrern abhängig. Eine erfolgreiche Therapie ohne Beteiligung und Unterstützung durch seine nächsten Beziehungspersonen ist wenig aussichtsreich. Fast alle Eltern sind bereit, im Behandlungsprozeß mitzuwirken. Für viele Eltern bedeutet dies jedoch, daß sie sich bereit erklären müssen, sich beraten zu lassen und sich im täglichen Umgang mit dem Kind, der weitgehend mit der Erziehung des Kindes synonym ist, umzustellen und sich selbst zu kontrollieren.

Die Elternberatung unterscheidet sich

von einer Elterntherapie dadurch, daß Beratungen im günstigen Falle pathogene Reaktionen und Haltungen korrigieren, jedoch keine Veränderungen ihrer Persönlichkeitsstruktur bewirken können. Aber Elternberatung und kurzfristige Elterntherapie lassen sich nicht immer scharf gegeneinander abgrenzen. Grundsätzlich ist die Therapie der Eltern wie jede Einzel- oder Gruppentherapie eine Domäne der Psychotherapie und erfordert ebenso wie die langfristige therapeutische Behandlung des Kindes eine spezielle Aus- und Weiterbildung. In der Beratungssituation fällt dem Therapeuten die wichtige Aufgabe zu, entsprechende therapeutische Indikationen bei Kindern und Eltern zu erkennen und die erforderlichen Schritte einzuleiten.

9.1 Eltern und Elternberatung

Neben einer genauen Kenntnis der Diagnostik, der Therapie und Prognose der psychischen Störungen des Kindes- und Jugendalters setzt die Beratung und Behandlung der Eltern ein spezielles Wissen um deren Persönlichkeitsstrukturen im Hinblick auf ihre *Rolle als Erzieher* des Kindes voraus, ebenso eine möglichst umfassende Kenntnis ihrer persönlichen Probleme in Familie, Beruf und Gesellschaft. Die Erziehung des Kindes beginnt mit seiner Fähigkeit zur sozialen Kontaktaufnahme, also mit seiner Geburt, und setzt sich in einer Kette von Reaktionen auf elterliche Aktionen fort, die sich wechselseitig konditionieren. Die psychopathologische Untersuchung kann deshalb

nie dem Kind allein gelten; sie umfaßt zwangsläufig seine Eltern und ist um so bedeutungsvoller, je jünger und damit abhängiger das Kind von ihnen ist und je mehr der Berater ausschließlich auf ihre Angaben angewiesen ist. Bei Säuglingen und Kleinkindern genügt manchmal die alleinige Beratung oder die Behandlung der Eltern ohne Hinzuziehung des Kindes, um frühe Fehlentwicklungen zu verhindern.

Während des permanenten *Aktions-Reaktions-Prozesses* zwischen Kind und Eltern haben die Eltern zunächst die dominierende Rolle inne. Das schließt aber die Möglichkeit einer Beziehung zum Kind und daraus erwachsende fördernde oder schädliche Reaktionen nicht aus. Über viele Zwischenstufen gelangen Kinder und Eltern normalerweise zu einer partnerschaftlichen Beziehung mit wechselnden liebenden oder feindseligen Gefühlen. Es liegt aber immer eine gegenseitige *Stimulation* vor. Erziehung ist aus dieser Sicht ein immerwährender Prozeß, in dem Kinder und Eltern Erfahrungen miteinander machen und voneinander lernen.

Bereits im frühen *Säuglingsalter* kann es zu Konfrontationen mit der Umgebung kommen, die durch enttäuschte Erwartungen und Hoffnungen die Grundlagen für elterliche negative Einstellungen gegenüber dem Kind abgeben können. Nicht nur der äußere Habitus des Neugeborenen, körperliche Mißbildungen, Lähmungen oder Krampfanfälle können die gesunden Erwartungen einer Mutter tief enttäuschen und ihrerseits zu schweren, wiederum pathogenen Reaktionen führen, sondern bereits Enttäuschungen über das angeborene *Temperament* eines Kindes. So wird ein sehr lebhafter, lauter und unruhiger Säugling mit gestörtem Trink- und Schlafverhalten (Regulationsstörungen) eine Mutter mit ängstlich-unsicherer Einstellung verunsichern und Reaktionen auslösen, die etwaige konstitutionelle Schwächen des Kindes verstärken können. So kann etwa zu häufiges und zu reichliches Füttern zu Erbrechen und Verdauungsstörungen führen. Ein vorwiegend stilles Kind mit geregeltem Eß- und Schlafverhalten würde dagegen bei derselben Mutter keine pathogenen Reaktionen auslösen.

Sind die schädlichen Reaktionen und Einstellungen der Eltern zu ihrem Kind in erster Linie als Ausdruck der durch Anlage- und Umweltfaktoren geformten eigenen Persönlichkeitsstruktur anzusehen, kommen umschriebene *Verhaltenskorrekturen* in Betracht. Soweit ihre Fehleinstellungen sich überwiegend durch aktuelle Ereignisse, zeitbedingte Einflüsse oder das Verhalten der Umwelt entwickelt haben, kommt eine tiefenpsychologisch oder verhaltenstherapeutisch orientierte Beratung und Behandlung in Betracht. Dabei ist zu berücksichtigen, daß zwischen den akzeptierten Erziehungstheorien und den täglichen Erziehungspraktiken sehr vieler Eltern eine tiefe Kluft besteht, die sich aus der Diskrepanz zwischen intellektueller Einsicht und emotionalen Reaktionen erklärt.

Die bewußten oder unbewußten elterlichen *Fehleinstellungen* weisen sehr häufig auf schwerwiegende Fehler in der eigenen Erziehung hin, vor allem auf Mängel der

Affektbeherrschung und der Affektkanalisierung. Viele Eltern kennen ihre Fehler und die sich daraus ergebenden Gefahren, können diese jedoch ohne fremde Hilfe nicht beseitigen. Sie tragen ihre seelische Fehlhaltung gleichsam in die Erziehung hinein; das Kind entwickelt sich für sie zum Präsentiersymptom ihrer unbewältigten eigenen Kindheit. Solche Eltern schlagen beispielsweise ihre Kinder nicht deshalb, um sie »adäquat« zu bestrafen; sie schlagen einfach, weil sie die Praxis der ökonomischen Affektabfuhr nicht erlernt haben, somit die Grundregeln zwischenmenschlicher Partnerschaft nicht beherrschen oder das Kind als Partner nicht akzeptieren. Sie benötigen die Schläge zu ihrer eigenen Entlastung und bedauern dabei gleichzeitig oder unmittelbar danach das Kind, das wiederum weiß oder ahnt, daß es zu Unrecht bestraft wurde.

Die autoritäre Haltung einer Mutter kann ebenso Ausdruck innerer Unsicherheit als auch einer persönlichen Bequemlichkeit sein. Sie kann eine bloße Nachahmung traditioneller Familienpraktiken mit oder ohne begleitende ideologische Verbrämungen darstellen oder das Ergebnis feindseliger, ablehnender oder gar sadistischer Regungen gegenüber dem Kind sein. Eine *autoritäre Erziehung* kann in geschlossenen konservativen Kulturen von hohem Wert sein, solange es sich um allgemein anerkannte Prinzipien zur Erhaltung dieser Gesellschaftsstruktur handelt; sie führt jedoch häufig zu typischen Störungen der Persönlichkeitsentwicklung. In gleicher Weise finden sich auch in der *demokratischen Haltung* der Eltern vielfältige motivische

Differenzierungen, die von einer übermäßig freiheitlich-liberalen bis zu einer gleichgültig-vernachlässigenden Haltung reichen und damit ebenfalls schädigend wirken können. Beide Extremtypen elterlicher Einstellungen können irreversible Erziehungsartefakte und Persönlichkeitsstörungen verursachen: einerseits übermäßige Demut, Subordination und mangelnde Selbstachtung; andererseits Nachlässigkeit, Verantwortungsscheu und Triebenthemmung.

Die aus der Psychotherapie von Erwachsenen gewonnenen Kenntnisse über die ursächliche Bedeutung massiver Erziehungsartefakte für die Entstehung psychischer Störungen führten zur Konzeption einer *psychoanalytischen Pädagogik*. Diese ist aber über »Mahnungen, Warnungen, Einsichten, bestenfalls Ratschläge« (A. Freud 1994) nicht zu einem geschlossenen System von Regeln und Vorschriften gelangt, weil die Hoffnung auf eine auf Erziehung begründete absolute Prophylaxe von Neurosen sich als unrealistisch erwiesen hat. *Neurosen* sind offenbar der Preis, den die Menschheit für die Kulturentwicklung zahlen muß: »Das meiste, was eine verständnisvolle Erziehung leisten kann, ist, dem einzelnen Kind zu Konfliktlösungen zu verhelfen, die mit einem Modikum von psychischer Gesundheit verträglich sind«. Gegenwärtig befindet sich die psychoanalytisch orientierte Pädagogik in einer Phase realistischer Nutzung aller aus der Neurosenforschung gewonnenen Erkenntnisse und Einsichten für eine psychodynamisch fundierte Beratung und Therapie. Dabei ist aber festzustellen, daß die Breitenwir-

kung der auf psychotherapeutischen Erkenntnissen basierenden pädagogischen Evolution in einigen sozialen Schichten bereits Erfolge zu verzeichnen hat, während besonders in bildungsunwilligen oder bildungsunfähigen, überwiegend emotional gesteuerten Familien an tradierten Erziehungsmitteln und Erziehungszielen festgehalten wird.

Die *Familientherapie* war bereits vor ihrer breiten Einführung in den fünfziger Jahren Bestandteil jeder kinderpsychotherapeutischen Behandlung. Sie entwickelte sich aus der Erkenntnis, daß durch eine psychodynamische Einzelbehandlung eines Kindes oder Jugendlichen zwar deutliche, leider aber oft nur zeitlich begrenzte Ergebnisse erzielen lassen, wenn das Kind aus der ambulanten oder stationären Behandlung in die oft pathogene Situation der Familie zurückkehrt. Während aus klassischer psychoanalytischer Sicht zunächst nur die Eltern, insbesondere die Mutter, als Verursacher von Neurosen und sogar von Psychosen (»schizophrenogene Mutter«, Bateson et al. 1972) bei Kindern und Jugendlichen angesehen wurden, verschob sich mit zunehmendem Einblick in das komplexe Netzwerk der Familie das psychoanalytische Behandlungskonzept auf die familiären Beziehungen ihrer einzelnen Mitglieder und das System Familie. In ihrem Mittelpunkt steht die Erkenntnis, daß jedes Familienmitglied nicht nur eine subjektive Sicht von sich selbst hat, sondern daß die objektive Wahrnehmung der Familienmitglieder und die sich daraus ergebenden Konsequenzen wesentlich von der eigenen Realität bestimmt wird. Auf die Annahme individueller Realitäten entwickelte sich als Arbeitsgrundlage der systemischen Familientherapie eine »Vielfalt von Realitäten«, von denen einige aus unterschiedlichen Gründen (z. B. die der Eltern oder die einer Peer-Gruppe) eine stärkere Dominanz beanspruchen. Diese unterschiedlichen subjektiven »Wahrheiten« können zu Kontroversen und Konflikten führen, die zu mehr oder weniger schweren psychischen Störungen führen können. Aus dieser Sicht ergibt sich, daß Kinder und Jugendliche nicht einzeln oder in Gruppen zu behandeln sind und die Beratung der Eltern nicht allein oder in Gegenwart des Kindes durchzuführen ist, sondern in gemeinsamen Sitzungen, an denen neben den Familienmitgliedern auch andere für das Kind wichtige Personen teilnehmen können. Für die Aufgabe des Familientherapeuten, Ressourcen der Selbstheilung innerhalb der Familie zu mobilisieren und zu unterstützen, stehen unterschiedliche familientherapeutische Verfahren zur Verfügung. Diese Verfahren sollen, ebenso wie die Familientherapie überhaupt, hier nicht berücksichtigt werden.

9.2 Erziehungsideale und Erziehungsrealität

Jede Elternberatung umfaßt regelmäßig Probleme der Erziehung. Die Erziehungsziele und die Erziehungsideale und die verwendeten oder vermeidbaren Erziehungsmittel nehmen dabei einen besonderen Platz ein. Erziehungsideale stellen sich aber nicht selten als Erziehungsuto-

pien heraus, und Erziehungserwartungen stehen häufig diskrepanten Erziehungsrealitäten gegenüber. Die gegenwärtige europäische Kultur fordert von ihren Mitgliedern weiterhin ein bestimmtes Maß an Triebbeherrschung und an Triebverzicht, weil nur dadurch eine ausreichende kulturerhaltende und zivilisationsfördernde gegenseitige *Anpassung* erreicht werden kann. Die Gesellschaft fordert Anpassung und soziale Eingliederung um den Preis einer individuellen Beschränkung.

Als epochale kulturerhaltende und zivilisationsfördernde Erziehungsideale lassen sich anführen:

1. Zügelung und Beherrschung der Affekte als wohl schwierigstes Erziehungs- und Bildungsideal, durch das jedoch entscheidend die Konstanz und die Tragfähigkeit zwischenmenschlicher Beziehungen gewährleistet wird.
2. Erziehung zur körperlichen und intellektuellen Leistungswilligkeit mit der Bereitschaft zur Übernahme von Verantwortung für die Gemeinschaft, auch unter Hinnahme persönlicher Nachteile. Erziehung zur produktiven Arbeit und zum Ertragen physischer und psychischer Belastungen bei erhaltener Fähigkeit zur schuld- und angstfreien Entspannung und Erholung.
3. Ausbildung der Fähigkeit zur freiwilligen Versagung und zum Verzicht auf materielle, physische und psychische Triebbefriedigungen, wenn dies zur Wahrung der Ich-Identität, der Selbständigkeit und zur Vermeidung von Abhängigkeit, Gewöhnung und Sucht notwendig ist.

4. Erziehung zur sozialen Integration, aber nicht um den Preis kritikloser Ein- und Unterordnung, vielmehr unter Weckung des kritischen Denkens gegenüber unechten Autoritäten und solchen Institutionen, die ein klischeehaftes und stereotypes Denken fördern oder die Bedürfnisse wecken, die sie nur selbst befriedigen können.

Den idealen Werdegang des Kindes bildet die gleichbleibend sorgende und lenkende Fürsorge der Eltern unter Vermeidung anhaltender oder wechselhafter Verwöhnung und Härte. Die zukunftsbezogene, *realitätsgerechte Zuwendung* zum Kind unter Akzeptierung seiner Eigenarten muß den bewußten und unbewußten Teil der Eltern-Persönlichkeit gleichermaßen durchdringen. Die realitätsbezogene Liebe der Eltern allein ermöglicht dem Kind die freiwillige Übernahme und Nachahmung der Elternvorbilder, die Introjektion der Elternimagines in die psychischen Instanzen des Über- und des Ideal-Ich, die später die normativen Funktionen der Gewissensentscheidungen der Eltern übernehmen.

Eltern sollten sich tolerant gegenüber kleinkindlichen Wünschen nach Zärtlichkeit, Hautkontakten und Körperwärme verhalten, sich großzügig bei einer verzögerten Sauberkeitsgewöhnung zeigen und bereit sein, sich in die Gedankengänge kindlicher Allmachtsphantasien einzufühlen. Die realitäts- und zukunftsbezogene Liebe zum Kind erfordert aktive wie passive Einstellungen. Geduld, Gelassenheit und die Fähigkeit, isolierte Durchbrüche und Grenzüberschreitun-

gen des Kindes zu übersehen, sind für die Vermeidung zusätzlicher Konflikte im Rahmen der Entwicklung von großer Bedeutung. Heftige Auseinandersetzungen der Eltern sollten nach Möglichkeit nicht vor Kindern ausgetragen werden; dort, wo sie nicht vermieden werden konnten, sollte eine demonstrative Versöhnung erfolgen, um Trennungs- und Ehescheidungsängsten der Kinder vorzubeugen. Die gelegentliche Erörterung von Meinungsverschiedenheiten kann dagegen zur Ausbildung einer kritischen Meinungsbildung beitragen. Ungleich schädlicher sind permanent-hintergründige, dem Kind unverständliche affektive Verstimmungen und Stimmungsschwankungen mit unterkühltem oder jäh wechselndem *Familienklima*: wochenlanges Schweigen der Ehepartner, heftige nächtliche Auseinandersetzungen, bewußte oder unbewußte Beeinflussung der Kinder durch die Partner und deren Abdrängen in Pro- und Kontrarollen zum Vater oder zur Mutter.

Zur realitätsgerechten Erziehung gehört, selbst um den Preis einer vorübergehenden Abwendung des Kindes, aber auch der Mut zu negativen Entscheidungen und zu Versagungen kindlicher Wünsche auch dort, wo sie die aktuelle Bequemlichkeit von Kind und Eltern fördern, aber die kindliche Entwicklung gefährden. Neben einer Vermeidung übermäßiger Triebunterdrückung sind andererseits altersadäquate Triebversagungen notwendig, damit der Primat des Realitäts- gegenüber dem Lustprinzip sich auszubilden vermag. Werden solche Forderungen nach *Triebbeherrschung* im prägenitalen und genitalen Bereich nicht erfüllt, droht die Dominanz des Lustprinzips mit allen sich daraus ergebenden entwicklungsschädigenden Konsequenzen der ungehemmten Triebhaftigkeit bis zur Dissozialität. Weil Expansion und Eskalation im kindlichen Spiel oft mit mehr oder minder starker Angstentwicklung einhergehen, empfinden die meisten Kinder konsequente Limitierungen als Erleichterung und Entängstigung. Dieses Bedürfnis nach Anlehnung und Führung besonders im Kleinkind- und frühen Schulalter drückt sich auch in der bekannten Kindergartenfrage aus, ob »wir heute wieder das tun müssen, was wir gerne mögen«. S. Freud hat mehrfach darauf hingewiesen, daß Entbehrungen und Versagungen eine unerläßliche Voraussetzung für die kindliche Entwicklung darstellen. Das Ziel einer psychoanalytischen Behandlung Erwachsener liegt bekanntlich weder in der Herstellung von Arbeitswut noch von Liebeszwang, sondern in der Erhaltung oder Wiederherstellung der Arbeits- und der Genußfähigkeit.

Die *freiwillige Übernahme* positiver elterlicher Haltungen durch das Kind stellt ein kardinales Erziehungsmittel dar. Daraus ergibt sich, daß nicht jeder geforderter Triebverzicht allein durch Nachahmung und ohne schmerzliche Konfrontation mit dem Realitätsprinzip erfolgen kann. Die *Erziehung ohne Strafe* ist eine »schöne Utopie«. Die Enttäuschung und Trauer der Eltern bei Übertretung ihrer Gebote und ein zeitlich befristeter Liebesentzug stellen für manches Kind ausreichende Markierungen für eine Rückkehr zu den Forderungen der Eltern dar. Andere Kinder können infolge konstitutioneller Eigenarten, etwa eines Antriebsüberschusses oder einer Affektlabilität, darauf nur befristet oder gar nicht reagieren. Sie benötigen eindringlichere Hinweise und Versagungen, die deutlich in den Tagesablauf eingreifen. Die meisten Kinder haben ein zuverlässiges Gefühl dafür, ob es sich um ein adäquates oder inadäquates Strafmaß handelt. Generell gültige pädagogische Rezeptkataloge über Art, Umfang und Dauer von Bestrafungen lassen sich nicht aufstellen.

Die *körperliche Bestrafung* eines Kindes ist nicht allein aus ethischen Gründen abzulehnen: sie nützt weder dem Kind noch dem Erzieher, sie dient vorwiegend der Affektabfuhr des Erziehers, der damit Zeugnis seiner *mißglückten Affektkultivierung* ablegt und auf die eigene Unerzogenheit zurückweist. Dennoch ist körperliche Züchtigung auch heute noch weit verbreitet, weil »immer zur Hand«, einfach zu vollziehen und weil sie den Erzieher gedanklicher Mühe und Anstrengung enthebt. Dort, wo sie ein Vergeltungsmittel nach dem Talionsprinzip: »Auge um Auge, Zahn um Zahn« darstellt, ist das auf Liebe und Zuneigung gegründete partnerschaftliche Vertrauensverhältnis zwischen Kind und Eltern gestört. Dort regiert die Angst vor der Strafe, die, wie die Praxis der Kriminalstrafen zeigt, mit ihrem Prinzip der Spezial- oder Generalprävention, mit Vergeltung, Sühne und Abschreckung bis heute keine überzeugenden Erfolge aufzuweisen hat.

9.3 Grundlagen der Elternberatung und der Elterntherapie

Elternberatung und Elterntherapie werden durch die erste Begegnung eingeleitet: mit der telefonischen Anmeldung, im Wartezimmer, dem ersten Gespräch über das Kind. Diese Eröffnungszüge sind von nicht zu unterschätzender Bedeutung für den Beratungserfolg. Wie jemand sich einführt, fragt und die Atmosphäre gestaltet, das sind außerdem Muster, die sich auf die Eltern-Kind-Beziehung auswirken können.

Der Kindertherapeut ist oft die letzte Instanz nach vorausgegangenen Konsultationen von Allgemein- und Kinderärzten, Psychologen, Pädagogen und Beratungsstellen. Viele Eltern befinden sich in einem Zustand großer Ratlosigkeit, sie sind voller Sorgen um die Zukunft des Kindes und leiden unter Angst- und Schuldgefühlen. Der Berater sollte dies bei der Zuteilung eines möglichst kurzfristigen Beratungstermins berücksichtigen und wochenlange Wartefristen ebenso wie unnötige Terminverschiebungen vermeiden, die die spontane Bereitschaft der Eltern zur Mitarbeit und den Aufbau einer tragfähigen Vertrauensbasis beeinträchtigen.

Die Beratung der Eltern und der Versuch, das Kind schädigende elterliche Reaktionen zu korrigieren, kann keine Veränderung der Persönlichkeitsstruktur herbeiführen. Die Elternberatung bedient sich deshalb nicht psychoanalytischer Techniken, aber sie wendet psychotherapeutisch fundierte Kenntnisse an. Der Berater muß durch sein Verhalten Gefühle *des Verstehens und des Vertrauens* bei den Eltern auslösen; sie sind deshalb auch zunächst nicht als Patienten, sondern als Partner und Erzieher ihrer Kinder zu akzeptieren. Er wird registrieren, ob offene oder versteckte Feindseligkeiten der Ehepartner oder bestimmte Stereotypien zueinander sich erkennen lassen.

Absolute Ehrlichkeit und rückhaltlose Offenheit in der Beurteilung der Prognose und Therapie des psychisch gestörten oder eines behinderten Kindes ist ein weiterer Grundsatz jeder Elternberatung. Der Berater ist nicht berechtigt, Eltern über schwer zu beeinflussende psychische Störungen oder unkorrigierbare Behinderungen ihrer Kinder hinwegzutrösten; auch dann nicht, wenn er sich dadurch ein verstärktes Engagement der Eltern verspricht. Eine fraktionierte Aufklärung ist nur dann vertretbar, wenn die Prognose nicht sicher gestellt werden kann oder wenn die Persönlichkeitsstruktur eines Elternteiles dies erfordert; immer aber sollte mindestens ein Familienmitglied über das volle Ausmaß irreversibler Schäden unterrichtet werden.

9.4 Die Rolle des Kindes in der Elternberatung und der Elterntherapie

Das Kind, Mittelpunkt der Beratung und Therapie, ist an der Arbeit mit den Eltern selbst nur mittelbar beteiligt. Eine Elternberatung ohne eingehende Befragung über die Vorgeschichte und eine körperliche und psychologische Untersuchung des Kindes ist nicht denkbar. So wenig Eltern ihr Kind ohne Bereitschaft zur Kooperation mit dem Therapeuten oder Psychologen zur Behebung psychischer Störungen übergeben können, ist auch grundsätzlich eine Beratung und Therapie der Eltern ohne eine Abklärung der Diagnose des Kindes möglich.

Das orientierende Gespräch mit dem Kind und einem Jugendlichen allein, in Abwesenheit der Eltern, mit dem ihnen Gelegenheit gegeben werden muß, sich über ihr Befinden, aber auch über ihre häusliche oder schulische Situation zu äußern, findet aus unterschiedlichen Gründen nicht immer, manchmal sogar grundsätzlich nicht statt, vielleicht aus Rücksicht auf die Eltern, um den Eindruck des Ausfragens zu vermeiden, oder aus Zeitmangel und der irrigen Überzeugung, das Kind könne keine brauchbaren und verläßlichen Informationen liefern; manchmal vielleicht aber auch aus Sorge, nicht den alterstypisch-kindlichen Gesprächston zu finden und einem situations-mutistischen Kind gegenüberzusitzen.

Die Bedeutung der *Rolle des Kindes* für die Beratung und Therapie der Eltern ist abhängig von seinem Alter, seiner affektiven Ansprechbarkeit und seiner Intelligenz, ebenso aber auch von den Erfahrungen und den Fähigkeiten des Beraters im Umgang, im Spiel und im Gespräch mit dem Kind. Gezielte Fragen zur häuslichen Situation, zur Einstellung des Kindes zu seinen Eltern oder zu speziellen Erziehungsproblemen sollten nicht an das Kind gerichtet werden, zumindest nicht gleich zu Beginn. Für das kleinere Kind sind die Eltern vorwiegend Objekte seiner

Identifikation. Das größere Kind kämpft bereits um seine eigene Identität, und Ambivalenzkonflikte würden dadurch nur vertieft werden. Wenn die Angaben der Eltern für eine polarisierende Beurteilung nicht ausreichen, ergeben projektive Testuntersuchungen und Fragebögen darüber meist zuverlässige und unverfänglichere Ergebnisse. Für die Beurteilung des Spielverhaltens von Kleinkindern, zur Klärung der schulischen Leistungssituation und zur Stellung des Kindes in der familiären oder schulischen Gruppe können das Verhalten und die Berichterstattung des Kindes oft wesentliche Ergänzungen zu den Angaben der Eltern bringen. Bei manchen Kindern empfiehlt sich ein (vom Therapeuten einzuhaltender!) Hinweis auf das »Schweigegebot« des Therapeuten: Die Antworten seien nur für ihn bestimmt; Eltern oder Lehrern, der Polizei oder anderen Autoritäten würden darüber keine Informationen gegeben.

Das *Beratungsgespräch* wird zunächst mit Informationen durch die Eltern, meist nur mit der Mutter, seltener gemeinsam mit dem Vater, begonnen. Eine Ausnahme bilden Jungen und Mädchen in der Pubertät und Jugendliche, die in der Beratungssituation als erste zum Gespräch gebeten werden sollten. Von seiten der Eltern stößt dieses Arrangement immer auf Verständnis, wenn es vorher besprochen oder nachher begründet wird. Kinder nehmen, von Ausnahmen abgesehen, am ersten Gespräch mit den Eltern teil. In den Fällen, in denen das Kind zunächst im Wartezimmer zurückbleibt, ist es vorher zu begrüßen und darauf hinzuweisen, daß es nachher als eigentliche

Hauptperson hinzugezogen werde. Ist ein Arzt ihr Gesprächspartner, assoziieren viele Kinder mit seiner Person oft körperliche und schmerzhafte Eingriffe, deshalb sind Zusicherungen nützlich, daß keine solchen Untersuchungen bevorstehen und daß ein Klinikaufenthalt nicht geplant sei, wenn sich dies sicher voraussagen läßt. Der Berater sollte sich immer davon überzeugen, daß ein geeignetes Spielzeug oder altersentsprechende Lektüre bereitliegt. Wenn ein längeres Elterngespräch zu erwarten ist, kann die Zeit mit diagnostisch verwertbarem Zeichnen und Malen (»Familie in Tieren«), einem Sceno- oder Welttest, oder beim Vorliegen äußerer Voraussetzungen zu Laboruntersuchungen benutzt werden.

Die *körperliche Untersuchung* wird in den meisten Fällen schon aus praktischen Gründen in Gegenwart der Eltern vorgenommen. Bei männlichen Jugendlichen ist ihre Anwesenheit nicht erforderlich. Bei heranwachsenden Mädchen ist die Anwesenheit der Mutter zu empfehlen.

9.5 Gesprächstechniken in der Elternberatung und der Elterntherapie

Nur aus *didaktischer* Sicht läßt sich der Gesprächsverlauf in einen anamnestischen, einen diagnostischen und einen therapeutischen Teil gliedern. Tatsächlich ist bereits die biographische Datenerhebung eng mit der diagnostischen Zuordnung, und diese wiederum mit therapeutischen Überlegungen verwoben. Ebenso weitet sich ein Beratungsgespräch nicht

selten zu einem therapeutischen Gespräch aus. Jeder Berater verfügt über eine Anzahl von anekdotischen Fällen, in denen eine mehr oder weniger nachhaltige Symptomheilung schon im Anschluß an ein oder mehrere symptomorientierte Gespräche eintrat. Eine strikte Abgrenzung zwischen Elternberatung und Elterntherapie ist erst dann gegeben, wenn eine psychotherapeutische Einzel-, Familien- oder Gruppentherapie über einen längeren Zeitraum erfolgt, und entweder gemeinsam mit dem Kind (Familientherapie) oder allein in der Einzel- oder Gruppentherapie mit einem Elternteil oder beiden Eltern durchgeführt wird.

Sowohl in der Beratung als auch in der Therapie bestimmen die Eltern die *Gesprächsinhalte*. Nicht alle Eltern sind jedoch in der Lage, ihre Zweifel, Hoffnungen oder Wünsche präzise zu artikulieren. In solchen Fällen wird der Berater zunächst konkrete Informationen zu erhalten trachten, aus denen sich ihre Sorgen und Unsicherheiten ableiten lassen.

In der Elternberatung sollte nach Möglichkeit neben dem Einzeldialog, meistens mit der Mutter, auch ein Gespräch mit dem anderen Elternteil und ein eingehendes Abschlußgespräch mit *beiden Eltern* erfolgen. Die besondere Rolle der Mutter für die seelische und körperliche Entwicklung des Kindes kann zwar nicht so leicht überbewertet werden. Darüber sollten aber weder die Bedeutung des Vaters noch die anderer Familienmitglieder vergessen werden, die direkt oder indirekt die Erziehung und die Entwicklung des Kindes beeinflussen. Abgesehen davon, daß wichtige Ratschläge allein durch Vermittlung der Mutter den Vater nicht immer oder doch nicht ausreichend beeindrucken, ist eine maximale Information des Beraters nicht zu erzielen, wenn der Vater oder ein dominierendes Familienmitglied nicht in das Gespräch einbezogen wird. Schon ein einziges Beratungsgespräch kann durch eine zeitlich befristete Trennung der Ehepartner entscheidend zur Aufklärung von pathogenen Reaktionen oder Einstellungen des Ehepartners beitragen. Sie ergibt sich manchmal zwanglos oder läßt sich arrangieren, wenn ein Elternteil bei dem Kind im Wartezimmer bleiben oder es zu anderen Untersuchungen begleiten muß.

Eine möglichst umfassende Schilderung der Eltern-Kind-Beziehungen durch die Eltern und ihre enttäuschten Hoffnungen und Erwartungen erlauben dem Berater Rückschlüsse auf ihre *Persönlichkeitsstruktur,* die sich in den Reaktionen und Haltungen gegenüber dem Kind ausdrückt. Dabei sollte auch geklärt werden, ob und inwieweit die Eltern vielleicht selbst psychische Störungen aufweisen oder selbst Patienten sind.

Das gilt auch für manifeste oder latente Schuld- oder Haßgefühle gegen das Kind oder den Ehepartner und für feindselige Regungen gegenüber der Umwelt oder etwa früher behandelnden Ärzten. Hier sind *Toleranz und Gelassenheit* ebenso angezeigt wie bei der Feststellung schädlicher Erziehungsmittel. Der Therapeut sollte das Vertrauen der Eltern im Interesse des Kindes nicht durch vorzeitige Kritik und Zurückweisung aufs Spiel setzen, aber ihre Angaben und ihr Verhalten registrieren und dann diskutieren, wenn sich die affektive Einstellung der Eltern

zum Therapeuten gefestigt hat. Das gilt auch für Fragen und Probleme, die für die Ätiologie und die Persistenz der kindlichen Symptomatik von Bedeutung sind, deren unmittelbare Erörterung jedoch einen zunächst abschreckenden Effekt hätte. Der Therapeut ist auch deshalb in erster Linie Partner der Eltern, weil er dem Kind nur gemeinsam mit ihnen helfen kann. Er wird sich nur dann gegen sie stellen, wenn er von dem Mißerfolg einer Beratung überzeugt und ein weiteres Verbleiben des Kindes in der Familie schädlich ist. In den weitaus überwiegenden Fällen kann das Kind notfalls auf seinen Therapeuten verzichten, nicht aber auf sein Elternhaus und seine Eltern.

Der Therapeut ist mit seinen Informationen und Ratschlägen den Eltern bei der Aufstellung eines *Erziehungs- und Behandlungsplanes* behilflich. Er wird auf geeignete Maßnahmen hinweisen und ungeeignete Hilfsmittel verwerfen. Er sollte jedoch niemals die Verantwortung für die zu treffenden Entscheidungen übernehmen, weil er auch nach zahlreichen Gesprächen nur den Teil der Problematik überblickt, der ihm von den Eltern mitgeteilt wurde. Oft genug bleibt er über weite Strecken auf Vermutungen und Hypothesen angewiesen, die eine Beratung zwar erlauben, aber keine zuverlässige Basis für Entscheidungen bilden, die das weitere Schicksal des Kindes bestimmen. Eine rechtliche Einschränkung oder Übertragung der vorrangigen elterlichen Sorge und der damit verbundenen Pflichten kommt nur dann in Betracht, wenn permanent bewußt oder unbewußt in grober Weise gegen das Wohl des Kindes verstoßen wird.

Der Erfolg einer Elternberatung setzt voraus, daß die Eltern imstande sind, den gemeinsam erarbeiteten Entwurf zu akzeptieren und ihn zu *realisieren*. Realisierungsversuche werden von vornherein unterlassen oder vorzeitig abgebrochen, wenn die Eltern dazu nicht in der Lage sind oder wenn die Eltern den Berater und sein Behandlungskonzept rational oder emotional ablehnen. Beides weist darauf hin, daß die Beratung mißlungen oder zumindest noch nicht abgeschlossen ist. Vorschläge und Informationen werden nicht selten zwar intellektuell akzeptiert, emotional aber nicht bejaht und deshalb nicht oder nicht zuverlässig befolgt. Wie in jeder Konfliktsituation besteht oft eine Tendenz, nur solche Ratschläge und Lösungen umzusetzen, die gerade bereitliegen oder zu denen eine subjektive Affinität besteht. Positive oder negative Gefühle für den Berater lassen sich nur bedingt durch erlernbare Techniken manipulieren, weil sie unbewußten Gesetzmäßigkeiten unterliegen.

Schwere und chronische psychische Störungen bei Kindern lassen sich nicht selten weitgehend auf pathogene Einstellungen und *psychische Störungen der Eltern* zurückführen. Diese können eine kürzer oder länger dauernde Eltern- oder Familientherapie erfordern. Die Aufmerksamkeit des Beraters richtet sich deshalb zunächst auf die Frage, ob und inwieweit die Eltern in ihrer psychischen Gesundheit beeinträchtigt sind, ob sie über eine Beratung hinaus einer psychotherapeutischen oder psychiatrischen Behandlung bedürfen und ob überhaupt eine zusätzliche Behandlung des Kindes notwendig ist.

Von seiten der Eltern werden dem Berater oft *Widerstände* entgegengesetzt, die einer bewußten oder unbewußten Kaschierung oder Negierung ihrer eigenen Rolle für die Entstehung psychischer Störungen beim Kind dienen. Diese Abwehrmechanismen drücken sich etwa in Vorgängen der Verdrängung, der Regression und der Reaktionsbildung aus, sie können auch zur Isolierung, zur Wendung gegen die eigene Person oder zur Verkehrung ins Gegenteil führen. Auch kann es zu Verschiebungen des Triebzieles, zu Projektionen oder zu Introjektionen kommen. Alle Abwehrvorgänge dienen im wesentlichen dem Zweck, Schuld und Reue, aber auch Schmerz und Trauer zu verleugnen, zu verdrängen, zu rationalisieren oder zu neutralisieren.

Der Umgang des Therapeuten mit seinen Gesprächspartnern muß von einer kritischen Analyse seine *Gegenübertragung* unter Einbeziehung seiner eigenen Persönlichkeitsstruktur begleitet werden. Solange zwischen den Eltern und dem Therapeuten keine angemessene *emotionale Übereinstimmung* besteht, werden sie ihre Einstellung gegenüber dem Kind nicht oder nur unvollständig und nur vorübergehend ändern können. Die Eltern werden die therapeutischen Gespräche »vergessen«, versäumen und schließlich einstellen. Sie werden eine psychotherapeutische Behandlung des Kindes ablehnen oder das Kind wohl dem Therapeuten überlassen, aber sich nicht selbst an der Behandlung beteiligen.

Die erste Aufgabe des Therapeuten liegt darin, die Eltern von der Psychogenese der kindlichen Störung zu überzeugen, wenn diese ausreichend gesichert ist, gleichzeitig aber dabei entstehende Schuldgefühle und Ängste bei ihnen so weit zu kontrollieren, daß sie den Gang der Behandlung nicht behindern. Nicht selten lassen sich bei psychogen gestörten Kindern zusätzliche konstitutionelle oder somatische Faktoren aufdecken, die von den Eltern als alleinige Ursache der psychischen Störung angesehen werden. Etwa eine seit der Geburt bestehende oder sich steigernde Ängstlichkeit, motorische Unruhe oder allgemeine Aggressivität. In anderen Fällen ergibt es sich, daß ein Elternteil oder beide Eltern als Kinder ebenfalls an manifesten psychischen Störungen litten oder weiterhin leiden und die Entwicklung des Kindes ungünstig beeinflussen. Psychische Störungen bei Kindern sind manchmal als eine direkte Induktionswirkung neurotischer Eltern aufzufassen. Kinder hypochondrischer Eltern etwa entwickeln hypochondrische Verhaltensweisen, weil sie nicht ausreichend darüber orientiert sind, was krank oder gesund ist. Die Besprechung dieser Zusammenhänge kann einerseits der Entlastung der Eltern dienen, andererseits aber auch ihre therapeutischen Erwartungen in angemessenen Grenzen halten.

Der Erfolg einer Elternberatung oder der *Elterntherapie* hängt in solchen Fällen weitgehend von ihrer Einsicht für die bei ihren Kindern von ihnen verursachten Störungen ab. Väter, die ihre eigene Ehrgeizproblematik auf ein unzureichend begabtes Kind projizieren oder denen es als Präsentier- oder Erfolgsobjekt ihres sozialen Status dient, stellen für das Kind ein negatives Entwicklungsschicksal dar. Solche Fehlentwicklungen von Kindern scheinbar liebevoller Eltern, die nach solchen Erziehungsgrundsätzen handeln, sind oft das Ergebnis unbewußter feindseliger Elternhaltungen.

Die Therapie von Eltern in einer *Gruppe* kann ebenso wie eine Familientherapie wirksamer und effektiver als eine Einzeltherapie sein, weil sie über die Erörterung ihrer eigenen Probleme praktische Vergleichsmöglichkeiten mit den Reaktionen und Einstellungen zu denen von Eltern mit spiegelbildlicher Problematik gibt. Sie können Erfahrungen austauschen und sich gegenseitig praktische Anregungen geben.

Einige wichtige Grundsätze für die Therapie von Eltern in Elterngruppen sind:

1. Gleichartige Störungen oder Behinderungen der Kinder. Die psychisch oder somatisch gestörten Kinder müssen eine möglichst homogene Gruppe bilden, damit von möglichst gleichartigen Voraussetzungen ausgehend gemeinsame Konflikte und Probleme bearbeitet werden können und jedes Gruppenmitglied seine Bedürfnisse befriedigen kann.

2. Sorgfältige Auswahl der Eltern nach gruppendynamischen Gesichtspunkten. Besonders geeignet sind syntone Eltern, die nur durch die aktuelle Problematik überfordert oder beeinträchtigt sind und die bei guter Kontaktfähigkeit Änderung und Gewinn durch den Austausch von Erfahrungen finden. Gruppenschädlich sind Eltern mit egoistisch-zentrifugalen, aggressiven oder sado-masochistischen Persönlichkeitsstrukturen.

3. Der Gruppenleiter muß über spezielle Erfahrungen der Gruppendynamik verfügen. Er muß die spezifische Situation jedes einzelnen Kindes und der Eltern genau kennen. Der Gruppenleiter muß schließlich seinen eigenen Affekten und Reaktionen besonders kritisch gegenüberstehen, weil er sonst Aggressionen nicht rationell begegnen und Projektionen seiner Allmacht nicht abwehren kann.

9.6 Zusammenfassung

Der Erfolg einer Elternberatung oder der Eltern- und ebenso einer Familientherapie setzt voraus, daß die Eltern und die an einer Gruppe beteiligten Personen imstande sind, einen gemeinsam erarbeiteten *Behandlungsentwurf* zu akzeptieren und zu realisieren. In jeder Konfliktsituation werden nur solche Ratschläge und Lösungen befolgt, die gerade bereitliegen oder zu denen eine subjektive Affinität besteht. Eine gute zwischenmenschliche Beziehung zwischen Eltern und Therapeut erleichtert die Übernahme gefühlsfremder Entscheidungen erheblich.

Die Elternberatung und die Eltern- und Familientherapie bilden eine sehr wichtige Basis für die Behandlung von psychischen Störungen bei Kindern und Jugendlichen. Mit großer Regelmäßigkeit lassen sich durch fundierte Beratungen und Behandlungen der Eltern und durch *Familieninterventionen* psychische Störungen bei Kindern bessern, besonders dort, wo sie in engem Kontext mit psychischen Störungen bei den Eltern selbst stehen. Die Elternberatung und die Eltern- und Familientherapie erfordern nicht nur Kenntnisse der Entwicklungspsychologie und der Entwicklungspsychopathologie des Kindes- und Jugendalters, sondern oft auch Erfahrungen in der Psychopathologie des Erwachsenenalters. Die Erkennung larvierter oder manifester psychischer Störungen bei den Eltern (schizophrene Residualzustände, larvierte Depressionen, Intelligenzminderungen, alkoholische Depravationen usw.) ist für die Behandlung des Kindes von großer Bedeutung, weil sie häufig einen bedeutsamen pathogenen Faktor für die Entstehung der kindlichen Störung darstellen. Die Beratung und Therapie der Eltern ist ein eigenständiges Gebiet, das über zahlreiche Techniken wie Einzel-, Familien- und Gruppentherapie verfügt und eine entsprechende Aus- und Weiterbildung der Therapeuten erfordert.

Literatur

Bateson G, Jackson DD, Laing RD, Lidz T, Wynne LC (1972). Schizophrenie und Familie. Frankfurt: Suhrkamp

Freud A (1965) Normality and Pathology in Childhood. Dt.:Wege und Irrwege in der Kinderentwicklung, 6. Aufl. Stuttgart: Klett-Cotta 1994

Nissen G (1976) Intensive Elternberatung in der Kinderpsychiatrie. Nervenarzt, 12(1): 695–700

Stierlin H (1980) Von der Psychoanalyse zur Familientherapie. Stuttgart: Klett-Cotta. Auch in: Stierlin H (2001) Psychoanalyse – Familientherapie – systemische Therapie. Stuttgart: Klett Cotta

Personenregister

Sachregister

Paulina F. Kernberg / Alan Weiner / Karen Bardenstein
Persönlichkeitsstörungen bei Kindern und Jugendlichen
Aus dem Amerikanischen von Sabine Mehl und Katrin Grommek
2001. 323 Seiten, gebunden, ISBN 3-608-94323-4

Es ist dies das erste Buch, in dem gezeigt wird, daß und wie
Persönlichkeitsstörungen schon bei Kindern und Jugendlichen
diagnostiziert und therapiert werden können.
Die Autoren liefern detaillierte, strukturierte Beschreibungen der
einzelnen Störungsbilder aus den Bereichen der neurotischen,
der psychotischen Persönlichkeitsorganisation und der
Borderline-Störung und zeigen im Anschluß daran die gesamte
diagnostische Bandbreite sowie die Therapiemöglichkeiten auf.
Fallvignetten illustrieren die Vorgehensweise.

Ronald Hofmann:
Bindungsgestörte Kinder und Jugendliche mit einer
Borderline-Störung
Ein Praxisbuch für Therapie, Betreuung und Beratung
Konzepte der Humanwissenschaften
2002. 269 Seiten, broschiert, ISBN 3-608-94314-5

Man bezeichnet sie fast abfällig als »Pendeltürkinder« und meint
damit Kinder und Jugendliche, die Demütigungen, Erniedrigung,
fehlende Liebe, Gewalt und damit verbundenene tiefe emotionale
Verletzungen erfahren haben. Die Betroffenen reagieren meist
mit aggressiven, selbstdestruktiven und delinquenten
Verhaltensweisen und werden oft schon frühzeitig zu
»Wanderern« zwischen Elternhaus, Jugendhilfe, Psychiatrie und
Strafsystem.
Der Autor beschreibt die Tragweite solcher Erfahrungen für die
menschliche Entwicklung und zeigt ihre Bedeutung für die
Entstehung der Borderline-Störung. Diese stellt er vor dem
Hintergrund der Entwicklungsdefizite der Bindungsbeziehungen
dar und berücksichtigt dabei das gesamte Spektrum von der
frühen primären Bindung bis hin zur Störung der Beziehungs-
und Identitätsentwicklung im Kindes- und Jugendalter.

Klett-Cotta